U0573929

当代中国名家文库

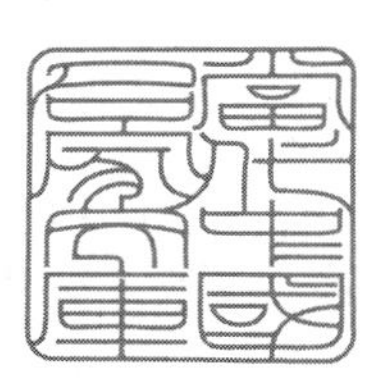

现代性：中国重撰

姜义华／著

北京师范大学出版集团
BEIJING NORMAL UNIVERSITY PUBLISHING GROUP
北京师范大学出版社

图书在版编目(CIP)数据

现代性：中国重撰／姜义华著.—北京：北京师范大学出版社，2013.1
(当代中国名家文库)
ISBN 978-7-303-15829-4

Ⅰ.①现… Ⅱ.①姜… Ⅲ.①现代化－研究－中国 Ⅳ.①D61

中国版本图书馆CIP数据核字(2012)第299276号

营销中心电话 010-58802181 58805532
北师大出版社高等教育分社网 http://gaojiao.bnup.com.cn
电子信箱 beishida168@126.com

XIANDAIXING ZHONGGUO CHONGZHUAN

出版发行：北京师范大学出版社 www.bnup.com.cn
北京新街口外大街19号
邮政编码：100875

印　　刷：北京京师印务有限公司
装　　订：北京盛通印刷股份有限公司
经　　销：全国新华书店
开　　本：155 mm × 235 mm
印　　张：37.5
字　　数：550千字
版　　次：2013年1月第1版
印　　次：2013年1月第1次印刷
定　　价：88.00元

策划编辑：刘东明　　责任编辑：刘东明
美术编辑：毛　佳　　装帧设计：耿中虎
责任校对：李　菡　　责任印制：孙文凯

释“中国重撰”（序）

民族认同与民族主义，以国权和民权所代表的近代国家意识、伦理、竞存和现代社会发展观念，人性、人权和人的全面发展，社会主义的不断追求不断探索，是构成中国现代性的五个主要方面。它们的缘起，它们的演进历程，以及它们的当代反思，是本书考察的对象。

突出“中国重撰”，一是突出中国的主体性，二是突出现代性在中国的书写，从一开始就与“重撰”紧密结合在一起。

“重撰”一词，源于法国对后现代主义作出全新界定的哲学家让-弗朗索瓦·利奥塔。1986年他在美国威斯康辛大学所作的《重撰现代性》著名讲演，首创了这一概念。

“重撰”二字，在利奥塔那里，主要有两层意思：一是“回归到起点”，对现代性的全过程重新加以审视；二是“深加工”，对于被先前事件及其意义所建构地蒙蔽了的东西加以发掘和深入思考。①

---

① ［法］让-弗朗索瓦·利奥塔：《重撰现代性》，见汪民安等主编《现代性基本读本》上册，140页，开封，河南大学出版社，2005。

在“中国重撰”中，“重撰”二字，除去利奥塔所诠释的这两重意义之外，至少还包含以下一些具有确定内容的新的意义。

现代性中国重撰，指中国建构自己的现代性，既是西方现代性的延伸和接续，又是对西方现代性的反抗和叛逆。

现代性，源于西方，和西方工业化、市场化、城市化、世界化、民主化、俗世化进程相表里。为抗拒西方列强奴役和灭亡中国的图谋，中国师法西方，开始了本国工业化、市场化、城市化、世界化、民主化、俗世化进程。但一落实到中国社会实际，人们就发现，径直复制西方现代化模式，这条路在中国走不通。中国的现代性和中国现代化一样，既借鉴西方、接续西方，又是对西方的反抗，对西方的叛逆。最富生命力的中国现代性，并非西方现代性的简单复制，而是坚持中国主体性与独立性，超越东西方分裂与对立的结果。

这是其一。

现代性中国重撰，又指中国现代性的书写，既蕴涵着对前现代诸传统的否定或断裂，同时又坚持着对前现代诸传统的承续及贯通。

正如许多现代性论者所说的，现代一词，作为一种新时间意识，在内涵上必定要强调现代世界与古代世界的对立，与传统保持一定的距离，这就是通常所说的同传统的断裂。工业文明和传统的农业文明，都市文明同传统的乡村文明，市场化同传统的自给自足生产方式、生活方式，世界性联系同传统的、狭隘的、地域性和血缘性联系，民主化同传统的威权主义、等级主义，俗世化与传统的神秘主义、贵族主义，都包含着这样一种对立或断裂。中国的现代性书写，无论在观念世界中，还是在生活世界中，也不例外。然而，重撰现代性，则又意味着对于这种对立和断裂的重新检讨、重新估量，在建构现代性时，又特别注重同先前各种传统的承续关系，努力将现代与传统相贯通。因为不如此，现代性就无法在中国生根，无法在中国顺利成长。

这是其二。

现代性中国重撰，还指中国现代性书写，几乎从一开始就与批判和否定资本主义的社会主义努力联系在一起。

在西方各国，工业化、市场化、城市化、世界化、民主化、俗世化，大多选择了资本主义道路，社会主义是作为资本主义、帝国主义、殖民主义的掘墓人，针对资本主义而产生的。当中国开始自己的现代化进程时，很快就发现，外部环境不允许中国沿着西方资本主义道路实现自己的目标，内部也缺乏资本主义自由发展的应有动力。中国面对西方资本主义时，既感叹其繁华与强大，也为其尖锐的矛盾和冲突所震撼，对西方正蓬蓬勃勃展开的社会主义运动，则因自身传统与自身处境而产生强烈共鸣。不是通过资本主义再走向社会主义，而是径直选择社会主义道路实现中国现代化。书写中国现代性，不仅成为人们相当普遍的理想，而且成为人们实际的行动。

这是其三。

现代性中国重撰，再指中国书写现代性，几乎从一开始就又与批判现代性的后现代主义结合在一起。

当中国接触到西方进步主义、理性批判精神、科学主义、自由创造精神和普遍主义时，以反进步主义、反理性主义、反科学主义、反普遍主义为特征的后现代主义前驱者们已经在大声疾呼，痛斥现代性。他们更多地关心人的情感、意欲、感性、本能，更多地关注个体性、差异性、人文性。这两大思潮几乎同时涌入中国，分别找到自己的应和者。中国现代性的许多书写者，常常一身而二任，同时接受着这两种思潮的哺育，并总试图将两者全方位地结合为一体。

这是其四。

现代性中国重撰，另一层意思，是指重撰并不是个别人的偶然行为，而是中国各种社会力量的共同行为，尽管它们的方向、途径和力度并不一致。

中国社会，不同区域、不同层面、不同领域发展极不平衡。中国社会的多元构成，使现代与前现代、后现代长时间并存，彼此之间，既相颉颃，又相渗透、互相联系、互相依存。人们在现代性上的诉求，千差万别，甚至南辕北辙。西化派、国粹派、中体西用派、西体中用派、保守主义、自由主义、马克思主义，色彩斑斓，但无不根植于中国社会。现代性中国重撰的洪流正由它们共同汇合而成。在关注它们差异性的同时，不能忽视它们的许多共同点，它们在重撰中各具独特的定位与独特的功能。

这是其五。

最后，还有一层含义，这就是现代性的中国重撰，同现代性本身的书写一样，是一个至今仍在持续之中，将来还将继续相当长时段的历史过程。

现代性的中国书写和现代性的中国重撰，大致说来，经历着三个阶段：以资本为核心的现代性书写与重撰，以劳动为核心的现代性书写与重撰，以每个人自由而全面发展为核心的现代性书写与重撰。这三个阶段既具有依次推进的历时性，又具有互相合作、互相依存、难以分割的同时性。这就是说，由以资本为核心到以劳动为核心再到以每个人自由而全面发展为核心，代表着现代性书写与重撰一步步深化，前一阶段为后一阶段奠定基础，后一阶段为前一阶段必然归趋。但三者又不是在前一阶段结束之后方进入后一阶段的，后一阶段实际上早已孕育在前一阶段之中，当后一阶段到来时，前一阶段的现代性仍然在继续，成为后一阶段现代性的基础或补充，所以，这三个阶段，又可视为现代性发展中陆续展开的三个不同层面。主观地想超越或避开第一阶段而直接进入第二或第三阶段，最终总是成为一出出乌托邦喜剧、悲剧或闹剧。

这是其六。

现代性的书写和重撰，是13亿中国人正倾注全力，专心致志从事的事业。回溯一个多世纪以来中国现代性核心观念形成和演进的历程，当能给我们提供一些有益的启示。

目 录

第一编 民族认同与民族主义

第三编　伦理，竞存与人的尊严

第四编　人性、人权、人的全面发展

第一编

民族认同与民族主义

中国民族主义的世纪演绎

一个世纪以来，民族主义作为中华民族从古代文明走向现代文明的一个核心观念，成为一种政治纲领，一种理论体系，一股社会思潮，绵延不断而又高潮迭起，在近代中国社会大变动中具有举足轻重的地位，发挥了异乎寻常的作用。

一、时间坐标上的演绎

以民族认同为根基的民族主义思潮勃兴于19世纪末。在甲午战争失败后，在列强掀起的瓜分风潮中，士大夫喊出了“保种、保国、保教”的口号。保种就是保卫民族独立，保国就是保卫国家主权，保教就是保卫传统思想与文化，这实际上是民族主义的口号，尽管当时还没有民族主义这一名词。

数年之后，20世纪之初，民族主义作为一个专有名词，已充斥于是时各种出版物。民族主义成为倡导驱除鞑虏、恢复中华、推翻清王朝统治的理论基础，成为唤起人们危机意识，投身拒俄运动、反美华工禁约运动、收回路矿权利运动的指导思想，并直接推动了致力于发展民族共同语言文字、共同心理习俗、共同经济生活、共同政治生活的斗争。

由于这一次民族主义高潮同反清革命紧密结合在一起，辛亥革命成功，即清廷退位、民国建立并一统全国后，连孙中山这样的民族主义倡导者，也认为民族主义目标已经达到，以汉族为主体的汉、满、蒙、回、藏五族共和已经实现，今后的奋斗所致力的只是民权主义与民生主义这两大目标的实现。然而，接踵而至的外蒙“独立”、“二十一条”、“中日共同防敌军事协定”、巴黎和会、五卅惨案、沙基惨案，将民族问题中外国资本帝国主义与中华民族的冲突这一内容凸显出来。反对“二十一条”的斗争、五四运动、废除不平等条约运动、五卅运动、省港大罢工以及北伐战争，将具有明确反对帝国主义内容的民族独立、民族自决、民族振兴提了出来。孙中山在重新解释三民主义时，又一次将民族主义列为首要任务。中国共产党成立后，也日益重视摆脱帝国主义奴役的民族解放在中国及整个东方革命中的特殊地位。这是民族主义高涨的第二大浪潮。

民族主义高涨的第三大浪潮，是由九一八事变、一·二八事变和华北事变所激发，七七事变与八一三事变后，达于顶点。这一阶段的民族主义，直接针对日本军国主义旨在灭亡中国的侵略战争。“中华民族到了最危险的时候，每个人被迫着发出最后的吼声！”《义勇军进行曲》中的这句歌词，清楚地显示了形势之危急，以及民族奋起的意义。全民族都投入到规模空前的抗日民族解放战争之中，他们所依凭的最强大的武器就是抗日民族统一战线。尽管在民族主义方面，不同党派、不同学派意见很不一致，但迄于抗日战争胜利结束，民族主义呼声之高，传播之广，民众发动之普遍，同仇敌忾精神之旺盛，都为前两次所不可比拟。

20世纪30年代与40年代，还比前30年更加强烈、更为自觉地提出了从中国实际出发进行中国革命，从事民族化的新政治、新经济、新文化建设的问题。以新民主主义理论与实践的逐步成熟为标志，探索中国自身的发展道路取得了实际的与卓有成效的进展。这给民族主义注入了新的活力，为之充实了更具有建设性意义的肯定性的内容。

50年代至70年代，由于已经结束了资本帝国主义列强一百多年来对中国的欺凌与统治，国内各民族、各地区除台湾、港澳外，实现了政治上真正的统一，前半个世纪作为现实斗争纲领和意识形态中重要理论体系的民族主义，这时为爱国主义这一概念所取代。但是，在国内，仍然存在着大汉族主义与地方民族沙文主义一类问题；在对外关系方面，50 年代主要面对着来自美国的巨大压力，60 年代主要面对着来自美、苏两国的巨大压力，70 年代继续面对着来自苏联的巨大压力。加上与这 30 年间蓬勃发展起来的亚洲、非洲、拉丁美洲民族解放运动同声相应、同气相求，民族主义事实上仍然具有生命力。

70 年代末以来，中国敞开了面向世界的大门，从“冷战”格局和较长的封闭状态中走了出来，发现同世界许多国家所存在的极大差距，打掉了先前自我中心主义与夜郎自大、自我陶醉的精神状态，重新考虑中华民族在世界上的地位、作用即“球籍”问题，民族危机意识重又复活起来。面对蜂拥而至的西方政治、经济、社会、文化，如何坚持从中国实际出发，充分发掘中华民族自身的历史资源，寻找到真正适合于中国国情的发展道路，这一问题具有了前所未有的迫切性。同时，世界正结束“冷战”而走向全球化多极化时代，走向区域联合、协同运作时代，中华民族现存四大部分即内地、台湾、港澳、海外华侨华裔如何适应世界格局这一根本性变化，形成优势互补的统一力量，较之往昔更为急切。在这三重因素共同作用下，一种具有更加开放态势的新的民族主义正在中国崛起。这是一种以充分发挥中华民族的民族主体精神，因应世界格局的变化，积极运用世界文明的各种成就来发展自身，实现中华民族的伟大复兴，以更加自信地走向世界的民族主义。在可见的将来，它将会进一步上扬，在多方面发挥引人注目的作用。

二、外铄型的别样内涵

20 世纪初民族主义在中国虽然刚刚兴起，却已足以展示随后数十年中国民族主义一些最主要的特征。

从一开始，人们就将建立民族国家视为民族主义的中心内容。1902 年 6 月《政艺通报》所刊出的《民族主义》一文，将民族主义概括为“合一群，同道德，同法律，同风俗，同文学美术，而组织一完全无缺之国家者也”。文章断言：“惟此主义，世界由是而文明；惟此主义，欧、美由是而进者也。”[①] 1903 年 3 月《新民丛报》所刊出的《近世欧

① 邓实：《民族主义》，载《政艺通报》，1902-06。

人之三大主义》以《民族之国家》为题，指出："近日世界之大事变，推其中心，无不发于民族主义之动力，……凡言语同、历史同、风俗习惯同，则其民自有结合之势力，不可强分。反之而言语异、历史异、风俗习惯异，则虽时以他故相结合，而终有独立之一日。……故十九世纪，实为民族国家发生最盛之时代。其民族不同者，则独立为一国，如意大利之独立，希腊、罗马尼亚之独立是也。民族同一也，则结合为一国，如德意志联邦，意大利之统一是也。民族之势力，可不谓巨欤!"① 同年9月《游学译编》所刊出的《民族主义之教育》一文指出，"所谓民族者，谓具同一之言语、同一之习惯，而以特殊之性质区别于殊种别姓之民族，……民族之所由生，生于心理上道德与感情之集合。因道德与感情之集合，而兴起政治组织之倾向；因政治组织之倾向，而民族建国主义乃星日回薄于大陆之上"。文章特别强调指出："民族建国者，以种族为立国之根据地。以种族为立国之根据地者，则但与本民族相提携，而不能与异民族相提携，与本民族相固著，而不能与异民族相固著。……今欲存支那者，不可不集合支那民族以自相提携、自相固著。集合皇汉民族以自相提携、自相固著，不可不言民族建国主义。"②

这期间，最具有代表性的论述，是《浙江潮》第1、第2、第5期连载的《民族主义论》一文。这是《浙江潮》创刊后发表的第一篇论说。文章给民族主义下了一个定义："合同种，异异种，以建一民族的国家，是曰民族主义。"在解释这一定义时，文章说："凡可以为国民之资格者，则必其思想同、风俗同，语言文字同、患难同。其同也，根之于历史，胎之于风俗，因之于地理，必有一种特别的固结不可解之精神。"之所以必须建立民族国家，则是因为"惟民族的国家，乃能发挥其本族之特性：惟民族的国家，乃能合其权以为权，合其志以为志，合其力以为力"。文章大声疾呼："今日者，民族主义发达之时代也，而中国当其冲。故今日而再不以民族主义提倡于吾中国，则吾中国乃真亡矣!"③ 其

① 雨尘子：《近世欧人之三大主义》，载《新民丛报》第28期，1903-06。

② 《民族主义之教育》，载《游学译编》第10期，1903-09。

③ 余一：《民族主义论》，见张枬、王忍之编《辛亥革命前十年间时论选集》第1卷下册，485、486、487页，北京，生活·读书·新知三联书店，1978。

后，民族主义被孙中山和中国同盟会确定为中国革命的首要目标。汪精卫在《民报》第1号上刊出的《民族的国民》中所持观点也是如此。他说："民族者，同气类之继续之人类团体也。"同气类，指同血系、同语言文字、同住所、同习惯，同宗教、同精神体质。民族主义的核心正是组成民族国家："凡民族必被同一之感，蒙具同一之知觉，既相孰比以谋生活矣，其生活之最大者为政治上之生活，故富于政治能力之民族，莫不守形造民族的国家之主义。此之主义名民族主义。"①

这些论述表明，民族主义之所以引起中国思想家、改革者的重视，主要不是基于中华民族自身在向近代民族发展方面有了质的飞跃或重大突破，而首先是因为中国过于落后，面临严重的被瓜分甚至被灭亡的危机，民族主义的倡导者们希望效法斯拉夫、德意志、意大利，利用这面旗帜，集合中华民族全体成员共同奋斗，以挣脱列强对中国的欺凌与奴役，使中国臻于繁荣和强大。他们将19世纪欧洲许多国家的崛起和强盛，看成依靠民族主义建立民族国家所致，因此要求中国师法这些国家。如果说20世纪初民族主义的勃兴，一度曾同中华民族内部应以汉族为主体还是继续任满族为统治民族这样一个纯属内政的问题交织在一起，在这个问题解决之后，民族主义的高涨，则无一不同抗击外国殖民主义、军国主义、霸权主义直接结合在一起。从抗议沙俄策动外蒙"独立"、英国侵略西藏、反对"二十一条"、五四运动、五卅运动，到抗日救亡运动，民族主义的影响越来越大，都主要源于外来的强烈刺激。

与这一特点相联系，在20世纪中国民族主义中，族类民族主义、政治民族主义及文化保守主义特别发达，相形之下，必须以统一的国内市场为基础的经济上的民族主义则异常薄弱。

所谓族类民族主义，指的是离开社会经济的发展，特别是近代经济市场化、工业化、城市化的发展，而直接从物竞天择、优胜劣汰的生物进化论来判定民族的特点与命运。这在20世纪初特别盛行。《浙江潮》所刊《民族主义论》便曾将生存竞争学说宣布为民族主义之原："自物竞自存之说兴，于是种类盛衰之故明。进化论者，实民族主义之原也。"邓实的《民族主义》说："吾观16世纪以后，地球上有一独立之国旗，

① 精卫：《民族的国民》，见张枬、王忍之《辛亥革命前十年间时论选集》第2集上册，83页。

必有一种独立之民族。其民族团结最大者，其国旗位置于政治界上亦最大；其民族特性最优者，其国旗战胜于天演界上亦最优。”民族的团结力、民族的特性，在这里都被视为民族所固有的。是时提倡民族主义最力的章太炎在著名的《驳康有为论革命书》中宣称，今日固为民族主义之时代，种族之界必不可破。他虽然强调“近世种族之辨，以历史民族为界，不以天然民族为界”①，但他所谓历史民族，如他在《訄书·原人》中所说，“人之始，皆一尺之鳞也，化有蚤晚而部族殊，性有文犷而戎夏殊”，是因开化时间迟早不同及文明程度有别而形成。《原人》要求“秩乎民兽，辨乎部族，……一切以种类为断”②，实际上仍然是族类民族主义。这种族类民族主义，和中国传统的“非我族类，其心必异”观念最易契合，因而很有影响。其后，作为一种学说，这股思潮渐趋沉寂，只在德国法西斯主义所鼓吹的种族主义特别盛行之时，一度在中国出现应和者，但其潜在的影响仍不可忽视。

所谓政治民族主义，指的是将民族主义归结为建立民族国家，归结为集中全力进行政治斗争，乃至军事斗争。1902 年 8 月 18 日《新民丛报》第 14 期所刊雨尘子《论世界经济竞争之大势》一文注意到“中国不为外人政治之领土，而为经济上之领土，不支配于外国之政治家，而支配于商工业家”，注意到中国所处的乃是经济竞争之世界。但论及中国自存之道时，便立即从经济竞争转向政治决定一切：“近世欧洲意大利之独立，日耳曼之联邦，皆以同一种族，建一国家，民族主义之势力，大振于已往之政治界。吾国之不振，非欧族使之然，自族不能建国家之故也。欧人不于 19 世纪中，大振民族国家之势力，则 20 世纪中经济竞争，必不能强横至此。于经济竞争世界中争自存者，皆宜如此也。”作者忽视了没有市场经济的必要发展，没有近代资本主义经济上足够的力量，欧洲建立民族国家也就没有可能。然而，这种认识却极普遍。人们倾注全力于政治斗争，将经济的发展看成是未来民族国家已经建立之后方应注意的事情。列强在政治上对中国的压迫由蒙藏危机而“二十一

---

① 《章太炎全集》第 4 卷，173 页，上海，上海人民出版社，1985。

② 《章太炎全集》第 3 卷，21、24 页，上海，上海人民出版社，1984。

条”而巴黎和会而五卅惨案，不断地变本加厉，更演变而为日本发动对华战争，妄图灭亡中国。这些严峻的现实也迫使中国集中全力于政治斗争，并相应地采取战争这一政治斗争的最高形式，而将经济置于从属的地位。可以说，直到20世纪最后这一段时间，中国方才越来越多地把注意力从政治斗争、军事对峙转向经济本身：增长率、投资、贸易、世界市场、科学技术、效率；为提高劳动者素质而发展教育。注意到民族自立、民族振兴，政治上、军事上的强大，归根到底仍是经济问题。

中国的民族主义倡导者们从一开始便注意到民族是个有着共同的语言文字、风俗习惯、宗教信仰、历史传统、精神体质的人的集合体，但是，他们又几乎毫无例外地将这一切看成是已经确定的既成之物，不了解在近代民族形成过程中，从语言文字到人们的心理、观念，都要发生巨大的变化；要形成近代民族，在所有这些方面都要借助批判、论争、创新，作艰难的转型与融合工作，才能使变化有序地进行。由于对这一点缺乏必要的准备，在倡导民族主义时，他们便易于将民族文化等同于传统文化，等同于文化上的保守，而忽视文化上的变革、创新，排斥对外来文化的吸取和再造。文化上的这种保守主义，主观上是要增强民族在精神上、文化上的凝聚力，但常常阻碍了对于传统观点的突破，妨碍着冲决和近代市场化、工业化，城市化及世界化相抵牾的旧的精神网罗，反转来钳束了现代民族经济的蓬勃发展。这常常是文化保守主义鼓吹者所始料不及的。

20世纪中国民族主义的这些显著特征，是近代中国社会特殊变动的产物。这是一种未足月就已出生而且早熟的民族主义，它催化着中华民族向近代民族的发展，以及在中国大地上建立民族国家的进程；同时，正因它未足月就已出生而且早熟，影响了它后来健康丰满地继续成长，常常违背中华民族成为近代民族及建成近代民族国家的初衷，反转来起了牵制作用。了解20世纪中国民族主义的主要特征何以形成，以及它何以在近代中华民族发展中成为一把“双刃剑”，当是在深入考察民族主义时所应首先解决的问题。

三、小农社会基础上民族主义的双重性

20世纪中国民族主义的兴盛，主要导源于救亡的急迫需要，而不

是根植于民族经济的发展和民族统一市场的形成。投身于民族主义运动的，有随着市场化、工业化、城市化、世界化的发端而产生的新型知识分子和中产阶级，但为数更为可观的，则是仍然生活在原先自然经济、小生产、乡村化基础上的广大农民和其他社会成员。这两种力量都努力挽救民族危亡，但取向并不一样：前者要求在救亡中发展市场化、工业化、城市化、世界化，并以此为推动救亡成功的正确之途；后者则要求在救亡中保护他们原先的生产方式、生活方式及与世隔绝状态，并因此而排斥市场化、工业化、城市化、世界化的发展。在多次民族运动中，特别是在以战争这种最激烈的形式进行的民族运动中，正是广大农民的投入，起到了主力军和决定性的作用。义和团运动如此，抗日战争尤其如此。在20世纪大部分时间中，这一格局基本未变。要了解民族主义主要特征何以形成，这正是关键之所在。

孙中山于1924年1月至2月所作的《民族主义》演讲是20世纪中国民族主义最重要的文献之一。这一文献十分集中地表现了民族主义在中国发展的特点，以及这些特点由以形成的原因。

孙中山在论及民族形成时，除强调了血统、生活、语言、宗教、风俗习惯这五种天然力的作用外，还着重指出，处于今日世界潮流之中，政治力与经济力关系于民族兴亡比较天然力还要大。但是，就中国而言，自身所凭借的仍然是天然力，政治力和经济力都很薄弱，而外来的政治力和经济力的压迫倒异常强大。以此，在谈到恢复民族主义的方法时，他所指望的，头一种就是“要令四万万人皆知我们现在所处的地位”，即了解“我们现在所处的地位是生死关头，在这个生死关头须要避祸求福，避死求生”①，充分树立救亡意识。第二种方法，是“善用中国固有的团体，像家族团体和宗族团体，大家联合起来，成一个大国族团体”②，以此改变中国人一片散沙的状况。第三种方法，就是要把“固有的旧道德先恢复起来”，特别是忠孝、仁爱、信义、和平，“有了固有的道德，然后固有的民族地位才可以图恢复”③。与此相连带，还要恢复固有的知识、固有的能力。在这里，孙中山看到了中国一片散沙

① 《孙中山全集》第9卷，232页，北京，中华书局，1986。

② 同上书，242页。

③ 同上书，243页。

情况的严重，希望用民族主义来加以根治，但面对政治力、经济力在其他民族发展中作用愈来愈大这一现实，他在中国所指望的，一是危机意识，二是固有的宗族关系，三是固有的道德、知识、能力，而撇开了经济力与政治力的决定性作用。这是一种无可奈何的选择。面对外部威胁而形成的尖锐的民族危机，成为呼唤民族主义的第一动力；形成统一的民族市场和强大的民族政治，这一发自民族内在的近代化需求的更为深层的动力，根本没有被提及的原因其实是由于这一动力还太稚弱。孙中山经由一次又一次挫败，这时已深深意识到，农民占中国人口的大多数，如果没有农民参加，革命就没有基础，终将一事无成。他所提出的发扬民族主义的三种方法，其实都是针对这一现实，主要是为了将基本上还生活在家族宗法制及旧道德之下的广大农民动员起来。

在各种民族主义思潮中，对 20 世纪中国历史进程影响最大的，是来自共产国际的民族革命运动理论。1920 年 7 月至 8 月召开的共产国际第二次代表大会专门讨论了民族和殖民地问题。列宁在报告中说明，他最重要和最基本的思想，就是确认帝国主义已将世界各民族分为被压迫民族和压迫民族两大类。① 他为大会草拟的民族和殖民地问题的提纲初稿宣布："共产国际在民族和殖民地问题上的全部政策，主要应该是使各民族和各国的无产者和劳动群众彼此接近起来，共同进行革命斗争去打倒地主和资产阶级。"② 1922 年 11 月至 12 月召开的共产国际第四次代表大会关于东方问题的总提纲强调："一切民族革命运动共同的基本任务，就是实现民族统一和取得国家独立。要想真正而彻底地解决这项任务，就要看这个民族运动能够在多大程度上把广大劳动群众吸引到自己的行列中来。"总提纲在论及大多数东方国家革命运动时特别指出，如果不依靠广大农民群众，这些革命运动就不可能取得胜利，因此，必须宣布坚决改变土地所有制的基础，以使农民群众积极参与民族解放斗争。1923 年 5 月共产国际执行委员会给中国共产党第三次代表大会的指示专门论述了中国进行民族革命的问题，指出："只有把中国人民的基本群众，即占有小块土地的农民吸引到运动中来，中国革命才能取得

① 《共产国际有关中国革命的文献资料》第 1 辑，19～20 页，北京，中国社会科学出版社，1982。

② 同上书，50 页。

胜利”，“因此，全部政策的中心问题乃是农民问题”。[1] 1926年2月至3月共产国际执行委员会第六次扩大全会《关于中国问题的决议》再一次指出：“中国民族解放运动的基本问题是农民问题。中国民族解放运动的民主革命趋向能否取得胜利，取决于四亿中国农民群众能够在多大程度上同中国工人一道并在他们的领导下参加决定性的革命斗争。”[2] 斯大林的一段话，说得更加直接：“民族问题的基础，它的内在实质仍然是农民问题，……农民是民族运动的主力军，没有农民这支军队，就没有而且也不可能有声势浩大的民族运动。所谓民族问题实质上是农民问题，正是指这一点说的。”[3] 这些论点，在长达数十年的民族运动中，曾经处于支配地位。

中国的民族主义为何重于外而轻于内，为何重于政治、文化及族类的存在，而偏偏轻于近代民族统一市场与民族经济的发展，从共产国际的这些观点中可以获得更加明晰的答案。外部所面对的是西方资本主义各国沉重的民族压迫，内部所依靠的主要是仍然保持着原先生产方式、生活方式、价值取向、行为方式的广大农民，这正是问题关键之所在。将解决土地问题放在首要地位，蔑视市场化、工业化、城市化、世界化的发展，非但不去积极推动民族统一市场和民族经济的发展，反而因为它们与资本主义生产方式相联系，在要求急速消灭资本主义的同时，对建立民族统一市场和民族经济乃至工业化、城市化、世界化都采取强烈的排斥态度，其实，正反映了旧式农民的利益和要求。

在如是基础上形成的如是的民族主义，在近代中国社会大变动中的作用，必然是双重的。

民族救亡运动的蓬勃发展，以抗击列强的侵凌、奴役和掠夺，挽救民族于危亡之中这一共同利害关系，推动了中华民族政治上、文化上更为紧密的结合。但是，长时间中，和经济发展程度最高的各国处于紧张的对峙状态，反过来又妨碍着中华民族以健全的心理、积极的态度、常规的途径建立广泛的世界联系，用世界文明发展的各种积极成果来推动自身的近代化。民族自主性与民族开放性常相对立。与此相应，民族主

---

① 《共产国际有关中国革命的文献资料》第1辑，78页。

② 同上书，139页。

③ 同上书，102页。

义不是将重心置于本民族自身的发展，不是将使本民族尽早在现代化基础上成长为近代民族放在中心地位，结果使民族主体精神发展不足，缺乏必要的自信、足够的勇气和充沛的力量，去批判和摒弃民族机体内与现代不相适应的东西，变革和改造各种与市场化、工业化、城市化、世界化相抵触的旧的思维方式、行为方式。于是，民族主义、民族化常常容易演化为排外主义、保守落后的同义语。

现代民族市场经济不发达，使适应于小农普遍存在的行政权力对于社会的支配作用特别强固。行政权力的高度集中，以及这一权力对于社会、经济、文化的全面控制，利于将趋向各异的多种力量集合在一起，尤其利于将分散孤立的众多小农集合在一起，将他们变成一支有组织的力量。政治权力的这种特殊发展和特殊作用，使民族主义与民主主义常常处于互相抵牾的状态，即民族主义的膨胀，常常压制了民主主义的正常发展。孙中山1924年所作的《民权主义》的演讲，便针对中国人一片散沙这一现实，反复说："我们是因为自由太多，没有团体，没有抵抗力，成一片散沙。因为是一片散沙，所以受外国帝国主义的侵略，受列强经济商战的压迫，我们现在便不能抵抗。要将来能够抵抗外国的压迫，就要打破各人的自由，结成很坚固的团体。"① 他提出，自由，万不可再用到个人上去，要用到国家上去，国家要得完全自由，"实行民族主义就是为国家争自由"，"到了国家能够行动自由，中国便是强盛的国家。要这样做去，便要大家牺牲自由"。② 民族主义在这里径直变成了牺牲个人的自由以确保国家的完全自由。民族主义顺着这一方向朝前发展，凭借政治权力的作用，正如孙中山所期望的，在一盘散沙之中加入了士敏土，使这片散沙结成了一个坚固的大团体；但与此同时，政治上的过分集中和过度控制，却又妨碍了各区域、各部门经济自身的联系广泛而普遍地发展。经济、社会、文化都通过政治权力等级结构系统向上负责，相互之间缺乏自由的横向的联系，统一的民族市场与民族经济因此也就难以依靠经济与社会本身的发展而形成。政治权力等级结构系统的高度控制可以使国家经济和行政保持统一的格局，而外部压力一旦

① 孙中山：《民权主义》，见《孙中山选集》，72页，北京，人民出版社，1981。

② 同上书，722～723页。

减弱或中央权力一旦衰退，地方主义、军阀割据、诸侯经济、分裂主义便免不了会泛滥起来。所有这一切，会进一步增加形成民族统一市场，建成真正的民族国家的困难，中华民族形成真正的近代民族因之反而多了一层障碍。

四、民族主义的新境界

20 世纪 70 年代末以来，中华民族和中国民族主义的发展都进入了一个新的阶段。这一阶段的显著特征，就是人们越来越自觉地将注意的重心转移到经济建设上，力求在市场经济普遍发展的基础上实现现代化，使中华民族由此而达到政治真正的统一，社会真正的稳定，经济真正的繁荣，文化真正的发达，与世界上其他各民族共同缔造世界新秩序。

从旧的民族主义转向这一新的民族主义，是中华民族发展的内在需要和必然趋势。1949 年以来，中国利用高度集中的计划经济体制，充分依靠国家行政权力的支配作用，积聚了人力、财力、物力，建立了较为完整的独立的工业体系和国民经济体系。但是，行政权力对于经济活动纵向的全面支配，以及对社会、文化等领域纵向的全面控制，非但无法防止资源配置、发展速度、流通与分配等方面极为严重的主观随意性，而且也无法使各地区、各部门按照经济和社会发展的客观需要，广泛地建立相互之间的横向联系，使全民族的团结与统一确立在借助市场化、工业化、城市化而形成的真正一体化的经济基础之上。正是中国经济与社会发展本身的需要，推动中国终于走上改革开放之路，将发展生产力放在首要位置，坚持以经济建设为中心，推动社会全面进步。是否有利于社会生产力的发展，是否有利于增强综合国力，是否有利于提高人民的生活水平，正在成为判断各项工作是非得失的标准。而建立社会主义市场经济体制，已逐步被确立为经济体制改革的目标。

推动民族主义内涵转变的动力，还来自世界发展总格局的变化。生产力的巨大增长和科学技术的高度发展，使人类首次有了可能摆脱那种连基本生活必需品都无法满足的极端贫困状态。经济的发展，在经济竞争中所处的地位，正越来越决定着一个民族在世界总格局中的命运。谁能最迅速地发展科学技术，掌握现代管理艺术，并及时地运用到经济建设之中，谁就能走在世界最前列。中国正面临着“球籍”问题的严峻考验，而解决这一问题最有效的途径，就是发展经济，使社会生产力的发展和物质财富的增长在世界各民族中居于领先地位。当中华民族越来越清楚地意识到这一点时，民族主义注意的中心从政治转向经济，救亡从排外、抗击外来侵略与掠夺转向充分利用世界文明的成果来充实自己，就是必然的了。

在中华民族的民族主义发展到一个新的阶段时，海峡两岸统一问题和港澳回归问题，正引起人们的广泛注意，还出现了建立大中华经济圈的动议。海峡两岸的统一，香港与澳门的回归，是中华民族自身发展的需要，也是当前世界多极化和区域一体化趋势下，海峡两岸与香港、澳门为其各自利益所必然作出的选择。“冷战”时代虽告终结，但世界范围内贫富国家之间的矛盾、发达国家之间的矛盾、不发达国家之间的矛盾，都仍尖锐地存在着。需要在全球范围内通过发展经济来消灭贫困和饥饿，通过有效的国际合作，平抑发达国家的过度发展，加速不发达国家经济与社会的持续发展，使人类的生产与消费、资源的开发和利用，都达到优化的水准。面对这一新形势，正在形成中的世界各极，包括美、加、墨、北美地区，欧洲地区，日本，伊斯兰世界，东南亚地区，南亚地区，都正在努力结成区域性经济集团，以便在世界市场的竞争中取得优势地位。中国的内地、台湾、香港、澳门，发挥各自的优势，并借助其他方面弥补自己的不足，形成优势互补的整体力量，以增强各自以及整个中华民族在国际上的竞争力，符合中国的内地、台湾、香港及澳门自身的利益，更符合中华民族全局和长远利益，符合海外广大华人的根本利益。

民族主义这一次新的高潮，是先前民族主义的继续，也是先前民族主义的突破和提升。中国需要建立在统一的国内市场、优化的一体化产业结构基础上的现代民族联系，需要勇于开拓、勇于创造、勇于用本民族历史资源和世界文明的全部优秀成果来发展自身，坚持民族主体精神，坚持从本国实际出发走自己的路。就这一点来讲，尽管中国正在向世界进一步开放，也正在以更大的规模走向世界，民族主义仍然具有生命力。新的民族主义浪潮将沿着这一方向健康地向前发展。

清末孙中山民族革命思想的西学渊源[*]

孙中山是中华民族一位伟大的民族英雄。陈天华曾说过：

> 孙君逸仙者，非成功之英雄，而失败之英雄也；非异国之英雄，而本族之英雄也。虽屡失败，而于将来有大望；虽为本族之英雄，而其为英雄也，绝不可以本族限之，实为世界之大人物。彼之理想，彼之抱负，非徒注眼于本族止也，欲于全球之政界上社会上开一新纪元，放一大异彩。后世吾不知也，各国吾不知也，以现在之中国论，则吾敢下一断辞曰：是吾四万万人之代表也，是中国英雄中之英雄也。①

* 本书撰写中，重点参考了上海孙中山故居管理处、日本孙文研究会合编：《上海孙中山故居藏书目录》（日本汲古书院，1993），并获得上海孙中山故居管理处的帮助，谨此致谢。

① 过庭：《记东京留学生欢迎孙君逸仙事》，载《民报》第1号，68～69页，北京，科学出版社，1957。

“非徒注眼于本族止也，欲于全球之政界上社会上开一新纪元”，确是孙中山这位民族英雄革命思想的真实写照。

孙中山革命思想的形成，根植于中国社会实际；然而，西学渊源在孙中山成为中华民族伟大民族英雄历程中的作用，绝非无足轻重。上海孙中山故居所收藏的1911年以前出版的各类西文书籍，可以相当清楚地说明，西学是如何促进了孙中山的民族认同，推动孙中山走上革命道路，成为中国革命领袖的。孙中山这一时期所读的书籍当不限于这些藏书，而且也不限于西文著作，但是西文著作确实是孙中山阅读的主体部分。当孙中山居住在日本横滨时，日本神奈川县致内务大臣的一份报告书曾专门反映孙中山读书情况：“清国流亡者孙逸仙平日耽于读书，只偶然出来散步，或往来访问客人。”① 孙中山如饥似渴地力求从世界各国思想学说中寻找到救国救民的真理，从这里可清楚窥见。

一、深厚的西学渊源

从故居1911年以前出版的西文现存书籍中，首先可以强烈地感受到孙中山宏大的世界意识，对世界潮流、世界发展大趋势的真切了解，以及这一切如何成为他考虑中华民族命运、中国问题的基本出发点，这应当是孙中山这一时期革命思想的首要特点。

孙中山1866年11月12日出生于广东香山翠亨村，1879年即随母去檀香山就读。从这时开始，直到1911年底返国，除短期返国返乡外，几乎全部时间都在海外度过。这中间，1883年至1892年，大部分时间在香港读书；1892年，在澳门行医；1894年以后，辗转于美国、日本、英国、加拿大、法国、德国、比利时、新加坡、马来西亚、越南、暹罗（今泰国）等世界各地。1897年至1902年在日本居住近5年；1904年在美国各地近10个月；1905年在英、法、比、德约半年；1905年7月至10月，1906年10月至1907年3月，两次在日本居留约9个月；1907年至1909年在越南、新加坡等地居住约两年；1909年5月至1911年12月，又三度赴欧、两次赴美，每次逗留都达数月。海外生活这30多年经历，使孙中山对于欧美各大国和中国周边国家经济、政治、社

① 《神奈川县致内务大臣芳川显正》（明治三十八年八月十六日），见《日本外务省档案》秘第2047号。

会、文化生活状况，有着丰富真切的感性了解，语言运用、知识结构、思维方法、审美情趣以及行为方式上，都受西方极深影响。

康有为等人也曾长时间居留海外，多次游历欧美等国，对世界有着广泛的、直观的感性了解，由于语言隔阂，只能通过西语中译，间接地获得系统化的理性认识。和他们不同，孙中山没有任何语言和知识基础的障碍。从故居现存藏书中可以看出，1911 年以前，孙中山特别重视阅读世界历史，特别是欧美各大国的历史著作，以期对欧美文明、大国兴衰以及世界发展趋势获得系统而全面的认识，并从中吸取丰富的历史经验与教训，作为领导中国革命的借鉴。

故居中现存一批 1911 年前出版的世界史、地区史著作。综合性著作，如 J. W. Draper《欧洲文明史》（*History of the Intellectual Development of Europe*，纽约，1876）1～2 卷，Edited by Williams 25 卷本《世界史》（*The Historians' History of the World*，伦敦，1908），Edited by Ward 13 卷本《剑桥近代史》（*The Cambridge Modern History*，剑桥，1906—1911），J. McCarthy 三卷本《当代史》（*A History of Our Own Times*，伦敦，1902），F. Guizot 两卷本《罗马帝国衰亡至法国革命期间的文明史》（*The History Civilization*，*From the Fall of the Rome Empire to the French Revolution*，纽约，1887），F. Guizot《欧洲文明通史》（*General History of Civilization in Europe*，纽约，1911），H. W. C. Davis《中世纪的欧洲》（*A History of Medieval Europe*，伦敦，1911）。专门研究世界经济史、政治史、思想史方面的著作，如 W. Cunningham《从经济角度看西方文明》（*An Essay On Western Civilization in Its Economic Aspects*，古代、中世纪、近代卷，剑桥，1899、1904），W. Müller《近代政治史，1816—1875 年》（*Political History of Recent Times*，纽约，1882），C. Seigobos《1814 年以来的欧洲政治史》（*Seigobos' Political History of Europe*，*Since* 1814，纽约，1899），H. Hoffding 两卷本《近代哲学史》（*A History of Modern Philosophy*，伦敦，1900）等。

国别史方面，有关英国历史的著作最多。通史性著作有 T. G. Smollett 五卷本《英国历史——从革命到乔治二世的死亡》（*The History of England from the Revolution to the Death of George the*

Second，伦敦，1825），L. Macaulay 六卷本《英格兰史》（*History of England*，伦敦，1898）。专史性著作有 J. R. Green 四卷本《英吉利民族史略》(*A Short History of the English People*，纽约、伦敦，1892)，一卷本《英吉利民族史略》(伦敦，1907)，G. Smith 两卷本《联合王国政治史》（*The United Kingdom: A political History*，伦敦，1899），T. E. May《英国宪政史（1760—1860）》（*The Constitutional History of England* 1760-1860，伦敦，1875—1878），H. R. Gneist《英国政体史》(*The History of the English Constitution*，伦敦，1891)，H. R. Gneist《英国议会史》（*History of the English Parliament*，伦敦，1895），H. Hallam 三卷本《英国立宪史》(*The Constitutional History of England*，伦敦，1908)，E. P. Cheyney《英国工业社会史》(*An Introduction to the Industrial and Social History of England*，纽约，1901)，H. T. Buckle 三卷本《英国文化史》（*History of Civilization In England*，伦敦，1902），M. V. Bérard《英帝国主义与商业霸权》(*Brithish Imperialism and commercial Supremacy*，纽约，1906)，H. E. Egerton《英国殖民政策简史》(*A Short History of British Colonial Policy*，伦敦，1910)；S. J. R. Seeley《英国的扩张》(*The Expansion of England: Two Courses of Lectures*，伦敦，1900）等，加上《战斗的克伦威尔》《纳威尔逊传》《查尔斯·达尔文》等一批传记，共约 20 余种。

有关美国历史的著作也很多，大多为专门史。这里有 R. Frothingham《合众国的兴起》(*The Rise of the Republic of the United States*，波士顿，1910)，G. Smith《美国政治史纲，1492—1817》（*The United State: An Outline of Political History*，1492-1871，纽约，1889），H. E. Holst 八卷本《美国宪政史 1750—1832》（*The Constitutional & Political History of the U. S*，芝加哥，1881—1892），W. A. Mowry《美国领土的扩展》(*The Territorial Growth of the United States*，纽约，1902)，A. P. Andrew《美国统计资料（1867—1909）》(*Statistics for the United States*: 1867-1909，华盛顿，1910)，E. L. Bogart《美国经济史》（*The Economic History of the United States*，纽约，1907），J. W. Foster《一个世纪的美国外交》(*A Century of American Diplomacy*，波士顿、纽

约，1902)，J. W. H. Foster《美国在东亚的外交》(*American Diplomacy in the Orient*，波士顿、纽约，1903)，H. P. Willis《美国殖民政策研究：菲律宾问题》(*Our Philippine Problem*：*A Study of American Colonial Policy*，纽约，1905) 等，加上《华盛顿将军传》《马歇尔的生平、性格和司法生涯》《本杰明·富兰克林自传》等一批名人长篇传记，一批战史著作和一批银行史、企业史著作，总数近 30 种。

法国历史，是孙中山关注的又一个重点。孙中山最关心的当然是法国大革命，故居现存有 F. V. A. Aulard 四卷本《法国革命史（1789—1804)》(*The French Revolution—A Political History* 1789-1804，伦敦、莱比锡，1910) 和 L. L. T. Gosselin 两卷本《法国革命传奇》(*Romances of the French Revolution*，伦敦，1908)。孙中山对于拿破仑特别关注，故居中有四种拿破仑的长篇传记，它们是 J. H. Rose 两卷本《拿破仑一世传》(*The Life of Napoleon* Ⅰ，1902)，W. Yorck 两卷本《拿破仑将军》(*Napoleon As A General*，伦敦，1902)，T. A. Dodge 四卷本《伟大的首领拿破仑》(*Great Captains*：*Napoleon*，伦敦，1904—1907)，C. M. Baron 三卷本《拿破仑一世传记续补》(*Memoirs To Serve For the History of Napoleon* Ⅰ，伦敦，1895)。叙述导致拿破仑失败的滑铁卢战役专著两种：一是 W. Siborne 的《1815 年滑铁卢战役》(*The Waterloo Campaign*：1815，伦敦，1904)，二是 E. Erckmann 的《滑铁卢》(*Waterloo*：*A sequel To the Conscript of* 1813，纽约，1910)。从中我们可以触摸到深藏在孙中山心灵深处的某种心路。此外，故居中还有一些叙述法国银行、信贷发展历程以及法国在远东战略的著作。这十多种法国历史著作表明，孙中山了解法国历史，有着明确的目的性。

国别史方面，故居还有一批叙述俄国、德国、荷兰、朝鲜、埃及、印度、墨西哥等国历史的著作，总数也有近 20 种。

从故居现存藏书中可以看出，孙中山非常重视古代希腊、罗马，特别是古代罗马帝国兴衰的历史过程、历史经验。古希腊史方面的著作有 G. J. M. Grote 11 卷本《希腊史》(*A History of Greece*，纽约，1911)，两卷本《希罗多德传记》(*The History of Herodtus*，伦敦、纽约，1910)，《修昔底斯》(*Thucydides*，伦敦、纽约)。古罗马史方面的著作，有 E. Gibbon 七卷本《罗马帝国衰亡史》(*The History of the Decline and Fall of the*

Roman Empire，伦敦，1903—1906）和同一作者六卷本同名著作《罗马帝国衰亡史》（纽约、伦敦，1910），G. Ferrero 五卷本《罗马帝国的盛衰》（*The Greatness and Decline of Rome*，纽约，1909），T. Mommsen《罗马史》（*The History of Rome*，纽约，1911），Tacitus 两卷本《塔西佗著作集》（*The Works of Tacitus*，伦敦，1908—1909），C. Middleton《西塞罗生平和书信集》（*Cicero's Life and Letters*，爱丁堡，1892），以及恺撒的传记三种。希腊、罗马都曾经是文明古国，都曾盛极一时，后来就衰弱了，尤其罗马帝国，还延续了相当长的岁月，它的命运可资中国这个东方文明古国警惕与借鉴，这显然是孙中山对古代希腊、罗马历史如此关心的基本原因。

故居中现存的这批史学著作，显然完全不是西方国家的通俗读物，而几乎都是水准很高的学术名著。孙中山并不是一位历史学家，而他所阅读的这些著作，能使许多历史学家为之汗颜。孙中山有一句名言："世界潮流，浩浩荡荡，顺之者昌，逆之者亡。"世界潮流，这区区四个字，凝聚了孙中山对世界各大文明兴衰，欧美各大国崛起的丰富知识和深刻理解。1905 年 8 月 13 日，孙中山在东京中国留学生欢迎大会上所作的演讲中曾说：

> 渡太平洋而东至米国，见米国人物皆新。论米人不过由四百年前哥伦布开辟以来，世人渐知有米国，而于今时文明，即欧洲列强亦不能及。去年圣路易斯的博览会为世界最盛之会，盖自法人将圣路易斯买来之后，特以此会为纪念。米国从前乃一片洪荒之土，于今四十余州的盛况，皆非中国所能及。兄弟又由米至英、至法、至德，见各洲从前极文明者，如罗马、埃及、希腊、雅典等皆败，极野蛮者如条顿民族等皆兴。中国的文明已有数千年，西人不过数百年，中国人又不能由古代之文明而变为近世的文明；……不过我们中国现在的人物皆无用，将来取法西人的文明而用之，亦不难转弱为强，易旧为新。……中国从前之不变，因人皆不知改革之幸福，以为我中国的文明极盛，如斯已足，他何可求。于今因游学志士见各国种种的文明，渐觉得自己太旧了，故改革的风潮日烈，思想日

高，文明的进步日速。如此看来，将来我中国的国力能凌驾全球，也是不可预料的。①

结合故居中现存的以上历史著作，就能理解孙中山这一段论述绝非泛泛之论，而是他认真研究了古代埃及、古代希腊、古代罗马帝国历史和英、美、法、德近代以来历史得出的深思熟虑的结论。

检视孙中山故居现存历史类西文藏书，还有一个不可漠视的特色，这就是孙中山特别关注西人论述中国历史与现状的各种书籍。1911 年以前出版的这一类著作，至少有 60 种。

美、英等国人士综论中国历史与现状的代表性著作，故居中几乎都收罗着，如 P. Du. Halde 四卷本《中国通史》（*The General History of China*，伦敦，1736），M. Huc 两卷本《中华帝国》（*The Chinese Empire*，伦敦，1855），S. W. Williams《中央王国》（*The Middle Kingdom*，纽约，1883），S. R. K. Douglas《中国》（*China*，伦敦，1887），D. C. Boulger《中国史略》（*A Short History of China*，伦敦，1893），R. S. Gundry《中国今昔》(*China Present and Past*，伦敦，1895)，W. A. P. Martin《中国三循环》（*A Cycle of Cathay: or, China, South and North*，纽约、芝加哥、多伦多，1896），A. S. Krausse《衰败中的中国》(*China in Decay*，A Handbook to the Far Eastern Question，伦敦，1898)，C. W. D. Beresford《中国的分裂》（*The Break-up of China*，伦敦、纽约，1899），A. H. Smith《动荡的中国》（*China, Her History, Diplomacy and Commerce from the Earliest Times to the Present Day*，伦敦，1901），C. Holcombe《中国问题的症结》（*The Real Chinese Question*，伦敦，1901），F. L. H. Pott《中国史略》(*A Sketch of Chinese History*，上海，1903)，H. C. Donby《中国及其人民》(*China and Her People*，波士顿，1906)，W. A. P. Martin《中国的觉醒》(*The Awakening of China*，纽约，1907)，M. Broomhall《大清国》（*The Chinese Empire, A General and Missionary Surver*，伦敦，1907），J. S. Thomson《中国人》(*The Chinese*，伦敦，1910)，

① 《孙中山全集》第 1 卷，278～279 页，北京，中华书局，1981。

J. K. Goodrich《将来的中国》(*The Coming China*，芝加哥，1911）等。

故居藏书中，还有一部分是专论中国某一方面或某一地区的西文著作。专论中国农村的，有 A. H. Smith《中国乡村生活》(*Village Life in China*：*A Study in Sociology*，纽约、芝加哥、多伦多，1899），F. C. King《四千年来的农民：中国、朝鲜和日本》(*Farmers of Forty Centuries*; Or, *Permanent Agriculture in China*, *Korea and Japan*, Madison，1911)。专论中国信仰与宗教的，有 R. J. Edkins《中国的佛教》(*Chinese Buddhism*，伦敦，1893），M. Reynaud《中国的彼岸世界》(*Another China*，伦敦，1897），H. A. Giles《古代中国的宗教》(*Religions of Ancient China*，伦敦，1905）。专论中国边远地区的有 W. J. Gill 两卷本《金沙江》(*Burmah*，伦敦，1880），E. H. Parker《上溯扬子江》(*Up the Yang-Tse*，香港，1898），S. A. Horsie《在西部中国的三年（川黔滇游记）》(*Three Years in Western China*，伦敦，1897），M. S. Wellby《穿越未为人知的西藏》(*Through Unknown Tibet*，伦敦，1898），S. A. Hosie《满洲：它的人口、资源和近代历史》(*Manchuria*, *Its People*, *Resources and Recent History*，伦敦，1901），F. H. Nichols《穿越神秘的陕西》(*Through Hidden Shan'xi*，伦敦，1902）。专论台湾的有 G. L. Mackay《来自遥远的台湾》(*From Far Formosa*，伦敦，1896），J. W. Davidson《台湾岛今昔》(*The Island of Formosa*, *Past and Present*，纽约，1903）等。

收集、购置和阅读西方人士所撰写的关于中国历史与现状的著作，清楚地表明孙中山渴望从不同视野、不同角度深化对中国国情的认识。解决中国问题，既需要认清世界潮流，又需要认清中国国情，而认清中国国情，实非易事。中国各地区发展极不平衡，彼此差异甚大，凭借感性直观，极易以偏概全，一叶障目；凭借官方文书和其他方面资料，则太多文过饰非的虚妄之词。西方人士所撰写的有关中国历史与现状的著作，自有其片面性，甚至会有不少偏见，但是，如与中国自己的文献相结合相补充，则必能有助于对于中国国情获得较为真切的认识。这应是孙中山并非历史学家，却一直那样认真广泛地了解中外历史的又一重要原因。

二、宏大的世界视野和历史意识

对于具有普世意义的现代文明和现代性的自觉认同与热忱追寻，是上海孙中山故居现存藏书所显示的伟大民族英雄孙中山这一时期革命思想又一特色。

所谓现代文明，所谓现代性，有着数以百计的不同定义、不同诠释。为绝大多数诠释者所公认的现代文明、现代性的主要指标，包括疆域固定和主权独立的民族国家的建立，市场化、工业化、城市化以及世界性联系的实现，公众主体性的确定和世俗公众社会形成，社会流动速度加快和幅度扩展，公众通过选举制度和代议制度不断扩大政治参与，理性批判精神高扬，科学与技术作用日益突出，由自由、平等、博爱、进步、民主、法治、公平、效率构成的新的价值体系逐渐成为主导性价值。对现代文明和现代性的自觉认同与热忱追寻，就是对这些主要指标的自觉认同和热忱追寻。

当中国人开始全方位直面现代文明、现代性时，现代文明、现代性自身已面临严峻挑战和深刻危机。这是因为现代文明、现代性从西欧发端时，一开始就同资本主义生产方式结合在一起。地理大发现、殖民掠夺与殖民统治、资本原始积累、文艺复兴、启蒙运动、宗教改革、法国大革命、美国独立战争、英国工业革命，是西方现代文明、现代性形成的一座座里程碑。资本主义深刻的内在矛盾，使现代文明、现代性在西方社会得到发展的同时，又导致西方社会陷入普遍的异化：民族国家的建立走向了殖民扩张，与市场化、工业化、城市化、世界化相伴的是社会两极化，社会出现尖锐阶级对立，世俗公众社会和代议制政治制度成为对于公众新的奴役，理性常常陷入非理性。对于资本主义的批判和否定于是不可遏止地走向高涨。以斯宾格勒、叔本华、尼采等人为代表的一批学者，将资本主义制度和现代文明、现代性未加区分，在抨击西方资本主义的同时，对现代文明、现代性也进行了解构，以致走向否定现代文明、现代性。与此同时，在欧美产生了社会主义运动，他们批判资本主义，而肯定现代文明、现代性，主张现代文明、现代性通过社会主义而重建。

针对欧美社会矛盾的现实和纷繁复杂的各种社会思潮，20 世纪之初的中国，在现代文明、现代性应否成为中国未来发展目标问题上，出现了三种不同的趋向：一是震慑于西方资本主义深刻社会矛盾和剧烈的社会冲突，而倾向于否定现代文明、现代性；二是认定资本主义道路无可避免，中国应准备付出必要代价，依循西方所走过的道路走向现代文明、现代性；三是接受欧美社会主义思潮的影响，认定中国可以通过社会主义道路，既走向现代文明、现代性，而又避免资本主义道路的弊端。当时，可以说，“翼教丛编”一派代表第一种趋向，康有为、梁启超代表了第二种趋向，孙中山和同盟会核心成员代表了第三种趋向。

在同盟会核心成员中，孙中山对现代文明、现代性普世主义核心内容信仰与追求最为坚定，主张中国应当选择社会主义方式走向现代文明、培育中国自身的现代性最为明确、最为热切。在西方国家各社会主义派别那里，社会主义与资本主义通常被视作现代文明、现代性成长的两个不同历史阶段，而在孙中山这里，社会主义与资本主义已成为东方国家区别于西方国家走向现代文明、现代性的另一条道路。1905 年 5 月，孙中山赴布鲁塞尔社会党国际执行局会见该局主席王德威尔德和书记胡斯曼，要求第二国际接纳中国革命党为其成员时，就将这一立场表达得非常清楚：

> 中国社会主义者要采用欧洲的生产方式，使用机器，但要避免其种种弊端。他们要在将来建立一个没有任何过渡的新社会，他们吸收我们文明的精华，而绝不成为它的糟粕的牺牲品。换句话说，由于它们中世纪生产方式将直接过渡到社会主义的生产阶段，而工人不必经受资本家剥削的痛苦。①

这也就是 1905 年 11 月孙中山在《民报发刊词》中所倡导的“举政治革命、社会革命毕其功于一役”②。

孙中山信仰之所以如此坚定，主张之所以如此明确，根植于他对西方各国社会主义学说、社会主义运动极为认真的系统研究。他在东京

① 《中国的社会主义》，载布鲁塞尔法文版《人民报》，1905-05-20，见《近代史资料》，1979（2）。

② 《孙中山全集》第 1 卷，289 页。

《民报》创刊周年庆祝大会上一再指出，社会主义已变为“一种很繁博的科学”，“这里头千条万绪，成为一种科学，不是十分研究不得清楚”。[①] 孙中山故居现存藏书生动地表明，这一时期孙中山确实已将社会主义作为一门科学进行了十分认真的研究。

孙中山说过，社会主义“其中流派很多，有主张废资本家归诸国有的，有主张均分于贫民的，有主张归诸公有的，议论纷纷”[②]。在故居现存藏书中，综合讨论各派社会主义的1911年以前出版的著作便有近十种，如C. H. Vail《科学社会主义原理》(*Principles of Scientific Socialism*，芝加哥，1899)，J. B. Peixotto《法国革命与现代法国社会主义》(*The French Revolution and Modern French Socialism*，纽约，1901)，M. Hirsch《民主主义与社会主义》(*Democracy Versus Socialism*，伦敦，1901)，W. H. Mallock《对社会主义批判的检验》(*A Critical Examination of Socialism*，伦敦，1908)，J. T. Stoddard《新社会主义》(*The New Socialism*：*An Impartial Inquiry*，伦敦，1909)，R. W. Kauffman《什么是社会主义》(*What Is Socialism*，纽约，1910)等。通过这些著作，对于欧美各国各种社会主义流派不同的主张，自然能够获得较为准确的了解。

孙中山非常关注现代文明、现代性基于资本主义而产生的各种问题。他指出，“社会问题在欧美是积重难返”，“文明有善果，也有恶果，须要取那善果，避那恶果。欧美各国，善果被富人尽享，贫民反食恶果，总有少数人把持文明幸福，故成此不平等的世界”。[③] 故居现有藏书中有相当一批著作便专门讨论孙中山这里所说的诸社会问题，如T. G. Spyers《劳工问题》(*The Labour Question*：*An Epitome of the Evidence and the Report of the Royal Commission on Labour*，伦敦，1894)，B. Kidd《社会进化》(*Social Evolution*，纽约，1895)，C. B. Spahr《美国财富分配现状》(*An Essay on the Present Distribution of Wealth in the United States*，纽约，1896)，H. George《社会问题》(*Social Problems*，伦敦，1898)，G. Tarde《社会规律》(*Social Laws*，

① 《孙中山全集》第1卷，326～327页。
② 同上书，327页。
③ 同上书，326～328页。

纽约，1899)，Le Bon《大众》(*The Crowd: A Study of the Popular Mind*，伦敦，1900)，G. F. Lydston《社会的弊端》(*The Diseases of Society*，伦敦，1904)，J. R. Day《对繁荣的入侵》(*The Raid On Prosperity*，纽约，1908)，L. Austin《美国无产者的兴起》(*The Rise of the American Proletarian*，芝加哥，1910) 等。故居藏书中现存马克思《政治经济学批判》芝加哥 1904 年、1911 年的两个版本，显示了马克思对资本主义经济制度矛盾的揭露和批判在孙中山心目中的重要地位。孙中山摒弃中国资本主义发展道路，正是基于对欧美各国社会矛盾、社会问题的深刻认识。

亨利·乔治是孙中山非常器重的一位美国社会主义思想家。亨利·乔治认为，财富分配不公是资本主义制度的主要弊病，而土地投机买卖和垄断更是造成贫富悬殊的主要原因，解决的办法就是土地公有，将全部地租作为赋税收归国家所有，废除其他所有捐税。他的主张因此被称作土地国有和单一税制，在 19 世纪 80 年代以后的英国等社会主义运动中曾风靡一时。孙中山对亨利·乔治的学说有浓厚兴趣，在加拿大温哥华地区还专门去考察过实施这一主张的情形。在故居藏书中，除去上述《社会问题》一书外，还有亨利·乔治的《保护贸易或自由贸易》(*Protection or Free Trade*，伦敦，1890) 和《政治经济学》(*The Science of Political Economy*，伦敦，1898) 两书。亨利·乔治出版于 1882 年的《进步与贫困》，孙中山曾多次提起，并给予很高评价，但故居中现未收藏，孙中山理应收藏过这部著作。这一事实，也证明了故居中现存藏书并不完全，孙中山阅读范围并不限于自己的藏书。

为了更为深入地了解城市和乡村的土地占有状况，孙中山购置了不少这方面的书籍。在故居现存藏书中就有 F. Seebobh《英国村社》(*The English Village Community Examined in Its Relations to the Manorial and Trial Systems*，伦敦，1884)，W. Epps《大洋洲的土地制度》(*Land Systems of Australasia*，伦敦，1902)，W. A. Somers《为征税对不动产进行估价》(*The Valuation of Real Estate for the Purpose of Taxation*，明尼苏达，1901)，F. Verinder《土地、工业和税制》(*Land, Industry and Taxation*，伦敦，1902)，J. Hyder《土地国有化实例》(*The Case for Land Nationalisation*，伦敦，1907)，H. J. S. Maine

《东方与西方的村庄》(*Village-Communities in the East and West*，伦敦，1907)，R. M. Hurd《城市土地价值原则》(*Principles of City Land Values*，纽约，1911) 等。通过这些著作可以了解孙中山关于土地问题的思想形成的丰厚学理基础。

对于社会主义各种思潮之中的马克思主义一派，孙中山给予特别高的评价。1912 年 10 月，他在上海中国社会党本部所作的连续三天的演讲中详细介绍了西方各派社会主义学说和他本人的社会主义主张。他说："尝考欧西最初社会主义之学说，即为'均产派'，主张合贫富各有之资产而均分之。……厥后有德国麦克司者出，苦心孤诣，研究资本问题，垂三十年之久，著为《资本论》一书，发阐真理，不遗余力，而无条理之学说，遂成为有统系之学理。研究社会主义者，咸知所本，不复专迎合一般组织粗浅激烈之言论矣。"① 他还认为，掌握了马克思资本公有的主张和亨利·乔治的土地公有主张，即掌握了"社会主义之真髓"②。

所有这些事实表明，孙中山对于社会主义确实进行了十分系统的研究，而将社会主义视作中国走向现代文明、现代性的必由之路，正是他对社会主义进行了认真研究和大量实地精心考察之后得出的科学结论。

三、现代文明的自觉认同

孙中山在力主中国应当选择社会主义道路走向现代文明、现代性时，对于实现现代文明、现代性的核心价值归趋自由、平等与博爱，民主与法治，也始终坚信不疑。

1911 年 11 月中旬孙中山在伦敦和英国记者谈话解释为什么一定要推翻清朝统治时，历数清王朝统治以下各项"虐政"：

> 第一，满洲人的统治是为其本族的私利，而不是为了全体国民。
>
> 第二，他们反对我们在智力方面和物质方面的进步。

---

① 孙中山：《在上海中国社会党的演说》，见《孙中山全集》第 2 卷，506 页，北京，中华书局，1982。

② 同上书，51 页。

第三，他们把我们作为被统治民族对待，否认我们各种平等的权利和特权。

第四，他们侵犯我们不可让予的生存权、自由权和财产权。

第五，他们纵容和鼓励贪污行贿。

第六，他们压制言论自由。

第七，他们未经我们的同意，不公平地向我们征收重税。

第八，他们实行最野蛮的酷刑。

第九，他们不经法律而剥夺我们的各种权利。

第十，他们不能履行职责，以保障其辖区内居民的生命和财产。

在这篇谈话的最后，他说："我已做成了我的工作，启蒙和进步的浪潮业已成为不可阻挡的。中国，由于它的人民性格勤劳和驯良，是全世界最适宜建立共和政体的国家。在短期间内，它将跻身于世界上文明和爱好自由国家的行列。"①

孙中山对现代文明、现代性核心价值坚信不疑，同样根植于他对阐明这些核心价值观念的相关西方思想学说的深入研究和忠实继承。从故居现存藏书中，可以大体梳理出孙中山这一方面思想继承与发展的主要脉络，这一脉络由以下几个侧面构成。

其一，关于民主、自由观念与现代民主制度。作为其理论渊源的著作，如 F. Macdonald 两卷本《卢梭》(*Jean Jacques Rousseau*: *A New Study in Criticism*，伦敦，1906)，W. A. Dunning《政治学说史——从路德到孟德斯鸠》(*A History of Political Theories from Luther to Mantesquieu*，纽约，1910)，G. N. F. Heger《历史哲学》(*The Philosophy of History*，纽约，1900)，F. W. H. Myers《人的个性及其不朽》(*Human Personality and Its Survival of Bodily Death*，纽约，1909)等，以及 M. Y. Ostrogorski 两卷本《政党体制与民主》(*Democracy and the Organization of Political Parties*，纽约，1908)，H. J. S. Maine《民治

① 孙中山：《我的回忆——与伦敦〈滨海杂志〉记者的谈话》，见《孙中山全集》第 1 卷，555～558 页。

政府》(*Popular Government*, 伦敦, 1909), J. S. Mill《代议制政府研究》(*Considerations on Representative Government*, 伦敦), T. W. Wilson《国家：历史组合与政治实践》(*The State*: *Elements of Historical and Practical Politics*, 波士顿, 1911) 等。专论美、英等国民主政治制度的著作，如 A. Hamilton、J. Jay《美国联邦制拥护者》(*The Federalist*: *A Commentary on the Constitution of the United States*, 纽约, 1898), P. S. Reinsch《美国联邦政府论文集》(*The American Commonwealth*; *Abridged Edition*, 纽约, 1911), J. M. Robertson《英国政治入门》(*An Introduction to English Politics*, 伦敦, 1900) 等。此外，还有一批讨论俄国、德国、日本政治体制的著作。关于民治、民有、民享，关于人们的生存权、自由权、财产权，关于人们能够共同参与创造和共同享有智力方面和物质方面的进步，以及所有这一切如何通过民主政治制度的合理架构与有序运作而获得保障，是这些著作的核心内容，也正是孙中山关注的中心。

其二，关于法治建设理论和宪法、法律建设。阐述法治理论的综论性著作，其中有 B. Montesquieu 两卷本《法的精神》(*The Spirit of Laws*, 纽约, 1900), R. H. Pollock《法学与伦理学论文集》(*Essays in Jurisprudence and Ethics*, 伦敦, 1882), J. Bryce 两卷本《历史与法学研究》(*Studies in History and Jurisprudence*, 牛津, 1901), R. Sohm《法理概要》(*The Institutes*, 牛津, 1907), T. E. Holland《法学基础》(*The Elements of Jurisprudence*, 伦敦, 1908), H. Taylor《法学》(*The Science of Jurisprudence*, 纽约, 1908), W. W. Howe《罗马法研究及与英美法律的渊源关系》(*Studies in the Civil Law and Its Relations to the Jurisprudence of England and America with References to the Law of Our Insular Possessions*, 波士顿, 1905) 等。关于各国宪法和民法、刑法、商法等法典的著作，包括 J. W. Burgess 两卷本《政治学与比较宪法》(*Political Science and Comparative Constitutional Law*, 纽约, 1890—1891), J. R. Tucker 两卷本《美国的宪法》(*The Constitution of the United States*, 芝加哥, 1899), W. Bagehot《英国的宪法》(*The English Constitution*, *and Other Political Essays*, 纽约, 1908), W. F. Dodd《近代主要国家宪法》(*Modern Constitution*,

芝加哥，1909），J. F. Stephen《英国刑法概观》（*A General View of the Criminal Law*，伦敦，1890），F. H. Goodnow《比较行政法》（*Comparative Administrative Law*，纽约、伦敦，1893），J. H. Gubbins《日本民法典》（*The Civil Code of Japan*，东京，1897），L. H. Lönholm《日本商业法典》（*The Commercial Code of Japan and the Law Concerning Its Operation*，横滨，1898），J. S. Risley《战争法》（*The Law of War*，伦敦，1897），F. M. Gregg《国会法手册》（*Handbook of Parliamentary Law*，波士顿，1910）等。变礼俗社会为法理社会，被视为现代文明区别于古代文明、现代性区别于古代性的一个重要标志。对于通过宪法和完备的立法建立现代法理社会，孙中山完全不满足于抽象化、概念化的了解，这些著作充分表明，他对此作了精心研究。南京临时政府建立以后，孙中山那么急切而执着地坚持制定临时约法，绝非偶然。

其三，在推行民主与法治中特别富于应用性与可操性的著作。其中专门研究比例代表制选举方法的著作就有七八种，如 T. R. Ashworth《适用于政党政府的比例代表制》（*Proportional Representation Applied to Party Government: A New Electoral System*，伦敦，1901），《比例代表制社会》（*The Proportional Representation Society*，伦敦，1907 年、1909 年、1910 年、1911 年等各个不同版本）。专门研究司法机关及其判例的，有 G. P. Moriarty《巴黎的法院》（*The Paris Law Courts*，伦敦，1894），H. S. Hogan 等《在俄亥俄州最高法院》（*In the Supreme Court of the State of Ohio*，俄亥俄，1911），E. Wambaugh《判例研究》（*The Study of Cases*，波士顿，1894），G. Bemis《韦氏案例报告》（*Report of the Case of John W. Webster*，底特律，1897）等。专门研究国际公法的，有 L. Levi《国际公法》（*International Law*，伦敦，1887），T. J. Lawrence《国际公法手册》（*A Handbook of Public International Law*，伦敦，1898），F. Meili《国际民事和商业法——理论、立法、实践》（*International Civil and Commercial Law as Founded Upon Theory, Legislation, and Practice*，纽约，1905）等。

从以上这些著作可以看出，孙中山阅读西书目的性、针对性非常明确，这就是如何引导中国真正实现政治民主与法治健全。

四、对经济理论的密切关注

现代经济发展，现代经济制度的建立，是现代文明、现代性由以确立的物质基础和社会基础。孙中山立志将中华民族引向现代文明、现代性，西方各国经济发展历程和成功经验便成了他阅读的又一重点。故居中现存1911年以前出版的有关经济学理论、工业发展、银行与信贷、危机与萧条、垄断与托拉斯、财政学等著作，差不多有120种之多。

在经济学理论方面，除去前面提到的马克思《政治经济学批判》和亨利·乔治《政治经济学》二书外，故居中还有一批欧美第一流经济学家的经济学专著，如美国经济学家凯恩斯（J. N. Kaynes）《政治经济学的范围与方法》（*The Scope and Method of Political Economy*，伦敦，1897），意大利经济学家庞塔勒奥尼（M. Pantaleoni）《理论经济学》（*Pure Economics*，纽约、伦敦，1898），英国社会经济学家霍布森（J. A. Hobson）《分配经济学》（*The Economics of Distribution*，纽约，1900），美国经济学家哈德利（A. T. Hadley）《经济学——私有财产与公共福利的关系》（*Economics, An Account of the Relations between Private and Public Welfare*，纽约，1901），英国经济学家马歇尔（A. Marshall）的《经济学原理》（*Principles of Economics*，伦敦，1898）与《工业经济基础》（*Elements of Economics of Industry*，伦敦，1907），美国经济学家拉弗林（J. L. Laughlin）《政治经济学原理》（*The Elements of Political Economy*，纽约、芝加哥，1902），荷兰经济学家皮尔松（N. G. Pierson）《经济学原理》（*Principles of Economics*，伦敦，1902）等。哈德利的《经济学》一书，重视私人经济发展，强调要确定政府职权范围；皮尔松的著作强调经济发展是改善物质福利的基础；马歇尔是剑桥学派创始人，他以生产成本解释供给价格，以边际效用解释需求价格，是自由经济的坚持者；庞塔勒奥尼是奥地利学派的重要代表人物，对边际效用理论作了出色分析，是自由竞争经济运行机制的热情支持者。从这些可以看出，孙中山非常重视经济学理论的新进展。

垄断资本的出现，是19世纪末20世纪初西方经济发展中一个重要的新动向。故居中有好几部著作分析这一现象，如E. V. Halle《托拉斯》(*Trusts, or Industrial Combinations and Coalitions in the United States*,纽约,1899),R. T. Ely《垄断集团与托拉斯》(*Monopolies and Trusts*,纽约,1900),H. J. Levy《垄断与竞争》(*Monopoly and Competition: A Study in English Industrial Organisation*,伦敦,1911)等。孙中山在经济领域的敏锐性于此可见一斑。

故居现存藏书中1911年前出版的有关美国、法国、英国、德国、瑞士、比利时、意大利、加拿大银行制度、银行法、银行史的著作有40多种。有关财政学、财政制度、货币制度的著作近十种,其中很大一部分也属这一领域的权威性著作。

故居现存藏书中1911年以前出版的关于发展铁路交通、国有铁路管理、铁路建筑、路桥设计、铁路业务经济学等方面的著作,差不多有30种。孙中山后来之所以力主大量修建铁路、发展铁路运输,和他这一领域的知识准备显然密切相关。

当然,这一时期孙中山关于经济如何发展的论述并不多,《建国方略》中的《实业计划》到1918年方才写成。但是,其基础,应当说正是孙中山在中国同盟会时期对于经济问题的密切关注和不断思考而打下的。

五、值得重视的军事学养

对于中国同盟会而言,孙中山不仅是一位思想上、政治上的卓越领袖,而且是一次次武装起义的策划组织者和军事指挥者。同盟会建立后,在中国南部发动的潮州黄冈之役(1907年5月)、惠州七女湖之役(1907年6月)、防城之役(1907年9月)、镇南关之役(1907年12月)、钦廉上思之役(1908年3—4月)、河口之役(1908年5月),都是在孙中山领导下进行的。理所当然的,孙中山对于现代军事科学,对于战争的战略战术问题,对于现代战史,都有非常浓厚的兴趣。了解到这一点便不难理解,在孙中山故居藏书中,1911年以前出版的关于军事与战争方面的著作为什么多达七八十种。

首先是战史研究著作。其中研究美国南北战争诸战役的著作最多,共有十多种,综合性的著作就有J. D. Cox《亚特兰大:南北战争诸战役》(*Atlanta: Campaigns of the Civil War*,纽约,1882),M. F. Force

《从亨利堡到科林斯（南北战争诸战役）》（*From Fort Henry to Corinth: Campaigns of the Civil War*，纽约，1898），A. S. Webb《半岛（1862年麦克莱伦战役）》（*The Peninsula: McClellan's Campaign of 1862*，纽约，1898）等。其他研究日俄战争的、研究1813年莱比锡战役和1815年滑铁卢之战的、研究1870—1871年法德战争的、1877—1878年保加利亚战役的，都各有一种至数种。

其次，是专门研究战争、战略、战术的著作。这里有克劳塞维茨（K. P. G. V. Clausewitz）的三卷本《战争论》（*On War*，伦敦，1873），V. B. Derrécagaix两卷本《现代战争》（*Modern War*，华盛顿，1888、1890），F. N. Maude《近代战略的发展》（*The Evolution of Modern Strategy from the XVIIIth Century to the Present Time*，伦敦，1905），F. Hoening《未来战术探究》（*Inquiries Concerning the Tactics of the Future*，伦敦，1899），W. L. Goltz《战争指挥》（*The Conduct of War*，伦敦，1899）等。

再次，研究枪支与射击的著作，如W. W. Greener《枪与它的发展》（*The Gun and Its Development*，伦敦，1910），C. Lancaster《射击术阐释论述》（*An Illustrated Treatise on the Art of Shooting*，伦敦，1898）等。

故居现存军事类藏书中还有一个亮点，就是专门研究海军发展与制海权的一批论著。这里有1901年、1902年、1903年、1905年、1906年、1907年、1908年、1909年、1910年、1911年朴茨茅斯与伦敦出版的《海军年鉴》（*The Naval Annual*），1906年、1907年、1908年、1909年、1910年伦敦出版的《简氏战舰年鉴》（*Fighting Ships*），A. T. Mahan《制海权对历史的影响，1660—1783》（*The Influence of Sea Power upon History*，1660—1783，伦敦，1889），同一作者两卷本《制海权对法国革命与帝国的影响，1793—1812》（*The Influence of Sea Power upon the French Revolution and Empire*，1793—1812，伦敦，1892），同一作者《美国在制海权方面的利益：现状与未来》（*The Interest of America in Sea Power, Present and Future*，伦敦，1898），G. Y. Fiennes《海上帝国》（*The Ocean Empire: Its Dangers and Defence*，伦敦，1911）等。对于海军的发展和掌握制海权的战略地位的

特别关注，反映了孙中山世界视野下的宏大战略眼光，虽然革命尚未成功，但他已在思考中国未来在这一方面应当如何部署。

众所周知，科学技术的最新成就，文明的最新成果，经常最先运用于军事和战争。战争中新技术的运用，新战略的形成，新战役的指挥，以及军队新的组织和新的训练，常常是新文明产生的催化剂。现代战争与现代军事，同现代文明、现代性的关系也不例外。研究现代军事、现代战争，应当是孙中山更为敏锐、更为强烈地认同现代文明、现代性的又一动力。

19 世纪中叶以来，中国被迫卷入由西方资本主义所开辟的世界体系之中，也不由自主地卷入了走向现代文明的世界现代化大潮之中。中国如何化被动为主动，既立足中国实际，又能充分吸取世界物质生产和精神生产的各种优秀成果，寻找到适合中国国情的现代化道路，以推动中国自身走向现代文明，这是一个放在全体中国人面前的历史性课题。面对这一历史性的挑战，孙中山以其高度自觉站到了时代的最前列，以其广博的知识、精粹的思想、超强的能力和卓越的成果，为人们作出了表率。孙中山本人也由此成为中国革命的伟大先行者，中华民族的伟大英雄。

民族文化共同体的新构建：析孙中山《民族主义》演讲

1924年1月27日、2月3日、2月10日、2月17日、2月24日、3月2日，孙中山每周一次、连续六周所作的《民族主义》演讲，系统地阐述了他的民族主义思想和行动方略，其核心内容就是要构建一个民族文化共同体。对孙中山的民族主义总体构想及其内在矛盾作一扼要的剖析，将可在一个更为广阔的历史天地中去认识中国近代民族认同和近代民族形成的历史进程。

一、从族类观念到民族观念

“非我族类，其心必异。”这种族类观念，源远流长。可以说，自从氏族、部族相互之间纷争冲突产生以来，这种观念就一直没有中断过。这种族类观念，有着强烈的族类主体意识（“莅中国而抚四夷”）、族类排他意识（“内诸夏而外夷狄”）、族类优越意识（“以夏变夷”，而不可“以夷变夏”）。但是，这种族类，基本上是一个地域性共同体、血缘性共同体、文化的共同体，因此，在此基础上形成的族类观念常常容易陷入封闭式、保守式的自我中心主义。

近代民族的形成，同商品经济的普遍发展、统一的国内市场形成并参与世界市场的角逐紧密联系在一起。近代民族意识的突出标志是民族独立意识、国家主权意识、世界竞争意识，这是一种开放型、进取型的意识。在中国，这样一种新型的民族意识，是近一百多年来随着中华民族一步步从旧式的族类共同体向近代型民族共同体转变，方才逐渐产生的。

在很长一段时间中，传统的族类意识在反对西方侵略者以及后来推翻清王朝统治的斗争中，曾经同近代民族意识交织在一起，交相为用。但是，这两种意识的取向并不一样，所以，又免不了要经常互相抵牾。在反对西方资本帝国主义侵略的斗争中，传统的族类意识继续将中国引向封闭、保守、排外，近代民族意识则要将中国引向开放、进取、变革；在推翻清王朝统治的斗争中，传统的族类意识有助于唤起人们悲惨的历史记忆和愤怒情绪，但又常常会模糊建立新型民族经济与民族政治的目标。

孙中山民族主义思想的萌芽，既有太平天国“奉天讨胡”这样通过太平军老兵传递给他的传统族类意识的影响，更有他在檀香山、香港、澳门所接受的西方教育、西方民族运动的影响。在这方面，起了最大作用的，是世界范围的视野和世界意识。孙中山的眼界和思路从小即比内地穷乡僻壤甚至城镇许多人开阔和活跃。在檀香山和香港、澳门所接触到的西方社会、政治、科学知识及生活现实，特别是檀香山土人、英美及东方人之间的冲突，港、澳的殖民地境遇，使他对中国“上则因循苟且、粉饰虚张；下则蒙昧无知，鲜能远虑”，致使民众处于水火之中，中国面临蚕食鲸吞、瓜分豆剖的险境，有了超越一般青年的深切认识。① 基于此，在建立兴中会时，他选用了当年朱元璋反元时提出的“驱逐胡虏，恢复中华”的口号并加以改造，确定以“驱逐鞑虏，恢复中华，创立合众政府”为秘密誓词。其后，经过在欧、美、日各国多年游历、观察、研究，对世界各国历史、政治、经济、社会运动有了更多的了解，他在建立同盟会时更完整地提出了“驱除鞑虏，恢复中华，建立民国，平均地权”的奋斗纲领，使民族主义在旧式口号下更明确地突

① 《兴中会章程》，见《孙中山选集》，14页。

出了新的时代内容。

推翻清王朝、建立了中华民国以后，孙中山曾一度认为，民族、民权两主义俱已达到，唯有民生主义尚未着手，今后所当致力的即在此事。二次革命失败后，面对袁世凯重建的专制主义统治，1914 年 7 月孙中山在东京建立中华革命党，手书的《中华革命党总章》规定“以实行民权、民生两主义为宗旨”，承认了民权主义的任务仍未完成，而民族主义，《总章》完全没有提及。其后，又经历了一系列事变，直到 1919 年 10 月 10 日中华革命党通告改组为中国国民党时，《中国国民党规约》中方才重新确定以实行三民主义为宗旨。孙中山所写的《三民主义》长文及其后许多演讲表明，他已重新认识了继续以民族主义为奋斗目标的意义，并对民族主义的内涵作了新的界定。

《三民主义》认为，民族主义起源甚远，而发达于 19 世纪，盛行于 20 世纪。“民族主义之范围，有以血统、宗教为归者，有以历史习尚为归者，语言文字为归者，夐乎远矣。然而最文明高尚之民族主义范围，则以意志为归者也。”① 他认为，瑞士、美利坚之民族，便是这样一种为共图民权共和而将各种族熔冶为一炉形成的最文明的民族，这也正是中华民族所应努力达到的目标。为此，他批评将推翻清王朝统治看成民族主义目的已达到，或仅是空洞而含混地宣布汉、满、蒙、回、藏五族共和。

在《三民主义》和此时的多次演讲中，他突出了民族主义的两项新的内容。

其一，反对列强对中国的压迫，收回被它们强占的国权与土地，实现真正的民族自决，使中国成为世界第一等强国。1920 年 11 月 4 日，他在上海中国国民党本部会议上所作的演说中指出：“民族主义，即是扫除种族之不平等”，“现在清室虽不能压制我们，但各国还是要压制的，所以我们还要积极的抵制，……定要积极的将我四万万民族地位抬高起来，发扬光大”。② 1921 年 6 月 30 日，他在广东省第五次教育大会上指出，中国积弱，主权丧失已久，故为中国计，宜先求脱去奴隶地

① 《孙中山全集》第 5 卷，186～187 页，北京，中华书局，1982。

② 同上书，393～394 页。

位，急起直追，求中国能自立，“众‘伙计’必须要抱此积极民族主义做人，有凌辱我同胞、蔑视我国权者，以推翻满清之手段排之，固不论其为某国抑或任何国也”。① 同年12月10日，他在桂林对滇赣粤军所作的演说指出，革命以后，满清虽已推翻，而已失之国权与土地，仍操诸外国，未能收回，“吾人若以救国为己任，则仍当坚持民族主义，实行收回已失之土地与国权”②。1923年1月，他先在《中国国民党宣言》中提出“改正条约，恢复我国国际上自由平等之地位”③，继而又在《中国革命史》中强调：“对于世界诸民族，务保持吾民族之独立地位，发扬吾固有之文化，且吸收世界之文化而光大之，以期与诸民族并驱于世界，以驯致于大同，此为以民族主义对世界之诸民族也。”④

其二，反对在国内各民族之间不顾各民族实际，泛泛而谈所谓五族共和，要求以汉族为主体，积极团结国内各民族，组成一大中华民族，并把中华民族造成一个很文明的民族，把中国建成一个完全的民族国家。在《三民主义》中，孙中山已经提出：“汉族当牺牲其血统、历史与夫自尊自大之名称，而与满、蒙、回、藏之人民相见于诚，合为一炉而冶之，以成一中华民族之新主义，如美利坚之合黑白数十种之人民，而冶成一世界之冠之美利坚民族主义，斯为积极之目的也。”他并预言：“夫以世界最古、最大、最富于同化力之民族，加以世界之新主义，而为积极之行动，以发扬光大中华民族，吾绝不久必能驾美迭欧而为世界之冠，此固理有当然，势所必至也。”⑤ 为什么必须以汉族为主体，而不能像辛亥革命后世袭官僚、顽固的旧党及复辟的宗社党那样在五族共和名义下否定汉族的主体作用？孙中山1921年3月6日在中国国民党本部特设驻粤办事处所作的演说对此作了专门的解释。他说，论人数，满、蒙、回、藏不过分别为百万或数百万之众，论形势，他们分别处于日、俄、英等国势力控制之下，为此，在民族主义上下工夫，就必须“使满、蒙、回、藏同化于我汉族，成一大民族主义的国家”；应当以美

① 《孙中山全集》第5卷，558～559页。

② 《孙中山全集》第6卷，25页，北京，中华书局，1985。

③ 《孙中山全集》第7卷，3页，北京，中华书局，1985。

④ 同上书，60页。

⑤ 《孙中山全集》第5卷，187～188页。

利坚民族为榜样，以汉族为中心，提撕振拔满、蒙、回、藏等族，“使之同化于我，并且为其他民族加入我们组织建国的机会”①。

很明显，这时重新提出的民族主义，同传统的族类意识已经不再相混和，它所追求的目标毫不含混的是近代民族和近代民族国家的确立。这是孙中山对世界各国民族运动和中国国内外民族关系更深入了解的结果。1924年初民族主义的演讲，正是孙中山民族主义思想在这一基础上的发展和深化，或者说，是又一次新的飞跃。

二、天然力、政治力、经济力与民族问题本质

《民族主义》演讲最引人注目的特点，首先是对民族问题的本质作了具有鲜明时代精神的阐明。

《民族主义》第一讲指出，民族起源于自然力，是由血统、生活、语言、宗教、风俗习惯这五种力天然进化而成。第二讲紧接着指出，世界中的进化力，不止一种天然力，人为的力量，最大的有两种，一种是政治力，一种是经济力，这两种力对于民族兴亡的作用，比天然力还要大。

据此，孙中山具体分析了中国的民族同时受天然力、政治力和经济力三种压迫，生存地位非常危险的状况。天然力方面，孙中山主要强调了中国在人口方面受到西方人口总数的压迫。在政治力压迫方面，孙中山历数了中国边陲地区大片领土丧失，内地18行省也有许多土地为欧美日列强霸占的事实。在经济力压迫方面，孙中山历数了中国海关、银行、交通运输为列强所控制，加上租界与割地之赋税、地租、地价，列强特权营业、投机事业等，每年中国财富累计12万万元被掠夺的事实。孙中山指出：“天然淘汰力，也可以消灭很大的民族。政治力和经济力比较天然淘汰力还要更快，更容易消灭很大的民族。”他警告说：“此后中国民族如果单受天然力的淘汰，还可以支持一百年，如果兼受了政治力和经济力的压迫，就很难度过十年。故在这十年之内，就是中华民族的生死关头。”② 中华民族所面临的生死攸关的这一严峻形势足以表明，在中国，民族问题从根本上说，就是打消这三种力量的压迫，国家图发

① 《孙中山全集》第5卷，473～474页。

② 《孙中山全集》第9卷，198页。

达，民族图生存。

"要救中国，想中国民族永远存在，必要提倡民族主义。"孙中山指出，中国虽然人数最多，民族最大，文明教化有四千多年，"但是中国的人只有家族和宗族的团体，没有民族的精神，所以虽有四万万人结合成一个中国，实在是一片散沙，弄到今日，是世界上最贫弱的国家，处国际中最低下的地位"。为此，他呼吁要提倡民族主义，用民族精神来救国，这里首要的要求就是"结合四万万人成一个坚固的民族"①。孙中山在他的演讲中以世界近代历史发展的事实，介绍了欧美各国和日本以民族立国而强盛的情况。中国呢？孙中山强调，由于失掉了民族的精神，现在便做了各国的奴隶。为此，他要求一定要使中国人人都充分认识中国所面临的死期将至的危险，从而激发起人们为民族生存而奋斗的精神。"我们提倡民族主义，便先要四万万人都知道自己死期将至。知道了死期将至，困兽尚且要斗，……如果四万万人都知道了危险，我们对于民族主义便不难恢复。"②

孙中山在《民族主义》第一讲与第四讲中还详细分析了第一次世界大战和俄国革命以后国际格局的重大变化，突出了民族问题在这一新的国际形势下新的内容、新的特征。他指出，第一次世界大战表明，在欧、美、日诸列强相互之间，民族问题本质上是争霸权、争领土；大战以后的国际关系表明，在列强与各弱小民族之间，民族问题本质上是列强推行强权与各弱小民族争取民族自决的斗争。在这一世界总格局之下，中国的民族斗争便同各弱小民族争取民族自决的斗争联系在一起，增加了扶持弱小民族、抵抗世界列强的时代使命。"我们要能够抵抗强权，就要我们四万万人和十二万万五千万人联合起来。我们要能够联合十二万万五千万人，就是提倡民族主义，自己先联合起来，推己及人，再把各弱小民族都联合起来，共同去打破二万万五千万人，共同用公理去打破强权。"③ 除去各弱小民族外，孙中山还依据战败的德国等受列强压迫的情况，提出无论哪一民族或哪一个国家，只要被压迫的或委屈的，必联合一致，去抵抗强权，"那些被压迫的国家联合，一定去和那

① 《孙中山全集》第9卷，188～189页。

② 同上书，237页。

③ 同上书，220页。

些强暴的国家拼命一战。推到全世界，将来白人主张公理的和黄人主张公理的一定是联合起来，白人主张强权的和黄人主张强权的也一定是联合起来。”①

对于民族问题本质的这些新的见解，反映了孙中山对近代世界历史特别是第一次世界大战以来国际局势新的认识。从上海孙中山故居现存藏书中可以看出，他对世界历史、第一次世界大战的历史以及英、美、德、法等国政治、经济、社会状况极为关注，藏书中的绝大部分都是有关这些内容的重要著作。1908 年版 H. S. Williams 所编 25 卷本《世界史》，1906—1911 年版 A. W. Ward 所编 13 卷本《剑桥世界史》，1881—1892 年版 H. VonHolst 所编 8 卷本《美国宪政史》，1908 年版 3 卷本《英国立宪史》，1898—1904 年版 2 卷本《从经济角度看西方文明》等，就是这类著作中很小一部分的代表。以第一次世界大战史而言，除去分别研究各国与大战关系的专著外，综合性的著作就有 1917—1919 年版 Frank H. Simonds 3 卷本《第一次世界大战史》，1921—1922 年版 John Buchan 4 卷本《第一次世界大战史》，1915—1916 年版 Hilaire Belloc 2 卷本《欧洲战争概略》，1919—1920 年版 F. W. Halsey 10 卷本《世界大战史文摘》等多种。这众多的英文原著，显示了孙中山丰富的世界历史知识和宏大的世界意识。对于民族问题，孙中山之所以能够放在世界近代历史总进程中去加以考察，并通过对各不同国家民族问题的比较研究，揭示其本质，显然与此直接相关联。

《民族主义》演讲还清楚地表明了俄国革命和列宁关于民族殖民地问题的论述对孙中山的影响。演讲称赞俄国人自己推翻帝国主义，改武力政策为和平政策，不但没有侵略各国的野心，并且抑强扶弱，压富济贫，专为世界上伸张公道打不平，提倡被压迫民族去自决，使世界上从此生出一个很大的变动；特别称赞列宁本人领导俄国 1.5 亿人正加入亚洲的弱小民族，去反抗强暴的民族，是人类中的先知先觉。这些言论足以证明，孙中山对民族问题本质的新的认识、新的诠释，与俄国革命及列宁的民族理论、民族政策是分不开的。

---

① 《孙中山全集》第 9 卷，193 页。

三、固有宗族、道德、智能、能力与近代民族精神

借助民族主义，推动中国近代民族的形成和发展，是中华民族生存与振兴的需要。在充分认识了民族主义的目标和价值以后，必须解决的问题就是如何着手，实际地将四万万中国人结合成为一个充满了近代精神的坚固的民族。《民族主义》第五讲提出利用旧有的宗族团体和家乡观念联合全国的人为一大国族团体；第六讲提出要恢复忠孝仁爱、信义和平等固有的旧道德、格物致知、诚意正心、修身齐家、治国平天下等固有的智能，以及中国固有的能力，在恢复我国一切国粹以后，学习欧美之所长，迎头赶上欧美。这些主张是对五四新文化运动提倡新道德反对旧道德、提倡新文化反对旧文化的否定，也同孙中山本人早先态度迥然有异，《民族主义》演讲却视这一切为解决民族问题的最好的方法。这构成了《民族主义》演讲又一最显著的特色。

孙中山认为，"中国人对于国家观念，本是一片散沙，本没有民族团体"，但是，"中国有很坚固的家族和宗族团体"，家乡观念也很深，举凡同宗、同姓、同省、同县、同乡村，总是特别容易联络。西方以个人为单位，个人与国家之间没有很坚固、很普遍的中介，中国个人之外注重家族，再由家族推到宗族，然后才是国族，"这种组织一级一级地放大，有条不紊，大小结构的关系当中是很实在的；如果用宗族为单位，改良当中的组织，再联合成国族，比较外国用个人为单位当然容易得多"。他建议，利用全国现有的四百族，从原有宗族做起，用同宗名义，从一乡一姓联络起，再扩充到一省一国，每一姓都成为一个很大的团体，再由有关系的各姓互相联合起来，便可以结成一个极大的中华民国的国族团体，这就可以从根本上改变四万万人一片散沙的局面。他并称这是救中国危亡的根本方法。①

早在 1915 年 12 月，陈独秀在《青年杂志》上发表的《东西民族根本思想之差异》一文中就严厉抨击过中国传统的家族宗法制度。他认为，宗法社会以家族为本位，而个人无权利，导致四大恶果：损坏个人独立自尊之人格；窒碍个人意思之自由；剥夺个人法律上平等之权利；

① 《孙中山全集》第 9 卷，237～241 页。

养成依赖性，戕贼个人之生产力。他以此断言："东洋社会中种种卑劣不法惨酷衰微之象，皆以此四者为之因，欲转善因，是在以个人本位主义，易家族本位主义。"① 稍后，1917 年 2 月，吴虞在《新青年》发表《家族制度为专制主义之根据论》，认定"吾国终颠顿于宗法社会之中而不能前进，推原其故，实家族制度为之梗也"。② 对家族宗法制度的抨击，是新文化运动的一个重要主题，渗透到哲学、社会学、历史学、文学等许多领域，并引起了强烈的社会反响。可是，孙中山在这里却倡议充分利用家族、宗族制度来形成全民族的大团结，与新文化运动反家族主义形成了鲜明的对照。

从理论上讲，从家族、宗族而形成国族，并无必要的论证，亦无先例可以依循。历史的事实恰好作出了相反的结论，家族、宗族制度依存于自然经济结构，又维护着这一经济结构，它同商品经济和社会化大生产，同统一的国内市场的形成，有着许多严重的冲突，以致妨碍形成真正的近代型的民族联系。至于从操作层次上讲，同姓结为一宗，全国结成四百大宗，彼此之间再相互联络，更属空想，几无实现的可能。问题在于，既然在理论层次和操作层次上由宗族结为国族都根本不能成立，孙中山为什么又如此郑重其事地提出这一建议？

其实，孙中山这里所思考的问题的真正内核，是究竟用什么办法把一片散沙般的农民组织起来。先前，他曾寄希望于会党，以为可以通过会党把下层社会及广大游民收罗起来，结成团体，使民族主义在这些团体中生存与滋长。但是，事实证明，会党集合的农民形成不了统一的民族，会党本身反而容易为反民族主义势力所利用。会党不行，那么该用什么组织去联合农民、发动农民呢？利用家族、宗族，同乡关系，是他在找不到合适答案时提出的一种设想。这一方面最有力的佐证，就是他发现工人有工会、商人有商会、学生有学生会，特别是农民发现组织成农会后，能有效地帮助他们摆脱奴隶地位，便不再强调通过家族、宗族去结成国族。1924 年 7 月 28 日，他在广州农民联欢会上谈到三民主义，谈到民族主义就是不许外国人来治中国，做中国的皇帝，要我们中国人来治中国，自己管理自己。接着，他就谈到，农民占中国人口百分

---

① 《青年杂志》第 1 卷第 4 号。

② 《新青年》第 2 卷第 6 号。

之八九十，农民之所以最艰难、最痛苦，就是向来没有联络，没有团体，像一片散沙一样。大众都联络起来，结成团体，便可以不致做人的奴隶。为此，他建议农民要一村与别村联络，一乡与别乡联络，一县与别县联络，组织农会和农民团军；农民一旦结成团体，就可以恢复自己的地位，谋自己的幸福。① 同年 8 月 21 日，他在广州农民运动讲习所第一届毕业典礼上又一次谈到要使广大农民先自一乡一县联络起来，然后再到一府一省，以至于全国。② 这些讲话足以表明，孙中山《民族主义》演讲肯定家族、宗族，并不是对他们有特殊的偏爱，他是在寻找把一片散沙的农民联合为近代民族的方法，一旦寻找到更好的形式，他便不再寄期望于家族、宗族了。

孙中山一直是一个提倡向西方学习的革命家，在《民族主义》演讲中，却一反往昔态度，大力倡导恢复中国固有的旧道德、固有的智能及固有的能力，并对一般醉心新文化的人排斥旧道德公开表示不满。

关于道德，他说："要维持民族和国家的长久地位，还有道德问题，有了很好的道德，国家才能长治久安。"他认为，中国从前的忠孝仁爱、信义和平种种旧道德，都驾乎外国人之上。忠，不忠于君，但要忠于国、忠于民，要为四万万人去效忠；孝，世界上最文明的国家，也没有像中国讲得这么完全；仁爱，中国人没有像外国人那样实行，但可以恢复和发扬光大；信义，中国比外国进步得多；和平，出于一般国民的天性，不好战争；凡此种种，孙中山认为，都是我们民族的精神。"我们以后对于这种精神不但是要保存，并且要发扬光大，然后我们民族的地位才可以恢复。"③

关于固有的智能，孙中山特别欣赏中国古代修、齐、治、平政治哲学。他认为："欧美的国家很进步，但是说到他们的新文化，还不如我们政治哲学的完全。"但是，所谓修身、齐家、治国，这一套最有系统的政治哲学近几百年来中国并没有做到，所以对于本国便不能自治，而要沦为被列强共管。为此，他要求人们从修身做起，推到正心、诚意、

① 《孙中山全集》第 10 卷，461～464 页，北京，中华书局，1986。

② 同上书，558 页。

③ 《孙中山全集》第 9 卷，243～247 页。

格物、致知。“我们现在要能够齐家、治国，不受外国的压迫，根本上便要从修身起，把中国固有知识一贯的道理先恢复起来，然后我们民族的精神和民族的地位才都可以恢复。”①

关于固有的能力，孙中山指的是中国古代发明指南针、印刷术、火药、瓷器、茶叶、丝织品的那种创造力。“中国古时不是没有能力的，因为后来失了那种能力，所以我们民族的地位也逐渐退化。现在要恢复固有的地位，便先要把我们固有的能力一齐都恢复起来。”②

他也要学习欧美。欧美的长处是科学，他说：“欧美之所以驾乎我们中国之上的，不是政治哲学，完全是物质文明。”他们物质文明的发达，又“都是由于科学昌明而来的”。所以，中国向欧美学习的东西是科学，而不是政治哲学。③

孙中山的这些言论，几乎就是罗素中国文化优秀论的翻版。英国哲学家罗素1920年10月来华访问，作了《数理逻辑》《物之分析》《心之分析》《哲学问题》及《社会构造论》五大讲演。他就中国文化问题作过多次演说。他盛赞中国伦理的德性，说“中国的至高无上，就是在这里；近代世界所最需要的，也就是这个”。他特别称赞忠孝仁爱、信义和平中的“和平”，说：“在这几种德性中，我把平和的性格列在第一位，有了这一种性格，一切争端，都可用正义解决，不必凭借武力了。”④ 他将西方人和中国人作了一番比较，说：“如其在中国人和我人之间有这么道德上的差别，我们的一面是更其恶劣的，因为我们富于精力，所以每日能够犯更多的罪恶。我们所应该教导中国人的，不是道德或是关于政府的伦理上的格言，却是科学与工艺的技术。”⑤ 政府的伦理，在孙中山这里称作政治哲学。将孙中山的言论与罗素这些言论对照一下，不难看出，两人的立论如出一辙。当然，这就难怪孙中山在《民族主义》讲演中，要一再称赞“极大的哲学家像罗素那一样的人有很大

① 《孙中山全集》第9卷，247～250页。

② 同上书，251页。

③ 同上书，230～231页。

④ ［英］罗素：《中国国民性的几个特点》，愈之译，见《罗素论文集》上册，63页，上海，商务印书馆，1923。

⑤ ［英］罗素：《中国之国际的地位》，张闻天译，见《罗素论文集》上册，86页。

的眼光，一到中国来，便可以看出中国的文化超过于欧美，才赞美中国”。①

值得注意的是，孙中山对中国旧道德和固有的政治哲学所持的这一立场同东方文化保守主义的代表者辜鸿铭、陈翰章等的关系。孙中山曾说过："我亦尝效村学生，随口唱过四书五经者，数年以后，已忘其大半。但念欲改革政治，必先知历史，欲明历史，必通文字，乃取西译之四书五经历史读之，居然通矣。"② 他这里所说的"西译之四书五经"，从上海孙中山故居藏书中可以得知，主要就是理雅各在王韬协助下编译的《中国的经典》，陈翰章的《孔子及其学派的经济思想》，特别是辜鸿铭的著作。辜鸿铭这位精通英文、德文、法文、希腊文的爱丁堡大学硕士，张之洞的西文幕僚，怀着对西方的憎恶，为着维护民族的自尊，先后将《论语》《中庸》《大学》译成英文，还写了《尊王篇》《中国人的牛津运动》《春秋大义》（《中国人的精神》）等一系列英语著作。③ 他引用欧人著作解释《论语》《中庸》《大学》，盛赞中国忠孝仁义等道德，抨击欧美贪图物质利益、迷恋武力与权力，认为中国文明与欧洲文明本来异趣，中国文化较之欧洲文化更为优良，至醇至圣之孔夫子，当有支配全世界之时。新文化运动发生时，辜鸿铭旗帜鲜明地站在反对者的行列中，曾在孙中山经常阅读的英文报纸上海《密勒氏远东评论》上发表了《反对中国文学革命》《留学生与文学革命》等论文。孙中山故居现今仍收藏有辜鸿铭所译释的英语版《论语》和《中庸》，收藏的另一部英语论述儒家思想的著作是翟理斯（Herbert A. Giles）的《儒学及其竞争者》。辜鸿铭曾批评此书只知翻译片断文字，不能自中国典籍中发

---

① 《孙中山全集》第9卷，248页。

② 《在沪尚贤堂茶话会上的演说》，见《孙中山全集》第3卷，321页，北京，中华书局，1984。

③ T. J. Legge, *The Chinese Classics*, 1890; Chen Huanchang, *The Economic Principles of Confucius and His School*, 1991; Ku hungming, *The Discourses and Sayings of Confucius*（论语），1898; *The Conduct of Life*（中庸），1906，1912; *Higher Education*（大学）; *Papers from a Viceroy's Yamen*（总理衙门来书，即《尊王篇》），1901; *The Story of a Chinese Oxford Movement*（中国人的牛津运动，即《清流传》），1912, *The Spirit of the Chinese People*（中国人的精神，即《春秋大义》），1915。

掘其蕴藏的深厚内容及其精髓，把握其整体。孙中山解释中国的旧道德和政治哲学，显然参考了辜鸿铭的这些著作，许多立论与辜氏相通自然也就不足为奇了。

事实表明，孙中山《民族主义》就中国固有的旧道德、旧政治哲学发表的意见，带有浓厚的感情成分，有些甚至是即兴式的呼吁和发挥，它们表现了罗素、辜鸿铭言论的影响，更表现了孙中山在人们道德上、政治哲学上歧见日益严重时，急于找到一种能把人们在道德上、精神上维系起来的工具的焦躁情绪。要民族自立与自强，首先需要民族的自尊与自信，可是，旧道德、旧文化已在急遽地崩解，而新道德、新文化、新思想在广大民众中，不用说广大农民，即使是在革命队伍中也未能产生足够的影响。面对这种价值迷失态势，他便试图赋予传统道德、传统政治哲学以新的解释，给以新的肯定，使中华民族增强其主体精神。当然，这样树立的自豪感、自尊心毕竟是脆弱的，而且包含着以传统道德、传统政治哲学否定现实的革命的危险，因此，随后不久，当黄埔军校建立起来，工会、农会发展起来，革命迅速向前发展之时，孙中山便转而倡导树立新道德，指出："古时极有聪明能干的人，多是用他的聪明能力，去欺负无聪明能力的人。所以由此便造成专制和各种不平等的阶级。现在文明进化的人类，觉悟起来，发生一种新道德。这种新道德就是有聪明能力的人，应该要替众人来服务。这种替众人来服务的新道德，就是世界上道德的新潮流。"① 他要求人们竭力去铲除防止国家社会中新道德进步的大障碍，显而易见，在这种新道德之中他看到了民族精神真正发扬的更大的希望。

四、民族主义与中国现代化实践

孙中山民族主义思想发展的过程，以及他的《民族主义》演讲对于中华民族自立、自强提出的整个构想，是中华民族从传统的族类联系成长为近代民族这一正在持续之中的历史进程的一个缩影。

刺激中华民族走向现代化的直接动因，是西方资本主义按照他们的面目改造整个世界在中国造成的空前严重的危机。在很长一段时间里，

① 《在岭南大学黄花岗纪念会的演说》，见《孙中山全集》第10卷，156页。

在很多人心目中，现代化等同于西方化，等同于资本主义化，因为欧洲近代化的成功把西方的触角伸向整个世界，使西方化如日中天，气焰极盛，现代化似乎很难有其他道路的选择。近代民族的形成，人们也经常以西方各民族国家为唯一成功的现成参照系。

基本上在西方化教育和环境中成长起来的孙中山，曾经非常真诚地把西方化看作中华民族走向现代化的必由之路。但是，这位伟大的爱国者在不断奋斗的过程中逐渐看到了中国原先的历史基础同西方化之间存在着难以逾越的鸿沟。经过一次又一次的挫折，他终于开始考虑现代化并不一定就是西方化，在东方，在中国，现代化可以，而且必须选择同自己的历史基础相连接的新的道路。

孙中山不是一位埋首书斋、精心著述，构造严密理想体系的思想家，但是，他宏大的气魄，强烈的世界意识，他所领导的生气蓬勃的革命实践，使他能够敏锐地发现现实生活深层所蕴涵着的历史问题，勇敢地提出闪耀着光辉的解决这些历史问题的新的构想。《民族主义》演讲对民族问题本质的新的认识，通过在科学技术层次上和西方同质化、在民族的社会构造及价值取向上和西方异质化来推动中华民族现代化的构思，尽管其中包含着许多矛盾，很多方面存在着罅漏，却是探索非西方化创造近代文明的一次有意义的尝试。

《民族主义》演讲中所提出的构思，后来曾经被付诸实践。但是，家族、宗族关系的强化并没有推动民族联系的加强，反而一度成了军阀割据、宗派斗争的工具；传统的旧道德的弘扬，并没有真正导致价值取向的纯化、圣化，反而增加了思想文化领域内新旧观念的冲突和形式与内容的离异；中国固有政治哲学的倡导也没有推动中国统一市场的形成和社会经济的普遍繁荣，反而被军阀政客们用来重建政治上的专制主义。中华民族并没有很快就从深重的民族危机中走出来，反而在这些危机中陷得更深，中华民族成长为近代民族的历程分外曲折。

推动民族新的联系形成，推动民族自立自强方面起了更为积极作用的，是孙中山在《民族主义》讲演后提出的一系列新的主张，包括通过农会、工会、商会等去把农民、工人、商人组织起来，通过倡导新道德和对民众进行普遍的宣传、教育、启蒙去提高他们的觉悟，等等。这一切，在追求非西方化的中国民族现代化道路方面所作出的贡献，理所当然地应当置之于孙中山名下。

经历了大半个世纪的岁月，世界和中国都发生了很大变化。欧洲文明支配世界的日子已一去不复返，世界正在进入一个多极化时代。中华民族在现代化道路上前进了一大步，但是，在多极化的世界竞争总结构中，中华民族所面临的形势仍然很严峻。在这样的时刻，回顾孙中山民族主义思想发展的历程，进一步思考中华民族成长为近代民族、现代民族的道路，无疑是很有意义的。

民族文化共同体构建中的中国“国学”

一、“国学”一词的本土意义和日本演绎

“国学”一词，直到19世纪末，仍沿袭《礼记·学记》“古之教者，家有塾，党有庠，术有序，国有学”之义，指设于都城，主要教授贵胄子弟的学校。康有为1886年所撰《教学通义·国学》便说：

> 至于国学，自天子、世子、公卿、大夫、元士之嫡子，与凡民之俊秀皆教之。其学虽有米廪、上庠、东序、成均、瞽宗、大学之异，其地虽有公宫、国内、四郊之殊，然《师氏》以“三德”教国子：一曰至德，以为道本；二曰敏德，以为行本；三曰孝德，以知逆恶。教“三行”：一曰孝行，以亲父母；二曰友行，以尊贤良；三曰顺行，以事师长。《保氏》：养国子以道，乃教之以“六艺”：一曰五礼；二曰六乐；三曰五

射；四曰五驭；五曰六书；六曰九数。乃教之“六仪”：一曰祭祀之容；二曰宾客之容；三曰朝廷之容；四曰丧纪之容；五曰军旅之容；六曰车马之容。亦犹教万民之德行道艺耳。①

《教学通义·大学》中又说：

大学者，国学之大者也。古者家有塾，党有庠，术有序，国有学。而国学有二：有大学，有小学。其地，则小学在公宫南之左，大学在郊。其教之之人，则小学以师氏、保氏掌之。……大学则大司乐以乐德、乐语教国子。……所教之人，小学则国之贵游子弟学焉；大学则天子之元子、公卿、大夫、元士之适子与乡学之俊秀学焉。小学与大学俱教国子，但小学无俊秀，与大学异。②

戊戌维新运动中，康有为、严复、谭嗣同、梁启超等人所倡导的是孔子之学、孔子之道、孔子之教。他们在发明孔子之学、立教、卫教名义下，对传统经学和其他各种学说，多有抨击，实际上对中国传统思想学说已开始全面重估和重构。

康有为自述他发明孔子之学的历程及他所发明的孔子之学的真义说：

仆之急急以强国为事者，亦以卫教也。沮格而归，屏绝杂书，日夜穷孔子之学，乃得非常异义，而后知孔子为创教之圣，立人伦，创井田，发三统，明文质，道尧舜，演阴阳，精微深博，无所不包。仆今发明之，使孔子之道有不藉国力而可传者，但能发敷教之义，宣扬布护，可使混一地球。仆窃不自逊让，于孔子之道似有一日之明，二千年来无人见及此者，其他略有成说。先辟伪经，以著孔子之真面目，次明孔子之改

---

① 《康有为全集》第1卷，97页，上海，上海古籍出版社，1987。

② 同上书，105页。

制，以见生民未有；以礼学、字学附之，以成一统；以七十子后学记续之，以见大宗。辑西汉以前之说为“五经”之注，以存旧说，而为之经。然后发孔子微言大义，以为之纬。体裁洪博，义例渊微，虽汗青无日，而□□穷年，意实在此。若成不成则天也。①

在康有为这里，新莽以来的全部思想学说都遭到否定：“始作伪乱圣制者自刘歆；布行伪经，篡孔统者成于郑玄。阅两千年岁、月、日、时之绵暖，聚百、千、万、亿衿缨之问学，统二十朝王者礼乐制度之崇严，咸奉伪经为圣法。”② 他只承认公羊学家和董仲舒之学得到孔子之道的真传，并自诩只有他自己方才恢复了孔学真面目。

戊戌维新运动的另一巨子严复在《救亡决论》中痛斥八股取士之害：“一是锢智慧，二是坏心术，三是滋游手。”就其锢智慧而言，“垂髫童子，目未知菽粟之分，其入学也，必先课之以《学》《庸》《语》《孟》，开明宗义，明德新民，讲之既不能通，诵之乃徒强记。如是数年之后，行将执简操觚，学为经义，先生教之以擒挽之死法，弟子资之于剽窃以成章。一文之成，自问不知何语。”经由科举，一步步爬上去，号称为儒，且为“通天地人之谓儒”，实际上只能是“谬妄糊涂”。为此，严复写道：“夫数八股之害，有一于此，则其国鲜不弱而亡，况夫兼之者耶!”他不仅主张立即废止八股，而且主张“宋学汉学，词章小道，皆宜且束之高阁”。并断言：“四千年文物，九万里中原，所以至于斯极者，其教化学术非也。不徒嬴政、李斯千秋祸首，若充类至义言之，则六经五子亦皆责有难辞。嬴、李以小人而陵轹苍生，六经五子以君子而束缚天下，后世其用意虽有公私之分，而崇尚我法，劫持天下，使天下必从己而无或敢为异同者则均也。因其劫持，遂生作伪；以其作伪，而是非淆，廉耻丧，天下之敝乃至不可复振也。”③ 在论及孔教时，

---

① 康有为：《答朱蓉生书》，见《康有为全集》第1卷，1041～1042页。

② 康有为：《新学伪经考》，见《康有为全集》第1卷，572页。

③ 严复：《救亡决论》，见王栻主编《严复集》第1册，40、42、44、53～54页，北京，中华书局，1986。

他提出："据史以观，则知历代同奉孔教以为国教。然两千年来，改变极多。西汉之孔教，异于周季之孔教；东汉后之孔教，异于西汉之孔教；宋后之孔教，异于宋前之孔教。国朝之孔教，则又各人异议，而大要则不出于前数家……然孔子虽正，而支那民智未开，与此教不合。虽国家奉此以为国教，而庶民实未归此教也。"①

这一时期最为流行的用语是张之洞《两湖经心两书院改照学堂办法片》中所说的"中学为体，西学为用"和《劝学篇》中所说的"旧学为体，新学为用"。与"西学"相对应的词语是"中学"，与"新学"相对应的词语是"旧学"。所谓"中学"、"旧学"，在他那里，指的是中国纲常名教，包含四书五经，中国政治、史事、地图；所谓"西学"、"新学"则指西政、西艺、西史。而在康有为、严复这时的相关论述里，"孔子之学"、"孔子之教"，既是"旧学"，更是"新学"，是地地道道的"中学"，但与西学亦不排斥。康有为在与朱一新相辩驳时，便明确反对强行分别中学与西学，说"钦明文思、恭允克让之德，元亨利贞、刚健中正之义，及夫皋陶之九德，《洪范》之三德，敬义直方，忠信肃敬，仁义智勇，凡在人道，莫不由之，岂能有中外之殊乎？……至于人心风俗之宜，礼义廉耻之宜，则《管子》所谓'四维不张，国乃灭亡'。有国有家，莫不同之，亦无中外之殊也。"② 他们鼓吹孔子之学、孔子之教，并非为了抗拒"西学"、"新学"，而更多的是为了使"西学"、"新学"穿上中国古典服装。这就是康有为在《孔子改制考》中所说的："圣人但求有济于天下，则言不必信，惟义所在。无征不信，不信民不从，故一切制度论之三代先王以行之。……布衣改制，事大骇人，故不如与之先王，既不惊人，自可避祸。"③ 这里说的是孔子为何托古，其实是康有为夫子自道。

最先给本国古典文献和固有文化冠以"国学"这一名号的，是邻国日本江户时代的一批学者。当时，这批学者因反对作为日本封建社会指

---

① 严复：《保教余义》，见王栻主编《严复集》第1册，83～85页。

② 康有为：《答朱蓉生书》，见《康有为全集》第1卷，1038～1039页。

③ 康有为：《孔子改制托古考》，见《康有为全集》第3卷，313～314页，上海，上海古籍出版社，1992。

导理论与生活规范的儒教以及佛教，根据《古事记》《万叶集》《源氏物语集》等日本古典文献，探究日本古代历史、制度、文化，阐明日本固有精神，复归古道。发端者为契冲、荷田春满。契冲超越日本传统歌学的羁绊，以《万叶集》为中心，发动歌学革新运动。荷田春满传承契冲的歌学，并创立皇国学校，使歌学与神道思想、国学意识相结合，构成了新的国学概念。其后，经加茂真渊（亦作贺茂真渊）、本居宣长、平田笃胤等人的进一步努力，国学得以确立。加茂真渊从万叶调研究出发，说明“古道”或“神皇之道”为日本上代生活的根本精神，和儒教、佛教完全不相容。本居宣长最有影响的著作是花费十多年岁月撰写的44卷《古事记传》，强调日本古代的思想、感情与儒、佛教都不同，使复古主义的“古道”说得到充分展开，而与儒教针锋相对。其弟子平田笃胤著书更多，他一意阐明“古道”，排击儒、佛及伪神道。国学由此进一步转向纯粹的国家主义、天皇主义，成为明治维新指导理论的重要构成部分。明治维新以后，福泽谕吉等人倡导文明开化主义，批判复古神道的国学，国学运动一度受挫。但是，不久又形成新国学运动。明治20年，小中村义象出版《国学改良论》，明治28年芳贺矢一发表《当代国学者的任务》，主张对古人作合理的、比较的、历史的研究，克服德川时代国学者独断的、非科学乃至神秘主义的态度，确立对古文献批判性的考证研究，使国学运动又一次展开，成为明治时期国粹主义运动的中坚力量。①

在日本国学倡导者那里，国学有多种不同的诠释。在契冲那里，它被称作“歌学”；在荷田春满那里，它被称作“古学”、“倭学”、“和学”，范围包括国史、法制、歌学、语学。在加茂真渊那里，国学包含国史、国语、国文、法制、故实。本居宣长力主“国学”应称作“皇国学”。平田胤笃则主张称作“御国学”、“古学”，包含神道、语学、律令之学、国史之学、通俗读物之学、故实诸礼之学、武士道之学。在新国

---

① 参见［日］井野边茂雄等著：《江户时代史、明治时代史》，272～282页，东京，平凡社，1939；［日］芳贺登：《幕末变革期国学者的运动和论证》，见芳贺登、林本三之介《国学运动的思想》，710～711页，东京，岩波书店，1971；［日］三枝康高：《国学的运动》，东京，风间书房，1966。

学运动倡导者那里，小中村义象称国学为“古典学”，芳贺矢一称国学是对于历史、有职、语学、文学等知识的集合体，通过文献学的处理，从中得知日本真相的学问。[①]

日本明治时代的新国学者减少了极为强烈的“皇国”与“复古”色彩，具有较多理性主义与科学主义的方法论成分。江户时代的国学运动和明治时代的新国学运动，对于戊戌维新志士而言，恐怕并不陌生。在康有为1898年编订出版的《日本书目志》中，便著录有契冲《圆珠庵杂记》，加茂真渊《古今和歌集打听》[②]，本居宣长《神寿后释》《直昆灵》《神代正语》《地名字音转用例》《古事记传》《历代诏词解》《百上私淑言》《铃迺屋歌集》《后铃迺屋集》《古今集远镜》《字比三山踏》《源氏物语之三小栉》《源氏物语手枕》《玉胜间》等[③]，新国学运动小中村义象《大政三迁史》《日本史要》《新撰日本外史》《日本制度通》《日本文学史》《国学和歌改良论》《标注徒然草读本》《标注荣长语读本》《日本文典》《历史双六》等[④]，芳贺矢一《文学者年表》[⑤]。除此之外，《日本书目志》还录有其他国学者有关和歌、日本国史、日本国语、日本国文、日本精神等相当一批著作。《日本书目志》中的这些著录表明，康有为对日本国学运动并非不予关注，但是鉴于“国学”一词具有特别强烈的日本皇国主义、国家主义色彩和极为鲜明的排斥儒学、儒教倾向，“国学”一词在他树立托古改制孔子新形象和倡导建立孔教时并未采用。但是，正是他们开疑古风气之先河，成为对传统儒学及古代其他学术全面重新估定和重新构建的先导。

二、清末国粹主义者国故论衡

20世纪初，中国留日人数激增，许多维新志士和革命者也流亡日本，在日本新国学运动及国粹主义思潮强烈影响下，“国学”一词开始

---

① 见芳贺登、林本三之介：《国学运动的思想》，595～596页。

② 《康有为全集》第3卷，978、982页。

③ 同上书，666、673、704、713、909、978、979、982、983、986、1032、1033、1208页。

④ 同上书，703、705、784、964、977、1035、1058、1123页。

⑤ 同上书，728页。

为许多国人所采纳和使用。

当时，高举保存和讲求国学旗帜的，主要是上海的邓实、黄节、刘师培等人的国学保存会和日本东京章太炎等人的国学讲习会与国学振起社。

国学保存会酝酿于1902年冬。是时黄节欲师法日本，提出“国粹保存主义”。他说：“夫国粹者，国家特别之精神者也。昔者，日本维新，欧化主义浩浩滔天。乃于万流澎湃之中，忽焉而生一大反动力焉，则国粹保存主义是也……文部大臣井上馨特倡此义，大呼国民，三宅雄次郎、志贺重昂等和之。”什么是国粹？他解释说：“夫执一名一论一事一物一法一令，而界别之曰：我国之粹，我国之粹。非国粹也。发现于国体，输入于国界，蕴藏于国民之原，具一种独立之思想者，国粹也。有优美而无粗犷，有壮旺而无稚弱，有开通而无锢蔽，为人辟进化脑髓者，国粹也。天演家之择种为良，国粹保存主义也。……是故，本我国之所有而适宜焉者，国粹也；取外国之宜予我国，而吾足以行焉者，亦国粹也。”① 很明显，他所倡导“国粹保存主义”，完全不是排外主义、复古主义，而是坚持文化的主体性、精神生产的主体精神，对于传统的文化遗产，以及外来的文化资源，都有明确的取舍标准。1904年3月，邓实在《政艺通报》甲辰年第3号上发表《国学保存论》，与黄节的“国粹保存主义”相呼应，并以“国学”一词取代“国粹”一词。黄节与邓实等人发起建立一个团体，推动“国粹”与“国学”保存，拟名为国粹学社。黄节所撰《国粹学社起发辞》中说，“岁甲辰，同人创为国粹学社，号于海内”。“国粹者，科学也。日本倡之，而日本不知发之，则待发于吾国。……曰国，则有其非国者乎？曰粹，则有其非粹者乎？明乎非国非粹，则知乎为国为粹。是故，以研究为国粹学之始基，庶几继破坏而有以保存矣。”② 他们还为此筹建创办《国学报》。③ 经过一段时间筹备，至1904年季冬三月，正式设国学保存会于黄浦江上。简章

① 黄纯熙：《国粹保存主义》，载《政艺通报》壬寅第22期，1902-12-30。

② 黄纯熙：《国粹学社起发辞》，载《政艺通报》第3年第1号，1904-02。

③ 黄纯熙：《国学报叙》，载《政艺通报》甲卷第11号，1904-07。

中宣布该会“以研究国学，保存国粹为宗旨”[①]，并确定创办《国粹学报》为该会机关刊物。

何为“国学”？邓实在《国粹学报》陆续发表了《国学微论》《国学通论》《国学今论》《古学复兴论》《国学真论》《国学无用辩》等论文，加以阐述。

其一，国学非两千年来之儒学：“神州两千年之学术，……大抵以儒家为质干，以六经为范围，舍儒以外，无所谓学问，舍六经以外，无所谓诗书：人人手注疏而口性理，家家冠章甫而衣缝掖，天下百虑而一旨，殊途而同归。……统二千年观之，率五百年而将一治；其治也，亦不过上下数十年间，过此而复归于乱矣。……若其对外，则外族常胜，而本族常败。……则信夫儒学本无益于中夏也。”[②]

其二，国学非君学：“痛夫，悲哉！吾中国之无国学也。夫国学者，别乎君学而言之。吾神州之学术，自秦汉以来，一君学之天下而已矣，无所谓国，无所谓一国之学，知有君而不知有国也。……真儒之学，只知有国；伪儒之学，只知有君。知有国，则其所学者，上下千载，洞流索源，考郡国之利病，哀民生之憔悴，发愤著书，以救万世，其言不为一时，其学不为一人，是谓真儒之学。若夫伪儒者，所读不过功令之书，所业不过利禄之术，苟以颂德歌功，缘饰经术以取媚时君、固宠图富贵而已。”“遥遥二千年，神州之天下，一君学之天下而已，安见有所谓国学者哉？”[③]

其三，诸子之学是国学重要组成部分。“学术之大，岂出一途？古学虽微，实吾国粹。孔子之学，其为吾旧社会所信仰者，固当发挥而光大之；诸子之学，湮没既千余年，其有新理实用者，亦当勤求而搜讨之。夫自国之人，无不自爱其自国之学。孔子之学固国学，而诸子之学亦国学也，同一神州之学术，乃保其一而遗其一可乎？”[④]

其四，国学不是官学，而是在野君子之学。“若夫国学者，不过一二在野君子，闭户著书，优时讲学，本其爱国之忱，而为是经生之业，

---

① 《国学保存会简章》，载《国粹学报》第1年第1号。

② 邓实：《国学通论》，载《国粹学报》第1年第3号。

③ 邓实：《国学真论》，载《国粹学报》第1年第2号。

④ 邓实：《古学复兴论》，载《国粹学报》第1年第6号。

抱残守缺，以俟万世而已。其学为帝王之所不喜，亦为举世所不知。”①

邓实强调：“国学者何？一国所有之学也。……有其国者有其学。学也者，学其一国之学以为国用，而自治其一国者也。……国学者，与有国以俱来，因乎地理，根之民性，而不可须臾离也。”② 黄节在《国粹学报叙》中更提出：“夫国学者，明吾国界，以定吾学界者也。”以此他断言：“举东西诸国之学以为客观，而吾为主观，以研究之，期光复乎吾巴克之族黄帝、尧、舜、禹、汤、文、武、周公、孔子之学。”③

邓实、黄节的这些论述表明，他们心目中的“国学”，与两千年来一直居统治地位的统治阶级统治意识相对立，包含先秦时代的孔子之学和诸子之学，包含两千年来一批在野君子为救万世，“考郡国之利病，哀民生之憔悴”而创立的学术，而且包含有益于中国的“东西诸国之学”。

创刊于1905年2月的《国粹学报》为月刊，在其创刊号上所刊登的《国粹学报略例》中表明：“本报以发明国学，保存国粹为宗旨。”国学保存会结集了一大批具有很深旧学与新学学养的成员，他们在这一刊物上，发表了研究中国古代历史、学术、语言文字的大量论著，使这一刊物成为当时宣传国学的一个有重大影响的阵地。

国学讲习会是一批留日学人于1906年9月创设的，专请被他们誉为“国学界之泰斗”的章太炎为他们讲授中国语言文字制作之原、典章制度所以设施之旨趣、古来人物事迹可以法式者，兼及佛学。国学讲习会发起人在发起书《国学讲习会序》中说：“夫国学者，国家所以成立之源泉也。吾闻处竞争之世，徒恃国学，固不足以立国矣；而吾未闻国学不兴，而国能自立者也。吾闻有国亡而国学不亡者矣，而吾未闻国学先亡而国仍立者也。故今日国学之无人兴起，即将影响于国家之存灭，是不亦视前世为尤岌岌乎？”他们认为，国学不能代替新学，新学亦不能废弃国学，因为不了解国学便不能真正从中国实际出发，推动国家的发展与转型：“夫一国之所以存立者，必其国有独优之治法，施于其国为最宜；有独至之文辞，为其国秀美之士所爱赏。立国之要素既如此，

① 邓实：《国学无用辨》，载《国粹学报》第3年第5号。

② 邓实：《国学讲学记》，载《国粹学报》第2年第7号。

③ 黄节：《国粹学报叙》，载《国粹学报》第1年第1号。

故凡有志于其一国者，不可不通其治法，不习其文辞。苟不尔，则不能立于最高等之位置，而有的转移其国化。”为此，他们断言：“真新学者，未有不能与国学相契合者也。国学之不知，未有可以言爱国者也。知国学者也，未有能诋为无用者也。”①

章太炎在上海因《苏报》案禁狱三年期满出狱到达东京后，在留学生举行的欢迎会演说中便呼吁“用国粹激动种姓，增进爱国的热肠”。他就此特别解释说：“为甚提倡国粹？不是要人尊信孔教，只是要人爱惜我们汉种的历史。这个历史是就广义说的，其中可以说分为三项：一是语言文字，二是典章制度，三是人物事迹。”② 章太炎在国学讲习会中第一讲讲的就是《论语言文字之学》，第二讲讲的是《论文学》，第三讲讲的是《论诸子学》。在他这里，国学绝不等于儒学。儒学只是诸子学中的一家，与其他各家互有短长，都需要客观地加以批判。同样成立于1906年的国学振起社，宣布系“为崛起国学，发扬国光而设”，由章太炎等人主讲，间月发行讲义，全年六册，其内容包括诸子学、文史学、制度学、内典学、宋明理学、中国历史。现存《国学振起社讲义》第1册，即收录有章太炎《诸子系统说》《管子余义》，汪震《中国近代史》三篇讲义。③

章太炎稍后将在国学讲习会和国学振起会中的演讲稿汇编整理，集为《国故论衡》一书在东京出版。以国学讲习会名义刊登于1910年《教育今语杂志》上的《国故论衡》广告说：“本书分为小学、文学、诸子学三类，本在学会口说，次为文辞。说解明鬯，学理湛深，语皆心得，义无剿取。要使治国学者，醇笃之士弗以短见自封，高明之士弗以缪想自误，多闻之士弗以记诵自安。诚不可不读之书也。”④

值得注意的是，章太炎在命名他这一部精心结构而被胡适誉为两千

---

① 国学讲习会发起人：《国学讲习会序》，载《民报》第7号，1906-09。

② 章太炎：《东京留学生欢迎会演说辞》，载《民报》第6号，1906-07。

③ 《诸子学系统说》一文，未署名，但同文发表于《华西学报》，1933(9)，署名章太炎。

④ 姜义华：《章炳麟评传》，454页，南京，南京大学出版社，2002。

年来少有的著作时，用的是“国故”而没有用“国学”。在《民报》停刊后，他参与创办的白话刊物《教育今语杂志》，其章程规定：“本杂志以保存国故，振兴学业，提倡平民普及教育为宗旨。”① 用的也是“国故”一词。他同时发起创办的学术刊物《学林》，确定从名言（语言文字）、制度、学术派别、玄学、文史、地形、故事、方术、通论、杂文等方面，研究前世学术，宗旨与《教育今语杂志》相同。②

无论是用“国粹”、“国学”，还是用“国故”，章太炎所坚持的，其实就是“教育的根本要从自国自心发出来”：“自国的人，演讲自国的学问，施自国的教育，象水火柴米一个样儿，贵也是要用，贱也就要用，只问要用，不问外人贵贱的品评。后来水越治越清，火越治越明，柴越治越燥，米越治越熟，这样就是教育的成效了。至于别国所有中国所无的学说，在教育一边，本来应该取来补助，断不可以学《格致古微》的口吻，说外国的好学说，中国古来都现成有的。要知道凡事不可弃己所长，也不可攘人之善。”③ 正是秉持这种理性主义的批判态度，章太炎不仅对儒家、对于先秦其他诸子，以及其后历代中国学术，都坚持了审慎的分析态度。他在《论国粹学书》中说：“学名国粹，当研精覃思，钩发沉伏，字字征实，不蹈空言，语语心得，不因成说，斯乃形名相称。若徒摭旧语，或张大其说以自文，盈辞满幅，又何贵哉？实事求是之学，虑非可临时卒办。”④ 章太炎本人正是如此实践的。正因为如此，他所撰定的研究中国语言文字的《文始》《新方言》，研究中国古代小学、文学、经学与诸子学的《国故论衡》，研究庄子与法相学的《齐物论释》等著作，都成为具有极高价值的学术专著。

很明显，聚集在国学保存会和国学讲习会周围的国粹主义鼓吹者，这时不仅对传统儒学，而且对传统诸子学说，对中国传统文学、史学、语言文字学兼及佛学，都已开始了全局性的重新估定和重新诠释。严格地说，近代意义上的“国学”研究，这时方才真正诞生。

---

① 见《教育今语杂志》第 1 册，1910-03。

② 《学林缘起》及其“文例条件”，见《学林》第 1 册，1910。

③ 《论教育的根本要从自国自心发出来》，载《教育今语杂志》，第 3 册，1910-05。

④ 章太炎：《再与人论国学书》（在《国粹学报》发表时论作《某君与人论国粹学书》），见《章太炎全集》第 4 卷，355 页。

三、尊孔与反孔斗争中的传统文化重估

当邓实、黄节、刘师培、章太炎等人大声疾呼当重视国粹、国学、国故研究时，西学、新学虽然借着“欧风美雨”在不断扩大其影响，但几乎所有私塾及各级新式学堂中，都仍然保持着传统的纲常与经史教育。1905 年 9 月，直隶总督兼北洋大臣袁世凯等就废科举、兴学堂会奏时便指出：“今学堂奏定章程，首以经学根柢为重。小学、中学均限定读经、讲经、温经时刻，不准减少。计中学毕业，共需读过十经，能通大义。而大学堂、通儒院，均设有经学专科。余如史学、文学、理学诸门，凡旧学所有者，皆包括无遗，且较为详备。盖于保存国粹，尤为兢兢。……应请饬下各省督抚学政，责成办理学务人员，注意经学暨国文、国史。则旧学非但不虞荒废，抑且日见昌明。”① 这就表明，传统儒学作为统治阶级的统治思想，这时虽然受到了冲击，但仍维持着它的统治地位和广泛影响。在各级正规学校中正式废止读经，是在中华民国南京临时政府建立后，新教育制度确立之时。这一重大变革，标志着传统儒学作为统治阶级的统治思想，其统治地位终告结束。但是，其深刻影响并未就此消除。在袁世凯及北洋政府当政时期，传统儒学再次得到尊奉。思想界、学术界围绕着如何对待“孔教”、“国学”、“国故”产生尖锐分歧，展开了激烈争论。

民国甫建，新制度草创，社会转型幅度较之先前明显增大，纷乱局面可以说举目尽是。1913 年 2 月，康有为在《中国学报题词》中便借此发难：“自共和以来，教化衰息，纪纲扫荡，道揆凌夷，法守隳斁，礼俗变易，盖自羲、轩、尧、舜、禹、汤、文、武、周、孔之道化，一旦而尽，人心风俗之害，五千年未有斯极。……然革一朝之命可也，奈之何举中国数千年之命而亦革之乎？……登极而号呼曰：皋我国魂兮，盍归乎来，则吾教化、纪纲、道揆、法守、礼俗、人心，保存其命矣，勿妄革之矣。”什么是中国之国魂？康有为说：“中国之魂维何？孔子之教是也。……若废弃孔子，则中国之教化尽矣。父不父，子不子，夫不夫，妇不妇，则无以为家；行不知所行，言不知所言，立不知所立，则

① 《光绪朝东华录》第 5 册，5391 页，北京，中华书局，1958。

无以为身；依依何之？茫茫何适？不知所师从，不知所效法，则无以为心。若夫纪纲荡扫，礼俗凌夷，国无以为国，则成效可睹矣。"[①] 为"昌明孔教"，康有为及其弟子成立了孔教会，总会先设于上海，后迁北京，再迁曲阜，各地都成立了分会或孔道会、宗圣会、尊孔会。他们还创建了《孔教会杂志》《不忍杂志》《宗圣杂志》《道德杂志》等一批刊物，向参政两院提出《请定孔教为国教》的请愿书。他们说：中国两千年来，"凡国家有大事则昭告于孔子，有大疑则折中于孔子。一切典章制度、政治法律，皆以孔子之经义为根据。一切义理学术，礼俗习惯，皆以孔子为依归。此孔子为国教教主之所由来也。"[②] 与他们相呼应，袁世凯于 1914 年 9 月发布祭孔告令，说："中国数千年来，立国根本在道德，凡国家政治、家庭伦纪、社会风俗，无一非先圣学说发皇流衍。是以国有治乱，运有隆污，惟此孔子之道，亘古常新，与天无极。"[③] 1915 年 2 月，袁世凯颁布新的《教育纲要》，由国务卿徐世昌发交教育部施行。纲要"教育要旨"中规定："各学校均应崇奉古圣贤以为师法，宜尊孔以端其基，尚孟以致其用。"纲要还规定："中小学均加读经一科"，初等小学读《孟子》，高等小学读《论语》，中学读《礼记》节读、《左氏春秋》节读。[④]

袁世凯死后，北洋军阀们继承其衣钵，几乎无一不以尊奉孔子、提倡儒学相标榜。徐世昌、阎锡山、孙传芳、吴佩孚、段祺瑞等不止一次地祭孔，倡导读经，演治礼作乐古礼，并多次下令在学校中恢复读经。孔教会和袁世凯等人的这些作为，激起了章太炎等"国学"倡导者强烈的反弹。被袁世凯软禁在北京的章太炎撰写了《驳建立孔教议》，指出：中国素无国教，"国民常性，所察在政事日用，所务在工商耕稼，志尽于有生，语绝于无验。人思自尊，而不欲守死奉神以为真宰，此华夏之民所以为达"。孔子制历史、布文籍、振学术，平阶级，无愧于为中国"保民开化之宗"，但绝非神灵、教主。强行建立孔教，必完全"杜智慧

① 康有为：《中国学报题词》，载《中国学报》第 6 期，1913-04。

② 《请定孔教为国教》，载《孔教会杂志》第 1 卷第 6 号，1913-07。

③ 见《政府公报》，1914-09-26。

④ 见《时事新报》，1915-03-24，1915-03-30。

之门，乱清宁之纪”。① 当时，章太炎重新开设国学讲习会，给一批学者讲授小学、史学、文学、子学。他在《通告》中明确宣布：“本会专以开通智识、昌大国性为宗，与宗教绝对不能相混。其已入孔教会而后愿入本会者，须先脱离孔教会，应免薰莸杂糅之病。”② 其后，1922 年章太炎在上海第三次讲演国学，再次说明在把握国学的本质时，必须明白，经史非神话，经典诸子非宗教，历史非小说、传奇。而研治国学，必须把握的基本方法，就是辨书籍的真伪，通小学，明地理，知古今人情变迁，辨文学应用。③

孔教会和袁世凯等人的上述作为，还激发了新文化运动的崛起，以及新文化运动对于儒学及孔教猛烈的抨击。易白沙 1916 年在《新青年》上发表的《孔子评议》④，指责孔子思想易演成独夫专制、思想专制，易入民贼牢笼。陈独秀《孔子之道与现代生活》中指出：“孔子生长封建时代，所提倡之道德，封建时代之道德也；所垂示之礼教，即生活状态，封建时代之礼教，封建时代之生活状态也；所主张之政治，封建时代之政治也。”⑤ 它们不仅不能适应现代生活，即在古代，也只行于公卿士大夫，而不行之于庶人。在《复辟与尊孔》一文中，他指明：“孔子与共和乃绝对两不相容之物，存其一必废其一。”⑥ 李大钊在《孔子与宪法》中，则痛斥孔教会将尊孔教为国教列入宪法的主张，指出：孔子乃“数千年前之残骸枯骨”，“历代帝王专制之护符”⑦。陈独秀对此亦指出：“吾人果欲政治上采用共和立宪制，复欲于伦理保守纲常阶级制，以收新旧调和之效，自家冲撞，此绝对不可能之事。盖共和立宪，

---

① 原载 1913 年 9 月 25 日至 26 日《顺天时报》，又见《章太炎全集》第 4 集，195～198 页。

② 引自顾颉刚：《古史辨自序》，见《古史辨》第 1 册。

③ 曹聚仁编：《章太炎先生演讲·国学概论》，1～2 页，上海，泰东图书出版社，1922。

④ 见《新青年》第 1 卷第 6 号、第 2 卷第 1 号。

⑤ 陈独秀：《孔子之道与现代生活》，见《陈独秀文章选编》上册，155 页，北京，生活·读书·新知三联书店，1984。

⑥ 陈独秀：《复辟与尊孔》，见《陈独秀文章选编》上编，229 页。

⑦ 李大钊：《孔子与宪法》，见李大钊研究会编注《李大钊文》第 1 卷，245 页，北京，人民出版社，2000。

以独立平等自由为原则，与纲常阶级制为绝对不可相容之物。”[①] 而鲁迅在其《狂人日记》中，则更直率地揭示了儒家学说“仁义道德”字面掩盖下的正是“四千年吃人履历”。[②]

新文化运动被海内外一些学人指责为全盘反传统，造成中国文化传承的断裂。其实，新文化运动的主帅陈独秀讲得很清楚：“仆对于吾国国学及国文之主张，曰百家平等，不当一尊；曰提倡通俗国民文学。誓将此二义遍播国中，不独主张大学文科也。”[③] 新文化运动在“国学”问题上，一是反对独尊儒术，而要求对诸子百家都能实事求是地给予重新估定，二是特别重视包括通俗小说、民间歌谣传说在内的“通俗国民文学”，将它们视为“国学”的重要组成部分。新文化运动的另一位主帅胡适也说：“我们对于旧有的学术思想，积极的只有一个主张，就是整理国故。整理就是从乱七八糟里得出一个条理脉络来，从无头无脑里得出一个前因后果来；从胡说谬解里面导出一个真意义来，从武断迷信里面导出一个真价值来。”[④] 1923 年 1 月胡适在《〈国学季刊〉发表宣言》中对“国学”作出了一个新的解释：“国学在我们的心眼里，只是‘国故’的缩写。中国的一切过去的文化历史，都是我们的‘国故’；研究这一切过去的历史文化的学问，就是‘国故学’，省称‘国学’。”至于如何研究“国学”，他提出三个努力的方向：“第一用历史的眼光来扩大国学研究的范围；第二，用系统的整理来部勒国学研究的资料，第三，用比较研究来帮助国学的材料的整理与解释。”[⑤] 稍后，他开列了一份《一个最低限度的国学书目》，列举工具书之部、思想史之部、文学史之部共 188 种。后来，他又拟定一个《实在的最低限度书目》共 40 种。值得注意的是，包含《佛教遗经》《法华经》《阿弥陀经》《坛经》等佛教经典，《乐府诗集》《全唐诗》《宋诗钞》《元曲选》及《水浒

---

① 陈独秀：《吾人最后之觉悟》，见《陈独秀文集选编》上册，108 页。

② 鲁迅：《狂人日记》，见《鲁迅全集》第 1 卷，425、432 页，北京，人民文学出版社，1981。

③ 陈独秀：《答程演生》，见《陈独秀文章选编》上册，176 页。

④ 胡适：《新思潮的意义》，见姜义华主编《胡适学术文集・新文化运动》，131 页，北京，中华书局，2001。

⑤ 《胡适作品集》7《最低限度的国学书目》，8、18 页、台北，远流出版公司，1996。

传》《西游记》《儒林外史》《红楼梦》等文学作品，也都列在这两个国学书目中。[①] 钱玄同1937年在总结五十年来中国学术思想发展历程时指出：清末以来，其实，“对于国故研究之新运动，进步最速，贡献最大，影响于社会政治思想文化者亦最巨”，尤其新文化运动以来，较之在此之前一段时间“研究之方法更为精密，研究之结论更为正确。”[②] 国学研究范围的扩大，科学方法的运用，以及国学研究的深入，事实上所有这些成绩，都正是在新文化运动这一背景之下，而不是在尊孔或立孔教为国教的背景下取得的。

四、国学的重新构建及其分野

蒋介石集团1927年发动“四一二”政变，背叛革命，建立南京国民政府之后，立即重新将传统儒学确定为统治思想的重要组成部分。戴季陶将孙中山的三民主义孔学化，将它说成尧、舜、禹、汤、文、武、周公、孔子道统的直接延伸和继续，为此而撰写的《孙文主义之哲学的基础》，成为国民党构建其统治思想的主要理论基础。

戴季陶说：秦汉以来，各王朝都是用了老子的思想，包括离世独立的虚无主义，权谋术数的纵横主义，迷信运命神鬼的宿命主义，烧炼寻补的纵欲主义，这四个趋向都渊源于老子的个人主义，或以之为皈归。他们都将孔子以智、仁、勇为基础的社会连带主义打得粉碎。而孔子所代表的中国道统最发达、最进步。孔子的理论，一在《中庸》，这是他的原理论；一在《大学》，这是他的方法论。孙中山完全是中国尧舜至孔孟而中绝的仁义道德这一正统思想的继承，是两千年来中国传统文化的复活。蒋介石不仅一再大力推荐戴季陶的《孙文主义之哲学的基础》这部著作，而且亲自对军官部属们宣讲《大学之道》《中庸主旨》，说世界上没有哪一个哲学能够比得上《大学》《中庸》的伦理哲学和政治哲

---

① 《胡适作品集》7《最低限度的国学书目》，128～142页、145页。

② 钱玄同：《刘申叔先生遗书序》，见《刘申叔遗书》，28页，南京，江苏古籍出版社，1997。

学。[①] 1933年，蒋介石发起新生活运动，要将四维（礼义廉耻）、八德（忠孝仁爱信义和平）贯彻到民众生活之中，以之与当时正对中国共产党所领导的红色根据地发动的军事"围剿"相配合。1934年，由陈立夫出面组织中国文化建设协会，发动所谓中国本位文化建设运动。一时间，不仅恢复读经，而且在官方文书中恢复了文言文以取代白话文。抗战中，1943年3月，蒋介石又以《中国之命运》为题，出版一本专著，其中更为集中地要求恢复我国固有的伦理而使之扩充光大。他说："中国固有的人生哲学，经孔子的创导，孟子的阐扬，汉儒的诠释，自成为崇高的体系，比之于世界上任何派别的哲学有过之而无不及。"他对近代以来新文化运动的发展极为不满，抨击说："近百年来，竟发生了绝大的弊窦。就是因为在不平等条约的压迫之下，中国国民对于西洋的文化，由恐惧而屈服，对于固有文化，由自大而自卑。屈服转为笃信，极其所至，自认为某一外国学说的忠实信徒。自卑转为自艾，极其所至，忍心侮辱我们中国固有文化的遗产。……在不知不觉之中，做了外国文化的奴隶。"他这里所说的"某一外国学说"指的就是所谓"个人本位的自由主义"和"阶级斗争的共产主义"。他称："这真是文化侵略的最大危机和民族精神的最大隐患。"为此，他提出："我们必须本于中国六艺教育的精义，以自卫的实力与求生的本能，训练国民"，"务望我学术界真能了解今日实为我国文化继往开来、存亡绝续的最大关头"。[②] 目的很清楚，提倡六艺教育与固有文化，是为了抵制"个人本位主义的自由主义"和"阶级斗争的共产主义"，巩固蒋介石一个领袖、一个党、一个主义的独裁统治。

蒋介石倡之于上，许多地方官员和之于下。何键在湖南，陈济棠在广东，吴铁城在上海，韩复榘在山东，阎锡山在山西，都纷纷上阵。如为湖南省政府主席的何键指出："《四书》《五经》为国学根本，欲讲八德，必须读经。"湖南省政府教育厅即召集各校教员，规定各级学校将

---

① 蒋介石：《自述研究革命哲学经过的阶段》，（1932年5月26日在南京中央军官学校讲演），见张其昀编《先总统蒋公全集》第1册，631页，台北"中国文化大学"、"中华学术院"编印，1984。

② 蒋介石：《中国之命运》，60～61页、63、65、122页，台北，正中书局，1986。

读经编入课程。[1]

蒋介石统治集团所致力建立的意识形态，理所当然地要受到包括马克思主义、自由主义和国民党内进步力量的批评和反对。

国民党“左派”代表人物邓演达 1930 年 11 月在《南京统治的前途及我们今后的任务》中，便对南京政府统治的意识形态作了专门分析。他指出：“蒋氏的灵魂是孔教。”戴季陶“是改宗后的孔教徒”。南京统治者“复古的去推崇孔教，用政府的力量去推广孔教”，其目的是“直接去防抑青年思想的发扬，而间接打击民众要求解放的生气，使垂危的南京统治因此能在动摇中容易措手”。[2] 他更指出：“孔子的教化，是封建宗法小农的中国社会底结晶。彻头彻尾都只有反动的作用。即在孔教流行时代，也不过是尽了折中调和的机能。……中国民族前后困苦颠连无告的原因虽然是主要的被决定于自然条件，但是礼教的大防和折中调和的士大夫文化体系的传布，致下层民众无法得到解放的工具，孔子的教化实为主因。他实为中国历史最大的罪人，所以痛苦的中国平民应该和它——孔教——不共戴天。……孔教之消极作用，现在不但未减，而且还在进攻的状态中。……现时的戴季陶孔教是颓废的，是无前途的，而且是镇压革命的，所以彻头彻尾是反革命的。”[3]

自由主义者代表人物胡适 1934 年 9 月在《写在孔子诞辰纪念之后》一文中指出，明清时代“孔子是年年祭的，《论语》《孝经》《大学》是村学儿童人人读的，还有士大夫讲理学的风气哩！……曾何补予当时的残酷的社会，贪污的政治？”可是，“这二三十年中，我们废除了三千年的太监，一千年的小脚，六百年的八股，四五百年的男娼，五千年的酷刑，这都没有借重孔子的力量”。尊孔派攻击这二十年“世变弥烈，人欲横流，功利思想如水趋壑，不特仁义之说为俗诽笑，即人禽之判亦几以不明”，胡适则认为：“平心说来，‘最近二十年’是中国进步最速的时代；无论在智识上，道德上，国民精神上，国民人格上，社会风俗上，政治组织上，民族自信力上，这二十年的进步都可以说是超过了以

① 《湖南省志》第 1 卷，635～636 页。

② 蔡尚思主编：《中国现代思想史资料简编》第 3 卷，453、455、457、459 页，杭州，浙江人民出版社，1983。

③ 同上书，456～457 页、459 页。

前的任何时代。……这二十年的一点进步不是孔夫子之赐，是大家努力革命的结果，是大家接受了一个新世界的新文明的结果。”胡适还指出：“你们心眼里最不满意的现状，——你们所诅咒的‘人欲横流，人禽无别’，——只是任何革命时代所不能避免的一点附产物而已。这种现状的存在，只将证明革命还没有成功，进步还不够。孔圣人是无法帮忙的，开倒车也绝不能引你们回到那个本来不存在的‘美德造成的黄金世界’的。”① 自由主义的另一位代表人士王造时则直率地指出，儒教为主，道佛两教为辅而形成的中国人的精神生活，正是中国问题由以产生的思想背景。这是因为儒教主张复古的保守主义、家庭中心主义、君主专制政体、人治主义、礼治主义、差等主义；道教主张自然主义、无为主义、无政府主义；佛教主张厌世主义、出世主义。这种传统文化，到现在已不能适应现代的社会生活。②

中国共产党人在20世纪20年代末30年代初将主要力量用于各种武装斗争，开辟红色根据地，反对反革命的军事“围剿”，以及被迫进行“长征”。在反对反革命的文化“围剿”中，相当一部分注意力用于揭露和抑制中间势力。对于蒋介石集团将三民主义孔学化行径，则重点揭露其封建主义、专制主义本质。1936—1937年，在中共北方局领导下，陈伯达、何干之、胡绳、艾思奇、张友渔等人倡导开展新启蒙运动，并和张申府、吴承仕等建立启蒙学会。他们认为：“五四时代的启蒙运动实在不够深入，不够广泛，不够批判。”③ “五四的反儒教运动，不是做得太过火，而是还做得不够，还不够广泛，还不够深刻。”④ 现在，“我们的新文化正在遭逢着被毁灭的危机。”⑤ 为此，他们呼吁，要继承与发扬五四新文化运动传统，高举科学、民主旗帜，对国民党意识形态发动更为理性、更为广泛、更为深刻的批判。随后，毛泽东在

① 见《胡适作品集》18《我们走那条路?》，78～80、84页，台北，远流出版公司，1986。

② 王造时：《中国的传统思想》，载《新月杂志》第3卷第8期。

③ 齐伯岩：《五四运动与新启蒙》，载《读书月报》，1937（2）。

④ 陈伯达：《论五四文化运动》，载《认识月刊》，1937年创刊号。

⑤ 陈伯达：《论新启蒙运动》，载《新世纪》第1卷第2期，1936-11。

1940年1月发表的《新民主主义政治的新民主主义的文化》（即《新民主主义论》）中提出建设“新民主主义的文化”这一新的概念，明确指出：“在中国，又有半封建文化，这是反映半封建政治与半封建经济的东西，凡属主张尊孔读经、提倡旧礼教旧思想、反对新文化新思想的人们，都是这类文化的代表。……不把这种东西打倒，什么新文化都是建立不起来的。不破不立，不塞不流，不止不行，它们之间的斗争是生死斗争。”①

值得注意的是非党的鲁迅和被中共开除党籍的陈独秀对于尊孔、读经、提倡旧礼教旧思想者的评价。鲁迅1935年4月撰写的《在现代中国的孔夫子》中指出，清末正是“大成至圣文宣王”的“圣道支配了全国的时代”，“政府对于读书的人，使读一定的书，即四书和五经；使遵守一定的注释；使写一定的文章，即所谓‘八股文’，并且使发一定的议论。”但是，这只是使千篇一律的儒者们，对外部世界一无所知，终于在列强面前失败了。鲁迅一针见血地指出：“孔夫子曾经计划过出色的治国的方法，但那都是为了治民众者，即权势者设想的方法，为民众本身的，却一点也没有。”正因为如此，孔夫子成为权势者们的圣人。“孔夫子之在中国，是权势们捧起来的”，他们都把孔夫子当作敲门砖，而孔夫子越被利用为成一目的的工具，则越会激使打倒他的欲望更加旺盛。② 陈独秀在1937年10月发表的《孔子与中国》一文中指出，孔子非宗教迷信的态度，建立君父夫三权一体的礼教，在孔子立教的当时，都有他相当的价值。孔子不言神怪，近于科学，而孔子的礼教，则是反民主的。近数十年来，每逢民主运动失败一次，反动潮流便高涨一次，同时，孔子便被人高抬一次。孔子立教的中心问题，就是我们必须一心“奉君”而不为乱，这是孔子被尊为万世师表的根本原因。为此，陈独秀说：“不塞不流，不止不行，孔子的礼教不废，人权民主自然不能不是犯上作乱的邪说；人权民主不高涨，束手束足意气消沉、安分守己的奴才，那会有万众一心反抗强邻的朝气？”

① 《新民主主义论》，见《毛泽东选集》第2卷，695页，北京，人民出版社，1991。

② 见《且介亭杂文集》，见《鲁迅全集》第6集，314、316、318页，北京，人民文学出版社，1981。

新启蒙运动倡导者之一艾思奇，1934年曾专门论及“打倒孔家店”问题，说：“打倒孔家店”是“五四文化运动的中心口号之一。这个口号实际上直到现在也还没有完全实现呢，因为孔家店又被民族敌人所利用了。但我们现在所要做的，则不必是要彻头彻尾地把它打倒，我们要打破的，只是它被敌人利用的一部分，同时，也要找出它的好的一面”。[①] 体现了在对待孔学评价上更为理性的态度。

国民党官方统治意识形态与自由主义、马克思主义壁垒分明的两军对垒，一个最为积极的后果，就是推动了“国学”研究即传统文化重估与重构的纵深发展，形成了具有创意乃至体系化了的一批新的成果。这就是马一浮的“六艺论”、熊十力的“新唯识论”、冯友兰的“新理学”、贺麟的“新心学”，钱穆的“国史学”，以及吴承仕的“新国学”，等等。已属老年的章太炎，这时创办了章氏国学讲习会，亲自讲授小学、经学、史学、诸子学与文学，在“国学”人才培养方面取得具有重要影响的成绩。

钱穆1931年在《国史概论》中已指出：“学术本无国界，‘国学’一词，前既无承，将来亦恐不立。特为一时代的名词。其范围所及，何者应列国学，何者则否，实亦难别。”[②] 马一浮在其代表著作《泰和宜山会语》中也指出：“国学这个名词，如今国人已使用惯了，其实不甚适当。照旧时用国学为名者，即‘国之大学之称’，今人以吾国固有的学术名为国学，意思是别于我国学术之谓，此名为依他起，严格说来，本不可用。今为随顺时人语，故暂不改立名目。”为此，他提出：“治国学先须辨明四点”：

一、国学不是零碎断片的知识，是有体系的，不可当成杂货；

二、国学不是陈旧呆板的物事，是活泼泼的，不可目为古董；

三、国学不是勉强安排出来的道理，是自然流出的，不可

① 艾思奇：《新启蒙运动的中国的自觉运动》，见《实践与理论》，83页，上海，读书生活出版社，1939。

② 钱穆：《国学概论·弁言》，上海，商务印书馆，1931。

同于机械；

四、国学不是凭借外援的产物，是自心本具的，不可视为分外。

由明于第一点，应知道本一贯，故当见其全体，不可守于一曲；

由明于第二点，应知妙用无方，故当温故知新，不可食古不化；

由明于第三点，应知法相本然，故当如量而说，不可私意造作，穿凿附会；

由明于第四点，应知性德具足，故当向内体究，不可徇物忘己，向外驰求。①

这是马一浮对研治国学者的期望，也是马一浮本人夫子自道。它表明，真正的“国学”研究与国民党所制造的统治意识形态并不相同。马一浮这里要求研究者千万不可“守于一曲”、“食古不化”、“私意造作，穿凿附会”、“徇物忘己，向外驰求”，可以说，正是针对着国民党当局的强势说教。马一浮要求在研究中，坚持做到“见其全体”、“温故知新”、“如量而说”和“向内体究”，则与自由主义者、马克思主义者所坚持的研究路线相近，尽管他们的学术渊源及所选定的学术话语系统很不相同。

这一阶段“国学”研究之所以能取得一批自成体系并各自具有新意的成果，首先因为它们都能超越狭隘的门户之见，关注跨文化、跨科学的融会贯通。

儒、佛、道三家原是中国传统文化的三大支柱，在两千多年的历史演进中，它们早已互相渗透，互相融合。明末清初以来，西学传入，又逐步融入中国学术，清末以来，更呈强势。马一浮、熊十力、冯友兰、贺麟、钱穆等，儒、佛、道三家学养都很深厚，马一浮、冯友兰、贺麟更留学欧美，西学造诣甚深，这就使他们视野开阔，能够进行跨文化思考和探究，并由此而获得新知，形成新说。

---

① 虞万里校点：《马一浮集》第1册，9页，杭州，浙江古籍出版社，1996。

这批“国学”研究者还有一个重要特征，这就是他们既各自业有专攻，又都能够打破近代以来各门学科之间分离分割的格局，沟通哲学、史学、文学、艺术等众多学科领域，进行整体性的思考和探索。马一浮便不同意将“国学”界定为小学（文字学）、经学、诸子学、史学等类的时贤之说，更批判当时各大学所习学科分割过细的弊端，他提出以“六艺”统诸子、六艺统四部、六艺统西来学术的“六艺论”，就是基于“物虽万殊，事虽万变，其理则一”，主张研究者“规模要大，心量要宽”，“于事中见理”，“于变易中见不易”，而不可“安于小知，蔽于曲学”。[①] 冯友兰由“贞元之际所著书”《新理学》《新原人》《新事论》《新世训》《新原道》及《新知言》六部著作所构成的“新理学”体系，钱穆由著《论语要略》《孟子要略》而治经，由著《先秦诸子系年》《庄子筹笺》而治诸子，再著《中国近三百年学术史》《国史大纲》《中国文化史导论》而治史，虽他们一者以哲学见长，一者以史学名世，但都突显了跨学科整体性研究的特征。

这些“国学”研究的新成果之所以取得，还因为研究者们绝非与世隔绝，不食人间烟火，而是真诚地关心世道，关心天下兴亡，关心人间疾苦，锲而不舍地追求完善的人生境界与完美的社会境界。马一浮在论“国学”时，便要人们不要忘记张载的四句话：“为天地立心，为生民立命，为往圣继绝学，为万世开太平。”他说：“仁民爱物，即是为天地立心”；“圣人吉凶与民同患，未有众人皆忧而己能独乐”，即是为生民立命；“今当人心晦盲否塞、人欲横流之时，必须研究义理，乃可以自拔于流俗”，即是为往圣继绝学；坚持“太平不是幻想的乌托邦，乃是实有是理”，即是为万世开太平。马一浮要求学者们“竖起脊梁，猛著精采，依此立志，方能堂堂正正的做一个人。须知人人有此责任，人人具有此力量，切莫自己诿卸，自己菲薄。”[②]

冯友兰在《新原人·自序》中也说：“‘为天地立心，为生民立命，为往圣继绝学，为万世开太平’，此哲学家所应自期许者也。况我国家民族，值贞元之会，当绝续之交，通天人之际，达古今之变，明内圣外王之道者，岂可不尽所欲言，以为我国致太平，我亿兆安心立命之用

① 《马一浮集》第1册，12～21页、25、28页。

② 同上书，5～8页。

乎？虽不能至，心向往之。非曰能之，愿学焉。此《新理学》《新事论》《新世训》及此书所由作也。”[①] 正是这种极为强烈的使命感、责任感支持着他们突破当时思想统制，追求思想自由、学术自由，构建了自己的学术体系。尤令人感佩的是曾任北京师范大学国文系教授兼系主任、中国大学国学系主任的吴承仕，出自章太炎门下，三礼名物、文字音韵及宋明理学都极有造诣，1935 年以后编辑出版《国学丛刊》《国学丛编》《文史》《盍旦》《时代文化》等刊物，以唯物史观分析中国古代文化，所撰写的《五伦说之历史观》《中国古代社会研究者对于丧服应该认识的几个问题》等一批学术论文，在“国学”研究中别开生面，为同时代许多马克思主义者和“国学”研究者作出了表率。这样一位对章太炎一直执礼甚恭的经学大师，积极支持一二·九学生运动，投身抗日救亡运动，并于 1936 年春加入中国共产党，最后在日本侵略者追逼迫害之下，献出了自己宝贵的生命。周恩来在延安举行的追悼大会上送的挽联中写道：“孤悬敌区，舍身成仁，不愧青年训导；重整国学，努力启蒙，足资后学楷模。”[②] 这不仅是对吴承仕“国学”研究的准确概括和高度评价，并且也是对所有“国学”研究者寄予的愿望与期许。郭沫若、杜国庠、侯外庐、范文澜等众多马克思主义学者也正是秉承这一精神，展开先秦诸子、中国经学及中国古代思想研究，出版了《十批判书》《先秦诸子思想概要》《中国古代思想学说史》《中国近世思想学说史》《中国思想通史》《中国经学史的演变》等一大批有广泛影响的论著。

以上这些事实足以证明，所谓“国学”研究，这时已呈现出一个可以称得上“百花齐放、百家争鸣”的活跃局面，硕果累累。于此亦可见，前几年一度流行的五四新文化运动造成中国“国学”传统及“国学”研究中断这一说法，是缺乏客观的历史事实为其根据的。

中华人民共和国成立后，“国学”一词内地被废弃不用，但传统经学、史学、子学和古代文学研究仍一度受到重视，曾启动了校点《资治通鉴》与《二十四史》、编绘《中国历史地图集》及整理出版一大批古

---

① 冯友兰：《贞元六书》下册，515 页，上海，华东师范大学出版社，1996。

② 吴承仕藏：《章炳麟论学集》，545 页，北京，北京师范大学出版社，1982。

代文献等重大工程。这些方面取得了许多令人瞩目的成果。但是，为尽快使资本主义在中国绝种，先是全面学习苏联，后来，学术研究泛政治化、泛意识形态化越来越严重，以致造成了万马齐喑的局面，在“文化大革命”中，从破“四旧”，一步步演进为“批林批孔”、“尊法反儒”，传统法家学说借无产阶级全面专政话语独步天下。与此同时，在中国香港，钱穆创办新亚书院，唐君毅、牟宗三与在美国的张君劢、在中国台湾的徐复观倡导“新儒学”；蒋介石在台湾针对内地的“文化大革命”，发动“中华文化复兴运动”。“国学”一词仍为港台的一些学者继续使用。

中国共产党的十一届三中全会以来，“解放思想、实事求是”思想路线的确立和改革开放方针的实施，解放了西学，也解放了传统文化遗产。新儒学、新道学、新佛学，一一成为学术界热点。20 世纪 90 年代以来，汇成一股新的国学热。被废弃不用已 40 多年的“国学”一词于 21 世纪初突然风行一时，但这一概念的内涵同往昔一样，依然众说纷纭，莫衷一是。随着中国社会主义现代化建设事业的推进，构建民族的、科学的、大众的社会主义先进文化，成为强烈的时代诉求。而社会主义先进文化的构建，则需要对本国的以及世界的精神生产的各种优秀成果全面加以重新估定，在前人已有成就的基础上进行再创造。各种不同的思想学术自由争鸣，互相切磋，互相借鉴，形成相反相成、优势互补的全新格局，成为当代中国文化发展的一个基本特点。而这就为“国学”的活跃提供了一个特别适宜的环境。然而，由于不止一两代人传统经学、诸子学、史学、古代文学学养的严重欠缺，目前“国学”热里虽已有一批沉潜恭俭、絜静精微、疏通知远的学者脱颖而出，但马一浮所警告应注意防范的“私言造作、穿凿附会”与“徇物忘己、向外驰求”的现象甚为普遍，“守于一曲”和“食古不化”的情况也屡见不鲜。而尤其应当关注的，则是又一次出现了建立孔教，试图重演“罢黜百家、独尊儒术”故事的呼声。当然，其中不乏借媒体故意炒作、沽名钓誉，借以牟利者，但这一切，却给“国学”目前发展布下了深度的危机与陷阱。

改革开放以来，中国经济和综合国力的巨大增长，当前和谐社会的建设，使中国人的精神生产和精神生活进入了一个空前活跃的时期。社会在转型之中，文明在转型之中，精神生产和精神生活在多元化、多样化、多层次化的发展中，出现了众多混乱、歧异与纷争。回顾近代以来“国学”形成与演进的全部历程，展望中华文化未来发展，不应忘记，提倡“国学”也好，提倡“西学”也罢，每个人自由而全面的发展方是我们努力的终极价值目标。古代的思想文化资源，外来的思想文化资源，都需要经由重新估定，重新构建，融入新文化的创造中，方能焕发出新的生命力。中华文明的伟大复兴有赖于百花园中万花绽放，而不是一枝独秀，尤赖于现代中国人以自己为主体，所从事的先进文化的伟大发展与创造。

民族文化共同体构建中的胡适“全盘西化论”

一、胡适因“全盘西化论”而死

1962 年 2 月 24 日晚 6 时半，胡适在中国台湾“中央研究院”酒会上心脏病发作猝然而死。从心理学与病理学的分析中可以得知，胡适之死与他所提出的“全盘西化论”竟有着直接关联。

导火线是胡适 1961 年 11 月 6 日在美国“国际开发总署”于台北举行的“亚东区科学教育会议”开幕式上用英文作的 25 分钟演说。这篇题为《科学发展所需要的社会改革》的演讲词，主要内容是说明远东各国社会本身需要变化才能使科学在这里生根发芽。胡适要求重新估量东方各古老的文明，认为这些文明属于年老心衰、心智颓唐的时代，是一种被物质环境限制住了、压迫下去了而不能超出物质环境的文明，是一种不能利用人的智慧来征服自然以改进人类生活条件的文明，这种文明因此缺少精神价值或完全没有精神价值。东方人必须经过智识上的变化与革命，丢掉东方凭借优越的精神文明的自傲，建立一种科学技术文明的哲学，即承认近代科学技术文明是人的创造的智慧，是用实验研究的严格方法与发现大自然精微秘密的智慧累积的成果，是人身上最有精神意味的因素的累积成就，只有这样的哲学才能使科学在东方各国真正得到发展。①

这一演讲在台湾激起了一场轩然大波。在政界，立法院中有人提出"质询"，要求追究这篇讲话的政治责任；在学术界，责难胡适重弹全盘西化的老调，由新儒家运动发起者之一徐复观执掌帅印，对胡适发动了一场声势浩大的讨伐运动。讨伐者直斥胡适完全不懂文学，不懂哲学，不懂史学，不懂科学，不懂佛学，腹中太空，所以不了解中国古老的精神文明的精华。一篇题为《胡适言行评议》的社论，称胡适"当众说谎言，白昼讲鬼话"，"假白话独裁运动摧毁中国传统文学"，"假个人主义思想摧毁中国人伦文化"，"假经验主义思想污辱孔孟理性主义哲学"，"假启蒙运动态势取代中国传统思想"。② 讨伐者们还或暗示或明指，说胡适过去将中国传统文化批评成不值一文，主张全盘西化，实际上帮助了马克思主义在中国的传播，现在胡适重弹旧调，势必会从根本上动摇台湾"反攻复国大业"。

胡适周围的人将对胡适大张挞伐的那些报刊都拿开了，但胡适从报纸的许多广告中还是获知了这些信息。素以"无可救药的乐观主义者"自诩的胡适，实在再也乐观不起来了。他常常"脸色苍白，心里有说不出的激动"，对于"他们要围剿我胡适"，"要彻底打倒我胡适"既愤慨又无可奈何。③ 在"中央研究院"为欢迎旅美返台参加会议的院士而举行的酒会上，胡适见到了几位久别的老友，忍不住在祝酒词中说起了这件事："我去年说了25分钟的话，引起了围剿，不要去管他，那是小事体，小事体。我挨了40年的骂，从来不生气，并且欢迎之至……"④ 口说"小事体"，嗓门儿却提高了；当说到"欢迎之至"时，已变成大声疾呼。这时，他突然感到了不适，很快就心力衰竭了，仰身向后倒在地上，一会儿便离开了人世。

---

① 《文星》第9卷第2期，1961-12-01。

② 《革命思想》第11卷第6期。

③ 杨树人：《回忆一颗大星的陨落》，载《文星》第13卷第4期。

④ 胡颂平：《胡适之先生年谱长编初稿》第10册，3901页，台北，联经出版公司，1984。

胡适逝世，并未结束对于他的讨伐。连篇累牍的文章斥责胡适全盘西化的主张“为害中国之烈，较之暴君专制、军阀割据之恶果尤甚”，因为它否定中国的正统思想，亦即中国的王道文化，“把中国搞成一盘散沙，动荡游离而不能团结，结果使人民离心离德，不去拥护自己的政府”。① 这场讨伐运动，到70年代初，方才渐趋平息，那是因为讨伐者们，特别是与全盘西化运动相对立的新儒家运动，自以为已经大获全胜，降低了继续鞭尸的兴味和激情。

二、本土文化建设之争中的“全盘西化论”

胡适1961年11月6日的演讲，如他日记所述，乃是他本人“35年前的老话”。1926年胡适应日本《改造》杂志之请，为该刊“中国特号”写了一篇文章《我们对于西洋近代文明的态度》，同时发表于《现代评论》和《东方杂志》上。② 演讲词所说的主要观点正是这篇论文主旨的复述。

1926年的文章针对东西文化论争中视西方文明为物质文明、东方文明为精神文明的一种流行观点而写。文章认为，东西方文明毫无例外地都包含着物质的与精神的两个方面。就精神方面而言，东方古文明的特征是想绝断精神上的最大要求——求知，要人们静坐澄心，不思不虑，做一个永远愚昧的懒人；西方近代文明的特征是打破环境里一切束缚，科学地寻求真理，满足人心灵上求知的要求。精神方面重要的一项内容是道德与宗教，西方近代文明由于科学的发达提高了人的知识，道德与宗教不是消失，而是走向理智化、人化和社会化。理智化，就是要求一切信仰经得起理智的评判，有充分的证据；人化，就是要求信任天不如信任人，靠上帝不如靠自己，不妄想天堂天国，而致力于建筑人的乐园；社会化，就是要求从注重个人的修养、个人的解脱转向以最大多数人的最大幸福为人类社会的目的。以此，不能说西方近代文明只是物质文明，没有精神文明。西方正是由于物质上不知足，方才产生了今日

① 晁介岭：《维护中国正统思想》，载《革命思想》第16卷第3期。

② 《现代评论》第4卷第83期；载《东方杂志》第23卷第17期。

的钢铁世界、汽车世界、电力世界；由于理智上不知足，方才产生了今日的科学世界；由于社会政治制度上的不知足，方才产生了今日的民权世界、自由政体、男女平权社会、劳工神圣的喊声、社会主义运动。而东方古文明，也不是只有精神文明而没有物质文明，人们正是由于安于简陋的生活，方才不求物质享受的提高；由于自安于愚昧，方才不注意真理的发现与技艺器械的发明；他们精神上的贫乏与物质文明方面的落后是联系在一起的。

值得注意的是这篇文章在叙述近代西洋文明时，一再强调必须承认社会主义理论与社会主义运动是其重要构成部分。文章写道："19 世纪以来，个人主义的趋势的流弊渐渐暴白于世了，资本主义之下的痛苦也渐渐明了了。……救济的方法只有两条大路：一是国家利用其权力，实行制裁资本家，保障被压迫的阶级；一是被压迫的阶级团结起来，直接抵抗资本阶级的压迫与掠夺。于是各种社会主义的理论与运动不断地发生。"文章更进而宣布："18 世纪的新宗教信条是自由、平等、博爱，19 世纪中叶以后的新宗教信条是社会主义。这是西洋近代的精神文明，这是东方民族不曾有过的精神文明。"其时，有人动员胡适加入"反赤化"大合唱，他予以拒绝，表示："我的实验主义不容我否认这种政治试验的正当，更不容我以耳代目，附和传统的见解和狭窄的成见。"①讨伐全盘西化论者称此论为中国共产党引路人，即经常以此为口实。

胡适的全盘西化论，指的无非是不仅要学西洋的物质文明，而且要学与这种物质文明相表里的精神文明。全盘也者，除物质文明外，还应包括精神文明也。他明确提出这一口号，是在 1929 年。是时，蒋介石政权否定新文化运动，将孙中山的三民主义孔学化，大力提倡旧文化、旧道德。胡适这一年陆续发表了《知难，行亦不易》《新文化运动与国民党》等文，对此加以抨击。他指出："新文化运动的根本意义是承认中国旧文化不适宜于现代的环境，而提倡充分接受世界的新文明。"国民党高唱"抵制文化侵略"而否定新文化运动，高谈"王道"与"精神文明"而维护中国旧文化，长此以往，"国民党将来只能渐渐变成一个反时代的

① 胡适：《欧洲道中寄语》（三），见《胡适文存》第 3 集第 1 卷，上海，亚东图书馆，1924。

集团，绝不能做时代的领导者，绝不能担负建立中国新文化的责任。”① 本着这一立场，胡适在为《中国基督教年鉴》所写的《文化的冲突》一文中指出，中国人对于西方近代文化有三种态度，一是抵制，二是选择折中，三是全盘西化。抗拒西化今日已无人主张；选择折中的议论还很盛，这种主张看上去非常有理，其实是一种变相的保守论。要击破这种折中论，中国就应当全盘西化，一心一意地走上世界化的道路。全盘西化，当时他所使用的是 Wholesale Westernizalion 一词；一心一意的世界化或全力现代化，用的是 Wholehearted Modernizalion 一词。②

1935 年初，萨孟武、何炳松等十教授在国民党当局支持下联名发表《中国本位文化建设宣言》，主张“以中国为本位”，对固有文化“去其渣滓，存其精英”，对世界文化“取长舍短，择善而从”，以建设新文化。由此开始了一场“中国本位文化建设运动”，同时引发了一场本位文化与全盘西化的激烈论战。胡适责备本位文化建设所持论点其实是最时髦的折中论，是“中学为体，西学为用”最新式的表现。十教授认为中国本位已经动摇，“中国政治的形态，社会的组织，和思想的内容与形式，已经失去它的特征”，所以必须强调以中国为本位。胡适认为，戊戌维新、辛亥革命、五四潮流、1926—1927 年的革命，其实“都不曾动摇那个攀不倒的中国本位”，中国最可焦虑的恰恰是“政治的形态，社会的组织，和思想的内容与形式，处处都保持中国旧有种种罪孽的特征，太多了，太深了，所以无论什么良法美意，到了中国都成了逾淮之橘，失去了原有的良法美意”。以此，他认为，“我们正可以不必替‘中国本位’担忧。我们肯往前看的人们，应该虚心接受这个科学工艺的世界文化和它背后的精神文明，让那个世界文化充分和我们的老文化自由接触，自由切磋琢磨，借它的朝气锐气来打掉一点我们的老文化的惰性和暮气”，届时，老文化里禁得起外来势力洗涤冲击的那一部分自然会因这一番科学文化的淘洗而格外发挥光大。③ 这时，他自己将“全盘西

① 胡适：《新文化运动与国民党》，载《新月》第 2 卷第 10 号，1930。

② 《中国基督教年鉴》，112～121 页，1929。

③ 胡适：《试评所谓“中国本位的文化建设”》，载《独立评论》第 145 号，1935。

化”一词改作“充分世界化”。他承认，“数量上的严格全盘西化是不容易成立的”，因为“文化只是人民生活的方式，处处都不能不受人民的经济状况和历史习惯的限制”，西洋文化有其历史因袭成分，我们不愿也绝不会全盘采取。①

胡适这一立场，坚持数十年至终其身而未改变。20 世纪 50 年代初，他冷冷清清地在美国一所大学一个小图书馆做一名职员，因我们开展的全国性批判胡适思想运动而在台湾身价陡增，1957 年被蒋介石遴选为“中央研究院”院长。在 1958 年 4 月 10 日举行的宣誓就职会上，蒋介石发表“训辞”，要求“负起恢复并发扬我国固有文化与道德之责任”，胡适在答辞中竟当面责备蒋介石“对于自己的文化也有偏心”，借法国科学家巴斯德的话说：“我们为什么失败了？并不是道德的问题，而是科学不如人！我们的兵工厂由没有知识的官僚在办，不是由科学家来办，我们的失败，便在这地方。”② 这一分歧与公开的对峙，决定了胡适担任“中央研究院”院长必然处处受到掣肘，难以有所作为。1961 年 11 月 6 日的演讲，是这场论争的继续，也是对国民党官方及一批“新儒学”倡导者是时狂热鼓吹复兴传统文化的抗议。胡适最后在他们的围剿中气愤而死，可以说得上是以身殉其道了。

三、“重新估定一切价值”的反省

对于胡适所主张的“全盘西化”或“充分世界化”，长期以来，海峡两岸都采取了异常严厉的谴责态度，而且政治批判的分量远远超出了学理上的判评。学理上批评的意见比较一致，都认定它鼓吹民族文化虚无主义，对西方文化盲目崇拜，势必导致民族自尊心与民族自信心的丧失。政治评估的结论两岸恰好相反，我们这里斥之为彻头彻尾买办化，全盘殖民地化，或全盘资本主义化；而台湾方面则斥之为做了共产党的引路人，帮助了中国的马克思主义化、共产主义化。从中国现代思想史与文化史的角度对胡适的主张冷静而客观地考察一下，这些批评或估计似乎都尚有可斟酌之处。

---

① 胡适：《充分世界化与全盘西化》，见《胡适论学近著》，上海，商务印书馆，1935。

② 胡颂平：《胡适之先生年谱长编初稿》第 7 册，2663～2666 页。

胡适的主张，发端于五四新文化运动对中国传统文化重新估定价值的要求。1919 年 11 月，胡适在《新思潮的意义》中指出："新思潮的精神是一种评判的态度。""尼采说：'现今时代是一个重新估定一切价值的时代。''重新估定一切价值'八个字，便是评判的态度的最好解释。"他认为，为了重新估定一切价值，就必须"研究问题与输入学理"，这里的问题是"人生社会的切要问题"。对于中国传统的旧文化，他认为，"在消极一方面是反对盲从，是反对调和；在积极一方面，是用科学的方面来做整理的工夫"。[①] 和新文化运动的其他几位主将一样，他所要求的是使近代以来中国思想与文化的变革比较自觉地从器物及某些制度的移植深化到思维方式及价值取向的更新。他主张全盘西化或充分世界化，反对片面夸耀东方的传统精神文明，要求中国在求知态度、求知方法上有一个大的突破，根本改变与落后的物质文明相适应的传统人生哲学及行为准则，学习西方近代科学的追求真理的精神、怀疑的与实验的研究方法、积极进取创造的人生哲学与行为准则，应当说，是继续坚持了他在新文化运动中的基本立场。

胡适"全盘西化论"或"充分世界化论"主要的缺陷，恐怕并不是如某些批评者所说的，在于他对中国传统文化的认识广而不深，博而不精，因而对其精髓所在无所了解，否定过多，或在于他对西洋文化的了解浮而不实，偏而不全，因而对其内在危机估计不足，肯定过多。当然，类似问题确实不同程度地存在着，但恐怕都不是胡适这些主张的真正要害。

胡适要求"重新估定一切价值"，从政治的形态、社会的组织，到思想的内容与形式，都应重新估定。他这样提出了问题，同时却又不容许人们真正去解决这一问题。他规定："再造文明的下手功夫，是这个、那个问题的研究。再造文明的进行，是这个那个问题的解决。"[②] 理论只有抓住事物的根本，才能彻底，唯有彻底，才能说服人，唯有说服人，理论才能转化为物质力量。胡适要求把注意点放在一个又一个具体问题上，结局势必既束缚了他自己的手脚，又限制了人们的眼界，"重新估定一切价值"必然流于空洞的呼叫或不痛不痒的琐碎论争。

---

① 胡适：《新思潮的意义》，载《新青年》第 7 卷第 1 号。

② 同上。

胡适注意到了近代文化的世界联系性。现代社会化大生产的发展使人越来越成为世界性的存在，人也只有在社会与文化上真正成为世界性的存在时，现代社会方才能够确立。然而，人的世界性联系的建立，并不意味着他的民族主体精神的丧失，恰恰相反，正需要民族主体精神的充分发挥。缺乏这种主体精神，不可避免地就要依傍古人，成为他们的奴隶，或依附于外来的强者，成为他们的附庸，或依偎彷徨于他们两者之间，成为他们两者共用的仆从。胡适的“全盘西化论”，忽视了西方近代文明正是西方各国立足于自己的基地充分发挥其民族主体精神变革创新造就的成果，忽视了中国只有民族真正自强自立、在实践中真正走向世界才能建立起真正的世界性联系，不了解简单地移植西方近代物质文明固然在东方很难生根，简单地移植西方近代精神文明于东方也很难成活。全盘西化，无论是英国化，法国化，美国化，德国化，还是俄国化，都不足以使中国及其全体成员真正成为现代化的世界性的存在，而只能要么成为某些外国表层文化的趸售者，要么倒退回去用古老的传统文化抵制外来文化的倾销。

纵观胡适一生，综观胡适整个思想，可以发现，他的最大悲剧就在于他游离于变革与改造中国现实社会的伟大的现实社会运动之外，置身于这一现实社会运动之外，他重新估定一切价值的宣言很大程度便成为一介书生纸面上的空谈。他希望打破中国本位文化的惰性与钳束力，实际上，他的思想与行动在一系列重大的问题上恰恰屈服于传统。他希望引进西方近代科学的精神，并承认社会主义为西方近代精神文明的最新成果，但是，在实践中，他只介绍了西方近代文化中最易与中国传统文化认同的一点东西。他最热衷于宣传实用主义，因为这种方法与乾嘉时代发展到高峰的考据方法易于叠合；他倡导自由主义，却用儒家的容忍来解释与限定自由。他自居为旧文化的叛逆者，别人也视他为旧文化不共戴天的死敌，其实，在他的思想与行为中，最持久地起作用的正是他自己所说的“终不能根本扫灭”的“那固有文化的根本的保守性”。①

近代以来，“师夷长技以制夷”、“中学为体、西学为用”、“全盘西化”、“本位文化建设”、“中西文化撞击与交融”、“中西文化分途”、“中

① 胡适：《试评所谓“中国本位的文化建设”》，载《独立评论》第145号。

西文化结合”、“中西文明之外第三种文明崛起”，如是等等口号，汇合而成近代中国文化运动中令人头晕目眩的道道回流。可以说，正是在所有这些互相歧异的思潮与流派的激烈冲突中，中华民族开始发现了自己。中国人民开始学会从中国和世界的历史条件来认识自身，并且开始懂得必须振奋自己的民族主体精神，在改变现存状况的现实运动中充分利用中国所固有的及世界所提供的全部文化遗产，经过独立的鉴别、审核、选择，化腐朽为神奇，来建设既不屈服于古代、也不盲从于外国、而足以保障本民族及每一社会成员得到真正解放及全面自由发展的新文化。从近代以来中国文化运动与文化论争发展的这一总的趋势返观胡适的主张，可以更为充分地了解，“全盘西化”或“充分世界化”包含着严重的缺陷，不是一个科学的口号，但是，无论是胡适这一口号确定的含义，还是胡适本人及其追随者在这一口号下的实践，恐怕都不能说是摧毁中国的民族文化与民族精神。要求通过对固有民族文化、民族精神价值的重新估定，推动中国民族文化与民族精神的更新与发展，比之抱残守缺，固持封建的传统文化甚至极力将封建旧文化理想化，应当说是一个进步。因为胡适在倡导西化或世界化时称赞了西方资产阶级自由主义，便斥之为将导致殖民地化，因为他同时又肯定了社会主义、劳工神圣为西方近代文明最新的发展，便斥之为将导致共产主义化，似乎都有些过甚其词。胡适的“全盘西化论”本身就包含着这样一些对立的因素，只能实事求是地正视这些矛盾，从而了解胡适政治悲剧之所在，各执一端作出判决，必不能反映胡适的全貌。不知论者以为然否？

在文明转型和民族复兴中发现与创造：中国社会科学百年视域和语境

一、一株参天大树

当代中国社会科学，肇始于19世纪末、20世纪初。经过一百年风风雨雨，它已经从一棵刚刚破土而出的幼苗，成长为一株举世瞩目的参天大树。

这里所说的社会科学，是指区别于自然科学的关于“人的科学”，包含旨在研究社会运行法则的社会科学以及旨在研究社会生活一切表现的人文科学。[①] 在中国古代，不仅社会科学与人文

① 由联合国教科文组织编，周昌忠等译的《当代学术通观：社会科学和人文科学研究的主要趋势》一书《告读者》（萨米·费里德曼）认为：“社会科学是法则科学，这是说，它们都是在研究一些规律或法则，社会科学在数学语言中可以是相对不变和能够表示的数量关系，或是一般现象，即一般用语或逻辑形式语言中所谓的顺序关系或结构关系。”该书《引言·人文学科在科学体系中的地位》（让·皮亚杰）强调：“我们将把旨在重构和理解社会生活在时间过程中的一切表现的展开的学科称为人文历史科学；这里涉及个体生活（个体行为表现这种社会生活的特征）、个体的道德行为和影响久远的思想、技术和科学、文学和艺术、哲学和宗教、制度、经济或其他交换和作为整体的文明，总之历史涵盖所有从各个独立部门及其相互依从关系涉及集体生活的领域。”（社会科学卷，16、34页，上海人民出版社，2004）关于社会科学与人文科学的区分，上述论点代表了国际学术界较为普遍的认识。

科学没有分离，人的科学与自然科学也没有分离。那时，整个学术被界定为经、史、子、集四部，每一部类中都既有自然科学知识，又有人的科学知识。真正的“人的科学”是20世纪的产物。社会科学与人文科学实际上各是一个学科系列，社会科学包括社会学、政治学、经济学、语言学、心理学、教育学、管理学、新闻传播学等众多学科；人文科学则包括社会和文化人类学、考古学和史前学、历史学、美学和文学艺术学、法学、哲学、伦理学、宗教学等众多学科。每一学科又包含知识的追求与传播为自己的职责，但绝非随心所欲，支配着他们的是一种科学的精神，“科学的精神特质是指约束科学家的有情感色彩的价值观和规范综合体。这些规范以规定、禁止、偏好和许可的方式表达。它们借助于制度性价值而合法化”。默顿认为，“四种制度上必需的规范——普遍主义的公有性、无私利性以及有组织的怀疑态度，构成了现代科学的精神特质。”① 陈寅恪所推崇的“独立之精神，自由之思想”②，就是这种现代之科学的精神特质。社会科学、人文科学职业科学家世纪初仅寥寥百十人，世纪末已成为浩浩荡荡一支庞大的队伍；科学共同体从最初数十个松散的学会，发展为成千成万的各种专门研究机构、学术团体。这支队伍，尽管还有许多不成熟之处，但是，科学的精神已确立了它的权威地位，它有效地规范着社会科学、人文科学的健康发展。

一个世纪以来，中国社会科学、人文科学在其成长的每一阶段，都取得了丰硕的成果。社会科学、人文科学无可替代、不可动摇的地位，不仅在精神世界、文化领域已经确立，即使在经济、政治、社会诸领域，也已确立。中国社会科学、人文科学成长之所以如此迅速，具有如此强大而旺盛的生命力，是因为中国拥有数千年延续不断的丰厚的学术文化积累为其底蕴，同时，又积极主动地广泛吸取了世界各国精神生产的各种优秀成果。更为重要的原因，在于它从诞生开始，便立足于中国社会大变动的实践，投身于中华文明转型和中华民族复兴的伟大运动，在这一基础上努力发现与创造。20世纪中国社会科学、人文科学发展

---

① ［美］R.K.默顿：《科学社会学》第2册，363页、365页，北京，商务印书馆，2003。

② 陈寅恪：《王观堂先生纪念碑铭》，见《陈寅恪集·金明馆丛稿二编》，246页，北京，生活·读书·新知三联书店，2001。

的全过程，就是它将自己的命运与国家和民族的命运融合在一起，面对种种历史性的、世界性的挑战，努力探索、努力进取、努力再创造的过程。

二、民族复兴中民族性与开放性的统一

“中华民族，到了最危险的时候!”《义勇军进行曲》中这句歌词，突现了近代以来纷至沓来的内忧外患，使中华民族直面数千年来所未曾面对过的深重政治危机、经济危机、社会危机、文化危机，直至中华民族自身的生存危机。这些忧患，这些危机，催生了中国社会科学、人文科学，伴随着中国社会科学、人文科学成长的全过程，并深刻地影响着这一进程。

中华民族生死存亡的严峻考验，一来自外部，一来自内部。

来自外部的严峻考验，是西方列强先用鸦片与炮舰撞开中国大门，然后通过一系列侵略战争，将各种不平等条约强加于中国，侵夺中国领土，损害中国主权。尤其是在日本发动甲午战争之后，列强掀起瓜分中国的狂潮，中国一步步沦为列强的殖民地、半殖民地。

来自内部的严峻考验，是统治着中国的清王朝、北洋军阀及其后的国民党新军阀，脱离人民，害怕人民，甚至视人民如寇雠，他们昧于世事，内战内行，外战外行，为了一己私利，改革滞后，开放滞后，使国内各种矛盾不断积累积聚，烽烟四起，更不能动员全社会力量应对外部挑战。

正是这接踵而至的重重外患内忧，决定了中国社会科学、人文科学诞生后的第一使命，就是唤起民众，奋起挽救民族危亡，捍卫国家领土完整和主权独立，维护和发展民族经济，守护民族精神与民族文化家园。

甲午战争失败后，维新变法运动应运而生，社会学、政治学、教育学、哲学由此萌发。八国联军之役后，革命运动和立宪运动勃兴，民主、共和、宪政成为志士仁人的主导诉求，政治学、社会学、经济学、法学、新闻学一一初步成形，传统的史学、文学等，也开始了所谓“史学革命”、“小说革命”等。五四爱国运动和新文化运动后，社会科学、人文科学学科体系已经大体建立起来。九一八事变，特别是七七事变以后，日本军国主义试图一举灭亡中国，中国社会科学、人文科学则在危难的考验中迅速走向成熟。抗日战争胜利后不久，世界陷入“冷战”局

面，中国社会科学、人文科学为应对这一“冷战”局面，急速调整了自己发展的路向。“冷战”格局结束，世界逐渐走向“多极化”之后，中国又面临经济社会发展落后于世界及周边许多国家和地区的新问题，即所谓“球籍”问题，社会科学、人文科学再一次调整了自己的发展路向，从而实现了自身的全面发展和普遍繁荣。

忧患使人奋进，安逸使人沉沦。因此，《孟子·告子》中说：“生于忧患而死于安乐。”中国社会科学、人文科学诞生于忧患，成长于忧患，具有特别强的使命感、责任感。为了改变中国落后挨打局面，中国社会科学、人文科学从一开始，便具有非常自觉而积极的开放性，努力吸取别国相关成果，使自己形成高起点，在同世界社会科学、人文科学各种高水准的新成果进行广泛交流与对话中推进自身的发展。戊戌维新期间，康有为编写的《日本书目志》，就人类学、哲学、论理学、心理学、伦理学、历史学、宗教学、国家政治学、行政学、财政学、社会学、经济学、统计学、农工商业等部门经济学与应用经济学、法理学、国法学、教育学、语言学、文学、艺术学等社会科学、人文科学，各开列数十至数百部日文著作，要求尽快组织力量译成中文，以使中国作为“后起者胜于先起”，“后人逸于前人”。他说：“今吾中国之于大地万国也，譬犹泛万石之木航与群铁舰争胜于沧海也，而舵工榜人皆盲人瞽者”，形势之急迫已不容许中国从容不迫地一切从头开始，借鉴泰西各国数百年来精研之学，乃是“以舍篦刮目，槐柳取火”，“彼作室而我居之，彼耕稼而我食之，至逸而至速”。[①] 同一时刻，章太炎等人组织译书公会，立志采译欧美日本各类书籍，“以左政法，以开民智”[②]。康有为、章太炎的论述生动地表明，中国学人已深知传统的学术不足以应对“旧木船”与一群“铁甲舰”争胜于沧海的危急局面，引进与借鉴泰西日本社会科学已有的成果，可使中国社会科学的发展事半而功倍。如果说，这一代学人主要通过译书了解西方各国的社会科学，那么，他们之后的学人则主要通过留学欧美、日本等国，以及国外学术大师来华讲学，更为

① 康有为：《日本书目志自序》，见《康有为全集》第3卷，584～585页。

② 章炳麟：《译书公会叙》，见《译书公会披》第1册，1897年11月。

直接地亲炙国外社会科学最新成就。留日高潮，留美高潮，留法高潮，留苏高潮，迅速缩短了中国与世界各国社会科学、人文科学的距离。20世纪50年代至70年代，中国一度先和西方发达国家处于思想文化学术隔绝状态，后来又和苏联思想文化学术断绝了往来。70年代末以后，中国全面恢复了同世界各国思想文化学术的交流，重建了同世界精神生产优秀成果的直接联系。中国社会科学、人文科学的这种开放性，固然因为缺少数百年时间循序渐进的积累和普及而根基不够深厚，在认知及应用国外相关成果时极易变形，但是，它有力地促进了中国社会科学在诞生后能迅速与世界社会科学同步发展，却是毋庸置疑的。

中国社会科学勇于接受、借鉴、消化、融合国外社会科学成果，目的是振兴自己的国家，使中华民族不再沉沦下去，而不是皈依或屈服于其他什么国家、民族。开放性，归根结底，服务于中国社会科学、人文科学的民族性；开放性是与这一民族性紧密结合在一起的。

中国社会科学的民族性，不仅在于它使用中国语言，采用民族形式，更主要的，是它一直紧紧盯着中国存在的各类实际问题，注意从中国实际出发，努力将各种国外理论成果与中国实际结合起来，找到解决中国实际问题的方法。对中国实际的了解，人们达到不同的深度和广度；对各种新理论、新思潮，人们有不同的理解、不同的回应；在将两者结合时，情况更是多种多样。但是，社会实践很快便会作出检验，作出抉择。最具生命力的社会科学、人文科学成果，必定是最切合中国实际，最能将广大民众普遍、持续地动员起来、凝聚起来，使中国问题得到实际解决的理论与方法。这就是中国社会科学开放性与民族性的统一。这是一个世纪中中国社会科学成长如此迅速的一个极为重要的原因。

三、文明转型中价值的提升

20世纪中国社会巨变，从本质上说，是中华文明演进的一次伟大转型，这就是从已经延续了数千年的传统农业—游牧文明，转型为现代工业文明。中国社会科学、人文科学诞生后，便担负起为这一转型提供总体的及各个不同层面的理论基础、目标模式、实现途径乃至操作程序的重任。和文明转型的密切结合，使中国社会科学、人文科学具有极为强烈的实践性及功利性；而又因为它的这种务实性格，它的发展便不能不为中华文明这一转型的全部艰辛、困危所限。

由于清王朝堵塞了在中国原先政治体制内实现文明转型的通道，变传统国家形态为近代国家形态的政治转型，一下子被推到了中华文明转型的中心地位。原先的皇帝制度、宰辅制度为民主共和制度所取代。这一政治转型，促成了国家新的政治重心的建立和壮大，推动了国家和广大基层社会的整合，对于推动经济层面、社会层面以及思想文化层面的文明转型，都发挥了积极的作用。但是，这一政治转型虽以经济、社会及思想文化变迁为其背景，中国90％以上经济、社会及思想文化长期仍继续停留于古代，市场化、工业化、城市化、世界化都只在沿海、沿江、沿铁路线等一些地区及一部分领域内有一些发展，近代国家运行所必需的人人独立、平等、理性精神、法治和契约的权威等，都相当贫乏。这就导致在共和制国家运行中，宪法虚文化——领袖权威常常压倒宪法权威，议会边缘化——权力制衡与权力监督名存实亡，国家全能化——国家主体与人民主体角色颠倒，国家承担了直接组织和管理社会生产、流通和分配的职能，控制和掌握意识形态与精神生产的职能。小农社会政治上表现为政治权力支配一切。政治权力的这种支配地位及其为特殊利益者所控制的传统，并没有因为清王朝覆亡、共和制度建立而结束。从传统政治文明向现代文明的转型，走向真正的宪政体制权威化，国家权力有限化，国家管理专门化，国家决策透明化，主权在民制度化，这一过程已经持续了一个世纪，这一转型过程，至今也尚未完成。

传统农业文明转型为现代工业文明，是生产方式、经济结构、产业结构的一次全面变革。它是由手工劳动和驱使畜力转变为机器生产和使用蒸汽、电力及其他现代动力，由以一家一户为单位的小生产转变为社会化大生产，由自给自足的自然经济转变为发达的市场经济，由狭隘的地域性联系转变为广泛、直接的世界性联系。与此相应，最大多数的劳动人口从农业转向工业、商业及其他服务业，从农村转向城市。这一转变，构成20世纪中国经济发展的主要旋律。然而，20世纪的中国，又是中国传统社会农民运动周期性活跃的又一个高潮期，生活在传统生产方式中的广大农民所要求的，往往仍是相当传统的“打土豪，分田地”、“吃大户，均贫富”，保护他们一家一户为单位的自然经济。风起云涌的农村土地革命，并不都与大生产取代小生产同调，这两者之间在救亡的民族斗争中经常走在一起，但在生产方式变革上又常常会产生许多龃龉。这样，20 世纪中国的经济转型，便不能不一再出现许多变调。它的一个重要结果，就是在大多数时间中，仍由国家掌控着经济转型的路向，国家垄断着经济的命脉，而国家权力的把握者，则会因为他们的利益取向，深刻影响着这一转型的规模、速度和路径，影响着社会各阶级、阶层，各种利益群体在这一进程中权力和利益的再分配。当中国工业革命开始之际，经济全球化与知识经济的压力，又使中国传统农业文明向现代工业文明的转型，增添了新的压力与新的机会，面临着发展与转型新的选择。

中华文明的这一次伟大转型，又是深刻的全方位的社会转型。在短短一个世纪中，中国人口从 4 亿急剧增加至 12 亿。包括产业工人、企业家、新型知识分子、新式国家管理人员等一大批新型社会阶级、社会群体出现，而不少在传统社会中独掌特殊权力和特殊利益的集团、阶层、阶级正在失去往日的地位。先前，将社会不同层面聚合成一个整体的，主要是以父家长为中心的家族宗法伦理关系，随着市场经济取代自然经济，社会化大生产取代分散的小生产，等价交换与契约关系逐步取代上述关系成为维系社会的主要纽带。公众为维护自己的权利，结合为新的社团，组织成政党，通过这些社团、政党参与国家政治决策和政策实施。在摆脱了普遍贫困化状态而未达到普遍中产化之前，由于各个不同地区、不同行业发展的不平衡，社会矛盾、社会冲突会呈现比之过去远为复杂的局面。从冲突走向协调，再走向和谐，在新的基础上重建社会稳定、社会统一、社会秩序，非一朝一夕所能完成。尤其是在同世界其他国家、其他地区广泛而直接的交往中，社会内部诸多矛盾常常会与外部诸多影响互相作用，要从排拒、屈从走向平等对话、积极共存、有效融合，任务更为艰巨。这也是一个已经持续百年，且仍待继续努力加以解决的历史性难题。

中华文明从传统的农业文明转型为现代工业文明，不仅是物质生产、物质生活及经济、政治制度的全面转型，而且也是精神生产、精神生活及相关制度的一次全面转型。现代工业文明不仅解放了物质生产力，同时也极大地解放了精神生产力。精神生产不再像以往那样为少数文化人所垄断，广大民众都有了直接参与精神生产的可能。精神生产的成果也不再像以往那样只在狭窄的范围内为人们所享有，广大民众都有了共同享有这些成果的机会。而伴随着市场化、工业化、城市化、世界化及政治民主化的发展，人们的人生价值取向、知识价值取向、情感价值取向、审美价值取向都发生了深刻的变化，人们的思维方式、抒情方式、审美方式、表意方式、行为方式也都同时转型。但是，人们精神生活的转型并不都和经济生活、政治生活、社会生活的转型同步；不同的群体，转型也并不同步。整个20世纪，在精神生活领域内，和经济、政治、社会生活领域一样，都是前现代、现代、后现代同在，古代、近代、现代共存。观念过于滞后者，和观念特别超前而陷入理想主义乌托邦者，不仅在中国大量存在，而且不止一次在一段时间中成为精神世界最强音。精神生产的转型本应成为物质生产转型的先导，但在这些时候，它反而极力扭转物质生产及整个文明转型的方向。中国传统思想文化及精神生产的博大、强固，以及它所固有的弹性、包容性，都为世界其他文明所少见，而新的精神生产正因为新生不久，不免单薄、幼稚，有着诸多不足与弱点，自然难以与传统思想文化及精神生产相匹敌，挫折难以避免。正因如此，精神生产的转型同样经历着一段艰难而曲折的路途。

中国政治学、法学与政治转型相伴，理论经济学、应用经济学、部门经济学与经济转型同行，社会学、人类学、人口学与社会转型积极互动，哲学、历史学、文学、艺术学、教育学、心理学与思想文化转型共生共长。中华文明转型中形成的多元性、复杂性，决定了极富务实性、功利性的中国社会科学人文科学的多元性、复杂性。现代社会科学发展中产生了一大批深思熟虑、具有远见卓识的力作，但是，也不乏浮光掠影、转瞬即逝的各种作品。各种思潮都在中国出现过，表演过，实践过，因为它们都有自己得以存活的一片土壤。一个世纪中，社会科学、人文科学领域，派系林立，论战不断，亦根源于此。但是，最终，所有学说都要在实践面前显示出自己真正的分量，真正的价值。

四、三次历史性飞跃

一个世纪以来，中国社会科学、人文科学的发展，是中华民族伟大复兴的有机构成部分。它为中华民族的伟大复兴，提供了强大的精神动力，造就了坚实的精神支柱。在这一百年中，中国社会科学、人文科学经历了三次大规模的对先行学术、思想、文化的重新估定，每一次重新估定，不仅带来社会科学一次大的飞跃，而且带来一场普遍的思想解放，带来人民素质的一次广泛提升。

第一次重新估定，是对于在学术、思想、文化领域内占据绝对支配地位的传统经学乃至传统儒学的重新估定。康有为曾用进一步神化孔子、把孔子打扮成托古改制的通天教主的办法，来否定两千年来所尊崇的经学、儒学；而20世纪初，章太炎则用“订孔”的方法，将孔子定位为一位功勋卓著的古文献整理和保存者、具有开创性的历史学家，将“经”定位为由孔子整理和保存下来的一批古文献。他们从不同角度引导人们对传统经学及传统儒学重新加以审视。这一重新估定，到“五四”新文化运动达到高潮，“打倒孔家店”的口号，标志着传统经学与儒学的统治地位已经严重动摇。这一次对传统学术、思想、文化的重新估定，与科举制的废除、新式教育制度的建立相配合，结束了“读经”为教育首要甚至最高使命的历史，解放了因“独尊儒术”而长久被压制的中国古代学术、思想、文化的大量其他资源，包括被视为异端的诸子学说、被视为“雕虫小技”而从来不受重视的古代科学技术成就、被视为不可登大雅之堂的大量俗文学作品、内容极为丰富的佛学思想资源，等等。儒家学说本身也可以较为客观地得到梳理，特别是孔孟程朱之外各派儒家学说可以得到较为公允的评价。尤为重要的是，人们由此开始摆脱了传统的“经传注疏”式思维方法和治学方法，挣脱了除去只能为经作传、为传作注、为注作疏，此外再也不能多所作为的精神束缚，获得了了解东西各国学术、思想、文化成果，独立进行探索、思考、创造的广大空间。当然，经学的影响并不会因此而终结，传统的“经传注疏”式思维方法、治学方法也没有就此而不再为人们所依循。在重新估定各种传统学术、思想、文化资源时，粗疏和形式主义之处甚多，甚至使用新的“经传注疏”方法来取代传统的“经传注疏”方法，但是，这一次重新估定所带来的思想解放，却是无可否认的。

第二次重新估定，是对于中国人曾经热切憧憬过的17、18世纪以来西方学术、思想、文化及西方主要国家发展模式的重新估定。当中国人开始以西方为师时，西方资本主义国家内的社会主义运动已经勃兴，资本主义的各种内在矛盾已经明显暴露，对于资本主义的批判日渐广泛而激烈。20世纪初，一批立志使中华民族实现伟大复兴的先进的中国人，已经接触到社会主义思潮，在规划中国未来发展时，已考虑避免资本主义的前途。领导反清革命的孙中山便曾要求加入第二国际，他解释“三民主义”中的“民生主义”即社会主义。他所拟订的实业计划，要变中国农业国为工业国，根本宗旨就是“欲使外国之资本主义以造成中国之社会主义，而调和此人类进化之两种经济能力，使之互相为用，以促进将来世界之文明”①。第一次世界大战和俄国十月革命后，特别是在1921年中国共产党成立以后，避免资本主义前途而争取社会主义前途成了更多志士仁人的奋斗目标。马克思主义、列宁主义以及其他社会主义、无政府主义流派在中国的传播，1929年世界经济危机的爆发以及稍后日本军国主义、德国法西斯主义的肆虐，都使西方资本主义思想文化所构建的理想世界以及这些国家发展道路所曾燃起的热情进一步破灭。20世纪20年代以后，中国社会科学界翻译介绍了17、18世纪以来启蒙思潮的一批代表作，但是，更热衷的却是介绍一批批判资本主义各种思潮的代表性著作。出国留学的，赴苏联留学的固然主要接受了马克思主义、列宁主义、共产国际及斯大林观点的教育，赴欧美日本留学的，很多人所接触的也是从不同角度对资本主义制度进行揭露批判的思潮。当时，倡导自由主义的胡适一派许多健将，如罗隆基、王造时等，都深受拉斯基和费边主义的影响。正是这一番对17、18世纪以来西方学术、思想、文化和西方国家发展模式的重新估定，使人们能够批判性地对待西方资本主义各种成就，在向西方学习时不迷信西方，看到西方成功之处时也注意到西方的问题，从而思考如何从东方的实际、中国的实际出发，寻找合乎中国特点的中华民族复兴之路。

第三次重新估定，是对指导中国革命走向胜利，并成为国家指导思想理论基础的马克思主义、列宁主义，以及作为马克思主义与中国革命实际相结合结晶的毛泽东思想的重新估定。马克思主义、列宁主义在中国的传播，毛泽东思想的形成和发展，都解放了人们的思想，使中国社会科学、人文科学实现了一次重大的飞跃，有力地推动了中国革命事业的发展与中华民族的复兴。但是，当符合中国实际的新民主主义为苏联

---

① 孙中山：《实业计划·结论》，见《孙中山全集》第6卷，398页。

所坚持的只能通过阶级斗争越来越尖锐化、只有通过对资产阶级和产生资本主义的全部土壤实行无情专政方能实现社会主义的话语霸权压倒之后，对于马克思主义、列宁主义的许多错误、片面、教条式的理解或解释，包括已经为马克思、列宁本人所放弃和改变的观点，一度占据了学术、思想、文化领域的支配地位，不少马克思、列宁本人所坚持的，包括毛泽东本人先前所曾坚持的观点，反而被当作错误的或过时的见解被抛在一旁。这就使人们的思想，使社会科学、人文科学的发展，套上了新的桎梏。在经历了人为制造的所谓阶级斗争、党内斗争一个运动又一个运动，中华民族付出了沉重的代价、受到严重挫折以后，以实践是检验真理的唯一标准为突破口，中国社会科学、人文科学的发展迎来了一次新的思想解放。这一番思想解放，就是通过对于长时间来曾经支配了我们决策和行动的指导思想的重新估定，人们开始挣脱了对于马克思主义、列宁主义许多教条式的、片面的乃至错误诠释的禁锢，打破了对毛泽东本人违背客观事实的盲从与迷信，形成了以邓小平理论和“三个代表”重要思想为标志的新的理论成果。由此，人们对于马克思主义作为一种科学的世界观、方法论，马克思主义所固有的“与时俱进”的科学品格，有了更为深刻的理解。中国社会科学、人文科学立足于中国实践以及当代世界发展的实践，努力使实践上升为理论，以理论指导实践，实现了马克思主义新的飞跃。同时，以更加积极、更加开放的态度对待马克思主义以外各学派的研究成果，从中吸取有价值的东西，不断丰富自身，由此又推动了对于中国传统学术、思想、文化及17、18世纪以来西方学术、思想文化的再估定，即对前两次重新估定的全面检讨，对先前世代学术、思想、文化资源的新发掘。这样，就迎来了中国社会科学、人文科学空前繁荣的局面。

一百年来三次重新估定，每一次都为中国构建起一个新的知识系统，一个新的范畴、概念、词语乃至范式体系，给中国的救亡图存，给中华文明的转型，给中华民族的复兴，给中国革命和现代化建设的发展，提供一套新的理论依据和行动方案。中国社会科学、人文科学也由此走向社会，走向民众，渗透到人们的整个精神生活和物质生活之中，渗透到社会制度的全面变迁之中。

五、一支不可摧的中坚力量

20世纪中国社会科学、人文科学的诞生与发展，是中国社会发展的必然结果，而社会科学家和人文科学家则是中国社会科学、人文科学诞生与发展的直接承担者。社会发展对于中国社会科学的推动与制约，很大一部分也是通过这些社会科学家与人文科学家而发挥作用的。

社会科学、人文科学是一座大熔炉，它吸引着一大批具有“天下兴亡，匹夫有责”、“先天下之忧而忧，后天下之乐而乐”信念，满怀热情与献身精神的社会精英投入其中，运用他们的生命、智慧和不屈不挠的意志去锻铸出一批批适应时代需要的成品。他们当中，有的观察能力特别强，能够查明事实；有的思维能力特别强，能够发现新的和未预料到的许多重大理论问题；有的想象能力特别强，能够构建新的理论来剖释已发现的问题；有的传播能力特别强，成为新发现的真理、新推出的理论积极宣传者和传播者；有的系统化能力特别强，善于将新发现、新发明的成果演绎完善成为宏大的体系，以扩大其影响；还有的组织管理能力特别强，勇于组织重大课题的研究，能够为社会科学高效率研究提供必要的保障；也有一身而能兼数任者。他们犹如一支交响乐队，各司其职，紧密配合，终于成功地奏出雄浑高昂的交响乐章。

世纪之初，中国社会科学、人文科学萌发诞生时期，从事这方面研究者大多还只是一些个人的行为。1900—1911年，翻译出版的近代西方包括日本社会科学著作近千种，中国人自己编写的经济学、法学、社会学、历史学等著作不过300多种，具有原创性的著述更是凤毛麟角，不过百余种。这一状况表明，社会科学家、人文科学家这一时期还处在成型期，仍以新知识的传播译介者为多。

清王朝被推翻、中华民国建立以后，尽管民主共和并没有真正实现，社会科学、人文科学发展的环境还是有了很大改善。1912—1934年，翻译出版的国外社会科学、人文科学著作约3000种，而这一时期中国人自己撰著的这方面著作则有5000多种，其中法学著作约1700多种，经济学著作约1000种。[①] 数量超过译著，表明中国社会科学发展走出了译介传播，独立的研究已经占据主要地位。这一时期，由于各高等学校普遍设立了社会科学、人文科学专业，并以北京大学国学门、清华研究院、中央研究院成立为标志，组建了一批专门研究机构，创建了中国经济学社、中国哲学会、中国史学会、中国社会学会、中华民国法学会等一大批学术团体，社会科学家、人文科学家在继续坚持个人研究的同时，已经相当普遍地作为科学家共同体的一员积极参与一些重大项目的研究。

30年代中期以后，社会科学、人文科学中国化已成为大多数学者的诉求。哲学、经济学、社会学、历史学、法学、政治学等领域，都出现了一批有独特建树的领军人物，每一领域都已形成若干有影响的学术流派。在十分艰难的环境中，他们坚持学术自由，独立思考，本着强烈的社会责任感和百折无悔的事业心，努力进行探索。他们成为中华民族的脊梁，是由农业文明向工业文明转型的先锋，走到了中华民族复兴队伍的前列。

1949年中国新民主主义革命取得胜利以后，社会科学、人文科学的发展获得了更为广阔的空间和良好的环境。可是，在一段时间中，照搬苏联模式，将一切都视为生长着的共产主义与衰亡着的资本主义你死我活的斗争，阶级斗争无限扩大化，学术问题动辄上升为政治问题，使许多社会科学家、人文科学家受到了不应有的伤害。政治学、社会学、人口学、伦理学等一批学科被视为资产阶级伪科学，被从高等学校及科学研究机关中取消；保留下来的其他各学科，被规定大量翻译和使用苏联教材。经由高等学校院系调整，综合性大学只保留了很少几座，其他大学都被改组成专科性学院，社会科学、人文科学跨学科综合研究、交叉研究因此受到严重影响；经济学等学科基础理论研究和部门经济研究、应用经济研究被分置在不同的学校之中，致使这些研究彼此间互相脱节。社会科学、人文科学研究机构也同样进行了全面改组与调整。加上不断运用政治批判、政治斗争、政治运动的方法，来指导和组织社会

---

① 参见董进泉：《中国社会科学的形成和发展》，见上海市社会科学界联合会编《回眸与前瞻：面向21世纪的中国社会科学》，16页，上海，上海社会科学院出版社，1999。

科学、人文科学研究，中国社会科学、人文科学研究在许多领域陷入了停滞与萎缩状态。中苏关系恶化后，中国社会科学、人文科学进一步封闭化。而这一切，则为背离中国实际的错误理论、错误思潮的泛滥和肆虐，提供了条件。

从“文化大革命”结束到中国共产党十一届三中全会，党和国家经历了一次历史性的重大转折，社会科学家、人文科学家同样经历了一次历史性的重大转折。此后，由于高等教育事业急速发展，短短20年内，数量增加两倍以上，各省市、自治区纷纷成立了社会科学研究院，90年代以后，又陆续出现了一批民办高等学校和民办社会科学研究机构，社会科学家、人文科学家队伍空前扩大。一批“文化大革命”后进入大学本科及研究生院毕业的年轻学者，迅速成为各学科研究的主力军和带头人。曾被诬为资产阶级伪科学的社会学、政治学等学科迅速恢复，大量新学科、交叉学科、边缘学科涌现出来，社会科学与人文科学之间，社会科学、人文科学与自然科学、技术科学之间的结合越来越广泛，形成了社会科学、人文科学普遍兴旺的局面。尤其是与经济建设、社会发展关系最为直接的经济、管理、法律等学科，更是火热。由于实行改革开放，广泛开展了国内国际学术交流，大批学者出国讲学、访问、留学、进修，众多国外学者来中国访问、讲学、研讨，迅速缩短了先前封闭隔绝状况所造成的差距，在学科建设、研究方法等许多方面双方展开了积极的对话。社会科学家、人文科学家积极投身于中国社会主义现代化建设，观察调查，了解事实，发现问题，进行理论研究，在此基础上，提出应对战略、策略、方法、步骤，成为我国物质文明、政治文明、精神文明建设的一支重要的方面军。

然而，同我国急剧发展的社会主义现代化事业需要相比，和世界科学技术突飞猛进的发展及经济全球化、世界多极化带来的大量新挑战相比，我国社会科学家、人文科学家整体知识素质还不够高，在观察问题、解决问题方面，独创性还不够多、不够强。很多学者至今仍纠缠于中西古今二元化思维定式，或热衷于将国外现成理论、现成模式简单地移植于中国，或希图从中国传统儒学、道学、佛学、墨学等资源中找到现成的答案，仍不脱“中体西用”或“西体中用”的思维方法。立足于中国及世界各国实践，特别是不断发展着的新的实践，利用古今中外各种思想资源，经过全面考察，潜心研究，不为世俗利益所左右，不为各种压力所动摇，做出具有原创性价值理论贡献者尚属鲜见。同时，由于不少社会科学研究仍将自己封闭在书斋之中，缺少对于社会现实的足够关注，研究方法老化，大量课题陈旧、低水平地不断重复，和现代自然科学、技术科学缺乏交流，和广大民众思想、文化的需求脱节，致使这些研究社会化程度很低，反转来也使许多人对于社会科学家、人文科学家及他们所从事的研究工作，远不如对自然科学家、技术科学家那么重视，那么信赖。同时，我国对于社会科学家、人文科学家及社会科学、人文科学的制度化评价体系还没有真正建立起来，优胜劣汰体制、机制还非常缺乏，助长了上述两种倾向。这些都严重制约了我国社会科学的进一步发展，影响了社会科学家、人文科学家积极作用的发挥。这些状况现今已经引起人们的广泛重视，正在努力加以解决。

通观一个世纪以来中国社会科学、人文科学队伍成长的过程可以看到，尽管有许多不足之处，它仍无愧为一支具有真正科学精神特质的队伍。由于中国社会科学、人文科学诞生之时，即将自己的命运与挽救国家危亡、通过现代化实现中华文明转型及推进中华民族伟大复兴熔铸于一起，所以，一贯重视普遍规律的探寻，将国内外所有文化积累都视为自己由以前进的起点，将研究成果视为社会公共所拥有而非个人私有，也特别重视自身立论的可证实性、可检验性及其实践的结果。默顿所概括的普遍主义、公有性、无私利性以及有组织的怀疑态度这些现代科学的精神特质，从一开始，就成为中国社会科学家、人文科学家自觉遵循的行为规范，甚至可以说，成为他们的本能禀性。正是这种科学精神特质，使这支队伍特别富于战斗力，特别富于与时俱进的自我革新精神，即使遇到来自社会的、政治的“围剿”或巨大压力时，也仍然不放弃自己所负的使命。一些和现实社会距离比较遥远的研究领域，研究者也会以自己对现实世界的关怀，高尚的道德情操，为科学献身的精神，以及严谨求实的治学态度，为人们作出表率。

通过一个世纪以来中国社会科学、人文科学队伍成长的过程，还可看到，这支队伍的多元构成，在几乎所有重大问题上持续不断的激烈争论，正是推动这支队伍茁壮成长的强大内在动力。百家争鸣，正体现了这支队伍内在的互补性和合作性。因为中国与世界都太复杂了，太多样化、多层次化了，不同的学术群体，不同的学术流派，彼此立场不同，视角不同，所运用的方法不同，正可以立体化、多面地展现事实未来的面目。真理愈辩愈明。马克思主义在中国传播时，既无权，又无势，是依靠了理论的彻底，依靠了对于真理的执着追求，方才征服了人们的。必须用强制的办法，甚至专政的办法压制各种不同意见而当将自己的观点、理论强加于人时，这种观点、理论绝不可能是马克思主义的，至少是违背马克思主义的科学品格的。不同学术流派的发展，不同学术观点的争鸣，实事求是的、严肃的学术批评和反批评，是在实践中不断认识真理的可靠保证，也是使各种伪科学失去生存空间最有效的武器。

当 21 世纪来临之时，中国共产党中央委员会为进一步繁荣发展哲学社会科学专门发出了文件，强调“在全面建设小康社会、开创中国特色社会主义新局面、实现中华民族伟大复兴的历史进程中，哲学社会科学具有不可替代的作用”。文件指出：“哲学社会科学是人们认识世界、改造世界的重要工具，是推动历史发展和社会进步的重要力量。哲学社会科学的研究能力和成果是综合国力的重要组成部分。”文件对于如何加强哲学社会科学传统学科、新兴学科和交叉学科的建设，如何加强基础学科和应用对策研究、如何加强哲学社会科学的宣传和普及、如何加强哲学社会科学的宏观管理体制和微观运行机制建设、如何加强哲学社会科学工作与对外开放，一一提出了意见和建议，目标就是努力建设面向现代化、面向世界、面向未来，具有中国特色哲学社会科学，以充分发挥其认识世界、传承文明、创新理论、咨政育人、服务社会的重要作用。中国社会科学、人文科学发展的一个新的历史时期正在到来。

回顾过去，检讨现在，展望未来，中国社会科学家、人文科学家更感责任重大，当继续努力，加倍努力！

第二编

国权与民权：近代国家意识的诞生

中国近代国家意识的形成

一、历史形成的中国和“中国”这一名称的历史

历史的中国形成与发展经历了一个漫长的岁月，“中国”一词在不同的时代，不同的场合有过不同的用法。

王尔敏所撰写的《“中国”名称溯源及其近代诠释》一文将先秦典籍所见的“中国”词称178次汇录成表，[①] 并引用其他诸多考证资料，说明“中国”一词，自商代起至秦汉统一以前，诸夏民族已普遍习用，研探其所含意旨，约有五类：一是京师，凡九次；二为国境之内，凡十七次；三是诸夏之领域，凡一百四十九次；四为中等之国，凡六次；五为中央之国，凡一次。[②] 该文据此指出：

① 王尔敏：《中国近代思想史论》，461～480页，台北，华世出版社，1977。

② 同上书，442页。

> 在秦汉统一以前，“中国”一词所共喻之定义已十分明确。那就是主要在指称诸夏之列邦，并包括其所活动之全部领域。至于此一称谓之实际含义，则充分显示民族文化一统观念。诸夏列邦之冠以“中国”之统称，主要在表明同一族类之性质与同一文化之教养之两大特色。因为实际上自远古以来并无政治统一之事实，而族类之混同，则已构成一致同血缘之庞大族群，在当时则称为诸夏。同时文化之融合与同化，也已构成一致之观念意识、生活习惯、语言文字与社会结构，在当时则形容为中国。所以“中国”称谓之形成，实际显示出当时中华族类全体之民族与文化统一观念。①

178次中含“中央之国”之意的一次，见之于《列子》，原文为：“南国之人，祝发而裸；北国之人，鞨巾而裘；中国之人，冠冕而裳。”所强调的其实还是文教的差异。王尔敏上述研究成果清楚表明，“中国”这一名词从商代到秦汉统一以前，作为一个地理名词、文化名词、种族名词，实际已经逐渐形成了共识。地理上，它当时指黄河中下游的周、晋、郑、齐、鲁、宋、卫等国；文化上，它表现为“以诗书礼乐法度为政”②，如赵国公子成所说“中国者，聪明睿知之所居也，万物财用之所聚也，贤圣之所教也，仁义之所施也，诗书礼乐之所用也，异敏技艺之所试也，远方之所观赴也，蛮夷之所义行也”③；族类上，当时以“中国”自居者，都称作华夏族。“中国”当时正以上述这些特征而与所谓东夷、南蛮、西戎、北狄相区别。

秦汉统一以后，“中国”更进而具有了政治名词的意义，它所包含的地理、文化、族类意义也与此相应而有所变迁。首先，地域大大扩展了。其次，在文化上、族类上，原先的所谓东夷、南蛮、西戎、北狄，先后不同地都逐渐成了“中国”的一个组成部分。对此，王尔敏的上述论文指出：

---

① 王尔敏：《中国近代思想史论》，443页，台北，华世出版社，1977。

② 《史记·秦本纪》。

③ 《战国策·赵策三》。

> 古代“中国”在地球上所笼罩固定领域之范围，秦汉统一前，当已形成了共喻之理解。就是普通观念之中国，载于文献者，均漫指黄河及淮河流域之大部分。而沿边裔之秦、楚、吴、越则不在“中国”领域之内。至秦统一之后，形成政治大一统局面，中国行政制度改变，遂使“中国”称谓之实义又有新确立，不但三十六郡沿为正确之中国领域，而东南至于海，北到于塞，西接流沙，则俱为秦汉时代所共喻之中国领域。[①]

历史的进程是曲折的。秦、汉统一以后，中国又经历了一个相当长的分裂时期。晋室南渡后，东晋人将十六国斥为夷狄，南北朝时，南朝骂北朝为索虏、北朝骂南朝为岛夷，但它们都以“中国”自居。隋唐统一，使“中国”版图进一步扩大，和周围各地区联系进一步密切。经由五代十国的分裂至宋统一，又有辽、金、西夏等国与之相峙。继此之后，经由从成吉思汗到忽必烈祖孙三代的经营，渐次统一了蒙古高原上的蒙古各部、突厥各部，东北和黄河流域的金，宁夏、甘肃的河西和鄂尔多斯一带的西夏，新疆的西辽，西藏的吐蕃，云南的大理，以及长江流域、珠江流域的南宋，形成了空前的大一统局面。所有这些地区，都成了“中国”的一部分。明朝时期，这个大一统局面又受到破坏。而到清朝建立时，经过从努尔哈赤、皇太极到顺治、康熙、雍正、乾隆六代二百多年的经营，形成了比之元朝远为稳定的新的大一统国家。而“中国”这一称谓，到这个时代终于有了相当确定的含义。

主持编绘八卷本《中国历史地图集》的谭其骧教授在《历史上的中国和中国的历史疆域》一文中提出：“我们应该采用整个历史时期，整个几千年来历史发展所自然形成的中国为历史上的中国。”他认为，17、18 世纪的清版图便代表了这个由几千年历史发展而自然形成的中国的范围。他分析了中原地区跟各个边疆地区长期以来经济、文化、政治的关系，指出：“随着历史的发展，边区各族和中原汉族之间的关系越来越密切了，形成了一种相互依存的关系，光是经济文化的交流关系不够了，光是每一边区和中原的合并也不够了，到了 17、18 世纪，历史的

---

① 王尔敏：《中国近代思想史论》，445～446 页。

发展使中国需要形成一个统一的政权，把中原地区和各个边区统一在一个政权之下。而清朝正是顺应了历史发展的趋势，完成了这个统一任务。”① 他特别强调了“自然形成”这一根本特征，指出，当时清朝之所以能够在这么大的范围之内完成统一，绝不是单纯的由于那时的清朝在军事上很强，这个统一所以能实现，首先是因为清朝以前，中原地区已和各个边疆地区关系很密切，不但经济、文化方面很密切，并且在政治上曾经几度同处在一个政权统治之下。如东北地区在唐朝时候已经建立了若干羁縻都督府、羁縻州，经过辽、金的统治和明朝奴尔干都司的治理，清朝时走向统一便是自然趋势。北方蒙古高原上匈奴与汉朝曾多次战争，后来降汉；唐朝一度统治了整个蒙古高原，后来突厥重新复国；元朝时蒙古高原是岭北行省。西北地区，西汉设西域都护府，唐设安西、北庭都护府，元置阿力麻里、别失八里行中书省、宣慰司等。吐蕃和唐有过相当密切的交往，后来长时间处在厄鲁特蒙古统治之下。台湾在明朝后期已有颜思齐、郑芝龙等人去那里建立了汉人政权，后来荷兰人入侵，郑成功在 1661 年从荷兰人手中收复了台湾，奉明朝正朔，1683 年为清朝所平定。所有这些地区在清朝时走向统一，同样都是自然趋势。这个统一到清王朝时终于巩固下来，稳定下来，主要不是靠军事征服、军事胜利，“主要的原因是中原需要边区，边区更需要中原，需要统一在一个政权之下，这对中原人民有利，对边区人民更有利。”② 正是有了社会、经济的基础，中国在 18 世纪中叶至 1840 年稳定的版图内实现了政治的统一。这时“中国”作为一个地理名词，已涵盖了满、蒙、藏、维、汉等各个民族以及所有这些民族的文化。谭其骧上述文章论及清朝创建的特征时曾指出：“清朝统一基本上就是统一满、汉、蒙三区。蒙区实际上包括维吾尔地区及藏区。……一六三六年皇太极即皇帝位，把国号大金改为大清，臣下所进呈的劝进表就是由满、蒙、汉三种文字组成的，充分表明这个王朝是由满、蒙、汉三种人组成的。据我来看，这是顺应历史潮流的。因为到了十六世纪、十七世纪，汉、满、蒙等中国各民族已经迫切需要统一。”③ 努尔哈赤建满洲八旗，皇太极

① 谭其骧：《长水集续编》，5 页，北京，人民出版社，1994。

② 同上书，5～6 页。

③ 同上书，6 页。

建蒙古八旗、汉军八旗，三支八旗成为创建清朝的骨干力量，这也是谭其骧教授上述论点的有力佐证。正由于清朝系满族联合蒙、汉两族共同创建，对于各民族在政治上走向统一，文化上走向共同发展，便比之先前各个时代更为有利。尽管在这中间也有不少摩擦与冲突，但汉族以外的各民族和他们的民族文化成为中华民族和中国文化不可分割的一部分，则已确定无疑。

由此可知，至 17、18 世纪，历史的中国已经确定无疑、巩固地自然形成。1840 年以后，当西方列强来到东方时，所面对的正是这确定无疑的中国。王尔敏先生有一篇论述近代中国知识分子应变之自觉的文章，历举当时著名的知识分子 66 人所提出的变局言论，其中凡述及"中国"或"中外"者，所指的"中国"，都正是这一确定无疑的中国。[①] 这些事实表明，当时人们对于"中国"一词的地理含义、政治含义、文化含义、种族含义，已经形成了无可置疑的共识。

二、主权意识、民权意识与近代国家意识

在古代自给自足的生产方式支配下，人们通常更多关心的是自己的家庭、家族，国家意识相对比较淡薄。近代以来，中国遭逢几千年来所未有的巨变，外患内忧，强烈地催生了人们的主权意识。可以说，中国人的近代国家意识正是伴随着国家独立与主权意识的高扬而逐渐形成的。

众所周知，中国从 19 世纪中叶起，就遭到当时最发达的资本主义国家英国、美国、法国以及俄国的不断侵凌。19 世纪末，新勃起的德国、日本也咄咄逼人地肆虐于中国。附从于这六大强国的还有一批西方的中小国家。列强凭借炮船的威胁，取得了一系列特权。汪敬虞在《资本、帝国主义国家在近代中国的特权》一文中，将列强所攫取的特权分成"根据不平等条约取得的特权"和"没有条约根据的特权"两类。条约特权有：条约口岸，协定关税，领事报关，租赁土地房屋（后来侵略者歪曲条约而辟为租界），片面最惠国待遇，驻军，治外法权，免征税收，内港引水，雇佣买办，办理邮政，内地传教，内地游历通商，内河

① 王尔敏：《中国近代思想史论》，384～401、409～414、430～433 页。

航行，协定内地通过税，贩卖鸦片，管理海关行政，掠卖华工，租借地，减征税收，沿海转运贸易，势力范围，修筑铁路，口岸设厂，内地开矿，敷设有线电报，收存税款，管理盐务行政，管理无线电台，航空运载等。没有条约根据的特权有：外国在中国开设银行，外国银行在中国发行纸币，对中国政府贷款，直接向烟农收购烟叶，外国在中国兴办农场等。① 除去这些特权外，列强还屠杀中国军民，割占中国大片领土，帮助清王朝血腥镇压中国民众运动，在租界及中东铁路附属地内为所欲为。诚如湖南巡抚王文韶在1874年一份奏折中所说："窃惟中国之有外患，历代皆然，而外洋之为中国患如此其烈，实为亘古所未有。"② 独立与主权问题就是这样极为尖锐地提到中国面前的。

早在19世纪70年代，一批先觉者已经明确提出了维护国家自立与主权的问题。王韬已将列强所获取的各种侵及中国主权的特权称作"额外权利"，而要求予以收回。③ 郑观应已强调必须在确定税率时坚持独立自主，指出交涉中，"一切章程均由各国主权自定，实于公法吻合"④。到19世纪末、20世纪初，主权一词已相当流行。约翰·施莱克在《帝国主义与中国民族主义：德国在山东》一书中，曾统计了"主权"在《清季外交史料》一书中出现的次数，1875年至1894年每百页出现一次，1895年至1899年每百页2.5次，1900年至1901年每百页增至8.8次，1902年至1910年每百页更增至22次。陈独秀1904年在《安徽俗话报》上发表的《说国家》一文指出："凡是一国，总要有自己做主的权柄，这就叫做'主权'……一国之中，像那制定刑法、征收关税、修整军备、办理外交、升降官吏、关闭海口、修造铁路、采挖矿山、开通航路等种种国政，都应当仗着主权，任意办理，外国不能丝毫干预，才算得是独立的国家。若是有一样被外国干预，听外国的号令，不得独行本国的意见，便是别国的属地。凡是一国失了主权，就是外国

① 《中国社会科学院经济研究所集刊》第10集，1～42页，北京，中国社会科学出版社，1988。

② 《筹办夷务始末》，同治朝，卷99，52页。

③ 王韬：《除额外权利》，见《弢园文录外编》卷3，89～90页，北京，中华书局，1959。

④ 郑观应：《盛世危言》，正续编，卷3，1页。

不来占据土地，改换政府，也正是鸡犬不惊，山河易主了。”[①] 这一认识，出自一位25岁青年之口，而且以白话阐述，足以说明主权意识这时已经在人们国家意识中占据了突出的地位。正因为如此，收回已经丧失的主权、保护主权自立，成了当时爱国者的普遍呼声。康有为发起成立保国会时说：“本会以国地日割，国权日削，国民日困，思维持振救之，故开斯会，以冀保主，名为保国会。”[②] 其后各地成立的各类公法学会、国权挽救会、保矿会、保路会、保界会，都将保护和收回国家主权作为他们直接的奋斗目标。

怎样才能维护国家主权？起初，人们寄希望于公理、公法，以为可以据此向列强力争；很快人们发现，列强常常肆无忌惮地践踏这些公理、公法。人们又寄希望于朝廷励精图治，有所作为；但是，不多久，人们就失望了。于是，人们转而寄希望于民权。汪康年在《论中国参用民权之利益》中写道：“若夫处今日之国势，则民权之行尤有宜亟者。益以君权与外人相敌，力单则易为所挟，以民权兴外人相持，力厚则易于措辞。”[③] 严复在《原强》中进而强调：“积人而成群，合群而求国。国之兴也，必其一群之人，上自君相，下至齐民，人人皆求所以强，而不自甘于弱，人人皆求所以知，而不自安于愚。”[④] 他强调了齐民为国家的主体，维护国权必待其群都能奋起努力，但他认为当时所可实际去做的只是鼓民力、开民智、新民德，即宣传启发民众。与此差不多同时，梁启超已更为明确地提出了振兴民权的重要性。他说：“君权日益尊，民权日益衰，为中国致弱之根源。”[⑤] 为此，他要求大力鼓吹民权之说，大力伸张民权，断言：“民权兴则国权立，民权灭则国权亡”，“若人权尽复，民智大开，则人知爱国，下令流水，国权乃一张而不可仆，主权亦一隆而不可替”。[⑥] 其后，以“国民”为刊名的《国民报》

---

① 《陈独秀著作选》第1卷，57页，上海，上海人民出版社，1993。

② 《湘报》第68号，光绪二十四年四月五日出版。

③ 中国史学会主编：《戊戌变法》第3册，148页，上海，神州国光社，1953。

④ 严复：《原强》，见王栻主编《严复集》第1册，北京，中华书局，1986。

⑤ 《饮冰室合集》文集1，128页，上海，中华书局，1936。

⑥ 梁启超：《爱国论》，见《饮冰室合集》文集3，73页，上海，中华书局，1936。

在《二十世纪之中国》一文中进一步系国家命运于全体国民："今日已二十世纪矣，我同胞之国民，当知一国之兴亡，其责任专在于国民。"[①]到邹容的《革命军》及提倡民族、民权、民生三大主义的孙中山那里，民权更具体化为建立"中华共和国"、"建一大共和国以表白于世界"。[②]

主权意识的增强，推动了拒俄、抗法、抵制美货、保矿、保路等运动的高涨；民权意识的增强，促进了立宪运动与革命运动的展开。这些运动汇合在一起，终于推翻了丧权辱国的清朝的君主专制统治，迎来了"中华民国"的诞生。

"中华民国"的命名及其诞生，在中国近代国家意识的发展中具有重要的地位。这是周、秦以来第一次将已经流传数千年的"中国"两字径直用来作为正式的国名。"中华民国"四字出自中国同盟会"恢复中华，建立民国"誓词。孙中山、黄兴、章太炎等人1906年所制定的《中国同盟会革命方略》解释"恢复中华"时强调："中国者，中国人之中国；中国人之政治，中国人任之。……敢有为石敬瑭、吴三桂之所为者，天下共击之。"在解释"建立民国"时强调："今者由平民革命以建国民政府，凡为国民，皆平等以有参政权。……敢有帝制自为者，天下共击之。"[③] 为推翻清朝统治，革命派曾起劲地鼓吹过"驱除鞑虏"，但是，在武昌起义后，鼓吹"反满"最力的章太炎便致书满族留日学生，说道："若大军北定宛平，贵政府一时倾覆，君等满族，亦是中国人民，农商之业，任所欲为，选举之权，一切平等。"[④] 孙中山1912年1月1日就任中华民国临时大总统职时所发布的宣言书中，第1条就宣布："国家之本，在于人民。合汉、满、蒙、回、藏诸地为一国，即合汉、满、蒙、回、藏诸族为一人。是曰民族之统一。"[⑤] 明示"中华民国"

---

① 《国民报》第1期，7页。

② "中华共和国"见之于邹容《革命军》，见《辛亥革命资料丛刊》第1卷，364页，上海，上海人民出版社，1981。"建一大共和国以表白于世界"见之于孙中山《在东京中国留学生欢迎大会上演说》，见《孙中山选集》，73页。

③ 《孙中山全集》第1卷，297页。

④ 冯自由：《清肃王与革命党之关系》，见《革命逸史》第5集，上海，商务印书馆，1939。

⑤ 孙中山：《临时大总统宣言书》，见《孙中山全集》第2卷，2页。

是生活在中国广大领土上的所有各族共有的统一国家。

孙中山在临时大总统就职宣言书中还宣布，中华民国决心谋求实现“领土之统一”、“军政之统一”、“内治之统一”、“财政之统一”。在参议院 1912 年 3 月议决的《中华民国临时约法》总纲中明确宣布：“中华民国，由中华人民组织之。”“中华民国之主权，属国民全体。”“中华民国领土，为二十二行省，内外蒙古、西藏、青海。”① 这时，由于民众的崛起范围还很有限，中华民国的根基并不坚实。也就没有足够的力量解决收回已经丧失的主权以及防止主权继续丧失的问题。孙中山就任临时大总统时，在《宣告各友邦书》中就不得不宣布继续承认革命以前清政府与各国所缔结的各种条约、向各国所借的外债以及各种赔偿，继续承认先前所让于各国的种种权利。已经割让给日本的台湾领土收回问题，也因此未在《临时约法》中提出。但是，中华民国的建立这一实践对于主权意识与民权意识的普及和深化所起的推动作用，其力度、广度都非往昔各种宣传和运动所可比拟，正因为如此，民众奋起为维护国家主权而进行斗争，其规模、其成效也都非往昔所可比拟。蓬勃开展的反对沙俄分裂外蒙古及反对英国侵略西藏的斗争，反对日本所提出的“二十一条”的斗争，程度不同地挫抑了列强的气焰。在第一次世界大战中，1917 年中国对德、奥宣战，废止了中德、中奥间所有条约合同、协定，收回了德国在天津、汉口的租界和奥国在天津的租界，取消所有德、奥在中国的领事裁判权等各种特权。1919 年的五四爱国运动，终于迫使北洋政府拒绝在继续维护列强特权的《巴黎和约》上签字。1920 年 3 月，中国收回了中东铁路界内的主权。1922 年中国收回已被日本侵占了八年之久的胶州原德国租借地。1924 年 5 月，中苏签订了《解决悬案大纲协定》，宣布沙俄和中国签订的一切条约一概无效，苏联放弃在中国境内的一切租界、租借地，取消在中国的治外法权和领事裁判权。这是中国近代国家意识日臻成熟，在争取国家自立、保障国家主权方面所取得的第一批成果。

三、对国际霸权的抗击和中国的国际平等意识

1924 年 1 月召开的中国国民党第一次全国代表大会，实现了中国

① 《孙中山选集》第 2 卷，220 页。

国民党与中国共产党的合作，对民族主义、民权主义、民生主义作出了新的解释，有力地推动了工人运动、农民运动、学生运动、市民运动和妇女运动的发展。中国国家意识的发展，这时，集中为一个目标，这就是孙中山以中国国民党名义发表的《北伐宣言》中所说的“造成独立自由之国家，以拥护国家及民众之利益”，“要求重新审订一切不平等之条约，即取消此等条约中所定之一切特权，而重订双方平等互尊主权之条约，以消灭帝国主义在中国之势力”。这也就是“令中国出此不平等之国际地位”，而“蹈于国际平等地位”。①

声势浩大的五卅运动，粉碎广州商团叛乱，省港大罢工，以及北伐战争的节节胜利，给予帝国主义在中国的特权以前所未有的猛烈冲击。广大民众为使中国摆脱被凌辱、被欺侮的屈辱地位，强烈要求废除强加于中国的各种不平等条约，和各国建立双方平等、互尊主权的新型关系。借助广大民众同仇敌忾之势，1926 年 8 月，中国收回了上海公共租界内的会审公廨；1927 年初，中国收回了汉口、九江的英租界；接着，中国又陆续收回了镇江、威海卫、厦门的英租界，并相继与美、比、葡、英、法、日等国签订关税条约，废除各国在中国的协定关税权，收回了关税自主权。但是，中国并没有沿着这一趋势发展下去而取得国际平等地位，原因在于这时遇到了 19 世纪后半期以来最为严峻的外部及内部的挑战。

外部的挑战，首先在于日本军国主义悍然侵入中国东北，企图独霸东亚乃至整个亚洲太平洋地区。这一事件与德国在欧洲重新崛起互相呼应，在世界范围内引发了一场新的争夺世界或区域霸权的斗争，并由此导致第二次世界大战的爆发。

内部的挑战，来自以蒋介石为代表的特殊利益集团，他们在北伐战争势如破竹向前发展之时，为保障自己的特殊利益，转而向列强妥协，乞求得到他们的支持，同中国共产党分裂，将如火如荼的工农运动镇压下去。当日本军国主义的铁蹄步步进逼时，他们采取了“不抵抗政策”，致使东三省失陷，华北被蚕食，最后华东、华中、华南及中国其他广大地区都惨遭蹂躏。

① 《孙中山选集》第 2 卷，943、944 页。

面对国家危亡的严峻形势，中国人民认识到，侵略者不但不让中国与其他国"平起平坐"，还要完全灭亡中国。中国人民奋起反对妥协、投降，掀起了轰轰烈烈的抗日救亡运动，推动了国共两党第二次合作，实现了全民族团结一致，坚持了八年抗日战争。

抗日救亡运动与八年浴血抗战，对于中国走向主权独立、取得国际平等地位起了巨大作用。尽管中国主要工业总产值这时只达到欧洲小国水平，中国人民保卫国家的独立、主权、自由的不屈意志和面对强敌英勇无畏的斗争精神，使中国成了世界反法西斯战争中足以和苏联、美国、英国相匹敌的反法西斯主力之一，中国因此赢得了世界上众多反法西斯国家的崇敬和广大爱好和平的人民的同情，终于取得了世界大国的地位，成了1942年1月1日签署《联合国家共同宣言》的26国中带头的四大国之一[①]，1943年10月30日又与美、英、苏三国共同签署《关于普遍安全的宣言》[②]，宣布将尽速"根据一切爱好和平国家主权平等的原则"，成立大小国家均得参加的"普遍性的国际组织"[③]。1945年中国又与美、英、苏三国一道发起于4月15日在美国旧金山召开"联合国家国际组织会议"。在《联合国宪章》中，中国被确定为联合国安全

---

① 美国总统罗斯福1942年元旦文告中首次将中国列为"四强"之一。美国国务卿赫尔在解释罗斯福将中国列为"四强"之一的意图时说："对于中国，我们有两个目标：第一是有效地共同作战。第二是在战时和战后，为了筹建国际组织以及在东方确立稳定和繁荣，承认和把中国建成一个跟俄、英、美这三个西方大盟国具有同等地区的大国。"见 Cordell Hull, *Memoirs of Cordell Hull*, Vol. 2, Macmillam, New York, 1948, p. 1257。1943年3月罗斯福会见英国外相艾登时说，中国一定要参加"大国圈子"，美国希望"世界组织的真正决定，应由美、英、苏、中四国作出"，"倘和俄国在政策上发生严重冲突，中国毫无疑问会站在我们这一边"。见 Robert E. Sherwood, *Roosevelt and Hopkins*, pp. 716-718。

② 1943年10月，苏、美、英三国外长莫斯科会议，是美国国务卿赫尔坚持将中国列为《普遍安全宣言》发起国之一。苏联外长莫洛托夫曾表示反对。赫尔对莫洛托夫说："关于中国的局势问题，美国政府正在作一切努力，并且已尽可能作出了一切努力。在我看来，把中国从四国宣言中给略掉，将是不可能的。我国政府认为，在世界局势中，中国一直是从事这场战争的四大国之一。"见 Cordell Hull, *Memoirs of Cordell Hull*, Vol. 2, p. 1282.

③ 《国际条约集》(1934—1944)，403页，北京，世界知识出版社，1961。

理事会常任理事国。尽管在此之前，斯大林曾对此表示过异议，表示“无论如何，他不认为中国在战争结束时会是非常强大的”，借口“例如一个欧洲国家或许会对中国有权对它动用某种机构表示不满”① 而企图将中国排斥于“四强”之外，但中国终于还是取得了安理会常任理事国的地位，这就使中国有了可能取得国际平等地位，成为维持国际安全和世界和平的一支中坚力量。

在成为世界四大国之一的过程中，中国先于1941年12月宣布废止对日本及意大利的一切不平等条约、协定、合同，并明确宣布战后决定收复台湾、澎湖、东北土地。1943年1月，中英、中美签订条约，废除英国、美国在华不平等条约及各种特权，其后，英联邦废除对华不平等条约。但是，中国并没有因此而在事实上真正取得国际平等地位。英国仍拒绝将新界、九龙、香港归还中国，葡萄牙仍然占据着澳门。尤为严重的是在第二次世界大战行将结束时，世界已实际形成美、苏两大强权企图彼此划分势力范围、共同主宰世界的格局。两大国都不愿更没有真正平等地对待中国，而总试图由它们来安排和决定中国未来的命运。在1945年2月举行的雅尔塔会议上，美国与苏联首脑专门讨论了中国问题。美国国务院会前拟定的《美国对华长期目标和政策大纲》及《英、美、苏的对华政策的统一》说明了美国对华的基本要点，这就是："由我们（指美国）负起领导责任，帮助中国发展一个强大的、稳定的和统一的政府，以便它可以成为远东的主要稳定因素。”为此，美国“应争取英国和俄国的合作来达到这个目标”。② 在罗斯福与斯大林讨论两国问题时，为换取苏联支持美国上述对华政策，罗斯福答应了斯大林所提出的“外蒙古（蒙古人民共和国）的现状须予维持”，“大连商港须国际化，苏联在该港的优越权益须予保证，苏联之租用旅顺港为海军基地也须予恢复”，及“对担任通往大连之出路的中东铁路和南满铁路应设立一苏中合办的公司以共同经营之”等严重损害中国主权的条件，双

① Diplomatic Papers：The Conferences at Cario and Tehran 1943，*Foreign Relations of the United States*，p. 530.

② Ibid.，p. 358.

方并邀请丘吉尔共同签署了秘密的《三大国关于远东问题的协定》。[①]会后，美国负责说服中国政府答应上述条件，最终由中国外交部长王世杰与苏联外长莫洛托夫于 1945 年 8 月 14 日在莫斯科签订包含上述不平等内容的《中苏友好同盟条约》。而作为对美国的回报，苏联首脑则一再表示"帮助中国恢复起来的工作必须以美国为主"，"美国是唯一有足够资本和人才，在紧接着战争结束的这个时期内，能对中国真正有所帮助的国家"。[②] 实际上，就是承认美国在中国具有特殊地位，中国属于美国势力范围。

旧的霸权主义者日本军国主义刚刚倒下去，美国这个不可一世的新的霸权主义者又逞威于中国。驻华美军司令魏德迈 1945 年 11 月向华盛顿提出的报告说："中国是东西方之间的一座桥梁。今天由于出现了强大的苏俄，中国也是世界上两个最大的强国，即苏俄和美国政治、经济角逐的舞台。"[③] 美国为使中国成为其仆从，以其为巩固的根据地控制亚洲大陆，运用"以华制华"的手段，全力支持蒋介石政府在抗日胜利不久就悍然发动全面内战，图谋一举扑灭八年浴血抗日中成长壮大起来的中国共产党及其所领导的人民力量。中华民族又一次面临整个国家盛衰存亡的生死考验。中国没有心甘情愿地去作美国的仆从而是奋起斗争。国家意识在维护国家自主、独立和国际平等的这场斗争中又一次升华。中华人民共和国的成立，就是这一升华的集中表现。

中华人民共和国这一名称，比之"中华民国"旧名，保持了"中华"这一中国传统的称呼，同时，更加凸显了"人民共和国"这一国家的现代性质。毛泽东在筹建中华人民共和国的新政协会议筹备会上强调："中国必须独立，中国必须解放，中国的事情必须由中国人民自己作主张，自己来处理，不容许任何帝国主义国家再有一丝一毫的干涉。"

① 《德黑兰、雅尔塔、波茨坦会议文件集》，258 页，北京，生活·读书·新知三联书店，1978。

② 斯大林对霍普金斯的谈话，见 Diplomatic Papers：The Conference of Berlin 1945，*Foreign Relations of the United States*，Vol. 1，p. 43.

③ Diplomatic Papers，1945，Vol. 7，The Far East：China，CPO.，*Foreign Relations of the United States*，Washington，D. C.，1969. p. 659.

他还明确提出，中国和其他国家将在“平等、互利和互相尊重领土主权的原则的基础上”发展外交关系。[①] 中华人民共和国的成立，表示中国人已战胜了国际霸权主义，自己掌握了国家的命运。正因为如此，人民共和国诞生，对于中国人民来说，确如毛泽东在中国人民政治协商会议第一届全体会议开幕词中所说：“我们有一个共同的感觉，……我们的民族将从此列入爱好和平自由的世界各民族的大家庭，以勇敢而勤劳的姿态工作着，创造自己的文明和幸福，同时也促进世界的和平和自由。我们的民族将再也不是一个被人侮辱的民族了，我们已经站起来了。”[②]

但是，历史留下的国际霸权主义的沉重负荷不可能一夜间骤然全部消除。新中国成立伊始，中国不得不对朝鲜战争作出反应，和美国军队在朝鲜领土上直接对垒，在一定意义上可以说，这是中国20世纪40年代后期在自己的国土上同美国强权较量的继续，只是先前所面对的是美国强权的代理人。朝鲜战争结束后，“冷战”总格局仍然笼罩着中美整个关系，而且冲突又因为美国插足台湾海峡，阻止两岸走向统一而具有特殊紧张的性质。除此之外，中国还有一个消除苏联在中国的特权及抵制苏联霸权主义新要求的问题。这方面的抵牾、冲突逐步发展，后来终于演化为中苏公开论战及在边疆地区一度兵戎相见。

因此，就中国现代国家意识的发展历程来看，20世纪30年代、40年代、50年代至60年代及70年代中期，可以说，是中国同一个又一个不可一世的国际霸权主义者进行针锋相对斗争而逐步取得国家独立、自由和领土主权完整以及国际平等地位的时期。经过这近半个世纪的艰难岁月，从70年代开始，一方面是美国总统尼克松来华访问，结束了中美之间敌对状态，1978年12月16日《中美关于建立外交关系的联合公报》中，美国正式承认“中华人民共和国是中国唯一合法政府”，“承认中国的立场，即只有一个中国，台湾是中国的一部分”，中美关系迅速改善；另一方面则是中国正式结束了50年代初同苏联结成的同盟关系。以这两大事件为标志，中国终于开始作为世界上独立的一极而屹

① 《毛泽东选集》第4卷，1465、1466页，北京，人民出版社，1967。

② 《建国以来毛泽东文稿》第1册，6页，北京，中央文献出版社，1987。

立于欧亚大陆的东方，尽管中国国力还比较弱小，但这却是不容忽视和轻视的一极。这些事实也证明，在民族—国家认同方面，并不是中国人自己没有“共识”，而是国际霸权主义者一而再、再而三地总是试图主宰中国、肢解中国、分裂中国。正是中国人民不屈不挠的奋斗，终于使这些图谋未能得逞。

四、中国的现代化建设与“有容乃大”的开放意识

从近代国家意识逐渐形成开始，一代又一代志士仁人都把现代化建设同现代国家的发展紧密联系在一起，而进行现代化建设，就必须吸取世界一切物质文明与精神文明的成果。正因为如此，维护国家独立、主权、领土完整和对外实行以我为主的开放，二者互相辅佐、互相补充。这样就不难了解，为什么倡导除去“额外权利”的王韬又强调“当今之世，非行西法则无以强兵富国”①，为什么一生倡导“三民主义”的孙中山制定了“实业计划”，主张“使外国之资本主义以造成中国之社会主义，而调和此人类进化之两种经济能力，使之互相为用，以促进将来世界之文明”②；为什么在日本、美国、苏联三大强权面前都铁骨铮铮的毛泽东也倡导“学习资本主义国家的先进的科学技术和企业管理方法中合乎科学的东西”，认为“工业发达国家的企业，用人少，效率高，会做生意，这些都应当有原则地好好学过来，以利于改进我们的工作”，明确表示“我们的方针是，一切民族、一切国家的长处都要学，政治、经济、科学、技术、文学、艺术的一切真正好的东西都要学”③。但是，历史实践已经表明，中国这样一个大国，当仍然处在国际霸权主义的严重威胁之下，尚未取得真正的独立、主权和国际平等地位时，不可能集中全力来进行现代化的建设，也不可能真正充满自信、坦然有效地对外实行开放政策。王韬那一代面临内忧外患，无法潜心富国强兵不用说了；即如孙中山，虽然拟订了《实业计划》，晚年却仍不得不倾注全力

---

① 王韬：《杞忧生易言跋》，见《弢园文录外编》卷11。

② 孙中山：《建国方略之二：实业计划（物质建设）》，见《孙中山选集》，369页。

③ 毛泽东：《论十大关系》，见《建国以来毛泽东文稿》第6册，103、101～102页，北京，中央文献出版社，1992。

于政治的、军事的斗争，显然是由于这一总的形势；而毛泽东从抗美、反美到反修防修，一而再、再而三地将自己的注意力从经济建设这一主轴上转移开去，固然有他自己对形势估计过分严重这一因素，但“冷战”总态势及中国所受到的种种威胁，不能不说也是一个极为重要的原因。

世界走向多极化，导致美、苏两霸对峙所造成的“冷战”格局终告结束，给中国集中主要力量专心致志地进行现代化建设提供了广阔的外部空间。中国的国家意识，在继续珍视国家的独立、主权、领土完整和国家的尊严、国家的利益同时，愈来愈重视富国富民。谋求国家的独立、主权和领土的完整，本就是为了保障全体人民全面而自由地发展，使他们不再为愚昧、落后、贫困、恐惧所困扰，富民富国本来就是其应有之义。同样，如果民不富，国不强，始终处于落后与贫穷状态，就不可能真正不受别国欺侮而名副其实地站立在世界上。将这二者紧密结合在一起确定国家发展战略，表明现代国家意识进一步成熟。

在20世纪最后这20多年中，一心一意进行现代化建设终于成为中国发展的现实。为推进社会主义现代化事业的积极发展，中国在确保国家独立、主权和领土完整的前提下，实行了全方位的开放政策，大量吸收和借鉴人类社会创造的一切文明成果，特别是拥有资本的优势、对外贸易的优势、科学技术的优势、产业结构应变能力较强的优势、劳动者素质高的优势的西方发达国家的优秀文明成果。在承认社会主义同资本主义存在着对立和斗争这一面的同时，更看到两者之间又有互相借鉴、合作和利用的一面。对于历史上遗留下的所有有损于中国主权与领土完整的问题，以及若干领土纠纷，都采取了既有原则的坚定性又有高度灵活性的办法，努力用和平的方式一一加以解决。依循这一基本国策，中国和世界各国，特别是各西方发达国家的关系，从来没有像今天这样在平等、友好、互利的基础上普遍而全面地得到大幅度的发展，同时，中国的社会主义现代化建设也从来没有像今天这样取得举世瞩目的持续、高速、稳定发展的宏伟成就。

近代以来，中国同世界的交往，特别是同西方发达国家的交往，从来也没有像今天这样广泛而密切。中国人没有将现代化等同于“西化”，这是因为中国人经过一个半世纪曲折反复的实践，已经深刻认识到，实现中国现代化，不能机械地完全仿效西方。中国必须充分吸取西方发达国家几百年的发展在经济、政治、科技、教育、文化和社会管理方面所积累的丰富经验，但是，又必须从中国的实际出发，走适宜于中国情况的自己的路。这并不是憎恨西方所致。西方所有国家，无论是英国、美国、法国，还是德国、意大利，乃至东方的日本，在实现现代化的时候，没有任何一个国家是机械地完全仿效别国，盎格鲁-撒克逊型不同于莱茵型，美国型不同于英国型。中国同样必须走自己的路。

1925 年，孙中山在神户作过一次关于“大亚洲主义”的演讲，正面驳斥了当时一位美国学者所鼓吹的“黄祸论”。孙中山指出，美国这位“黄祸论”者“指斥一切民族解放之事业的运动，都是反叛文化的运动”，其实是要“来压制我们九万万民族，要我们九万万的大多数，做他们少数人的奴隶”。“欧洲人自视为传授文化的正统，自以文化的主人翁自居，在欧洲人以外的，有了文化发生，有了独立的思想，便视为反叛”。孙中山认为，这其实只是一种“霸道的文化”、“专用武力压迫人的文化”。①

无论是旧“黄祸论”，还是新“黄祸论”，距离正在发生巨变的中国现实都太遥远了。轰动世界的《大趋势》的作者约翰·奈斯比特出版的《亚洲大趋势》结论中说：

> 近一百五十年间，当西方人享用他们创造的进步和富庶时，大多数亚洲人还生活在贫困之中。现在亚洲踏上了富强发展之路，经济的复苏使东方人有机会重新审视传统文明的价值。随着技术和科学的引进，亚洲向世界展示了现代化的新型模式，这是一种将东、西方价值观完善结合的模式，一种包容自由、有序、社会关注和个人主义等信念的模式。东方崛起的最大意义是孕育了世界现代化的新模式。亚洲正在以“亚洲方式”完成自己的现代化，它要引导西方一起迈入机遇与挑战并

① 孙中山：《大亚洲主义》，71～72 页。见陈德仁、安井三吉编《孙文·讲演“アツア主义”资料集》，日本，日本法律文化社，1989。

存的二十一世纪。[①]

这段结论同样适用于中国。奈斯比特也是一位美国学者，但是，他对“东方社会日益向功利化和高科技型，面临精神危机的西方人越来越东方化”抱着积极的态度，认为“东、西方两种文化、经济交融之时，世界将会更加生机勃勃”，[②] 因此，观察亚洲问题，包括中国问题在内，显然要比那些以西方为中心的霸权主义者公正和准确得多。

中国进行现代化建设和中国所实行的开放政策，没有像国际霸权主义者所希望的那样走向丧失国家独立、主权和领土完整的“门户开放，利益均等”，这是霸权主义者所最为愤懑不平的。但中国正因为坚持了真正的独立自主，包括不和世界上任何大国及国家集团结盟，不插手任何国家的内部事务，方才能够真正做到有容乃大，突破地域性联系的局限，而将东西方文明的优秀成果结合在一起，将中国的发展置于人类文明所提供全部优秀成果筑成的基础之上。这是中国近代以来国家意识在更高层次上的发展，真正关心 21 世纪人类的和平与发展者，都应当对此表示欢迎，并积极给予支持。作为一个严肃的学者，应当像奈斯比特那样，努力帮助西方对中国、对亚洲有一个客观的了解，从而推动西方国家对中国、对亚洲的理解、尊重和合作，使中国和西方各国，特别是美国的关系，建立在更高的更有成效的基础之上，这方才是对西方世界真正负责，对包括东西方世界在内的整个人类的未来负责。

---

① ［美］约翰·奈斯比特：《亚洲大趋势》，275 页，北京，外文出版社，1996。

② 同上书，274～275 页。

民主共和制的名与实

近代民主共和国家形态，就中国而言，不是传统国家形态在近代社会发展基础上的自然转型。它是在中国社会现代化还相当稚弱时，主要借助对西方近代国家建构的认同与移植而建立起来的。社会现代化的滞后，导致近代民主共和国家严重变形。但是，近代民主共和国家形态的建立，推动了中国新的政治重心的构建，以及对于国家和基层社会的整合，对于近代社会的成长及传统社会向近代社会的转变，发挥了非常重要的积极作用。

一、近代民主共和国家形态的构建及其变形

中国传统的国家形态，主要由皇帝制度、宰辅制度、郡县制度、乡绅制度构成。改变传统国家形态、构建近代国家形态的首次尝试，是清末"预备立宪"。1908 年公布的《宪法大纲》宣布："君主立宪政体，君上有统治国家之大权，凡立法、行政、司法皆归总揽，而以议院协赞立法，以政府辅弼行政，以法院遵律司法。"但"臣民

权利义务”中，毕竟规定了“臣民于法律范围以内，所有言论、著作、出版及其集会、结社等事，均准其自由”，还规定了“上自朝廷、下至臣民，均守钦定宪法，以期永远率循，罔有逾越”。[①] 与《宪法大纲》同时颁布的还有《九年预备立宪清单》，[②] 规定要做的工作包含：筹办谘议局，办城镇乡与厅州县地方自治，建立资政院，编定民律、商律、刑事、民事诉讼等法典，等等。1909 年设立资政院。1911 年武昌起义爆发后，清廷又匆匆颁布《宪法十九信条》。[③]《宪法大纲》仿照日本宪法，而《宪法十九信条》则提升议院地位，抑制君权，类似英国君主立宪。这次尝试尚未完全成行，便因清王朝崩溃而夭折了。

1912 年 1 月 1 日中华民国建立，标志着共和制取代了传统的君主专制制度。1912 年 3 月颁布的《临时约法》，规定“中华民国之主权，属于国民全体”，“中华民国人民，一律平等”，享有身体、家宅、财产、营业、言论、著作刊行、集会、结社、书信秘密、居住迁徙、信教等各项自由权利和参与国家事务的各项政治权利。在国家政权结构方面，规定“中华民国以参议院、临时大总统、国务院、法院，行使其统治权”，确定了立法、行政、司法三权分立和互相制衡的制度。[④] 在这之后，虽然袁世凯曾试图恢复帝制，张勋一度复辟，将溥仪重新捧上台，但都昙花一现。从中华民国建立，到 1949 年 10 月 1 日为中华人民共和国所取代，共和制度成了中国不可改变的新的国家形态。

近代共和制国家建立起来了，但是在国家运作的实践中，却出现了严重的变形。这集中地表现为宪法虚文化、议会边缘化、国家全能化。

首先是宪法虚文化，领袖权威与宪法权威错位。1912 年孙中山辞去临时大总统职务，推荐袁世凯继任时，强调新总统必须遵守已经颁布的一切法律和章程。可是，袁世凯当上临时大总统以后，就下令停开国会及各省议会，1914 年 5 月又以《中华民国约法》取代了《临时约法》，规定“大总统为国之元首，总揽统治权”，赋予了袁世凯以类似于

① 朱寿朋编：《光绪朝东华录》，5975 页，北京，中华书局，1958。

② 参见《政治官报》第 301 号，12～18 页。

③ 故宫博物院明清档案部编：《清末筹备立宪档案史料》上册，102、103 页，北京，中华书局，1979。

④ 参见《临时政府公报》第 35 号，1912-03-11。

《宪法大纲》中皇帝的权力，而人民的自由权利则统统给加上“于法律范围之内”的限制。[①] 但是，就是这样一部约法，袁世凯也没有准备实施，刚刚公布，他就开始了复辟帝制的活动，而他一死，这部《约法》也就寿终正寝。为反对北洋军阀继续践踏《临时约法》，孙中山发动了护法战争。然而，他所倚仗的西南军阀，对《临时约法》同样视若具文。1923 提曹锟贿选成功就任大总统时，还公布了一部《中华民国约法》，规定了“中华民国永远为统一民主国”[②]，但这纯然是用来遮掩其贿选丑剧，并不是为了真正实施。曹锟一下台，这部宪法便被废弃了。1927 年由中国国民党掌握的南京国民政府建立后，继续实行所谓军政。1928 年 10 月发布所谓《训政纲领》，宣布“中华民国于训政期间，由中国国民党全国代表大会代表国民大会，领导国民行使政权”，“中国国民党全国代表大会闭会时，以政权付托中国国民党中央执行委员会执行之”[③]。1929 年 3 月 21 日中国国民党第三次全国代表大会通过决议：“确定总理所著《三民主义》《五权宪法》《建国大纲》及《地方自治开始实行法》，为训政时期中华民国最高之根本法”，“总理遗教不特训政时期以之为根本法，即宪政时期亦须以之为宪法之准则”。[④] 1931 年 6 月公布的《中华民国训政时期约法》，虽仍规定“中华民国之主权属于国民全体”，但一落实到由国民党中央执行委员会行使中央统治权，关于人民权利等规定就全部落空了。[⑤] 1946 年 12 月 25 日在蒋介石导演下，国民大会制定了一部《中华民国宪法》，并宣布将于 1947 年 12 月 25 日施行，但是，这时国民党政权已濒临崩溃，后来只好到台湾岛上去施行了。

其次是议会边缘化，权力制衡与权力监督失位。除去清末《宪法大纲》规定议院仅有“建议之权”、袁世凯的《约法》不设国会而以参政院、立法院行使制宪、立法之权，国民党《训政时期约法》规定由国民

① 1914 年 5 月 1 日公布的《中华民国宪法》。

② 1923 年 10 月 10 日公布的《中华民国宪法》。

③ 《中华民国法规大全》(一)，9 页，上海，商务印书馆，1936。

④ 中国国民党中央委员会党史委员会编：《革命文献》第 76 辑，台北，“中央文物供应社”，1979。

⑤ 《中华民国法规大全》(一)，7 页。

党中央执行委员会行使中央统治权外，其余各宪法或具有宪法性质的约法、纲领，都规定了由国会行使立法权，而 1947 年《中华民国宪法》规定国民大会代表全国国民行使政权。但是，民国创立以来，在绝大多数时间里，议会在政治实践中，实际上都处于边缘化状态，只起到行政权力的配合与辅佐作用，起到使行政决策合法化的作用。袁世凯时，国会被他玩弄于股掌，后来被他弃之如敝屣。在他的继任者军事强人段祺瑞、吴佩孚、张作霖等人面前，国会的命运依旧。抗日战争开始后，国民政府设立了国民参政会。形式上，参政会对行政院正副院长的任命拥有同意权，但充其量，它只是一个咨询性机构。国民大会地位看起来比以前国会要高，但是，它的职权仅限选举和罢免总统、副总统，修改宪法，复决立法院所提之宪法修正案，“关于创制、复决两权”，要等到全国半数县市实现了“自治”以后，方能“由国民大会制定办法并行使之”。[①] 因之，它的实际权力，其实也非常有限。即以选举和罢免副总统而论，由于国大代表 85%出自国民党，所谓选举，只能成为国民党内不同派系的权力分配。

其三，国家全能化，国家主体与人民主体角色颠倒。在《宪法大纲》、袁世凯《约法》及《训政时期约法》中，人民的自由与权利都要加上“于法律范围之内”、“依法律”等先决条件，国家统治权归之于皇帝、大总统或国民党中央执行委员会，人民的主体地位被实际取消，皇帝、大总统或国民党中央执行委员会凌驾于人民之上，他们所控制的国家机器反而成了主宰人民命运的主人。国家主体与人民主体在这里角色地位完全颠倒，自不待言。即如 1947 年《中华民国宪法》，关于人民的自由和权利未设特别限制，但是在国家职能上，却规定极强，实际上使国家趋于全能化。如规定“公用事业及其他独占性之企业，以公营为原则，其经法律许可者，得由国民经营之”，“国家对于私人财富及私营事业，认为有妨害国计民生之平衡发展者 ，应以法律限制之”，等等。

二、近代社会滞后与传统社会强固的双重制约

近代共和制国家的变形，是近代社会滞后与传统社会强固双重制约

---

① 《中华民国宪法》第 3 章第 17 条《国民政府公报》第 2715 号，1947-01-01。

的结果。

近代社会的滞后，指的是当近代国家在中国建立起来时，中国的市场化、工业化、城市化、世界化，都只在有限的地区、有限的领域得到有限的发展。有限的地区，指的是发展只限于沿海、沿江、沿铁路线一些重要交通枢纽，它们在传统农耕经济汪洋大海中，犹如若干岛礁，远没有形成全国性的普遍联系。有限的领域，指的是工业、农业、商业、金融业发展很不平衡，在很多领域，还是传统生产方式占支配地位，或现代经济与传统经济互相混杂，互相并存。有限的发展，指的是从1840年开始，到1949年，经过一百多年发展，现代工业产值只占到全部工农业总产值的17%，城镇人口占全部人口的10.6%，职工人数只占全部人口的0.5%。

近代社会还因为长时间和中国传统社会处于游离乃至对峙状态，而更加孱弱。这是因为近代社会，作为一种新的生产方式，一种新的社会结构，一种新的社会系统，不是传统社会自然转型的提升。它是国际资本挟着血与火强行打开中国大门，将中国卷入世界市场之后，方才开始产生的。最初是外国的商品与资本，然后是清王朝兴办“洋务”，再后是由买办带头投资新式企业形成中国民营资本。三种资本的积累与积聚，推动了市场化、工业化、城市化、世界化的起步。它们只在狭窄的范围内将一部分农业、手工业吸引到市场经济的浪潮中来，对于绝大部分传统社会则尖锐对立。这是因为近代社会要求市场化，而传统社会要求自给自足，保护自然经济；近代社会要求打破各种封闭，而传统社会存在的基础，却正是村落社会千百年不变的，基本上局限于以集市、庙会、市镇为中心的买卖圈，以邻近村落为范围的婚姻圈，以土地庙为中心的宗教圈，以私塾为中心的教育圈，[①] 越出这村落圈，则相互隔绝，彼此壁垒森严。近代社会要求农民离开土地成为鸟一样自由的劳动者，而传统社会却需要农民牢牢固着在窄小的土地上，周而复始地维持他们同自然的直接交换，生产供自己消费的绝大部分生活资料以及一部分生

---

① 参见日本学者福武直：《中国农村社会的问题》，该书证明，直到19世纪三四十年代，华中地区农村社会的村落社会圈尚是如此。该书初版于1946年，再版于1950年。又见《福武直著作集》第9卷，221～236页，东京，东京大学出版社，1976。

产资料。面对传统社会如此有力的抵制，近代社会自然就格外孱弱。

近代社会如此滞后和孱弱，便使近代共和制国家得不到应有的培育和支持。民主共和国家运作所必不可少的教育普及化、社会中产化，以及个人独立、人与人相互平等、对于契约规范神圣性的尊重、理性精神、法治传统等，都相当贫乏。近代市民社会只在少数城市有一定程度的发展，而且命运多舛，不久就夭折，他们自然不可能成为近代国家运作的决定性力量。

近代共和制国家的变形，更受制于传统社会的强固。

中国传统社会的构成，下层是以一家一户为单位的分散落后的农民与手工业者，他们可称得上无边无际；上层是由皇帝、中央官吏与各级地方官吏组成的金字塔形庞大官僚集团；介于两者之间的是一大群地主、乡绅。将这三层聚合成一个强固整体的，是以父家长为中心、依靠血缘和婚姻关系而形成的家族宗法关系，是在这一基础上确立的君为臣纲、父为子纲 、夫为妇纲的尊卑、长幼、男女、亲疏伦理等级秩序，以及行政权力对于社会的全面支配。深入研究了明清时代中国社会结构的美国学者黄仁宇，曾经将这一结构喻作美国“潜水艇夹肉面包”，就此写道：

> 中国传统社会晚期的结构，有如今日美国的“潜水艇夹肉面包”。上面是一块长面包，大而无当，此乃文官集团；下面也是一块长面包，也没有有效的组织，此乃成千上万的农民。其中三个基本的组织原则，此即尊卑、男女、老幼，没有一个涉及经济及法治和人权，也没有一个可以利用。①

这一结构，成为延续两千多年的中央集权君主官僚专制主义的坚固基础。这一社会结构，在国家运作上，一面造成官僚集团对权力的全面垄断，绝对排斥民众对于政治的参与和对于权力的分享，一面造成下层民众对权力的畏惧、崇敬和无条件的屈从。家庭宗法关系造成的伦理等级秩序，导致政治权力的行使高度伦理化，亲情重于法律，人治压倒法

① 黄仁宇：《万历十五年》，264页，北京，中华书局，1990。

治。权力高度集中，还导致权力争夺的激烈化，导致权力易于被滥用，以及变权力为特权，使官僚集团的膨胀无法遏止，政治的腐败无法根除。所有这一切，并没有因清王朝崩溃而立即消失，皇冠落地了，庞大的官僚机构却没有被摧毁，连同全部地主、乡绅，摇身一变，都挂上了中华民国的招牌。一个皇帝被推翻了，却出现了成百个没有皇帝名义的大大小小的皇帝。即使到中华人民共和国成立时，中国人中百分之九十的生产方式和生活方式还和古代差不多，传统的政治形态及其运作方式就必然具有继续存在乃至再生的土壤，并不能不对新形成的近代国家形态及其运作方式形成持续不断的挑战和冲击。它们也必然通过各种途径，将自己的影响从四面八方渗透到近代国家形态及其运作方式中来。

三、政治重心的构建与政治整合的推进

由于近代社会的滞后与孱弱，传统社会的强固与不断再生，近代共和制国家形态建立后，运作起来确实一波三折，困难重重。但是，它的建立却并非没有积极的意义。正是近代共和制国家形态的建立，有力地促成了中国新的政治重心的构建，以及对于国家和社会、对于近代社会和传统社会的政治整合，承担起了传统国家形态根本无法承担的历史使命。而新的政治重心构建及政治整合的有效进行，在一定意义上，决定了近代国家的成长。

民国建立之初，以原先的革命派与立宪派为主导，开始了政治重心的构建。中国同盟会联合其他政派组成国民党，后来又改组为中华革命党，这是一派；原立宪派结合其他政派先后组成统一党、共和党、民主党、进步党，后来成为研究系，这是另一派。两派起初都力图模仿西方国家，以类似于西方市民社会精英的代表性人物结成新的政治重心，以推动共和政治的真正实现。但是，这次政治重心的构建并不成功，政治整合的目标也未能实现。

在兴中会、同盟会时代，国民党以一批接受了西方影响的知识分子、海外华侨为基干，曾和会党、新军结成某种同盟。在推翻清王朝以后，为了迅速壮大自己的队伍，把斗争场所主要移至议会，吸收了大量政治投机者；同时，因急于建立起秩序，匆匆忙忙地抛开了原先会党同盟者。一部分新兴工商业代表人物参加了国民党，但是，在党内影响有

限。这一政治重心松散而力量单薄，终于无法同旧势力相抗。原立宪派，集中了较多新兴工商业界代表人物、热衷宪政的政治活动家以及一批同新式企业关系较为密切的官僚政客，他们希望实行由自己执政的政党政治，为此，不惜联合袁世凯及北洋军阀势力来反对国民党。结果，使原本就力量有限的近代社会发生分裂，本想形成以他们为主导的政治重心，却实际上成为北洋军阀势力的工具和附庸。政治整合的目标，自然也就无从达到。

在经历了一系列失败以后，孙中山在俄国十月革命影响下，接受共产国际帮助，改组国民党，吸取中国共产党人加入国民党，支持开展农民运动、工人运动、妇女运动，开始了构建新的政治重心的努力。改组后的国民党，由于将城市工人、处于传统社会条件下的广大农民、备受压迫而生活在社会最底层的妇女吸引到自己周围，使自己获得了前所未有的社会基础，克服了先前松散及力量单薄的弱点，终于迎来了北伐战争的节节胜利，使民国“主权在民”得到一次生动的表现。

然而，在孙中山去世后，他的继任者没有将这一路线坚持下去。国民党改组后，成为近代社会与传统社会几个阶级的联合体，内部一直存在着深刻的分歧。在失去孙中山权威的笼罩与弥合后，一部分被工农运动的勃兴吓坏了的国民党人，为了保障自身与工农大众相背离的特殊利益，改变了国民党的性质，抛开了工农大众，并公开站到工农运动的对立面去。他们开始重构政治重心。南京政府建立前后，他们通过和外国资本势力以及江浙财阀所代表的本国资本势力结成政治同盟，接着，他们在农村中通过和地主、乡绅结成同盟，利用保甲长去加强对农民的控制，这样就形成了一个新的政治重心。但为时未久，国民党加紧发展国家垄断资本，同江浙财团及其他民营资本关系逐渐紧张；在农村，拒绝解决农民土地问题，反而不断增加农民负担，激化了同广大农民的冲突；刚构建不久的政治重心走向分裂，国民党内也派系纷争不断，终于无法进行政治整合，政权走向崩溃。

国民党统治时期，胡适等自由主义者曾发动人权运动，要求制宪及由专家治国，第三党、国社党、青年党、职业教育派、乡村建设派等，都曾企图以自己为主导，构建区别于国民党的新的政治重心。抗战期间，他们还一度联合，组成民主政团同盟，后来组成民主同盟。但是，他们的骨干主要是留学归来在大学任教的一批知识分子，以及一部分民营资本代表人物，和广大民众，特别是广大农村民众，几乎没有什么联系。他们的影响，基本上局限于可以通过文字了解他们主张的一些人。因此，他们构建不了真正具有分量的政治重心，也无法在政治整合中发挥独立的决定性作用。

取国民党政治重心而代之的是中国共产党所构建的新的政治重心。

在国共合作破裂后，中国共产党将自己工作的重点从城市转到了农村。通过支持农民平分土地，引导农民将工业化和农业现代化视为自身发展的方向，将农民变成自己最坚定的支持者。在克服了党内“左”的错误倾向后，重新建立了和城市民族资产阶级的政治联盟。在组织架构上，将党的支部建立在基层，使党能在连队、村落、工厂、商店持续产生影响，通过有组织的活动，进行最广泛的政治动员和社会控制。这样，中国共产党便构建了一个将近代社会与传统社会都包容于其中的稳定的政治重心。新型知识分子首次和广大工农民众密切结合于一起，使社会政治整合卓有成效。国民党掌控的南京政府最后处于全民包围中，陷于极端孤立。这一政治重心集中体现在取得全国胜利后所建立的中央人民政府的构成上。当时，中央人民政府主席、副主席、政务院正副总理、中央人民政府委员及各部部长中，中共占半数略多，各民主党派与无党派人士接近一半，国家朝政治民主化前进了一大步，人民的民主与自由权利较先前有了一个大的飞跃。

然而，之后不久，共和国在前进的道路上出现了大的曲折。后来发展到持续十年之久的“无产阶级专政下的继续革命”，实行所谓“无产阶级全面专政”。结果，天下大乱，国民经济到达崩溃的边缘，中国近代国家民主化与近代社会的发展全面受挫。

改革开放以来，大批具有现代科学技术知识和现代管理素养的知识分子走上国家和国营企业各级领导岗位，逐步承认了商品市场经济以及民营资本的合法性，给农民以生产与发展的自主权，这样，就重新构建了政治重心。宪法的修订，立法的加强，法治目标的确定，人民代表大会作用的扩大，党政分开的尝试，中央与地方分权的探索，大量中介机构的建立与国家全能化状况的改变，使政治整合取得了显著的新成就。随着市场化在城市与乡村的全面推进，城市化、工业化、世界化程度不断提高，社会中产化与利益多元化趋势日益明显，在国家运作方面，正形成一系列的取向，这就是宪政体制权威化、国家权力有限化、国家管理专门化、国家决策透明化，等等。与此同时，面对城市与乡村发展不平衡，沿海与内地发展不平衡，东部、中部、西部发展不平衡，贫富差距扩大，政治重心的构建和国家社会的政治整合都面临着新的历史性挑战，它们也决定了20世纪初已经开始的政治重心的构建与政治整合的历史进程仍在持续之中。

辛亥革命以来这段历史，至少可以表明以下特点：

其一，近代共和制国家与近代社会的建立，都是一个过程，不可能一次行动就完成。而它们两者之间发展并不同步，则是一个常态，而并非偶发现象，这是东亚各国迈向近代时世界发展的总局势造成的。

其二，国家具有多大程度的现代性，国家在推进近代社会方面发挥什么样的作用，直接决定于政治重心如何构建，以及它们如何对国家与社会进行有效的政治整合。

其三，政治重心如何构建，政治整合如何进行，取决于诸多历史与现实的具体条件。而其中的关键，则一是代表市场化、工业化、城市化、世界化方向的新兴力量在其中能否发挥主导作用，二是与传统社会联系在一起的广大农民能否被吸引进来，并逐步发展为现代农民。偏废了其中任何一个方面，都会将国家和社会的发展引入歧途。

其四，各国政治重心构成的形式和政治整合的方式，只能根据各国实际条件去选择。各国经济发展水准不一，政治聚合度不同，文化积累相异，社会力量对比及分合状况有别，同一国家，所有这些条件不同时期也互不相同，不能用同一模式简单化地去度量。

其五，不能否定在近代社会尚未成熟或有足够发展时，近代民主共和国家形态建立的积极意义及其历史必然性。事实证明，近代国家形态的建立，有利于构建新的政治重心，以及按照发展近代国家与近代社会的方向进行政治整合。对于建立近代国家形态的努力横加指责，而认为在近代社会有足够发展之前，只能依靠权威主义国家，通过政治保守主义去进行政治整合，才能稳定发展，这类观点其实都是以主观想象取代客观的历史进程。他们不懂得，具有现代性的人民主体，不是依靠权威主义统治的培植、训育方才产生的，恰恰相反，它是广大人民在为近代国家、近代社会的建立，向传统国家、传统社会不断抗争中历史地形成的。

其六，无论是建成以民主与法治为标志的成熟的宪政国家，还是建成以市场化、工业化、城市化、世界化为主要标志的成熟的现代社会，对于东亚各国来说，进程仍在继续，历史性的任务仍未完成，仍然有待人们继续努力。

民权与国权的两难定位：章太炎的国家观

章太炎的国家学说，形成于甲午战争失败后《訄书》的撰写与修订时期。当时，他在西方近代法学与先秦法家思想影响下，提出了改革国家体制与政治构成形式的意见。主编同盟会机关刊物《民报》期间，他的独具特色的国家理论日臻成熟。他针对所体察到的中国固有的国情，设计了中国式的民主政治架构和具有操作性的实施方案。武昌起义以后，他投身于建立民主政治的实践，在国家问题上的看法曾有过很大的起伏。章太炎国家学说的形成、发展和演变过程，深刻地反映了中国政治民主化进程的一系列本质特征。透过这面镜子，可以从一个侧面了解中国实现政治民主化进程的艰难曲折及问题症结之所在。

一、人民主体的国家本质论

近代以来的中国社会改革，从一开始就同政治改革紧紧结合在一起。时下在文化史学者中流行的所谓器物改革、制度改革、观念改革依次而进的中国社会改革三阶段说，实际上很不确切。因为这三个侧面的改革几乎同时开始，彼此之间一直互相依傍，互相推进，它们都经历了一个从局部改变到全局性改变，从表层动荡到深层动荡的发展过程。就政治制度变革而言，它伴随着近代以来社会改革的每一个重大步骤，而且，经常是这些改革步骤得以实施的必要前提。魏源提出“师夷之长技以制夷”，是对传统的拒绝“以夷变夏”的观点的一大冲击，而使其转化成为实践则是在中央王朝中建立了总理各国事务衙门、在地方上设置了南北洋通商大臣之后。总理衙门与通商大臣的设立，在传统的一元化的农业社会君主官僚体制中制造了一个运行机制与之恰好相悖的异化物，而这正成了洋务运动开展起来的有力保证，成为洋务观念渐次传布和军事、教育、商务、工业等一系列制度开始改变的根本条件。戊戌变法之所以失败，一个重要的原因就是维新派尽管取得了光绪皇帝的支持，整个政治体制却依然如故。反之，后来新政反而取得若干实效，究其原因，行政机构本身大刀阔斧的改革，包括许多旧官衙的裁撤合并，外务部、商部、巡警部、学部等新机构的建立，原户、兵、刑、工各部的改组，不能不说确实起了很大的作用。

中国近代以来的社会改革之所以总是以政治改革为其必要条件，从根本上说，是因为中国传统社会是一个处于君主官僚专制主义权力支配下的小农社会。而高高在上的皇帝、辅弼左右的宰相、郡县等各级官吏、乡里士绅这样四个层面构成的皇权政治体制君临于整个社会之上，皇权体制是维护着传统社会全部秩序的强大屏障。而近代社会变革的方向却是将中国引向现代化，即将自然经济导向商品经济，将手工小生产引向机器大生产，将小私有引向社会化，将封闭型引向建立直接世界联系。这一切，不能不首先与旧的皇权体制发生尖锐的冲突。不突破传统的农业社会君主官僚体制，改革也就无从进行。

在致力于社会改革特别是政治体制本身的改革时，人们早就在思索，传统的皇权政治要害究竟在哪里？改革如何方能切中要害？康有为写于 19 世纪 80 年代末 90 年代初的《实理公法全书》，尽管当时未公开发表，却显现了他深刻的洞察力。他以“几何公理”为依据，运用演绎的方法揭露了中国传统政治体制的本质，这就是一部分人强制绝大多数人，使人们丧失了自主之权。他提出“法权归于众”，主张“凡地球古今之人，无一人不在互相逆制之内”，要求“立一议院以行政”，官员

“皆从公举而后用”，目标就是铲除片面的权势、威福与单方面的服从、困苦，确保人们的自主之权。

章太炎的国家学说，最初便发端于对人之成为独立自主之人的强调。《訄书》初刻本书录的《明独》篇所高度赞扬的“大独”精神，便是人的独立自主精神。“大独必群，群必以独成。”具体地说，就是每个人都充分发挥自己所长，尽自己所能。章太炎的这一基本信念，衍生而成为他日后国家学说的一个主要支撑点。1907 年 10 月他在《民报》第 17 号上发表的《国家论》，便异常鲜明地表现了这一点。

《国家论》提出三个论点：“一、国家之自性，是假有者，非实有者；二、国家之作用，是势不得已而设之者，非理所当然而设之者；三、国家之事业，是最鄙贱者，非最神圣者。”这是他本人的“明独”论，也是康有为“法权归于众”思想的进一步丰富与发展。他强调国家为人民所结合而成，个体为真，团体为幻，人民方才是国家的主体。为此，他斥责以国家为主体、人民为客体的国家主义者是倡导谬乱无伦之说。他反对尊卑有分、冠履有辨、君臣有等的传统观念与传统政治秩序，尤其痛恶将国家功业美名归于元首与团体，而坚持国家之事业为全体人民所有：创建国家事业的原料与工具既非自元首持之而至，亦非自团体持之而至，它们本属人民所有，强行将创建国家事业的功德名誉归之于元首与团体，甚于工场主人之盗利！“余以为众力集成之事，直无一可宝贵者，非独莅官行政为然，虽改造社会亦然。……其事皆为众力集成，则与炊薪做饭相若。……夫灶下执爨之业，其利于烝民者至多，然而未有视为神圣者。彼国家之事业，亦奚以异是耶?”这就是坚持莅官行政与改造社会多是普通的依靠众力进行的工作，反对任何人借此高居于他人之上，成为众人的主宰。

与《国家论》差不多同时发表的《官制索隐》《五朝法律索隐》等文，也阐述了同样的观点。发表于《民报》第 14 号的《官制索隐》，包括《神权时代天子居山说》《专制时代宰相用奴说》《古官制发原于法吏说》《古今官名略例》四篇，主旨是一个，即论证：“承天下之下流者，莫政府与官吏议士若。行谊不修，贿赂公行，斯为官吏议士；而总其维纲者为政府。”“政府之于生民，其犹干矢鸟粪之孳殖百谷……百谷无干矢鸟粪不得孳殖，然其秽恶固自若。”

发表于《民报》第23号上的《五朝法律索隐》，评论中国古代法律，斥汉世之法贼深，唐世法律同样刻深不可施行，唯魏、晋、宋、齐、梁五朝之法，“一曰重生命，二曰恤无告，三曰平吏民，四曰抑富人”，宽平无害，“有可傅以西方之制者，有孑杰于汉土者，有可拟以近世之制者，有孑杰于前代者”，可以有所取法。所谓重生命，就是推倒传统律令，肯定“父母杀子，并附死刑”；所谓平吏民，就是“部民杀长吏者，同凡论”，“官吏犯杖刑者，论如律”。他斥“刑不上大夫者，特肉食者所以自谋”，断言“今之为法，急于优全士大夫，托其名曰重廉耻，尊其文曰存纪纲，不悟廉耻方颓于此，纪纲亦坏于此”。显示了他论法律时最关心的也是防止国家机构及官员议士成为特权享有者，确保每个社会成员的同等的社会权利。

章太炎说：“人本独生，非为他生，而造物无物，亦不得有其命令者。”① 这是章太炎坚持人的独立自主权利的出发点。这并不是唯利是图或一味逞强的唯我主义、个人主义。章太炎认为，人只有做到“无待”才能达到真自由，而无待就是无己、无功、无名，即顺应天地万物之自然而不自以为是，不贪居万物自然趋势及众力所成者为己功，不拘守包含着片面性的那些观念。在社会生活中，这恰恰要做到“不慕往古，不师异域，清问下民，以制其中”②，“一切以利益众生为念”③，“随顺人情，使人人各如其愿”。④ 章太炎在维护人的独立自主权利时，尽管已经触及了人成为独立的利益主体、法权主体及精神主体这样一些使人的独立自主权利具体化、现实化的问题，但是，从总体上看，还很粗疏，还没有触及一些最重要的实际权利，独立自主性也就很难避免流于空泛。不过，这只是问题的一面。另一面，从国家学说上来看，章太炎在国家与人民、个人与民众等关系上，确实毫不含糊地坚持了卢梭以来启蒙思想家的民主主义立场，而这正是他从根本上区别于传统国家学说与近代以来国家主义的地方。他的国家学说，可以说完全是以对国家

---

① 章太炎：《四惑论》，载《民报》第22号。

② 章太炎：《国故论衡·原道上》，东京，秀光社，1910。

③ 章太炎：《建立宗教论》，载《民报》第9号。

④ 章太炎：《论佛法与宗教、哲学及现实之关系》，载《中国哲学》第6辑。

权力及行使权力者极为深刻的不信任为出发点的，为了保证人民的独立与自由，他要求限制这种权力与这些行使权力者。从总的倾向看，他的国家论属于自由主义政治组织学说。

二、“恢廓民权，限制元首”的构想

近代以来，思想界围绕着国家问题而展开的论争，焦点最初集中于国家的主体究竟是君主个人、国家本身还是全体独立自由的人民这样一个国体性质的问题。随后，很快就转到中国国家的政体要不要转变及如何才能转变这样一个更具有现实性的问题上来。

近代以来，人们经常将政治的民主化同代议制度的确立直接联系在一起。维新派主张君主立宪，革命派主张共和立宪，都将实行代议制看成改变中国传统君主专制制度的最重要环节。在《民报》与《新民丛报》论战期间，梁启超等人以中国还没有建立代议制度的条件为理由，提出中国非但不能马上实现共和立宪，甚至君主立宪也不能很快实行，中国必须先建立一个开明专制制度。梁启超认为，中国国民素无权利义务观念，无自治之习惯，不识团体之公益。而实行议会政治，第一要件为议院大多数人有批判政治得失之常识，第二要件为有发达完备之政党。可是，中国议会成员却只能是顽固之遗老与一知半解之新进，中国政党更不成熟，在此情况下实行议会政治，势必使政府不成其为政府，国家不成其为国家。而国民的共和资格并非可以短期之岁月养成，必须以开明专制为立宪之预备与过渡。开明专制与野蛮专制的区别在于它不是以专制之主体的利益为标准，而是以专制之客体的利益为标准。开明专制下通过普及教育，使国民养成自治秩序而富于公益心，是时，选举制可以正常进行，议员可以有健全的品格与见识，政治可以趋于成熟，共和将不期而自成。开明专制论在当时成了反对在中国建立共和制度的最学理化也最有影响的理论武器。

章太炎在汪精卫、胡汉民等人同梁启超争论白热化时提出了他自具特色的“恢廓民权，限制元首”的行动方案。

章太炎也不赞成在中国建立代议制度，但是，出发点与梁启超截然不同，他所担心的是中国“民权不藉代议以伸，而反因之扫地”。因为中国幅员太广，人口太多，议员数目有限，无论是实行普选，还是按照文化程度、纳税额实行限选，“进之，则所选必在豪右；退之，则选权随于一偏”，“是故选举法行，则上品无寒门，而下品无膏粱，名曰国会，实为奸府，徒为有力者傅其羽翼，使得膢腊齐民”。正是从保障民权出发，章太炎认为中国当时不适宜建立代议制，将来也不适宜。

那么，是否应当建立开明专制呢？章太炎的答案是截然相反的。他认为，中国恰恰需要用权力分立来取代权力的一统状态。在发表于《民报》第24号上的《代议然否论》中，他详细阐述了实行权力分立的具体方案。这个方案包含：（1）总统由选举产生。（2）行政、司法、教育、立法四权分立。（3）抑官吏、伸齐民。官员的迁举不以总统好恶为转移，而以年资与劳绩为依据，贤且劳者得超除，溺职者受罢黜；总统与百官行政有过及溺职受贿者，人人得诉于法吏，法吏征之、逮之而治之；财政收支公诸民众，增加税收需先得民之允准；民有集会、言论、出版自由，有外交、宣战诸急务，民可以临时遣人向政府表达其意等。（4）抑富强、振贫弱。一是严格限制政府，不得滥发货币，不得人为地利用物重钱轻导致中人以下皆破产；严格限制官员及其家属经营工商业，不得借政治以自利。二是严格控制并努力改变分配不公现象，如“限袭产之数”，强调“田不自耕殖者不得有”等。

综观章太炎这一方案，它的最根本特征就是将中国政治走向民主化寄托于整个政治体制的改革，而不是寄托于君主个人的开明。章太炎所设计的新的政治体制的精髓在于：

首先，它坚持了国家的集中与统一。章太炎不赞成中国改成联邦制。他说：“自宋以降，南人视北人则有异，荆、扬、益三州人视岭外人则有异……若一日分为联州，其逖离则愈甚，而南北美之战争将亟见于汉土。”因此，他确认“今之务在乎辑和民族，齐一语言，调度风俗，究宣情志”，令民族亲如昆弟。这当是中国今世进行政治体制改革的一个基本前提。

其次，必须通过权力分立制度，使权力的配置与使用得到严格的限制，形成行政、司法、教育、立法四权各自职责分明，而彼此又能有效地相互制衡的政治结构，使任何一种权力的掌握者都难以滥用其职权，或化权力为特殊利益，并通过健全的法律体系使这一格局稳定。

再次，在努力使国家权力的掌握者成为社会精英的集合体的同时，确保全体社会成员对权力结构、政策决定、权力行使者的活动进行有效的监督和积极的参与。而其基础，不是在开明专制下对民众进行空泛的教育与训练。民众对权力真正有效的监督与对政治生活的积极参与，必须依赖于人民确保自身集会、言论、出版的自由，依赖于他们经济上、利益上的自主自立，这就需要经济制度与其他体制的全面改革，使人民真正成为利益上、法权上、精神上的主体。与《国家论》相较，时间虽只过去了一年，人怎样才能名副其实地成为国家的主体，已经不再是泛泛之论，而有了从所有权到政治权利等相当充实而具体的内容。

和梁启超一样，在章太炎这里，政治发展的目标具有多重性。除去民主、自由、公道、福利、平等之外，还有统一、安全、安定、制度化等。但是，目标的多重性没有使章太炎畏首畏尾，不敢有所动作，相反，他正是从目标的多重性出发，针对西方代议制已经暴露出来的缺陷，进行政治制度的重新设计的。

章太炎的新设计，一是避开了议员素质参差不齐的问题，二是避开了政党远未成熟的弱点，三是避开了选举议员的诸多困难。它没有将民主化推向人人都成为圣贤的遥远未来，而坚持眼下便可实施；它没有将民主化条件的成熟指望于某几个杰出人物，而认定一般民众人人都可参与，人人都可出力。它主要依靠政治机构自身内在的互相制约、互相平衡。政治结构与政治运行机制决定了它不是依靠人治，而是依靠真正有效的法治。这是中日甲午战争以来章太炎经过十多年反复探究、深思熟虑的成果。

章太炎指望革命以后建立新的国家机构时，能按照这一方案行动。然而，章太炎将方案的实施主要依托于少数明习法律者及通达历史、周知民间之士制定出完善的法律条规，以及明习法令者独立地监督法令的实施，制裁各种违法者，而撇开特定的政党与利益集团，但也正由于这一点，他的方案便没有一支坚定的矢志不移使之实现的有组织的社会力量为其基础。这一致命弱点的危害，在武昌起义后很快就异常清楚地暴露出来。

三、威权主义的悲剧结局

武昌起义后不久，滞留东京的章太炎以中国革命本部的名义发表了《中国革命宣言书》，用汉文印刷1000份。他为“农商抗税，行伍倒戈，学士驰以求同德，议员传檄而晓四方”发展为武昌起义成功，各地纷纷响应而欢欣鼓舞。返国途中，他希望中国出现华盛顿式的足乎众望的领袖人物，引导中国建立共和制度，而不希望出现拿破仑式的领袖，潦草地在统一的名义下走向独裁。这时，他对中国建立民主共和制度仍然很有信心。

返国后章太炎立即发现，在已宣布革命的各省，共和并未真正实现。在赞成革命的原革命党人内部各派系之间，在革命党人与原立宪党人之间，在宣布拥护革命的前清官僚士绅与革命党人、立宪党人之间，存在着各种纷争。为改变这一状况，促进共和政府之实现，他发起成立中华民国联合会，机关报就叫做《大共和日报》。他要求中国建立起于法国、昌于美国的民主立宪制度，而又不机械模仿，于立法、司法、行政三权之外，将教育、纠察二权独立。他认为，承晚清政府腐败之余，贪墨生心，奸欺得志，“非督以威刑，格以绳墨，旧染将不可涤除”①。为此，他特别强调纠察权的独立，“自大总统、议院以至齐民，皆能弹劾”②。但是，包括章太炎在内，绝大多数革命党人都急于廉价地取得革命胜利和共和的成功，对言词许诺和形式变换的重视程度远过于制度的切实建设，结果流了大家的血，让袁世凯爬上总统宝座，民主立宪的体制实际上只搭起了一个空架子。

袁世凯出任临时大总统、南北统一后，章太炎建立民主立宪的主张与先前相比有两个显著变化，这就是将民主立宪的实现一寄托于新政党的建立，二寄托于军事政治强人的威权。

1911 年 10 月下旬，章太炎在槟榔屿《光华日报》上发表的长篇论文《诛政党》，分析了当时中国新党各派竞名死利、为民蠹害的情况。但这时，他已不再像写《代议然否论》时那样避开政党在民主立宪中的作用问题，而期望革命成功以后，“中国既安，各依其见为政党，内审齐民之情，外察宇内之势，调和斟酌，以成政事而利国家”③。认为旧

① 章太炎：《复孙中山书》，载《大中华》第 2 卷第 12 期。

② 《中华民国联合会第一次大会章太炎先生演说》，载《大共和日报》，1912-01-05。

③ 章太炎：《诛政党》，载《光华日报》，1911-10-26，1911-10-28，1911-10-31。

有的各种党派团体已不能适应建立民主立宪政治的需要，革命后应建立新的政党来推动共和的实现。南北统一之时，他认为条件已趋成熟，便改组中华民国联合会为统一党，“一面谋巩固民主根基，一面谋民权民气在当时的轨道上发扬”；以为“要促进政治上的演进，政治上的表现必须有对峙的二党在同一国体之下，各自团结，拿政纲、政见互相切磋，互相砥砺，使人民有从违择舍的自由和信从”。[①] 然而，他很快便发现，包括统一党在内，中国新建的各种政党远不具备现代政党的素质，这些政党“徒有议论形式之殊，及其偕在议院，胡越同舟，无非以善腾口舌为名高，妄扩院权为奉职，奔走运动为真才，斯皆人民之蠹蠹，政治之秕稗”[②]，因此，他宣布退党。依靠政党实现民主立宪的计划经过这番匆匆一试，便宣告失败。

在建立统一党的同时，章太炎对袁世凯寄予很大的期望。袁世凯曾长时间任国务官，并掌握着最强大的军事力量，又宣誓“发扬共和之精神，涤荡专制之瑕秽，谨守宪法，依国民之愿望，蕲达国家于安全强国之域，俾五大民族同臻乐利”[③]，这正符合章太炎《代议然否论》中所开列的总统之选的条件。章太炎希望通过树立和强化袁世凯的权威，排除各种干扰，统一全国，强固中央政府，促进完善共和政治。依靠政党实现民主立宪计划受挫后，恰逢沙俄加紧分裂外蒙，英国加紧分裂西藏，章太炎提议应容许大总统暂以便宜行事，因为值“此存亡危急之顷，国土之保全为重，民权之发达为轻”[④]。随后，他更建议实行“民主开明专制”，要求袁世凯“以至果之决心，行至严之政令”，大刀阔斧解决内讧不已、政府疲于调和、政治习于敷衍等腐败现象。然而，他的期望很快就完全落空了。袁世凯信誓旦旦，忠于共和，但由于没有健全的权力分立体制的制衡，没有强有力的社会组织的有效监督，他的权力

① 张孝若：《南通张季直先生传记》，165页，北京，中华书局，1930。

② 章太炎：《与黎元洪论政党电》，载《大共和日报》，1912-09-01。

③ 袁世凯：《临时大总统誓词》，载《中华杂志》第1卷第9号。

④ 章太炎：《致黎元洪电》，见《黄远生遗著》第2卷，72页，上海，商务印书馆，1924。

愈大，个人野心与贪欲愈膨胀，最后便发展到了扼杀整个民主共和制度。

1913年3月20日宋教仁被刺，这对章太炎是一帖有效的清醒剂。他痛切地感到，中国的“国病”就是“腐败专制的遗传病”，“民国成立，辄曰维持现状，……民国非维持现状也，乃维持现病耳，若坐视腐败专制之病常存留中央，则民国共和终成梦想”。为此，他强调：“吾辈欲扫除劣政治，产出良政治，非先从医治国病、铲除专制劣根下手不可。”[①] 自此他开始积极投入逼袁世凯退位的斗争。

同时，他要求原革命派人士重新团结起来。他说：“所最堪叹息者：（一）民党当日不应退步，遗留腐败官僚之根株；（二）民党不应互相猜忌，争先利用不良政府，使彼得乘机利用政党。此民党失败之总因。今日追悔亦属无益，就民党一方面说，惟有化除意见，联合各省起义同志为一气，合力监督政府，终有政治改良之一日。”[②] 他还特别关注唤起民众对于国家命运的关切之情，将民众的政治热情、民众政治权利的积极行使视为民主共和能否实现的根本，视为革命党人能否在改良国家政治生活机制中真正发挥作用的支柱。这显然是对武昌起义以来政治实践经验的可贵总结，也是对于《代议然否论》建立民主共和方案的一项重要补充与发展。

章太炎对于“国病”的深切认识以及他对民党、国民真气的呼唤，代表了他那一代革命家对在中国实现民主立宪的新的思考。也正是这种思考，使中国政治民主化进程中的这一代与五四新文化运动时期的新一代对民主的执着追求，以及对改造国民性的高度重视相衔接，成为他们的前驱。

四、“联省自治”的困境

新文化运动和波澜壮阔的五四运动，没有像辛亥革命那样直接改变国家政权的形式及其性质，可是，作为一场思想文化运动，反对专制与迷信，提倡民主与科学，推动国民性的改造，其深度与广度为晚清以来历次思想文化运动所不可比拟。作为一场政治运动，数以千百计的公众

---

① 《国民党欢迎会记》，载《民立报》，1913-04-26。

② 《国民党交通部茶话会纪事》，载《民立报》，1913-06-11。

自治团体涌现于民间，学生会、教育会、商会、工会、农会、银行、律师、报业等形形色色的行业公会，大大小小各种政治性或非政治性社团，使政治民主运动有了前所未见的广泛基础和活力、生气。可是，当这场思想文化运动和政治运动勃兴之时，章太炎却置身于外。在袁世凯复辟帝制失败之后，章太炎结束了被拘禁羁束的生活，由北京返回南方，恢复政治活动。此时，他所关注的重心，又回到寻觅和利用若干现成的上层政治势力，通过权力结构的改变，来解决接踵而至的各种政治事变。章太炎的身份、地位、声望，外在力量政治上的包围，使他游离于民主运动的真正基础即起自下层的公众社会之外，这一致命的弱点，决定了这位呼号政治民主的先驱南返以后一系列政治方策、政治努力无可避免地一次又一次遭到失败。同民众越来越隔膜的这位先前的斗士，看不到出路所在，政治上终不免走向悲观消沉。

章太炎南返后第一个重大政治活动是到广州和孙中山一道举起“护法”旗帜，企图利用树立民国初年《临时约法》的权威，依靠“切实结合多数有力者”，“扫荡群逆”，成立“真正共和国家”。可是，为时不久他就发现，被他寄予很大期望的西南军阀，无非是“藉护法之虚名，以收蚕食鹰攫之实效”①。没有实际政治力量的支柱，《临时约法》只是一纸空文，法治社会绝不会由此而建立，但能作为临时约法支柱的政治力量究竟在哪里？他感到茫然。

1920年始，章太炎转向积极鼓吹“联省自治”。为打破北洋军阀对中央权力的控制，他要求削弱中央权力，虚置中央政府，“各省人民，宜自制省宪法；文武大吏，以及地方军队，并以本省人充之；自县知事以至省长，悉由人民直选；督军则由营长以上各级军官会推”②。但是，这一主张并不能遏制推行武力统一政策的北洋军阀，也不可能让地方军阀就此放弃自己的权力和地盘，它充其量只是给各地方军阀提供一个冠冕堂皇的政治名义，强化其地方分离主义与割据局面。1924年11月，他发表《改革意见书》，认为统一不如分治，建议各地方在省自治的基础上分为数国，中央建立行政委员会，采取合议制以代替总裁制，则更径直成为地方军阀的代言人。

---

① 《章太炎对于西南之言论》，载《时报》，1918-12-02。

② 章太炎：《联省自治建议书》，载《益世报》，1920-11-09。

章太炎还曾设计了一个新的方案：取消国会，将选举元首、批准宪法之权还之国民，另外设置给事中和御史二职，以给事中监督政府，给事中和御史经考试产生。这一方案全无操作性可言，纯然是书生纸上谈兵。它充分表明，章太炎已无法面向现实，实际改变中国的政治局面，因而只能耽于政治幻想。

五、小农社会与现代文明由冲突走向衔接的曲折之路

章太炎作为一个素无行政历练的文人而从政，其记录实在是失败远超过成功，甚至不免被他人玩弄于股掌。但他及其同时代人所作的努力，确实是中国民主化总进程中承前启后的一个重要环节。他的国家学说和从政实践，深刻反映了中国政治民主化在中国现实的土壤上所面临的根本性矛盾，展现了这一进程所应追寻的方向。

章太炎以及同时代的康有为、严复、孙中山等人追求政治民主化的思想历程及其实践无可辩驳地证明，政治民主化并非少数政治理想主义者浪漫的玄想，它是在深重的民族危机面前，在中国走向现代化过程中，创造历史的群众队伍渐次扩大的必然结果。在传统社会专制主义统治下，历史创造者的队伍异常弱小。而要挽救近代以来的民族危机，要实现中国的现代化，没有越来越多的社会成员、社会群体、新的社会阶级投入历史创造者的队伍，就没有成功的可能。中国现代化，无论是在文化教育领域、科学技术领域，还是在经济领域、社会领域的每一重要进展与突破，都不可避免地要造就新的社会力量，给历史创造者的队伍注入新的血液。政治民主化进程，实际上就是新的社会力量的形成、壮大，更多的群众发挥历史创造精神，积极主动地参与中国的现代化建设，在现代世界竞争中争取民族自立、自存、自强。

世界所有国家政治民主化都是一个过程。章太炎敏锐地看到，在中国这样一个现代化程度还很不高的国度里，机械地移植别国的普选制度、代议制度，常常会流于形式，甚至会产生许多混乱。他更洞察到，像梁启超的开明专制论那样借口国民缺乏民主素质，而将民主化推向遥远的将来，或者将民主化的实现寄托于独裁者的开明，在行政权力支配社会及化权力为特殊利益有着根深蒂固传统的中国，只能使中国继续沉沦于专制主义的深渊，使现代化及民族振兴之业一再受挫。但他后来转

而支持袁世凯时，恰好也正是在这一点上失误。

和康有为、严复、梁启超及《民报》其他许多撰稿人相比，章太炎对国家民主化的探索又一个显著的特点，就是他曾紧紧抓住从中央到地方各级国家机构的变革。他力图树立法的最高权威，建立法治的秩序，改变原先的集权状态，使立法、司法、行政、教育、监督诸权明确分立，既互相制约又互相平衡，对各级权力执掌者实行有效的监督、管理与考核，将政治体制自上而下的改革与政党、社团、舆论、民众自下而上的政治热忱、政治监督结合起来。在中国这样一个现代化仍处于旧式农村重重包围中的总形势下，章太炎所拟定的这一操作程序，有利于将现代化所造就的社会精英集合起来，通过政治权力引导整个中国从小农文明走向现代文明。但他为此所付出的努力终为旧式的文明所压倒和吞没。

近代以来，中国社会大变动一直由现代化运动与主要基于传统社会矛盾的农民运动所构成。作为传统农民运动“再版”的近现代农民运动，从本质上讲，仍然倾向于行政权力支配社会，倾向于服从一个高高在上的绝对权威。而中国民主化进程所遇到的最大难题，就是现代化力量过于单薄，且只集中在沿海、沿江少数城市，和现代化相依存的公众社会、公民社会是如此幼稚，完全不足以从正面引导或实际地统率波澜壮阔的农民运动，它们甚至常常和农民运动相对立。可是，章太炎和他同时代的佼佼者们，对此却无清醒的认识与足够的估计。这正是他们的国家学说及其政治体制改革实践致命的弱点，是他们的努力经常不能得到应有成果的根本原因所在。使农民运动与现代化运动相衔接，造就真正根植于中国广大城乡的公民社会、公众社会力量，以使法治化、民主化获得深厚的土壤，使现代化运动能够真正对农民运动起到领导作用，应当是后来者所应担负起来的职责。

"国家自由"与"个人自由"的两难定位：孙中山的自由平等观

孙中山是一位伟大的先行者，他以迥异于所有先辈的思想与活动，推进中国社会的变革与改造，但是，他的自由民主观清楚地表明，先前世代遗留下来的全部条件是多么有力地规定了他的活动所能达到的限度。孙中山在国家问题理论上与实践中左右支绌、进退两难的矛盾追遽状态及其由以形成的根源，于此可以找到比较合理的答案。

一、"国家自由"与"个人自由"

孙中山在檀香山与香港求学时，已经从课堂教育、课外读物、基督教影响与当地生活环境中，受到自由、平等观念的熏陶。作为提倡共和革命于中国的第一人，孙中山为使自由、平等的理想变成中国社会的现实，进行了不屈不挠的斗争。然而，直到 1924 年，他在以《民权主义》为题的著名演讲中，方才首次比较系统地专门阐明了他的自由平等学说。这一演讲，是反映孙中山晚年思想转变与成熟程度的一份至为重要的资料，也是孙中山本人对他全部革命生涯积累的经验教训作出的一份珍贵的总结，理所当然地，我们应当以它作为研究孙中山自由平等观的主要依据。

孙中山在《民权主义》演讲中，曾将法国大革命自由、平等、博爱的口号与他所倡导和鼓吹的“三民主义”作了一个综合的比较。他说：“法国的自由和我们的民族主义相同，因为民族主义是提倡国家自由的。平等和我们的民权主义相同，因为民权主义是提倡人民在政治之地位都是平等的，要打破君权使人人都是平等的，所以说民权是和平等相对的。此外还有博爱的口号，……当中的道理，和我们的民生主义是相通的，因为我们的民生主义，是图四万万人幸福的，为四万万人谋幸福就是博爱。”① 按照这一说法，三民主义似乎脱胎于自由、平等、博爱三大原则，是其在中国现时代的具体化。

然而，孙中山对西方启蒙思想家所倡导的自由、平等、博爱有很大的保留。至少在 1924 年，他是以西方启蒙思想批判者的身份来阐明他的自由平等观的。

孙中山认为，欧洲启蒙思想之所以将争取自由放在首要地位，是欧洲特殊的社会历史条件造成的。他说，欧洲先前君主专制发达到了极点，人民没有思想、言论、行动、营业、信仰等自由，他们“深感不自由的痛苦，所以他们唯一的方法，就是要奋斗去争自由”②。正因为过去太没有自由，所以欧洲要通过革命去争自由。“欧美两三百年来人民所奋斗的所竞争的，没有别的东西，就是为自由。”③

中国呢？孙中山认为，情况与欧洲有很大的不同。他说：“中国人的自由，老早是很充分了。”④ 中国古代流传的诗歌“日出而作，日入而息，凿井而饮，耕田而食，帝力于我何有哉”，就是一首“自由歌”。从这首“自由歌”“便知中国自古以来，虽无自由之名，确有自由之实，并且是很充分的，不必再去多求了”。⑤

孙中山认为，欧洲争自由的斗争赢来了民权的发达，而中国原先自

---

① 孙中山：《民权主义》第 2 讲，见胡汉民编《总理全集》，第 1 集，上海，上海民智书局，1930。

② 同上书，106 页。

③ 同上书，102 页。

④ 同上书，111 页。

⑤ 同上书，113 页。

由太多，则早已成了国家与民族发展的祸害。他断言：中国正因为一贯“个个有自由，和人人有自由，人人都把自己的自由扩充到很大，所以成了一片散沙”①。自由太多，便没有团体，没有抵抗力，民族、国家便遭受外来的压迫。以此，欧洲是因为没有自由而要革命，中国则相反，“中国人自由太多，所以中国要革命。”②

正因为如此，孙中山决然宣称：“中国人用不着自由！”③ 中国所需要的，是“国家的自由”，而绝非个人的自由。为了使国家得到完全的自由，个人的自由非但不能扩大，还必须严加限制，“要大家牺牲自由”。“在今天自由……如果用到个人，就成一片散沙；万不可再用到个人上去，要用到国家上去”。④

对西方启蒙学者的民主学说，孙中山也持异议。他不同意欧美启蒙思想家奉为真理的天赋人权论。他说：“欧美的革命学说，都讲平等是天赋到人类的。譬如美国在革命时候的《独立宣言》，法国在革命时候的《人权宣言》，都是大书特书，说平等自由是天赋到人类的特权。……天生人究竟是否赋有平等的特权呢？……天地间所生的东西总没有相同的，既然都是不相同，自然不能够说是平等。自然界既没有平等，人类又怎么有平等呢？”⑤ 正因为人类本来就是不平等的，要想达到人人平等便不可能，而且，这种平等，势必要把位置高的压下去，那就只能是假平等，而不是真平等。正因为不存在天赋人权，孙中山认为，平等的正确含义应当是指人们“始初起点的地位平等，后来各人根据天赋的聪明才力，自己去造就”。为此，他断言：“因为个人的聪明才力有天赋的不同，所以造就的结果，当然不同。造就既是不同，自然不能有平等，像这样讲来，才是真正平等的道理。”⑥

围绕为平等而斗争的问题，孙中山认为，欧洲没有革命以前，专制

---

① 孙中山：《民权主义》第1讲，见胡汉民编《总理全集》第1集，103页。

② 同上书，114页。

③ 同上书，113页。

④ 同上书，115页。

⑤ 孙中山：《民权主义》第3讲，见胡汉民编《总理全集》第1集，117～118页。

⑥ 同上书，119～120页。

要比中国厉害得多。中国早在两千多年以前就已打破了封建诸侯的制度，而欧洲直到两百多年以前，还实行着贵族等级制、世袭制及人民职业世代相袭的制度。欧洲人民不能忍受专制不平等的痛苦，于是拼命去争平等，打破阶级专制的不平等；中国则不然，“中国古时的政治，虽然是专制，二千多年以来，虽然没有进步，但是以前改良了很多，专制淫威也减除了不少，所以人民便不觉得十分痛苦”。中国与欧洲情况既有这样的区别，中国人自然不能照样争平等。“中国今日的弊病，不是在不自由不平等的这些地方。如果专拿自由平等去提倡民气，便是离事实太远，和人民没有切肤之痛，他们便没有感觉，没有感觉，一定不来附和。”①

孙中山还强调指出，平等，非但不是中国当务之急，即在西方，它同自由一样包含着许多流弊，这就是“把平等两个字走到极端，要无论那一种人都是平等”，人们“把平等地位不放在立足点，要放在平头点，那就是假平等”。为此，孙中山断言：“由于他们已往所生流弊的经验，我们从新革命，便不可再蹈他们的覆辙，专为平等去奋斗。要为民权去奋斗。民权发达了，便有真正的平等，如果民权不发达，我们便永远不平等。”②

孙中山的自由平等观，正是他民权主义由以确立的主要理论基础。要了解孙中山所坚持的“权”与“能”分开的治国方案，了解他关于人民运用选举、罢免、创制、复决四权来管理政府，按照司法、立法、行政、考试、监察五权分立原则来组织政府的主张，应当说，他的自由平等观，正是契机之所在。

二、穆勒与卢梭

孙中山的自由平等观，是一个多世纪以来欧、美、日本关于自由平等问题论争的继续，也是数十年来中国启蒙运动中关于这个问题论争的继续。

诚然，在西方启蒙思想家那里，对于自由一词的解释，彼此很不一

---

① 孙中山：《民权主义》第3讲，见胡汉民编《总理全集》，121～122页。

② 同上书，127～130页。

样。如孟德斯鸠所说："没有一个词比自由有更多的含义，并在人们意识中留下更多不同的印象了。"① 但是，他们所要求的中心内容，几乎毫无例外的，都是个性自由、个性解放，思想、言论、出版、结社、集会、居住、迁徙等自由。法国大革命中1789年与1793年公布的两个《人权与公民权利宣言》宣布："在权利方面，人们生来是、而且始终是自由平等的"②；"自由就是属于各人得为不侵害他人权利的行为的权力；它以自然为原则，以公正为准则；以法律为保障；其道德上的限制表现于下列格言：己所不欲，勿施于人"。③ 这两个宣言所确定的各项原则，凝聚了启蒙思想家们自由口号所包含的时代内容。对自由的呼号与追逐，体现了近代资本主义冲决封建网罗的历史需要，它的目标，是冲破中世纪农奴制的枷锁，克服处于互相隔绝状态之下彼此没有分工，因而不能应用先进科学、不能容许任何多样性发展的愚昧落后状态，确保自由资本主义制度的确立与发展。

产业革命的胜利，使资产阶级上升到了真正贵族的地位，同时，也形成了无产阶级。社会经济秩序与社会关系的深刻变化，使得自由平等学说从充满革命激情的启蒙时代转到了以边沁、弥勒为代表的功利主义与自由主义时代。这一时期，自由平等学说的时代内容，转为鼓吹与保护自由竞争、自由贸易。国家与个人权利的划分，自由与约束的分界，都以此为准。继起的斯宾塞，将达尔文的进化论移植于人类生活，用"物竞天择"、"优胜劣败"的理论将这一派的自由学说装备起来，使这一派的自由平等论带上了更多的"科学"色彩。斯宾塞宣称，人的自由，首先就是进行生存竞争的自由，财产、交换、契约乃至信仰、言论、出版等自由，都是由此而产生。他说，使人类顺应本性自由地去做一切事情，自由地进行竞争，是人的自然权利。国家的职责，就是确保各社会成员的这种自由，同时，制止那些损害和妨碍生存竞争得以实现的行为。为了确保国家行使这一职能，人们必须对自己的自由作出若干

---

① ［法］孟德斯鸠：《论法的精神》上册，153页，上海，商务印书馆，1961。

② 吴绪、杨人楩选择：《十八世纪末法国资产阶级革命》，48页，上海，商务印书馆，1962。

③ 同上书，110页。

牺牲。这一理论，既满足了产业资产阶级自由发展的需要，又能使国家对日益强大的无产阶级民主主义施以必要的限制，因而在19世纪后半期的西方世界甚为流行。

发端于德国，以费希特、黑格尔等人为代表的自由平等论，与以上两种思潮都不相同。他们坚持人类天生是不平等的，强调国家社会的限制是实现自由的必要条件。黑格尔提出了一个著名的原理："正是现代国家形式的巨大发展和臻于成熟，在现实生活中产生了个人之间最为具体的不平等；而通过法律的更为合理化和法定国家的更趋稳固，它同时产生了在更大程度上与更加稳定的自由。"① 国家至上，个人自由只能是国家所许可的自由，国家与宪法方才代表自由的完全实现，这种自由平等观，正如马克思所说：黑格尔"他希望有现代的立法权，但是要披上中世纪等级制度的外衣。这是最坏的一种混合主义"②。这种自由平等的学说，反映了德国自由资本主义的脆弱，也反映了德国封建王权专制势力的强固，自由资产阶级企图以承认王权为代价，借助于普鲁士王的权杖，来实现他们的自由平等的怯懦希望。后来，这一思潮便演变为国家主义的说教。20世纪初介绍到中国来的伯伦知理的国家学说，便直截了当地宣布，国家的存在是个人依以存在的前提，无国家即无个人，所以应当牺牲个人以忠于国家。启蒙思想家的自由平等观，被他斥为将导致"无政府状态"和"绝对民主制"，"使国家面临极度的不安和混乱"。③

值得注意的是，在19世纪后半期与20世纪初的东方，无论是日本，还是中国，当它们开始走上现代化历程时，以上三股思潮几乎同时涌进来，分别在不同的社会阶层与集团中找到了自己的信奉者与追随者。

日本明治时代的思想界环绕着建设一个什么样的近代国家而展开的激烈论争中，自由平等问题，是最为人们关注的根本性问题。被称作

---

① 参见［德］黑格尔：《精神哲学》第539节，上海，华中师范大学出版社，2006。

② 马克思：《黑格尔法哲学批判》，见《马克思恩格斯全集》第1卷，364页，北京，人民出版社，1956。

③ 伯伦知理：《国家泛论》，见《译书汇编》，1900-12。

“日本的伏尔泰”的福泽谕吉，主要师承穆勒、斯宾塞等人的观点，他所提出的“政府代表人民执行法律，人民则须遵守法律”的著名理论，一面坚持主权在民，一面又强调明治天皇的政府及其所定的国法就是人民意志的表现，人民必须“小心翼翼地加以遵守”。他确认人民与政府是“主人”与“办事人”的关系，但是，却将实际权力交给了“办事人”。[①] 被称作“东洋卢梭”的中江兆民及以《民权自由论》著称于日本的植木枝盛等人，继承了以卢梭为代表的法国启蒙思想家的自由平等观。他们坚持：“人民是国家的根本，要使国家兴盛，民气就不能不焕发；要使国家昌明，民情就不能不开化。要使国家声威远播外邦，确保独立的权利，就必须发扬人民的自由和权利。”因此，“国家必须依靠人民，尊重人民，如果人民各有自主独立的气质，……国家就不会不强，不会不盛”。[②] 正是以这一思想为指导，他们发动了自由民权运动。他们所侧重的不是承认明治政府下的统治秩序，而是由人民的自主自由和公众共同制定的宪法来确保国家的巩固与安全。然而，日本非但没有像他们所希望的这样前进，甚至没有能够保持福泽谕吉所肯定的明治初年比较自由的局面，而是走上了绝对主义、军国主义道路。代表这一趋向的，是直接向自由民权思想进行反击的加藤弘之的《人权新说》。加藤弘之依据所谓“进化主义”，断定由于遗传和变化的优劣等差长久不灭，竞争及优胜劣败便永无尽期，人也就不可能生来平等、自由，天赋人权说只不过是愚妄之想。他宣称，“在人类社会所发生的一切生存竞争中，为强者之权利而进行的竞争是最多而又最激烈的，而且这种竞争不只为了增大我们的权利自由，而又为促进人类社会的进步发展所必需”。[③] 这一理论，成为日本政治思想中占支配地位的国权主义、国家主义的滥觞。

在近代中国启蒙运动中，在为实现中国近代化、建立近代民族与近代国家所作的努力中，自由、平等问题同样曾吸引了志士仁人广泛的

---

① ［日］福泽谕吉：《劝学篇》，北京，商务印书馆，1984。

② ［日］植木枝盛：《民权自由论》（1879 年），东京，岩波书店，1990。

③ ［日］加藤弘之：《强者的权利竞争》，见《哲学的剧场》第 34 卷《西周》。

注意。

康有为1886年所撰写的《实理公法全书》，将自由、平等宣布为“几何公理”，定“天地生人，本来平等”为“实理”，定“人有自主之权”为“公法”。① 这是近代中国将自由、平等视为天赋人权加以鼓吹的最初文献。从19世纪末以来，在中国思想界，由康有为肇始的这一思潮演化成穆勒与斯宾塞自由论、卢梭自由平等论、国家主义自由论这样三种与日本相似的理论体系。

严复1900年已完成了穆勒《自由论》一书的翻译工作，1903年以《群己权界论》为书名正式出版。严复在《译者序》中写道：“吾国考西政者日益众，于是自繇之说常闻于士大夫。顾竺旧者既惊怖其言，目为洪水猛兽之邪说；喜新者又恣肆泛滥，荡然不得其义之所归。以二者之皆讥，则取旧译英人穆勒氏之书，颜曰《群己权界论》，畀手民印版以行于世。”② 显然，他翻译出版这部书，既是针对视自由论为洪水猛兽的守旧势力，又是针对热情宣传卢梭天赋人权论的革命者。改变原书名，将“明乎己与群之权界”视为“自繇”的前提，正是为了突出以上双重目的，既要自由，又要对个人自由严加限制，将自由的重心由个人移到国家。严复在《译凡例》中还引述斯宾塞的论点，强调自由并非天赋，“禽兽下生，驱于形气，一切不由自主，则无自繇，而皆束缚；独人道介于天物之间，有自繇亦有束缚；治化天演，程度愈高，其所得以自繇自主之事愈众”。自由是物竞天择、进化的产物；自由也将有助于人类的进化。不自由，“民德亦无由演进，故惟与以自繇，而天择惟用，斯郅治有必成之一日”。③ 穆勒的《自由论》本来并没有社会达尔文主义的内容，严复这样做，是为了在强调自由的同时，明确无误地显示出人与人之间生来就不可能平等，唯有确认这种不平等，保证人与人之间的自由竞争，人类方能进化，国家方能强盛。严复的这些论点，使他成了我国近代穆勒、斯宾塞一派自由平等论的主要代表。

卢梭的《社会契约论》和他的自由平等观，19世纪末即已借中江

---

① 康有为：《实理公法全书》，见姜义华、张荣华编校《康有为先生》第1集，北京，中国人民大学出版社，2007。

② 严复：《群己权界论》译者序，上海，商务印书馆，1981。

③ 同上书，译凡例。

兆民用汉文所译的《民约通义》及多种中国翻刻本传入中国，20 世纪初，更借许多新的译本而广泛流行。热情宣传天赋人权论的著作，纷纷涌现。在以“民主”与“科学”为两大旗帜的新文化运动中，这种自由平等观得到了更为充分的发挥。在自由论方面，这一派坚持所谓“以个人为本位”，陈独秀说，每人都有自主之权，绝无奴隶他人的权利，也绝无以奴自处的义务，树立独立自主的人格，一切操行、一切权利、一切信仰，都只听命于各人固有的智能。在个人与国家关系上，以个人为本位，就意味着“举一切伦理、道德、政治、法律、社会之所向往，国家之所祈求，拥护个人之自由权利与幸福而已”。① 他们反对用国家自由来取代个人自由。陈独秀说：“集人成国，个人之人格高，斯国家之人格亦高；个人之权巩固，斯国家之权亦巩固。”② 胡适这时也写了不少文章，鼓吹类似的论点。他在《易卜生主义》这篇甚有影响的文章中，痛斥社会最爱专制，说社会“往往用强力摧残个人的个性，压制个人自由独立的精神；等到个人的个性都消灭了，等到自由独立的精神都完了，社会自身也没有生气了，也不会进步了”。为此，他借易卜生之口宣言，使各人自己充分发展，“这是人类功业顶高的一层，这是我们大家都应该做的事”，“世界上最强有力的人就是那个最孤立的人!”③ 其实，这正是甲午战争失败时章太炎喊出的“大独，大群之母也”④ 这一召唤新时代到来的个性解放之声的继续。在平等论方面，他们所要求的已不仅仅是法律面前人人平等。陈独秀说：“自人权平等之说兴，奴隶之名，非血气所忍受。世称欧洲历史为‘解放历史’：破坏君权，求政治之解放也；否认教权，求宗教之解放也；均产说兴，求经济之解放也；女子参政运动，求男权之解放也。”⑤ 这里所呼号的，包括政治上的平等、精神上的平等、经济上的平等以及男女之间的平等。这一派的自由平等论，在当时接受了近代教育的广大青年学生中受到了热烈的欢迎，引起了极为强烈的反响。

---

① 陈独秀：《东西民族根本思想之差异》，载《新青年》第 1 卷第 4 号。

② 陈独秀：《一九一六年》，载《新青年》第 1 卷第 5 号。

③ 胡适：《易卜生主义》，载《新青年》第 4 卷第 6 期。

④ 章太炎：《明独》，见《訄书》初刻本。

⑤ 陈独秀：《敬告青年》，载《青年杂志》第 1 卷第 1 号。

第三派自由平等论，辛亥革命前的代表是梁启超等人，五四运动后的主要代表则是国家主义派。梁启超在“吾涕滂沱”与共和相告别的那篇皇皇大文《政治学家伯伦知理之学说》中，对卢梭的自由平等论进行了全面的抨击，他所依据的，便正是伯伦知理的理论。他对伯伦知理所说的“以国家自身为目的”，即“国家目的之第一位，而各私人实为达此目的器具”大为赞赏，乃至声称“卢梭为十九世纪之母，则伯伦知理其亦二十世纪之母焉矣”。[①] 以此为理论基础，梁启超提出了他的政治变革方案《开明专制论》。五四运动后出现的国家主义，尽管有着不同的政治色彩，思想上、理论上与此却是一脉相承的。

回顾了欧美、日本、中国自由平等学说发展演变的历程及其分野，可以看出，孙中山的自由平等理论正是这场中外论争的继续。他的思想渊源，从这里也可以看得异常清楚。

孙中山肯定卢梭的自由平等论在当时因为符合人民反抗专制的心理，受到人民的欢迎，就这一点而言，“是政治上千古的大功劳”。但是，在一系列重大理论问题上，孙中山都毫不含糊地对卢梭采取了批评态度。他直斥卢梭的天赋人权论“没有根据”，“本来是不合理”，“本是和历史上进化的道理相冲突”。[②] 他对于卢梭自由平等学说最充分的实践——法国大革命，也采取了严厉的批评态度。他说：“法国革命，人民得到了充分的民权，拿去滥用，变成了暴民政治。”[③] 那时，“人民拿到了充分的民权，便不要领袖，把许多有知识有本事的领袖，都杀死了，只剩得一班暴徒。那般暴徒，对于事物的观察既不明了，又复容易被人利用。全国人民既是没有好耳目，所以发生一件事，人民都不知道谁是谁非，只要有人鼓动，便一致去盲从附和。像这样的现象，是很危险的。”[④] 对于“五四”新文化运动中热烈宣传自由与平等的学生们，孙中山也多次加以指责，一再说：“中国人用不着自由，但是学生还要

① 梁启超：《政治学大家伯伦知理之学说》，载《新民丛报》第38、第39号。

② 孙中山：《民权主义》第1讲，见《总理全集》第1集，96页。

③ 孙中山：《民权主义》第4讲，见《总理全集》第1集，149页。

④ 同上书，144页。

宣传自由，真可谓不识时务了。……中国新学生讲自由，把什么界限都打破了。拿这种学说到外面社会，因为没有人欢迎，所以只好搬回学校内去用，故常常生出闹学的风潮。”① 这些文字表明，孙中山对卢梭这一派的自由平等论，无论是法国的，还是当代中国的，都采取了批评的乃至否定的态度。

对于穆勒的《自由论》，孙中山则甚为欣赏，给予热情赞扬。他写道："从前欧洲在民权初萌芽时代，便主张争自由，到了目的已达到，各人都扩充自己的自由，于是由于自由太过，便发生许多流弊，所以英国有一个学者叫做弥勒氏的便说一个人的自由，以不侵犯他人的自由为范围，才是真自由。如果侵犯他人的范围，便不是自由。欧美人讲自由，从前没有范围，到英国弥勒氏才立了自由范围。”② 对于斯宾塞所鼓吹的社会达尔文主义，他也很有兴趣，他的人生来不平等的观点和进化观便是以斯宾塞所说“物竞天择”、“优胜劣败”为立论基础的。

对于国家至上的自由平等论，孙中山显然也有相当好感。在他所说的要争取“国家的自由”，为此应牺牲个人的自由等话中，不难看出这一派自由平等论的影子。

于此可见，就思想渊源来说，孙中山 1924 年所阐述的自由平等论，基本上是祖源于穆勒、斯宾塞一派的学说，而补充以国家主义派的一些重要论点。否定中外卢梭一派自由平等学说，则是他由以立论的主要前提。孙中山显然是想将一个半世纪以来的争论作一总结，用以给他的三民主义提供更富有世界性格与历史精神的理论基础；而从这个总结的思想渊源中，则更可清晰地看出他的三民主义的深刻内在矛盾。

三、自由与专制

孙中山晚年自由平等观的形成不是偶然的。他从卢梭的激进主张转向穆勒、斯宾塞乃至福泽谕吉、严复式有较明确约束的自由论，更进而倡导牺牲个人自由以致力于谋求国家的自由，其立论的基石，就是以为中国人自古便很自由，为了改变由此而形成的一片散沙局面，中国非但

① 孙中山：《民权主义》第 2 讲，见《总理全集》第 1 集，113 页。

② 同上书，106～107 页。

无须以争自由为奋斗的目标，对于往昔已有的种种自由反应严加限制。这一认识，凝聚着这位革命家革命实践过程中最为痛切的感受，他希望能用这样的理论与实践对他在中国革命与中国社会面前遇到的种种矛盾作出解决。他的思索与他所拟定的方案具有明显的主观色彩，但它们又不是心血来潮的臆想，而是孙中山结合自己痛苦的革命经历，深思熟虑，反复权衡，方才产生出来的。正因为如此，它们便从一个非常重要的方面，深刻地反映了孙中山为之献身的这场中国革命以及中国社会本身的一系列根本特征。

问题的焦点，是如何认识中国传统社会中导致一片散沙的所谓"自由"与近代启蒙思想家所追求的自由之间的联系与区别。

孙中山所说的中国古来就相当发达的自由，是中国古代自然经济基础上的所谓自由。世界上其他地区中世纪自然经济也曾居于支配地位，但是，只有中国，以每一农户为基本生产单位，生产者本人既不像欧洲的农奴，也不像印度的村社社员那样受约束。同为自然经济，但内在结构不同，中国古代社会广大生产者确实具有较之欧洲、印度大得多的自由。在政治上，由于具有这较大的自由度，中国早已形成土地广袤的大一统国家，在君主集权的准则下建立了中央、地方和基层三级政治统治体系。孙中山说，中国长期以来"人民不管谁来做皇帝，只要纳粮，便算尽了人民的责任；政府只要人民纳粮，便不去理会他们别的事，其余都是听人民自生自灭"，"中国古代封建制度破坏之后，专制淫威，不能达到普通人民"。这些话，并非全无根据，它们正从一个侧面反映了中国传统社会区别于世界其他地区的独有特征。

西方近代启蒙思想家所讴歌与追求的自由、平等，推动了欧洲近代民族与近代国家的形成与发展。中国古代与中世纪"天高皇帝远"下面的自由，固然是中国大一统国家形成和发展的重要动力，但是，却又是中国社会根深蒂固的散漫性、因循守旧性的有力支柱。中国古代的小生产是在彼此隔绝的小块土地上进行的，他们相互之间没有分工，没有多少交往，因而也就未能形成丰富的社会关系。农民生产者在自己那一小块土地上依靠物质资料的生产与人自身生产的紧密结合，取得生活必需品，维持自身简朴的生活，并为后裔的成长即种的繁衍提供必不可少的条件。他们形式上是自由的，实际上，不仅完全处于高高在上的行政权力主宰之下，而且为自然力所役使，所支配。所以孙中山说："中国人对于国家观念，本是一片散沙，本没有民族团体。"中国所有的，是"很坚固的家族和宗族团体"。[①] 孙中山要求限制这种自由，正是为了克服这种小生产的分散性与落后性。

孙中山先前曾企图效法西方，走自由、平等之路。然而，多年的奋斗历程，使他对这条道路产生了怀疑，原因之一在于，"现在对中国人说要他们争自由，他们便不明白，不情愿来附和"[②]。争自由，争平等，不能将人民真正动员起来，吸引他们献身于变革大业。"欧州人民因为从前受专制的痛苦太深，所以一经提倡自由，便万众一心去赞成。假如现在中国来提倡自由，人民向来没有受过这种痛苦，当然不理会。"[③]况且，就西方现实而言，他们争得了自由，争得了平等，也未能"登斯民于极乐之乡"。在那里，弊端丛生，正足以为中国之鉴。原因之二，孙中山从亲身经历的政治实践中痛苦地发现，无论是在民众之中，还是在革命党内，倡导自由与平等，非但没有形成新的巨大凝聚力量，反而极易同旧的自由结合起来，助长分散主义、分裂主义、无政府状态的恶性发展，使一片散沙的旧局面为祸更烈。他说，中国推倒清朝统治以后，至今无法建设民国，革命党之所以被袁世凯打败，就是因为"我们同党之内，大家都是讲自由，没有团体"，"南方各省，当时乘革命的余威，表面虽然是轰轰烈烈，内容实在是四分五裂，号令不能统一"。正是根据这种直观式的感受，孙中山断言："外国革命的方法是争自由，中国革命便不能说是争自由；如果说争自由，便更成一片散沙，不能成大团体，我们的革命目的，便永远不能成功。"[④]

孙中山是吮吸着西方近代思想与文化的乳汁成长起来的，西方的环境与教育对他革命思想的孕育与产生，起了不容忽视的作用。但是，革命的曲折与反复，使他越来越深切地感觉到，一味模仿或搬用西方现成的模式于中国是不行的，中国必须根据自己的国情走自己的道路。他

---

① 孙中山：《民族主义》第5讲，见《总理全集》第1集，64页。

② 孙中山：《民族主义》，第2讲，见《总理全集》第1集，105页。

③ 同上书，109页。

④ 同上书，114～115页。

说："欧美有欧美的社会，我们有我们的社会，彼此的人情风土，各不相同。我们能够照自己的社会情形，迎合世界潮流去做，社会才可以改良，国家才可以进步；如果不照自己社会的情形，迎合世界潮流去做，国家便要退化，民族便受危险。"为此他强调，中国今日要实行民权，改革政治，便不能完全仿效欧美，"要重新想出一个方法，如果一味的盲从附和，对于国计民生，是很有大害的"。①

使孙中山为之困惑的问题，正是近代中国乃至日本启蒙时期许多思想家苦苦思索的问题。他们中间大多数人，都曾向往过西方的自由与平等，但是，中国与19世纪的日本都缺乏足以成为社会凝聚中心的自由资本主义力量。尤其是中国，社会中举足轻重的是占人口最大多数的基本上保持着古代生活方式的农民。这些农民的一个重要特征，便是孙中山所说的一片散沙。马克思分析法国小农时说过，他们是由一些同名数相加形成的，好像一袋马铃薯由袋中一个个马铃薯所集成的那样。"他们的代表一定要同时是他们的主宰，是高高站在他们上面的权威，是不受限制的政府权力，这种权力保护他们不受其他阶级侵犯，并从上面赐给他们雨水和阳光。"② 就中国旧式农民的一片散沙而论，情况与此非常类似。面对这一现实，孙中山便陷入了一种非常尴尬的境地：要动员与引导这异常广大的旧式农民，必须借助于权威主义；而建筑在农民分散性基础上的这种权威主义，千百年来，正是封建专制主义依以存在的主要支柱，它同中国近代化，将中国引向否定农民原先生活方式的自由资本主义，完全格格不入。

怎样才能从这种二律背反的困境中得到解脱呢？孙中山从穆勒、斯宾塞，可能还有福泽谕吉、严复，乃至加藤弘之等人那里得到了启发。于是，这位20世纪初东方最杰出的民主共和主义政治家告别了卢梭式的自由平等论，一面以保障国家的自由为尺度来限制乃至牺牲个人的自由，一面提出了"权"与"能"分开，四万万人做"阿斗"而政府做"诸葛亮"，四万万人握有选举、罢免、创制、复决四权来管理政府，政

---

① 孙中山：《民族主义》第5讲，见《总理全集》第1集，159～160页。

② 马克思：《路易·波拿巴的雾月十八日》，见《马克思恩格斯选集》第1卷，678页，北京，人民出版社，1995。

府按照司法、立法、行政、考试、监察五权分立的原则组织等一整套方案，防止国家在大权在握时走上专制主义道路。孙中山在1921年所作的《五权宪法》演讲中说过："政治里头有两个力量，一个是自由的力量，一个是维持秩序的力量。……政治里头的自由太过，便成了无政府；束缚太过，便成了专制。中外数千年来的政治变化，总不外乎这两个力量之往来的冲动。"他宣称，自己所追求的目标是使自由与专制这两个力量"双方平衡"，即"两力相等，两方调和"。① 他自信，他所阐明的自由平等观及在此基础上确定的政治建设构想，是可以保证这一目标得到圆满实现的。

然而，理论能否在现实生活中得到实现，究竟在多大的程度上得到实现，要看理论本身能否满足现实生活的实际需要，还要看是否有足够的现实力量使它得到实现。事实表明，孙中山的自由平等观及其政治建设的构想，在理论上并没有消除自由与专制的冲突，而在实践中，则更免不了顾此失彼，南其辕而北其辙。

孙中山是一位真诚的民主共和主义者。他的整个《民权主义》演讲，总的目标非常清楚，是要造成新国家，把政权完全交到人民的手中，真正做到民有、民治、民享。但是，他认为，依靠少数"先知先觉的人"创造发明，预先替人民打算，"造成民权，交到人民"，民权就可以实现。他特别强调，"不要等待人民来争，才交到他们"。② 这一动机当然是非常良好的。没有亿万民众的真正发动，没有广大人民自身的民主主义实践，他的这一愿望却免不了要沦为空谈。孙中山希望能使自由与专制两个力量得到平衡，然而，在中国，并没有形成近代自由、平等所借以存在的巨大现实力量。无论是自由贸易、自由竞争，还是商品生产、商品流通，在中国都只处于一种被压抑的附属地位；至于比之更为先进的生产方式，在中国则尚未出现；在这样的情况下，所谓自由这一支力量便必然很脆弱，无法同专制力量实际抗衡。为了防止政府成为人民所无法控制与管理的专制力量，孙中山固然提出了周密的将政权与治

① 孙中山：《五权宪法》，见《总理全集》第1集，836～837、841页。

② 孙中山：《民族主义》第5讲，见《总理全集》第1集，163～164页。

权分开、使治权中各不同方面互相制约的方案，然而，他认为当务之急，“就要打破各人的自由，结成很坚固的团体，像把士敏土参加到散沙里头，结成一块坚固石头一样”①，这便不能不使他让自由与专制两个力量相等的天平，重心实际偏向专制一边。孙中山企图以国家权力来改变一片散沙局面，在实践中便很难避免使国家权力重新蜕变为社会的支配者。

然而，尽管孙中山的自由平等观及其治国方案包含着不少矛盾，尽管他的理论与实践都不免左右摇摆、左右支绌，他的探索与思考，却是非常有价值的。他以宏伟的气魄，提出了近代中国政治民主化运动中至关重要的一个历史课题：不能亦步亦趋，步欧美的后尘，照抄照搬欧美的模式。他指出：“中国人从经过了义和团之后完全失掉了自信力。一般人的心理，总是信仰外国，不敢信仰自己。无论什么事，以为要自己去做成，单独来发明，是不可能的。一定要步欧美的后尘，要仿效欧美的办法。”孙中山认为，这种心理是错误的，我们不可自己轻视自己，妄自菲薄。他说：“中国几千年以来都是独立国家，从前政治的发达，向来没有假借过外国材料的。”中国今天与未来要超过欧美，是完全有资格的。他豪迈地宣布：“我们现在主张民权，来改造民国，将来造成的新民国，一定是要彻底，要造成彻底的新民国。”我们一定可以找到在欧美的先进国家不能现成地找到的新办法！② 这是近代中国启蒙运动中极其珍贵的觉悟。孙中山正是由于有了这样的觉悟，方才能够在新的历史环境中向前推进了近代中国启蒙思想家所开创了的事业。

---

① 孙中山：《民权主义》第2讲，见《总理全集》第1集，114页。

② 孙中山：《民权主义》第6讲，见《总理全集》第1集，183、185、187～188页。

与民主主义较力的国家主义诸形态

一、世纪演化历程

国家主义在20世纪前半期中国思想界不同阶段以不同形式出现，至少已有八次。

1. 1906年梁启超提出开明专制论

这一年，梁启超根据德国政治学家柏林大学教授波伦哈克的理论，撰成《开明专制论》一书，认为长期处于专制制度统治之下的民众缺乏自治的习惯，不了解团体之公益，在这一情况下，依靠暴力革命推翻旧的政权，势必使旧的均衡为之打破，新的政权名为共和，实则充满激烈的党争，并使人民四分五裂，社会险象将因此而产生迭见，下层社会将在冲突中占据上风，阶级争夺将日渐加剧，最后遂只有选择专制一途。为免使中国遭受这样一番折腾，中国绝不能履行共和立宪制度或君主立宪制，原因是人民程度尚未及格和施政机关尚未准备。据此，梁启超断言，对于中国政治来说，最佳的选择只能是开明专制。开明专制与野蛮专制的区别，在于一者以所专制之客体（民）之利益为标准，一者以能专制之主体（君）的利益为标准，就对民众实行专制这一点而言，二者没有差异。可以说，梁启超这里所创立的乃是第一个中国化的国家主义理论形态。①

2.1915 年袁世凯政府的法律顾问美国人古德诺和筹安会发起者杨度提出君主立宪救国论

其代表作是古德诺 1914 年 11 月 19 日在纽约法政学会宴会上发表的演说《中国新约法论》，以及他在这篇演说被介绍到中国后又专门撰写的《共和与君主论》。杨度阐述这一论点的最有影响的著作是《君宪救国论》，他进一步展开了古德诺所提出的诸论点。

《中国新约法论》说：中国除自古以来之个人政府而外，不知有其他之政府，目前之中国人民，缺乏合群共动之能力；经济上足以自立而又能关心公共利益的人虽然不是没有，但远不如欧洲当初实行代议政治时那么多，所以中国非常容易发生专制政治。中国情势如此，欲谋划政治之改良，可望成功者，只有于“强健行政部”之旁设立多少足以代表某类人的机关。据此，他对袁世凯制定的取代南京临时政府《临时约法》的新约法给予全盘肯定，并说，袁世凯办新学、创新军，原本就是清末大员中最富维新精神者，只是不喜欢中国改革过速，遂被中国急进派指为守旧，其实，他正是中国所最需要的强健者。

这篇演说对于恢复君主制度还是“犹抱琵琶半遮面”。在《共和与君主论》中，古德诺就直言不讳了：“中国数千年以来，狃于君主独裁之政治，学校闻如，大多数之人民知识，不甚高尚，而政府之动作，彼辈绝不与闻，故无研究政治之能力，四年以前，由专制一变而为共和，此诚太骤之举动，难望有良好之结果者也。……然则，中国如用君主制，较共和制为宜，此殆无可疑者也。”他还说，君主制至少有两大优点：一是“中国之立宪，以君主制行之为易，以共和制行之则较难也”；二是最高权力继承问题，君主制下好解决，共和制下易造成祸乱。

杨度的《君宪救国论》以及筹安会的主要作用，则是将古德诺的这些理论变成了袁世凯复辟帝制的政治行动。②

---

① 梁启超：《饮冰室合集》文集 6，上海，中华书局，1936。

② 参见白蕉：《袁世凯与中华民国》，174～226 页，上海，人文月刊社，1936。

3. 1925年国家主义者发动的醒狮运动

梁启超提出开明专制论时，就向中国介绍了德国政治学家伯伦知理的国家主义学说，并大力加以提倡。新文化运动后期，在曾琦、李璜、左舜生等人的鼓吹下，国家主义影响日渐扩大。1923年12月，曾琦等在巴黎组成以国家主义为宗旨的中国青年党。1924年青年党一批骨干陆续从欧洲回国，并于10月创办了“绝对信仰国家主义”的《醒狮》周报，宣言：“旷观世界各民族，从未有诅咒其固有之文化，鄙夷其祖先之历史，欲然自居于劣等获与人竞胜者。同人等有鉴于此，用是特标醒狮之义，欲以无偏无党之言，唤起国人自信自强之念。”醒狮运动即由此得名。

醒狮运动所鼓吹的国家主义，不是从人民水准太低来立论，也不直接要求建立个人的或一个阶级的独裁政治，它以招回国魂、树立国性、培育国家至上的信念立论，标榜通过全民革命来建立全民共和政治，形式上同开明专制论、君宪救国论自然有别，然而，其精神实质并不相悖。曾琦在《醒狮》57号上发表的《国家主义者之四大论据》中说：“中国社会之所以陷于混乱者，即由专制而入共和，守法之观念已失，爱国之信条未成，无最高道德以范围一切，而一般卖国贼乃敢于横行无忌耳。”和古德诺及杨度的观点同类。《醒狮》以连篇累牍的文章强调，每个人的存在都以国家为前提，个人要为国家服务，要牺牲个人而尽忠于国家，应当反对谋求个人之伸张及个性之发展的个人主义，文章的作者们辩解，这不是提倡专制，不是提倡整齐划一，其实是欲盖弥彰。《醒狮》的“全民共和”具像化为联省自治，先立省治后立中央，先有省宪后有国宪，这无非是对割据一方的军阀独裁统治现实的确认与粉饰。

4. 1928年至1929年由蒋介石使之具体化的训政论及从此时开始的训政实践

比之梁启超、杨度、曾琦等人，蒋介石是20世纪中国政治保守主义更为有力的提倡者和身体力行者。1927年蒋介石在南京建立了中央政权并于1928年通过东北易帜形式上统一了全国以后，他和他的追随者们便不遗余力地宣传中国民众太落后、太无知、太缺乏政治训练，完全没有资格实行宪政的论调，并利用孙中山所提出的军政、训政、宪政三时期依次推进论，断言中国在军政时期结束后，不能马上实行宪政，必须有一个实行训政的时期。1928 年 8 月，在蒋介石主持下的国民党二届五中全会正式决定实行训政。10 月，国民党中央常委会通过《训政纲领》，宣布在训政期间，由国民党全国代表大会及其中央执行委员会代表国民行使政权，及对国民进行选举、罢免、创制、监察的训练。1929 年 3 月，国民党第三次全国代表大会决议以“总理主要遗教”为“训政时期中华民国最高之根本法”，规定“中国国民党独负全责，领导国民，扶植中华民国之政权、治权”，而于人民之集会、结社、言论、出版等自由权，于必要时得“在法律范围内加以限制”。会上公开提出的一项严厉处置反革命分子议案，宣布一切违反三民主义的分子“均属反革命分子”，凡经国民党省市党部书面证明为反革命分子者，“法院或其他法定之受理机关应以反革命罪处分之”。[①] 蒋介石由此便在训政的名义下确定了一个主义、一个党、一个领袖对全体民众实行统治的政治体制。

5. 1933 年至 1934 年喧闹一时的法西斯主义的鼓噪

当墨索里尼与希特勒在国际舞台上崛起时，蒋介石及其追随者都对他们所持的法西斯主义产生了浓厚兴趣。一时之间，以《独裁政治论丛书》《法西斯蒂小丛书》等名义出版的大批宣传法西斯主义的书籍充斥市场。以复兴社为背景创办的《社会主义月刊》，发表了《法西斯蒂与中国革命》《法西斯蒂在中国社会之基础》《中国法西斯蒂的前途》《法西斯蒂与中国的道路》《国民党与法西斯蒂运动》等一大批努力使国民党和三民主义法西斯化的文章，要求在中国实行法西斯主义，政治上实行“领袖的独裁”，反对“议会主义、民主主义的虚假的多数主义”；经济上“在私有制度之上，厉行一种略带均产意味的经济统制”。他们说，中国有了独裁的中心领袖，所有的“革命力量”方才能够围绕这个中心凝聚起来。这个独裁的中心领袖，区别于往昔君主及其他独裁者的地方，是“领袖独裁的基础，是全体国民的总意”。同训政论一个主义、一个党、一个领袖一脉相承，但更突出了领袖的独尊地位。当时流行的两句话“信仰主义要达到迷信的程度，服从领袖要达到盲从的程度”，

---

① 《民国日报》，1929-03-26。

充分表现了法西斯主义唯蒋介石是从的特点。这股思潮，后来逐渐不再明目张胆地引法西斯为同调，也不再用法西斯主义这面旗帜，但内核始终未变，并愈演愈烈，成为蒋介石进行政治统治的主要理论基础。

6. 1935 年丁文江、蒋廷黻提出的“新式独裁论”

北京大学地质系教授丁文江、清华大学历史系教授蒋廷黻，本是以胡适为首的自由主义营垒中的重要人物。后来他们和强烈反对国民党实施训政、摧残人权的同伴在建立什么样的政治体制问题上分道扬镳。1934 年年底，丁文江在《独立评论》第 133 期上发表了《民主政治与独裁政治》一文，提出了新式独裁论，次年又在《独立评论》第 137 期发表了《再论民治与独裁》。他说，中华民国人民 75％～80％不识字，他们没有能力行使选举权，出路是知识界联合起来，把变相的旧式专制改为比较新式的独裁。所谓新式的独裁，标准有四：独裁的首领要完全以国家的利害为利害；独裁的首领要彻底了解现代化国家的性质；独裁的首领能够利用全国的专门人才；独裁的首领要利用目前国难问题来号召全国有参与政治资格的人，使他们站在一个旗帜之下。蒋廷黻事实上发难于丁文江之前。他在《独立评论》第 80 期和第 83 期上先后发表了《革命与专制》《论专制并答胡适之先生》，说中国现在没有革命的能力和革命的资格，英、法、俄三国近代化的经验证明，必须先有一个专制时期，在此时期建成民族国家，形成一个可作新政权中心的阶级，并创立必要的物质文明，然后才有可能实行民主政治。中国目前情形仍是朝代国家而非民族国家，旧日专制未遗留下可以作为新政权中心的阶级，物质文明又太落后。所以，中国绝不能实行民主政治，只能通过专制来建国。中国的现状是省界观念妨碍民族国家的建立，出现了数十个各自割据一方的小专制，要拿一个大专制来取消这些小专制。专制建国的任务，就是英、法、俄三国专制时期完成的三个方面。反对专制，实是二等军阀 恐惧心、忌妒心的反映。

丁文江与蒋廷黻的观点在自由主义营垒内部引发了一场激烈的争论。新式独裁论回避了两个至关重要的根本性问题：如何方能保证独裁的首领按照丁文江所确定的四项标准去行动而不自行其是或成为旧式独裁者？这些独裁者如果不理睬蒋廷黻所规定的三大任务甚至反其道而行之，有什么力量可以对他们实行制约和监督？丁文江、蒋廷黻自居为新式独裁论，实际上只不过是用一套新的理论来为蒋介石的独裁统治张目。

7. 1936 年前后的新法家运动

提倡这一运动最力的是中国青年党的大将陈启天。20 年代中期他和曾琦等人一道发动醒狮运动，30 年代以来，他从先秦法家学说中找到了国家主义理论的纯中国形式。1934 年一年中，他就出版了《商君书校释》《商鞅评传》《张居正评传》等好几部著作，其后，在《国论月刊》上又发表了多篇文章，鼓吹法家学说，说明中国现在需要一种新法家理论。1936 年出版的《中国法家概论》，集中而系统地阐述了他的观点。在他的带领下，青年党内外一批人起而附和，形成一个虽然规模有限却很有特色的新法家运动。

陈启天认为，战国时代，诸侯争霸，秦最后并吞六国，所依靠的正是从商鞅到韩非、李斯所创立的法家学说和一整套法家政策措施。现今世界，列国纷争，实际上是一个以全世界为范围的新战国时代。各个国家互相之间进行着激烈的竞争，它们所凭借的是经济的、政治的、特别是军事的强力。这是一个尚力不尚德的时代，强权就是真理。面对这一环境，就中国而言，最为有效的当还是法家的富国强兵之策。检视法家的国家论、法律论、政府论、霸政论，无一不是今日中国所急需。法家的国家论，就是国家主义者所信奉的国家至上；法家的法律论，就是根据法律从严治国，重奖重罚，不容任何因循苟且宽容；法家的政府论，就是权威与权力高度集中，以保证政府高效能地运作；法家的霸政论，包括实行全民军事化、经济统制化，以及以吏为师、思想文化高度一统化；所有这些，在内容上虽然不能古今全同，在原则上则完全切合中国现实的需要。

法西斯主义，新式独裁论，新法家运动，或为舶来品，或为纯国货，或中西合璧，差不多同时登场，实际上都是为蒋介石的独裁统治张目，从不同方面为这一统治提供理论基础。

8. 20 世纪 40 年代初林同济、陈铨、雷海宗等人倡导的“战国策”

“战国策”是林同济等人 1940 年至 1941 年创办的一份半月刊的刊名。1941 年 11 月至 1942 年 7 月，他们又在《大公报》上特辟一个专刊，名之曰“战国”。他们认为现在世界上正处于战国重演的时代，英、美、法、苏、德、日、意正成为新的战国七雄，以整个世界为舞台进行角逐。所谓战国策，就是充分意识到战国形势而自觉地采取相应的方策。所谓战，就是确认国力潮流始终是这一时代的主题，毫不动摇地实行武力统治、国力政治、军事第一。所谓国，就是确认国内一切一切都必须置于国家之下，意志集中，力量集中，权力集中。既要战与国，就要认明个性潮流在战国时代是一种社会离心运动，因为它根据个人才性、尊严和活力而主张自由与平等，不利于战，不利于国，所以必须毫不留情地加以压制和排拒。战与国，总体的表现是超人政治，这是因为意志是宇宙人生的泉源，人类的生存意志和权力意志是历史演化的中心，而这一意志又只有通过超人才能充分体现出来和得到充分的实现。这一切，无非是为蒋介石的独裁统治提供又一个理论根据，他们心目中的超人正是蒋介石。

二、国家主义理论与实践

从中国国家主义思潮不断出现的情况可以看出，它几乎总是作为民主主义、自由主义的对立面而出现，每一次民主主义、自由主义的浪潮高涨以后，必定会有一种新形态的国家主义登场。1906 年的开明专制论明显针对 1903 年以来革命民主运动的发展；1915 年的君宪救国论是对 1911 年以来民主共和实践的否定；1925 年的醒狮运动矛头直指五四运动和国共合作以来民主主义的广泛成就；1933 年至 1936 年连续登场的法西斯主义、新式独裁论及新法家运动，表现了对工农武装割据及逐渐重整旗鼓的人权要求、民权保障的恐惧；1940 年开始的战国策的宣传，是试图改变抗日战争开始以来政治民主化有所进展的趋向。

从开明专制论开始的国家主义思潮在实践中总是和政治专制主义、经济统制及思想文化专制主义紧紧结合在一起。在中国政治实践中，国家主义的实际影响总的说来要远远大于政治民主主义、政治自由主义。1911 年以前，尽管革命民主浪潮不断高涨，清王朝所实行的仍然是专制主义的统治。1912 年、1913 年民主共和风靡一时，1914 年后形势就迅速逆转，出现了袁世凯与北洋军阀的军事独裁统治，中间虽经五四运动、五卅运动及广东革命根据地的建立，就全局而言，正如孙中山所说，是数十个小皇帝取代了原来清朝一个皇帝。1927 年国民党一党专政的全国政权建立后，在全国范围内实行了白色恐怖的统治。红色根据地的建立，抗战时期抗日民族统一战线的形成，抗日根据地内民主政权的建设，在局部地区改变了专制主义统治的问题，但直到1949年，在大多数时间、大部分领土范围内，占支配地位的仍然是蒋介石的独裁统治。

国家主义对抗政治民主主义的武器，使用得最经常的有三个：一是稳定，二是秩序，三是效能。

首先是稳定。国家主义认为，中国人口太多，而且普遍处于贫困状态，文化素质不高，要求急速改变现状的期望值却极高，具有一种总想能够一步到位达到理想目标的狂热，如没有绝对主义权力的有效控制，人口增长将会爆炸，人口流动将会处于自流状态，人们将会使用各种非常规手段去加速变革进程。他们的愿望事实上又满足不了，届时，社会将不可避免地陷入无政府混乱状态。中国又是一个多民族的统一大国，几十个生息在中国大地上的民族生产方式、生活方式、语言、信仰、风俗习惯及发展水平都不一样，如没有绝对主义权力的有效控制，将不易恰当地协调各民族的发展和变革，促进各民族的合作，甚至会使持续了数千年的大一统格局遭到严重损害。在实现中国现代化的过程中，经济结构、社会结构以及人们的价值取向、思维方式都必然会产生多元化倾向，加上各个不同的地区发展极不平衡，不同的利益集团为了财富和权力的再分配势必会产生不断的摩擦乃至激烈的冲突，如果没有绝对主义权力的有效控制，将不可避免地产生新的阶级分化、阶级战争、各地区相互之间以及地方与中央之间的冲突。

其次是秩序。国家主义认为，如果不有效地统制经济，把主要经济命脉紧紧控制在国家手中，听任经济自由发展，那就无法集中巨额资金和其他条件从事巨大工程的建设，无法克服自由竞争所导致的经济无政府状态和普遍的浪费，也无法调节社会财富分配的不公平；如果不有效地统制思想与文化，听任知识分子独立地自由地进行其研究，将无法使之服务于绝对主义权力所确定的目标，甚至有可能使之成为一支异己的社会力量；如果不有效地控制政治走向，必定会使政治丧失一元化的中心，而使社会各种矛盾在政治多元化的推波助澜下全面激化。

再次是效能。国家主义认为，要领导素无政治经验的民众，挽救国家危难，只有凭借高度集中的权力，才能保证统治的效能。这样做，一是易于决断，易于贯彻，易于施行，不像在民主主义制度下那样每一重大决策都要经受各种审核、责询、检查，处处掣肘；二是易于统一支配、统一使用全国的劳力、智力、财力、物力，不像在民主主义制度下要处处顾及个人的独立、自由、自尊和权利；三是易于保持长期的乃至终生的执政，及得心应手地利用庞大的有着熟练经验的官僚系统，保证权威的意图有始有终地得到贯彻，而不像民主主义制度下那样多党或两党轮流执政，政府经常更迭，许多决策不得不中途夭折。

然而，振振有词的国家主义从来不敢正视这样一个现实，一旦国家主义转化为政治实践，稳定就变成了不稳定，秩序就变成了无秩序，效能就变成了负效能，他们所追求的目标几乎无一例外地都走向了反面。袁世凯在恢复帝制中确立其绝对主义权力，带来的是他自己的覆亡和北洋军阀的连年混战；蒋介石的独裁，带来的是国民党新军阀混战和持续十年之久的同工农红军的战争；抗战胜利以后恢复独裁，带来的是更大规模的内战、城市反饥饿、反迫害斗争以及他在大陆统治的结束。稳定非但没有因绝对主义权力的建立而实现，反而因之遭到极大的破坏。原因何在？这是因为不稳定的社会因素是客观存在的，这些不稳定因素只有在不断的发展与改革中逐步得到实际的解决，才能使社会真正从不稳定走向稳定。绝对主义权力以政治高压掩盖了实际存在的不稳定因素，堵塞了通过不断的小动荡化解内在压力的所有可能，大的动乱乃至暴力的冲突就变得不可避免。秩序之所以必然变成无秩序，效能之所以必然变成无效能，根本的原因就是国家主义无法保证独裁者真正具有现代导向，无法保证独裁者能始终保持现代导向，无法保证独裁者不滥用权力，不为权力本身所腐蚀，不形成反现代导向；同时，也无法保证所建立的秩序不成为绝对主义权力拥有者维护其特殊阶级、特殊集团的特殊利益的秩序，更无法保证在这种情况下作出的决策仍然是正确的决策。哪怕是怀着极为可贵的热忱作出的决策，也可能包含着严重的错误，而在高度集中的权力体制下，它造成的损害也会空前巨大。这样的负效能，人们所见的难道还少吗？

国家主义者不愿正视的另一个方面的事实，就是正是民主政治发展较好的几个时期，中国出现了少有的稳定、秩序和效能。共和制度初建的 1912 年至 1913 年初、五四运动至大革命时期、建立了抗日民族统一战线的抗日战争时期，舆论不那么一律，思想不那么统一，没有一呼万诺的绝对权威，但却生气勃勃，新的秩序、新的事业都以很高的效率兴办起来。事实证明，民主制度有着诸多缺陷，但是，它却比绝对主义政治体制更能有效地对权力掌握者进行监督和制约，约束他们必须坚持现代化导向和谨慎地使用权力；更能有效地保障全体社会成员所应享有的个人自由与权力，防止权力变成特权，防止秩序被用于维护特殊阶级、特殊集团的特殊利益；能更有效地使正确的决策同全体社会成员的主观意愿相切合，防止决策产生重大失误，即使失误也易于及时纠正，将损失局限在极小范围之内。

国家主义常常许诺，绝对主义权力体制将会为民主政治的实现创造必要的前提，如有足够政治训练因而能够参政的民众，已经成熟因而在民主政治中足以起中坚作用的新阶级，以及相应的物质基础，等等。事实却和这些许诺截然相反。以蒋介石的“训政”而论，对广大民众进行政治训练的是一批毫无政治知识而支配、操纵、包办着政权的武人和数十万专靠援引、夤缘、苟且的方法产生的官吏，他们只要民众忠顺地俯首帖耳地纳捐、输税、当兵、供差，而绝不容许他们享有思想、言论、求出版、集会、结社及其他各种使人真正成为人的权利，这样的训政只是要民众作任由他们驱使的奴隶与奴才，而绝不可能引导人们走上民主之路。同样，在蒋介石厉行文化专制主义和统制经济的情况下，知识分子不可能自由地进行学术研究，企业家不可能独立地发展实业，作为民主政治的中坚力量的形成与强大自然也就成了空话。独裁统治下经济也会有所发展，但经济的发展首先服从于巩固独裁政治的需要，在国家所有的名义下官僚资本的发展，适应军事独裁和战争需要军事重工业的畸形发展，反过来都只会进一步增强绝对主义权力自身的统治力量，不可能推动民主政治的实现。国家主义不愿承认，广大民众只有在政治民主化的实践中才能真正接受民主政治的训练，民主政治的中坚力量及物质基础也同样只有在这一实践过程中才能逐步形成。

近半个世纪中国国家主义的政治实绩并不高明，而且可以说实在很糟糕，为什么它却一直那么顽强并常常占据优势地位呢？这是因为它赖以存在的社会的历史的基础比之民主主义要更为雄厚。总的说来，当然是因为20世纪大多数时间中，中国现代化处于一个相当低的水准，中国的工业化、市场化、城市化、社会中产化以及世界化虽然都有了发展，但更为根深蒂固的是基本上还停留在古代状态的农业小生产、自给自足的自然经济、乡村化、社会普遍贫困化，以及置身于世界联系之外的自我孤立状态。分散落后的小农，包括已经被编入小生产共同体的小农，一如既往，需要高高在上的政治权威作他们政治上的代表，历史同小农几乎同样久远的官僚统治系统因此也得以继续存在并保持着旺盛的活力，而这一旦为力图利用极权维护其特殊利益的特殊阶级、特殊集团所利用，就会使绝对主义权力结构变得特别顽强。在中国工业化过程中，一个基本的态势是从洋务运动开始，国有经济对私有经济、统制经济对市场经济一直居压倒优势，这给绝对主义权力结构更增添了强有力的现代物质基础。社会中产化程度过低，企业界、知识界在绝对主义权力严密控制下过分政治化、仆庸化，无法形成置身于直接政治之外的一支独立的社会稳定力量、制衡力量，加上几千年专制主义政治、思想、文化、心理、习惯巨大的潜在影响，所有这一切因素汇合在一起，国家主义思潮不断出现，并一而再地转化为政治实践，也就绝非偶然了。

孙中山“以党治国”的政党作业

孙中山从创办兴中会走上革命道路，历经组织中国同盟会、国民党、中华革命党，直到中国国民党改组，建立和完善近代政党的作业，贯穿于他的整个革命生涯。认真审视孙中山“以党治国”所追求的目标和所遭遇的各种矛盾，不难发现，解决权威转换和政治造型问题，正是众多的国家、众多的民族从古代社会走向近代社会都曾面临的问题。孙中山“以党治国”的政党作业，是处在大变动之中的中国革命、中国政治、中国社会至为重要的一些本质特征的生动反映。

一、权威转换与革命党的历史使命

孙中山从建立兴中会开始，终生都致力于建立一个真正的革命党，在中国社会大变动中起到领导作用和骨干作用。

政党，是现代社会与现代政治生活的产物。先前，人们通过形形色色的家族、宗族、宗派、朋党、宗教、行会、会党、密谋集团，通过由皇权、神权、族权乃至夫权组成的权力结构、权威系统，牟取各特定的社会群体、利益集团、阶层、阶级的特殊利益。为此，或致力于社会权力和利益的重新配置，或致力于既得利益和既定社会秩序的保守维持。所有这些旧的社会组织、权威系统，它们或以血缘关系为纽带，或以某种迷信、某种短暂的政治目标、某种局部的利益关系，甚至是服膺某一特殊人物的威权而集结在一起。对于走向现代社会与现代政治生活的人们来说，其范围不是失之于狭隘，就是失之于浮泛，其生命力不是失之于脆弱短暂，就是失之于徒存空名，无法适应建立现代社会的需要。于是，在许多资本主义已经确立的国家，人们由先前的各种政治俱乐部、政治小集团逐步发展而形成政党。政党这一具有特殊性的社会政治组织，将各社会群体、利益集团、阶层、阶级最为积极的分子分别集合于一起，确定较长时间适用的奋斗目标与行动纲领，借助树立新的权威，确定必要的纪律，建立适当的机构，扩大与公众的联系，争取众多势力的支持，确保它在社会变革与社会正常运行中能够稳定、经常、普遍、有效地发挥领导作用、骨干作用、监控作用。

19 世纪末 20 世纪初，中国极为深重的民族危机、社会危机，动摇了中国原先的权力结构、权威系统，而新的权力结构、权威系统还没有建立起来，究竟依靠什么样的社会组织、政治权威来推动中国社会的变革，摆脱这些危机，没有现成的答案。孙中山最初选择了会党。他说：

> 乙酉以后，余所持革命主义，能相喻者，不过亲友数人而已。士大夫方醉心于功名利禄，惟所称下流社会，反有三合会之组织，寓反清复明之思想于其中。虽时代湮远，几于数典忘祖，然苟与之言，犹较缙绅为易入。故余先从联络会党入手。①

在很长一段时间中，孙中山曾积极联络会党发动武装起义。但是，他很快就痛切地感觉到，这些会党思想太旧，维持乏人，散漫无纪，易于反复，甚至背盟负义、倒戈相向；会党内部家长制盛行，常常成事不足，

① 孙中山：《中国革命史》，见《孙中山全集》第 7 卷，63 页。

败事有余。所以，他虽重视会党，却很早就注意到会党并不足恃。1919年初，他致函蔡元培等人，反对将会党编入他们所主编的《国史前编》，尤其反对将他所领导的革命上溯至清代秘密诸会党，指出："清世秘密诸会党，皆缘起于明末遗民，其主旨在覆清扶明。故民族之主义虽甚溥及，而内部组织仍为专制，阶级甚严，于共和原理、民权主义，皆概乎未有所闻。其于共和革命关系实浅，似宜另编为秘密社会史，而不以杂厕民国史中，庶界划井然不紊。"[①] 这一段话集中反映了他对会党的全面估价。

创立兴中会，为孙中山"以革命主义立党之始"。[②] 兴中会、同盟会、国民党、中华革命党、改组后的中国国民党，同会党等旧的组织迥然不同，渐次具备了近代政党、近代革命党的一系列基本特征。

首先，它们有独立的奋斗目标、行动纲领，有相当明确的指导思想和理论基础。兴中会章程中宣示的"振兴中华，维持国体"，秘密盟书中的"驱除鞑虏，恢复中华，创立合众政府"；同盟会总章的"驱除鞑虏，恢复中华，创立民国，平均地权"；中华革命党总章规定"以实行民权、民生两主义为宗旨"，"以扫除专制政治、建设完全民国为目的"；1919年10月《中国国民党规约》总纲规定"以巩固共和，实行三民主义为宗旨"；1920年11月《中国国民党总章》规定"以三民主义为宗旨"，"以创立五权宪法为目的"；改组后的中国国民党以作了新的解释的三民主义为其主义；凡此等等，都充分表现了它们的政治性、革命性，是先前各种旧组织所不可比的。

其次，它们都建立了由总部、分部及基层组织等多层次共同构成的组织系统，确立了较为稳定而又有权威的领导核心。兴中会总会设于中国，分会设于各地。同盟会设本部于东京，设支部于各地，国内分西、东、中、南、北五部，国外分南洋、欧洲、美洲、檀岛四部，其下按省设分会，本部由总理、执行部、议事部组成。中华革命党本部由总务部、党务部、财政部、军事部、政治部组成，另行设立立法院、司法院、监督院、考试院，各地设立支部，下辖分部。改组后的中国国民

---

① 孙中山：《复蔡元培、张相文函》，见《孙中山全集》第5卷，8页。

② 孙中山：《中国革命史》，见《孙中山全集》第7卷，63页。

党，以全国、省、县、区各级代表大会、区分部党员大会为各级党部高级机关，选出执行委员会、执行党部作为其执行机关，以各地区分部为党的基层组织。尽管孙中山本人作为总理一直具有较大的支配力，但整个说来，它们都已有了不致以一个人的命运而根本动摇全局的领导核心与组织系统，这正是近代政党形成的一个重要标志。

再次，加入它们而成为其会员或党员，必须拥护党的宗旨、目的，履行必要的手续，遵守章程所规定的各项纪律，这就从党员构成上保证了组织的统一性。

其四，它们除去不断扩大自己的组织外，还努力通过公开的秘密的宣传、鼓动、联络，影响公众的情绪、思想，以便吸引众多势力投入政治参与，使自身的奋斗具有群众性的基础。从早期在会党中的工作，发展到在留学生中、在新军中的工作，直到面向广大农工，积极支持蓬勃发展起来的农民运动、工人运动，参与的群众队伍越来越扩大，标志着革命党一步步走向成熟。

孙中山从自己一生奋斗的实践经验中深深体会到："中国今日政治不修，经济破产，瓦解土崩之势已兆，贫困剥削已病以深。欲起沉疴，必赖乎有主义、有组织、有训练之政治团体，本其历史的使命，依民众之热望，为之指导奋斗，而达其所抱政治上之目的。否则民众蠕蠕，不知所向，惟有陷为军阀之牛马、外国经济的帝国主义之牺牲而已。"① 之所以要建立一个革命党，归根结底，是为了使天下之仁人志士，同趋于一个主义之下，共同致力，将主义与目的贯彻到底。以此，他反复强调："党事为革命源起事业，革命未成功时要以党为生命，成功后仍绝对用党来维持，所以办党比无论何事都要重要。"② 他总结辛亥革命成功与失败的根本原因时，一再指出，当年之所以成功，就是因为有了一个革命党，"党务为革命之基础，革命乃建国之首功"③。后来之所以又遭失败，中华民国只剩下一个空招牌，中国政治沦为武人政治、官僚政

① 孙中山：《中国国民党改组宣言》，见《孙中山全集》第8卷，429页，北京，中华书局，1986。

② 孙中山：《上海中国国民党本部的演说》，见《孙中山全集》第5卷，263页。

③ 孙中山：《复口芾棠函》，见《孙中山全集》第5卷，377页。

治，原因就在于党务未见振起，反而在“革命军起，革命党消”思想影响下，取消了革命党。他曾不下十余次严厉地批评辛亥革命后这一极大失误。1923 年 10 月 10 日他在广州国民党党务会议上的讲话又一次谈到这一问题：

> 光复时有一种谬说，谓“革命军起，革命党消”，此说倡自热心赞助革命之官僚某君，如本党党员黄克强、宋渔父、章太炎等，咸起而和之，当时几视为天经地义。自改组国民党，本党完全要变为政党，革命精神遂以消失。袁世凯……因得肆无忌惮，帝制自为，皆此说阶之厉也。①

正是基于这一认识，孙中山坚持必须始终不渝地建设一个革命党。“真中华民国由何发生？就是要以革命党为根本。根本永远存在，才能希望无穷的发展。”② 他晚年下决心将中国国民党加以改组，立志使国民党成为名副其实的革命党，显然绝不是他一时心血来潮，或受了鲍罗廷的蛊惑，这是他几十年革命历程经验教训的总结，也是他根据中国社会历史与现实为使中国真正走向现代社会作出的必然抉择，即他所说的“惟有组织、有权威之党，乃为革命的民众之本据”③ 耳。

二、从两党制到一党制的政治造型

辛亥革命推翻了清王朝以后，放在孙中山面前的一项重要任务，就是建立一种新的政治结构，保证权力的集中、稳定和制度化，以便依靠这一权力完成尚未完成的革命任务。

南京临时政府成立前后，同盟会内许多领导人都主张取消从前党会名义，改组为公开的议会政党。孙中山认为其时形势仍甚险峻，“吾党当亟为一致之行，操必死之决心，秣马厉兵于铁血中”，改组为议会政党尚非其时。他主张，当待民国成立、全局大定之后，“再订开全体大

---

① 《孙中山全集》第 8 卷，268 页。

② 《孙中山全集》第 5 卷，262 页。

③ 《中国国民党第一次全国代表大会宣言》，见《孙中山全集》第 9 卷，122 页。

会，改为最闳大之政党”。[①] 然而，在孙中山提出这一主张后不几日，章太炎即与程德全等组织了中华民国联合会，不久又改组为一党，陈其美在沪则发起将同盟会改组为共和本党。一时间，“政党之名，如春草怒生，为数几至近百”[②]。这一如疯如癫的潮流之下，1912 年 3 月 3 日同盟会在南京正式宣布改组为政党，不数月会员增至十余万人。

起初，孙中山顾虑南京政府中“自己已执政权，倘又立刻组织同盟会”，将会使“全国俱系同盟会，而又复似专制”，[③] 所以对组党不很积极。但是，南京临时政府很快为袁世凯的北京临时政府所取代，同盟会不再是执政者，与此同时，反对同盟会的统一党、民社、国民协进社等却联合组成共和党，并和袁世凯结成同盟。面对这一形势，孙中山改变了原先的消极态度，赞成同盟会与统一共和党、国民公党等联合组成国民党。1912 年 8 月 26 日在国民党成立大会上，他说：“五党合并，从此成一伟大政党，或处于行政地位，或处于监督地位，总以国利民富为前提，则我中华民国将可日进富强。故兄弟于五党合并，有无穷之希望也。”正是这个时候，他选择了两党制政治造型。在会上，他阐述了这一主张：

> 要知文明各国不能仅有一政党。若仅有一政党，仍是专制政体，政治不能有进步。吾国帝皇亦有圣名之主，而吾国政治无进步者，独裁之弊也。故欲免此弊，政党之必有两党或数党互相监督，互相扶助，而后政治方有进步。[④]

9 月 4 日，他在北京共和党本部欢迎会上更进一步说明了他的这一主张：

> 世界最完全政党之国，一为英国，一为美国。英国有两

① 《中国同盟会意见书》，见《孙中山全集》第 1 卷，578～579 页。

② 善哉：《民国一年来之政党》，载《国是》第 1 期。

③ 孙中山：《在横滨国民党支部欢迎会的演说》，见《孙中山全集》第 2 卷，40 页。

④ 孙中山：《在国民党成立大会上的演说》，见《孙中山全集》第 2 卷，408 页。

党，一自由党，一保守党。……美国两党，一为共和党，一为民权党。……民国初成，吾愿两党诸君，以英、美先进国之［为］模范。①

1913年3月，国会选举行将结束、国民党已明显取得优势之时，孙中山两党制的政治造型进一步具体化：

横览全球，无论为民主共和国，为君主立宪国，莫不有政党。党之用意，彼此助政治发达，两党互相进退。得国民赞成多数者为在位党，起而掌握政治之权；国民赞成少数者为在野党，居于监督之地位，研究政治之适当与否。……盖一党之精神才力，必有缺乏之时，而世界状态，变迁无常，不能以一种政策永久不变，必须两党在位、在野互相替代，国家之政治方能日有进步。②

甚至在宋教仁被刺杀以后，袁世凯磨刀霍霍准备用武力扑灭革命党势力之时，孙中山也没有放弃两党制构想。他在1913年5月20日出版的《国民月刊》发刊辞中论及“吾人组织大政党，以从事于建设事业”时，特别指出：

政党之作用，在提携国民以求进步也。甲党执政，则甲党以所持政策，尽力施行之。而乙党在野，则立于监督者之地位焉，……轮流互易，国家之进步无穷，国民之幸福亦无穷焉。③

然而，事态的发展随即就将这一构想击得粉碎。1913年7月，袁

① 孙中山：《在北京共和党本部欢迎会的演说》，见《孙中山全集》第2卷，441页。

② 孙中山：《在东京留日三团体欢迎会的演说》，见《孙中山全集》第3卷，35页。

③ 同上书，62、63～64页。

世凯向革命党人下了手，南方各省旋即被置于北洋势力控制之下。10月，袁世凯强迫国会选举他为正式大总统，紧接着下令解散国民党，取消国民党议员及省议员资格，使国会为之解体。这些事态表明，反革命势力只要有足够的力量，就不会容许两党制确立。同时，当时所有的中国政党，包括国民党在内，一遇袁世凯高压便退让、屈服，甚至放弃自己原已确定的宗旨，大批党员脱党乃至变节，权利是猎，臣妾可为，表明这些政党也远未成熟到可以在两党制体制中充当一个执政党或在野党合乎资格的角色。孙中山后来说："从前革命党推翻满清，不过推倒了清朝的大皇帝。但大皇帝推倒之后，便生出了无数小皇帝，这些小皇帝仍旧专制，比较从前的大皇帝还要暴虐无道。故中国现在还不能像英国、美国以党治国。"① 这是他对在中国实行两党制短暂一段实践所作的总结。

在随后进行的斗争中，孙中山先是在护国战争胜利时力主恢复临时约法，护法战争中在广州建立了护法军政府，1921 年又在广州召集非常国会，就任非常大总统，1923 年 2 月再回广州，建立了大元帅府，就任大元帅。这形形色色的政治体制，表明他继续不断在政治造型方面进行探索。从一次又一次挫败与打击中，他发现，仅仅凭借他和周围少数人的努力及他个人的威望、号召力，没有一个坚强的、组织严密、纪律严明的党作依靠，将无法完成他所致力解决的任务。俄国革命成功的经验，给孙中山提供了一种迥异于英、美行之能立现成效的新的政治造型，这就是一党制的以党治国。

孙中山晚年经常使用的一个命题是"以党治国"。这一命题，更多的指效法俄国一党制。据马林报告，1921 年底孙中山首次与马林会晤时，曾自称他是"布尔什维克"，表示"他赞成专政的思想，重视党的作用"。② 在经历了反复思考后，孙中山越来越坚定了师法俄国的决心。他直率地告诫国民党党员："此后欲以党治国，应效法俄人。"③ 至于明

---

① 孙中山：《中国国民党第一次全国代表大会开幕词》，见《孙中山全集》第 9 卷，97 页。

② 李玉贞主编：《马林与第一次国共合作》，70、373 页，北京，光明日报出版社，1989。

③ 孙中山：《在广州国民党党务会议的讲话》，见《孙中山全集》第 8 卷，268 页。

白宣称“盖今日革命，非学俄国不可”，“我党今后之革命，非以俄为师，断无成就”的那封致蒋介石函，[①] 更是众所周知。所师法的当然也包含俄国式的以党治国，或者如代表孙中山同马林进行会谈的张继所表示的“赞成中国实行一党专政”[②]。

1920 年 11 月 9 日孙中山在上海中国国民党本部会议的演说中已经明白宣布：“我们革命就是要将政治揽在我们手里来做。”他说，之所以要将政治揽在国民党一党手中，不仅因为要扫除那恶劣政治，还因为“现在人民有一种专制积威造下来的奴隶性，实在不容易改变”，必须要用些强迫的手段，“迫着他来做主人”。[③] 1921 年 3 月，他肯定了“党人治粤”的说法，并以英、美为例说明，他们政治如此发达，政权也不在普通人手里，政党政治就是要使政权掌握在“知识阶级的手里”，“党人治粤”就是要将广东变成“本党实行党义底试验场，民治主义底发源地”。[④] 正是出于要建立国民党一党专政的强烈愿望，他积极改组国民党，接纳共产党员加入，希望将国民党改造得像俄国布尔什维克党一样坚强有力。1924 年 1 月 20 日他在中国国民党第一次全国代表大会上所作的开幕词中说：“我从前见得中国太纷乱，民智太幼稚，国民没有正确的政治思想，所以便主张‘以党治国’。但到今天想想，我觉得这句话还是太早。此刻的国家还是大乱，社会还是退步，所以现在革命党的责任还是先要建国，尚未达到治国。”形式上是没有强调立即实行“以党治国”，但旋即他就反复强调，“此次国民党改组，有两件事：第一件是改组国民党，要把国民党再来组织成一个有力量有具体的政党。第二件就是用政党的力量去改造国家”。[⑤] 表明他改组国民党正是谋求国民党足以挑起“以党治国”这副重担。

---

① 孙中山：《致蒋中正函》，见《孙中山全集》第 11 卷，145 页，北京，中华书局，1986。

② 李玉贞主编：《马林与第一次国共合作》，73 页。

③ 《孙中山全集》第 5 卷，400～401 页。

④ 孙中山：《在中国国民党本部特设驻粤办事处的演说》，见《孙中山全集》第 5 卷，481 页。

⑤ 《孙中山全集》第 9 卷，96～97 页。参见孙中山：《关于组织国民政府案之说明》：“现尚有一事可为我们模范，即俄国完全以党治国，……当俄国革命时，用独裁政治，……其能成功，即因其将党放在国上。”

一党制的政治造型，首先当然是孙中山一再说明的“用本党的主义治国”，并优先任用本党人才，“以便实行本党的主义”。[①] 除此之外，还有两项极为重要的内容。其一是建立一支由党直接领导的军队，将军事力量置于党的领导之下。1923 年 10 月 10 日在广州国民党党务会议上，孙中山便明确指出：“党之基础何在？在于军队。”他认为，俄国革命成功的一条重要的经验，就是“军队全属党人”，“设无此庞大之党军，苏俄之势力必无今日之盛”。以此，他要求工作要从军队着手，“庶可以立统一之基础”。[②] 随后，他积极策动建立了黄埔陆军军官学校，要用这个学校内的学生做根本，成立革命军；为保证将军队置于党的指挥之下，他还仿效苏俄红军政治委员制度，在军队设党代表、政治部，从而使国民党首次有了一支真正的“党军”。其二是极大地重视宣传工作与组织工作，通过宣传争取人心，“宣传工夫，就是以党治国的第一步工夫。……到了四万万人的心理都归化本党，本党便可实行以党治国”。[③] 通过组织工作，将国民党与广大民众直接联系起来，特别要重视与工人、农民的联系，“国民党于此，一方面当对于农夫、工人之运动，以全力助其开展，……一方面又当对于农夫、工人要求参加国民党，相与为不断之努力，以促国民革命运动之进行。”[④] 这是为了确立国民党“以党治国”广泛的社会群众基础。

一党制下也有诸多矛盾，一是党内各不同派别如何确保团结一致，二是军队强大后如何保证军队不会反转过来控制党，三是党掌握政权后如何实施监督而使权力不致被滥用。但是，孙中山生前，这些矛盾尚未突出。他在国民党内让胡汉民、汪精卫等负责维持调护现状，另行成立革命委员会负责开创新局，自认解决了党内稳健与激进两派的矛盾。他坚持对军队、军官进行三民主义教育，坚持在政府中实行立法、司法、行政、考试、监察五权分立，认为这样就可以防患于未然。矛盾尚未显露，而短期成效却异常明显：一个对三民主义作了“真释”的组织日渐

---

① 孙中山：《在广州中国国民党恳亲大会的演说》，见《孙中山全集》第 8 卷，282 页。

② 同上书，268 页。

③ 同上书，285 页。

④ 《孙中山全集》第 9 卷，121 页。

完备、纪律比以往任何时候都严明的党建立起来了，一支极富战斗力的“党军”创立起来了，工农民众运动起来了，广东革命根据地比以往巩固了，凡此种种，都使孙中山感到欣慰。他充满了信心，自信为中国找到了一种适宜的政治造型。他的生命已时日无多，来不及从后来国民党掌握政权的实践中进一步去考察、去总结了。

三、民主制与集中制的两难抉择

“日出而作，日入而息，凿井而饮，耕田而食，帝力于我何有哉!”① 在这样一个家家自给自足，因而社会呈一片散沙状态的国度里，从建立兴中会起，孙中山毕生都在寻思，究竟使用什么办法，才能将人们紧紧维系在一起，激励他们始终保持旺盛的斗志，结成团体，不屈不挠地为其共同目标而努力奋斗。

兴中会、同盟会与初建国民党时，孙中山都特别重视按照自由、平等的民主制原则来从事党自身的建设。当时人们都醉心共和制度，按照这一制度来建设革命党，对于他们来说，似乎是不言而喻的。由于缺乏必要的集中制，这些团体常常易于为一些原则性的或非原则性的纷争所困扰，甚至导致组织上的涣散。孙中山对此有着特别强烈的感受：

> 中国革命风潮发生最早的地方，是在日本东京。当时都是以留学生为基础，留学生……一感受了革命思想之后，便集会结社，要争平等、自由。但是他们那种争平等、自由的目的，都不知道为团体去用，只知道为自己个人来用。所以当时结成的团体，虽然是风起云涌，有百十之多，但是不久，所有的团体，便烟消云散。……那些团体……凡事都是杂乱无章，由各人自己意气用事，想要怎样做，便是怎样去做，所谓人自为战，真是强有力的人，或者能够做成一两件事，大多数都是一

① 孙中山在《三民主义·民权主义》演讲中，将它称作“先民的自由歌”，认为这是中国人一片散沙的重要根源，是“中国自古以来，虽无自由之民，而确有自由之实，且极其充分”的反映。其实，这正是中国漫长的小生产下自给自足自然经济这种生产方式和生活方式造成的结果。参见《孙中山全集》第9卷，280～281页。

事无成，只开一个成立会，大家到会说些争平等、自由的空话，便已了事。①

在清王朝统治时期，人们参加革命团体，投身革命事业，经常要冒着生命危险。在日本留学或流亡时，还要面对日本当局的压迫。这严峻的考验本身就对革命党成员进行了一场非常严格的筛选，不怀着坚定的信念、赴死的决心，很难真正投身于革命营垒。当时大敌当前，也促使人们站在同一战壕中共同作战。尽管当时革命党人中也有分歧、争吵、攻讦、冲突，甚至组织上的分裂，但总的宗旨没有太大的分别，因而他们都对革命事业的发展作出了一定的贡献。

辛亥革命爆发、清王朝被推翻以后，情况变了。民国已经建立，投身革命党不再带有先前那样的危险，相反倒成了时髦，成了有利可图的事。"没有革命之前，各党员已经知道有抄家灭族的危险，还要加入来救国。故在革命之前，他们的人格，是很被人欢迎的。到了革命之后，各党员知道没有抄家灭族的危险，只有升官发财的好处，所以分子越变越杂。"② 南京临时政府成立之时，人们纷纷列名同盟会，后又有更多人列名国民党。许多党员总想做大官，以加入同盟会与国民党为做官的终南捷径；做了大官便心满意足，不得志便去赞成敌对党派，使得党员人格非常卑劣，党的分子非常复杂。结果，"当时党员虽众，声势虽大，而内部分子意见纷歧，步骤凌乱，既无团结自治之精神，复无奉令承教之美德，致党魁则等于傀儡，党员则有类散沙。迨夫外侮之来，立见摧败，患难之际，疏如路人。"③ 孙中山认为，这都是因为党人各争平等、自由而不知必须牺牲一己之自由平等所致。

放在孙中山面前的问题，实际上是当党成为执政党或随时会成为执政党时，当权力会带来实际利益时，党内的腐败现象与涣散倾向会急速滋长起来，使党失去战斗力。为了恢复党的革命精神，孙中山在建立中

① 孙中山：《在黄埔陆军军官学校的告别演说》，见《孙中山全集》第11卷，269～270页。

② 孙中山：《在广州全国青年联合会的演说》，见《孙中山全集》第8卷，321页。

③ 孙中山：《致陈新政及南洋同志书》，见《孙中山全集》第3卷，92页。

华革命党时，便力图依靠集中制与淘汰制来对党进行改组。集中制，是要树立党魁的绝对权威；淘汰制，是要大批淘汰不良分子。孙中山在解释中华革命党组党方式时反复强调："因鉴于前此之散漫不统一之病，此次立党，特主服从党魁命令并须各具誓约，誓愿牺牲生命、自由权利，服从命令，尽忠职守，誓共生死。"① 这是因为他坚信二次革命失败"全在不听我之号令"，改正的根本方法，就是党人"必当完全服从党魁之命令"。②

组织中华革命党时，孙中山确定"以服从命令为唯一之条件"③，并要求党员按捺指模对他宣誓效忠，本希望借此克服党的涣散状态，结果，因为这种做法带有过分浓厚的家长制及个人独裁色彩，反而使许多革命者拒绝加入中华革命党。已经建立的中华革命党，作为一个政党，反倒更近于一个人数有限的密谋集团。

建立中华革命党，孙中山意在"正本清源：（一）摒斥官僚；（二）淘汰伪革命党。以收完全统一之效，不致如第一次革命时代，异党入据，以伪乱真。"④"但是，中华革命党总章将党员分成首义党员、协助党员、普通党员三类，规定革命成功之日他们分别成为元勋公民、有功公民、先进公民"，"元勋公民"得一切参政、执政之优先权利，"有功公民"能得选举及被选权利，"先进公民"享有选举权利，非党员在宪法颁布之前"不得有公民资格"。⑤ 这种许诺，实际是诱之以未来的权力和利益，这样就非但不能从根柢上铲除党内腐败现象，反而会使许多投机分子继续钻进党内来。

结果，这次党的改组虽经极大努力，孙中山所希望达到的目标却并未实现。

俄国革命的成功，给孙中山提供了一种新的建党原则。俄国布尔什维克党的组织原则是民主集中制，由于长期处于沙皇专制之下从事秘密

① 孙中山：《致南洋革命党人函》，见《孙中山全集》第3卷，81页。

② 孙中山：《复黄兴函》，见《孙中山全集》第3卷，89页。

③ 孙中山：《致南洋各埠洪门同志函》，见《孙中山全集》第3卷，105页。

④ 《中华革命党成立通告》，见《孙中山全集》第3卷，113页。

⑤ 《中华革命党总章》，见《孙中山全集》第3卷，98页。

工作，个人服从组织、下级服从上级、全党服从中央、中央由领袖及一个小核心集中领导的集中制又更为具体、更为突出。随着对俄共（布）情况了解的逐步深入，孙中山越来越坚定了学习俄（布）组织、训练方法来改组国民党的决心。“从前何以不从事于有组织、有系统、有纪律的奋斗？因为未有模范、未有先例之故。”[①] 现在，终于找到了模范与先例，这就是俄国式的建党方法。“从前在日本虽想改组，未能成功，就是因为没有办法。现在有俄国的方法以为模范，虽不能完全仿效其办法，也应仿效其精神，才能学得其成功。”[②]

1924 年 3 月 2 日，孙中山发布《致全党同志书》，指出：

> 夫所贵乎有党者，盖在集合国民力能活动之分子结为团体，在一主义之下为一致之奋斗。故其要义，一在有主义，二在有团结，三在有训练。而欲求主义之鲜明，团结之坚实，训练之整齐，则不得不先揭三民主义之真解，而萃力于基本之组织。
>
> 此次新章所定之组织方法，其意义即在从下层构造而上，使一党之功用，自横面言，党员时时得有团结之机会，人人得以分担责任而奋斗，自纵面言，各级机关完全建筑于全体党员之上，而不似往时之空洞无物，全体党员亦得依各级机关之指挥，而集中势力，不似往时之一盘散沙。[③]

和先前改组为中华革命党时迥然不同之处，一是党员活动不是由上而下，而是由下而上，保证了党员人人得以发挥其自主的权利；二是党员不是机械地服从孙中山个人，而是在各级机关统一指挥下行动，保证了全党的集中。更重要的，是将党的主义自身的完善、将党员的教育与训练放到了空前突出的地位。为防止组织涣散、腐败滋生，《中国国民

① 孙中山：《在广州大本营对国民党员的演说》，见《孙中山全集》第 8 卷，437 页。

② 孙中山：《关于列宁逝世的演说》，见《孙中山全集》第 9 卷，137 页。

③ 同上书，540 页。

党第一次全国代表大会宣言》已提出："以严格之规律的精神，树立本党组织之基础，对于本党党员，用各种适当方法施以教育与训练，使之成为宣传主义、运动群众、组织政治之革命的人才。"① 大会尚未结束，孙中山即系统讲授三民主义，其后多次演讲中，都一再强调将对党员不断进行主义的教育、人格的要求、心理的训练放在非常重要的地位。不是仅仅依靠对党魁个人宣誓效忠，而是通过经常性的教育与训练，逐步提高党员的素质，来保证党的真正集中与统一，保证党的队伍的纯洁健康，这是他在经历了数十年曲折之后参照俄国经验作出的新的总结。

尤其令人注目的，是孙中山宣布改党的总理制为委员制，将总理的责任分之众人，以确保党的运作不致因为他个人而有所兴废。对党员，不是要求他们仅仅服从于他个人，而是要求他们"绝对服从革命党的命令"，牺牲个人的平等、自由而都贡献到革命党内来。他显然是要将集中制与民主制结合起来，给国民党以更强的活力与战斗力，并且在他身后也能持续下去。

成效是有目共睹的。国民党改组后短短一段时间，孙中山所追求的新权威在近代以来社会大变动触发的权威转移中首次真正确立起来了，他的党在新的政治造型中首次真正处于决定性地位，发挥决定性作用，中国革命历史掀开了新的一章。孙中山未及见国民党后来的发展、演变，但可以自慰的是在同辈革命者中，他对政党作业最为注重、贡献最多，也最有成效，未曾辜负那个时代所赋予他的使命。中国的情况是复杂的，中国现代化进程中的政党作业也不可能一次完成，正因为如此，孙中山几十年的努力都值得总结，值得纪念。

① 《孙中山全集》第9卷，122页。

第三编

伦理，竞存与人的尊严

小农中国伦理本位的制礼作乐：《礼记》文化内涵

一、礼、礼治、礼学缘起

礼，在甲骨文中原作“[illegible]”、“[illegible]”、“[illegible]”、“[illegible]”、“[illegible]”、“[illegible]”、“[illegible]”①。罗振玉案：卜辞玉字作王，亦作丰，像三玉连贯之。卜辞殆从珏也。古者行礼以玉帛，故从珏。② 王国维释：“此诸字皆像二玉在器之形。古者行礼以玉，故说文曰豊，行礼之器，其说古矣。”“盛玉以奉神人之器，谓之豊，若𠁁。推之而奉神人之酒醴，亦谓之醴。又推之而奉神人之事，通谓之礼。其初当皆用豊若豊二字，其分化为醴、礼二字，盖稍后矣。”③ 林澐指出，豊并非从豆，而系从[illegible]、[illegible]、[illegible]等形，像古代鼓形。“豊字何以从珏从壴？这是因为古代行礼时常用玉和鼓。孔子曾感叹说：‘礼云礼云，玉帛云乎哉！乐云乐云，钟鼓云乎

① 参见李孝定编述：《甲骨文字集释》第五，1679页，“中央研究院历史语言研究所”专刊之五十，1965。

② 见罗振玉：《增订殷虚书契考释》（中），1914。

③ 王国维：《观堂集林》卷6《释礼》。

哉！'这至少反映古代礼仪活动正是以玉帛、钟鼓为代表物的。”林澐特别指出，甲骨刻辞中有专门用鼓的祭祀，鼓或壴本身就成为一种祭名，为一种隆重的典礼，似取鼓声能上震天庭，达于帝所。故中原地区在造字之初，以玉鼓之形以表达礼这一概念。[①] 许慎《说文解字》五上释豊为“行礼之器”，而在一上释礼为“履也，所以事神致福也，从示从豊，豊亦声。[illegible]，古文礼”。豊、礼作这样的分别，显然是后来的事。1977年河北平山县中七汲村发掘的战国时期中山国墓地出土的中山王譽方壶铭文中，“礼义”和“礼敬”之礼，仍作“豊”，字形作“[illegible]”，[②] 铸此壶时已是公元前314年或前313年。

其实，早在文字产生以前，礼就已在人们的生活实际中逐渐形成。大量考古发掘资料和人类学、民族学调查表明，在原始时代，人们在一个人出生、成人、婚娶、生育、疾病、老死、安葬之时，在一道居住、饮食、欢会之时，在共同渔猎、农耕、制作之时，在向上天、土地、山川星辰、各种图腾祈祷、礼拜之时，常常举行特别的仪式。人们分别佩戴不同的饰物，使用不同的器皿，或歌或舞，或喜或悲，有一定的规矩、一定的程序，这就是最初的礼。

孔子说过：“夏礼，吾能言之，……殷礼，吾能言之。”“殷因于夏礼，所损益可知也；周因于殷礼，所损益可知也。”夏、殷两代在古代礼制形成中具有重要地位。今夏代礼制只能凭借文献略知梗概，殷代礼制则可凭借甲骨卜辞稍知其详。从卜辞中可以看出，殷代已经初步形成朝觐、盟会、锡命、祭祷、军旅、丧葬、乡宴、馈赠等各类礼仪。[③]

西周初，周公制礼作乐，首次将礼提到治国总纲领和社会生活总规

---

① 林澐：《豊丰辨》，见《古文字研究》第12辑，181～183页，北京，中华书局，1985。

② 参见张政烺：《中山王譽壶及鼎铭考释》，赵诚《中山壶、中山鼎铭文试释》，孙稚雏《中山王譽鼎、壶的年代史实及其意义》，俱载《古文字研究》第1辑，北京，中华书局，1979。

③ 殷代礼典，罗振玉在《殷虚书契考释》中汇辑过20多个祭名，陈梦家在《古文字中的商周祭礼》(《燕京学报》第19期）中汇辑了37个祭名，并分成7类。沈文倬在《略论礼典的实行和仪礼书本的撰作》(《文史》第15辑）一文中根据甲骨卜辞和西周彝铭指出，几个主要的祭礼如郊、社、禘、殷、烝，可以相信自殷至春秋一直被王朝所奉行。

范的高度。《通鉴外纪》卷三引《尚书大传》："周公摄政，一年救乱，二年克殷，三年践奄，四年建侯卫，五年营成周，六年制礼作乐，七年致政成王。"《尚书·洛诰》孔颖达正义释"朕复子明辟"时说："王肃于《金縢》篇末云：武王年九十三而已冬十一月崩，其明年称元年，周公摄政，遭流言，作《大诰》而东征。二年克殷，杀管叔。三年归，制礼作乐。出入四年，六年而成。七年营洛邑，作《康诰》《召诰》《洛诰》，致政成王。"两则记载，年代略有差异，当是时间既久，传闻有误，但"制礼作乐"一事则确定无疑。《尚书·洛诰》中有周公所说的一段话："王肇称殷礼，祀于新邑，咸秩无文。予齐百工，伻从王于周。"说的就是让百工由殷代典礼改行周代典礼。周公去世后，成王作《君陈》篇说："昔周公师保万民，民怀其德。往慎乃司，兹率厥常。懋昭周公之训，惟民其义。"足见周公制礼作乐的影响。周公制作的礼典和刑典等，可能流传至春秋时还可见到，所以《左传》文公十八年季文子说："先君周公制周礼，曰：'则以观德，德以处事，事以度公，功以食民。'作《誓命》曰：'毁则为贼，掩贼为藏；窃贿为盗，盗器为奸。主藏之名，赖奸之用，为大凶德，有常无赦！'在九刑不忘。"《左传》昭公二年晋侯使韩宣子聘于鲁，"观书于大史氏，见《易象》与鲁《春秋》"，也说："周礼尽在鲁矣，吾乃今知周公之德与周之所以王也。"

礼从风俗习惯变为治国总纲领和社会生活总规范后，礼乐制度由周天子确定。在西周天子权力逐渐衰退之后，诸侯坐大，在礼乐制度方面开始自行其是。孔子说过："天下有道，则礼乐征伐自天子出；天下无道，则礼乐征伐自诸侯出。自诸侯出，盖十世希不失矣；自大夫出，五世希不失矣；陪臣执国命，三世希不失矣。"春秋前期，礼乐已成了诸侯、大夫们关注的中心。《左传》隐公十一年记君子肯定郑庄公有礼，指出："礼，经国家，定社稷，序民人，利复嗣者也。"桓公二年记载晋国大夫师服的论说："夫名以制义，义以出礼，礼以体政，政以正民，是以政成民听。易则生乱。"闵公元年记载仲孙湫同齐侯的对话，齐侯询问可否灭鲁，仲孙回答说："不可。犹秉周礼。周礼，所以本也。臣闻之：'国将亡，本必先颠，而后枝叶从之。'鲁不弃周礼，未可动也。"仲孙并直率地将"亲有礼"即亲近循礼的国家视作"霸王之器"。文公十六年记季文子评论齐侯己则无礼而讨伐有礼者的话："礼以顺天，天之道也。己则反天，而又以讨人，难以免矣。""奉礼以守，犹惧不终，多行无礼，弗能在矣。"成公十三年记载刘子一段论说："吾闻之：民受天地之中以生，所谓命也。是以有动作礼义威仪之则，以定命也。能者养以之福，不能者败以取祸。是故君子勤礼，小人尽力。"襄公二十一年记载晋国大夫叔向评论齐侯、卫侯对朝见天子及互相盟会态度轻慢的一段话："二君者必不免。会、朝，礼之经也；礼，政之舆也；政，身之守也。怠礼，失政；失政，不立，是以乱也。"昭公二年记叔向又一段论述："忠信，礼之器也。卑让，礼之宗也。"昭公十五年记叔向又一段话："礼，王之大经也。"二十五年记鲁人昭子的一段论述："君子贵其身，而后能及人，是以有礼。……贱其身也，能有礼乎？无礼，必亡。"所有这些论述，都表明礼已成为贵族社会普遍关心的问题。

曹元弼《礼经学》卷四《会通》中指出："考之左氏，卿大夫论述礼政，多在定公初年以前。自时厥后，六卿乱晋，吴、越迭兴，而论礼精言，惟出孔氏弟子，此外罕闻。"① 鲁定公以后，进入了所谓"礼崩乐坏"的时期，礼制陷入了混乱。这时，只有孔子及其弟子，深知礼的价值：以"克己复礼"为己任，坚持研习各种典礼，体会这些典礼的真正含义，努力通过礼的新的阐释使国家和社会能够顺利从失范、失衡、无序状态中走出来，构建起一整套新的规范、新的秩序，使国家和社会重新得到均衡、有序的发展。

刘泽华《中国传统政治思维》一书中区别了礼与礼学。他指出："礼与礼学并不完全是一回事。在礼学产生之前，礼多表现为制度性和仪式性的规定；而礼学则是研究礼的学说，它把礼作为认识的对象，以阐发礼义为根本，具有一套系统的理论体系。"根据这一标准，他认为，礼学兴起于春秋时期，孔子是礼学的创始人。② 杨向奎在《宗周社会与礼乐文明》中提出："孔子重视礼，加工和改造了礼，丰富了礼的内容，美化了礼，目的是使人们的生活丰富多彩，都成为'文质彬彬，然后君

① 引自沈文倬：《略论礼典的实行和仪礼书本的撰作》，见《文史》第15辑，36页，北京，中华书局，1982。

② 见刘泽华主编：《中国传统政治思维》，342～343页，长春，吉林教育出版社，1991。

子'的君子。"经由孔子，"礼不再是苦涩的行为标准，它富丽堂皇而文采斐然，它是人的文饰，也是导引人生走向理想境界的桥梁。"① 尽管这些说法不完全相同，孔子在中国古代礼、礼学、礼的文明发展中具有特别重要的地位，则是毫无疑问的。

《论语》中有四十多章论及礼。从《论语》中这些论述可以看出，孔子及其弟子不仅坚持了"为国以礼"，确认"上好礼，则民易使也"，"上好礼，则民莫敢不敬"，而且将是否守礼看作能否做一个名副其实脱离了兽性的合格的人的基本条件，断言"不学礼，无以立"。真正合格的人，在孔子眼中，就是达到了仁这一境界的人。而所谓仁，就是"爱人"，就是"己欲立而立人，己欲达而达人"，就是"己所不欲，勿施于人"。要达到这一境界，就要"非礼勿视，非礼勿听，非礼勿言，非礼勿动"。为此，孔子说："克己复礼为仁。一日克己复礼，天下归仁焉。"礼成为规范人的行为举止和人与人关系的最高准则，它所要达到的目标是要使他人都能和自己一样立身于社会并得到顺利的发展，由此，礼具有了更为丰富及更为确定的人文意义。

春秋时代之末、战国时代，礼更为混乱，礼治受到更为严重的破坏，以孔子的弟子、传人为代表的儒者则更加热衷于礼学，至荀况而集其大成。荀况的著作《荀子》中，有以《礼论》为名的专篇论礼，其他《乐论》《大略》《不苟》《王霸》《强国》等篇中，对礼也有许多精到的论述。在荀况这里，礼被定位为"亲亲、故故、庸庸、劳劳"及"贵贵、尊尊、贤贤、老老、长长"，即使所有的人都能"行之得其节"。他特别强调了礼的分界和给养这双重作用："礼起于何也？曰：人生而有欲，欲而不得，则不能无求；求而无度量分界，则不能不争。争而乱，乱则穷。先王恶其乱也，故制礼义以分之，以养人之欲，给人之求。使欲必不穷乎物，物必不屈于欲。两者相持而长，是礼之所起也。"一方面，贵贱有等，长幼有差，贫富轻重皆有称；另一方面，又通过各种礼仪、礼器来养信、养威、养安、养生、养财、养情。荀子以为，这方才是有别于霸道、危道的王道："君人者，隆礼尊贤而王，重法爱民而霸，好利多诈而危。"可以说，这是为国家统一后建立新的礼治奠定了理论

---

① 见杨向奎：《宗周社会与礼乐文明》，373、375页，北京，人民出版社，1992。

基础。但是，荀子的礼论直到汉王朝建立后方才结出硕果，它表现为叔孙通为汉代制定礼仪，开启了汉代的礼治新格局。

二、《礼记》论礼、礼治、礼教

什么是礼?《礼记》一书提出了四个命题：礼是“物之致”、“义之实”、“政之本”、“事之治”。①

“礼也者，物之致也。”这一命题见之于《礼器》篇，其义和《乐记》篇中所说的“礼也者，理之不可易者也”相同，说的都是礼应当符合并体现客观世界的运行规律。《礼记》中对此曾一再加以强调。《礼运》篇中说：“夫礼，先王以承天之运，以治人之情，故失之者死，得之者生。……是故夫礼，必本于天，殽于地，列于鬼神，达于丧、祭、射、御、冠、昏、朝、聘。”同一篇又说：“夫礼，必本于天，动而之地，列而之事，变而从时，协于分艺。”这里的天、天之运，都是自然界乃至宇宙运行规律的别称。《礼器》篇中说：“礼也者，合于天时，设于地财，顺于鬼神，合于人心，理万物者也。是故天时有生也，地理有宜也，人官有能也，物曲有利也，故天不生，地不养，君子不以为礼。”《乐记》篇中说：“大礼与天地同节。”《丧服四制》篇说：“凡礼之大体，体天地，法四时，则阴阳，顺人情，故谓之礼。”所有这些“合”、“设”、“顺”、“理”、“同”、“体”、“法”、“则”，都突显了礼必须尊重、遵循天时、地理、阴阳、人心、人情及万物自身的运行法则。礼并非随心所欲地作出一些规定，它必须以宇宙万物运行的规律、节奏为其基础。这是《礼记》所提出的关于礼的第一命题。

“礼也者，义之实也。”这一命题见之于《礼运》篇。《礼运》篇中指出：“义者，艺之分，仁之节也。”陈澔注：“艺以事言，仁以心言。

① 在《礼记》成书以前，对礼作了最详细阐述的是《荀子》。该书《大略》篇指出：“礼也者，贵者敬焉，老者孝焉，长者弟焉，幼者慈焉，贱者惠焉。”《富国》篇指出：“礼者，贵贱有等，长幼有差，贫富轻重皆有称者也。”《大略》篇更概括地指出：“行之得其节，礼之序也。”《致士》篇指出：“礼者，节之准也。”《法行》篇进而论礼与法的关系：“礼者，众人法而不知，圣人法而知之。”《君道》篇提出：“隆礼至法则国有常。”参见日本栗原圭介所撰：《荀子の礼观について》，见《大东文化大学纪要》人文科学第14号，1976-03。

事之处于外者，以义为分限之宜；心之发于内者，以义为品节之制。协于艺者，合其事理之宜也；讲于仁者，商度其爱心之亲疏厚薄，而协合乎行事之大小轻重，一以义为之裁制焉。”礼为义之实，指的是礼作为一种规范、定制，它修治约束着人的情感、欲望以及人与人之间的相互关系。《礼运》篇中说：“何谓人情？喜、怒、哀、惧、爱、恶、欲，七者弗学而能。何谓人义？父慈、子孝、兄良、弟弟、夫义、妇德、长惠、幼顺、君仁、臣忠，十者谓之人义。讲信修睦，谓之人利。争夺相杀，谓之人患。故圣人之所以治人七情，修十义，讲信修睦，尚辞让，去争夺，舍礼何以治之？”礼就是人的情感、欲求与人与人关系的一种正确规制、约束。《曲礼》篇上一开始就指出：“敖不可长，欲不可从，志不可满，乐不可极。……夫礼者，所以定亲疏、决嫌疑、别同异、明是非也。礼不妄说人，不辞费。礼不逾节，不侵侮，不好狎，修身践言，谓之善行。行修言道，礼之质也。”礼的核心或礼的灵魂，就是使人归之于“人道之正”。为此，《大传》篇中指出：“圣人南面而听天下，所且先者五，民不与焉。一曰治亲，二曰报功，三曰举贤，四曰使能，五曰存爱。五者一得于天下，民无不足，无不赡者。五者一物纰缪，民莫得其死。圣人南面而治天下，必自人道始矣。”《乐记》篇更明确地指出：“是故先王之制礼乐也，非以极口腹耳目之欲也，将以教民平好恶而反人道之正也。”如果不能了解“人道之正”为礼的本质、礼的立身立命之本，那么，礼便会失去生命力而徒存形式、躯壳，即《郊特牲》篇中所说的：“礼之所尊，尊其义也。失其义，陈其数，祝、史之事也。故其数可陈也，其义难知也。知其义而敬守之，天子之所以治天下也。”

“为政先礼，礼，其政之本与！”关于礼的这第三个命题出于《哀公问》篇。礼为政之本，一指当以行礼为治天下前提，二指当以礼订正法度、刑律，三指以实现礼治为施政的根本任务。

关于行礼为治天下的前提，提出“为政先礼”的《哀公问》篇即指出：“民之所由生，礼为大，非礼无以节事天地之神也，非礼无以辨君臣上下长幼之位也，非礼无以别男女父子兄弟之亲、昏姻疏数之交也。君子以此之为尊敬然，然后以其所能教百姓，不废其会节。”以此，哀公询问为政如之何时，孔子简要地概括为：“夫妇别，父子亲，君臣严，三者正，则庶物从之矣。”《经解》篇中指出：“夫礼，禁乱之所由生，由坊止水之所自来也。”《坊记》篇更全面地阐发了这一观点，说明“礼者，因人之情而为之节文以为民坊者也”，“夫礼者，所以章疑别微以为民坊者也”，前者使民富不足以骄，贫不至于约，贵不慊于上，后者使民贵贱有等，衣服有别，朝廷有位，这一切也就是所谓“坊民所淫，章民之别，使民无慊，以为民纪”。这就从导引和预防这积极与消极两个方面说明了行礼何以成为治理天下的前提。

礼成为法度、刑律的基准，是礼为政之本的第二层含义。《礼记》一书中《王制》《月令》《文王世子》《明堂位》等篇叙述各种国家政令制度，并非游离于全书基本内容之外，实是表现了礼的应有之义。《经解》篇指出：“礼之于正国也，犹衡之于轻重也，绳墨之于曲直也，规矩之于方圆也。故衡诚县，不可欺以轻重；绳墨诚陈，不可欺以曲直；规矩诚设，不可欺以方圆。”以《王制》篇而论，列述班爵、授禄、祭祀、养老及职官、朝聘、巡狩、田猎、赋税、学校、选举、丧祭、刑法、道路、边裔等各项制度，注者以为其中或为虞制，或为夏制，或为殷制，或为周制，或为汉制，系糅合各代之制而成，其实，它是以周制为骨骼，根据礼的标准而设计出来的方案。《月令》篇也是如此。《曲礼》篇上指出：“道德仁义，非礼不成；教训正俗，非礼不备；分争辩讼，非礼不决；君臣上下，父子兄弟，非礼不定；宦学事师，非礼不亲；班朝治军，涖官行法，非礼威严不行；祷祠祭祀，供给鬼神，非礼不诚不庄；是以君子恭敬、撙节、退让以明礼。”说明了礼成为法度、刑律及各种政治行为的基准，范围多么广泛。

礼治的实现为施政的直接目标与根本任务，是礼为政之本的第三重含义。《冠义》篇中指出：“重礼，所以为国本也。”《乡饮酒义》篇中指出：“古之制礼也，经之以天地，纪之以日月，参之以三光，政教之本也。”三大辰，指三大星辰。《祭义》篇一段话可视为这一重含义较为具体的发明：“先王之所以治天下者五，贵有德，贵贵，贵老，敬长，慈幼。此五者，先王之所以定天下也。贵有德何为也？为其近于道也。贵贵，为其近于君也。贵老，为其近于亲也。敬长，为其近于兄也。慈幼，为其近于子也。是故至孝近乎王，至弟近乎霸。……先王之教，因而弗改，所以领天下国家也。”只有确立了礼治，天下方能安定，政治方能清明，若破坏了礼治，国家便将陷入混乱。《礼运》篇中强调：“礼者，君之大柄也，所以别嫌明微，傧鬼神，考制度，别仁义，所以治政安君也。”国家建立了礼治，犹如容器有了柄，国君执此国柄，便可使国家得到正确的治理。这大约可以称作礼为政之本的终极意义。

第四个命题为“事之治”，出自《仲尼燕居》：“子曰：礼者何也？即事之治也。君子有其事，必有其治。”该篇接着就此更加具体地指出：“若无礼，则手足无所错，耳目无所加，进退揖让无所制。是故以之居处，长幼失其别；闺门、三族失其和；朝廷、官爵失其序；田猎、戎事失其策；军旅、武功失其制；宫室失其度；量鼎失其象；味失其时；乐失其节；车失其式；鬼神失其飨；丧纪失其哀；辩说失其党；官失其体；政事失其施。加于身而错于前，凡众之动失其宜。”很明显，所谓“事之治”，指的就是处理各类事务，指礼除去共同的原则外，各种不同的礼还为处理这些不同的事务规定了相应的行为规范、行动纪律。《昏义》篇中指出：“夫礼，始于冠，本于昏，重于丧、祭，尊于朝、聘，和于乡、射，此礼之大体也。”《礼记》一书便通过这些不同礼仪的分述与诠释，阐明了应当如何据礼处置好各类事务。

以《冠礼》而论，它被看作“礼之始”，因为它标志着已经成年，从此就应负起成人的责任，按照成人的规矩行事，如《冠义》篇所说：“成人之者，将责成人礼焉也。责成人礼焉者，将责为人子、为人弟、为人臣、为人少者之礼行焉。将责四者之行于人，其礼可不重与！故孝、弟、忠、顺之行立，而后可以为人；可以为人，而后可以治人也。”以《昏礼》而论，它被说成“礼之本”，其意义不在于教人们结婚时当懂得如何行礼，而在于要求结婚者懂得“敬慎重正而后亲之”，如《昏义》篇所说：“男女有别，而后夫妇有义；夫妇有义，而后父子有亲；父子有亲，而后君臣有正。”丧礼，《礼记》中所论篇幅最多，在所有的礼中，也数丧礼最为繁杂琐细，然而，所有这一切，都是为了使整个社会通过亲亲、尊尊而结为有序的整体，犹如《大传》所说：“人道亲亲也。亲亲故尊祖，尊祖故敬宗，敬宗故收族，收族故宗庙严，宗庙严故重社稷，重社稷故爱百姓，爱百姓故刑罚中，刑罚中故庶民安，庶民安故财用足，财用足故百志成，百志成故礼俗刑，礼俗刑然后乐。”祭礼被视为最重要的礼，同样，祭礼所重是在懂得所谓十伦，如《祭统》篇所说：“夫祭有十伦焉：见事鬼神之道焉，见君臣之义焉，见父子之伦焉，见贵贱之等焉，见亲疏之杀焉，见爵赏之施焉，见夫妇之别焉，见政事之均焉，见长幼之序焉，见上下之际焉，此之谓十伦。”同样，朝、聘之礼是为使人明宾客君臣之义；乡饮酒礼是为了使人们明贵贱、辨隆杀、和乐而不流，弟长而无遗，安燕而不乱；射礼是为显示对勇敢强有力者的尊重，天下无事则用之于礼义，天下有事则用之于战胜。凡此，都正如《曲礼》上篇所说：“夫礼者，所以定亲疏，决嫌疑，别同异，明是非也。”

物之致、义之实、政之本、事之治，这四个命题对礼所作的新诠释，是对春秋、战国以来礼学的全面总结。礼给作了这样高的定位，礼的教育也就被提到了前所未有的重要地位。《曲礼》篇上已指出：“鹦鹉能言，不离飞鸟；猩猩能言，不离禽兽。今人而无礼，虽能书，不亦禽兽之心乎？夫唯禽兽无礼，故父子聚麀。是故圣人作，为礼以教人，使人以有礼，知自别于禽兽。”是否接受礼的教化，是将人与禽兽区别开来的根本条件。《礼运》篇则进一步指明了教化多少将可使君子与小人区别开来：“礼之于人也，犹酒之有蘖也，君子以厚，小人以薄。故圣王修义之柄、礼之序，以治人情。故人情者，圣土之田也，修礼以耕之，陈义以种之，讲学以耨之，本仁以聚之，播乐以安之。”《礼运》并对礼的教化中所有这些环节的必要性、不可替代性作了形象的叙述：“治国不以礼，犹无耜而耕也；为礼不本于义，犹耕而弗种也；为义而不讲之以学，犹种而弗耨也；讲之以学而不合之以仁，犹耨而弗穫也；合之以仁而不安之以乐，犹穫而弗食也；安之以乐而不达于顺，犹食而弗肥也。四体既正，肤革充盈，人之肥也；父子笃，兄弟睦，夫妇和，家之肥也；大臣法，小臣廉，官职相序，君臣相正，国之肥也；天子以德为车，以乐为御，诸侯以礼相与，大夫以法相序，士以信相考，百姓以睦相守，天下之肥也，是谓大顺。”《经解》篇还特别强调了礼教潜移默化的作用：“礼之软化也微，其止邪也于未形，使人日徙善远罪而不自知也，是以先王隆之也。”礼的教化被提到如此重要的地位，表明春秋、战国以来礼的仪文及其意义都已受到严重的破坏，同时，也表明人们企图通过礼的教化来重建礼治，特别是已经作了新的诠释的礼治。

三、《礼记》论制礼与作乐

《礼记》一书的编纂者在选录文章时，于礼家中所列记、明堂阴阳、中庸说、明堂阴阳说之外，又越出礼类，从乐家《乐记》23篇中选录11篇编入《礼记》，这不是偶然的，它表现了编者以乐与礼相制衡，使礼与乐交相为用、相辅相成的深刻见解。

郑玄注《乐记》，说该篇系由11篇缀合而成为一篇，这11篇的篇名是：《乐本》《乐论》《乐礼》《乐施》《乐言》《乐象》《乐情》《魏文侯》《宾牟贾》《乐化》《师乙》。文中《师乙》篇之末，另有“子贡问乐”四字，很可能另有子贡问乐篇，编者抄辑时删削未尽。于此也可以想到，11篇究竟是全文照录还是有所删削，恐怕难以论定，但辑录时当体现有辑录者本人的见解，则应无疑义。

什么是乐？《乐记·乐本》篇指出：“凡音之起，由人心生也。人心之动，物使之然也。感于物而动，故形于声；声相应，故生变；变成方，谓之音；比音而乐之，及干、戚、羽、旄，谓之乐。乐者，音之所由生也，其本在人心之感于物也。”乐起源于人与外界环境发生接触而产生的心物感应，因而它是人的感情、人的精神的一种表达。《乐记·乐本》篇还进一步指出：“凡音者，生于人心者也；乐者，通伦理者也。是故知声而不知音者，禽兽是也；知音而不知乐者，众庶是也。唯君子为能知乐。”通伦理，突出了人的社会性，突出了乐的社会性，由此，乐就成了人所特有的感情表现方式，成了人的社会精神生活所独有的表现形式，非但禽兽不可能产生这种乐，即一般民众若没有积极承担起社会责任并充分发挥乐的社会效能，那也不能称作懂得了乐。

就这一点而言，《乐记·乐本》篇认为，乐和礼一样，都代表了人按照“天理”来调节、控制“人欲”，以使人免于物化、兽化的历史性需要。所以文中强调：

> 人生而静，天之性也；感于物而动，性之欲也。物至知知，然后好恶焉。好恶无节于内，知诱于外，不能反躬，天理灭矣。夫物之感人无穷，而人之好恶无节；则是物至而人化物也。人化物也者，灭天理而穷人欲者也。于是有悖逆诈伪之心，有淫佚作乱之事。是故强者胁弱，众者暴寡，知者诈愚，勇者苦怯，疾病不养，老幼孤独不得其所。此大乱之道也。是故先王之制礼、乐，人为之节。衰麻哭泣，所以节丧纪也；钟

鼓干戚，所以和安乐也；昏姻冠笄，所以别男女也；射乡食飨，所以正交接也。礼节民心，乐和民声，政以行之，刑以防之。礼、乐、刑、政，四达而不悖，则王道备矣。

这里所要防止的所谓“物至而人化物”，就是人任由兽欲泛滥，完全为外物所同化，失去人所应具备的主体性、自我修养的自觉性。

既然有了礼，为什么又必须有乐，二者缺一不可呢？《乐记》各篇分别从情与理、同与异、合与散、阴与阳、动与静、内与外等不同的角度，说明了礼与乐具有不同的性质、不同的功能，二者必须互相结合，方才能够充分发挥其正面效能而防止其负面后果。

首先，从情与理的关系上说，《乐记·乐言》篇指出：

夫民有血气心知之性，而无哀乐喜怒之常，应感起物而动，然后心术形焉。是故志微噍杀之音作而民思忧，啴谐慢易繁文简节之音作而民康乐，粗厉猛起奋末广贲之音作而民刚毅，廉直劲正庄诚之音作而民肃敬，宽裕肉好顺成和动之音作而民慈爱，流辟邪散狄成涤滥之音作而民淫乱。是故先王本之情性，稽之度数，制之礼义，合生气之和，道五常之行，使之阳而不散，阴而不密，刚气不怒，柔气不慑，四畅交于中，而发作于外，皆安其位而不相夺也。

这里所说的由血气心知之性感物而生的各种音声，表现的是情性，度数、礼义、生气之和、五常之行，则代表着理。只有二者互相结合，人情方能沿着正道抒发。所以，《乐记·乐情》篇中说：“乐也者，情之不可变者也。礼也者，理之不可易者也。乐统同，礼辨异，礼乐之说，管乎人情矣。”

《乐情》篇已涉及同与异的关系，《乐记》中对此曾多次论述。《乐论》篇劈头就说：

乐者为同，礼者为异。同则相亲，异则相敬。乐胜则流，礼胜则离。合情饰貌者，礼乐之事也。礼义立，则贵贱等矣；

乐文同，则上下和矣。

《乐论》篇中又说：

乐者，天地之和也；礼者，天地之序也。和，故百物皆化；序，故群物皆别。乐由天作，礼以地制，过制则乱，过作则暴。

人与人既有相同之处，又有相异之处。只求同而不顾其异，就会导致“流”和“暴”；反之，只讲异而不顾其同，就会导致“离”与“乱”。所以，二者必须互相结合，方才能防止这两个极端。《乐礼》篇中就此写道：

天尊地卑，君臣定矣；卑高以陈，贵贱位矣；动静有常，小大殊矣；方以类聚，物以群分，则性命不同矣。在天成象，在地成形，如此，则礼者，天地之别也。

地气上齐，天气下降，阴阳相摩，天地相荡，鼓之以雷霆，奋之以风雨，动之以四时，暖之以日月，而百化兴焉。如此，则乐者，天地之和也。

天地之别，说的是万物之异；天地之和，说的则是万物之同。同一篇就散与合的关系进一步说明了这一点：

天高地下，万物散殊，而礼制行焉。流而不息，合同而化，而乐兴焉。……仁近于乐，义近于礼。乐者敦和，率神而从天；礼者别宜，居鬼而从地；故圣人作乐以应天，制礼以配地。礼乐明备，天地官矣。

礼表现了万物散殊的特性，乐则表现了万物同化的特性，前者与后者的关系，和义与仁的关系相近，它们只有互相结合起来，宇宙万物，人类社会，都方才能健全地运行、发展。

阴阳、动静、内外，都是从所列二者不可相离的关系来说明礼乐相辅相成。《郊特牲》篇中说："乐由阳来者也，礼由阴来者也，阴阳和而万物得。"由阳来者，指发扬、舒畅；由阴来者，指肃敬、收敛；二者相配合，万物方能得宜。《文王世子》篇说："乐所以修内也，礼所以修外也。礼乐交错于中，发形于外。"《乐记·乐论》篇中说："乐由中出，礼自外作。乐由中出故静，礼自外作故文。大乐必易，大礼必简。乐至则无怨，礼至则不争。揖让而治天下者，礼乐之谓也。"《乐记·乐化》篇说："乐也者，动于内者也；礼也者，动于外者也。"凡此，都表明礼乐相结合，正是为了使运动与静止、人的内心活动与外在行为恰当地统一起来。而所有这一切，都是为了防止在实行等级差别非常分明的礼时，不因所使用的器具、物品和仪容动作方面严格的差别而使人们互相分离、隔阂和对立。乐是通过感情的抒发、沟通、共鸣，而打破这种分离、隔阂和对立。乐最能感化人，它移风易俗的效力最强。所以，《乐记·乐化》篇中说：

> 君子曰：礼乐不可斯须去身。致乐以致心，……致礼以致躬。……乐极和，礼极顺，内和而外顺，则民瞻其颜色而弗与争也，望其容貌而民不生易慢焉。故德辉动于内而民莫不承听，理发诸外而民莫不承顺。故曰：致礼乐之道，举而错之天下无难矣。

也正因为如此，《礼记》将乐教视为礼教不可或缺的组成部分。《乐记·乐施》篇强调指出："乐也者，圣人之所乐也，而可以善民心。其感人深，其移风易俗。故先王著其教焉。"《乐记·乐象》篇也指出："乐者，乐也。君子乐得其道，小人乐得其欲。以道制欲，则乐而不乱。以欲忘道，则惑而不乐。是故君子反情以和其志，广乐已成其教。乐行而民乡方，可以观德矣。"广泛进行乐教，使民众潜移默化，知道趋向道德，就可以使礼能够较为顺利地将人们引向道德境界。

透过礼与乐关系的这些论述，就能进一步把握《礼记》一书贯彻始终的基本思想。《礼记》第三十一篇为《中庸》，这一篇所展开论述的"致中和"，便是这一基本思想。

郑玄在《三礼目录》中解释“中庸”这一题目的题义时指出：“名曰中庸者，以其记中和之为用也。庸，用也。”中和在全篇中的地位，从题目中就可看出。什么叫做中和？《中庸》篇中说：“喜怒哀乐之未发，谓之中；发而皆中节，谓之和。中也者，天下之大本也；和也者，天下之达道也。致中和，天地位焉，万物育焉。”中与和这两个字都很早就被当作认识论和方法论上的重要范畴而为人们所运用，两个字合成一个词并被置于如此重要的位置，则是第一次。以中而书，《尚书·盘庚》篇便有“各设中于乃心”之语，《尚书·酒诰》述周公要求“作稽中德”，《论语·尧曰》篇述尧已提出“允执其中”，同书《子路》篇提出“得中行”，《雍也》篇更提出中庸一词，说：“中庸之为德也，甚至矣乎，民鲜久矣！”所有这些“中”、“中德”、“中行”、“中庸”，大体上都是指在作出判断和采取行动时，自觉地考虑到事物所包含着的对立成分，防止走向极端，防止只顾及其中一个方面。以和而言，《商颂·那》篇中就有“既和且平”之语，《论语·子路》篇述孔子提出“君子和而不同，小人同而不和”，同书《学而》篇有子提出“礼之用，和为贵，先王之道，斯为美”，指的都是不同的人和平、协调地相处。《中庸》篇以“中”为“天下之大本”，将“中”提高到本体论层次，并视之为“大本”即终极本体；以“和”为“天下之达道”，是指以“中”为本，发为喜怒哀乐，其轻重大小高下都能恰如其分，这样的“和”为使天下万事万物各得其所的根本方法，具有普遍适用性。致，朱熹注：“推而极之”。真正做到“中和”，天地将会正常运转，万物将会生机蓬勃。

致中和，在认知结构与实践方式上，至少包含有以下几个层面的意义。

其一为《中庸》篇所谓“执其两端，用其中于民”，所谓“中立而不倚”，指的是既避免过分，也避免不及，“发而皆中节”。该篇引孔子之语说：“道之不行也，我知之矣：知者过之，愚者不及也。道之不明也，我知之矣：贤者过之，不肖者不及也。”《檀弓》上篇引子思之语说：“先王之制礼也，过之者俯而就之，不至焉者跂而及之。”同一篇又引子夏之语说：“先王制礼，而弗敢过也。”引子张之语说：“先王制礼，不敢不至焉。”过与不及都离开了中节，这两种偏向都会使“道”不明，也会使“道”无法践行。制礼时必须注意避免这两种偏向。《曲礼上》

篇所说的“敖不可长，欲不可从，志不可满，乐不可极”及“临财毋苟得，临难毋苟免，很毋求胜，分毋求多”，就具体地说明了在实践中当如何避免“过”与“不及”。

其二为《中庸》篇所说的“赞天地之化育，则可以与天地参矣”，指的是能够将对立的双方都包容起来而形成新的统一物。《曲礼》上篇所谓“贤者狎而敬之，畏而爱之，爱而知其恶，憎而知其善，积而能散，安安而能迁”，《中庸》篇所谓“君子尊德性而道问学，致广大而尽精微，极高明而道中庸”，说的都是包容或兼顾正反两个方面，而形成既区别于正方又区别于反方的第三物。礼和乐互相结合就属于这一情况。《孔子燕居》篇中孔子答子贡时说“达于礼而不达于乐谓之素，达于乐而不达于礼谓之偏”，答子张问政时说“君子明于礼乐，举而错之而已”，都突出了这一点。孔子以虞舜为实行中道的楷模，《表记》篇中说：“子言之曰：‘后世虽有作者，虞帝弗可及也已矣。君天下，生无私，死不厚其子，子民如父母，有憯怛之爱，有忠利之教，亲而尊，安而敬，威而爱，富而有礼，惠而能散。其君子尊仁畏义，耻费轻实，忠而不犯，义而顺，文而静，宽而有辨。《甫刑》曰：德威惟灭，德明惟明。非虞帝其孰能如此乎！’”亲而尊等，都是兼有正负两个方面而形成第三物。《礼运》篇中讲到人时就指出：“人者，其天地之德、阴阳之交、鬼神之会、五行之秀气也。”人本身就是综合天地、阴阳、鬼神、五行而与天地、阴阳、鬼神“参”。

其三为《中庸》篇所说的“万物并育而不相害，道并行而不相悖，小德川流，大德敦化”。这是指不同的事物按照中道当如何相处。坚持做到这一点的代表人物就是孔子本人：“仲尼祖述尧、舜，宪章文、武，上律天时，下袭水土，辟如天地之无不持载、无不覆帱；辟如四时之错行，如日月之代明。”《礼器》篇中说，礼有以多为贵者，有以少为贵者，有以大为贵者，有以小为贵者，有以高为贵者，有以下为贵者，有以文为贵者，有以素为贵者，说的是礼有各种各样，各有当然的规则，要让它们各如其分，而不可强行划一，这也是一种“万物并育”及“道并行”。这一层意思，大而言之，当如《中庸》篇所说：“天地之道，博也，厚也，高也，明也，悠也，久也。今夫天，斯昭昭之多，及其无穷也，日月星辰系焉，万物覆焉。今夫地，一撮土之多，及其广厚，载华岳而不重，振河海而不泄，万物载焉。今夫山，一卷石之多，及其广大，草木生之，禽兽居之、实藏与焉。今夫水，一勺之多，及其不测，鼋鼍蛟龙鱼鳖生焉，货财殖焉。”这是天、地、山、水万物并育而不相害的景象；“大哉圣人之道！洋洋乎，发育万物，峻极于天。优优大哉！礼仪三百，威仪三千，待其人而后行。”这则是“道并行而不相悖”的景象。①

其四为《中庸》篇所说的“时中”：“仲尼曰：‘君子中庸，小人反中庸。君子之中庸也，君子而时中；小人之反中庸也，小人而无忌惮也。’”如果说，上一点是从空间范围立论，那么，就可以说，这一点是从时间范围上立论。《乐记·乐礼》篇指出：“五帝殊时，不相沿乐；三王异也，不相袭礼。”《曲礼》篇指出：“礼从宜，使从俗。”《礼器》篇中指出：“礼，时为大，顺次之，体次之，宜次之，称次之。”这些论述，都强调了礼必须随着时代的推移而变化，方能达之天下。但是，这个变化又不是无条件的，“时”与“中”结合在一起，“中”又寓于“时”中。这就是《大传》篇中所说的“立权度量、考文章、改正朔、易服色、殊徽号、异器械、别衣服，此其所得与民变革者也。其不可得变革者则有矣，亲亲也，尊尊也，长长也，男女有别，此其不可得与民变革者也”。君子们方才能做到这一点，小人“无忌惮”，是指他们既不能随着时代而变化，也不能坚守不可改变的原则。②

《仲尼燕居》篇中说：“子曰：‘礼乎礼！夫礼，所以制中也。’”《礼记》一书就“中”、“中和”提出了一整套认知结构与实践原则，全书对冠、昏、丧、祭、乡、相见、朝、聘诸礼的叙述、诠释，充分体现了这

---

① 万物并育而不相害，道并行而不相悖，康有为《中庸注》解释说：“以古今世言之，有据乱、升平、太平之殊，不可少易；而以大地之世言之，则亦有据乱、升平、太平之殊，而不可去一也。……故今者，大地之中，三世之道并行，法则悖矣，而治世之意各得其宜，则未尝小悖也。”

② 关于“时中”，康有为《中庸注》也用三统三世说作过解释：“孔子之道有三统三世焉，其统异，其世异，则其道亦异。故君子当因其所处之时，观其会通，以行其典礼。上下无常，惟变所适。别寒暑而易裘葛，因水陆而资舟车。道极相反，行亦相反，然适当其时，则为此时之中庸，故谓之时中。若守旧泥古，而以悍狂行之，反乎时宜，逆乎天运，虽自谓中庸，而非应时之中庸，则为无忌惮之小人而已。”可以说，“时中”论在这里成了康有为变法维新的理论基础。

一认知结构与实践原则。在中国历史发展中，这一中庸思想在社会与文化上的影响是如此广泛而深入，远远超出了《礼记》中其他论述，阐述中庸思想的《中庸》篇宋、明以来列为四书中的第二部，正是这一影响的表现。①

四、伦理本位社会的新设计

《礼记·礼运》篇描述过理想中的大同世界的情景：

> 大道之行也，天下为公，选贤与能，讲信修睦，故人不独亲其亲，不独子其子，使老有所终，壮有所用，幼有所长，矜、寡、孤、独、废、疾者皆有所养，男有分，女有归。货，恶其弃于地也，不必藏于己；力，恶其不出于身也，不必为己。是故谋闭而不兴，盗窃乱贼而不作，故外户而不闭。是谓大同。

《礼记·礼运》篇中以五帝之世为大同，而以禹、汤、文、武、成王、周公之世为小康。小康世界的情景被描绘为：

> 今大道既隐，天下为家，各亲其亲，各子其子，货、力为己。大人世及以为礼，城郭沟池以为固，礼义以为纪，以正君臣，以笃父子，以睦兄弟，以和夫妇，以设制度，以立田里，以贤勇知，以功为己，故谋用是作，而兵由此起。禹、汤、

---

① 近代以来，中国文化中影响极深的中庸思想一度被对立面斗争学说所取代。20世纪大部分时间中，在中国占支配地位的是生存竞争、优胜劣败的进化学说，在哲学上的最高表现，则是源渊自黑格尔的对立面斗争、对立面的一方压制另外一方以及由此而达到理想境界的哲学。直到20世纪最后这20年，中国方才逐渐走出这一思想的统治，重新评定中庸哲学。任继愈主编《中国哲学发展史》（秦汉卷）对中庸哲学的新解释，就是一个代表，参见人民出版社1985年2月出版的该书236～245页。而最早提出这一问题的则当数庞朴，1982年10月他在山东第二次孔子讨论会上以“中庸平议”为题作了发言，参见庞朴所著：《沉思集》，82～128页，上海，上海人民出版社，1982。

文、武、成王、周公，由此其选也。此六君子者，未有不谨于礼者也，以著其义，以考其信，著有过。刑仁讲让，示民有常。如有不由此者，在势者去，众以为殃。是谓小康。

这里所描绘的大同世界和小康世界，可以说，都是一种伦理本位社会，只是大同世界为亲情全面泛化的社会，而小康世界则是按宗法关系使亲情有序扩大的社会。

然而，小康世界的秩序也在崩解。《礼运》篇中就列举了这样一些现象：

孔子曰：呜呼哀哉！我观周道，幽、厉伤之，吾舍鲁何适矣。鲁之郊禘，非礼也，周公其衰矣。

祝嘏辞说，藏于宗、祝、巫、史，非礼也。是谓幽国。

醆斝及尸君，非礼也。是谓僭君。

冕弁兵革藏于私家，非礼也。是谓胁君。

大夫具官，祭器不假，声乐皆具，非礼也。是谓乱国。

以衰裳入朝，与家仆杂居齐齿，非礼也。是谓君与臣同国。

刑肃而俗敝，则民弗归也，是谓疵国。

《礼记·坊记》篇中也列举了诸如此类许多现象：

子云："天无二日，土无二王，家无二主，尊无二上，示民有君臣之别也。……以此坊民，民犹得同姓以弑其君。"

子云："利禄先死者而后生者，则民不偝。……以此坊民，民犹偝死而号无告。"

子云："父母在不称老，言孝不言慈。……君子以此坊民，民犹薄于孝而厚于慈。"

子云："长民者，朝廷敬老，则民作孝。……以此坊民，民犹忘其亲。"

子云："敬则用祭器，故君子不以菲废礼，不以美没礼。……以此示民，民犹争利而忘义。”

其下，《坊记》还列举了“诸侯犹有薨而不葬者”、“子犹有弑其父者”、“民犹忘其亲而贰其君”、“民犹贵禄而贱行”、“民犹忘义而争利以亡其身”、“民犹有自献其身”、“民犹以色厚于德”、“民犹淫泆而乱于族”、“妇犹有不至者”等十余项。

凡此种种都表明，小康之世适应宗法社会而形成的各类礼仪规范现在已经失去了过去的约束力，无论是贵族社会，还是平民社会，在各个方面都出现了大量“非礼”的行为。

在世界各大文明中，没有一种像中华文明这样重视家庭、家族、宗族，没有一种形成过中国那样以家庭关系为中心的完备的伦理本位社会秩序。伦理，不仅涉及家庭内部父子、夫妇、兄弟等各种关系，而且包括家庭之外君臣、朋友等关系。然而，事实表明，原先的伦理本位社会已动摇。《礼记》论礼、礼治、礼教，论制礼作乐及其理论基础致中和，可以说，都属于通论性质。《礼记》中关于政治制度和冠、昏、丧、祭、乡、相见等各种礼仪制度的论述，则可以说，都环绕着伦理问题而展开。《礼记》一书实际上为重建伦理本位社会提出了一种新设计，或者说，提出了一种新的伦理本位社会的构建蓝图。

芮逸夫 1961 年在夏威夷大学第十届太平洋科学会议上提出的《递变中的中国家庭结构》报告中指出：中国的家庭结构，自周代以来，三千年中已经过一系列改变。他认为，自周初至战国，凡八百余年，是宗族单位占优势时期，政治组织为封建制；自秦、汉至清末，凡二千一百余年，是家族单位占优势时期，政治组织为帝国。这一时期又分为两个阶段，从秦、汉至隋末，凡八百余年，为主干家庭占优势时期；从唐至清末，凡一千三百余年，为直系家庭占优势时期。他认为，在周代封建制下，贵族实行扩大家庭的制度，其特点是嫡长子继承，庶子分立出去，对前者为小宗，在本家为大宗；平民则实行主干家庭制度、分立者仍与前者相联系而使前者成为核心家庭。秦、汉以后，宗法家庭解体，主干家庭占据优势，并趋向于核心家庭。唐、宋鼓励建立大家庭，但以

“父母在，诸子不别籍异财”的直系家庭为主。[1]《礼记》一书对伦理本位社会所作的新设计，可以说，主要就是使这一社会从原来以宗法关系为基础转到以家族关系特别是以主干家庭关系为基础。

《礼记》为构建与社会变迁相适应的伦理本位社会，首先提出了一套有别于往昔的伦理规范体系。[2]

在《论语》中，《学而》篇提出“弟子入则孝，出则弟，谨而信，泛爱众，而亲仁”，《公冶长》篇提出“有君子之道四焉，其行己也恭，其事上也敬，其养民也惠，其使民也义”，《颜渊》篇提出“君君，臣臣，父父，子子”，《微子》篇提出“长幼之节”和“君臣之义”为“大伦”。一系列伦理规范已经提出了，并已形成了“君君，臣臣，父父，子子”系统。

《左传》隐公三年，卫国大夫石碏说：“且夫贱妨贵、少陵长、远间亲、新间旧、小加大、淫破义，所谓六逆也。君义、臣行、父慈、子孝、兄爱、弟敬，所谓六顺也。”《左传》昭公二十六年，齐国晏子说：“君令臣共，父慈子孝、兄爱弟敬、夫和妻柔、姑慈妇听，礼也。君令而不违，臣共而不贰，父慈而教，子孝而箴，兄爱而友，弟敬而顺，夫和而义，妻柔而正，姑慈而从，妇听而婉，礼之善物也。”在这里，伦理规范体系更加充实了。和《论语》一样，这些伦理规范体系都将君臣之义放在第一位。

《孟子·滕文公》上篇，孟轲说：“圣人有忧之，使契为司徒，教以人伦：父子有亲，君臣有义，夫妇有别，长幼有序，朋友有信。”这里最早提出五伦，而且是将父子有亲放在第一位。

---

① 引自朱岑楼：《中国家庭组织的演变》，见朱岑楼主编《我国社会的变迁与发展》，台北，东大图书有限公司。1981。

② 《礼记》一书关于宗法伦理的说法，历代治经者根据注不破经、疏不破注的原则，将它们看成周代实际的制度。但也早已有人怀疑。如清初毛奇龄在《大小宗通释》中指出：“夫天子宗法已不可考矣，只诸侯、公子略见于《丧服小记》及《大传》二篇，而说又不详。且即以其说遍核之他经及春秋时宗姓氏族诸所记，又并无一验，此固三代以前不传之制。封建既废，原可弃置勿复道者，顾后儒纷纷，无所折中，即郑注孔疏，亦大率周章无理，而赵宋以还，立说倍多，则倍不可信。”自毛奇龄以来，尤其近代以来许多史学家都对此作了不同的解释，但是，几乎都没有从伦理本位社会的新设计这一角度来对此进行分析。

《礼记》各篇对人伦的概括不完全一样。《丧服小记》篇说："亲亲，尊尊，长长，男女之有别，人道之大者也。"讲了四伦，将亲亲放在第一位。《大传》篇说："圣人南面而听天下，所且先者五，民不与焉：一曰治亲，二曰报功，三曰举贤，四曰使能，五曰存爱。五者一得于天下，民无不足，无下赡者。"同一篇又说："服术有六：一曰亲亲，二曰尊尊，三曰名，四曰出入，五曰长幼，六曰从服。"两段论述都不是直接叙述人伦，但都将亲亲放在首位。《中庸》篇说："君臣也，父子也，夫妇也，昆弟也，朋友之交也，五者，天下之达道也。"在次序上，似乎是将君臣关系放在第一位，但是，在这段话之前，《中庸》篇就说："仁者，人也，亲亲为大；义者，宜也，尊贤为大。亲亲之杀，尊贤之等，礼所生也。"仍是以亲亲为所有人伦关系的前提。《礼记》中也有多处从更多方面对人伦作出概括者，如《礼运》篇中说："何谓人义？父慈，子孝，兄良，弟弟，夫义，妇听，长惠，幼顺，君仁，臣忠。十者谓之人义。"《祭统》篇述祭有十伦："见事鬼神之道焉，见君臣之义焉，见父子之伦焉，见贵贱之等焉，见亲疏之杀焉，见爵赏之施焉，见夫妇之别焉，见政事之均焉，见长幼之序焉，见上下之际焉，此之谓十伦。"《中庸》篇说："凡为天下国家有九经，曰：修身也，尊贤也，亲亲也，敬大臣也，体群臣也，子庶民也，来百工也，柔远人也，怀诸侯也。"但这里一从祭祀列论，一从天子治国立论，与通论人伦者有所差别，它们不足以否定礼记以亲亲为人伦之首的基本倾向。《大传》篇对于亲亲同其他伦理规范的关系有一番专门的说明：

> 自仁率亲，等而上之至于祖；自义率祖，顺而下之至于祢。是故人道亲亲也。亲亲，故尊祖；尊祖，故敬宗；敬宗，故收族；收族，故宗庙严；宗庙严，故重社稷；重社稷，故爱百姓；爱百姓，故刑罚中；刑罚中，故庶民安；庶民安，故财用足；财用足，故百志成；百志成，故礼俗刑；礼俗刑，然后乐。

这一段论述不仅突出了"亲亲"在新的伦理规范体系中的决定性地位，而且说明了"亲亲"所最重的是由祖、父、子构成的父统家庭。《丧服小记》篇中说："亲亲，以三为五，以五为九。上杀，下杀，旁杀，而亲毕矣。”以自己为中心，上有父，下有子，是为三代；由父而祖，由子而孙，是以三为五；由祖而曾祖、高祖，由孙而曾孙、玄孙，是以五为九。上杀，指对上辈的亲情由父亲而上依次递减至高祖而止；下杀，指对下辈的亲情由儿子而下依次递减至玄孙而止；旁杀，指对和上述直系亲人同辈的亲属，亲情只限于高祖的后裔，同样也是由近而远依次递减。表现在丧服上，就是斩衰、齐衰、大功、小功、总麻依次递减直至无服。

“亲亲”正是以家族、家庭为依托而形成的伦理规范，宗族关系淡化了。《大传》篇中对宗法制作了说明：“别子为祖，继别为宗，继祢者为小宗。有百世不迁之宗，有五世则迁之宗。百世不迁者，别子之后也；宗其继别子之所自出者，百世不迁者也；宗其继高祖者，五世则迁者也。”宗族形式上仍然存在，但是，除去“庶子不祭，明其宗也”，即只有宗子方能主持宗族祭祀这一项之外，宗子已没有其他什么权力。与此相异，家族、家庭中家长的地位上升了，总掌治家之权。《曲礼》上篇详述了人子之礼，特别指明“父母存，不许友以死，不有私财”；《内则》篇述子、妇之礼更详细，也强调了“子妇无私货，无私畜，无私器，不敢私假，不敢私与”，家庭经济一统于家长。和父家长权威的确立相联系，家庭中男女之别越来越严格。如《曲礼》《内则》等篇所述，男女不杂坐，不同椸枷，不同巾栉，不亲授。叔嫂不通问。女子已嫁而返家，兄弟亦不得与之同席而坐、同器而食。男不言内，女不言外。走在路上，也要男子由右，女子由左。至于家庭内部其他各种关系，丈夫与妻子，媳妇与公、婆，姑与嫂，嫡与庶，都有了更加细密化的规定。而其中影响最大的，恐怕要数《郊特牲》篇提出妇女三从：“妇人，从人者也。幼从父、兄，嫁从夫，夫死从子”及“夫死不嫁”；《昏义》篇提出妇女四德：“妇德、妇言、妇容、妇功。”《礼记》对这“三从”、“四德”还作了相当具体的甚至可以说是非常周密的规定。这一切，都是为了通过礼仪而使父家长制的家庭、家族稳固地保持下去。

《哀公问》篇孔子答复鲁哀公“为政如之何”时说：“夫妇别，父子亲，君臣严，三者正，则庶物从之矣。”由家庭中夫妇关系，父子关系一跃而至国家中的君臣关系，这就由“亲亲”而“尊尊”。《表记》篇有一段论述，详论君主应当如何做“民之父母”，揭露不如此做所导致的危害：

> 子言之："君子之所谓仁者，其难乎？诗云：'凯弟君子，民之父母。'凯以强教之，弟以说安之。乐而毋荒，有礼而亲；威庄而安，孝慈而敬。使民，有父之尊，有母之亲。如此而后，可以为民父母矣。非至德其孰能如此乎？今父之亲子也，亲贤而下无能；母之亲子也，贤则亲之，无能则怜之。母，亲而不尊；父，尊而不亲。……夏道……亲而不尊，其民之敝，蠢而愚，乔而野，朴而不文；殷人……尊而不亲，其民之敝，荡而不静，胜而无耻；周人……亲而不尊，其民之敝，利而巧，文而不惭，贼而蔽。"

这一段论述，是借孔子批评夏、商、周三代说明君主对于民众为什么必须既有"父子尊"又有"母之亲"，二者缺一不可。这是从君主方面说明如何以治家之道以治国。《祭统》篇又从臣民方面说明了"忠臣以事其君，孝子以事其亲，其本一也"，只有孝子方能做到"上则顺于鬼神，外则顺于君长，内则以孝于亲"，臣民们能够在家孝敬父母，在外就能忠于君王。为此，《祭义》篇借曾子之口宣称："夫孝，置之而塞乎天地，溥之而横乎四海，施诸后世而无朝夕，推而放诸东海而准，推而放诸西海而准，推而放诸南海而准，推而放诸北海而准。"《丧服四制》篇在解释为什么要为国君服三年斩衰之丧时，便是由孝子对父亲的关系推演的："其恩厚者其服重，故为父斩衰三年，以恩制者也。门内之治恩掩义，门外之治义继恩。资于事父以事君而敬同。贵贵尊尊，义之大者也。故为君亦斩衰三年，以义制者也。"

以父子关系来规范君民关系，于是，一面通过祭天的专有权利、祭祖的特殊规格、宫殿服饰车马等各种独有的待遇突出君王至高无上的权威；另一面，又反复强调君王为政，必须以爱与敬为政之本。《哀公问》篇孔子说："古之为政，爱人为大。所以治爱人，礼为大。所以治礼，敬为大。"《曲礼上》篇说："夫礼者，自卑而尊大。虽负贩者，必有尊也。"《缁衣》篇说："民以君为心，君以民为体。心庄则体舒，心肃则容敬。心好之，身必安之。君好之，民必欲之。心以体全，亦以体伤。君以民存，亦以民亡。"《燕义》篇说："礼无不答，言上之不虚取于下也。上必明正道以道民，民道之而有功，然后取其什一。故上用足而下不匮也。是以上下和亲而不相怨也。和宁，礼之用也。此君臣上下之大义也。”凡此等等，都是希望以伦理规范对君主至高无上的权力加以制约，以避免权力的滥用。

以亲亲、尊尊这些新的诠释为核心，《礼记》对父子、君臣、夫妇、昆弟、朋友这五伦的礼仪进行了全面的调整。冠、昏、丧、祭、乡、相见、朝、聘等各种礼仪，一部分因袭往昔的做法，一部分适应新的情况对旧的礼仪作了改造或变通，还有一部分属于新创。因袭往昔或略作变通者，也常常对原先的礼仪作出新的解释。这些内容，大约占了《礼记》近一半篇幅。

在为构建伦理本位社会所进行的新设计中，在对各种礼仪作调整、改造和创新时，有三个倾向特别值得注意。

其一，坚持“反本修古”，承认礼器、礼品和仪文都越来越丰盛，但确认愈往古，愈简朴原始。礼仪愈重。《礼器》篇中便说：“礼也者，反本修古，不忘其初也。故凶事不诏，朝事以乐。醴酒之用，玄酒之尚；割刀之用，鸾刀之贵；莞簟之安，而稿鞂之设；是故先王之制礼也，必有主也。”有主，就是反本修古。这是以礼仪的原始性、长期性来树立礼仪的权威性。

其二，坚持“礼尚往来”。《曲礼》上篇指出：“太上贵德，其次务施报。礼尚往来。往而不来，非礼也；来而不往，亦非礼也。”《乐记》篇论礼与乐的关系时也说：“乐也者，施也；礼也者，报也。乐，乐其所自生；礼，反其所自始。乐章德，礼报情，反始也。”对于神权、君权、父权、夫权，尽管《礼记》努力引导人们尊崇它们，但也不忘神人之间、君臣之间、父子之间、夫妇之间的施报关系。比如，《郊特牲》篇在诠释郊天之祭和社稷之祭时，便是以施报关系来解释的：“郊之祭也，大报本反始也”，这是因为“万物本乎天，人本乎祖”；“社，所以神地之道也，地载万物，天垂象，取财于地，取法于天，是以尊天而亲地也。故教民美报焉。家主中霤而国主社，示本也。……唯社，丘乘供粢盛，所以报本反始也。”神人关系如此，其他关系也是如此。

其三，吸取和利用“天人感应”论。《昏义》篇在说明天子听男教、后听女顺，天子理阳道、后治阴德时便说：“是故男教不修，阳事不得，适见于天，日为之食。妇顺不修，阴事不得，适见于天，月为之食。是故日食则天子素服而修六官之职，荡天下之阳事；月食则后素服而修六宫之职，荡天下之阴事。故天子之与后，犹日之与月，阴之与阳，相须而后成者也。”天人感应说这时还在雏形时期，还不如其后董仲舒时那样发达，但是，它毕竟已成了《礼记》重构伦理本位社会的理论基础之一。

《礼运》篇在总述礼制的演变过程时，说明行礼凡应俭者不可丰，凡应隆者不可简，这是为使人的情感欲望不致骄纵，使上下和合而不致危乱，圣王制礼以顺应民情，“用水、火、金、木、饮食必时，合男女、颁爵位必当年德，用民必顺，故无水旱昆虫之灾，民无凶饥妖孽之疾”，这当正是《礼记》为重新构建伦理本位社会时所立志追求的目标，大同的理想、小康的国家则正是推动《礼记》的编作者们进行这一设计的动力。

五、论君子之德与化民成俗之道

为建立一个适应变化了的形势的新的伦理本位社会，《礼记》绘出了相当详尽的蓝图，那么，它们怎样方才能够成为现实呢？《礼记》寄期望于君子，以他们为全社会的表率，并要求他们作为社会的主干，通过教化，引导社会全体成员共同建成礼仪之邦。[①]

《曲礼》上篇说：“博闻强识而让，敦善行而不怠，谓之君子。”《礼记》以众多篇章从不同角度、不同层面展示了君子所具有的德行。

《中庸》篇中多处论“君子之道”。该篇借孔子之口宣布“君子之道四”，这就是“子以事父”、“臣以事君”、“弟以事兄”、“朋友先施之”。君子之道不是随意形成的，“君子之道，本诸身，征诸庶民，考诸三王而不缪，建诸天地而不悖，质诸鬼神而无疑，百世以俟圣人而不惑。”这里的君子之道，其实就是伦理本位社会的基本规范，但在君子这里，变成了他们自觉的要求。“是故君子动而世为天下道，行而世为天下法，

---

① 孔子已将君子看作行礼的中坚力量。《论语·公冶长》篇子谓子产：“有君子之道四焉：其行己也恭，其事上也敬，其养民也惠，其使民也义。”《论语·泰伯》篇子曰：“恭而无礼则劳，慎而无礼则葸，勇而无礼则乱，直而无礼则绞。君子笃于亲，则民兴于仁。”荀子在这一方面作了更为具体的论述。《君道》篇中便指出：“法者，治之端也；君子者，法之原也。故有君子，则法虽省，足以遍矣；无君子，则法虽具，失先后之施，不能应事之变，足以乱矣。”只有君子方才能真正掌握礼的实质并加以施行。

言而世为天下则。”

《礼器》篇曾专论君子与礼的关系，指出：“君子之于礼也，有所竭情尽慎，致其敬而诚若，有美而文而诚若。”竭情尽慎，致其敬，是内心至诚至实，美而文，是外在仪文举止，同样至诚至实。正因为有着这种至诚至实的态度，君子便能在各种不同的情况下坚持行礼：“君子之于礼也，有直而行也，有曲而杀也，有经而等也，有顺而讨也，有摲而播也，有推而进也，有放而文也，有放而不致也，有顺而摭也。”这九种情况差异很大，但君子都能守礼、行礼。

君子正是以其守礼的言行来引导人们。《坊记》篇指出：“君子之道，辟则坊与坊民之所不足也。”君子以其道、以其守礼的楷模防民之失，犹以堤防遏止水横流。君子贵人而贱己，先人而后己，则民作让；君子信让以莅百姓，则民之报礼重；君子不以菲废礼，不以美没礼，君子不尽利以遗民，故君子仕则不稼，田则不渔；君子远色以为民纪，故男女授受不亲；凡此等等，都是为了给人们作出表率。《缁衣》篇特别强调：“可言也不可行，君子弗言也；可行也不可言，君子弗行也。则民言不危行，而行不危言矣。”为此，《缁衣》篇说：“君子道人以言，而禁人以行，故言必虑其所终，而行必稽其所敝，则民谨于言而慎于行。”《表记》篇则从另一个侧面说明了君子与众人正确的关系：“君子不以其所能者病人，不以人之所不能者愧人。是故圣人之制行也，不制以已，使民有所劝勉愧耻以行其言。礼以节之，信以结之，容貌以文之，衣服以移之，朋友以极之，欲民之有壹也。”一切都从民众的实际出发，君子对自己的言论、行为都不忘在民众中造成的实际后果，这样方才能够使君子在民众中真正起到导引作用。

君子在民众中能够发挥导引作用，归根结底，是因为君子自身的德行，尤其是在他们自处时照样异常严格地要求自己。《儒行》篇历述儒者的品性，实际上就是君子应有的品性，如：

其自立：“夙夜强学以待问，怀忠信以待举，力行以待取”；“有忠信以为甲胄，礼义以为干橹，戴仁而行，抱义而处，虽有暴政，不更其所”。

其行止：“坐起恭敬，言必先信，行必中正”；“不宝金玉，而忠信以为宝；不祈土地，立义以为土地；不祈多积，多文以为富”；“见利不亏其义，……见死不更其守”。

其刚毅：“可亲而不可劫也，可近而不可迫也，可杀而不可辱也”；“身可危也，而志不可夺也，虽危起居，竟信其志，犹将不忘百姓之病也”。

其举贤援能：“内称不辟亲，外举不辟怨，程功积事，推贤而进达之”；“闻善以相告也，见善以相示也，爵位相先也，患难相死也，久相待也，远相致也”。

其特立独行：“上不臣天子，下不事诸侯，慎静而尚宽，强毅以与人，博学以知服”；“博学而不穷，笃行而不倦，幽居而不淫，上通而不困”。

《大学》篇更特别强调了君子必须诚意正心而修其身，方能实现其齐家、治国、平天下的理想。“所谓诚其意者，毋自欺也。”这就是不管是否有人看见，都能严格自持。“所谓修身在正其心者，身有所忿懥，则不得其正；有所恐惧，则不得其正；有所好乐，则不得其正；有所忧患，则不得其正。”这就是超越个人的忿怒、恐惧、喜爱、忧患而以平正的态度去观察周围的事物，不偏颇地待人接物。“君子必慎其独”，因为这一时刻最能考验出一个人的道德、行为及其信仰、追求是否出于至诚。

《礼记·中庸》篇集中地对于“诚”的意义作了阐发。“诚者，天之道也。”诚，这里指真实无妄，指事物之本然，指自然运行的真理具有客观实在性，所以，“诚者，不勉而中，不思而得，从容中道”。而对于君子说来，“诚之者，人之道也”，诚之，代表着人的行为应当遵循自然乃至社会运行的客观法则，并把这种遵循变成自身高度自觉的主观要求，这就是“诚之者，择善而固执之也”。《中庸》篇又指出：“诚者，自成也；而道，自道也。诚者，物之终始；不诚，无物。是故君子诚之为贵。诚者，非自成己而已也，所以成物也。成己，仁也；成物，知也。性之德也，合外内之道也，故时措之宜也。”诚是外在与内在、客观与主观的统一。就客观世界而论，诚与道是一致的，道是客观世界自身的运动规律，诚是对这一运动规律的确认，所以，它包含着物质世界的运动全过程。如果不承认客观世界有规律的运动，那就会否定客观世界本身，否定主观与客观相统一的可能。所以，君子要有高度的主客观相统一的自觉。达到了这样的统一，不仅使自己可以由自在上升到自为，而且可以使客观世界的运动从自发上升到自由。这样，对于君子说来，诚就超出了一般意义上的真诚、诚实、诚敬的含义，而代表着对宇宙、社会运行法则的深切体认和道德礼仪实践中的高度自觉。

可是，并不是所有君子都能很自然地就达到这一境界。《哀公问》篇中孔子就哀叹：

> 今之君子，好实无厌，淫德不倦，荒怠敖慢，固民是尽。午其众以伐有道，求得当欲，不以其所。昔之用民者由前，今之用民者由后。今之君子莫为礼也。

好实，指追求货财等所谓“实惠”；淫德，指行为放荡；固民，指榨取民众；午其众，指违逆众心。凡此，都是为了满足其私欲，而不问理之所在。过去是遵照礼与民同利，现在则按照一套完全与此相违背的方针对待民众。这里所批评的显然不仅有孔子时代的“君子”，而且有孔子以来直至《礼记》编定时的“君子”。

《中庸》篇指出：“自诚明，谓之性；自明诚，谓之教。诚则明矣，明则诚矣。”人们有了至诚的自觉，就能明德，这是人之所以成为人所应持有的人性；而由明德达到主客观相统一的自由境界，又必须经由教育。所以，《中庸》篇在“诚之者，择善而固执之者也”之后，紧接着就强调：

> 博学之，审问之，慎思之，明辨之，笃行之。有弗学，学之弗能弗措也；有弗问，问之弗知弗措也；有弗思，思之弗得弗措也；有弗辨，辨之弗明弗措也；有弗行，行之弗笃弗措也。人一能之，己百之；人十能之，己千之。果能此道矣，虽愚必明，虽柔必强。

只要百倍努力地学习、思考、明辨及实践，就能达到至诚的境界。所以，《杂记》下篇指出：“君子有三患：未之闻，患弗得闻也；既闻之，患弗得学也；既学之，患弗能行也。君子有五耻：居其位无其言，君子耻之；有其言无其行，君子耻之；既得之而又失之，君子耻之；地有余而民不足，君子耻之；众寡均而倍焉，君子耻之。”君子所最害怕的就是不学习，不思考，不能去实践！《中庸》篇以此说：“好学近乎知，力行近乎仁，知耻近乎勇。知斯三者，则知所以修身；知所以修身，则知所以治人；知所以治人，则知所以治天下国家矣。”

君子除了自身必须经过不断学习、不断实践达到至诚明德的境界外，还要重视对民众的教化。《学记》篇发端就指出：“发虑宪，求善良，足以谀闻，不足以动众。就贤体远，足以动众，未足以化民。君子如欲化民成俗，其必由学乎？玉不琢，不成器；人不学，不知道。是故古之王者建国君民，教学为先。”《学记》还指出：“虽有至道，弗学，不知其善也。是故学然后知不足，教然后知困。知不足，然后能自反也；知困，然后能自强也。”君子也只有在教化中才能发现自己的困惑，激发自己加倍努力奋进不已。

关于学习的程序和学习的内容，《学记》篇中有一段专论：“古之教者，家有塾，党有庠，术有序，国有学。比年入学，中年考校。一年视离经辨志，三年视敬业乐群，五年视博习亲师，七年视论学取友，谓之小成。九年知类通达，强立而不反，谓之大成。夫然后足以化民易俗。近者说服，而远者怀之。此大学之道也。”《学记》篇还谈了其他许多教与学的方法，如正业和课外学习相配合及禁于未发、教当及时、循序渐进、相互切磋等教学原则，导而弗牵、强而弗抑、开而弗达的启发式教育和“长善而救其失”的教育思想，严师善学的进学之道，如是等等，对后世教育的发展都产生了深远的影响。

学习所要达到的最高境界，则如《大学》篇所述：“大学之道，在明明德，在亲民，在止于至善。”明明德，是彰明德性；亲民，是引导民众不断革新；止于至善，指“为人君，止于仁；为人臣，止于敬；为人子，止于孝；为人父，止于慈；与国人交，止于信”。这是大学教育的三大目标。知止，就是每个人都明了自己的角色地位，都不逾越自己所应受到约束的特定界限。《大学》篇断言：“知止而后有定，定而后能静，静而后能安，安而后能虑，虑而后能得。”天下就此长治久安，这就是君子们致力于化民成俗所希冀获得的结果。

《孔子闲居》篇所提出的五至三无、五起三无私，以孔子名义就君子如何方能真正成为“民之父母”、“三王之德”何以能够“参与天地”，进一步阐明了教化与政治乃至天地运行的关系。子夏问何如斯可谓民之父母，孔子答复说："夫民之父母乎？必达于礼乐之原，以致五至而行三无，以横于天下，四方有败，必先知之，此之谓民之父母矣。"何谓五至？"志之所至，诗亦至焉。诗之所至，礼亦至焉。礼之所至，乐亦至焉。乐之所至，哀亦至焉。"凡真正有志于民者，必有言志之诗发露于外，并有治民之礼使为民之志得以落实，然后可以与民同乐，也可以与民同哀，这就是"五至"。何谓三无？"无声之乐，无体之礼，无服之丧，此之谓三无。"无声之乐，指心与民相应和而无待于发出乐声；无体之礼，指心与民相敬而无待于举行礼仪；无服之丧，指心与民同样至诚恻怛而无待于身穿丧服。《礼记》认为，只有达到这一境界，才真正称得上"民之父母"。何谓五起？指无声之乐、无体之礼、无服之丧，由内以发于外，由近以发于远，由当世以发于子孙，其次第共有五层。如无声之乐，由"气志不违"而"气志既得"而"气志既从"而"日闻四方"而"气志既起"；无体之礼，由"威仪迟迟"而"威仪翼翼"而"上下和同"而"日就月将"而"施及四海"；无服之丧，由"内恕孔悲"而"施及四国"而"以畜万邦"而"纯德孔明"而"施及孙子"，这就是横于天下的步骤。何谓三无私？"天无私覆，地无私载，日月无私照，奉斯三者以劳天下，此之谓三无私。"天生万物，地载万物，日月照临万物，都没有私意、私欲、私利，三代之王之所以能够与天地相参伍，就是因为他们具有同样无私的胸襟与品德。孔子认为，所有这一切，其实都是基于教化。"天有四时，春秋冬夏，风雨霜露，无非教也；地载神气，神气风霆，风霆流行，庶物露生，无非教也。"天与地都被人格化了，这是极而言之，但是，在中国文化与中国历史发展中，政教合一不是政治与宗教合一，而是政治与教化合一，教化成为政治的基础，也成为政治所追求的目标，这一中华文明的重要特征，从这里不难窥见其端倪。

无论是君子的人格、品行，还是化民成俗的构想，都充满了理想主义的色彩。但是，作为一种价值追求，这一方面的内容，对后世产生的影响却极为深刻，因为它给人们提供了一套相当完整的坐标系统，激励和引导着人们不断地向这一方向努力，从而对中华民族所特有的民族精神的锻铸，起到不可忽视的推动作用。

生存斗争学说的中国演绎与兴替

生存斗争学说，就中国而言，完全是舶来品。它从19世纪末从西方传入中国，如本杰明·史华兹《寻求富强：严复与西方》所述，激发了中国近代民族主义的兴起，为中国知识界提供了一种新的工具，由此可以提升人的能力，崇尚斗争，以征服外部世界，进行权力扩张。尽管学术界有人对史华兹的结论持有异议，但生存斗争实际上已成为近代中国思想界的一个核心观念，举凡救亡图存、民族主义、阶级斗争、暴力革命、资产阶级专政、无产阶级专政，等等，几乎无不与此息息相关，当是一个不争的事实。

一、生存斗争学说在中国的初期演绎

严复在1895年3月发表于天津《直报》随后又作了补充修改的《原强》中，首次较系统地介绍了达尔文与斯宾塞的生存斗争学说。[①] 在评

① 进化论传入中国，并非自严复开始。在此之前，已有很多类似介绍。较早的如1893年出版的《格致书院课艺》第4册所刊学生钟天纬的课艺文，即介绍了达文（达尔文）与施本思（斯宾塞）的进化观点（参见熊月之著：《西学东渐与晚清社会》，365～366页，上海，上海人民出版社，1994）。其他叙述宇宙、生物进化的著作也陆续有中译本出版。章太炎早年所撰《膏兰室札记》便从中吸收不少新说。但是，用达尔文、斯宾塞的进化论来全面比较和抨击中国传统观念，却不能不承认实发端于严复。

介达尔文《物种起源》一书时，他说，其书之二篇为尤著，“其一篇曰物竞，又其一曰天择。物竞者，物争自存也；天择也，存其宜种也。意谓民物于世，樊然并生，同食天地自然之利矣。然与接为构，民民物物，各争有以自存。其始也，种与种争，群与群争，弱者常为强肉，愚者常为智役，及其有以自存而遗种也，则必强忍魁桀，趫捷巧慧，而与其一时之天时地利人事最其相宜者也。……动植如此，民人亦然。民人者，固动物之类也，达氏总有生之物，标其宗旨，论其大凡如此。”在评介斯宾塞《第一原理》时，他强调：“其书于达氏之《物种探原》为早出，则宗天演之术，以大阐人伦治化之事，号其学曰‘群学’。”[①] 这里的“物竞天择”，包括物种与自然之争，物种与物种之争，以及同一物种之内不同群体之争，都被确定不移地视为既适用于动植物界，又完全适用于人类社会发展。

影响中国最大的，其实是斯宾塞的学说，即史华兹所说的社会达尔文主义。严复所全力推介的，也正是这一学说。

随后，严复译赫胥黎《进化论与伦理学》，并改其书名为《天演论》，主要意图当是充分突出“进化论”而淡化赫胥黎关于人类应以伦理学制约斗争的论点。严复在该书中通过30条按语反复申述了斯宾塞的观点，对赫胥黎所论，同于斯宾塞者加以申述，不同于斯宾塞者加以驳斥与补正。《天演论》卷上导言一《察变》按语中，在说明物竞、天择二义发于达尔文之后，特别表彰斯宾塞《天人会通论》“举天、地、人、形气、心性、动植之事而一贯之，其说尤为精辟宏富”，“欧洲自有生民之来，无此作也”。[②] 导言二《广义》按语专门介绍斯宾塞的天演界说，称赞“斯宾塞氏至推之农商工兵、语言文学之间，皆可以天演明其消息所以然之故”[③]。导言五《互争》按语更直接比较斯宾塞、赫胥黎二家之言，说明“斯宾塞氏之言治也，大旨存于任天，而人事为之辅……赫胥黎氏他所著录，亦什九主任天之说者，独于此书，非之如

① 严复：《原强》，此处引用的是该文修订稿文字，与原发表稿并无歧异，但文字较明白晓畅。见王栻主编《严复集》第1册，上册，16～17页，北京，中华书局，1986。

② 王栻主编：《严复集》第5册，1325页。

③ 同上书，1328页。

此，盖为持前说而过者设也”。[①] 导言十三《制私》按语则批评赫胥黎“群道由人心善而相感而立”的保群之论，是“执其末以齐其本，此其言群理所以不若斯宾塞氏之密也”。[②] 导言十四《恕败》再次批评赫胥黎所述保群自存之道“其义隘矣”，斯宾塞《群谊》一篇，“则无前弊矣”。[③] 导言十五《最旨》按语比较二人主张，说：“赫胥黎氏是书大旨，以物竞为乱源，而人治终穷于过庶。此其持论所以与斯宾塞氏大相径庭，而谓太平为无是物也。斯宾塞则谓事迟速不可知，而人道必成于郅治。”[④]《天演论》卷下论十五《演恶》按语又一次激烈地批评赫胥黎说：“通观前后论十七篇，此为最下。盖意求胜斯宾塞，遂未尝深考斯宾塞之所据耳。夫斯宾塞所谓民群任天演之自然，则必日进善不日趋恶，而郅治必有时而臻者，其竖义至坚，殆难破也。”按语还特别提醒读者，对斯宾塞所立之群学，“赫氏亦每略其起例而攻之，读者不可不察也。”[⑤] 严复在该书译序中清楚说明，选择赫胥黎此书，并非认为此书可以取代斯宾塞学说，而仅仅是因为：其一，此书之旨，可以“救斯宾塞任天为治之末流”；其二，“其中所说，与吾古人有甚合者”；其三，“此书于自强保种之事，反复三致意矣”。[⑥] 赫胥黎强调以伦理指导人类发展，纠正斯宾塞社会达尔文主义将生物活动规律无条件地运用于人类。严复则在这些按语中捍卫了斯宾塞的观点：在伦理领域，起支配作用的仍然是残酷的弱肉强食的法则。在严复心目中，斯宾塞生存斗争学说的普世适用性是不容丝毫怀疑的。

更值得关注的是，生存斗争学说传入中国后，在中国知识界是如何演绎的。

在严复那里，“物竞天择，优胜劣败”与“自然淘汰，人为淘汰”已被运用于考察“今日之世变”，由此论定中国与西方之所以强弱悬殊，乃是因为“中之人好古而忽今，西之人力今以胜古，中之人以一治一

① 王栻主编：《严复集》第5册，1334页。

② 同上书，1347页。

③ 同上书，1349页。

④ 同上书，1350页。

⑤ 同上书，1392～1393页。

⑥ 严复：《论世变之亟》，见王栻主编《严复集》第5册，1～2页。

乱、一盛一衰为天行人事之自然，西之人以日进无月重，既盛不可复衰，既治不可复乱，为学术政化之极则”。具体表现为：其待人也，“中国人最重三纲，而西人首明平等；中国亲亲，而西人尚贤；中国以孝治天下，而西人以公治天下；中国尊主，而西人隆民；中国贵一道而同风，而西人喜党居而州处；中国多忌讳，而西人重讥评”。其于财用也，“中国重节流，而西人重开源；中国追淳朴，而西人求欢虞”。其于接物也，“中国美谦屈，而西人务发抒；中国尚节文，而西人乐简易”。其于为学也，“中国夸多识，而西人尊新知”。其于祸灾也，“中国委天数，而西人恃人力”。正是由于这些差异，中国陷入“灭四千年之文物，而驯致于瓦解土崩，一涣而不可复收”的空前危机。为此，严复大声疾呼，要学习西方，奋起直追，以避免亡国灭种、四分五裂的祸患：“夫士生今日，不睹西洋富强之效者，无目者也。谓不讲富强，而中国可以自安；谓不用西洋之术，而富强自可救；谓用西洋之术，无俟于通达时务之真人才，皆非狂易失心之人不为此。”[①] 随后，在梁启超那里，国家竞争被看作“进化之母”、“文明之媒”。[②] “生存竞争，天下万物之公理，既竞争则优者必胜，劣者必败，此又有生以来不可避之公例也。”[③] “所谓天然淘汰优胜劣败之理，使普行于一切邦国种族宗教学术人事之中。”[④] 他们都以生存斗争学说推翻了中国传统的思维方式与行为方式，并从中演绎出中国师法西方变法自强的整套理论。

斯宾塞的理论，在章太炎那里，则直接演绎出以“反满”为旗号的中国式民族主义。

章太炎和曾广铨合作翻译的《斯宾塞尔文集》，连载于1898年由《时务报》改版而成的《昌言报》第1册至第6册及第8册，所译两篇题为《论进境之理》及《论理俗》。由于戊戌政变发生，《昌言报》停刊，《斯宾塞尔文集》的翻译中辍。章太炎和曾广铨所译的《斯宾塞尔

① 严复：《论世变之亟》，见《严复集》第4册，1～2页。

② 梁启超：《论近世国民竞争之大势及中国前途》，见《饮冰室合集》文集4，57页，上海，中华书局，1936。

③ 梁启超：《豪杰之公脑》，见《饮冰室合集》文集4，专集2，33页。

④ 梁启超：《天演学初祖达尔文之学说及其略传》，见《饮冰室合集》文集4，文集13，18页。

文集》未单行出版，在《昌言报》发表时，影响也远不及《天演论》那么轰动。但斯宾塞的学说影响之深，于此可见一斑。

斯宾塞的学说，成为章太炎所撰述的《訄书》的重要理论支柱。《訄书》初刻本《原变》强调："物苟有志，强力以与天地竞，此古今万物之所以变。变至于人，遂止不变乎？人之相竞也，以器。……石也，铜也，铁也，则瞻地者以其刀辨古今之期者也。……要之，蜕其故用而成其新用。"[①]《族制》篇更直率地宣称："五帝之民，何为而皆绝其祀也？是无他，夫自然之淘汰与人为之淘汰，优者必胜，而劣者必败也。"[②]《原人》篇则根据从猿到人的进化论，断言"人之始，皆一尺之鳞也。化有蚤晚而部族殊，性有文犷而戎夏殊"，在"秩乎民兽，辨乎部族"、"一切以种类为断"的名义下，要求排拒亚洲之戎狄与欧美等异种："异国之不忍，安忍异种？异教之不耦俱，奚耦俱无教之狼鹿。"[③]孙中山组建兴中会时，所用"驱除鞑虏，恢复中华"，沿袭元末明初反对元蒙统治者的口号，而章太炎及其后革命派中许多人，则将这一口号与斯宾塞的学说结合起来，使斯宾塞的生存斗争学说成为中国民族主义的理论基础。鸦片战争以来中国思想界所倡导的同西方列强进行兵战、商战、学战、农战、工战等，由此也都具有了生存竞争的性质，获得了新的理论诠释。

"物竞天择，优胜劣败"，还直接演绎为20世纪初的革命学说。邹容《革命军》绪论中明白宣布："革命者，天演之公例也；革命者，世界之公理也；革命者，争存争亡过渡时代之要义也：革命者，顺乎天而应乎人者也；革命者，去腐败而存良善者也；革命者，由野蛮而进文明者也；革命者，除奴隶而为立人者也。"[④] 孙中山在《民报发刊词》中阐明民族主义、民权主义、民生主义三大革命纲领时，明示他是以欧美社会进化历程为蓝本："余维欧美之进化，凡以三大主义，曰民族，曰民权，曰民生。罗马之亡，民族主义兴，而欧洲各国以独立。洎自帝其国，盛行专制，而下者不堪其苦，则民权主义起。十八世纪之末、十九

① 见《章太炎全集》第3卷，27～28页。

② 同上书，41页。

③ 同上书，169～170页。

④ 见邹容：《革命军》，上海，大同书局，1903。

世纪之初，专制仆而立宪政体殖焉。世界开化，人智益蒸，物质发舒，百年锐于千载，经济问题继政治问题之后，则民生主义跃跃然动，二十世纪不得不为民生主义之擅场时代也。是三大主义皆基本于民，递嬗变易，而欧美之人种胥治化焉。”①

在中国传统思想世界中，占支配地位的一直是一治一乱、一兴一亡、一盛一衰、一分一合的循环论，黄金时代是在远古时代，因此，唯古是尚，因袭传统被看作天经地义。人与人之间，讲信修睦，尚辞让，去争夺，父慈、子孝、兄良、弟悌、夫义、妇听、长惠、幼顺、君仁、臣忠，贵贱有等，礼不渝节。这就是《论语·学而》中所说的“礼之用，和为贵；先王之道，斯为美”；《礼记·中庸》所说的“中也者，天下之大本也；和也者，天下之达道也。致中和，天地位焉，万物育焉”。进化的观念，竞存的观念，在尊奉温、良、恭、俭、让的中国传统思想世界中几乎完全没有地位。可是，生存斗争学说却将中国传统思想世界中的上述主导观念一下子全部颠覆了。正如其时陈天华《狮子吼》所说：“自有达尔文先生这一篇进化论出来，世人遂把尊崇古人的谬见丢了。事事都想突过前人。”② 经常为人们所引用的胡适《四十自述》中所述一段亲身经历，生动地显示了这一颠覆速度是如何之快，方面是如何之广：

> 《天演论》出版之后，不上几年，便风行到全国，竟做了中学生的读物了。读过书的人，很少能了解赫胥黎在科学史和思想史上的贡献。他们能了解的只是那“优胜劣败，适者生存”的公式在国际政治上的意义。在中国屡次战败之后，在庚子、辛丑大耻辱之后，这个“优胜劣败，适者生存”的公式，确是一种当头棒喝，给了无数人一种绝大的刺激。几年之中，这种思想像野火一样，延烧着相许多少年的心和血。“天演”、“物竞”、“淘汰”、“天择”等等术语，都渐渐成了报纸文章的熟语，渐渐成了一班爱国志士的“口头禅”。还有许多人爱用这种名词做自己或儿女的名字，陈炯明不是号竞存吗？我有两个同学，一个叫孙竞存，一个叫杨天择。我的名字也是这种风

① 《孙中山全集》第1卷，288页。

② 陈天华：《狮子吼》，载《民报》第3号。

气底下的纪念品。①

20世纪之初，是中国现代社会科学草创时期，而它们则几乎都是在进化学说的直接支配之下创立的。梁启超说："自达尔文种源说出世以来，全球思想界，忽开一新天地，不徒有形科学为之一变而已，乃至史学、政治学、生计学、人类学、宗教学、伦理道德学，一切无不受其影响。"② 这并非言过其实。以"进化"为主旨的大批著作，被译介到中国来。如斯配查（斯宾塞）原著，涩江保译，韩昙重译的《社会学新义》；加藤弘之著，杨荫杭译的《物竞论》；有贺长雄著，麦鼎华译的《人群进化论》；加藤弘之著，杨廷栋译的《政教进化论》；民友社编，陈国镛译的《十九世纪文明进化论》；马君武1901年出版了《达尔文物竞篇》（《物种起源》第三章），1902年出版了《达尔文天择篇》（《物种起源》第4章），1904年出版了《物种原始》第一卷（《物种起源》前五章）。这些著作成为中国人文社会科学各学科草创的样本或主要理论依据。以历史学而论，梁启超高唱"史学革命"，就是要求历史著作改为叙述人群进化之现象，"求得前世进化之公理公例，而使后人循其理、率其例以增幸福于无疆也"③。当时问世的一批新型中国历史著作，如梁启超本人的《中国史叙论》，曾鲲化《中国历史》、夏曾佑《最新中国历史教科书》，刘师培《中国历史教科书》，无不显示这一特色。检视这一时期政治学、经济学、社会学、人类学、伦理学、宗教学的实际情况，也无一例外都处于进化论或生存斗争学说的支配之下。这则表现了生存斗争学说影响的深度。

二、在阶级斗争学说中变形与发酵

生存斗争学说被介绍到中国以后，立即获得广泛认同，并被运用于中国维新变法和革命实践当中。其时中国在存在论或本体论意义上，正

① 胡适：《四十自述》，见《胡适作品集》1，54页，台北，远流出版公司，1986。

② 梁启超：《进化论革命者颉德之学说》，见《饮冰室合集》文集12，79页。

③ 梁启超：《新史学》，见《饮冰室合集》文集9，上海，中华书局，1936。

面临着空前严重的民族生存危机、国家生存危机和社会生存危机。中华民族到了最危险的时候，中国正面临被列强瓜分、宰割的命运。中国社会进入了一个空前的震荡期，社会各阶层、各集团、各群体乃至各个个人，都已无法照旧生存下去。面对三重生存危机，“物竞天择，优胜劣败”确实起了当头棒喝、令人警醒的作用。

然而，生存斗争学说对中国来说，又潜伏着极为不利的方面。这是因为中国面对西方列强是弱者，在许多方面都处于劣势；在中国内部，广大被压迫、被统治者，面对掌握着国家巨大权力与财富的统治者、压迫者，也是弱者，也在许多方面处于劣势。按照“优胜劣败”法则，中国在同西方的竞争中，被压迫、被统治者在同压迫者的竞争中，便难以避免失败的结局。生存斗争学说还有一个更为致命的问题，这就是它漠视人与人之间的伦理关系对生存斗争的抑制所具有的意义。尤其是处在中国特别重视家族伦理关系的历史传统与现实环境中，生存竞争虽具振聋发聩的警醒功能，却和人们日常生活实际常常格格不入。因此，中国思想家们早已试图对此加以补救。如 1908 年 9 月，孙中山在南洋已指出，严复和许多人对赫胥黎观点的诠释不少地方并不符合赫胥黎原意，《进化论与伦理学》所说“进化”，不应译作“天演”，因为进化“有天然进化、人事进化之别”，“人事进化与天然进化有相因的，亦有相反的也”。① 这是指明人与人之间除同于万物竞存一面之外，还有非竞存一面。1912 年 5 月孙中山在广州岭南学堂的演说中则强调：“物竞争存之意已成旧说，今则人类进化，非相依相助，无以自存。”② 这已是以“相依相助”为人类进化的根本原则。后来，他在 1918 年撰定的代表作《孙文学说》中，对物种进化与人种进化的不同原理作了更为详细的论述：

> 物种由微而显，由简而繁，本物竞天择之原则，经几许优胜劣败，生存淘汰，新陈代谢，千百万年，而人类乃成。人类初出之时，亦与禽兽无异；再经几许万年之进化，乃始长成人

① 孙中山：《平实尚不肯认错》，见《孙中山全集》第 1 卷，384～385 页。

② 孙中山：《在广州岭南学堂的演说》，见《孙中山全集》第 2 卷，360 页。

> 性。而人类之进化，于是乎起源。此期之进化原则，则与物种之进化原则不同：物种以竞争为原则，人类则以互助为原则。社会国家者，互助之体也；道德仁义者，互助之用也。人类顺此原则则昌，不顺此原则则亡。①

在这里，以互助为原则，还是以竞存为原则，成了区别人性与兽性、人类进化与其他物种进化的根本标志。

不过，世界范围内如第一次世界大战那样血腥的战争，中国国内袁世凯屠杀革命党人，复辟帝制和北洋军阀到处肆虐、鱼肉百姓，以及列强虎视眈眈继续加紧宰割中国的现实，都表明不依竞存而以“互助”为人类进化原则终究只是一种美妙的理想，或主观的愿望。基于此，陈独秀 1915 年 10 月在《今日之教育方针》中便倡导当以“兽性主义”为今日中国之教育方针。他就此写道：

> 进化论者之言曰：“吾人之心，乃动物的感觉之继续。人间道德之活动，乃无道德的冲动之继续。良以人类为他种动物之进化，其本能与他动物初无异致。所不同者，吾人独有自动的发展力耳。强大之族，人性，兽性，同时发展。其他或仅保兽性，或独尊人性，而兽性全失，是皆堕落衰弱之民也。”兽性之特长谓何？曰：意志顽狠，善斗不屈也；曰：体魄强健，力抗自然也；曰：信赖本能，不依他为活也；曰：顺性率直，不饬伪自文也。皙种之人，殖民事业遍于大地，唯此兽性故；日本称霸亚洲，唯此兽性故。彼之文明教育，粲然大备，而烛远之士，恒期期以丧失此性为忧，良有以也。②

因 1917 年俄国革命成功而光彩熠熠的马克思主义、列宁主义阶级斗争学说，一下子将人们从上述两难困境中解脱了出来。马克思早就说过：“达尔文的著作非常有意义，这本书我可以用来当作历史上的阶级

---

① 《孙中山全集》第 6 卷，195～196 页。

② 《陈独秀文章选编》上册，88～89 页，北京，生活·读书·新知三联书店，1984。

斗争的自然科学依据。"[1] 马克思所确立的唯物史观，确定一切人类生存的第一个前提，就是人们为了能够创造历史，必须能够生活。为了生活，首先就需要衣、食、住以及其他东西。因此第一个历史活动就是生产物质生活本身。在物质条件有限，人与自然、人与人之间的联系都处于狭隘阶段时，为了争取生活必需品和自身利益最大化，部族与部族、阶级与阶级、国家与国家不断展开斗争。在人类文明史开始以后，非统治阶级和取得统治地位的阶级之间的对立普遍、激烈、深刻，皆由于此。与此可见，达尔文的生存斗争学说确实给阶级斗争理论提供了自然科学依据。恩格斯谈到生存斗争与阶级斗争两种学说的关系时说过："想把历史的发展和复杂情况的全部多样性的丰富内容一律概括在'生存斗争'这一干瘪而片面的说法中，是极其童稚的。这简直是什么也没说。""……把历史看作一系列的阶级斗争，比起把历史单纯归结为生存斗争的一些没有多大差异的阶段，要更加富有内容和更加深刻得多。"[2] 对于这一时期的中国人来说，阶级斗争学说将人群分成了两个不同的部分，一是统治阶级、剥削阶级，另一是被统治阶级、被剥削阶级。统治阶级、剥削阶级通常处于优势地位，是强者；被统治阶级、被剥削阶级通常处于劣势地位，是弱者。但是，阶级斗争学说要求被压迫、被剥削阶级联合起来，向统治阶级、剥削阶级作殊死斗争。这样，他们就能从劣势转变为优势，从弱者转变为强者。这就解决了竞存与互助如何并存及优者胜劣者败定势如何扭转这两大难题。

李大钊 1919 年发表的《我的马克思主义观》对于阶级斗争学说的解读，生动地表现了中国人是如何将生存斗争学说、互助论和阶级斗争学说这三者加以打通与综合的。这篇长文中写道：

> 就这阶级竞争的现象，我们可以晓得，这经济上有共同利害自觉的社会团体，都有毁损别的社会团体以增加自己团体利益的倾向。这个倾向，斯宾塞谓是本于个人的利己心。……

① 见《马克思恩格斯书信选集》，127 页，北京，人民出版社，1962。

② 恩格斯：《自然辩证法·关于生物学》，见《马克思恩格斯选集》第 4 卷，372、373 页，北京，人民出版社，1995。

"自己发展"是生物学上、社会学上一切有机的进化全体根本的动机，是生物界普遍无敌的倾向。阶级竞争是这种倾向的无量表现与结果中的一个。①

马氏并非承认这阶级斗争是与人类历史相始终的，他只把他的阶级竞争说应用于人类历史的前史，不是通用于过去、现在、未来的全部。……马氏所理想的人类真正历史，……就是互助的历史，没有阶级竞争的历史。……在这经济构造建立与阶级对立的时期，这互助的理想、伦理的观念，也未曾有过一日消灭，不过因他常为经济构造所毁灭，终至不能实现。这是马氏学说中所含的真理。②

李大钊是马克思列宁主义在中国传播的先驱。将阶级斗争视为生存斗争无限量表现和结果中的一项，表明生存斗争学说并未因阶级斗争学说输入而消逝，它托庇于阶级斗争这一新的躯壳而继续活跃在人们的思想与实践之中。中国人呼吁互助，向往互助，但所面对的现实却仍然是无止境的争竞、冲突，生存斗争牢牢扎根于人们的脑海之中也就毫不奇怪了。

陈独秀是马克思列宁主义在中国传播的另一位先驱。他在介绍马克思剩余价值、唯物史观与阶级斗争、劳工专政理论的《马克思学说》一文中特别强调说：

有以为马克思唯物史观是一种自然进化说，和他的阶级争斗之革命说未免矛盾。其实马克思的革命说乃指经济自然进化的结果，和空想象的革命说不同；马克思的阶级争斗说乃指人类历史进化之自然现象，并非一种超自然的玄想。所以唯物史观说和阶级争斗说不但不矛盾，并且可以互相证明。③

---

① 见中国李大钊研究会编注：《李大钊全集》第3卷，29页，北京，人民出版社，2006。

② 同上书，30页、34～35页。

③ 《陈独秀文章选编》中册，194页，北京，生活·读书·新知三联书店，1984。

在这里，陈独秀将唯物史观、阶级斗争都视为进化历程中当然的现象。他在这时许多文章中，都一再强调懂得进化论的人，一定要用社会进化的观点观察问题。在《论政治》一文中，他便用进化论论证必须实行劳农专政。他说："我们人类文明最大的效果，是利用自然征服自然。……人类底强权也算是一种自然力，利用他也可以有一种排除黑暗障碍底效用。""我以为强权之所以可恶，是因为有人拿他来拥护强者、无道者，压迫弱者与正义。若是倒转过来，拿他来救护弱者与正义，排除强者与无道，就不见得可恶了，由此可以看出，强权所以可恶，是他底用法，并不是他本身。"①

李大钊、陈独秀对于阶级斗争和生存斗争相互关系的处理，在当时很具代表性。李大钊比较关心人们在斗争的同时，还有互助的一面，并认为互助最终将会取代阶级斗争成为社会发展的基本动力。陈独秀则较少议论互助，而更多强调的则是斗争，他认为："孟子人性皆善底话，只看见性的一面，已为常识所不能承认的了。主张人性皆恶底人，也可以说'独占之心，人皆有之；残杀之心，人皆有之；嫉妒之心，人皆有之；嗔忿之心，人皆有之；自利之心，人皆有之。'……我看人类无论理性如何发展，本能是不会减衰的。"因之，他痛斥无政府主义空谈，而坚持以国家、政治、法律等强权做改造社会的工具。②

毛泽东承认中国共产党的哲学就是"斗争哲学"③。这一"斗争哲学"的雏形，可见之于毛泽东1917年至1918年读德国哲学家泡尔生代表作《伦理学原理》时所写的批注。在这些批注中，毛泽东认为："人为自然规律所支配"④，"人类者，兽格、人格并备"⑤。泡尔生论定物理之害为人生所不可少时指出："无抵抗则无动力，无障碍则无幸福"，毛泽东评为"至真之理，至彻之言"⑥；泡尔生论定"吾人等于古今历史

① 《陈独秀文章选编》中册，4页。

② 《答郑贤宗》，见《陈独秀文章选编》中册，46～47页。

③ 毛泽东：《在中国共产党第七次全国代表大会上的口头政治报告》，见《毛泽东文集》第3卷，316页，北京，人民出版社，1996。

④ 毛泽东：《〈伦理学原理〉批注》，见《毛泽东早期文稿》，270页，长沙，湖南人民出版社，1990。

⑤ 同上书，274页。

⑥ 同上书，182页。

中，删除其一切罪恶，则同时一切善行与罪恶抵抗之迹，亦为之湮没”。毛泽东在这一段论述旁写下一段长长的批语：“然则不平等、不自由、大战争亦当与天地终古，永不能绝。……吾知一入大同之境，亦必生出许多竞争抵抗之波澜来，而不能安处于大同之境矣。……即此又可证明人类理想之实在性少，而谬误性多也。是故治乱迭乘，平和与战伐相导也，自然之例也。伊古以来，一治即有一乱，吾人恒厌乱而望治，殊不知乱亦历史生活之一过程，自亦有实际生活之价值。”① 毛泽东具有强烈生存斗争色彩的人生哲学“与天奋斗，其乐无穷；与地奋斗，其乐无穷；与人奋斗，其乐无穷”，可以说，正是建立在这一信念的基础之上。而这一“斗争哲学”的完整表述，则见之于毛泽东 1949 年 8 月所撰写的《丢掉幻想，准备斗争》中。“阶级斗争，一些阶级胜利了，一些阶级消灭了。这就是历史，这就是几千年的文明史。拿这个观点解释历史的就叫做历史的唯物主义，站在这个观点的反面的是历史的唯心主义。”“捣乱，失败，再捣乱，再失败，直至灭亡——这就是帝国主义和世界上一切反动派对待人民事业的逻辑，他们决不会违背这个逻辑的。”“斗争，失败，再斗争，再失败，再斗争，直至胜利——这就是人民的逻辑。他们也是决不会违背这个逻辑的。”②

很长一段时间里，阶级斗争在中国共产党文献中是出现频率最高的一个词汇。然而，在中国人这里，阶级和阶级斗争的含义与马克思本人所界定的意义其实并不完全一致。毛泽东 1925 年撰写的《中国社会各阶级的分析》一文，在划分阶级时便明显依据人们占有财富数量的多少，生活富裕贫困的程度，而没有像马克思本人那样突出他们与何种生产方式相联系，即代表何种生产方式。确定各阶级的革命性时，也不是主要依据他们维护什么样的生产方式，而是认定越穷越革命，越富越反动。

> 无论哪一个国内，天造地设，都有三种人：上等，中等，下等。详细点分析则有五等：大资产阶级，中产阶级，小资产

① 毛泽东：《〈伦理学原理〉批注》，见《毛泽东早期文稿》，184～186 页。

② 见《毛泽东选集》第 4 卷，1487、1486、1487 页。

> 阶级，半无产阶级，无产阶级。拿农村来说：大地主是大资产阶级，小地主是中产阶级，自耕农是小资产阶级，半自耕农佃农是半无产阶级，雇农是无产阶级。拿都市来说：大银行家大富人大工业家是大资产阶级，钱庄主中等商人小工厂主是中产阶级，小商人手工业主是小资产阶级，店员小贩手工业工人是半无产阶级，产业工人苦力是无产阶级。五种人各有不同的经济地位，各有不同的阶级性。因此对于现代的革命，乃发生反革命，半反革命，对革命中立，参加革命和为革命主力军之种种不同的态度。①

大、中、小资产阶级与半无产阶级、无产阶级等概念，在毛泽东这里与在马克思那里，显然不一样。

突出占有财富数量的多少，生活富裕贫困的程度，实际上，就是突出人们生存状况、生存条件的优与劣，将人们的生存权放在第一位。既然以衣、食、住等人类生活的第一前提为划分阶级的标准，株守着古代生产方式、生活方式的广大农村大、中、小地主、自耕农、半自耕农、佃农、雇农也被划入大、中、小资产阶级、半无产阶级及无产阶级范畴，城市中旧式大富人、钱庄主、中小商人、雇员小贩手工业工人及苦力同样被划入大、中、小资产阶级、半无产阶级、无产阶级范畴。② 显然这一划分方法，生存斗争色彩要更为浓厚。然而，这一划分方法在中国民族生存危机、国家生存危机和社会生存危机都日益深重的现实条件下，却更有利于动员处于社会下层的最广大民众奋起造反。马克思主义的精髓也就被概括为“造反有理”这样一句话。中国共产党人在毛泽东

① 姜义华编：《中国近代名家著作选粹·毛泽东卷》，39～40页，香港，“商务印书馆”，1994。

② 在《中国社会各阶级的分析》中，知识分子也依同样的标准，被划入不同阶级范畴。“买办性质的银行工商业高等员司，军阀政府之高等事务员，政客，一部分东西洋留学生，一部分大学生专门学校教授学生，大律师等”被划入大资产阶级，“许多高等知识分子——华资银行工商业之从业员，大部分东西洋留学生，大部分大学专门学校教授学生，小律师等”被划入中产阶级，“小知识阶级——小员司，小事务员，中学生及中小学教员，小律师等”被划入小资产阶级。同上书，41、42、45页。

带领下，立足于对中国上述阶级的分析，将工作重心从先进的现代都市转向落后的农村，从代表先进生产方式的城市资产阶级和城市无产阶级转向仍和传统生产方式联系在一起的广大农民，尤其是处于赤贫状态的贫农、雇农、游民及其他城乡苦力，对中国最为广大的下层民众进行了最为广泛的社会动员。毛泽东和中国共产党人高举阶级斗争、民族斗争的革命大旗，动员了民众，组织了民众，依靠广大民众发动了大革命和土地革命战争，夺取了抗日战争和解放战争的胜利。

独具中国特色的阶级划分以及斗争特别是武装斗争的胜利，使“斗争哲学”获得了最有力的支持。于此人们就可以在更为广阔的视野中把握《实践论》《矛盾论》这些著作由以产生的思想渊源和深刻内涵，特别是一切事物的矛盾运动由有条件的相对的同一性和无条件的绝对的斗争性相结合这一论断的思想渊源和深刻内涵。对立面统一的学说被改造成为对立面斗争的学说。毛泽东在《辩证唯物论》讲义《矛盾论》原文中，有一段论述在收入《毛泽东选集》时被删去了，这一段论述却非常明白地说明了斗争绝对性的含义：“国际间的和平条约是相对的，国际间的斗争是绝对的。阶级间的统一战线是相对的，阶级间的斗争是绝对的。党内思想上的一致是相对的，党内思想上的斗争是绝对的。自然现象中的平衡、凝聚、吸引、化合等是相对的，而不平衡、不凝聚、排斥、分解等等是绝对的。当这过程在和平条约、统一战线、团结一致、平衡、凝聚、吸引、化合等状态之时，矛盾与斗争也仍然存在着，不过没有取激化的形式，并不是没有了矛盾，停止了斗争。由于斗争，不绝地破坏一个相对状态而转到另一个相对状态去，破坏一种过程而转到另一过程去，这种无所不在地斗争性，就是矛盾的。”① 恩格斯曾严厉批判过到处只看到斗争和到处只看见和谐的合作，两者都是片面的、褊狭

① 日本毛泽东文献资料研究会编：《毛泽东集补卷》第5卷，273页，东京，苍苍社，1984。这一论述其实源自斯大林《辩证唯物主义和历史唯物主义》，其中指出：“从低级到高级的发展过程不是通过现象的和谐的开展，而是通过对象、现象本身固有的矛盾的揭露，通过在这些矛盾的基础上活动的对立倾向的斗争进行的。”毛泽东的论述，进一步发挥和强化了斯大林这一观点。

的。[①] 斗争的绝对化，实际上复活了“物竞天择，优胜劣败”为社会普遍法则这一斯宾塞的老命题，从而否定了恩格斯的批评。

三、生存斗争学说的当代隆替

1949 年中华人民共和国成立，标志着中国终于走出了已被困扰了一个世纪的深重民族生存危机、国家生存危机和社会生存危机。中国革命的胜利，中华人民共和国的建立，其实不仅仅是武装斗争的胜利，也是人民民主统一战线的胜利，中国人民大团结的胜利。中国人民政治协商会议共同纲领确定的“公私兼顾，劳资两利，城乡合作，内外交流”，本身就是一个走出冲突与斗争而走向合作与互利的方针。可是，在这之后，斗争哲学仍然继续支配了中国近 30 年。这里固然有客观的原因：一是中国要实现工业化，完成从传统农耕文明向现代工业文明的转型，这就要继续“与天斗”、“与地斗”，即坚持物种与自然的斗争；二是“冷战”的国际环境，以及包括抗美援朝战争、抗美援越战争、中印边界战争、中苏边境战争等“热战”所代表的“与人斗”，即相当于物种与物种之间的斗争也在继续。然而，更主要的还是主观原因，这就是国内“阶级斗争”的持续化与扩大化，这也是“与人斗”的一部分，相当于物种内部的斗争。

国内“阶级斗争”持续化与扩大化，直接渊源于我们自身理论准备的不足，因而过度信奉列宁、斯大林的过渡时期理论和社会主义阶级斗争理论。于是，通过“阶级斗争”改造和消灭农民小私有经济，通过“阶级斗争”改造和消灭民族资本家私有经济。1956 年，当对个体农民个体手工业者以及私营资本主义工商业的改造出乎意料地顺利完成之后，毛泽东曾一度判断，大规模急风暴雨式的阶级斗争已经结束，今后社会主要矛盾将是人民内部矛盾，这些矛盾可利用“团结—批评—团结”的方式和风细雨地加以解决。然而，这一估计没有延续多久，阶级矛盾、阶级斗争重新被确定为我国社会主要矛盾。于是，又发动了一场场“阶级斗争”，打击知识分子中的“资产阶级右派分子”，拔去干部中与广大农民中妨碍“大跃进”和“人民公社化”的各种“白旗”，并通

---

① 恩格斯：《自然辩证法·关于生物学》，见《马克思恩格斯选集》第 4 卷，372～373 页。

过“阶级斗争”去打倒党的中央领导集体内持不同意见者，反击党的各级干部中任何支持农民多一点自主权要求和为受冤屈者翻案的企图。

人只有处在社会之中，通过广泛的社会联系才能成为真实的存在。因此，社会关系的总和构成人的本质。当社会已经克服了先前民族、国家、社会多重生存危机而走向恢复、重建和发展时，人为地制造所谓“阶级斗争”，将不严重的局部矛盾冲突扩大化、持续化、普遍化，强行将社会撕裂为社会主义与资本主义、无产阶级和资产阶级两大对立的部分，不仅使社会由此而被分裂，也使党从领袖到各级干部，乃至普通平民百姓，都不免要发生异化，将自己所面对的资源、自身的活动及活动成果变成与自己相对立的力量。在这基础上，斗争哲学亦逐步升级，终于一步步走到“文化大革命”，全国全面专政，全国全面内战。与此相异的各种观点、各种主张，如承认多种经济并存的“综合基础论”，重视对立面统一的“合二为一”论，主张要体现不同潮流、不同要求的“时代精神汇合论”，一概被斥为资产阶级、修正主义的理论，任何调和、折中、让步的主张，都被斥为对“阶级斗争”学说的背叛。

成也萧何，败也萧何。以生存斗争为内核的斗争哲学终于走到了自己的尽头。在“文化大革命”结束以后，当人们反思 30 年来所走过的道路时，不能不严肃地思考人的本质问题，社会主义与人道主义的关系问题，人与人互助、合作问题，社会协调发展与社会和谐问题。在摒弃“以阶级斗争为纲”，而代之以以经济建设为中心，致力于聚精会神推动经济政治社会文化全面发展之后，对人的关注从先前的生存权转向发展权，转向全面保障和增强人的基本权利。经过 20 世纪 80 年代社会主义人道主义的提倡、民主与法治建设的鼓吹、新启蒙运动的开展，90 年代以来人文精神的大讨论、保障人权入宪，直到确定每个人自由而全面的发展是我们的核心价值与终极目标，再到当前建设和谐社会蓝图的绘制，延续大半个世纪的生存斗争学说及其变形终于一步步为关于人类社会、人自身发展的学说所取代。而这一转变，必将为中国现代化事业的发展和中华民族的伟大复兴，为中华文明的历史性的转型，确定更为健康的路径，带来新的巨大动力。

孙中山晚年对于生存斗争学说的批判

1924年1月至3月孙中山在广州所作的民族主义演讲中，特别褒扬《大学》中“格物、致知、诚意、正心，修身、齐家、治国、平天下”的政治哲学，一再说明“中国古时有很好的政治哲学”，“欧美的国家近来很进步，但是说到他们的新文化，还不如我们政治哲学的完全”，“至于讲到政治哲学的真谛，欧洲人还要求之于中国”。①

民族主义演讲中对中国固有道德、智能及能力的重新估定，不是严密的理论阐述，但是，它们确实显示了孙中山思想发展的一个极为重要的动向。此后不久，孙中山关于王道与霸道的比较，褒扬王道而斥责霸道，正是民族主义演讲中中国与欧美国家两种政治哲学比较这一思路的延伸和继续。孙中山思想的这一新理路的形成，和他对达尔文主义，特别是其生存斗争的社会历史哲学从服膺转向怀疑，再转向意识到必须对之正面加以批判是紧密联系在一起的，甚至可以说，

① 《孙中山全集》第9卷，247、231页。

正是这一转变的一个必然结果。本文因此将从孙中山晚年对达尔文主义社会历史哲学的批判入手，了解孙中山褒扬儒家政治哲学的真正意义。

一、“雅癖达文之道”

“文早岁志窥远大，性慕新奇，故所学多博杂不纯。于中学则独好三代两汉之文，于西学则雅癖达文之道，而格致政事，亦常浏览。”① 这是孙中山1896年应英国汉学家翟理斯之请为英文版《中国人名辞典》撰写的自传中的一段话，这表明，在西学中，孙中山所最喜好的正是达尔文的学说。印照罗香林关于孙中山在香港西医书院求学期间对达尔文《物种起源》一书“最所喜读”的记述，② 当知孙中山所述合乎实际。

孙中山喜读达尔文著作，所服膺的是由达尔文奠定的生物进化学说。他在1919年撰定的《孙文学说》中，对进化学说产生的历史过程曾有一段专门论述：

> 进化论乃十九世纪后半期，达文氏《物种来由》出现而后始大发明者也，同是乃知世界万物皆由进化而成。然而古今来聪明睿知之士，欲穷天地万物何由而成者众矣，而卒莫能知其道也。二千年前，希腊之哲奄比多加利氏及地摩忌里特氏，已有见及天地万物当由进化而成者。无如继述无人，至梳格底、巴列多二氏之学兴后，则进化之说反因之而晦。至欧洲维新以后，思想渐复自由，而德之哲学家史宾那沙氏及礼尼诗氏二人，穷理格物，再开进化论之阶梯；达文之祖则宗述礼尼诗者也。嗣后科学日昌，学者多有发明，其最著者，于天文学则有拉巴刺氏，于地质学则有利里氏，于动物学则有拉麦氏，此皆各从其学而推得进化之理者，洵可称为进化论之先河也。至达文氏则从事于动物之实察，费二十年勤求探讨之功，而始成其《物种来由》一书，发明物竞天择之理。自达文之书出后，则

① 《孙中山全集》第1卷，48页。

② 罗香林：《香港与中西文化之交流》，164页，香港，中国学社，1961(2)。

> 进化之学，一旦豁然开朗，大放光明，而世界思想为之一变，从此各种学术皆依归于进化矣。①

这里所述的《物种由来》，即《物种起源》。比多加利，今译毕达哥拉斯；地摩忌里特，今译德谟克利特；梳格底，今译苏格拉底；巴列多，今译柏拉图；史宾那沙，今译斯宾诺莎；礼尼诗，今译莱布尼茨；拉巴刺，今译拉普拉斯（Pierre Simon de Laplace），法国天文学家，提出太阳系起源的星云假说；利里，今译赖尔、莱伊尔（Charles Lyell），英国皇家地质学会会长，提出地球缓慢变化而渐次进展的理论；拉麦，今译拉马克，法国博物学家，生物进化学说的最初提倡者。这一段话，相当准确地说明了进化论产生的前后经过。

检视上海孙中山故居有关进化论的一组现存藏书，可以发现，孙中山对进化学说的认识决非泛泛的一般了解。他汇集了从拉马克、达尔文到新拉马克主义、新达尔文主义的一批代表性著作，购买了宣传进化学说最有影响的著述，还收藏有同进化论密切相关的许多天文学、地质学论著。作为一个革命家，竟拥有如此丰富的生物进化学说的英文原著，不能不使人感到惊奇。而检视一下这些藏书的内容，就可以较为具体地了解孙中山"雅癖达文之道"已达到了什么样的程度，了解到孙中山从这些著作中究竟汲取了哪些养料。

粗略地统计一下，孙中山故居现存藏书中有关进化的专门著作以及与之相关的天文学、地质学、生态学、遗传学、优生学、人类学的著作有以下50余种（社会学方面的除外）。②

（1）拉马克（Jean Baptiste de Lamarck，1744—1829）：《动物学哲学》（*Zoological Philosophy: An Exposition with Regard to the Natural History of Animals*）。此书初版于1809年，共两卷，是拉马克系统阐述其生物进化思想的代表作。拉马克从生物与环境的相互关系阐述生物进化的规律。他认为，环境的多样性决定了生物类型的多样性，因

---

① 《孙中山全集》第6卷，194～195页。

② 书目可参见上海孙中山故居管理处、日本外文研究会合编：《上海孙中山故居藏书目录》，日本汲古书院刊，63～91页、118页、132页。

为每一个有机体的性质最终决定于它周围的条件。而环境对植物和动物的影响不尽相同，环境对植物的影响是直接的，对动物的影响则是间接的，由于动物的自主性，动物的变异依据器官“用进废退”及“获得性变异的遗传”这两大法则进行。孙中山故居所收藏的是伦敦1914年印行的本子。

(2) 华莱斯 (Alfred Russell Wallace，1823—1913)：《科学研究与社会研究》(*Studies, Scientific and Social*)。华莱斯是英国博物学家，他独立地通过对马来群岛动物分布的考察和研究，几乎与达尔文同时提出了以自然选择为基础的生物进化论。本书1900年在伦敦出版。作者在生物进化方面主张纯粹的达尔文主义，即只承认自然选择在生物进化中的作用，而不同意达尔文晚年所采用的性选择等附加因素。他认为，社会的各种弊端从根本上说就是因为存在着争夺生存资料的制度，它表现为经济的对立、私人对土地和资本的垄断、准许少数特权者继承财富。他主张确立一种普遍合作和建立友好经济关系的制度。

(3) 拉柏克 (John Lubbock，1843—1913)：《人类文化的起源与原始状态》(*The Origin of Civilization and the Primitive Condition of Man, Mental and Social Condition of Savages*)，伦敦，1912年版。拉柏克是英国人类学家和博物学家，达尔文的朋友，直言不讳地捍卫达尔文的进化论。本书从人类文化的起源论证人种、文化的发展是一个不断进化的过程。

(4) 罗曼尼斯 (George John Romanes，1848—1894)：《人类智力的进化》(*Mental Evolution in Man: Origin of Human Faculty*)，纽约，1893年版。罗曼尼斯是英国科学家，达尔文进化论的热心支持者，本书努力用进化理论解释人的心理。他还撰有《达尔文和达尔文以后》等书。

(5) 达尔文 (Francis Darwin，1848—1925)：《查尔斯·达尔文》(*Charles Darwin*)，伦敦，1892年版。F. 达尔文是达尔文的儿子，英国植物学家，这是他撰写的一部有关达尔文的传记。

(6) 莫特拉姆 (James Cecil Mottram)：《受控自然选择的价值标志》(*Controlled Natural Selection and Value Marking*)，伦敦，1914年版。这是一部专门阐述达尔文进化学说中自然选择这一核心理论的著作。

(7) 海克尔（Ernst HaecKell，1834—1919）：《自然创造史》（*The History of Creation*），共两卷，伦敦，1906年版；《永恒：关于生与死、宗教、进化理论的世界思想战争》（*Eternity: World War Thoughts on Life and Death, Religion, and Theory of Evolution*），纽约，1916年版；《宇宙之谜》（*The Riddle of the Universe*），伦敦，1913年版。海克尔是德国动物学家，在德国第一个挺身而出为进化论的取胜而斗争，对达尔文进化论在全世界的传播作出了重大贡献。《自然创造史》是他关于进化论通俗演讲稿的汇集，初版于1868年；《永恒》一书的副标题已说明了该书的内容；《宇宙之谜》于1899年写成，认为"进化"这一魔语，可以导致人类学、心理学、宇宙学、神学一切之谜的解决。

(8) 费斯克（John Fiske，1842—1901）：《达尔文主义与其他论文》（*Darwinism, and Other Essays*），波士顿、纽约，1899年版。费斯克是美国哲学家、历史学家，1873年至1874年访问欧洲，会见达尔文、斯宾塞、赫胥黎，本书是他在美国传播达尔文和斯宾塞学说的一部重要著作。

(9) 科普（Edward DrinKer Cope，1840—1897）：《器官进化的主要因素》（*The Primary Factors of Organic Evolution*），芝加哥，1896年版。科普是美国古生物学家，在美国发现了约1000种灭绝了的脊椎动物化石，他据此支持拉马克的获得性遗传的进化理论，成为美国新拉马克主义的一个代表人物。

(10) 勒蓬（Gustave Le Bon，1841—1913）：《物质的进化》（*The Evolution of Matter*），伦敦，1907年版。勒蓬是法国医生和社会心理学家，本书是他在法国传播进化论的一部著作。

(11) 格迪斯（Patrick Geddes，1854—1932）、汤姆森（John Arthur Thomson，1861—1933）合著：《进化》（*Evolution*），伦敦，1911年版。格迪斯是英国生物学家和社会学家，曾在伦敦大学赫胥黎实验室学习；汤姆森是英国博物学家。本书是他们合写的一部宣传进化论的通俗著作。

(12) 汤姆森（John Arthur Thomson）：《自然科学导论》（*Intro-*

duction to Science)，伦敦，1911 年版；《生活的奇迹》(*The Wonder of Life*)，伦敦，1916 年版；《遗传》(*Heredity*)，伦敦，1908 年版。这是汤姆森独立撰述的三部著作，除第一部著作为 200 多页外，其余两部的篇幅都在 600 页以上，条理清楚地介绍了生物进化学说及其进展，并试图将科学与宗教联系起来。

(13) 洛奇 (Oliver Joseph Lodge, 1851—1940)：《人类之生存》(*The Survival of Man: A Study in Unrecognised Human Faculty*)，伦敦，1910 年版；《人类与宇宙》(*Man and the Universe: A Study of the Influence of the Advance in Scientific Knowledge upon Our Understanding of Christianity*)，伦敦，1914 年版。洛奇是英国物理学家，1900 年起任伯明翰大学校长。这两部著作都力图将进化论和宗教协调起来。

(14) 马凯布 (Joseph McCabe, 1867—1955)：《进化史》(*The Story of Evolution*)，伦敦，1912 年版；《进化原理》(*The Principles of Evolution*)，伦敦，1913 年版。马凯布是英国哲学家，1895 年起任白金汉学院院长，这是他的两部宣传进化论的科学著作。

(15) 爱米尔 (G. H. Eimer)：《器官的进化》(*Organic Evolution as the Result of the Inheritance of Acquirde Characters According to the Laws of Organic Growth*)，伦敦，1890 年版。爱米尔也是新拉马克主义的代表人物，他认为生物的进化主要靠环境的力量和获得性状遗传，但生物也有自己的个性，环境的影响和生物本身的因素相结合，才使生物器官生长、形态生长。本书便阐述了这些观点。

(16) 魏斯曼 (Erick Wasmann) 等译：《关于进化问题的柏林讨论》(*The Berlin Discussion of the Problem of Evolution: An Intorductory Survey*)，伦敦，1909 年版。

(17) 布尔班克 (Luther Burbank, 1849—1926)：《人类作物的栽培》(*The Training of the Human Plant*)，纽约，1913 年版。布尔班克是美国植物育种专家，他积极运用达尔文杂交产生变异和人工选择的原理进行植物改造工作，成为著名的达尔文主义者，本书便是他实践的总结。

(18) 英国古植物学家斯科特 (D. H. Scott. 1854—1934) 的

《植物的进化》(*The Evolution of Plants*，伦敦，1911年版)，使波恩大学成为当时世界上最大的细胞学研究中心之一的施特拉斯布格（E. A. Strasburger，1844—1912）的《植物学教程》(*A Text-Book of Botany*，伦敦，1912年版)，邓肯（F. M. Duncan）等人合著的《植物之奇迹》(*Wonders of Plant Life*，伦敦，1916年版)，海尔沃德（W. S. Harwood）的《植物生活的新创造》(*New Greations in Plant Life*，纽约，1916年版)，希利（E. Healey）的《植物学》(*A Ferst Book of Botany*，伦敦，1911年版)，奈特（A. E. Knight）的《哈钦森氏大众植物学》(*Hutchinson's Popular Botany*，1～2卷，伦敦，1912年版)，从植物的古化石到现存植物的改造，分别证实了进化学说。

(19) 美国心理学家桑代克（E. L. Thorndike，1874—1949）的博士论文《动物智能——实验研究》(*Animal Intelligence*：*Experimental Studies*，纽约，1911年版)，研究了动物行为适应性改变过程，提出效果定律和练习定律为两个基本行为定律。专门研究动物进化的著作还有帕克（T. J. Parker）的长达1600页的两卷本《动物学教程》(*A Text-Book of Zoology*，伦敦，1910年版）等。

(20) 专门研究天体演化的著作有弗拉马隆（C. Flammarion）的《简明天文学》(*Popular Astronomy*，纽约，1907年版)，美国著名天文学家洛威尔（P. M. Lowell，1855—1916）的《宇宙的演化》(*The Evolution of Worlds*，纽约，1909年版)，英国天文学家、牛津大学天文台台长特纳（H. H. Turner，1861—1930）的《太空旅行》(*A Voyage in Space*，伦敦，1915年版)，英国物理学家洛奇（Sir O. J. Lodge）的《太空中的以太》(*The Ether of Space*，伦敦，1909年版)，对近代天文学产生过巨大影响的英国剑桥大学天文台台长爱丁顿（A. S. Eddington，1822—1944）的《空间、时间和万有引力》(*Space*，*Time*，*and Gravitation*，剑桥，1921年版）等。

(21) 研究地质演化的专门著作有美国地质学家、行星尘假说的提出者钱伯林（T. C. Chamberlin，1874—1949）与索尔兹伯里（R. D. Salisbury）合著的近两千页的《地质学》(*Geology*，伦敦，1909年版)，爱尔兰地质学家乔利（John Joly，1857—1933）试图用地球内部放射性衰变产生的热对流来解释地壳形成的《放射性与地质学》(*Radioactivi-*

ty and Geology，伦敦，1909 年版）等。

（22）约翰斯通（James Johnstone）的《生物学的哲学》（*The Philosophy of Biology*，剑桥大学，1914 年版）。

（23）专门研究文明发展的著作有道格拉斯（S. O. G. Douglas）的《文明学说》（*A Theory of Civilization*，伦敦，1914 年版），英国人类学家佩里（W. J. Perry，1868—1949）的《文明的发展》（*The Growth of Civilization*，伦敦，1924 年版），英国社会学家基德（B. Kidd，1858—1916）的《西方文明的原则》（*Principles of Western Civilization*，纽约，1902 年版），美国探险家亨廷顿（E. Huntington，1876—1947）的《文明与气候》（*Civilization and Climate*，纽黑文，1916 年版）等。

除去以上这些著作，和进化学说相关的遗传学、优生学、人类学著作还有：穆尔（B. Moore）的《生命的起源与性质》（*The Origin and Nature of Life*，伦敦，1911 年版），萨列布（C. W. Saleeby）的《优生学的进展》（*The Progress of Eugenics*，伦敦，1914 年版），奥尔德里奇（M. A. Aldrich）的《优生学：十二份大学讲义》（*Eugenics: Twelve University Lectures*，纽约，1914 年版），库尔特（J. M. Coulter）的《进化，遗传与优生学》（*Evolution, Heredity and Eugenics*，布卢明顿，1916 年版），圭哇里（Nels Quevli）的《细胞的智能》（*Cell Intelligence*，米尼尔帕列斯，1916 年版），勒孔特（J. Le Conte）的《进化与宗教思想的关系》（*Evolution and Its Relation to Religious Thought*，纽约，1888 年版），范隆（H. W. Van Loon）的《人类发展史》（*The Story of Mankind*，纽约，1921 年版），史密斯（G. E. Smith）的《古代文化的迁徙》（*The Migrations of Early Culture*，曼彻斯特，1915 年版），哈琴森（H. N. Hutchinson）的两卷本《现存的人种》（*The Living Races of Mankind*，伦敦，1905—1906 年版），英国体质人类学家基思（A. Keith，1866—1955）的《人体》（*The Human Body*，伦敦，1911 年版）等。

令人奇怪的是上海孙中山故居中没有达尔文和赫胥黎的英文原著。故居中仅有一册马君武所译的《达尔文物种原始》，中华书局 1919 年版。从故居中进化论英文著作收罗范围之广、代表性著作之完备来看，达尔文与赫胥黎的著作不应遗缺。最大的可能是孙中山离沪赴穗时，将一批英文著作随船带去，1922 年 6 月 16 日陈炯明炮击观音山时，将他所备“参考之西籍数百种悉数毁去”[①]，其中包括达尔文以及赫胥黎的著作，很可能还有其他一些与进化论相关的著作，如见之于孙中山从东京丸善书店购入书籍目录而在上海孙中山故居现已不见的立著《进化论讲话》、格雷戈利（Gregory）的《地球的形成》（*The Making of the Earth*）等。[②]

从以上所列书目及其概略内容可知，孙中山对于以达尔文为代表的进化学说完全不是泛泛的了解，他不仅研读了进化学说一批大师的原著，而且在植物学、动物学、遗传学、优生学、古生物学以及天文学、地质学、人类学等和进化论关系最密切的领域内通过广泛的涉猎，对进化学说作了相当深入的思考。他是将进化学说作为一种新的世界观、新的方法论来接受的。孙中山说：“夫进化者，时间之作用也，故自达文氏发明物种进化之理，而学者多称之为时间之大发明，与牛顿氏之摄力为空间之大发明相媲美。”[③] 赫胥黎说明：“《物种起源》一书已在生物学中掀起了一次巨大的革命，正如牛顿的《物界原理》在天文学中所掀起的革命一样；它之所以能够做到这样，是因为它含有‘一种本质上新颖的创造性思想’。”[④] 孙中山所称的“学者”，当包含赫胥黎在内；他的评论，也表明了他是将进化学说作为一种新颖的创造性思维加以接受的。

正是基于这种进化学说，孙中山坚定不移地以发展的观点来看待宇宙，看待自然界，看待人类社会。他同意达尔文关于进化时期的划分，即“其一为物质进化之时期，其二为物种进化之时期，其三则为人类进化之时期”[⑤]。关于人类社会的进化，他分成“吃果实”时代、渔猎时

① 《孙中山全集》第 9 卷，183 页。

② 参见姜义华：《孙中山思想发展学理上的重要准备——跋新发现的一份孙中山购书清单》，载上海中山学社主办《近代中国》第 4 辑，36、31 页，上海，上海社会科学出版社，1994。

③ 《孙中山全集》第 6 卷，195 页。

④ F. 达尔文：《达尔文生平》，332 页，北京，科学出版社，1983。

⑤ 《孙中山全集》第 6 卷，195 页。

代、游牧时代、农业时代、工商时代，[①] 又分成洪荒时代、神权时代、君权时代、民权时代，[②] 或人同兽争、人同天争、人同人及国同国争、国内相争即人民同君主相争四个时期，[③] 又分成由草昧进文明、由文明再进文明、自科学发明而后三个时期。[④] 坐标不同，但都把人类历史看成由野蛮到文明、由低级到高级的发展过程。在致力于推翻清王朝及北洋军阀统治的革命实践时，他一直坚持这种发展的观点，因此，在困难和挫折面前，他永不气馁，具有一往无前、奋斗不息的精神。

二、“人类由以互助为原则”

1923 年 12 月 21 日孙中山在广州岭南学生欢迎会上介绍达尔文的进化论时指出：“现在扩充这个道理，不但是一切动物变化的道理包括在内，就是社会、政治、教育、伦理等种种哲理，都不能逃出他的范围之外。所以达尔文的功劳，比世界上许多皇帝的功劳还要大些。”[⑤] 事实上，就中国而言，影响最大之处，正是被广泛地运用于“社会、政治、教育、伦理”等领域的达尔文所确立的生物进化的“哲理”。

达尔文生物进化的哲理，概要言之，一曰生存斗争，二曰自然选择。生存斗争，指每种生物必须为生存而斗争。这一斗争包括三个方面：生物与无机自然条件斗争、生物与不同物种的斗争、生物与同一物种的斗争。由于同一物种对生活条件的要求相同，种内斗争在以上三种斗争中最为剧烈。自然选择，指在生存斗争过程中，对生存有利的变异的个体被保存，不利的个体被淘汰，通过这种“适者生存”的选择使生物更加适应于环境，从而促进生物沿着从简单到复杂、从低级到高级的方向发展。19 世纪末，当达尔文的学说被介绍到中国来时，这一原理被简练地概括为八个字：“物竞天择，适者生存。”

上述生物进化原理是否适用于人类社会？达尔文本人“相信人和其他动物是处在同一范畴中”[⑥]。他在自己的笔记簿中曾写道：“人和动物

---

① 《孙中山全集》第 9 卷，361 页。

② 同上书，694 页。

③ 同上书，699 页。

④ 《孙中山全集》第 6 卷，199～200 页。

⑤ F. 达尔文：《达尔文生平》，215 页。

⑥ 同上书，277 页。

之间的智力差别，并不像没有思想的生物（植物）和有思想的生物（动物）之间的差别那样大。”① 在宣传达尔文学说的两个最重要的人物那里，对这个问题有完全不同的回答。海克尔的三部著作认为生存斗争规律完全适用于社会领域，而赫胥黎在《进化论与伦理学》中则认为人类的社会伦理意味着对自然法则的抑制，社会进展是人类以互亲互助抑制生物界的弱肉强食、优胜劣败。在他们之后，社会学、政治学、教育学及伦理学中，一直存在着这样两种不同的观点。

当严复将赫胥黎的《进化论与伦理学》译为中文时，择取了其中进化论这一面，而舍弃了伦理学那一部分，所以译名定为《天演论》。严复在《天演论》中，还大量引述斯宾塞的观点。斯宾塞是近代社会学的一位重要奠基者，与达尔文相友善，也是一位进化论者。但是，正如达尔文在《自传》中所述，“他处理每一个问题的演绎方法和我的思想体系完全相反”②。斯宾塞认为生存竞争的规律具有普遍意义，适用于任何形态。他认为，在生存竞争中能够获胜的将是适应于特定目的的竞争者，低等与高等、退化与进步的界定则取决于此。在严复的全力提倡下，19 世纪末、20 世纪初真正影响于中国思想界的，与其说是达尔文主义，毋宁说是斯宾塞主义。

孙中山接受达尔文进化说，所依循的基本上是赫胥黎的思路，而不是海克尔的思路，同斯宾塞主义更有着原则性的分歧。1908 年 9 月孙中山在驳斥《南洋总汇报》侈谈自然规律时指出：人之初生，穴居野处，这叫自然人；及其进化，由猎而牧而耕而织，则人事进化；“其进化之程度愈高，则离天然愈远；及至历史之时代，则人事渐繁，而理乱兴衰之事毕现”。他特别责问对方引赫胥黎之《天演论》以自饰，“尔不怕为赫胥黎所笑乎？我问尔：赫胥黎所著之书共有几种？赫胥黎所主张之学说为如何？即尔所奉之《天演论》之译本，其原意有无为译者所牵强附会？尔能一一答我乎？”他并指出，赫胥黎之书当译作“进化”而不应当译作“天演”，因进化“有天然进化、人事进化之别”，“人事进化与天然进化有相因的，亦有相反的也”。③ 孙中山的这篇文章足以证

① F. 达尔文：《达尔文生平》，215 页。

② 同上书，64 页。

③ 《孙中山全集》第 1 卷，384～385 页。

明他对赫胥黎的著作确实花了工夫，天然进化与人事进化的区别更说明了他所接受的是赫胥黎一系的理论。正基于此，他断言："物竞争存之意已成旧说，今则人类进化，非相匡相助，无以自存。"[①] "天演淘汰为野蛮物质之进化，公理良知实道德文明之进化。"[②]

查上海孙中山故居英文藏书，可以了解孙中山对天然进化与人事进化的异同一直非常关注，对这个问题持续作了研究。

值得注意的首先是与孔德、斯宾塞齐名的社会学创始人之一，美国社会学家华德（L. F. Ward，1841—1913）的三部社会学著作：《社会学纲要》（*Outlines of Sociology*，纽约，1899 年版），《理论社会学》（*Pure Sociology*，纽约，1916 年版），与迪尼（J. Q. Dealey）合撰的《社会学教程》（*A Text Book of Sociology*，纽约，1914 年版）。华德的这些著作一个鲜明的特点，就是不同意斯宾塞的物竞天择宿命论，认为互相冲突的宇宙能通过共力作用而互相结合，在一个逐渐进化的序列中将发展为谐调的物理、生物、心理、社会关系，在社会进化中人的精神因素能够改变人类的自然和社会环境，帮助建立更为美好的社会。

英国社会学家霍布豪斯（L. T. Hobhouse，1864—1929）也有三部著作为孙中山所收藏，它们是：《自由主义》（*Liberalism*，伦敦，1911 年版），《不开化民族的物质文明与社会制度》（*The Material Culture and Social Institutions of the Simpler Peoples*，伦敦，1915 年版），《道德的演变》（*Morals in Evolution*，纽约，1916 年版）。霍布豪斯认为，发展存在于通过一系列的合成作用而扩大的和谐之中。他的这几部著作论证了合成作用的进行，有待于互相冲突的各种因子的解放，以及它们形成不同类型的结构。他主张将自由主义与集体主义统一起来，既发挥个人的潜力，又进行全面的合作；既防止放任主义，又避免官僚主义。

第三位值得注意的学者是基德（B. Kidd，1858—1916）。上海孙中山故居中有这位英国社会哲学家的三部著作：《社会进化》（*Social Evolution*，纽约，1895 年版），《西方文明原则》（*Principles of Western Civilization*，纽约，1902 年版），《热带地区的控制》（*The Control of the Tropics*，纽约，1908 年版）。基德的这三部代表作都坚持集体

① 《孙中山全集》第 2 卷，360 页。

② 同上书，508 页。

制约是社会进步的主要条件，他认为，人类具有追求理想的倾向，它具体体现在宗教中，因此，人类和社会的进化应当和宗教结合起来。

故居中也有一些宣传斯宾塞观点的社会学著作，更有戈宾诺（J. A. Gobineau，1816—1882）的《人种不平等论》（*The Inequality of Human Races*，伦敦，1915 年版）这样鼓吹白种人优越论的著作。

于此，我们便可大体了解孙中山 1919 年明确提出“物种以竞争为原则，人类则以互助为原则”的学理基础与思想渊源了。

上述物种与人类进化原则完全不同的论述，见之于《孙文学说》：

> 物种由微而显，由简而繁，本物竞天择之原则，经几许优胜劣败，生存淘汰，新陈代谢，千百万年，而人类乃成。人类初出之时，亦与禽兽无异；再经几许万年之进化，而始长成人性。而人类之进化，于是乎起源。此期之进化原则，则与物种之进化原则不同：物种以竞争为原则，人类则以互助为原则。社会国家者，互助之体也；道德仁义者，互助之用也。人类顺此原则则昌，不顺此原则则亡。①

论者多以为孙中山这一论点源于克鲁泡特金。孙中山在《实业计划》“结论”中曾说：“后达文而起之哲学家之所发明人类进化之主动力，在于互助，不在于竞争，如其他之动物者焉。”② 这里所说的“后达文而起之哲学家”，论者也多以为指克鲁泡特金。查上海孙中山故居藏书，有一册克鲁泡特金的《一个革命者的回忆》（*Memoirs of a Revolutionist*，波士顿、纽约，1899 年版），而克鲁泡特金的代表作《互助：一个进化的因素》即通常所说的《互助论》则未见。当然这部著作也完全可能为孙中山携去广州乃至被焚毁，孙中山完全可能读过这部著作，至少他不会不熟悉这部名著。但是，孙中山强调只有人类方才以互助为原则，而克鲁泡特金则强调不论在生物界还是在人类社会，竞争都不是

① 《孙中山全集》第 6 卷，195～196 页。

② 同上书，394 页。

规律，只有互助才是他们进化的基本法则；[①] 孙中山坚持社会国家为互助之体，克鲁泡特金则认为，国家、法律及一切政府的存在，都同各个渺小的个体彼此间的互助合作不相容。两人的主要观点如此南辕而北辙，孙中山的主张似乎并非源于《互助论》，他所说的“后达文而起之哲学家”似乎也并非指克鲁泡特金。

倒是赫胥黎《进化论与伦理学》中的相关论述与孙中山的主张颇为切近。赫胥黎将人类社会的进化过程视为一种伦理过程，物种进化的特点是紧张而不停的生存斗争，伦理过程却要“所有的人相亲相爱，以善报恶”，献身于“互助这一伟大事业”。[②] 他 1893 年在罗马尼斯讲座讲演时指出：

> 对伦理上最好的东西（即所谓善或美德）的实践包括一种行为的途径，这种行为的途径在各方面都是同在宇宙生存斗争中导致成功的那种行径对立的。它要求用“自我约束”来代替无情的“自行其是”，它要求每个人不仅要尊重而且还要帮助他的伙伴，以此来代替推开或践踏所有竞争对手……它否定格斗的生存理论。[③]

关于法律和道德训诫，赫胥黎强调它们“是对社会中人们之间生存斗争的约束”，其目的是“遏制宇宙过程”。[④] 孙中山论及人类今日犹未能尽守互助之原则时，认为原因在于人类本从物种而来，人类进化为时尚浅，“一切物种遗传之性尚未能悉行化除也”[⑤]，《进化论与伦理学》中也有同样论述：“社会的文明越幼稚，宇宙过程对社会进化的影响就越大。社会进展意味着对宇宙过程每一步的抑制，并代之以另一种可以

① ［俄］克鲁泡特金：《互助论》，76、264 页，北京，商务印书馆，1963。

② 《进化论与伦理学》，52、56 页，北京，科学出版社，1971。

③ 同上书，57～58 页。

④ 同上书，21～22、58 页。

⑤ 《孙中山全集》第 6 卷，196 页。

称为伦理的过程。”①

这些事实足以表明，孙中山“人类则以互助为原则”的思想与其说是源于克鲁泡特金，毋宁说是源于赫胥黎。赫胥黎先前以生物学家、自然科学家知名于世，晚年转向哲学，《进化论与伦理学》英文原版收录有五篇论文，是他晚年的重要哲学著作，赫胥黎也因此被认作哲学家，孙中山所说“后达文而起之哲学家”，更可能是指赫胥黎。极为有趣的是上海孙中山故居藏书中有一部《兰斯特罗斯论蜂箱及蜜蜂》（*Langstroth on the Hive and Homey Bee*，1913 年版），又有一部《蜜蜂文化大全》（*The ABC and XYZ of Bee Culture*，1913 年版），从东京丸善书店购入的书籍中，还有一部《蜜蜂的知识》（*The Lore of the Honey Bees*），一部《养蜂获利的秘密》（*How to Keep Bees for Profit*）。过去不知孙中山为什么对蜜蜂如此感兴趣，亦无他本人养蜂的记录，读了赫胥黎的《进化论与伦理学》，这个疑窦可豁然而解。赫胥黎认为，“在蜂群组成的社会中实现了‘各尽所能，按需分配’这种共产主义格言的理想。在其组织内，生存斗争是受到严格限制的”②。他将蜂群社会与人类社会作了比较，研究蜂群社会，目的在于更好地了解人类社会，了解人类进化的伦理过程。

三、“政治哲学的真谛”

孙中山关于人类以互助为原则的进化思想渊源有自，并不意味着他在这方面没有自己独立的思考与新的创造。他所说的“社会国家者，互助之体也；道德仁义者，互助之用也”，就是他在赫胥黎所提出的基本观点基础上，综合经济学、政治学、社会学和伦理学、心理学研究的一系列新成果，作出的新的概括。而这一切，在 1924 年三民主义系列演讲中，则被凝聚在他对忠孝、仁爱、信义、和平这套“中国固有道德”及中国古代经典《大学》诚意、正心、修身、齐家、治国、平天下这套所谓中国古代政治哲学“真谛”的新诠释中。

孙中山是怎样从“道德仁义者，互助之用”走到恢复中国的固有道德的？又是怎样从“社会国家者，互助之体”走到褒扬《大学》的政治

① 《进化论与伦理学》，57 页。

② 同上书，17 页。

哲学的呢?

在《孙文学说》中，孙中山已经批评了“乃至达文氏发明物种进化之物竞天择原则后，而学者多以为仁义道德皆属虚无，而争竞生存乃为实际，几欲以物种之原则而施之于人类之进化”①，但当时对道德仁义并未展开论述。从上海故居藏书中可以看出，为了深入了解人类的伦理、道德发展过程，孙中山读了至少近20种西方伦理学著作。举其著者，就有以下十余种：（1）美国哲学家鲍德温（J. M. Baldwin，1861—1934）的《心理发育的社会和伦理学的阐释》（*Social and Ethical Interpretations in Mental Development*，纽约，1899年版），以580页的篇幅将达尔文的进化论运用于心理学，以进化原理解释心理现象；（2）芬兰哲学家韦斯特马克（E. A. Westermarck，1862—1939）的代表作两卷本《道德观念的起源与发展》（*The Origin and Development Of the Moral Ideas*，伦敦，1912年、1908年版）；（3）英国哲学家、现代西方新实在论和分析哲学的创始人之一穆尔（G. E. Moore，1873—1958）所撰的《伦理学》（*Ethics*，伦敦，1912年版），是20世纪伦理学经典之一，是1903年版《伦理学原理》一书的简明读本；（4）英国伦理学家西季威克（E. M. Sidgwick）的《伦理学与心理学方面的世界危机》（*The International Crisis in Its Ethical and Psychological Aspects*，伦敦，1915年版）；（5）德国哲学家倭铿（R. C. Eucken，1846—1926）的《当代伦理学》（*Present-Day Ethics in Their Relations to the Spirtual Life*，*Being the Deem*，伦敦，1913年版）；（6）拉古纳·狄奥多尔·德莱奥德（Laguna Theodore De Leo De）的《伦理学入门》（*Introduction to the Science of Ethics*，纽约，1916年版）；（7）悌里（F. Thilly）的《伦理学入门》（*Introduction to Ethics*，纽约，1905年版）；（8）苏季摩里（K. Sugimori）的《道德王国之准则》（*The Principles of the Moral Empire*，伦敦，1917年版）；（9）赛瑟（J. Seth）的《伦理学原理研究》（*A Study of Ethical Principles*，伦敦，1916年版）；（10）惠泰克（T. Whittaker）的《抽象伦理学原理》（*The Theory of Abstract Ethics*，剑桥，1916年版）；（11）戴维斯

① 《孙中山全集》第6卷，196页。

(N. K. Davis) 的《伦理学要素》(*Elements of Ethics*, 波士顿, 1900年版); (12) 理查德森 (G. L. Richardson) 的《良心的起源及其权威》(*Conscience: Its Origin and Authority*, 伦敦, 1915 年版); (13) 罗伊斯 (J. Royce) 的《忠诚的哲学》(*The Philosophy of Loyalty*, 纽约, 1916 年版); (14) 迈尔斯 (F. W. H. Myers) 的《人的个性及其不朽》(*Human Personality and Its Surrival of Bodily Death*, 纽约, 1909 年版)。这些著作立论各异, 对近代以来西方霍布斯和法国百科全书派的利己主义伦理观、边沁和密尔所代表的功利主义伦理观、以最大多数人的最大幸福为道德评判标准的伦理观, 或申述, 或批评, 但重视伦理道德在人类社会发展中的作用几乎众口一词, 它们给孙中山深入思考道德仁义的具体内涵提供了丰富的资源。

所有这些著作, 在强调伦理道德的重要意义方面显然适用于东方, 适用于中国, 而在具体阐述伦理道德规范时, 则显然根植于西方世界。孙中山是怎样从这里转向提倡中国固有道德的呢? 给了他直接影响的可能是对中国固有道德充满了自信的辜鸿铭的英文著作, 见之于故居藏书中的有两部, 即辜鸿铭翻译成英语的《论语》和《中庸》, 前者他译成《孔子的论述与名言》(*The Discourses and Sayings of Confucius*), 副标题为"引用歌德和其他西方作家的话注解的一种新的特别翻译"; 后者他译成《人生之道或孔子所阐述的普遍规范》(*The Conduct of Life or the Universal Order of Confucius*), 副标题为"孔子之外阐明中庸学说的经典著作的一种翻译"。前者为上海 1898 年版, 后者为伦敦 1912 年版。孙中山显然很喜欢读辜鸿铭的英文著作, 曾夸赞他在近代中国"英文第一"①。但对孙中山影响更大的, 当是辜鸿铭在这些著作中所表现出来的对儒家道德伦理藐视一切的执著和独特关怀。辜鸿铭在《中庸》英译本序言中说:"在现代欧美最优秀和最伟大的思想家最近的著述中, 能够找到和这本两千年前的著作形式和语言都同样的论述, 这正是这部著作的特殊价值之所在。"在《论语》和《中庸》的英译本里, 辜鸿铭引用了歌德、卡莱尔乃至莎士比亚等一批西方著名思想家的言论, 来阐明经文的含义, 以使对西方文明熟悉者易于认同儒家这些思

① 邵镜人:《同光风云录》, 239 页, 台北, 鼎文书局, 1957。

想。辜鸿铭在《中庸》英译本中还收辑了四篇附录，热烈地赞誉儒家所倡导的伦理道德，对现代西方文明的诸多弊端进行了犀利的批评。孙中山转向提倡中国固有道德，从这里不难找到他思想演变的脉络。

从“社会国家者，互助之体”转向称赞《大学》的政治哲学，其思想演变的脉络也与此相似。

在《实业计划》结论中，孙中山在叙述“世界有三大问题，即国际战争、商业战争与阶级战争”时，强调指出：国际战争，是“为土地而争，为食物而争，为原料而争”的“有组织之大强盗行为”；商业战争，“是资本家与资本家之战争”，“此种战争，无民族之区分，无国界之限制，常不顾人道，互相战斗，而其战斗之方法即减价倾轧，致弱者倒败，而强者则随而垄断市场，占领销路”；阶级战争，指“工人与资本家之战争”。孙中山认为，所有这些斗争之性，都是“动物性根之遗传于人类者”，实际上就是在人类身上遗留的兽性。《实业计划》从社会国家的构成与运用方面对于及早消除这种兽性设计了一套行动方案，包括在国际关系中依靠互助而获得比竞争更丰厚的利益，在经济上“以经济集中代替自由竞争”，“将一切大公司组织归诸通国人民公有”，在社会财富的分配方面以“公共之利益”为标的，而不以“私人之利益”为标的，等等。①

如何使社会国家从强权支配、优胜劣败转到人们互亲互助，从故居藏书中可以看出，孙中山阅读了西方大批新近出版的与这一主题直接相关的著作，经济学、政治学、社会学中专门讨论社会国家如何改造的著作不下一二百种，其中专门阐发社会主义学说的著作就有二三十种。其中，有一批著作专门讨论国际联盟和国际政治组织基本原则问题，一批著作综合讨论社会组织、社会联合、社会调节问题，一批著作专门讨论经济上如何消灭各种不公现象，一批著作专门讨论政治上、法律上如何引导人们走向合作互补，所阐发的社会主义学说更是流派繁多。从这些著作可以看出，孙中山在认真地进行比较，在深入地进行思考，在研究如何使社会国家真正成为“互助之体”。

值得注意的是孙中山还力图从文化层面上对社会国家的改造作综合

---

① 《孙中山全集》第6卷，394页。

的思考。赫胥黎在《进化论与伦理学》中论及人类进化是一个伦理过程时，就曾将它提到文化层面上加以论述："人在这种社会中并通过这种社会可以发展出一种有价值的文化，这种文化能够维持和不断改进其自身……"① 人类结为社会国家，同动物世界的一个根本区别就是人类能创造出文化，人类除去生物遗传之外，还有文化的遗传。这种文化的创造和文化的遗传，使人类的经验能在代与代之间传递并不断积累起来。这在其他生物中是没有的。而引导孙中山从文化层面上去思考社会国家由竞争转向互助的，除去赫胥黎的这一论述外，应当还有辜鸿铭翻译成英语的《大学》。

故居藏书中现无《大学》英译本。辜鸿铭将此书译作《伟大的学问或高等教育》(*The Great Learning or Higher Education*)，1908 年曾以此书与《中庸》两个英译本一道赠送给列夫·托尔斯泰。辜鸿铭一直坚信中国文明是一种道德文明，中国古老的社会秩序是一种符合事物本性的真正的社会秩序，因此，它们不会消亡，也不会过时。他译《论语》，重点阐释中国的智慧文化；译《中庸》，集中褒扬中国的道德文明；译《大学》，中心则说明中国古老的社会与政治秩序如何尽善尽美地将个人道德、智慧修养同家庭、国家、国际社会的建设结合成为一个整体。孙中山在《民族主义》演讲中说："中国有一段最有系统的政治哲学，在外国的大政治家还没有见到、还没有说到那样清楚的，就是《大学》中所说的'格物、致知、诚意、正心、修身、齐家、治国、平天下'那一段话。把一个人从内发扬到外，由一个人的内部做起，推到平天下止。像这样精微开展的理论，无论外国什么政治哲学家都没有见到、都没有说出，这就是我们政治哲学的知识中独有的宝贝，是应该要保存的。"② 这段话中处处都显露出辜鸿铭活脱脱的身影。

对于忠、孝、仁、爱、信、义、和、平等传统道德，对于修、齐、治、平等传统社会政治哲学，孙中山都作了新的解释。但是，从对近代西方伦理道德和社会改造方案的广泛研究转向倡导恢复中国固有的道德、知识和能力，除去给其新的思想寻得民族形式外，显然还因为中国固有的文化，特别是《中庸》与《大学》的文化内涵，在这一时期引起

① 《进化论与伦理学》，31 页。

② 《孙中山全集》第 9 卷，247 页。

了关注人类如何从竞争走向互助的孙中山的强烈共鸣。1924 年 11 月 28 日孙中山在日本神户出席神户商业会议所等五团体的欢迎会时所作的演说中说过：

> 从根本上解剖起来，欧洲近百年是什么文化呢？是科学的文化，是注重功利的文化。这种文化应用到人类社会，只见物质文明，只有飞机炸弹，只有洋枪大炮，专是一种武力的文化。……这种专用武力压迫人的文化，用我们中国的古话说就是"行霸道"，所以欧洲的文化是霸道的文化。但是我们东洋向来轻视霸道的文化。还有一种文化，好过霸道的文化，这种文化的本质，是仁义道德。用这种仁义道德的文化，是感化人，不是压迫人。是要人怀德，不是要人畏威。这种要人怀德的文化，用我们中国的古话就说是"行王道"。所以亚洲的文化，就是王道的文化。

所谓霸道的文化，实际上就是孙中山先前所说的以生存斗争为原则的文化；所谓王道的文化，实际上就是他所倡导的以互助为原则的文化。中国传统文化中也有霸道，但是，在中国文化，特别是儒家文化，尤其是《中庸》《大学》一派儒家文化中，影响更大的是所谓"致中和"。所谓中和，指用"持中"及"谐和"的方法，使互相对立的各个方面能够协调有序地结合在一起，相辅相济。《中庸》解释中、和这两个字的字义时说，"喜怒哀乐之未发，谓之中；发而皆中节，谓之和。中也者，天下之大本也；和也者，天下之达道也"。致中和，包含有持中、用中、执中、中行、中庸、中道、中德等多重意思，见之于社会与政治实践；它要求"执两用中"，即既防止过激，又防止不及，在两个极端之间"中立而不倚"；它又要求对立的或相异的各方相反相成或相辅相济，使它们互相结合而形成为一个新的统一体；它还要求相反或相异的各方各守其度，各安其位，各得其所，并因时因地因形势而推动事物向对立的方面转化。重视社会协调，推动社会联合，努力以互助互补取代互相争斗，中国固有文化中的这一精神正与批判生存斗争社会哲学而大力提倡互助的孙中山紧相契合，而这便是孙中山晚年转向褒扬中国的固有道德、固有知识、固有能力的内在的思想根源。

四、两种社会哲学的世纪重评

恩格斯在《自然辩证法》中指出：

> 在达尔文以前，他的今天的信徒们所强调的恰好是有机界的和谐的合作，植物王国怎样给动物提供食物和氧，而动物怎样给植物提供肥料、氨和碳酸。达尔文的学说刚刚得到承认，这同一些人便立刻到处只看到斗争。这两种见解在狭小的界限内都是有道理的，然而两者也都同样是片面的和褊狭的。自然界中无生命的物体的相互作用既有和谐也有冲突；有生命的物体的相互作用则既有有意识的和无意识的合作，也有有意识的和无意识的斗争。因此，在自然界中决不允许单单把片面的"斗争"写在旗帜上。①

在社会与政治哲学领域内，从强调和谐的合作转向到处都只看到斗争，比之自然哲学领域内的这一转变要更早，以致恩格斯说："达尔文的全部生存斗争学说，不过是把霍布斯关于一切人反对一切人的战争的学说和资产阶级经济学的竞争学说以及马尔萨斯的人口论从社会搬到生物界而已。"② 而达尔文特别是斯宾塞的生存斗争学说创立之后，社会与政治哲学领域内到处都只看到斗争的倾向变得比先前任何时候都更为强烈，斗争被说成自然界和人类社会共同遵循的永恒的自然规律。

19 世纪末 20 世纪初，因列强图谋瓜分中国而造成的空前民族危机铺天盖地向中国压来，而国内酝酿已久的经济危机、政治危机、文化危机、社会危机也正在走向总爆发，正在这时，物竞天择学说传到了中国，严复所说的"民民物物，各争有以自存，其始也，种与种争，及其

① 《马克思恩格斯选集》第 4 卷，371～372 页，北京，人民出版社，1995。
② 同上书，372 页。

成群成国，则群与群争，国与国争，而弱者当为强肉，愚者当为智役”①，便立即成了所有图谋力挽狂澜者共同崇奉的社会与政治哲学。

生存斗争学说，对于在中国传统社会与政治文化中长期占据支配地位的中和哲学产生了前所未有的冲击。这两种社会与政治哲学总的价值取向和总的行为方式截然不同。前者强调的是优胜劣败、你死我活、势不两立，而后者强调的则是推己及人、统筹兼顾，对立面互相调和而平争泯乱。诚然，正如恩格斯所说，这两种哲学在一定范围内都能独立，而一旦普遍化，其片面性、褊狭性便立即暴露出来。但是，空前激烈的民族冲突和社会冲突，给斗争哲学提供了广泛的社会基础和实践力量的强大支持，使之成为时代思潮与理论上、实践中的主导哲学。

孙中山已敏锐地发现了斗争哲学的片面性与褊狭性。差不多与他同时，李大钊也提出“协合与友谊，就是人类社会生活普遍法则”，“人类应该相爱互助，可能依互助而生存，而进化；不可依战争而生存，不能依战争而进化”，“人类不是争斗着、掠夺着生活的，总应该是互助着、友爱着生活的”。② 但是，无论是孙中山，还是李大钊，在实践中所主要致力的，都仍然是阶级斗争、暴力革命，尽管他们都视此为人类走出史前时期即动物状态的最后一战。

20 世纪的世界，经历了两次世界大战，数以百计的局部战争，以及长达数十年的“冷战”。20 世纪的中国，也经历了几乎一直绵延不绝的侵略与反侵略的战争、革命与反革命的战争、军阀与军阀之间的战争、人民内部这一派别同那一派别之间的“文攻武卫”。这一总的背景，决定了人们对孙中山晚年批评生存斗争社会哲学、褒扬儒家政治哲学难以作出客观而公允的评价。

戴季陶、蒋介石径直将孙中山定位为孔子以后中国道德文化上继往开来的大圣，说他的基本思想完全渊源于中国正统思想的中庸之道，说

---

① 严复：《原强》，据 1895 年 3 月 4 日至 9 日天津《直报》原刊；参见王栻主编《严复集》第 1 册《诗文（上）》，5 页，北京，中华书局，1986。

② 李大钊：《阶级竞争与互助》，1919 年 7 月 6 日发表于《每周评论》第 29 号；参见《李大钊文集》下卷，16～17 页、19 页，北京，人民出版社，1984。

《中庸》是他的原理论，《大学》是他的方法论。[①] 孙中山思想形成与演变的因果关系在他们这里完全被颠倒了。蒋介石一次又一次宣讲《中庸要旨》《大学之道》，但是，当他反复强调中庸的意思为“大中至正”、“中立不倚”、“屹立不摇”、“无可变易”、“永久不灭”时，[②] 就将中庸变成了对现状的承认与保持，使矛盾凝固化、呆滞化，保证混沌状态至无穷无尽。蒋介石还将《中庸》的本体概括为一个“诚”字，诚产生万物，诚能决定一切、改变一切、创造一切，使中道、中德、持中步入了神秘主义、信仰主义。[③]

将马克思主义千条万绪的道理归结为“造反有理”这一句话的毛泽东，对中庸思想从总体上作了否定性的评价。他说：

> 中庸思想是反辩证［法］的。……用两条战线斗争方法来维持旧质不使变化，这是维持封建制度的方法论。……中庸主义包括了死硬派和折中派两种思想。当其肯定质的绝对安定性，这是同一律，也就是死硬派思想。当其畏首畏尾于过程正反之间成为排中律的反面之唯中律，代表两端间的过渡形态时，他是折中主义。当新势力与旧势力斗争激烈而胜负未分时，往往出现这种折中主义。[④]

毛泽东这里并非评论孙中山的社会与政治哲学，但许多评论者确乎据此对孙中山的互助观作出了否定性的评价，以为它是反对阶级斗争理论的唯心主义社会历史观，是反对马克思主义的。

其实，毛泽东也说过：“依一时说，统一是绝对的，斗争是相对的；

---

① 参见戴季陶：《民主哲学系统表》《孙文主义之哲学的基础》；蒋介石：《国父遗教概要》《三民主义之体系及实行程序》等。

② 蒋介石：《中庸要旨》，见张其昀主编《蒋总统集》，台北，“国防研究院中华大典编印会”，1968。

③ 蒋介石：《革命的心法——诚》《三民主义之体系及其实行程序》，见张其昀主编《蒋总统集》。

④ 毛泽东：《读艾思奇编〈哲学选辑〉一书的批注》，中共中央文献研究室编《毛泽东哲学批注集》，380页，北京，中央文献出版社，1988。

依永久说，统一是相对的，斗争是绝对的。绝对谓占统治地位。”① 这里所说的“一时”，可以是一个短短的历史阶段，也可以是一个很长的历史时期，一种生产方式占支配地位的整个历史时期，在这个范围内，对立面互相依赖、互相渗透、互相协调、互相推移对于互相压抑、互相排斥、互相冲突甚至互相消灭，完全可能处于更重要的地位。这就是说，至少在这样的时间段内，统一比之斗争更加适合历史发展的需要，对立面的互助比之对立面的冲突，或者说，“王道”比之“霸道”更有必要加以提倡。也正因为如此，当中国终于从内忧外患的巨大压力下解脱出来，而得以专心致志进行社会主义现代化建设，而世界又开始从“冷战”中走出来时，人们方才可能比较心平气和地重新审视一个多世纪以来流行的生存斗争哲学，重新考察孙中山对生存斗争哲学所作的批评在现代中国和现代世界是否具有现实意义。在大规模进行现代化建设的今天的中国，一切都处在变革之中，面对涌出的众多矛盾，如何解决？在各国都在致力于构建世界政治、经济新秩序的今日世界，是推波助澜去从事“文明的冲突”，还是以“和平”与“发展”为共同的诉求？人和自然之间，人与人之间，人们的心灵内部，不同的民族、国家、文明之间，仍存在着种种问题。21 世纪人类能否从物竞天择、优胜劣败以及一切人反对一切人的斗争这类 19、20 世纪的社会与政治哲学中走出来，以更为成熟的理性的态度去迎接和创造未来？在这一基点上来回顾孙中山晚年对生存斗争社会哲学的批判及对儒家政治哲学的褒扬，就不难发现，近 80 年前孙中山的思考并非毫无意义。这并不是说孙中山所作的答案可以原封不动地应用于今天，而是他所指示的解决问题的方向，对于今天的中国和今天的世界仍然是一个重要的启迪。

① 毛泽东：《读艾思奇编〈哲学选辑〉一书的批注》，见中共中央文献研究室编：《毛泽东哲学批注集》，374 页。

致中和：一场和平进行的社会革命

人们都已注意到，在世界的东方，在 1978 年中共十一届三中全会后，中国大地正经历着一场巨变。

但是，人们并不都真正了解这场巨变。欢迎者有之，反对者亦有之。有人怀疑这场巨变能否成功，有人忧虑这场巨变给世界带来的后果难以预卜。

要了解中国确实不容易。它有五千年绵延不绝的历史积淀，在 960 万平方千米的土地上生息着包含 56 个民族的 13 亿人口，古代、中世纪、现代互相纠缠着共生共存，这就要求在了解中国时，不仅要全面了解其现状，而且要深切体认其历史，要借助多学科、跨学科的综合研究，否则，就无法走出纷繁复杂的万千现象的迷宫。这正是了解中国在方法论上的特殊要求。

一、正在和平进行的一场社会革命

1979 年以来，中国经济平均 9% 的年增长率，已经为举世所瞩目。

但是，并不是所有的人都意识到，就中国而

言，这一数字包含着多么丰富的内涵。中国经济持续地高速增长，标志着中国在这一时期，同1840—1949年及1949—1979年相比，正以先前两个时代所不可望其项背的广度、深度、速度，推动着自己从建筑在传统的自给自足小生产基础上的古代文明，转向建筑在社会化大生产基础上的现代文明。最重要的变化，还不仅在国民生产总值量的增加，而是在于社会发生了真真实实的质的转变，整个中华文明正在实现一次自古以来最有意义的旧质向新质的飞跃。

这一质的飞跃，大体表现在以下几个方面。

第一，13亿中国人，80%～90%由自给自足或半自给自足的生产方式、生活方式转到了面向市场的生产方式与生活方式。须知，直到1949年，中国90%的人口还生活在和古代差不多的生产方式与生活方式中。其后，农村中的生产队、生产大队、人民公社，基本上仍是一种小生产者的共同体，在共同体范围内占支配地位的仍是一种自然、半自然经济。城市中，每个社会成员的生产和消费活动，都由行政权力和计划经济体制所支配，严格说来，也未真正面向市场。然而，经过这些年，不但从事第二产业和第三产业的中国人已转而面向市场，即使是从事第一产业的，除从事林、牧、副、渔诸业以及种植业中专门从事经济作物种植者已经完全面向市场外，从事粮食生产的，其产品的商品率也从长期的20%左右提高到40%乃至50%。自从由狩猎和采集经济转向农业手工业经济以来，经过了至少三千年，中国人第一次主要通过市场而互相联合起来。

第二，中国农村劳动力以空前的规模从第一产业向第二、第三产业转移，从农村向城市转移；在第一产业中，又从单一的粮食生产向经济作物的生产及多种经营转移。1993年中国从业人口总量为6亿多人，其中城镇职工为1.5亿人，乡村劳动力约4.5亿人。城镇职工所从事的自然是第二、第三产业，4.5亿乡村劳动力中，为乡镇工业所吸纳的劳动力已达1.2亿，另有约0.7亿人口作为流动人口流向城市，从事建筑、商贩及各类合同工作。城乡总计，从事第一产业的为3.5亿人，从事第二产业的为1.3亿人，从事第三产业的为1.2亿人；在从事第一产业的劳动力中，去除自发流向城市的流动人口0.7亿和乡村私营企业从业人员、非农业个体劳动者0.2亿，实际只有2.6亿人。实际从事第一产业的劳动力还将继续减少，现有流动人口和未来新增人口及原从事第一产业的劳动力，大约会有近2亿人加入第二、第三产业，使第二、第三产业劳动力增至4.5亿～5亿人。只要比较一下，从1840年直到1978年经过138年的发展，城镇职工总数方才达到约0.5亿，就可以了解，劳动力结构的改变是多么巨大。

第三，与以上变化同步发展的，是城市化、中产化、世界化进程空前加快，乡村变为城市，古代城市变为现代城市，人们从贫困走向富裕，同世界的联系程度也远非前两个时期所能比拟。中国城市化程度总的来说还很低，城镇人口现在只占总人口的30%，乡村人口仍占到70%。但是，乡村人口中去掉乡镇工业人口、流向大中城市的流动人口及私营企业从业人员，城镇人口中加上这些人口，城乡人口的比例实际将为40%与60%。中国人的收入总的来说还远远低于发达国家，但1994年全国城镇居民人均收入已达3170元，农村居民人均收入已达1220元，按照国际货币基金组织（IMF）公布的实际汇率折算方法及购买力平价折算方法，取其中数，以上人均年收入分别相当于1000美元及400美元。中国还有8000万人处于贫困线以下，也已有了数以百万乃至千万计的高收入者，但就整体而言，中国已不再是一个普遍贫困化的社会，尽管有两极分化现象存在，小康化的家庭正在成为社会的主体部分。现今的中国人，无论在城市，还是在乡村，同世界的联系都越来越密切。1994年中国的进出口总额已达2367亿美元。从1979年到1993年，中国实际利用外资金额达639亿美元，1994年全年实际使用外资金额458亿美元，累计共1097亿美元。在中国出口总值中，乡镇企业所占的比重已达50%。这些数字足以表明，中国城乡居民已经同世界建立了多么广泛而直接的联系。

第四，人们的价值取向、观念形态、行为方式，社会的构成、运行和调控系统，也都发生了全局性的转变。人们开始有了可能，将自己的生存与发展放在包含经济增长、法治、社会自我管理、科学技术不断进步、人与环境互相协调等多层次在内的综合发展基础上。

中国在整个20世纪中最为响亮的一个名词就是革命。但是，以往的革命过多地纠缠于政治斗争领域，社会本身的变化与发展反而很有限。近年来以非暴力方式和平进行的这场变革给中国带来的变化是如此之大，这方才是一场真正意义上的社会革命，因为只有这场变革才是名副其实的、整体的、内在的、综合的、持续的发展与转变。

二、无序、失衡、失范状态的烈度及根源

在空前广泛、深入的社会巨变中，大量的无序状态与有序状态共存，到处泛滥的失范、失衡现象与规范化、均衡化现象共生，常常令人为之头晕目眩。

今天的中国，同时进行着三个转变：一是从自然、半自然经济转向市场经济；二是从原始积累时代及自由竞争时代的市场经济向现代市场经济转变；三是从原先已经形成严密体系的产品经济、计划经济向既合乎市场经济通则又体现社会主义精神的新经济体系转变。这是一个16、17、18、19世纪和20世纪并存的时代。旧的价值系统、行为规范依然存在，但又在解体而失去约束力；新的价值系统、行为规范已经孕育、诞生但还很幼弱，也远未能对全社会发挥其约束效能。原始积累时代和自由竞争时代的市场经济对自然、半自然经济来说，有其进步意义，但对现代成熟的市场经济又是严重的伤害。价值多元，行为多轨，给无序、失衡、失范状态的滋生泛滥提供了广阔的空间。

在当今中国的发展中，应当说，主导的方面仍然是有序、均衡、规范的状态，但是，无序、失衡、失范状态也确实是严重的，它集中表现在以下四个方面。

第一，权力结构方面的三大问题。一是原先异常严密的行政权力支配一切的控制和协调系统已无法照旧有效地运转，中央权力下放既给地方注入了强大活力，也造成了国有资产区块化和经济利益地方化，这就导致权力系统的板块性脱落和板块之间互相阻隔；二是由于价值多元，政治权力还没有来得及建立起有力的监督和制衡机制，在非规范的市场经济和原始积累所特有的投机性、冒险性面前，易被腐蚀而走向腐败，走向权力寻租，即钱权非法交易、非法结合；三是由于公民社会不健全，公众自治不发达，缺乏各类中介团体来联系国家与企业，政企难以分开，政府继续统制一切，无法转换其职能，政府机构的庞大和低效率问题也无法解决。

第二，产业与经济结构方面的三大问题。一是第一产业与第二、第

三产业发展失衡。这是由于农业投入减少，耕地被占，水利失修，农业基础设施脆弱，工农业产品剪刀差仍然偏大，农民负担仍然偏重，农民比较利益下降，使农业发展速度受到很大限制。而到2000年，中国人口增至13亿，粮食总产必须达到5亿吨，经济作物等也需要一个大的发展，则使农业发展同工业发展乃至第三产业发展失衡问题更形突出。二是由于各种区域利益、部门利益、集团利益为一己的局部利益、短期利益所取代。争资金、争资源、争能源，使产业发展在低水平上不断重复，追求产值，追求速度，不断妨碍和冲击产业升级和产业的优化组合，以实现集约型、效益型、内涵型的增长，妨碍劳动密集型产业向资金技术密集型产业转变，妨碍不同区域、不同部门之间通过优势互补而发挥整体综合效能。三是体制变革不平衡。就所有制关系而言，已经在原来的国营经济体制外，建立了一个个体经济、私营经济、民营经济体制，一个外资与中外合资经济体制。这三大体制起点不同、负担不同、内在运作机制不同、外部管理水准不同，失序、失衡、失范情况所在多是。就国家宏观调控体制而言，财税体制、金融体制、外贸体制、物价体制、计划体制、投资体制等改革进展相当不平衡，分税制基本框架已建立，但还不完善，金融改革严重滞后，中央银行独立性未获保证，现有专业银行向商业银行转变艰难，尤其是作为所有这些改革基础的国有企业改革进展不大，使国家宏观调控体制难以充分发挥其应有的效能。

第三，社会结构方面，最大的失序、失衡、失范问题有两个，一是中国东部、中部、西部及不同省区之间发展差距扩大问题，二是中国社会新的分层及彼此间差距扩大问题。这些年来，中国无论东部，还是中部、西部，都有了长足的发展，但东部工业基础好，技术水准高，产业升级快，规模效益大，又率先对外开放，比之中部、西部发展更快，并造成资金、劳力、人才、信息、资源向东部集聚，这就导致东部与中部、西部经济发展的差距增大。而中、西部地区，特别是西部，又是少数民族聚居的地区，区域之间的差距因此又常常和民族及宗教问题结合在一起，使区域发展失衡问题更加复杂。如何既支持中、西部地区加快发展而又不牺牲东部地区，便成为一个两难的课题。社会利益分化日益明显的问题是社会结构失序、失衡、失范中的又一重大问题。近年来，中国人的生活水平普遍有了很大提高，但是，提高的程度并不一样。通常经济增长快的地区比增长较慢的地区提高得多，私营企业主、个体经营者、外资企业职工比国营企业职工提高得多，效益好的行业、企业比效益差的行业、企业提高得多，城市比乡村提高得多。而国家还没有能够通过税收制度对初次分配进行有足够力度的调控，并通过社会保障制度有效地进行第二次分配以更好地体现社会公平。尤为突出的是由于法制不健全，权力制衡与监督不得力，非法经营牟取暴利及利用权力贪污受贿、吞没国有资产的现象相当普遍。加上较长时间的通货膨胀，以隐蔽的方式将财富在社会成员中转移，使市场主体在资源利用上具有优势者比不具优势者分配更加不公。这种分配领域的失序、失衡、失范，成为众多社会成员不满、社会不安定的最强有力的催化剂。

第四，观念形态方面的问题。这些年来，总的说，中国人普遍地在精神上获得了前所未有的解放，人不再屈从于政治权力、家长权威，有了广泛的自主、自立、自由的权利。但是，由于经济建设与文化建设失衡，精神生产远未能同物质生产一样蓬勃发展。传统的、辅之以行政权力全面支配的大一统意识形态已失去往昔的统合力、约束力，而新的价值体系仍在形成之中，还未成熟，还未丰满，远未能为全社会所认同。在市场经济的冲击下，尤其是在非规范、非成熟的市场经济冲击下，出现了所谓价值迷失、道德迷失、行为规范迷失、拜金主义、享乐主义、纵欲主义，迅速败坏了社会风气，沿海地区和内陆地区，精英层和大众层，在观念上和文化上都呈现了多元化趋势，却缺乏将它们加以整合的力量。这就是观念形态方面的失序、失衡与失范。

海内外都有一批有识之士为中国大地上这些失序、失衡、失范现象而担忧和焦急。有的人很乐观，认为这些问题将在深化改革、扩大开放、持续发展中逐步得到解决；也有不少人相当悲观，认为这些问题几乎无法解决，中国前途未卜。解决这些失序、失衡、失范现象的各种方案已经纷纷提了出来，其中不少方案已在实施中，并已取得若干成效。但是，仅仅凭借这些还远远不够，还必须从中华文明发展的基本性质考察它对于现代化的相容性，从中华文明的现代发展考察所有这些失序、失衡、失范现象的过渡性、暂时性、局部性。

三、中华文明与新理性主义

近代以来，中国骤然受到西方殖民主义的冲击和压迫，为应付空前严重的民族危机和社会危机，中国脱离了自己固有的文明演进轨道，接受了“物竞天择，优胜劣败”的社会达尔文主义；其后，接受了从黑格尔到马克思再到列宁特别是斯大林的对立面斗争学说，企求通过持续不断的斗争和全面控制，达到理想的绝对境界。

中华文明已经传承延续了几千年。以其主体部分汉族而言，远古时代就已创造了水准相当高的黄河流域的中原文化、秦陇文化、齐鲁文化、燕赵文化，长江流域的巴蜀文化、荆楚文化、吴越文化，它们都成为中华文明的源头。春秋战国以来，所有这些文化互相交流、互相融合，在其演进中，又吸收了游牧文化、印度文化及其他外来文化。除去汉族外，长期居住在中国东北、西北、西南、中南地区的其他各民族，也对中华文明的形成和演进作出了积极的贡献。中华文明实际上也是一种多元的复合型文明。在思想文化领域中，影响最大的有儒家、法家、道家、佛教、伊斯兰教等各宗各派，每一宗每一派，常常又分作许多家。综合所有这些不同的文化，从中寻绎出中华文化的基本特征，自然是很不容易的，但却不是不可能的。在中国历代王朝中，作为统治思想影响最大的是儒、法、道三家。法家更多地表现了强化君主官僚对整个社会权力支配的要求，道家更多地表现了维护社会下层“鸡犬之声相闻，老死不相往来”、小国寡民自生自灭的愿望；前者过于峻急，后者过于平缓。儒家则更多地注意到使上下之间互相连接，同时也使上下都有所节制。儒家学说内容甚为繁杂，而其核心则可以说是使对立的两极互相结合，互相沟通。儒家以变易为宇宙万物运动的基本法则，而变易则由阳阴或乾坤这对立的两极相交相摩而生成。《易·系辞下传》说：“天地絪緼，万物化醇；男女媾精，万物化生。”天地是宇宙中的阳阴两极，男女是人物中的阳阴两极；二者有对立，有斗争，但终究要互相结合；只有二者互相沟通，宇宙和万物方能产生、发展、变化。儒家也讲“内圣外王”的理想境界，但它落到实处，更重视特定的限度，这就是《大学》中所强调的“知止”。“知止而后有定，定而后能静，静而后能安，安而后能虑，虑而后能得。”而要使阴阳两极都能约束自己在一定的限度之内，儒家就将“中和”看成治国的最高原则。《中庸》中说：“中也者，天下之大本也；和也者，天下之达道也。致中和，天地位焉，万物育焉。”《大学》与《中庸》自宋明以来被列为“四书”之首，正因为它们最扼要地阐明了儒家思想的精髓。

致中和，也可以说，正是整个传统中华文明最重要的特征，是整个中华文明的精髓之所在。在漫长的岁月中形成的政治、经济、社会实践体系和以“礼”为中心的教化体系，一言以蔽之，都是“极高明而道中庸”。由此可见，中华文明的基本精神不是优胜劣败的不断竞争，不是你死我活的不断斗争，而是《中庸》中所说的“万物并育而不相害，道并行而不相悖，小德川流，大德敦化”。近代以来，进化哲学和斗争哲学一度成为支配性哲学，是中华文明在特殊环境下越出自己所固有的轨道而作出的特殊反应。从这个意义上可以看出，既讲求效率，又讲求公平与稳定，以协调发展、共同富裕为目标的社会主义现代化建设，倒又回到了中华文明所固有的轨道，更加符合中华文明的本性。

正是从中华文明的上述根本性质出发，可以有信心地预见到，中国完全能够以一种吸收了现代文明各种积极成果的新理性主义，来解决好社会大转折中出现的上述诸多失序、失衡、失范的问题，实现使中华文明自身现代化的目标。

这种新理性主义，可概括为四点。

第一，科学精神与人文精神并行不悖，相砺相长。

人们比以往任何时代都更重视科学技术的不断发展、经济的不断增长、物质条件的不断改善，同时也比以往任何时代都更重视高扬人的人文精神，使人能超越异化而实现人与人生所固有的意义。这就是在科学技术和经济高速增长时，自觉地警惕人自身走向物化、工具化，而力求通过宗教生活、道德修养、人文追求，使人的存在、人的发展保持其主体性，于“工具理性”之外，能在“目的理性”及“价值理性”等更高层次上使人生的意义得到实现。这是使中华文明在现代化进程中推动人向完整的人，即以全面的方式全面占有自己本质的人前进的强大的内在动力。

第二，个性化精神与整体化精神并行不悖，相砺相长。

在古代中国，家庭、家族是社会的细胞，个人是通过血缘宗族关系联结起来的伦常关系巨大网络中微乎其微的一个网结。他们屈从于家庭及高高在上的行政权力的权威主义统治，成为家族及其最高代表帝姓家庭的驯服工具。近代以来，接受了“欧风美雨”的洗礼，更由于商品经济和社会化大生产开始突破原先的自然、半自然经济体制，思想界、文化界发出了个性解放、个性自由的呼唤。近些年来，市场经济体制的确立和经济的巨大增长，使个人以前所未有的广度和深度，从传统的家庭宗法及行政权力支配的关系中解脱出来，获得了自主、自立的权利。然而，在这里，个人的自由、个人的利益并未像西方某些国家那样占据至高无上的支配地位。根本的原因在于市场经济的发展很难和传统的“中和”、均平完全断裂，而中国素来没有对外殖民和进行扩张的传统，走向现代化过程中因社会转型而产生的巨大震荡与众多矛盾，都必须在本国内部消化，这就使整体化的精神在中国有着异常强大的生命力。这种整体化精神与个体化精神互相补充，使原先的家族宗法统治为新家庭主义所取代，使原先的行政权力权威主义的支配为新共同体主义所取代。这种新家庭主义，化解了原先家长制的家庭与家族结构，而保留了家人之间的亲情。特别是在信息化时代，许多家庭生产活动与生活又重新结合在一起，家庭成为异化了的人超越异化的一种新的选择。而新共同体主义，不同于旧式村社共同体，它将在市场经济基础上形成公众自治社会、公民社会，人们在公众自治社会中通过新的礼治和德治，在公民社会中通过法治，形成新型的人际关系，既保障自身的独立与自由，同时更保障其他社会成员各自的独立与自由，通过公众自治社会与公民社会积极自觉的调适，使社会整体运动既充满内在活力，又不会因内部冲突而陷入失序、失范、失衡状态。

第三，戡天役物的竞进精神和与自然谐适的保守精神并行不悖，相砺相长。

现代化和机器大生产联系在一起，和工业化、城市化联系在一起。中国是在西方发达国家已经完成工业化并已向后工业社会转变时开始自己的现代化进程的，为增强自己的国际竞争力，必须努力加快自身的工业化、城市化进程。西方现代化进程中曾经盛极一时的戡天役物的竞进精神，在中国，伴随着工业化、城市化的急速发展，也气势日旺。然而，靠超强度的戡天役物，中国仍无法与西方发达国家缩小差距，相反，自身资源的匮乏，超强度戡天役物造成的生态环境的恶化，城市和乡村环境质量的大幅度滑落，反而会使这种差距进一步扩大。因之，唯一可选择的发展模式，只能是一种创造可持续发展能力以保证社会经济持续发展的模式，这就是以和自然环境保持谐适的保守主义制约戡天役物的竞进主义，保持资源和环境可持续利用的能力，谋求经济发展与生态环境改善从互相对峙转向互相促进，以工业化、城市化高质量的发展取代较为单纯的数量增长及规模扩大。正是可持续发展对于改善生态环境所提出的强烈要求，公众对于良好环境质量空前的重视，工业化和城市化对于最大限度地利用资源及最低限度地生产废弃物资的需要，孕育出了文化上的新自然主义、新保守主义。前者倡导保护大自然，给人们提供同大自然充分接触的生活环境、生活方式，让人们有机会回归大自然；后者崇尚和谐、平衡、中庸、稳定，要求以协同进化取代生存竞争、弱肉强食、优胜劣汰。这些意识为越来越多的人所认可，并且成为决策中的主要因素。

第四，世界化精神与本土化精神并行不悖，相砺相长。

中国在现代化进程中，不仅大力开发和利用本国各种资源，而且积极主动地利用国际资金、人才、技术、管理经验及其他种种物质生产、精神生产财富来充实自己。中国选择了出口导向型的产业发展战略，以高出口带动经济的高增长，推动产业结构的升级。正因为这样，中国同世界的联系从来没有像现在这样紧密，中国的命运从来没有像现在这样同世界其他国家、其他地区的发展变化息息相关。世界化的精神已深深扎根于社会经济发展的各个层面，影响着人们衣食住行、生老病死等日常生活，渗入人们的习俗、礼仪道德及普遍性思维中。但是，与此同时，对本土的关怀和认同也日渐强烈。世界化精神的高扬，并没有泯灭中国自身的特征。饱受殖民地、半殖民地深重苦难的中国人民，特别珍惜民族独立、民族自主的权利；在世界性的竞争和交往中要取得优势，更有赖于保持和发挥自己的特色。因此，对本土语言、历史、文物、风俗的眷恋，对乡音、田野、传统艺术、民族文化的特殊钟情，汇合而为文化上的本土主义。它成为制约被西方文化所同化的最有效的力量，也成为接纳和消化包括西方文化在内的世界其他文化的基础。正是有了这一本土主义的基础，方才能够将各种文化资源汇合而成为一个文化上的整体，而不是支离破碎的混合物或文化的大杂烩。

上述四种新的价值取向、新的社会精神，一是规范人自身，二是规范人与人相互之间的关系，三是规范人与自然的关系，四是综合以上三者而总其成，四者相契合而构成一个整体。从其架构可以看出，它们确实根植于中华文明所固有的“中和”传统，但它们并非固守传统，传统在这里已经被超越，因为人们对传统的东西已经进行了再创造。这种理性主义，既有别于马克斯·韦伯所说的以对世界作理性的宰制为其基本特征的基督教理性主义，也有别于马克斯·韦伯所说的以对世界作理性的适应为其基本特征的儒家理性主义，既不同于笛卡儿以来欧洲启蒙思想家们以思维着的悟性衡量一切的理性主义，也不同于西方现代流行的批判式的理性主义，所以我名之为新理性主义。

中华文明数千年的历史积淀，以及新理性主义的勃兴，使中国有能力纠正社会大变革中的种种负面效应和种种失序、失衡、失范现象。中国不乏趁现在过渡期大捞一把的人，但是，中国已经脱贫而且开始进入中产化水准的人越来越多。无论在城市，还是在农村，无论在企业家中，还是在知识分子中，无论在白领职工中，还是在干部队伍中，中产化的比重都在增大。而他们正是坚持“中和”、坚持新理性主义的中坚力量。他们正在推动从政策上和制度上解决权力结构、产业和经济结构、社会结构和意识形态方面的各类问题。

四、走向现代的中华文明与世界的互动

17、18 和 19 世纪，可以说，都是西方的世纪，是西方文明宰制整个世界的世纪。20 世纪前半期，仍然是这样一种格局。20 世纪后半期以来，世界格局逐步发生变化，到 20 世纪末，世界开始走向多极化，于西方文明之外，东方各古老文明又在重新崛起。日本综合研究开发机构（MIRA）1988 年完成的研究报告集《事典·九十年代日本的课题》中，梅棹忠夫主持的《多种文明时代》认为，现在的世界至少由七极构成，这一形态将持续到 21 世纪前半期。这七极是华盛顿、莫斯科、东京、布鲁塞尔，北京、开罗、新德里。其中，北京、开罗、新德里、莫斯科为古典大陆文明，布鲁塞尔、东京、华盛顿为新兴海洋文明，此外，环赤道还有非洲、东南亚、大洋洲、南美洲等多种文明。四个古典大陆文明，分别由中国、伊斯兰、印度、东欧拜占庭四极演化而来。对于世界究竟由哪几极构成，人们有各种各样的说法，但东方各古老文明的重新崛起并推动世界走向多极化，使世界不再是西方文明独自主宰的

世界，当是不争的事实。

走向现代文明的中华文明，在东方各重新崛起的文明中，当为成效最显著、影响最大的文明之一。走向现代的中华文明将给世界带来什么，正像中华文明本身在许多人眼中很神秘一样，这个问题在许多人心目中也显得变幻莫测。特别是在西方世界，一些人根据资本主义发展和暴力扩张相联系的历史记忆，怀疑中国也会依循它们的轨道，由经济大国、政治大国而军事大国，甚至也会走上对外扩张的道路。因此，所谓“中国威胁论”成了一些人时髦的足以耸人视听的演讲题目。

其实，中国用于军事上的开支，根本不可与美国、日本这些大国同日而语。中华文明根深蒂固的内向性，使中国人和中国军队都具有难以改变的防御性质。中华文明的“中和”精神，使中国对其他文明一贯采取有容乃大、并行不悖的态度，印度文化、伊斯兰文化在中国的传布及兴盛就是明证。西方天主教、基督教，犹太教文化来到中国时，同样并未被拒斥，更未引发西方那类宗教战争。近代是西方殖民主义者以炮舰与强权凌驾于中国，方才引发中国与西方的冲突，但是，尽管有一些人因此而愤激地反对西方文明，但更多的人对西方文明采取了欢迎和积极吸纳的态度。中国对世界上各种古老的大陆文明和新兴的海洋文明，从来没有构成威胁，相反，倒具有并行、对话、吸纳、交融的传统。

所谓“中国威胁论”，一是出于对中华文明历史与现状的误解，二是根植于藐视一切的欧美中心主义。现代化发端于西方，并由此而扩展到全球。西方现代化是西方历史的产物，当现代化扩张到全球时，西方模式中许多具有普遍意义的东西在地球上其他地区也发展起来。但是，这些地区也有自己的历史传统，在建立自己的现代经济、政治、社会、文化制度和结构时，不能不从自己原先的历史和传统出发，这样，他们又必然要舍去西方模式中只适合于西方历史与传统的东西。走向现代文明，归根结底，是为了通过经济建设、政治革新、社会和文化发展，使人类获得一次新的解放，使人的知、情、意得到全面的、自由的发展，在真、善、美三方面达到一个新的境界。就此而言，每一种文明都有自己独特的东西，会对实现这一目标作出自己独特的贡献。如果不是偏执地坚持欧美中心主义和欧美至上论，就不难发现这一简单、明确的事实，承认中华文明走向现代文明，非但不会成为对其他文明的威胁，反而会以其丰厚无比的历史资源，充实和促进世界其他文明的繁荣和发展。

威胁论不是来自中华文明自身的发展，而是来自一些人试图遏制中国，或将中国的发展强行纳入这些人所预先设定的轨道的企图。对中华文明的这种敌视和对抗态度，将使中华文明与西方文明再次互相对峙。中国和平的革命一旦失败，为贫穷、饥饿、灾害频仍所笼罩，对于世界文明的发展，那才是真正的威胁。

在步入21世纪的时候，生活在所有不同文明中的人，都有责任思考如何突破自己心理上、才智上和生活实际中的地域局限、民族局限，将世界所有不同文明的成果都用来促进自己文明的前进与成长，以使文明发展的成果为全体社会成员所共同享有，使整个世界变为一个和平、安全、可持续发展、富足的世界。在中华文明和西方文明之间建立起良性的互动关系，将会推动世界上所有古典大陆文明和新兴海洋文明以及环赤道诸文明良性互动关系的建立和发展。政治家们当然负有更多的直接责任。思想家和学者们，则应当通过非情绪化的认真研究，从唯我独尊中走出来，推进不同文明相互之间增进了解，增加交流，互相借鉴，互相吸收，互相贯通，互相融合。21世纪的中国，21世纪的世界，应当是比20世纪更加成熟的世纪。

第四编

人性、人权、人的全面发展

小农文明的国民性及其现代改造

一、国民性是特定的文明的必然产物

在中国从小农文明走向现代文明的过程中，一个成为众多仁人志士共同关注的重要课题，便是国民性问题。

何谓国民性？它究竟是否为客观存在？如果存在，它和人们所熟知的阶级性、民族性、人性，究竟是什么关系？

国民性一词，在中国学术界消失了好几十年。万一非提及不可，那也一定要在这个名词上加个引号，以明示这一概念之非科学。在那人的自然本性绝口不提、人的社会性被全部归结为阶级性的日子里，出现这一情况也并不奇怪。那时，承认国民性存在，便被指责为违背阶级观点，背弃阶级分析方法，宣扬唯心主义的历史观、社会观，散布超阶级的人性论。鲁迅关于改造国民性的主张，那时也不得不被当作与阶级斗争学说相对立的思想，当作鲁迅接受马克思主义以前思想上的局限性、片面性来评价。

现今，人们可以从正面来对国民性作专门的

研究了，但对它究竟应当如何认识，分歧还是异常大。有不少人坚持，国民性具有明确的阶级内容，它是以劳动人民为主体的人民大众的精神状态或心理特征。也有不少人认为，国民性指的是举国臣民，包括统治阶级与被统治阶级在内的全体国民的精神状态或心理素质，它与民族性大体相同，在单一民族国家中，国民性就是民族性，就是作为一个民族基本特征之一的共同心理素质。国民二字，界定的范围是如此不同，国民性中的性字，解释也不一样，有的以为是共同的精神状态与心理素质，有的以为主要是指“劣根性”，即精神状态中落后、消极的那些东西，也有的以为是一定时期占支配地位的统治阶级的思想意识及在它支配之下形成的心理特征、精神状态。所有这些分歧，集中起来，本质上还是国民性与阶级性的关系问题，人们试图用这样或那样的方式对国民性作出合乎阶级斗争观点的诠释。

径直否定国民性的存在，或强行将国民性说成某几个阶级共同的性格，共同的失误，就在于把人们的社会联系看成只有阶级联系这一项，因而把人们的社会性看成非阶级性则不能存在。

众所周知，人们相互之间以各种方式发生联系。国家、阶级、政党、集团、家庭、个人，彼此之间在经济生活、政治生活、文化生活、社会交往中，相互联系，相互制约，形成无数张彼此重叠交叉的错综复杂的巨网。社会作为一个整体，由这些巨网综合构成，但是，它又不等于这些零部件机械的组合，它的性质不等于这些零部件性质的总和。每一特定的社会，由于有其特定的地理环境、种族构成与人口状况，有其特定的经济生活、社会结构与政治制度，有其特殊的语言文字与历史文化教育传统，便不可避免地要形成反映社会这些总特征的特殊性格。人们的社会性，除去他们的阶级性，党派性、地域性乃至职业性之外，必然也要包含这种反映社会总特征的特殊性格。

马克思在《不列颠在印度的统治》中，曾分析过印度的情况，指出，正是那里旧式的半野蛮半文明的村社制度，使人的头脑局限在极小的范围内，成为迷信的驯服工具，成为传统规则的奴隶，表现不出任何伟大的和任何历史首创的精神。这样的制度，造成了不开化的人的利己性，他们把自己的全部注意力集中在一块小得可怜的土地上，静静地看着整个帝国的崩溃。对各种难以形容的残暴行为和大城市居民的被屠杀，他们就像观看自然现象那样无动于衷。这种失掉尊严的、停滞的、苟安的生活方式，在另一方面又产生了野性的、盲目的、放纵的力量。这种带着种姓划分和奴隶制度标记的村社，使人屈服于环境，而不是把人提升为环境的主宰；它们把自动发展的社会状况变成了一成不变的由自然预定的命运，因而造成了野蛮的崇拜自然的迷信。马克思所剖析的这种种特征，显然不是印度某一个阶级、阶层、集团、派别所独有的东西。在遭受大不列颠帝国殖民统治之前，生活在印度斯坦这片古老的国土之上的全体居民，只要是在村社的怀抱中吮吸着那旧的亚洲式社会的乳汁长大的，便免不了要在自己的身上深深打上这些特征的印记。这些特征，可以说，便是那个时代印度社会成员所独有的国民性。

对于国民性，许多种族主义者、民族沙文主义者和国家主义者摭拾或蓄意搜寻若干片断的、表面的现象，用种族优劣、地理环境顺逆等因素来加以说明。这种研究方法当然是不可取的。事实上，人的本质并不是单个人所固有的抽象物。在其现实性上，它是一切社会关系的总和。历史的每一阶段都遇到有一定的物质结果、一定数量的生产总和，人和自然以及人与人之间在历史上形成的关系，都遇到有前一代传给后一代的大量生产力、资金和环境，尽管一方面这些生产力、资金和环境为新的一代所改变，但另一方面，它们也预先规定新的一代的生活条件，使它得到一定的发展和具有特殊的性质。如果说，人的阶级性主要反映了人们在一定生产关系中不同的地位给予他们各自的不同影响，那么，就可以说，人的国民性主要反映了特定的环境对于生活于这一环境之中的全体社会成员所产生的共同的制约作用。阶级性与国民性，代表了人的社会性中两个不同的层次。人与人之间的社会关系，还包括有两性关系、家庭与亲属关系、师友关系、民族关系、地域关系等，所有这些关系，与阶级关系既有联系，又有区别，表现了人的社会性的不同层面、复杂而丰富的内涵。

就人的阶级性而言，不同的阶级除了互相对立这一面之外，事实上还有互相依存、互相渗透的一面。统治阶级的思想在每一时代都是占统治地位的思想。支配着物质生产资料的阶级，同时也支配着精神生产的资料，因此，那些没有精神生产资料的人的思想，一般是受统治阶级支配的。被统治阶级的思想虽然不占支配地位，但是，它的发展状况又不能不反过来影响着统治阶级思想的演进。19 世纪中叶的德国，由于普遍缺乏现代生活条件，缺乏现代工业生产方式，而普遍缺乏现代思想，这一状况便不仅使德国资产阶级具有浓厚的庸人气息，而且使德国无产阶级也不免受这一气息的侵蚀。小市民阶层所具有的胆怯、狭隘、束手无策、毫无首创能力这样一些畸形发展的特殊性格，作为一个普遍的德国典型，也给德国所有其他社会阶级，或多或少地打上它的烙印。事实表明，阶级构成的特定状况，不仅会使各阶级具有不同的性格，而且会使互相对立的阶级产生相同的特征。而这相同的特征，正是国民性借由构成的一个重要部分。以此，研究国民性，可以将对阶级性的认识推进一步，使之更为深化，更为全面。

国民性作为人的社会性中的一个重要层次，是历史发展的必然产物，这就决定了它不可能是一国国民生来就固有并且永远固定不变的。随着自然、地理、民族构成状况、社会经济条件、社会政治结构、社会文化发展程度等因素的改变，特别是生产力发展水平、社会阶级构成、社会权力结构、教育文化科学发展水平等因素的改变，国民性与人的社会性中其他诸层次一样，不可避免地也要发生变化。正因为如此，必须不仅看到国民性中历史的延续性、继承性这一面，而且要看到它发展与变化的一面，将国民性的改造与对客观环境的改造紧密地结合起来。

国民性并不等同于国民劣根性。国民性中总不可避免地既包含着它保守性的一面，也包含着它变动性的一面。保守性表现了社会关系总和及其他各种历史条件自身的延续性、稳定性，而变动性则表现了它们的发展变化。不能简单化地判定消极或积极，优良或恶劣。小农社会中，在分散、落后、以手工劳动为主要劳动形式的自给自足自然经济基础上，农民阶级、地主阶级有着共同的心理特征：崇尚古风，因循守旧，讲求传统，崇拜权威，思想停滞，畏惧神灵，等等。这些心理，在那个时代，对于社会经济的繁荣、社会秩序的稳定曾经起过积极的作用。因为当时的生产方式需要如此做方才能够延续，当时的全部社会生活非如此则不能稳定地正常运行。这些心理特征，后来对于工业文明所需要的进取性、人的可变性、可塑性、人的巨大流动性而言，成为一种阻滞因素，并非因为它们生来便属所谓劣根性。

于此可见，国民性作为人的社会性的一个重要部分，作为客观的存在，它既是社会发展所要改造的对象，又是制约这一发展的现实前提。正视国民性，研究国民性，应是我们义不容辞的职责。

二、近代以来对中国国民性进行反思的过程

对于国民性的反思，从一开始，就和使我国既主动又被动、既积极又消极、既急速又缓慢地实现现代化的努力紧密地联系在一起。鸦片战争以后，中国被列强强制作为它们盘剥与奴役的对象，卷入了世界经济与国际政治冲突的旋涡。越来越多的中国人发现，中国正面临着一个数百年乃至数千年来所未经见的大变局。为了使自己的国家从深重的民族危难与社会危机中解脱出来，人们开始对自己的过去作全面的反省。

近代中国，最先注意国民性问题的，是康有为、严复、梁启超等启蒙运动的第一代代表人物。“中西事理，其最不同而断乎不可合者，莫大于中之人好古而息今，西之人力今以胜古；中之人以一治一乱、一盛一衰为天行人事之自然，西之人以日进无疆、既盛而不可复衰、既治而不可复乱为学术文化之极则。”“中国最重三纲，而西人首明平等；中国亲亲，而西人尚贤；中国以孝治天下，而西人以公治天下；中国尊主，而西人隆民；中国贵一道而同风，而西人喜党居而州处；中国多忌讳，而西人重讥评。其于财用也，中国重节流，而西人重开源；中国近淳朴，而西人求欢虞。其接物也，中国美谦屈，而西人务发抒；中国尚节文，而西人乐简易。其于为学也，中国夸多识，而西人尊亲知。其于祸灾也，中国委天数，而西人恃人力。”这是严复在《论世变之亟》中对中国与西方思维方式、心理状态的差别作出的著名概括。梁启超在《中国学术思想变迁之大势》中，以崇实际、主力行、贵人事、明政法、重阶级、重经验、喜保守、主勉强、畏天命、言排外、责自强等，表述了中国占支配地位的传统心理与观念的主要特征。尤其值得注意的是康有为1898年6月的上光绪书，以“治一统之世”与“治竞长之世”的不同，对中国与西方思想意识、社会心理的区别作了一个一元化的解释：中国往昔处于“一统之世”，占支配地位的观念一贯是静、隔、散、防弊；西方现今已处于“竞长之世”，占支配地位的观念则与中国截然相反，是动、通、聚、兴利。这虽然主要是从统治者的统治方针来考察的，但是，一则民心被镇止，少知寡欲，一则民心发扬，争新竞智；一

则层级繁多，堂阶尊严，一则通上下之情，通君主之分；一则民不相往来，不识不知，一则人人合会讲求，见闻广，心思扩，所涉及的都正是两种不同的社会或两个不同的国度基本精神状态问题。不过，一般说来，这一代人的研究还停留于现象的描述，为改造固有的国民性而提出的“开民智”、“新民德”等，相应地也就不着边际，不能触及问题的根本。20世纪初，随着革命运动的兴起，资产阶级民主派、小资产阶级民粹派、无政府主义派等，也都围绕着这些问题进行了讨论，但在主要框架上，未能超出康有为、严复、梁启超等人。

在辛亥革命失败后兴起的新的思想解放运动中，陈独秀、李大钊、鲁迅等为一方，梁漱溟、杜亚泉等为另一方，从相异的立场对中国传统思想、传统文化以及与之相应的国民性问题，进行了较前一时期更为深入的研究。

陈独秀1915年发表于《青年杂志》的《东西民族根本思想之差异》称：“西洋民族以战争为本位，东洋民族以安息为本位”，“西洋民族以个人为本位，东洋民族以家族为本位”，“西洋民族以法治为本位，以实利为本位，东洋民族以感情为本位，以虚文为本位”，二者“若南北之不相并，水火之不相容”。文章强调指出：“西洋民族性，恶侮辱，宁斗死”，而“东洋民族性，恶斗死，宁忍辱”。东洋民族社会中种种卑劣不法、惨酷衰微之象，皆根源于宗法社会。“宗法社会尊家长，重阶级，故教孝；宗法社会之政治，郊庙典礼，国之大经，国家组织，一如家族，尊元首，重阶级，故教忠。”结果，“一曰损坏个人独立自尊之人格；一曰窒碍个人意思之自由；一曰剥夺个人法律上平等之权利（如尊长卑幼同罪异罚之类）；一曰养成依赖性，戕贼个人之生产力。”这是以社会生活与社会关系来说明国民性的一次很有价值的尝试。

李大钊1918年在《东西文明根本之异点》中，更进一步结合自然条件、人与自然的关系来说明国民性特征及其何以形成。他写道：“东西文明有根本不同之点，即东洋文明主静，西洋文明主动是也。溯诸人类生活史，而求其原因，殆可谓为基于自然之影响。”他认为，东洋文明在欧亚大陆上属南道文明，“南道得太阳之恩惠多，受自然之赐予厚，故其文明为与自然和解、与同类和解之文明”。南道之民族，“因自然之富，物产之丰，故其生计以农业为主，其民族为定住的，……惟其定住于一所也，故其家族繁衍”，由此而形成家族主义，日常生活以静为本位，以动为例外，在思想上持厌世主义，以为无论何物皆无竞争之价值，个性之存在不甚重要，并因此而事事一听之天命，等等。其短处在于厌世的人生观、惰性太重、专制主义盛行等。但李大钊不认为东洋文明全无是处，不同意以完全抛弃自我为国民性改造之方向。“宇宙文化之进行，全赖有二种之世界观鼓驭而前，即静的与动的、保守与进步是也。东洋文明与西洋文明，实为世界进步之二大机轴，正如车之两轮、鸟之两翼，缺一不可。而此二大精神之自身，又必须时时调和、时时融会，以创造新生命，而演进于无疆。”为此，他主张，“东洋文明，宜竭力打破其静的世界观，以容纳西洋之动的世界观”，同时，西洋文明则应“斟酌抑止其物质的生活，以容纳东洋之精神的生活”，由此而实现东西文明真正之调和，创造出“第三新文明”。

鲁迅与陈独秀、李大钊不同，他主要不是从理论上，而是以文学形象画出中国“沉默的国民的魂灵”，写出在他眼里“所经过的中国的人生”。[①] 他也把重点放在暴露国民性的弱点上，写出了脍炙人口的《阿Q正传》等不朽著作。他自述，之所以这样做，“意思是在揭出病苦，引起疗救的注意”。[②]

国民性如何形成，国民性中何者为优，何者为劣，何者应扬，何者应弃，在这些问题上，陈独秀、李大钊、鲁迅所持意见大体相同。和他们意见相左甚或完全针锋相对的是杜亚泉、梁漱溟等人。

杜亚泉1916年发表于《东方杂志》13卷10号上的《静的文明与动的文明》，称中国传统文明为静的文明，西洋文明为动的文明。他以为，西洋社会多民族纷争，自然环境宜于商业，于是，“西洋人之观念，以为社会之存在，乃互相竞争之结果，依对抗力而维持”；我国社会则多一家一姓兴亡之战，自然环境宜于农业，“吾国人之观念，则以为社会之存在，乃各自相安之结果”。由这两种观念上的歧异，遂使西洋社会注重人为，反自然，生活外向，胜利重于道德，无时不在战争之中；而我国则一切皆注重自然，文明为顺自然的，生活内向，安心守分，勤

① 《俄文译本〈阿Q正传〉序及著者自叙传略》，见《鲁迅全集》第7卷，82页，北京，人民文学出版社，1981。

② 《我怎么做起小说来》，见《鲁迅全集》第4卷，512页。

俭克己，除自然的个人外，别无假定的人格，道德高于胜利，以与世无争、与物无竞为最高尚之道德，时时以避去战争为务。在这里，国民性的歧异，来源于观念的歧异，而观念的是非，又仅凭观念自身衡定。由此，杜亚泉便很方便地得出一个结论："西洋文明与吾国固有之文明，乃性质之异，而非程度之差；而吾国固有之文明，正足以救西洋文明之弊，济西洋文明之穷者。"

梁漱溟1921年出版的《东西文化及其哲学》，更先验地用"意欲"为根据将世界诸文化分成三大系统：由意欲向前要求的精神产生西方文化，其特征是物质方面征服自然，学术方面崇尚科学方法，社会生活方面实行民主；由意欲自为调和持中的要求产生中国文化，其特征是与自然融洽，随遇而安，安分知足，寡欲摄生，对于权威的把持者容忍礼让，因而没有民主，根本不作深入地观察、剖析，因而没有科学，而走入玄学、直觉之路；由意欲反身向后的要求产生印度文化，根本特征是努力于解脱生活，以求得自我否定。这三种文化代表了三个不同的路向，无论走多久，也不会走到一道去。未来的中国，不应效法西方，也不应效法印度，而应致力于自身文化的复兴。这是一个主观性极为明显的解释系统，意欲的要求从何而来，人类文化是否能够归纳为他所划定的三种模式，这个系统都没有也不可能给予使人为之信服的说明。

综观这一时期国民性问题的研究，无论在广度上，还是在深度上，都大大超越了康有为、严复那一代。人们对中国国民性的主要特征作了更富创见的整体性综合研究，并努力从更多的侧面与更深的掘进中寻究产生这些特征的根源。这一情况，反映了在那次新的思想解放运动中，人们对于社会所有成员，特别是改革者和沉默着的一般社会成员的社会心理、观念结构的改造，倾注了多么巨大的注意力，是多么努力把人自身的改造与人同自然的关系的改造、人同人社会关系的改造紧密地结合起来，使这三方面的改造能够互相渗透，互相促进，同步发展。

这一时期国民性问题的研究还表明，国民性是以各种不同的层次、不同的方法、不同的程度表现于人们社会生活的各个方面的，因之，可以从各个不同角度对它进行考察：从人们的衣食住行、生活方式、生活情趣可以考察它；从人们的宗教信仰、道德规范、价值准则、思维方式可以考察它；从人与人之间错综复杂的种种社会关系乃至人们特定的生产方式也可以考察它；然而，最值得重视的，可能还是从特定的文化模式或特定的文化形态对它所作的整体性的综合考察。

文化形态或文化结构，斯宾塞《社会学原理》以为由家庭、礼仪、政治、宗教、职业、产业六大制度构成，汤姆斯《社会起源材料》以为由地理与自然环境、精神生活与教育、发明与技术、两性与婚姻、艺术与装饰、魔术宗教与神话、社会组织道德与国家七大部分构成，在他们之后，又有各种各样的说法。文化形态，实际上是由语言与文字、物质生产与物质生活、精神生产与精神生活、各种层次的社会组织与社会关系这样一些子系统构成的大系统。文化形态，是历史发展的综合成果，是社会全体成员整体性的产物，它一经形成，便必然要陶冶每一个社会成员，使他们的思想、观念、心理与生活实践自然地符合它的要求与准则，因而，它具有普遍性、整体性的品格。文化形态，是人类主体的劳动、创造和自然客体相统一的产物，因而，它既具有主体性的品格，又具有客体性的品格。文化形态，不仅表现在各种程式化了的制度与体系化了的理论之中，而且也更广泛地直接表现在人们的日常生活与日常思维之中，表现在人们日常未经深思熟虑的、没有系统化的、驱使人们对所遇事物立即作出反应的心理、精神、欲望、追求、情绪、理想、习惯、意向、气质、风度之中，因而，它具有直观性、丰富性、多样性、具体性的品格。正因为如此，对文化形态研究的程度直接关系着对国民性认识的程度。“五四”时代的思想解放运动中，对国民性认识的深化，和对中国传统文化形态综合认识的深化是分不开的。

在这之后，国民性问题的研究还在继续。瞿秋白在多篇论文中，说明了所谓东方文明、东方文化，无非是还停滞于宗法社会及封建制度之间的文化，而西方文明、西方文化，则是资本主义至帝国主义的文化，它们之间的差异，是时代发展阶段的不同。我国所谓孝悌礼教、养心绝欲、和平好让等特性，无非是宗法社会的表征。孙本文在《中华民族的特征及其与他民族的比较》中，将中国国民的特征概括为重人伦、法自然、主中庸、求实际、尚情谊、崇德化六项，并逐一给予具体的说明。其他如罗家伦的《新民族观》，冯友兰的《新事论》，费孝通的《乡土中国》，都在不同的方面有所进展。但是，整个说来，在这漫长的一段岁月中，由于忽略了文化形态、文化结构的总体研究，国民性的研究比之

"五四"时代，未有全面的突破性的飞跃。这也正是人们今天在研究中国国民性与中国文化的主要特征时，常常自觉或不自觉地把自己的研究看作"五四"时代研究的继续与发展的一个重要原因。

三、中国的小农文明与国民性

中国传统的国民性，是在整个中国文化系统长期的熏染与作用下逐步凝聚而成的。我国国民性形成、发展和演变的过程，与中国文化系统形成、发展和演变的过程是同步进行的，前者可以说正是后者的升华与结晶。只有对中国文化特殊的形态、特殊的模式结构，对中国文化的整个系统作较为深入与全面的考察，方能对中国国民性的主要特征及其历史作用、历史地位获得比较客观而全面的认识。在国民性问题上，往昔不少人之所以易于执持一端，互相争讼不已，一个重要的原因，就是离开了对中国文化系统的综合了解。

就中国传统文化而言，它是一个融会了儒、道、佛、名、法乃至阴阳、五行、纵横、谶纬等多种元素而构成的异常宏大的体系，在不同的时代和地域，它的结构与色度又有异常明显的差异。然而，从本质上去考察，中国传统文化最核心、最稳定的部分，乃是一种旧式的农业型文化，一种以一家一户为社会细胞形态的自然经济型文化，一种亚细亚式的行政权力支配社会的封建宗法制文化。这一文化系统，可以小农文明之名概括之。在岁月流逝的漫长历程中，它成了中国传统的农业生产方式、社会交往关系及"大一统"政治结构得以稳定与保持的有力支柱。

康有为、陈独秀、李大钊乃至杜亚泉等所说的主静、静的文明、以安息为本位等，实际上是对我国所特有的传统农业生产方式，以及在此基础上形成的全部社会生活、社会心理意识作出的朴素而简单的概括。我国古代文明中，长期占据支配地位、起着主导作用的，是以黄河、长江、淮河、海河、珠江、松花江等水系为中心的农业文明。在我国北部与西部广袤的草原上，游牧经济也曾有一定的发展，并曾多次对农业区域进行过大规模的冲击，但是，就全局而言，中国农业文明确实是在异常开阔富饶的疆域之内，在能防止外来侵扰的四周有利地形的保护下，独立地酝酿与发展起来的。中国农业文明渊源于原始时代，经历了长达数千年的延续与更新的发展历程，中国国民性的主要特征，应当说，就是与这一历程相适应，逐渐积淀而成的。

农业取资于土地。耕地搬不走，在土地上辛勤耕耘的劳动者，不像逐水草而居的游牧者那样飘忽无常，更不像可以择地就业的工人那样迁徙不定。他们必须固着于土地之上，一辈子乃至世世代代生于斯，长于斯，老于斯，死于斯。他们要依靠精耕细作，在狭小的土地上投入巨量劳动，再加上家庭手工业的补充，农业与家庭手工业的紧密结合，男耕女织，方能谋得自给与温饱。这种程式化了的生产活动，近乎凝固化了的经济结构，使人们坚苦强韧，安土重迁，厚重笃实，朴质无华，为社会经济的繁荣，科学技术的发展，社会秩序的稳定，文化教育的兴盛，提供了必要的条件，同时，也规定了它们所能达到的最大限度。

欧洲中世纪自然经济也曾经占据支配地位。但是，在那里，自然经济主要是以农奴制的封建庄园为基本构成单位。在庄园内部，不同的农奴之间有着较为明确的分工，特别是农业劳动与手工业劳动通常由不同的农奴承担。农奴劳动及其机械的分工，使欧洲生产力在一个相当长的时间内处于停滞不前的状态，经济的繁荣、科学技术的发达都远远比不上中国；然而，这种内在的二元化结构，又使这种自然经济结构不很坚固，较易于破裂，致使资本主义工商业较易于从中孕育与发展起来。中国自然经济结构的特色是以一家一户为最基本的组成单位，各家各户之间较少分工。这种以户为单位的小农经济，将生活资料即食物、衣服、住房以及为此所必需的工具的生产，与人类自身的生产即种的繁衍结合在一起，具有远比农奴制庄园经济宏大的社会生产力，它反过来又使这种自然经济结构特别紧密与坚固。农业和家庭手工业的直接结合所造成的生产成本的节约与时间的节省，使小农经济具有通过土地兼并演变为地主经济的趋向与活力，而地主经济的膨胀反过来又压迫小农经济结构，使它更加顽强与坚固。这种自然经济的实体，使中国文明在相当一段时间中走在世界的前列，同时，又使中国很难冲破固有的经济结构，发展起市场经济与资本主义的工商业。

前人在说到中国国民性时，常常谈到的另一个主要特征，就是所谓一贯以家庭为本位，而不是以个人为本位，以家族伦理为中心的人际关系及观念形态特别发达。这正反映了中国传统小农文明中家庭的特殊地位。每一家庭是一独立的生产单位，物质生活资料的生产与人自身生产相结合，鲜明地反映了我国传统的农业手工业生产方式及其生产节律的特殊要求。

在我国传统农业手工业中，生产技术的传承与发展，对于天时、地利等自然条件的认识和利用，主要是凭借长辈言传身教及自己实践过程中的摸索积累。具有较为丰富的生产经验的家长便由此而成为一家的权威，中国家庭的结构便成为以父子、婆媳绵延为主轴的典型的父子型家庭。西方的家庭，以夫妇关系为主轴，父母、子女都是配轴，中国则与之相反，亲子关系远远重于夫妇关系。“不孝有三，无后为大”，婚姻的目的主要是为了子嗣，即传宗接代。《礼记·昏义》解释婚礼的意义：“将合二姓之妇，上以事宗庙，而下以继后世也。”男性劳动力在农业生产中的决定性作用，使生育男子在人自身的再生产中居于头等重要地位。中国的家族宗法制在此基础上逐渐形成。亲亲、尊尊、长长，成为“不可得与民变革”的信条；孝与悌，成为最根本的道德要求。在这样的家庭、家族、亲属及由此放大而形成的巨大社会网络之中，知识不必更新，所需的是知识与经验的因袭、保存。而知识和经验，往往又只是同一方式世世代代反复重演，他们又直接保存于长老个人身上。后辈与先辈生活在同样的环境之中，走着相同的生活道路，每一个人所碰到的问题，也就不难从先辈那里获得现成的答案。尊天敬祖，论资排辈，家长与长老的权威，传统崇拜，以年龄代表智商，以古老代表真理，便都是这种家庭与社会结构在知识论方面造成的必然结果。

千百年中，人们日出而作，日入而息，春种夏管，秋收冬藏，一年一度，周而复始，只有季节的转换，没有时代的变更，这种简单再生产不断延续下定型化了的生活方式，使人们习惯于乐天知命，安分守己，全部思想感情和整个文化体系，都表现为喜一不喜多，喜同不喜异，喜静不喜动，喜稳不喜乱，大一统的格局于是应运而生。这个大一统的中心任务，就是确保人们全部生活的单一性。以高高在上的帝王为权力最大代表的官僚政治，最理想的境界便是无为而治。“为政不在多言”，不干扰人们刻板的生活，便是清明的政治，这是政治上的大一统。思想上的大一统是独尊一家，膜拜经典。人们在思想上、学术上不求独出心裁，构建自具特色的学说与体系，而满足于记诵和阐述固定的几部经典，至多是在诠释经典时，于维护传统中略陈一点自己的意见，由此形成了以经、传、注、疏为正途的治学传统。这种大一统，不喜欢多样性、丰富性，不要矛盾的统一而要简单的、直接的同一，因为多样性、丰富性、矛盾性中包含着太多的未知数，潜藏着可能产生的威胁。“不为祸始，不为福先”，不要创造型、开拓型，而要因循型、保守型，便是这种大一统的必然结果。游牧族的侵扰曾经数度打破了惯常的均衡，但农业家庭手工业经济结构的坚固性、韧性，足可以在时间的流逝中消化入侵的异物，通过逆来顺受、以柔克刚，重新恢复大一统的既定格局。社会矛盾的积聚，通过农民暴动、农民战争而得到暂时的消解。在暴动与战争期间，大一统局面被打破了，但这个打破，是为了迅速地重建。这样，在世界的东方，便屹立起了一个“礼义之邦”——梁漱溟所称赞的持中、调和，与自然融洽游乐，对权威把持者容忍礼让。

分散孤立的小农经济，农业与家庭手工业的紧密结合，决定了从中很难形成新的生产力。而没有生产力的巨大增长和高度发展，当时便只能是匮乏经济，而不会是丰裕经济。生产力水平低下，消费欲望只能被压抑到低水平，所谓一箪食，一瓢饮，不改其乐，所谓惩忿窒欲，拘束身心，所谓寡欲摄生，知足常乐，所谓存天理，灭人欲，安贫乐道，都是为了从生产水平与消费欲望的冲突中求得精神的慰藉与解脱。在这种传统的农业经济中，不可能形成共同的耕作，不可能在利用自然力和其他许多生产力的基础上建立起共同家庭经济，为了在更大的范围内解决生产水平与消费需要的矛盾，人们便宁可走向普遍化的贫穷或贫穷的普遍化。孔子说：“吾闻有国有家者，不患寡而患不均，不患贫而患不安。盖均无贫，和无寡，安无倾。”这已成为一种异常广泛的社会心理。求富，就要讲求生产工具、生产方式与生活方式的变革，就会出现不均与不安；求均、求安，则将人们引向生产成果的再分配。尽管在穷困普遍化的情况下，人们必须重新开始争取生活必需品的斗争，全部陈腐的东西都将死灰复燃，人们还是将它视为理想的均平世界。

中国传统文化和中国国民性的这些特质，在以儒家和道家思想为代表的中国传统思想中，得到了最为精致的表现。过去，人们常常满足于将传统思想定性为奴隶主阶级思想、封建思想，而不愿进一步探究：同样为奴隶主阶级思想、封建思想，我国与西方、印度等为什么却有许多非常明显的区别？在中国，以儒家、道家思想为核心并吸收了法家乃至后来佛家中许多重要思想而构成的传统思想，有着非常鲜明的民族特色。辜鸿铭民国初年出版的《春秋大义》在比较东西方意识形态时已指出，在西方，一则曰知识，再则曰知识，三则曰知识，在中国，则自始至终讲“君子之道”。与辜鸿铭生活在同一时代的德国著名的社会学家马克斯·韦伯在他所撰写的《新教伦理与资本主义精神》《中国宗教》《印度宗教》《古代犹太教》等著作中，对西方、中国、印度、古希伯来文化及其意识形态作了广泛的比较研究，提出了一个非常有名的论断：“儒家的理性主义是对世界的合理的适应，基督教的理性主义则是合理地宰制世界。”① 与他们同时，或在他们之后，中外还有其他许多学者进行了类似的比较研究。张岱年1958年正式出版、20世纪80年代修订重印的《中国哲学大纲》，很明确地指出：“中国哲学，在根本态度上很不同于西洋哲学或印度哲学。”他将中国哲学之特点概括为六项：合知行、一天人、同真善、重人生不重知论、重了悟不重论证、既非依附科学亦不依附宗教。这些特点，也可以说，正是中国传统思想与西方、印度、古希伯来传统思想主要区别之所在。中国传统思想的特征，人们还可以从其他许多不同的角度去概括，但是，人们绝不能回避的一个重要方面，正是中国小农文明的整个文化系统，包括中国国民性在内，在这上面打下的深深烙印。

儒家“格物、致知、诚意、正心、修身、齐家、治国、平天下”的“内圣外王”之道，“内圣”以“去物欲而存天性，去人欲而存天理”，即以消除一切世俗感情、欲望为最高境界，“外王”包括以“仁”为中心的道德体系，以“礼”为中心的教化体系，“极高明而道中庸”的政治、经济、社会实践体系。其最高境界是：“为人君者止于仁，为人臣者止于敬，为人子者止于孝，为人父者止于慈，与国人交止于信。”连接“内圣”与“外王”的中间环节则是“齐家”，在家尽孝，事君则尽忠，在家行弟，在国则可事长，在家行慈，在国则可使众。儒家的这一文化模式既是两千多年中统治阶级利益与意志的体现，也是对这种利益与意志的限制，而对于广大被统治阶级来说，则既是对他们利益与意志的剥夺，又是对这种剥夺程度与界线的划定。这个界限，就是不能违背

① ［德］马克斯·韦伯：《中国宗教》，248页，1958年英文版。

与破坏中国小农文明运行的客观要求，不能背离由传统的文化系统化育而成的国民性。逾越了这个界限，统治者便不可能照旧统治下去，被统治者便不可能照旧生活下去。《荀子·礼论》在论礼的起源时说："礼起于何也？曰：人生而有欲；欲而不得，则不能无求；求而无度量分界，则不能无争；争则乱，乱则穷。先王恶其乱也，故制礼义以分之，以养人之欲，给人之求。使欲必不穷乎物，物必不屈于欲，两者相持而长，是礼之所起也。"荀子这一说法，正反映了我国传统社会条件与传统文化条件的制约作用。孔子强调："礼乎礼，夫礼者，所以制中也。"① 子思说："先王之制礼也，过之者俯而就之，不至焉者企而及之。"② 其实，儒家思想，就其总体而言，都贯穿了这一精神。道家思想与儒家思想有很大差异。它主张"无为而治"，认为这样做，如《老子》所说，将会使"我无为而民自化，我好静而民自正，我无事而民自富，我无欲而民自朴"。它的理想境界，是"小国寡民，使有什佰之器而不用，使民重死而不远徙。虽有舟舆，无所乘之；虽有兵甲，无所陈之；使人复结绳而用之，甘其食，美其服，安其居，乐其俗，邻国相望，鸡犬之声相闻，民至老死不相往来"。这是对儒家未明确说出来的临界线自身具体的描绘，其实正是对儒家思想不可或缺的矫正与补充。所有这些传统思想，集中表现了我国传统国民性的主要特征，它们一经形成，又反过来成为使我国传统的国民性强化乃至凝固化的一个巨大推动力量。

从中国国民性的形成、发展过程及其主要特征可以看出，国民性不等于劣根性，这是两个截然不同的概念。和中国传统社会及整个文化体系一样，在相当漫长的岁月中，它曾对社会的稳定与文明的延续、发展起了积极的作用。当社会生产力及全部社会结构、社会生活向前飞跃了的时候，它如果固守不变，那么，就会迅速从积极因素蜕化为消极因素。但是，即使遇到这样的情况，也不能对传统的国民性采取一笔抹杀的简单化态度，而必须坚持进行具体分析，给予应有的历史地位。

四、国民性的改造与小农文明的改造

国民性依托于特定的生产方式与生活方式、特定的观念形态与特定

---

① 《礼记·仲尼燕居》。

② 《礼记·檀弓》。

的文化系统而形成和发展，随着这些被依托的各种因素自身的改变，国民性不可避免地就要自觉不自觉地得到改造。近代中国，国民性改造问题之所以凸显出来，成为众人瞩目的理论与实践都亟待解决的重要课题，根本的原因，就在于中国被迫急遽地卷入资本主义世界经济体系，传统的生产方式与生活方式、观念形态与文化系统都发生了空前巨变，如果不自觉地改造已经定型化了的国民性，在这场空前巨变中，它就会成为阻滞历史前进的巨大惰力。

中国国民性应当向什么方向改造？应当如何改造？一百多年来，围绕着这些问题，国内外都进行了异常激烈的争论，这一争论至今仍在延续中。

一派立论于农业文明与工商业文明二元化。他们以为，近代西方文明是典型的工商业文明，城市支配乡村的文明，资本主义文明，而中国传统的文明是农业文明，乡村文明，封建文明；历史的发展趋向是从农业文明走向工商业文明，从乡村文明走向城市文明，从封建文明走向资本主义文明，中国国民性的改造也就应当走西方化的道路。从康有为、陈独秀等人倡导的以个人为本位、务使民心发扬、争新竞智等，到现今海内外许多学者所说的，任人关心其个人利益，关心其自我表现、自我发展、自我满足、自我独立，重自然，重实验，重逻辑的科学发现，重向外探求，以通过改造自然为获得自由的必由之路，都是以西方近代国民精神为中国国民性改造所要达到的目标。

另一派立论于物质文明与精神文明二元化。他们以为，近代西方文明属于物质文明，而中国文明则属于精神文明；中国物质文明虽然不及西方发达，精神文明却高于西方。中国历史前进之路，不是放弃自己固有的精神文明去皈依西方的物质文明，而是用西方的物质文明来弥补自己的不足，使中国固有的精神文明得以持续并更加发扬。这一派在清末的主要代表是“中学为体，西学为用”的鼓吹者，在五四运动前后的主要代表是梁启超，他要用孔老墨三位大圣的精神去超拔大洋对岸“愁着物质文明破产”的好几万万人；在现今的主要代表，则是活跃在港台一带的“新儒家”。1958年，牟宗三、徐复观、张君劢、唐君毅联名在香港一家杂志上发表了《为中国文化敬告世界人士宣言》，副标题为“我们对中国学术研究及中国文化与世界文化前途之共同认识”，阐述了

"新儒家"的主要观点。此后，他们撰写了卷帙浩繁的大批著作，举办各种讲座，来宣传和进一步充实他们的论点。他们认为，西方文明由于其发展的片面性，正面临着深刻的危机。这种文明，将世界看成外在于人的一种无情的存在，将人看成与世界相敌对的在不断奋斗挣扎中塑造自己生命的力量，结果，戡天役物，既打破了自然原有的均衡，也使人自身为市场价值所左右，丧失了人所应具的人性。他们说，中国传统文化，特别是以宋明理学为代表的儒学，服膺天人合一的理想，事事从有机的整体的观点考虑，特别重视人自身的情感与人内在的价值，追求人在自己内部仁义之心性的扩充与完善，正可救西方文明之弊。他们认为，现代西方正从机械的自然观逐步转向有机的自然观，从强调生存竞争逐步转向倡导人与自然协调平衡，从不断追逐物质文明的发展转向注重内在的精神生活的建设，都正表明，对中国传统文化，特别是儒家思想，非但不应否定，反而应该进一步发扬。他们运用大量现代科学与现代哲学的知识来论证自己的观点，赢得了不少附和者。

还有一派，立论于东方文明与西方文明的二元化。他们认为，西方文明自有其"体"与"用"，这是西方历史与文化的产物；东方文明也自有其"体"与"用"，这是东方历史与文化的产物；二者代表了不同的路向，人为地将它们加以杂交与凑合，无论是"中体西用"，还是"西体中用"，都不适宜。清末严复在《与外交报主人论教育书》中便已明确提出这一观点，他说："中学有中学之体用，西学有西学之体用，分之则两存，合之则两亡。"其后，梁漱溟《东西文化及其哲学》则使这一种观点进一步系统化、理论化。今天，海内外持类似观点者也不乏人。

以上几派观点，应当说，都包含有一定的真理性，同时，也都这样或那样地在若干方面失之偏颇。后两派观点，都突出了历史与文化的继承性，强调国民性必须在原先优良传统的基础上加以发展，这无疑包含着合理的内核。但是，东方文化与西方文化二元论，注意到了人类历史发展在形成世界性联系以前所具有的地域性特点，却又将这一特点绝对化了。由于早先各部族、民族活动范围的狭窄，彼此常常处于互相隔绝的原始闭关自守状态，它们的历史与文化基本上处于地域性联系阶段，它们的国民性具有非常明显的地域性特征。然而，绝对孤立的地域联系毕竟是罕见的，随着民族迁徙、民族之间经济与文化交往、民族之间的分工不断发展，人类世界性的联系逐步萌芽、滋长。从地域联系前进到世界联系，这是一个漫长的过程。即使在地域联系阶段，不同国家、不同民族在具有不同特点的同时，也不可避免地要受到同样的历史规律的支配，在相似的生产方式基础上形成彼此相似的特征。尤其是近代以来，各民族活动范围愈来愈扩大，生产方式的日益完善，各民族之间交往及分工，愈来愈迅速而有力地打破了各民族原有的闭关自守状态，历史已在愈来愈大的程度上成为全世界密切联系在一起的历史。在这一情况下，将东方与西方截然分开，似乎二者可以各不相扰，便显得很不合理。至于物质文明与精神文明二元论，问题也与此相类似。物质文明与精神文明的发展不平衡，这是客观存在的事实。但是，西方近代物质文明的发展并非没有近代精神文明的发展与之相伴随；同样，东方精神文明的存在也少不了一把锄头一架犁作为基础，那也依然是物质文明。事实表明，精神文明与物质文明相统一，也是不容否认的客观存在。撇开中国传统的物质文明而孤立地表彰中国的精神文明，在中国精神文明中，又撇开整体而孤立地颂扬儒家思想的某些论点、命题，和撇开西方近代精神文明而片面地贬斥其物质文明、在西方物质文明中又撇开整体而攻其若干局部一样，都是将物质文明与精神文明的发展既不平衡又相统一这一客观事实抹杀了。

农业文明、乡村文明与城市文明、工商业文明二元化的观点，封建主义文明与资本主义文明二元化的观点，对国民性特点的形成及其改造，在不少方面的认识是非常深刻的，但它们在若干重要问题上也不免失之偏颇，这种偏颇主要表现在往往过分强调了共性，而忽视了个性。欧洲资本主义文明脱胎于欧洲封建主义文明这一母体，它的工商业统治农业的文明、城市统治乡村的文明，都包含着先前社会母体的若干基因。资本主义文明与封建主义文明有着质的差异，然而，前者对后者又有着继承性，表现于国民性，近代西方国民性与古代、中世纪西方国民性有明显的不同，但也有相通之处。西方历史、文化的发展道路与西方国民性改造方向具有西方的特殊性，不能将这些特殊性的东西径直宣布为普遍性的东西。中国的现代化，从一开始就同避免重蹈西方资本主义覆辙的努力结合在一起。这不仅仅是人们的主观愿望，历史发展的实际也表明，中国现代化的实现，沿着西方工农业对立、城乡对立、城市统治乡村的资本主义道路走不通。中国国民性改造，自然也不可能走同西方一样的道路。

一个半世纪以来，对于中国历史、中国文化系统前进之路所进行的艰苦探索，人们记忆犹新。为了使中国迅速从以生产家庭化为基础的中世纪封闭式小农文明中解脱出来，促进生产力的普遍发展和与此有关的世界交往的普遍发展，许多志士仁人曾经非常真诚地希望从西方找到现成的道路，他们也为将中国引入西方资本主义文明发展的轨道作了多方面的探索与顽强的努力。资本主义工商业，资产阶级代议制政体形式，资本主义下的社会心理，在中国都有了相当程度的发展。然而，它们却无论如何也无法在中国取得支配地位。即就它们本身而言，它们从一产生起，身上就留有中国历史传统打下的烙印，因而与西方资本主义的社会经济政治结构及文化心理结构有着明显的差异。人们归因于帝国主义与封建主义的压迫与阻挠。这诚然是一个重要的原因。但是，列强自身也曾千方百计地想用大炮与商品，把中国纳入资本主义世界市场，使中国完全殖民地化，结果却收效甚微。他们发现，最顽强的抵抗正来自中国家庭农业与家庭手工业紧密结合的小生产经济结构、社会结构以及与此相应的文化心理结构。中国统治者也曾试图兴办洋务，继清王朝之后的北洋军阀、国民党新军阀都曾热衷于发展国家垄断资本主义，它们都有过自己的黄金时代，有声有色，不可一世。但是，它们终于还是立足不住，最广泛的反抗正来自广大的农民小生产者。传统的极为坚固的小生产经济结构、社会结构、文化心理结构，对于使中国走上西方资本主义道路来说，是一种可畏的消极因素和巨大的阻滞力量，可是，在中国走向新民主主义与社会主义的历程中，它们却表现出了异常的活力与积极的作用。企图从旧式的农村村社直接过渡到社会主义，那是民粹主义的幻想；然而，利用工农业对立不那么严重、城乡分离不那么明显、资本主义异化不那么普遍的条件，在探寻建设中国式的民主主义与中国式的社会主义道路方面，人们却纵横驰骋，大有作为。比之西方，中国的历史条件在这个方面提供了很大的自由。实践证明，中国从小农文明走向现代文明，实现生产力和整个社会的普遍发展，可以不必付出西方那样用血与火使亿万民众沉沦于灾难及苦痛之中的代价。

现在，国民性的改造与整个中国文明的发展所追寻的中心目标，就是为造就现代化的中国人和现代化的中国社会，提供新的价值基准、思维方式、行为模式和知识总体系。马克思所期待的“建立在个人全面发展和他们共同的社会生产能力成为他们的社会财富这一基础上的自由个性”①，便是这一新的价值基准。充分体现现代科学成就的思维方式，充分反映现代社会化大生产发展水平、世界联系程度的知识总体系及行为模式，与这一新的价值基准融为一体，预示着社会主义社会新的大写的人的真正诞生。

今天的中国，可以说，仍然处于一个转变时代，一个过渡时代。18世纪、19世纪、20世纪同在，一些地方，甚至“墙外刀耕火种，墙内入地上天”；墙内在制造现代化采掘机或人造卫星，墙外却仍保持着和一两千年前差不了多少的农业生产方式。由于传统的生产方式、传统的自然经济与小生产依然是不可忽视的客观存在，传统的文化系统、社会结构与国民性便有着顽强的生命力与再生能力。汽车与牛车同在一条路上前进，哪怕是高速公路，汽车前进的速度也不能不受到牛车的牵制。在这过渡与转折的时代，即使是汽车的驾驶者，也不能不分外入神与紧张，这自然增添了国民性改造的困难。也许可以说，唯其困难，方才更有希望。因为这些困难将使人们更加谨慎，更加耐心，更为认真准确地把握前进的方向。

---

① 《马克思恩格斯全集》第46卷上册，104页，北京，人民出版社，2003。

章太炎的人性论

共同心理素质或共同综合素质（即通常所说的国民性、民族性、时代精神）的现代化，与社会、经济、政治、文化的现代化一道，是人类社会现代化的一个不可或缺的有机构成部分，也是人自身现代化的主要标志。在西方各国资本主义农工商各业发展、统一的国内市场建立、近代民族共同体形成、近代资产阶级国家创建等各个方面，它以异乎寻常的活力发挥了积极能动的作用。世界各个国家、各个民族在致力于现代化时，几乎毫无例外地都把共同心理素质或人的综合素质的现代化放在引人注目的突出地位。近代各国的人本主义思潮，便是因此而萌动、滋生并茁壮成长起来的。

在漫长的岁月流逝中，中国很早就形成了以祖先崇拜与皇权崇拜为基本特征的共同心理习俗，这对于稳定自给自足的农业经济和传统小农社会结构起过维系纽带的重要作用。然而，到了近代，它却往往变成一种巨大的历史惰力。祖先崇拜，使人们崇尚古风，讲求传统，墨守陈规，因循守旧，若非祖礼，弗视、弗听、弗动，不喜欢创新而喜欢保守，终致思想停滞、硬化、僵死。皇权崇拜，导致人与人的关系一极实行超经济强制，一极处于农奴式屈从。重重等级与权力的重压，使来自下层的种种变革与创新遭到挫抑与扼杀，即使在社会上层，智慧也只能服从于等级权力的层级秩序。整个社会只剩下凝固化的躯壳，失去继续前进的青春活力。因此，要推动中国现代化，就不仅要推倒将这种心理习俗系统化了的观念形态对于思想界的统治，而且要根本改变人们普遍的感情、趣味、意向、愿望，改变人们的社会心理与日常思维，这也就是所谓“国民性”的改造。中国近代人本主义思潮诞生与发展的曲折历程，便是这场至为深刻而广泛的心理素质大变革的缩影。

和近代中国其他几位巨星一样，章太炎也一直关注着人自身怎样实现现代化这一重大历史课题。他的关于人的本质的学说，即他的人性论，在近代中国人本主义思潮发展历程中，具有总论性的地位。因而，系统地考察他的人性学说，不仅有助于了解章太炎思想本身的性质与特点，还将有助于人们从一个重要的侧面了解中国近代人本主义乃至整个中国现代化事业的多舛命运。

一、人的本质的初期探索

在近代中国，第一个为“人的现代化”呐喊的，是维新运动的元勋与领袖康有为。早在 19 世纪 80 年代末 90 年代初，他就在自己的著作中呼唤“现代人”所应具有的主要品格：理性、自由、平等、博爱。

康有为生前从未刊布、近年才得以问世的《实理公法全书》[①] 为“现代人”勾画了比较完整的轮廓。他认为，家族宗法制度完全违背了“实理”与“公法”，也完全违背了人的真正本质。他说“人各合天地原质以为人”，凡人皆不例外，人的这一本质决定了“人类平等”；同时，“人各具一魂”，也无例外地决定了“人有自主之权”。“君主威权无限”，“圣权无限”，“所有言论，惟以此圣为主，不以理为衡”，完全违背了“平等”与“自主”两大原则，都“无益人道”，摧残了人的本性。为要真正体现

① 这份未刊稿原为康同壁收藏，斯坦福大学胡佛图书馆收有该件缩微胶卷，见姜义华、张荣华编校：《康有为全集》第 1 集，145～160 页，北京，中国人民大学出版社，2007。

"平等"与"自主"，夫妇应"两相爱悦"；父母子女应"各有自主之权"，"父母不得责子女以孝，子女不得责父母以慈"；老师与学生应"圣不秉权，权归于众"，古今言论，以理为衡，不以圣贤为主，但视其言论何如"；君臣之间应做到"权归于众"，"以平等之意用人立之法"。康有为从人的共同自然本质中，引申出理性、自由、平等、博爱等全部现代化的原则，勇敢地提出了实质即"人的现代化"这一崭新的历史课题。

除《实理公法全书》外，在公开发布的许多论著中，康有为以比较曲折的形式，一再表述了同样的思想，提出了同样的要求。1898 年 6 月，他在一份奏折中强调说："治一统之世以静，镇止民心，使少知寡欲而不乱；治竞长之世以动，务使民心发扬，争新竞智，而后百事皆举，故国强。治一统之世以隔，令层级繁多，堂阶尊严，然后威令行；治竞长之世以通，通上下之情，通君臣之分，通心思，通耳目，通身体，威令无阻阂，而后血脉流通，而能强。治一统之世以散，使民不相往来，耕田凿井，不识不知；治竞长之世以聚，令人人合会讲求，然后见闻广，心思扩，有才可用。治一统之世以防弊，务在防民而使互相牵制；治竞长之世以兴利，务在率作兴事，以利用成。"[①] 这里所说的"一统之世"中的人，是非常典型的中世纪封建枷锁桎梏下的人；而"竞长之世"中的人，则是近代资本主义现代化所造就的一代新人。

继康有为之后，谭嗣同与梁启超在他们所撰著的《仁学》《新民说》等著作中，发出了同样的挣脱封建网罗、实现"人的现代化"的勇敢呐喊。

章太炎的人性学说，继承并发展了康有为以来要求造就具有现代性的人的有关学说。1894 年 9 月他所撰写的《独居记》，以及稍后据此修改补充而成的《明独》[②]，是他决心同旧式经师道路决裂而投身救国救民洪流，发出的第一声呼喊。在这篇文章中，他大声疾呼，必须理直气壮地倡导所谓"大独"精神。大独，主要是与形形色色的"小群"相对立。种种旧式的家族、宗派、小集团，使人们犹如虮虱相聚，严重地压抑和禁锢了人们个性的自由与独立的发展，从而也严重地妨碍了"大

① 《杰士上书汇录》，故宫博物院图书馆藏。

② 见朱维铮、姜义华编注：《章太炎选集》（注释本），119 页，上海，上海人民出版社，1981。

群”即社会的、民族的共同体的及早形成与健全发展。大独，与“小群”相反，它要求人们敢于独立思考，敢于发展自己的个性，敢于同流俗不合，敢于为实现自己崇高的理想去努力奋斗，虽贾怨不悔。这种“大独”精神，将召唤“大群”的到来，将有力地推动整个社会及全体社会成员的发展，因为这种“大独”精神，并非如所谓“惊夫”、“啬夫”、“旷夫”唯我独尊，自私自利，“大独必群”，它的本质是“群于国”、“群于无告者”、“群于知方之士”。章太炎因此断言：“小群，大群之贼也；大独，大群之母也。”他所说的这个“大群”者，实际上就是近代化的社会；而他所说的这个“大独”者，实际上也就是康有为早就在呼唤的具有现代性的人。大独，正突出了敢于向祖先崇拜、皇权崇拜进行挑战的英雄气概。

章太炎是在自己独立研究的基础上，甚至是在对先行者的理论进行批评与扬弃中，逐步形成他自己的人性论的。它集中地表现在章太炎1899年发表的《菌说》《儒术真论》等一批论文中。

在用人的自然本质去论证人自身为什么应当现代化这一点上，章太炎与康有为、谭嗣同是大体一致的。然而，究竟什么是人的自然本质，他与康、谭则有着迥然不同的认识。

康有为在他早期的一部代表作《康子内外篇》中，用所谓“湿热之气”来说明人的自然本质。他写道：“于无极无无极之始，有湿热之气生，郁蒸而为天，诸天皆此湿热之气，展转而相生焉。近天得湿热之气，乃生诸日月，得湿热之气，乃生诸地。地得湿热之气，蒸郁而草木生焉，而禽兽生焉，已而人类生焉。人得湿热之气，上养其脑，下养其心，湿则仁爱生，热则智勇出，积仁爱智勇而有宫室饮食衣服以养其身，积仁爱智勇而有礼乐政教伦理以成其治。”① 这样将人的品格、心理、思维与活动归结为人的物质构成，突出了人的自然本质的物质性及客观实在性，然而，将决定人的自然本质的物质说成“湿热之气”，则带有很大的主观随意性，缺乏足够的科学根据，这也就削弱了他的理论的说服力。谭嗣同比康有为前进了一步。他在说明宇宙及人的自然本质时，引进了当时物理学中流行的“以太”这个概念，宣称：以太为万物

① 康有为：《湿热篇》，载《清议报》第17、第18册。

本源，“法界由是生，虚空由是立，众生由是出”；以太也是人的本源，“夫人之至切近者莫如身，身之骨二百有奇，其他筋肉、血脉、脏腑又若干有奇，所以成是而粘砌是不散去者，曰惟以太；由一身而有夫妇，有父子，有兄弟，有君臣、朋友，由一身而有家，有国，有天下，而相维系不散去者，曰惟以太；身之分为眼、耳、鼻、舌、身，眼何以能视，耳何以能闻，鼻何以能嗅，舌何以能尝，身何以能触，曰惟以太”。[①]“以太”这一概念，是近代传教士从西方介绍进来的。这一概念最初出现于古希腊时代，它代表着一种极微的物质。到了近代，许多学者设想它渗透于整个宇宙及一切物体，是一种能够通过自身的弹性或振动传递引力、电力、磁力、热辐射和光的媒介质。用它来说明人的自然本质，当然比“湿热之气”要有说服力得多。

巨大的社会和政治压力，自身理论的不彻底，使康有为、谭嗣同常常要给自己的理论裹上一袭正统思想的古典服装。康有为从中国古代人生论与人性论遗产中找到了一个“仁”字，用这个“仁”来论证人生来平等、博爱。梁启超在概述康有为的观点时，便说过：“先生之论理，以仁字为唯一之宗旨，以为世界之所以立，众生之所以生，家国之所以存，礼义之所以起，无一不本于仁。”[②] 谭嗣同也宣称：“天地间亦仁而已矣。”他还进一步断言：以太“其显于用也，孔谓之仁，谓之元，谓之性。墨谓之兼爱，佛谓之性海，谓之慈悲，耶谓之灵魂，谓之爱人如己，视敌如友，格致家谓之爱力、吸力，咸是物也”。[③] 他们对于人的自然本质的说明，便从这里走向了非理性主义、神秘主义。

章太炎早在诂经精舍从俞樾学习时，已注意阅读上海江南制造局、同文馆和广学会所译述的一些西学书籍。有关天体演化学说、生物进化学说、细胞学说、物质由以构成的粒子与元素学说等近代自然科学成就，开阔了章太炎的视野。他当时所撰写的《膏兰室札记》中“造人说”、“青宁生程、程生马、马生人说”、“窃生海人至肖形而蕃”、“若菌”等条目，便多次讨论过生物进化与人类形成问题。投身维新运动以后，他进一步研读了介绍宇宙活动、物质结构、由海藻逐步变成人类的

---

① 谭嗣同：《仁学》，日本，清议报社，1899。

② 梁启超：《康南海传》，载《清议报》第100册。

③ 谭嗣同：《仁学》。

历史过程等学说的不少书籍。他所撰写的《菌说》[1] 一文，便根据近代胚胎学、生物学和进化论原理，对于生命、物种和人类的起源问题进行了专门探究，对人的自然本质作出了较为科学的说明。

章太炎指出，在地球上，有机物是由无机物转化而来的，高级动物又是由最简单的微生物发展而成的。人完全是自然界发展的必然产物。人自身的衍生繁殖，同样也是一个正常的生理活动过程，是精子与卵子相结合的结果。所有这些发展的动力，是它们自身本能的“欲恶去就”，即它们自身内在的“爱力”与“吸力”，“离心力”与“驱力”的矛盾冲突。正是这些矛盾着的力量“相易、相生、相摩”，使旧物种演变为新物种，使物质运动由简单变为复杂，由低级进到高级，“渐以化为异物气”。人类活动是整个自然界运动的一个有机的组成部分，因此，考察人性、人的本质，第一步就应考察人的这种自然属性，考察人的官骸组织以及他们与整个自然界的关系。

章太炎坚决反对任何将“以太”变成超越于一切矛盾之上的绝对精神的倾向，反对将“以太”唯灵化、神秘化。他说：“以太即传光气，能过玻璃实质，而其动亦因光之色而分迟速。彼其实质，即曰阿屯，以一分质分为五千万分，即为阿屯大小之数，是阿屯亦有形可量。以太流动，虽更微于此，而既有迟速，则不得谓之无体。”这里，章太炎根据当时西方物理学的最新假设，说明以太是通过自身的振动传播光波的物质，尽管比阿屯即原子要小得多，但毫无疑问是一种“有形可量”的物质实体，绝对“不得谓之无体”。他还指出，以太尽管非常微小，由于物质无限可分，未来必定可以发现还存在着比它更加微小的粒子，比之这些微末的新发现的质点，以太可能算作极大之物。以此，章太炎便说明了，物质性的以太同“邈无倪际的”仁、性海、灵魂完全不是一回事，不能将它们混为一谈，而冲淡或抹杀人的自然本质的物质性。

针对谭嗣同将所谓“舍利性海”与“灵魂”说成人性实体的观点，章太炎指出：“盖内有精虫，外有官骸，而人性始具。使官骸皆殒，而精虫独存，则无声、色、香、味诸欲，而独有牝牡之情，……此则于生

① 章太炎：《菌说》，见《章太炎选集》(注释本)，51～87页。

人全性之中而得见其端，尚不能谓性具于是也。说今人之死也，则淡、养、炭、轻诸气，盐、铁、磷、钙诸质，各散而复其流定之本性，而人之性亡矣。离此流定而复索一舍利性海，亦犹离此诸体而索马索象也。”他坚持了人的欲望、感情与全部精神活动都不能离开人的体躯而单独存在，便使所谓“不随身之生死而变灭”的所谓仁、性海、灵魂失去了立足之地。

章太炎一面确认人的自然存在是人具有各种特殊属性的基本前提，另一面，又否认人的各种特殊属性全部导源于或决定于人的自然存在。他强调指出：“兼爱、既济之道，即由官骸而生”，“人之嗜欲，著于声、色、香、味、触、法，而仁义即由嗜欲而起”，但所谓仁义、兼爱等品格，又都是人们后天发挥自身的能动作用，对于自己的自然本能、嗜欲“去其太甚”，“隐栝丞矫之”的结果。

在中国古代，荀子的“性恶论”特别强调了人性形成过程中后天的环境与教化所起的决定性作用。章太炎从荀子学说中吸取了这一可贵的思想。他说：“夫言人性，则必有善有恶矣”，而“以符验言，则性恶为长”。性恶，并非否认善的存在，而只是坚持人的本能不可能纯善，“既非纯善，即谓之恶，犹之既舂之米，谓之精凿，未舂之米，谓之粗粝。粗粝云者，对精凿言之，而非谓其与稂莠比肩也”。人的自然本能是人性发展的基础，然而，人性的真正形成与发展，又有待于人为的加工与制作。章太炎还引用荀子《王制》中“合群明分”的论点，强调了人的社会性、社会生活、社会组织在人性形成中的作用。他写道：“荀子曰：人‘力不若牛，走不若马，而牛马为用，何也？曰：人能群，彼不能群也。人何以能群？曰：分。分何以能行？曰：义。故义以分则和，和则一，一则多力，多力则强，强则胜物，故宫室可得而居也。故序四时，裁万物，兼利天下，无它故也，得之分义也’。是故合群明分，则足以御他族之侮；涣志离德，则帅天下而路。”这里说明，人与其他动物的根本区别，就在于人能合群，人类有社会组织，能够依靠社会的力量来改造自然。然而，人的社会性正是以充分发挥社会各成员的个性而又使之结为一个整体为其根本特征的。稍后，章太炎在《菌说》的修改本手稿中针对洛克“人之精神，本如白纸”及培根“一切道德，皆始自利”的论点，进一步指出：“夫善恶生于自利，而自利非善恶，犹宫商成于莛击，而莛击无宫商。自社会言之，则有善恶矣。”人的心灵在接受外界环境与教育的影响之前犹如一块白板，为了解决自己吃、穿、住、行等基本生活需要方才逐步形成道德，但是，道德观念本身就是社会的产物，没有人类社会，也就不可能有任何道德品质问题。

因此，章太炎便从自然因素、生理因素决定的人性论前进到了社会环境与社会教育决定的人性论。他确认：“一人之行，固以习化，而千世之性，亦以习殊。”“学习可以近变一人之行，而又可以远变千世之质。”文明之民是从野蛮人发展演变来的，一旦离开了文明社会，沦落为奴隶，逃遁到深山野林之中，则必然会退化到野蛮状态中去。所谓性海云云，其实只不过是人与鸟兽共有的动物本能，它们绝不是什么人的本质。人只有在社会生活中充分发挥自己的聪明才智，才能使人性得到发展与完善。“万物之胜负，决于智而已矣。”凡是以昧弱遇智勇者，很少有不遭到挫折的；而以昧勇遇智勇也，同样也很少不遭到挫折。“是故徒善而无法者，煦煦孑孑，必不足与校。惟知合群明分，则足以御之尔。”基于此，章太炎提出，要“以大智而充仁义之量”。他并特别指出：“夫自有花刚石以来，各种递变，而至于人，则各种皆尤其鼎俎，以人智于各种尔。然则继人之后，亦必有变而智于人者，夫如是，则黄白人皆其脔脍也，不然，则皆其驯服也。彼人之自保则奈何？曰：合群明分而已矣。苟能此，则无不自立。”人只有通过“合群明分”，将社会性与个性统一起来，充分发挥每一个社会成员及整个社会的积极能动力量，不断提高自己的智力及文明程度，才能真正自立于世界，自立于未来。这就是章太炎从他的人性理论引申出的逻辑结论。

从这里可以看出，章太炎尽管对究竟什么是社会本质还没有认真加以思索，却毕竟在我国近代人文主义思潮中独树一帜，在对人的本质这一问题的认识上超出了康有为、谭嗣同等人，并由此沿着社会环境与社会教育的作用这一线索去继续追寻，继续思考。

二、理性主义向非理性主义转向

1900 年，章太炎完成了从维新到革命的转变，从这时到 1904 年修订重版的《訄书》，在一系列论著中进一步发挥他的人性学说。他满腔热情地讴歌革命实践将有力地推动人本身的改造。“人心之智慧，自竞争而后发生。今日之民智，不必恃他事以开之，而但恃革命以开之。”“公理之未明，即以革命明之；旧俗之俱在，即以革命去之。革命非天雄大黄之猛剂，而实补泻兼备之良药矣!”① “人心进化，孟晋不已，以名号言，以方略言，经一竞争，必有胜于前者。”② 这些看法证明章太炎此时的人性学说，仍然基本上属于近代古典人本主义，它和新生的资产阶级充满了积极向上乐观精神的理性主义、功利主义、实践勇气紧密地结合在一起。对于未来，对于人自身的不断发展与进步，都充满了信心，确实具有雄视一切、所向披靡的气概。

然而，没有多久，章太炎的人性学就发生了重要变化。当他担任中国同盟会机关报《民报》主编，执革命宣传鼓动和理论斗争之牛耳的时候，他的这种乐观精神及对未来的信心，却随着他对资本主义内在矛盾认识的逐渐深化而逐渐消失了。

先前章太炎对“人的现代性”热烈的向往与追求，是和他对资本主义制度的向往与追求联系在一起的。然而，当他对欧、美、日本资本主义制度的实际状况了解比较直接、比较具体，对中国资本主义初步发展所已预示的原始积累全部血腥气感受比较强烈以后，他的信念便动摇了。接任《民报》主编不久，他就发表了一篇《俱分进化论》，对欧美各国资本主义制度下社会矛盾新的发展表示震惊。他写道：“如欧洲各国，自斯巴达、雅典时代以至今日，贵族平民之阶级，君臣男女之尊卑，日渐铲削，则人人皆有平等之观，此诚社会、道德之进善者。然以物质文明之故，人所尊崇，不在爵位，而在货殖，富商大贾之与贫民，不共席而坐、共车而出；诸佣雇者之事其主人，竭忠尽瘁，犹必以佞媚济之，……此非其进于恶耶?”③ 正如恩格斯所说：“和启蒙学者的华美诺言比起来，由‘理性的胜利’建立起来的社会制度和政治制度竟是一幅令人极度失望的讽刺画。”④ 早先许诺的永久和平已经变成了一场场无休止的掠夺战争；富有与贫穷的对立非但没有因社会财富的飞速增加

① 章太炎：《驳康有为论革命书》，见《章太炎选集》(注释本)，176～178页。

② 同上书。

③ 章太炎：《俱分进化论》，载《民报》第16号。

④ 恩格斯：《反杜林论》，见《马克思恩格斯选集》第3卷，601页，北京，人民出版社，1995。

而消除，反而更加尖锐化；摆脱封建桎梏的“财产自由”与“人身自由”，对于广大小农与城市小资产者说来，无非是失去财产和出卖自己劳动力的自由；金钱代替了原先的封建特权，成了社会权力的第一杠杆。所有这些触目惊心的社会现象，击破了章太炎原先精心编织起来的“近代化”梦幻之网。他重新陷入了迷惘之中：“进化之所以为进化者，非由一方直进，而必由双方并进。……若以道德言，则善亦进化，恶亦进化；若以生计言，则乐亦进化，苦亦进化。双方并进，如影之随形，如罔两之逐景。……果以进化为最幸耶？其抑以进化为最不幸耶？进化之实不可非，而进化之用无所取。”① 他不再相信欧美式的现代化能使人得到真正的平等、自由与博爱。

给了章太炎以强烈冲击的，还有中国资本主义发展的活生生的现实。章太炎所熟悉的江浙一带，外国资本主义势力渗透较深，买办资本狐假虎威，横行无忌，本国民族资本主义发展程度较高、农村自然经济瓦解和趋势也较其他地区显著。生产资料与农民生产者相脱离，劳动过程、劳动成果对于农民小资产者来说，都转化成为与他们相对立的异己力量，新形成的雇佣关系成了宰制他们生活的新的枷锁，这种资本主义下“异化”的发展，使章太炎感到忧虑与恐惧。他担心循此以往，不出十年，中国将会变成“中人以下，不入工场被箠楚，乃转徙为乞丐，而富者愈与暂人相结，以陵同类”②。“中人以下”各阶层的命运牵动着章太炎的心，使他对资本主义现代化从热情向往转到了彷徨与游移。

除以上两个方面的因素外，还有一个重要因素，促使章太炎的人性学说产生方向性的变化，这就是章太炎在革命实践中，在同社会各阶层接触的过程中，逐步发现了在同一时代同一社会条件下，人们的品质、道德也不一样，其高下和人们从事的社会职业、社会地位的高下常常有着直接的联系。他说：“今之道德，大率从于职业而变。都计其业，则有十六种人：一曰农人，二曰工人，三曰裨贩，四曰坐贾，五曰学究，六曰艺士，七曰通人，八曰行伍，九曰胥徙，十曰幕客，十一曰职商，十二曰京朝官，十三曰方面官，十四曰军官，十五曰差除官，十六曰雇

① 章太炎：《俱分进化论》，载《民报》第16号。

② 章太炎：《总同盟罢工序》，《太炎文录别录》卷2，见《章太炎全集》第4卷，384页。

译人。其职业凡十六等，其道德之第次亦十六等。”他以为：“以此十六职业者第次道德，则自艺士以下，率在道德之域，而通人以上，则多不道德者。”全体社会成员给分成了两大类，道德与不道德的分野大体符合当时被统治者与统治者的分野、被剥削者与剥削者的分野。经过比较，他觉得还是自然经济下的农民生产者道德最高尚，“其人劳身苦形，终岁勤动，田园场圃之所入，足以自养，故不必为盗贼，亦不知天下有营求诈幻事也”。手工业工人的道德与农民差不多，但从事商品生产，已经“稍知诈伪”。至于统治者、剥削者，“知识愈进，权位愈申，则离于道德也愈远”。[①] 原先以为随着资本主义工商业的发展和现代化的实现，随着智力的进步与理性的增强，人们的道德境界将达到尽善尽美的程度，现在，从中国实际看到的却还是保持古代传承下来的素朴之风的农民小生产者最值得赞美。

资本主义“异化”的恐怖，资本原始积累的厄难，历史传统的重压，这三者，已远远超出了刚从旧营垒中走出来的章太炎所能承担的负荷。他对资本主义的现代化，包括人自身的现代性深感失望，但不了解怎样才能够克服这些矛盾而继续前进。在迷惘与茫然中，他转向了企图到超脱全部现实矛盾的虚无缥缈的新幻境中去寻求归宿。他找不到足以充分信赖的力量，便把自己的怀疑、彷徨和愤懑，统统发泄在对现状的全盘否定和对未来的苛求非难上。于是，他对古典的资产阶级人本主义从肯定转为否定；对自己的人性学说，也从理性主义转为反理性主义，从科学主义转向反科学主义，从乐观主义转向悲观主义，从面向尘俗世界、面向未来转向鄙弃尘俗世界、鄙弃未来的虚无主义。

章太炎说：“人本独生，非为他生，而造物无物，亦不得有其命令者。吾为他人尽力，利泽及彼，而不求圭撮之报酬，此自本吾隐爱之念以成，非有他律为之规定。吾与他人戮力，利泽相当，使人皆有余，而吾亦不忧乏匮，此自社会趋势迫协以成，非先有自然法律为之规定。”这就是确认人与人之间的社会关系，是各自独立的个人之间的相互交往，反对将社会变成一种外在于各个个人的至高无上的统治力量，反对将对社会必须无条件地服从及片面尽义务宣布为神圣化的“公理”，强

---

① 章太炎：《革命之道德》，载《民报》第8号。

制人们去做。不然，人们就将陷入新的不独立、不自由，变成社会与国家的奴隶，而且会在更加广泛的范围内受到重重束缚与限制。以此，他激愤地写道："宁得十百言专制者，不愿有一人言天理者；宁得十百言天理者，不愿有一人言公理者。所以者何？专制者，其力有限；而天理家之力，比于专制为多。……言公理者，以社会常存之力抑制个人，则束缚无时。"①

章太炎认为，人们通常所说的科学，"则诊察物形，加以齐一，而施统系之谓"，这是将人对物质现象的认识加以归纳，使之构成一定系统的结果。由于物质现象本身复杂程度不同，这种经由归纳而构成的系统所包含的真理性程度也就很不相同。"综观远西诸学说，数学、力学，坚定不可磨已；施于无生物之学，其次也；施于动植物之学，又其次也；施于心理、生理之学，又其次也；施于社交之学，殆十得三、四耳。盖愈远于人事者，经验既多，其规则又无变，而治之者本无爱憎之念存其间，故所说多能密合。愈近于人事者，经验既少，其规则复难齐一，而治之者加以爱憎之见，则密术寡而缺漏多。"总之，"万状之纷纭，固非科学所能尽"。② 因此，绝不能把人的不完善的认识以科学的名义凝固化、绝对化，变成束缚人们思想、宰制人们行动的外在力量。对自然规则的迷信也同样应该打破。这是因为自然规则同样是人对若干自然现象作出的归纳，这种归纳不可避免地带有人们主观性的局限。"所谓自然规则者，非彼自然，由五识感触而觉其然，由意识取象而命为然，是始终不离知识，即不得言本在物中也。"

章太炎从理性主义转向非理性主义，是为了抗议将社会、国家、世界在"公理化身"的名义下变成宰制人们的外在力量，从科学主义转向反科学主义，从尊崇自然规则转向否定自然规则，则是为了反对将人们有限的认识绝对化，反对用新的观念崇拜来桎梏人们。他愤然写道："自我观之，承志顺则，自比于厮养之贱者，其始本以对越上神，神教衰而归敬于宿命，宿命衰而归敬于天钧，俞穴相通，源流不二。世有大雄无畏者，必不与竖子聚谈猥贱之事已！"③ 在他看来，真正独立的人，

① 章太炎：《四惑论》，载《民报》第22号。

② 章太炎：《规〈新世纪〉》，载《民报》第24号。

③ 章太炎：《四惑论》，载《民报》第22号。

即大雄无畏者，应当敢于向一切迷信挑战，敢于挣脱一切迷信的精神枷锁。

章太炎的非理性主义、非科学主义，都意味着对现存世界秩序的否定。它既是对现实世界苦难的强烈抗议，也是在现实的诸种矛盾面前找不到真正的出路而陷入绝望的表现。正是这样一种绝望的心理与情绪，推动着他从怀疑主义最终走向虚无主义。1907 年 9 月，章太炎在《民报》第十六号上发表了一篇题为《五无论》的论文。文章说，革命之后建立共和制度，只是因为这种制度"于祸害为差轻"，不得已而采取的。在这种制度下，"爵位废而兼并行，其乱政又无以异于美利坚氏"，为了节制兼并，当实行四项政策："一曰均配土田，使耕者不为佃奴；二曰官立工场，使佣人得分赢利；三曰限制相续，使富厚不传子孙；四曰解散议员，使政党不敢纳贿。"他认为，这四项政策，将可使共和制度之下"豪民庶几日微，而编户齐人得以平等"。然而，国界既存，政府仍在，私有财产未灭，军备武器没有销毁，那就免不了还会产生阶级与战争。纵使政权堕尽，以共产为生，熔解枪炮，废绝家庭，由于人类仍然分为不同的聚落，"合旅相争，其势仍不能已"。只要宇宙存在，就仍然会从星云之中形成星球，在星球上从无机物演变为有机物，"要使一物尚存，则人类必不能断绝。新生之物，渐为原人，久更浸淫，而今之社会、今之国家，又且复见"。因此，只有从"无政府"进到"无聚落"，再进到"无人类"、"无众生"，最后进到"无世界"，矛盾才能最终解决。

这种虚无主义、悲观主义，与先前的乐观主义形成了鲜明的对照，反映了在资本主义"异化"重压之下看不到前途与希望的一种绝望心理，一种极端悲愤的情绪。但是，帝国主义的侵略，清朝政府的腐朽统治，都是活生生的现实。深重的民族危机和社会苦难，都绝不是将它们宣布为虚无、幻影便可消除的。民族的命运，民众的呻吟，紧紧牵引着这位身处革命舆论中心点的革命家的心灵，使他不能不回过头来直面严峻的世界、痛苦的人生。他说，他所厌弃的只是犹如一艘"漏舟"的"器世间"，并不厌弃"舟中之人"，他要寻得木筏，"期与同舟之人，共免沦陷"。① 这种意识，表明他为解决幻想与现实之间的矛盾，作出了

① 章太炎：《建立宗教论》，载《民报》第 9 号。

多么顽强的努力。究竟怎样做，才能将人们引向真实的自由、平等、博爱的彼岸呢？章太炎根据他所最为关切的“中人以下”各阶层的利益及意愿，努力尝试着作出能够使他们最少受到损害的回答。

什么才是真正的自由？1785 年 8 月 26 日法国《人和公民的权利宣言》说：“自由就是指有权从事一切无害于他人的行为。因此，各人的自然权利的行使，只以保证社会上其他成员能享受同样权利为限制。”章太炎认为，“人与人之间的自由，不能算数，在饥来想吃、寒来想衣的时候，就不自由了。……真自由惟有‘无待’才可以做到”。[①] 《庄子·逍遥游》中所谓的“无待”，指的是不让任何制约着自己的外界条件变成桎梏自己的枷锁，做到“乘天地之正，而御六气之辩，以游无穷”。“至人无己，神人无功，圣人无名”，便是“待”境界的具体表现。无己，指依顺天地万物之自然；无功，指不贪居万物自然趋势为己功；无名，指“不立名”，即不拘守所有无法概括事物全部性质的那些观念。章太炎以为，只有达到这样的境界，方才可以算是真正获得了人的自由。

什么才是真正的平等？章太炎说，“非独等视有情，无所优劣”[②]，除去一般性地承认人类平等、众生平等之外，“要把善恶是非的见解一切打破，才是平等”。这并不是根本否定是非善恶，而是否认具有永恒不变的是非善恶的标准，坚持做到“随顺人情，使人人各如所愿”。对此，他解释说：“老子明明说的‘辅万物之自然而敢为’，又说‘圣人无常心，以百姓心为心，善者吾善之，不善者吾亦善之，德善，……’，意中说只要应合人情，自己没有善恶是非的成见。”[③] 宇宙间的一切，人世的全部生活，不可能千篇一律，一个模式，不差分毫。因之，真正的平等不是强行否定一切差别，而是坚决反对用某一固定的模式与永恒的教条来规定社会生活，注意从民众的实际需求出发，确定社会改革与发展的方向，建立能使各个国家、各个民族、各个社会成员都能各得其

① 章太炎：《国学概论》，64 页，上海，泰东图书公司，1923。

② 章太炎：《齐物论释》，见《章太炎全集》第 6 卷，1 页，上海，上海人民出版社，1986。

③ 章太炎：《论佛法与宗教、哲学以及现实之关系》，载《中国哲学》第 6 辑。

所的新的世界秩序。为此，章太炎认为《庄子》的《齐物论》最符合平等的原则。按照“齐物”思想，“推万类之异情，以为无正色、正味，以其相伐，使并行而不害，其道在分异政俗，无令干位”①，就可以保证各个国家、各个民族和各个社会成员真正的自由、平等。

什么才是真正的博爱？章太炎说，这就是人们所作所为“一切以利益众生为念”②。这一原则的具体化，便是在社会实践中“不慕往古，不师异域，清问下民，以制其中”，在认识世界时“废私智，绝悬娱，不身质疑事，因众以参伍”。③ 当然，究竟怎样真正做到“清问下民”与“因众以参伍”，他并不能以切实的方法加以保证；但是，他提出了应当以最广大的下层民众的需要及利益为衡定是非的标准，显示出他的大脑中最为系念的还是“下民”的命运，他们方才是“博爱”的主要对象。

关于自由、平等、博爱的新的解释，立足的基点仍然是单独的个人作为自然人所赋有的自然权利。章太炎说：“盖人者，委蜕遗形、倏然裸胸而出，要为生气所流，机械所制，非为世界而生，非为社会而生，非为国家而生，非互为他人而生。故人之对于世界、社会、国家与其对于他人，本无责任。责任者，后起之事，必有所负于彼者，而后有所偿于彼者。若其可以无负，即不必有偿矣。”④ 在他看来，人与世界、社会、国家及其他社会成员的关系，都是后天的相互作用的等价交换关系，都以个人的自然存在为前提。这反映了章太炎这一时期人本主义思想的发展，并没有超出资本主义制度下价值规律的总轨道，然而，他是如此坚决地反对将世界、社会、国家与其他社会成员变成一个人们所无法控制的异己力量，力图防止这一切异化成为一个高高在上的新的强制者，则已表现出了现代资产阶级批判式的人文主义的主要特征，表现他已基本上从资产阶级古典的人文主义转向现代型的批判的人文主义。

三、现代批判性人文主义人性理论的构建

当章太炎从古典的人文主义转向现代批判的人文主义时，他的哲学

① 章太炎：《国故论衡》卷中《原道下》。

② 章太炎：《建立宗教论》，载《民报》第9号。

③ 章太炎：《国故论衡》卷中《原道上》。

④ 章太炎：《四惑论》，载《民报》第22号。

世界观正从前期立足于近代自然科学成就基础上的唯物主义，转向熔唯识法相哲学、庄子哲学和德国近代唯心主义哲学于一炉的思辨哲学。与此相应，章太炎的人性学说在理论形式上也发生了重大的变化。这一变化，最完整地表现在1910年6月于日本出版的《国故论衡》卷下所收录的《辨性》上、下篇①中。

《辨性》集中考察了使人区别于动物的思维活动。这篇文章劈头就说："万物无自性。"后来，章太炎在这句话下面加了一个注，说："自性者，不可变坏之谓，情界之物，无不可坏；器界之物，无不可变；此谓万物无自性也。"这里的情界、器界，即生物界与无生物界。章太炎认为，人、人性，是通过自身的思维活动、精神活动而生灭变化的。人与自然界的相互作用，人与社会的矛盾冲突，都是通过人自身的思维活动、精神活动而施加其影响，推动人及人性的变动的。章太炎将人们的精神活动归结为"我爱"与"我慢"、"我见"与"我痴"这样两对矛盾着的心理、欲求既相对立又相依存的运动。他说："人心者，如大海，两白虹婴之，我见、我痴是也；两白蛟婴之，我爱、我慢是也。彼四德者，悉依隐意根。由我见，人有好真之性；由我爱，人有好适之性；由我慢，人有好胜之性。责善、恶者于爱、慢，责智、愚者于见、痴。"善与恶，是衡定人们社会属性的主要尺度，章太炎认为，它们和"我爱"与"我慢"这一对矛盾着的心理本能有着直接的关联，《辨性》上篇便主要讨论了这一问题。而智与痴，是衡定人们思维发展水准的主要尺度，它们和"我见"与"我痴"这一对矛盾着的心理本能有着直接的关联，《辨性》下篇便主要讨论了这一问题。

所谓"我爱"，按照《成唯识论》的解释。"谓我贪，于所执我，深生耽著，故名我爱。"所谓"我慢"，按照《成唯识论》的说法，"谓倨傲，恃所执我，令心高举，故名我慢"。章太炎在《辨性》中使用这些概念，与《成唯识论》有联系也有区别。在章太炎这里，我爱，代表了追求幸福的本能欲望；我慢，则代表了"求必胜于人"的自发心理；二者都是"意根"即人的肉体存在的自然属性，"夫我爱、我慢者，此意

---

① 《辨性》上、下篇，首次见于1910年6月日本东京秀光社出版社的《国故论衡》卷下。其后，在收入《章氏丛书》时，章太炎作了部分补充与修改。

根之所有”，“爱、慢异流，而同其根柢”。

章太炎认为，我爱与我慢相反而相成，它们共生共存，彼此不可分离。“我慢足与他人竞，我爱足与他人和”，“慢之性使诸我相距，爱之性使诸我相调”，它们的性质与作用都是对立的。然而，它们又互相依存，“人之生未有一用爱者，亦未有一用慢者。慢者，不过欲尽制万物，物皆尽，则慢无所施，故虽慢犹不欲荡灭万物也。爱者，不过能近取譬，人搤我咽，犹奋以解之，故虽爱犹不欲人之加我也。”正是我爱与我慢之间的这种对立统一的关系，确定了人和其他社会成员的关系必然也是既相对立又相依存的。

《辨性》指出，人的肉体存在即我爱与我慢的存在所产生的善、恶品质，和人的社会存在即人在后天环境作用下所形成的善、恶品质，是两种不同的东西。前一种品质，章太炎名之为“审善”、“审恶”；后一种品质，章太炎称之为“伪善”、“伪恶”。

“审”，就是本能的、原发的、不求施报的意思，“任运而起，不计度而起，故谓之审”。所谓“审善”，指“不待师法教化”生来就有的“诚爱人”的感情。如“今人乍见孺子将入井，皆有怵惕恻隐之心”，便是这样一种感情。它是因为人们“知人人皆有我，知之，故推我爱以爱他人”。所谓“审恶”，指“不为声誉权实”而产生的“一往胜人之心”，如一般人为了娱乐消遣而弈棋。“当其举棋，攻劫放舍，则务于求胜”，这是一种“无以为而为之”的情绪，是人们与生俱来的，和“审善”一样，也是由人们的自然属性所产生和决定的。

“伪善”与“伪恶”之“伪”，并非虚伪之伪，它是指为着特定的目标有所选择采取的行动。“计度而起，不任运而起，故曰伪。”“有为而为善”，谓之“伪善”。比如为了“纳交要誉”，为了升天成佛、做圣贤，或者为了符合道德准则而做一些利益他人的事情，便都是有所为而发，都属于“伪善”之列。同样，凡“有为而为恶”者，则谓之“伪恶”。对此，章太炎解释说：“今人何故为盗贼奸邪？是饥寒迫之也。何故为淫乱？是无所施写迫之也。何故为残杀？是以人之堕我声誉权实迫之也。虽既足而为是者，以其志犹不足，志不足故复自迫。此其为恶，皆有以为者，是故予之伪恶之名。”这一类所谓恶行，都是后天的，不是根源于人的自然本质，而是在一定社会环境之下为达到一定个人的或社会的目标而作出的，所以名之为“伪恶”。

区别“审善”与“伪善”、“审恶”与“伪恶”，究竟有什么意义呢？章太炎认为，由人的肉体存在而必然产生的“审善”与“审恶”不容易改变，而由人的社会存在产生的“伪善”与“伪恶”则比较容易改变。改造人的本性或品质，首先就应发展人的“伪善”，削减以至去除人的“伪恶”，“人之相望，在其施伪善，群之苟安，待其去伪恶”。怎样才能根除社会环境逼迫人作出的种种恶行即“伪恶”呢？章太炎说：“伪恶可以伪善去之。伪之与伪，其势足以相灭。”这就是明确要求，用后天的、由人的社会存在而产生的“善”品质来克服后天的、由人的社会存在而产生的“恶”品质。要使人不为盗贼奸邪，就应当消除饥寒及无止境的贪欲，要使人们不为淫乱，就应当消除导致淫乱的各种主客观因素；要使人们不互相残杀，就要使声誉、权力、实利不再成为人们争夺的目标；如是等等，消除“伪恶”，推进“伪善”，都必须与社会存在、社会环境自身的变革联系起来。

通过人自身的努力，通过社会存在、社会环境的变革，使人从后天形成的既定心理、欲望、品质的束缚中解脱出来，反过来，又可改变人们因自然存在而形成的“审善”与“审恶”。“以审善恶遍施于伪善恶，以伪善恶持载审善恶，更为增上缘，则善恶愈长，而亦或以相消。”后天的善行可以抑制本能的恶意，后天的恶德也可以压抑本能的善意；反过来，本能的善意在一定场合也可能限制后天的恶行，本能的恶意在一定场合则可能破坏后天的善行。而本能的善意与后天的善行相结合，后天的恶行与本能的恶意相扶持，则善与恶都将会向极端化的方向发展。章太炎特别强调指出，“审善”与“审恶”虽然是本能的，却并非绝对不能改变，“伪善”与“伪恶”的不断积累，有可能使人的自然属性也产生变化。他写道：“伪善者，谓其志与行不相应。行之习，能变其所志以应于行，又可以为审善。何者？以人性固可以爱利人，不习则不好，习焉，而志或好之。……是故持世之言，以伪羑美道人，虽浮屠犹不废。箫宾霍尔（叔本华）不悟，以为恶不可治，善不可以勉就，斯过矣。”这里，他指名批判了叔本华的悲观主义，强调了“伪善”的不断实践，有可能使“伪善”逐渐转化为“审善”。

“我见”与“我痴”，亦出自《成唯识论》。在那里，它们与“我慢”

"我爱"合称"四根本烦恼"，因为它们"扰浊内心，令外转识恒成杂染"，成为"生死轮回，不能出离"的内在原因。章太炎在《辨性》中，利用"我见"与"我痴"这一对矛盾，研究了人的智力发展问题，着重说明了怎样才能使人从种种愚昧的观念形态桎梏中解放出来，使人的思维得到积极发展。

《成唯识论》在解释"我见"与"我痴"这两个概念的含义时说："我痴者，谓无明；愚于我相，迷无我理，故名我痴。我见者，谓我执；于非我法，妄计为我，故名我见。"这里的我见，指执持自身的肉体存在及关于我的观念为实体的偏见；而我痴，则是指对于我的认识完全处于愚昧状态。章太炎使用这两个概念，含义与《成唯识论》则不完全相同。他写道："我见者，与我痴俱生。何谓我痴？根本无明则是。以无明不自识如来藏，执阿罗耶以为我，执此谓之见，不识彼谓之痴。二者一根，若修广同体而异其相。意识用之，由见即为智，由痴即为愚。智与愚者，非昼夜之校，而巨烛、煴火之校。痴与见不相离，故愚与智亦不相离。"在这里，"我见"与"我痴"成了意识活动"痴"与"愚"的同义语，它们之间的差别只是像巨烛与煴火的亮度那样程度有所不同。章太炎断言，世界上决没有天生的有见无痴的"上智"，也决没有冥顽如瓦砾的有痴无见的"下愚"，见与痴互相依存，智与愚也共存共生，"上智无痴，必无我见也，非生而具之；下愚者，世所无有，诸有生者，未有冥顽如瓦砾者矣。"正因为如此，由痴到见，由愚到智，或者反其道而行之，在他看来，主要的是后天的作用与努力的问题。

人的后天因素，即人的社会存在、社会环境及人自身的努力，对于人的智力发展从而也对人性的发展究竟有怎样的影响？这是《辨性》下篇所着重研究的课题。

章太炎认为，智力发展程度的不同只是因为后天的教育与环境不同，而不是人性本身有什么差异，"世方谓文教之国其人智，蠕生之岛其人愚，彼则习也，非性"。即就后天影响而言，也不能简单化地说凡是文明程度较高的社会，人就一定比文明程度较低的社会开通聪慧。现实世界便证明了，"就计所习，文教国固多智，以其智起愚，又愚于蠕生之人"。最明显的证明，便是"文教者"固然能够"知相、知名"，既能通过感性直观了解事物，又能通过大量的观念形态的东西去认识事物，因而被称作“智”，但是，也正因为这个缘故，他们常常又为这些观念所统治，成为这些观念的奴隶，“执名以起愚，彼蠕生者犹舍是”。以此，对于后天的智及愚不能笼统地一概而论，必须作具体的分析。

《辨性》下篇将“执名以起愚”的现象概括为六大类，一一作了评述。一为“征神教”，二为“征学术”，三为“征法论”，四为“征位号”，五为“征礼俗”，六为“征书契”，指的是文教发展后产生的种种等级、名分、礼教、书本、图腾、观念、符号崇拜。章太炎认为这些统统都是“执名以为实”，为“蠕生者所不执也”。例如，他指出，原始人的图腾崇拜固然显得很愚昧，但他们所崇拜的对象毕竟是具体的可以验证的实物；文教者崇拜上帝，固然显得很有文明气息，但是，上帝却纯然是观念的产物，无从加以验证；“一事可验，一事不可验，则蠕生者犹少智”。

章太炎还着重揭露了人在社会文化发展过程中形成的种种观念崇拜现象如何反过来压抑了人自身的觉悟与解放，目的在于启迪人们要自觉地从这些观念崇拜的束缚中解脱出来。他指出，如果陷在观念崇拜中不能自拔，对于自己愚昧的一面毫不觉察，心安理得，自我陶醉，那就将永远沉沦下去。“见与痴固相依，其见愈长，故其痴亦愈长。而自以为智者，诚终身不灵哉!”只有认清以上各种观念崇拜都只不过是社会文化发展过程中与“我见”俱长的“我痴”的产物，绝不把它们崇奉为永恒不变的实在，绝不迷信、执着和屈从于这些观念，人的思维与思维着的人方才不致继续沉浸在迷误之中。

“我爱”与“我慢”、“我见”与“我痴”，俱出之于《成唯识论》。在章太炎《辨性》所阐明的人性理论中，唯识法相哲学的思想资料及理论形式的影响，远远超越于其他学术流派。章太炎人性理论的哲学基础，便是借助唯识法相哲学的范畴、概念而精心构造起来的哲学本体论与意识论。

章太炎只承认类似于康德“自在之物”、《韩非子·解老篇》的“道”的“如来藏”或“真如”为唯一的客观实在，为万物本源。宇宙间万事万物，包括人及人性在内，在他看来，都处在永恒的变化更迭之中，非实、非常、非住，因而都只是暂时的、虚幻的、运动变化着的现象。他认为，人与人性，同样不是实在的、恒常的、稳定的本体，而只是一种幻化中的现象。人与人性，都是由“八识”构成的。第一识是阿罗耶识，又称阿赖耶、阿陀那，它是“真如”本体的产物，其中蕴集和潜藏着万有“种子”，包括时间、空间、康德所说的十二范畴及其他各种现象的“种子”，也包含着人的眼、耳、鼻、舌、身、意六识的“种子”。第二识是末那识，它是人的肉体存在，一方面依托阿罗耶识，以之为自身或他物的本质，一方面又为眼、耳、鼻、舌、身、意六识所依存的“意根”，它的作用便是将阿罗耶识与这六识联结起来。“末那者，此言意根。意根常执阿罗耶以为我，二者若束芦，相依以立，我爱、我慢由之起。”意识与眼、耳、鼻、舌、身识是阿罗耶识、末那识之外的其余六识，它们感知外界色、声、香、味、触，并经意识加工综合为统一的观念（“法”），同时，又将这些感觉印象与概括抽象出来的观念储入阿罗耶识之中。“意根之动，谓之意识；物至而知接，谓之眼、耳、鼻、舌、身识。彼六识者，或施或受，复归于阿罗耶。藏万有者，谓之初种；六识之所归者，谓之受熏之种。”章太炎据此确认我爱与我慢、我见与我痴、审善与审恶、伪善与伪恶、智与愚等，都是这八识不同层次、不同程度的运动。

中国传统的人性学说大致有五派：告子主张人性无善无不善；孟轲主张性本善；荀况主张性本恶；扬雄主张人性善恶相混；漆雕开、世硕、公孙尼、王充以及后来的韩愈主张性善、性恶以人相异，分作上、中、下三品。章太炎认为：“五家皆有是，而身不自明其故，又不明人之故，务相斩伐，调之者又两可。独有控名责实，临观其上，以析其辞之所谓，然后两解。”他根据自己的哲学和人性学说，对以上五派所说的人性不同的含义一一作了剖析。他指出，孟子的性善论与荀子的性恶论，都是“以意根为性”，即都是以人的肉体存在、人的自然属性为人的基本属性。然而，“意根”有“我爱”与“我慢”这两重属性，它既可以为善，又可以为恶，孟轲、荀况各执其一，他们彼此争论不休，其实都是“蔽于一隅”。告子性无善无不善论所说的“性”，同孟、荀不一样，它不是以“意根”为性，而是“即生以为性，是阿罗耶识也”。阿罗耶识是构成人的肉体存在的本源，但是，它本身并不等于人的肉体存在，因而，它不执持自我，没有关于自我的意识，“不执我则我爱、我慢无所起，故曰无善无不善也”。扬雄在《法言·修身》中提出了“人之性也，善恶混，修其善则为善人，修其恶则为恶人”的著名论点，对此，章太炎评论说：“扬子以阿罗耶受熏之种为性。夫我爱、我慢者，此意根之所有。动而有所爱、有所慢，谓之意识，意识与意根应。爱、慢之见，熏其阿罗耶，阿罗耶即受藏其种，更迭死生，而种不焦敝。前有之种，为后有之增性，故曰善恶混也。”人在开始有意识的活动之后，后天的种种条件与活动本身不可避免地要反作用于人本身，使人本身发生变化，从而也使作为人的自然存在本源的“阿罗耶”产生变化。“阿罗耶”所接受的这种后天的影响，便是“阿罗耶受熏之种”。章太炎强调，“形气转续，变化相嬗”是普遍规律。“阿罗耶”也在“恒转”之中，所谓“善恶混”正反映了后天的因素对人性发展所产生的影响。漆雕开、世硕、公孙龙、王充与韩愈等人的善恶以人殊的理论，章太炎认为，也都是“以受熏之种为性”，即以后天的影响、后天所形成的品质为人的本性。“我爱、我慢，其在意根，分齐均也，而意识用之有偏胜，故受熏之种有强弱。”人的自然属性彼此相同，但不等于人在开始有意识的活动以后表现完全一样，人们后天的活动不同，在后天活动基础上形成的心理、感情、品质也就会不同，“复得后有，即仁者、鄙者殊矣”。两千多年来，各种不同学派环绕着人性问题一直争执不休。章太炎的《辨性》清楚地表明，他力图使他自己的人性理论成为中国悠久的丰富的人性学说总结性的成果。

中国人性学说发展的历史也证明，《辨性》确实是一份重要文献。它是章太炎从古典人本主义转向现代人本主义以后的一篇具有总结性的人性论专门著作。通过对人的思维活动的剖析，章太炎明确地区分了人的自然属性与社会属性，对于这两种不同属性形成的不同基础、不同条件作了说明。这些论点，大大超出了他本人以及同时代许多人的人性观点。《辨性》又表明，章太炎所考察的人，主要还是人类的个体，或个体的人。他不懂得，人与自然的关系，不仅表现于人的肉体存在，而且更表现于人类借助于什么样的社会生产力去利用自然、改造自然；人与人的社会关系是多方面的关系，而其中起着决定性作用的乃是人们在生产过程中结成的社会生产关系；他也不懂得，对于观念形态的崇拜和迷信，并不是将这些观念宣布为愚昧或怪想就可以消灭的，只有实际地推翻这些观念所由以产生的现实的社会基础，才能使它们不再有滋生与蔓延的土壤；他不懂得这一切，便不可能科学地揭示人的真正本质，将人性的改造和发展确立在可靠的社会现实基础之上。任何个人，无论是作为自然人而存在，还是作为社会人而存在，总不可避免地在自己的身上既具有肯定的力量，即善的、智的力量，又具有否定的力量，即恶的、愚的力量。作为现实的个人、爱与慢的冲突，见与痴的矛盾，是无法消除的。传统社会强加给人的种种枷锁必须打破，而资本主义“异化”的膨胀，使章太炎看不到人得到真正解放的前途。他力图找到现世确保人性自由发展的最佳方案，但是，他内心的激烈冲突最终还是引导他走向出世主义，“最上者言无我性”，企图从“无我”中求得最后解脱。

中国的启蒙思想家们努力重新估定人的价值，探索人的本质，目的是要通过人的解放推动中国社会走向现代化。然而，中国所面临的世界已不再是西方启蒙思想家所遇到的世界。资本主义绚丽色彩下面残酷的现实，已经触目惊心地放在中国启蒙思想家们的面前。世界历史的新变动，不能不在中国新勃兴的人本主义思潮中反映出来。章太炎从《菌说》到《辨性》的人性学说发展演变过程，不仅表现了章太炎本人孜孜不倦的探索精神、渊博的知识以及他个人的洞察力、创造力，而且深刻地表现了他从中吸取乳汁与营养的中国社会以及20世纪帷幕方揭的世界所蕴涵着的内在矛盾。当然，可以说，正是由于他个人不懈的努力，他的人性学说方才成为近代中国人本主义曲折命运的一个缩影，但是，更应当说，没有他所处的那个时代，没有他所代表的那些社会力量自身的特点，没有他所献身的那场革命特殊的性格，便不可能产生他这样的人性学说。章太炎的人性学说，在实现人的现代化这个问题上，成了一面社会的聚光镜，原因即在这里。他的学说，至今还值得我们批判地给以总结，意义就在这里。

理性的困顿：《新青年》德、赛二先生

陈独秀在1919年1月《新青年》第6卷第1号上发表的《〈新青年〉罪案之答辩书》中，明确解释了德谟克拉西（Democracy）和赛因斯（Science）二先生，即民主与科学，如何成为新文化运动的两面旗帜：

> 要拥护那德先生，便不得不反对孔教、礼法、贞节、旧伦理、旧政治。要拥护那赛先生，便不得不反对旧艺术、旧宗教。要拥护那德先生又要拥护赛先生，便不得不反对国粹和旧文学。

但是，仔细辨析一下便不难发现，《新青年》的将帅们对德、赛二先生的解读并不一样。即以新文化运动总司令陈独秀本人而言，对德、赛二先生的诠释前后就有着很大变化。透过这些不同的解读与诠释，可以较为深入地了解新文化运动，乃至整个中国启蒙运动经常徘徊、彷徨于理性及非理性之间的这一重要特征。

一、“德先生”诠释的五次转换

“德先生”即“民主”这一概念，《新青年》仅陈独秀一人，前后就至少作出了五种诠释。

第一种诠释，将“民主”界定为“人权、平等”，即每个社会成员都能“脱离夫奴隶之羁绊，以完其自主自由之人格”，人们都能“自认为独立自主之人格以上，一切操行，一切权利，一切信仰，惟有听各自固有之智能，断无盲从隶属他人之理”。① 整个《青年杂志》第1卷，都这样从人权、独立、平等、自由的角度诠释民主。

第二种诠释，是在《青年杂志》改名为《新青年》之后，见之于该刊第2卷与第3卷。从1916年9月1日至1917年8月1日，围绕着孔教与现代生活问题，陈独秀主要从“法律上之平等人权，伦理上之独立人格，学术上之破除迷信、思想自由”这三者相结合来诠释民主。② 其中他尤重视思想上、学术上“百家平等，不尚一尊”。③ 在解释为什么反对定孔教为国教时，他强调指出：“中外学说众矣，何者无益于吾群？即孔教亦非绝无可取之点，惟未可以其伦理学说统一中国人心耳。”④

第三种诠释，见之于《新青年》第4、第5卷至第6卷第4号，时间从1918年1月至1919年4月。陈独秀针对将民国建立以来丧权辱国、兵争民困悉归罪于共和民主的谬说，论证了若用代议制，更益以联邦制、责任内阁制，民主之制完全宜于现代中国。有了这些制度，便可排斥武力政治、一党势力，去除军人害、官僚害、政客害。为使这些制度得以确立，他要求国民具有参与政治的觉悟，发动相当的示威运动，由社会中坚组织政党。⑤

第四种诠释，见之于《新青年》第6卷第5号《马克思主义研究专号》之后，至第7卷第6号，时间从1919年5月至1920年5月，以

---

① 《敬告青年》，载《青年杂志》第1卷第1号，1915-09-15。

② 《袁世凯复活》，载《新青年》第2卷第4号，1916-12-01。

③ 《答程演生》，载《新青年》第2卷第6号，1917-02-01。

④ 《答俞颂华》，载《新青年》第3卷第1号，1917-03-01。

⑤ 《驳康有为〈共和平议〉》，载《新青年》第4卷第3号，1918-03-15；《今日中国之政治问题》，载《新青年》第5卷第1号，1918-07-15；《除三害》，载《每周评论》第5号，1919-01-19。

《实行民治的基础》为代表。陈独秀说明，我们所主张的民治，是把政治的民治主义与社会经济的民治主义当作社会生活向上的两大工具。他对政治的民治主义的解释是：由人民直接议定宪法，用宪法规定权限，用代议制照宪法的规定执行民意。就是消极的不要被动的官治，积极的实行自动的人民自治。要在坚实的民治基础——人民的、直接的、实际的自治与联合上下工夫。这就是通过人民直接的、实际的自治与联合，通过地方自治和同业联合，从底下创造发达起来的人民自动的真民治。乡间的地方自治，从一村一镇着手；城市的地方自治，按街道、马路、警察的分区，从小区域着手；同业联合要拿一个地方的一种职业着手。①

第五种诠释，见之于《新青年》第8、第9卷，时间从1920年9月至1922年7月，以《谈政治》为代表。陈独秀一反往昔，尖锐地批判了工团主义、都市自治、议会主义、国家社会主义等主张，斥责世界上各资本家国家的民主、自由，是利用国家、政治、法律等机关，把多数勤苦的生产的劳动阶级压在资本势力底下，强调只有被压迫的生产的劳动阶级自己造成新的强力，建立起劳动专政，把资产阶级完全征服，然后才可望将财产私有、雇佣劳动等制度除去，将过于不平等的经济状况除去。② 在《国庆纪念底价值》一文中，陈独秀说：我们承认共和政治在人类进化史上有相当的价值，但是，资本主义时代不过是少数人得着幸福，多数人仍然被压在少数人势力底下，得不着自由与幸福；共和国里的教育、舆论、选举，都操在少数的资本家手里，表面上是共和政治，实际上是金力政治，所以必须以社会主义的政治起来代替共和政治。③ 在这些文章发表之前，陈独秀在《晨报》上发表的《告北京劳动界》中已宣布："18世纪以来的'德谟克拉西'是那被征服的新兴财产工商阶级，因为自身的共同利害，对于征服阶级的帝王贵族要求权利的旗帜。……如今20世纪的'德谟克拉西'，乃是被征服的新兴无产劳动

① 《实行民治的基础》，载《新青年》第7卷第1号，1919-12-01。

② 《谈政治》，载《新青年》第8卷第1号，1920-09-01。

③ 《国庆纪念底价值》，载《新青年》第8卷第3号，1920-10-10。

阶级，因为自身的共同利害，对于征服阶级的财产工商界要求权利的旗帜。"①

五种诠释，相互之间自有联系，但是，在不同时段，对民主的诠释有着如此明显的差异，足以表明在新文化运动的发动者这里，民主的追求既有着理性的基础，又有着浓厚的非理性成分。理性，应当超越感性、知觉、情感、欲望，运用统摄能力把握真理。非理性则相反，任由本能、感觉、意志反转来超越理性，其表现经常为信仰的跳跃、不受约束的自由及英雄式的反叛。《新青年》对"民主"的不同解读，鲜明地表现了新文化运动的发动者如何在理性与非理性之间彷徨。

这种彷徨，首先突出地表现在对西洋民主共和从理想化到妖魔化的跳跃。上述五种诠释，前四种几乎都以西方资本主义国家的"民主"为坐标。在比较东西民族根本思想之差异时，陈独秀高度评价西洋民族以战争为本位，以个人为本位，以法治为本位，以实利为本位，对东洋民族以安息为本位，以家庭为本位，以感情为本位，以虚文为本位，则严加贬斥。② 他所倡导的，就是"建设西洋式的新国家，组织西洋式之新社会，以求适今世之生存"，正是为了这个目的，他立志"首先输入西洋式社会国家之基础，所谓平等人权之新信仰"。③ 然而，到了第五种诠释时，举凡西洋资本家、贵族，中等社会的国家、政府、国会、省议会，都成了他要推翻的对象，并截然否定"由封建而社会主义，中间还必须经过共和时代"。④ 至于从倡导工团主义到反对工团主义，从倡导地方自治到反对地方自治，则是从第四种诠释到第五种诠释之间，跳跃更为急速。并不是西方国家在这短短几年内发生了根本性变化，而是新文化运动倡导者们无论在将西洋的民主共和理想化时，还是后来在将它妖魔化时，都没有真正采取理性的立场。

理性与非理性之间的彷徨，另一突出的表现，就是"民主"目标与手段的经常脱节。《新青年》对民主的内涵作了多重阐发，但是，大多

① 《告北京劳动界》，载《晨报》，1919-12-01。

② 《东西民族根本思想之差异》，载《青年杂志》第1卷第4号，1915-12-15。

③ 《宪法与孔教》，载《新青年》第2卷第3号，1916-11-01。

④ 《国庆纪念底价值》，载《新青年》第8卷第3号，1920-10-10。

目标明确，至于如何实现却常常流于空洞化。《新青年》要求人们能够确立“自主自由之人格”，却未指明如何在实际生活中打破家庭宗法制度的枷锁，如何切实改变落后分散的自给自足的小生产方式；《新青年》要求人们都有思想与言论的自由，却未指明如何使人们摆脱愚昧状况，能够有足够能力、条件独立思想，能够真实准确表达自己的要求；《新青年》要求通过选举与多数裁决体现和保障多数人的意志，却未指明在中国地域、人口、发展水准等实际条件下，如何保障选举与多数裁决不为少数军人、政客、财阀所控制；《新青年》要求实行地方自治，实行宪法权威下的法治与权力制衡，却同样未指明如何使这一切不流于形式，而取得实效。结果，一阵阵摇旗呐喊，虽然造成了浓厚的空气，思想上的解放却并未带来他所追求的政治的民治主义、民权的民治主义、社会的民治主义及生计的民治主义的实际。倒是劳动专政与工人运动、农民运动及武装斗争结合起来，具有了可操作性。

理性与非理性之间的彷徨，还有一个突出的表现，就是民主追求中内发与外铄地位的颠倒。辛亥革命后，中国推翻了君主专制制度，建立了国会、内阁、政党、共和制度，随后又粉碎了袁世凯复辟帝制以及张勋复辟，然而与共和制度相对立的别尊卑、重阶级、主张人治、反对民权的传统仍然根深蒂固。《新青年》倡导民主，正是针对这一现实。从这一方面说，《新青年》对民主的追求出于内发。然而，在中国，致力于推进民主共和的社会中坚力量过于弱小，不仅传统的政治力量仍然非常强大，包括旧式宗祠、神社、团练、会馆、善堂、义学、工商业公所在内的传统社会力量在许多地方仍占优势，《新青年》所树立的“民主”目标在很大程度上是以西方社会为范本的。后来，转向倡导社会主义与劳动专政，并坚信在资本主义生产事业不发展的条件下，也可以直接过渡到社会主义与无产阶级专政，则是以苏俄革命为范本，并和共产国际的工作直接关联。在这里，极为强烈的民族危机意识和图谋中国尽快振兴的感情，使新文化运动的倡导者们急不可待地要从外部寻找努力的方向和动力。外铄的功能甚至因此压倒了内发的作用。

于此可见，尽管《新青年》将“德先生”喊得震天响，支撑着“德先生”的理性，相对于非理性而言，仍然相当脆弱。这一点，同样表现在《新青年》对于“赛先生”的提倡中。

二、“赛先生”中理性与非理性的结合

陈独秀在《敬告青年》一文中以科学与人权为“舟车之有两轮”，特别强调了科学与理性的内在联系：

> 科学者何？吾人对于事物之概念，综合客观之现象，诉之主观之理性而不矛盾之谓也。……举凡一事之兴，一物之细，罔不诉之科学法则，以定其得失从违；其效将使人间之思想云云，一遵理性，而迷信斩焉，而无知妄作之风息焉。

然而，就在倡导科学的这同一篇文章中，在评述德意志科学家时，陈独秀高度评价了两大非理性主义哲学家：“当代大哲，若德意志之倭根，若法兰西之柏格森，虽不以现时物质文明为美备，咸揭橥生活问题，为立言之的。”

发表于《青年杂志》第2号上的《今日之教育方针》①，一边强调现实主义，一边强调兽性主义。前者要求“一切思想行为，莫不植基于现实生活之上”，后者则赞成人性与兽性同时发展。而兽性之特长，文章概括为：意志顽狠，善斗不屈；体魄强健，力抗自然；信赖本能，不依他为活；顺性率真，不饰伪自文。前者当属理性，后者正是非理性主义所鼓吹的。尼采便把复活兽性作为拯救人类的手段。②

值得注意的是发表在《新青年》第2卷第1、第2号上的论文《当代两大科学家之思想》。陈独秀在这篇文章中特别表彰的两位科学家，一位是俄国微生物学家梅特尼廓夫（E. Metchnikoff，1845—1916），一位是德国物理化学家阿斯特瓦尔特（W. F. Ostwald，1853—1932）。梅特尼廓夫因在动物体内发现噬细胞而获得1908年诺贝尔生理学医学奖金。但是，陈独秀所着重介绍的却是他的“长生说”和“道德意见”。

---

① 《今日之教育方针》，载《青年杂志》第1卷第2号，1915-10-15。

② 尼采《权力意志》：“所有这些高贵的种族骨子里就是食肉兽，就是了不起的渴望战利品和征服的金发碧眼的野兽。他们是高贵的种族，他们在他们所到过的地方全都留下了‘兽性’这个概念的痕迹。”参见［匈］卢卡奇：《理性的毁灭》，307～308页，济南，山东人民出版社，1997。

陈独秀对梅氏主张以生物学为社会学之先导者大加赞赏；对梅氏“以个人之完全发展为人类文明进步之大的，博爱利他非究竟义”给予高度评价，说：“梅氏眼中之博爱利他主义，不过为应时之道德，非绝对不可离之真理。其破坏博爱利他主义之根底，视尼采为尤甚。盖尼采目博爱利他为不道德之恶劣行为，意过偏激，不合情理，使人未能释然。梅氏之解释个人主义，亦不似尼采猖披过当，令人怀疑也。”阿斯特瓦尔特的主要贡献是发现电离作用，但陈独秀着重介绍的却是他的“幸福公式”、“精力法则”和“效率论”，即他所创造的“唯能论”哲学，并断言：“20世纪将为哲理的科学时代，化学家阿斯特瓦尔特氏导其先河。……法兰西之数学者柏格森氏与之同声相应，非难前世纪之宇宙人生机械说，肯定人间意志之自由，以‘创造进化论’为天下倡，此欧洲最近之思潮也。”① 尼采、柏格森都是著名的非理性主义者，陈独秀介绍的是两位科学大家，所关注的并不是他们合乎理性的科学成就，而是他们关于个人奋斗和人间意志自由的非理性学说。这一事实，相当清楚地说明科学与非理性在新文化运动的倡导者这里并非互不相容，而是给混杂到一道，并全部给冠以“科学”这一名号。

经过《新青年》数年提倡，“赛先生”确实名声大震。《新青年》倡导破坏各种偶像，反对闹得乌烟瘴气的鬼神、灵魂、炼丹、符咒、算命、卜卦、扶乩、风水、阴阳五地，要求“吾人信仰，当以真实的合理的为标准”②，尽管并没有使官场与民间这类迷信活动就此收敛，但在接受了新思潮的青年学子中，这类迷信活动的影响无疑是减弱了。

论者每每以《新青年》提倡科学说是树立了“科学”的权威，甚至就此论定新文化运动确立了科学主义对中国思想界的统治。然而，深入考察一下便可发现，在“科学”是否既适用于物质生活又适用于精神生活，“科学”能否解决理智与情感及欲望的歧异和冲突这样一些重大问题上，《新青年》几乎毫无例外地都依赖于非理性思潮，依赖于理性与非理性的混和与结合。

针对当时“科学无用”的论调，陈独秀指出：“我们的物质生活上

① 《当代两大科学家之思想》，载《新青年》第2卷第1号，1916-09-01；第2卷第2号，1916-11-01。

② 《偶像破坏论》，载《新青年》第5卷第2号，1918-08-15。

需要科学，自不待言，就是精神生活离开科学也很危险。哲学虽不是抄集各种科学结果所能成的东西，但是不用科学方法下手研究、说明的哲学，不知道是什么一种怪物！”而他借以立论的，却常常是一些非理性主义的代表人物。他说：“杜威博士在北京现在演讲底《现代的三个哲学家》：一个是美国詹姆士，一个是法国柏格森，一个是英国罗素，都是代表现代思想的哲学家。前两个是把哲学建设在心理学上面，后一个是把哲学建设在数学上面，没有一个采用科学方法的。用思想的时候，守科学方法才是思想，不守科学方法便是诗人底想象或愚人底妄想，想象、妄想和思想大不相同。”① 这三位哲学家中，詹姆士和柏格森都以坚决否定现实世界的客观实在性以及真理的客观性与可知性而著称，他们都将对于本质的把握，对于伦理和艺术的体认，归之于非理性主义的直觉。陈独秀却认定他们是在用科学方法思考，把哲学建立在科学基础之上。这恰恰证明了新文化运动的倡导者对于科学的理解，其实是多么模糊。

围绕着科学的功能而产生的一个重大争论，是知识、理智与情感、欲望的关系。在比较中国文化与西洋文化时，陈独秀认定，这两种文化的源泉“都是超物质的精神冲动”：前者源于道义，“道义是当然的、知识的、理智的，……道义的行为，是知道为什么应该如此，是偏于后天的知识”；后者源于情感，“情感是自然的、盲目的、超理性的。……情感的行为不问为什么，只是情愿如此，是偏于后天的本能”。他断言：“西洋东洋（殊于中国）两文化底分歧，不是因为情感与欲望的偏盛，是在同一超物质的欲望、情感中，一方面偏于伦理的道义，一方面偏于美的宗教的纯情感。”对于中国未来的文化，他倡导使两者结合：“离开情感的伦理道义；是形式的不是里面的；离开情感的知识是片断的不是贯串的，是后天的不是先天的，是过客不是主人，是机器、柴炭，不是蒸气与火。美与宗教的情感，纯洁而深入普遍我们生命源泉底里面。”与此同时，“我们一方面固然要晓得情感底力量伟大，一方面也要晓得他盲目的、超理性的危险，我们固然不可依靠知识，也不可抛弃知识。”② 知识与情感的结合，成了理性与超理性的结合，并被确定为新文化所应追

---

① 《新文化运动是什么?》，载《新青年》第7卷第5号，1920-04-01。

② 《基督教与中国人》，载《新青年》第7卷第5号，1920-04-01。

求的目标。

围绕着科学功能而产生的另一重大争论，是和上一问题相联系的科学与宗教的关系问题。在这个问题上，新文化运动的倡导者们同样承认人的本能上的感情冲动非知识上的理性所能支配，因此赞同非理性主义者所说的“新宗教”。陈独秀在《新文化运动是什么?》一文中便说：“人类底行为动作，完全是因为外部的刺激，内部发生反应。有时外部虽有刺激，内部究竟反应不反应，反应取什么方法，知识固然可以居间指导，真正反应进行底司令，最大的部分还是本能上的感情冲动。利导本能上的感情冲动，叫他浓厚、挚真、高尚，知识上的理性、德义，都不及美术、音乐、宗教底力量大。知识和本能倘不相并发达，不能算人间性完全发达。所以詹姆士不反对宗教，凡是在社会上有实际需要的实际主义者都不应反对。”他认为：“除去宗教底传说的附会的非科学的迷信，就算是新宗教。”为此，他还批评主张新文化运动的人既不注意美术、音乐，又要反对宗教，“不知道要把人类生活弄成一种什么机械的状况，这是完全不曾了解我们生活活动的本源”。他还就此作了自我批判，说：“这是一桩大错，我就是首先认错的一个人。”① 人的本能的情感与欲望，是非理性主义向理性进行挑战的中心领域。在这个挑战面前，陈独秀心悦诚服地向非理性、宗教认了错，正是因为他将知识与本能“相并发达”看成“人间性完全发达”的基本要求。他曾说：“我看人类无论理性如何发展，本能是不会衰减的。”② 他不相信理性充分发展能够抑制本能，因此，号召人们要把耶稣崇高的、伟大的人格，热烈的、深厚的情感，包含崇高的牺牲精神、伟大的宽恕精神、平等博爱精神，都“培养在我们的血里”③，俨然一位虔诚的基督教宣教师。

在犹如天之骄子的“赛先生”身上，理性与非理性竟也如此经常而紧密地结合在一起，由此就不难理解，为什么“科学”在现代中国思想文化发展中命运那么蹇连。由此也可清楚看到，中国启蒙运动中“理性

---

① 《新文化运动是什么?》，载《新青年》第7卷第5号，1920-04-01。

② 《答郑贤宗》，载《新青年》第8卷第3号，1920-10-10。

③ 《基督教与中国人》，载《新青年》第7卷第5号，1920-04-01。

缺位”的情况是多么严重。

三、理性的困顿与启蒙的转向

德国哲学史家E. 卡西勒在《启蒙哲学》一书中比较17世纪和18世纪理性的差别时，指明了17世纪理性所用的多是演绎方法，“在17世纪的那么多形而上学体系——笛卡儿、马勒布朗士、斯宾诺莎和莱布尼茨的体系里，理性是‘永恒真理’的王国，是人和神的头脑里共有的那些真理的王国”。而18世纪理性所用的则多是分析与归纳的方法，“整个18世纪就是在这种意义上理解理性的，即不是把它看作知识、原理和真理的容器，而把它视为一种能力，一种力量，这种能力和力量只有通过它的作用和效力才能充分理解。……理性最重要的功用，是它有结合和分解的能力。”①

近代中国启蒙运动是在西方文明的压力与刺激下产生的，它以西洋文明为“永恒真理”的王国，用这一王国来衡定中国的一切，所沿用的实际上是欧洲17世纪的演绎方法。民主也好，科学也好，基本上都是按照这一种思维方式提出的。

这种演绎方式，使理性在中国很快就陷入了困顿的境地。困顿来自两个方面。

其一，西方的“永恒真理”王国，经过18、19世纪，早已被证明不是先于一切经验的绝对真理。西方文明发展的现实经验，激烈的冲突和尖锐的社会危机，社会主义运动的兴起和非理性主义的挑战，使理性的内在矛盾越来越清楚地暴露出来。当中国新文化运动的倡导者将西洋的“理性王国”移植过来时，便不得不设法弥缝“理性王国”所已出现的罅漏。

其二，在中国国内，缺乏“理性王国”生根立足的土壤。詹姆士说过：“实践的商业世界，对于政治家、军事家和富于商业精神的人来说，是高度理性的。”② 可是，在中国，现代实践的商业世界的规模却很有限，自然经济与半自然经济，旧式的商业经济，仍在大多数地区占据着

---

① ［德］E. 卡西勒著：《启蒙哲学》，11页，济南，山东人民出版社，1996。

② 转引自《理性的毁灭》，18页。

支配地位。正因为如此，新文化运动的倡导者发现，他们的努力常常会在实践世界面前遇到一堵难以逾越的墙。陈独秀为此气愤地说："中国人民简直是一盘散沙，一堆蠢物，人人怀着狭隘的个人主义，完全没有公共心，坏的更是贪贿卖国，盗公肥私。"① 这主要就是针对理性呼号无法在民众中获得应和而言的。

由于理性不是选择分析与归纳的路线，不是坚持从中国实际出发，寻求合乎中国客观基础与可能的前进道路，而是努力通过理性与非理性的结合，重新构建一个"理想王国"，以继续沿用演绎的方法，在俄国十月革命以后，中国启蒙运动转向，就是很自然的了。

这一转向，其一，有了俄国新的理想王国模式，满足了中国启蒙思想家寻找千年王国一劳永逸地解决问题的愿望，以及他们以此继续进行演绎的思维方式；其二，俄国新的理想王国很容易与仍生存在旧的或半旧的生产方式、生活方式中的工农民众运动结合起来，在他们中间找到支撑自己的力量。

转向以后的中国启蒙运动开始了自身新的一章，然而，中国启蒙运动中"理性缺位"的问题并没有因此而解决。解决这一问题需要民族思维方式及社会基础新的变化。

---

① 《卑之无甚高论》，载《新青年》第9卷第3号，1921-07-01。

“平社”与人权问题论战

一、人权论战的缘起

发动人权问题论战，是以胡适为中心的平社成员为实现其政治理想而进行的一场有计划、有组织的政治运动。

1928年8月8日至15日，在蒋介石的主持下，国民党在南京召开了二届五中全会，议决实施“训政”。10月3日，国民党中常会通过《训政纲领》，宣布训政期间，由国民党全国代表大会及中央执行委员会代表国民大会领导国民，行使政权，由国民党训练国民逐渐推行“选举、罢免、创制、监察四种政权”；同日，国民党中常会任命蒋介石为国民政府主席兼海陆空军总司令。1929年3月18日至27日，国民党在南京举行第三次全国代表大会，决议以“总理主要遗教”为“训政时期中华民国最高之根本法”，宣布训政期间于必要时“得就于人民之集会、结社、言论、出版等自由权，在法律范围内加以限制”。

对于一直盼望着在中国建立英美式民主政治

的胡适等人来说，这是沉重的一击。1929 年 4 月 26 日马君武同胡适讨论了国内政局，提出“此时应有一个大运动起来，明白否认一党专政，取消现有的党的组织，以宪法为号召，恢复民国初年的局面”。胡适赞成这一主张，认为“这话很有理，将来必有出此一途者”。①

导火线是上海特别市教育部长陈德征向国民党三全大会提出一项严厉处置反革命分子的议案，称共产党、国家主义者、第三党及一切违反三民主义之分子均属反革命分子，应不犹疑地予以严厉处置，要求“凡经省及特别市党部书面证明为反革命分子者，法院或其他法定之受理机关应以反革命罪处分之”②。胡适阅后，立即致书司法院院长王宠惠，斥责只凭党部一纸证明便须定罪处刑实为世界法制史上闻所未闻，挖苦“中国国民党有这样党员，创此新制，大足夸耀全世界”③，并将此信交国闻通信社转送各报发表。结果，信稿被检查者扣去，未能登出，而陈德征倒在《民国日报》上针对胡适发表了一篇评论《胡说》，说：“在以中国国民党治中国的今日，……违反总理遗教，便是违反法律，便要处以国法。这是一定的道理，不容胡说博士来胡说的。”④ 胡适忍无可忍，结合 4 月 20 日国民政府所下保障人权的命令，于 5 月 6 日草成《人权与约法》一文，送交《新月》第 2 卷第 2 期发表，打响了以人权为旗帜的这场论战的第一枪。紧接着，5 月 11 日，他改订始写于 1928 年 7 月的《知难，行亦不易——孙中山先生的“知难行易说”述评》，发表于《吴淞月刊》，转载于《新月》第 2 卷第 4 期；7 月 20 日，写成《我们什么时候才可有宪法?》，发表于同一期《新月》，将他的观点和主张一步

① 参见《胡适的日记〈手稿本〉》（以下简称《日记》）第 8 册，“1929 年 4 月 26 日”，台北，远流出版社，1990。

② 《民国日报》，1929-03-26。《日记》第 8 册该日有剪报。参见《胡适来往书信选》上册，509～510 页，北京，中华书局，1979。

③ 影印原函见《日记》第 8 册，“1929 年 3 月 26 日”。参见《胡适来往书信选》上册，508～509 页。

④ 《民国日报》，1929-04-01。《日记》第 8 册，该日有其剪报。胡适眉批：“我的文章没处发表，而陈德征的反响却登出来了。”

步宣示于世。[①] 平社的其他中坚人物，这时也纷纷上阵，罗隆基于《新月》第2卷第2期发表了《专家政治》，第2卷第5期发表了《论人权》；梁实秋于《新月》第2卷第3期发表了《论思想统一》。在《新月》第2卷第5、第6期合刊上胡适又发表了《新文化运动与国民党》，罗隆基发表了《告压迫言论自由者》，在第2卷第8期与第9期上，罗、梁又分别发表了《我对党务上的“尽情批评”》和《孙中山先生论自由》二文，论战迅速进入高潮。

平社[②]，是胡适、罗隆基、梁实秋等人组织的一个费边社式的团体。它脱胎于新月社。成立于1923年的新月社，原是以徐志摩为中心结成的文艺小团体；1928年3月创刊的《新月》月刊，原是一份纯文艺杂志。1928年底至1929年初，新月社中一部分成员出于对现实政治的不满，酝酿于《新月》之外另行创办一份周刊或旬刊，作为他们所谓“站立在时代的低洼里的几个多少不合时宜的书生”发表其“偶尔想说的‘平’话”的阵地。[③] 1929年3月23日，徐志摩、梁实秋、罗隆基等人到胡适家中，一致推定胡适担任《平论》总编辑。25日，胡适为该刊撰写了发刊辞。胡适等决定“此后的《新月》月刊在《平论》未出时”，“在思想及批评方面多发表一些文字”。[④]《新月》月刊第2卷第2期开始一改过去面目，每期都以突出地位刊登政论文章。《平论》虽未出版，平社的活动却积极开展起来。据胡适日记记载，1929年4月21日平社成员第一次聚餐，其后，4月27日、5月4日、5月11日、5月19日、5月26日、6月2日、6月9日、6月16日，大约每周都以聚餐形式聚会一次。参加聚餐的除胡适外，有梁实秋、罗隆基、徐志摩、叶

① 《新月》，第2卷第2期出版日期，据该封面与封底里自署为1929年4月10日初版，8月10日再版。而胡适《人权与约法》5月6日方才草成，故上述初版日期并非真实初版之日。同样，第2卷第4期自署1929年6月10日初版，10月10日再版，而胡适《我们什么时候才可有宪法?》7月20日方才写成，自署出版日期亦不确。其他各期《新月》均有类似问题。

② 鲁奇译《胡适与中国的文艺复兴》(江苏人民出版社1989年版)248页注①将“平社”译为“评社”，误。同页将平社拟办的周刊“平论”译为“评论”，亦误。

③ 《编辑后言》，载《新月》第2卷第1期。

④ 《编辑后言》，载《新月》第2卷第2期。

公超、丁燮林、潘光旦、张禹九、吴泽霖、刘英士等人。每次集会时，都有专人作报告，然后共同讨论。这种活动形式，仿效费边社。这段时间，平社成员对费边主义兴趣甚为浓厚。5 月 11 日平社第四次聚餐会即首次有人作专题报告的聚会上，罗隆基作了英国费边社历史的报告，胡适便建议平社成员依照费边社做法，每人预备一篇论文，从不同侧面对中国的现实问题加以剖析，分期在社内进行讨论，然后，仿效费边社出版《费边论丛》，汇编成专集公开出版。就思想倾向而言，他们同费边社更是同声相应，同气相求。费边社以温和缓进为其特征，这也正是平社的基本态度。拉斯基（H. J. Laski）是费边社的代表人物，1922 年以来，一直担任费边社执行委员会委员，先后执教于剑桥大学、伦敦大学，以其政治学论著和社会民主主义观点而知名于世，在平社中的影响更远远大于费边社中其他代表人物。《新月》第 2 卷第 2 期，甫经改纯文艺杂志为首重政论文字，就发表了黄肇年所译的拉斯基《共产主义论》第一章引论，不久，新月书店就出版了此书的全译本。罗隆基在他的《论人权》及《告压迫言论自由者》中，多处引述拉斯基的《政治典范》有关论述作为自己立论的理论根据。1931 年 12 月，新月书店又出版了邱辛白所译拉斯基的《政治》。拉斯基的名著《国家的理论与实际》写于 1935 年，1936 年即由平社另一活跃分子王造时译成中文出版。对费边社、拉斯基如此浓厚的兴趣，正突出表现了平社自身与此相类似的思想与政治性格。

在差不多半年左右时间里，胡适、罗隆基、梁实秋陆续发表了几篇文章，他们自以为是以“几句平正的话表示一个平正的观点”[①]，得到的结果却是一场政治围剿气势汹汹地从四面八方向他们猛扑过来。原因就在于他们所讲的一点自以为平常、平允、平正的真话、实话，触到了国民党统治当局的真正痛处。

其一，他们指出，中国人权已被剥夺得几乎没有丝毫余剩。正是国民党政府机关及国民党党部拿着“反动分子”、“土豪劣绅”、“反革命”、“共产嫌疑”等帽子，肆意侮辱人的身体，剥夺人的自由，没收人的财产，使个人的人权没有任何保障。他们论证，人民必须有财产权、劳动

① 《编辑后言》，载《新月》第 2 卷第 1 期。

权、受教育权、思想言论、出版集会等自由权。人权就是做人的必需的条件，包括衣食住的权利，身体安全获得确实保障的权利，个人能够“成就至善之我”的权利，确保人的这些权利是国家和法律不可推卸的责任。国家和法律如果不能担当这一责任，人民就没有服从法律及接受国家的义务。

其二，他们指出，中国近年来政治上的紊乱，责任不在小民，实在大官；不在乡村，实在中央及地方的政府，根本的问题，是从中央政府的政权一直到各省政府的政权，从国的行政一直到党的行政，都受毫无政治智识的武人的支配、操纵、包办，中国几十万官吏专靠推荐、援引、夤缘、苟且的方法来产生，这是一种武人政治，分赃政治。他们论证，20 世纪政治管理已成了专门科学，20 世纪的政治必须是专家政治，20 世纪的政治行政人员必须有专门智识。要使政治不再紊乱，行政不再腐败，必须根本结束不懂政治的人把持国家政权、不懂行政的人包办国家行政这一局面。

其三，他们指出，所谓以党治国、一党独裁，实际上是军人治党、党员治国，无非是将全体国民分成两类，三万万九千九百九十万非党员的小民，不能行使政权，成为被剥夺了公权的罪犯，只能纳捐、输税、当兵、供差，而十万党员则执掌政权，对小百姓专制独裁。这种以党治国，是民主政治的倒车，文官制度的反动，中国吏治的死路。他们论证，政党本来与民主政治交相为用，以民主主义治党，就不怕“党内有派”，以民主主义治国，就不怕“党外有党”；民主主义的功用，就在调剂党内的派，党外的党，使一切意见主张的纷争，走上光明正大的轨道；一党独裁，就不免要将不同思想主张者逼上革命流血之途。

其四，他们指出，国民党所实行的没有宪法或约法的训政，只能是专制，绝不可能训练人民走上民主之路。宪法的功用，不但是规定人民的权利，更重要的是规定着政府各机关的权限，使他们不可逾越，可以说，普通法，是政府统治人民的法，而宪法，则是人民统治政府的法。他们论证，民治制度本身便是最好的政治训练，民治制度的根本立足点就是确信普通民众的常识可以信赖，真正需要接受政治训练的是政府与党部诸公，他们应当学会宪法之下的法治生活。因此，中国现在所迫切需要的并非什么训政，而是一个宪法或约法。

其五，他们指出，国民党统治当局为谋求所谓思想统一所实行的武断的教育是愚民政策，所进行的宣传只能造成群众的盲从，所实施的利用政治或经济力量来排除异己的政策只能维持暂时的局面。用这些方法而求思想统一，结局必然是真有思想者退隐韬晦或转而革命，受过教育而没有勇气者口是心非地趋炎附势，根本没有思想者只知盲从。他们证明，思想不能统一也不必统一，真理不可能被一人、一家、一族所把持，人类文明进化，正得力于许多有独立思想的人敢于怀疑，敢于尝试，能公开地研究辩难。

胡适等人所面对的以蒋介石为首领的国民党统治当局，控制着党，控制着国家机器，控制着庞大的军队，就这么几篇平和的文章，却竟然使他们为之恐慌。8月9日至10日，国民党中央机关报《中央日报》载文《胡适所著〈人权与约法〉之荒谬》，正面批驳胡适。随后，《民国日报》等紧紧跟上，就知行问题、宪法与训政等对平社成员的文章进行驳论。[①] 笔墨的围攻嫌火力不够猛烈，8、9月间，上海、北平、天津、青岛、江苏党部纷纷呈文或作出决议，要求查封新月书店，严惩"反革命之胡适"，撤销胡适中国公学校长职务，"迅将胡适逮捕解京"。其高潮，是9月21日国民党中央训练部致函国民政府，25日国府根据其要求，令行政院转饬教育部，对胡适严加警告。10月4日教育部发布训令，声明"奉令警告"。1930年1月，胡适将《新月》上发表的胡、罗、梁三人的文章编为一册《人权论集》，由新月书店出版发行，国民党上海特别市党部等又发出一阵严惩胡适的鼓噪，国民党中央宣传部密令没收并焚毁刊有胡、罗文章的《新月》杂志，胡适为免使中国公学受到牵连，被迫辞去中国公学校长一职。国民党当局如此大动干戈，恰恰说明了他们色厉内荏，根柢是如何浅薄，特别是在思想上、理论上，他们是如何脆弱。

---

① 上海光明书局1929年11月20日出版的《评胡适反党义近著》，由潘公展题签，由陶其情作序，收入当时发表的一批反驳胡适论点的官方文章，它们是张振之：《知难行易的根本问题》《再论知难行易的根本问题》，潘公展：《"行易知难"的解释》，王建民：《"知难行亦不易"的商榷》，陶其情：《闻胡适博士"知难行亦不易"论》，虚白：《"知难行易"辨》，灼华：《胡适所著〈人权与约法〉之荒谬》，无任：《有宪法才能训政吗？》，方岳：《宪法与自由》。

二、论战的深化

论者常常将人权问题论战限定于以上这一阶段，限定于《人权论集》和《评胡适反党义近著》两书所收录的一批文章，其实，《人权论集》中所收录的文章仅仅提出了问题，论战的深化还在其后。早在1929年5月11日平社聚餐会上，胡适就提议以“中国现状”为总题，平社成员每人担任一个方面，各准备一篇论文，分期提出讨论，然后合刊为一书。5月19日聚餐会上，确定了分工名单，见下表：

题目	从种族上	从社会上	从经济上	从科学上	从思想上	从文学上	从道德上	从教育上	从财政上	从政治上	从国际上	从法律上
姓名	潘光旦	吴泽霖	唐庆增	丁西林	胡适之	徐志摩	梁实秋	叶崇智	徐新六	罗隆基	张嘉森	黄华
日期	5月18日	5月25日	6月1日	6月8日	6月15日	6月22日	6月29日	7月6日	7月13日	7月20日	7月27日	8月3日

这一计划随即付诸实施。5月19日，潘光旦首次主讲“从种族上看中国问题”；5月26日，吴泽霖主讲“从社会学上看中国问题”；6月2日，唐庆增主讲“从经济上看中国问题”……这些报告和讨论将中国人权被剥夺殆尽的情况及其缘由，在更为广泛的范围内从不同角度进行了较为深入的研究，它们是第一阶段论争的重要构成部分。在1930年4月初平社聚餐会上，胡适提议在前一年讨论的基础上，在新的一年中，以“我们怎样解决中国的问题”为总题，继续分题准备论文、提出报告、进行讨论。根据大家的要求，4月12日胡适提出《我们走那条路?》作为他们的一个概括的引论在平社聚会中进行了讨论。其后，6月罗隆基以《我们要甚么样的政治制度》为题、郑放翁以《制度与民性》为题，7月青松以《怎样解决中国的财政问题》为题、潘光旦以《人为选择与民族改良》为题，11月全增嘏以《宗教与革命》为题，分

别在平社作了报告与讨论，并陆续发表于《新月》。① 在此期间，《新月》还发表了潘光旦的《姓，婚姻，家庭的存废问题》(第 2 卷第 11 期)、罗隆基的《论共产主义》、刘英士所译的《关于中国人口问题的一篇外论》(第 3 卷第 1 期)、罗隆基的《我们要财政管理权》(第 3 卷第 2 期)、吴景超的《中国农民的生活制度与农场》(第 3 卷第 3 期)。这些文章从不同侧面对怎样解决中国问题提出了意见。潘光旦选择其中八篇，加上 8 月 31 日曾在平社中讨论过的沈有乾的《我的教育》，以及他本人的《优生的出路》，编为一册，以《中国问题》为名由新月书店出版。②

胡适的《我们走那条路》提出，我们要铲除、要打倒的五个大仇敌是贫穷、疾病、愚昧、贪污、扰乱。毁灭这五鬼，便是同时建立一个治安的、普遍繁荣的、文明的、现代的统一国家。胡适说，中国还没有资格谈资本主义，封建制度早已在两千年前崩坏了，所以，资产阶级和封建势力都不在五大仇敌之内。帝国主义也不在内，因为帝国主义不能侵害那五鬼不入之国，正是这五大恶魔使中国丧失了抵抗帝国主义侵害的能力。而这五大仇敌，却不是用暴力的革命所能打倒的，“打倒这五大敌人的真革命只有一条路，就是认清了我们的敌人，认清了我们的问题，集合全国的人才智力，充分采用世界的科学知识与方法，一步一步地作自觉的改革，在自觉的指导之下一点一滴的收不断的改革之全功”。

在这里，胡适武断地否定了封建努力对广大的农村继续居于统治地位、帝国主义对中国的控制严重妨碍着中国自觉进行的改革这一严酷的事实，不承认必须通过暴力革命推翻他们的统治，中国方有自觉改革的

① 《我们走那条路?》发表于《新月》第 2 卷第 10 期；罗、郑二文发表于该刊第 2 卷第 12 期；青松文发表于该刊第 3 卷第 1 期；潘文以《人文民族与中华民族》为题发表于该刊第 3 卷第 2 期；全文发表于该刊第 3 卷第 3 期。

② 该书目录如下：《序》(潘光旦)，《我们走那条路?》(胡适)，《我们要甚么样的政治制度》(罗隆基)，《怎样解决中国的财政问题》(青松)，《关于中国人口问题的一篇外论》(刘英士译)，《中国农民的生活程度与农场》(吴景超)，《制度与民性》(郑放翁)，《宗教与革命》(全增嘏)，《姓，婚姻，家庭的存废问题》(潘光旦)，《我的教育》(沈有乾)，《优生的出路》(潘光旦)。据潘光旦序说，平社中还讨论了其他一些问题，“但有的没有能写成文稿”。

可能，表现了他对中国社会固有矛盾深度、广度、激化程度的隔膜，因而仍抱有过分乐观的幻想。但是，尽管如此，这篇文章所确定的努力目标，给如何保障人权实际上作了更为具体的界定。他就所要建立的新国家写道：

> “治安的”包括良好的法律政治，长期的和平，最低限度的卫生行政。
>
> “普遍繁荣的”包括安定的生活，发达的工商业，便利安全的交通，公道的经济制度，公共的救济事业。
>
> “文明的”包括普遍的义务教育，健全的中等教育，高深的大学教育，以及文化各方面的提高与普及。
>
> “现代的”总括一切适应现代环境需要的政治制度，司法制度，经济制度，教育制度，卫生行政，学术研究，文化设备等等。

胡适看到，实现这一目标，需要社会整个的改造，是很不容易的。但是，他仍有信心，并认为，如果用自觉的努力来指导改革，来促进变化，人家需要几百年逐渐演进的改革，我们能在几十年中完全实现。他主张走演进的路，同当时中国共产党所发动的红色暴动、红色割据自然是对立的，但他的矛头更多的还是指向国民党内部各派军阀势力。他指出，所有这些派别都打着“革命”的旗号，其实都是假革命之名，行争夺权力和利益的内战之实，结局都只是“用武力来替代武力，用这一班军人来推倒那一班军人，用这一种盲目势力来替代那一种盲目势力”，造成一个“兵匪世界”，让贫穷、疾病等五大敌人逍遥自在，气焰更凶。

胡适在答复梁漱溟对这篇文章所作的批评时声明，这篇文字不过是一篇概括的引论，偏重于提出一个根本的态度，“至于各个问题的讨论则另由别位朋友分任”①。他的文章对于造成贫穷、疾病、愚昧、贪污、扰乱的根源及根治的办法都没有具体地进行讨论，这些讨论由罗隆基、郑放翁、青松、潘光旦、吴景超、全增嘏等承担。他们有说服力地指出

---

① 胡适：《答梁漱溟先生》，载《新月》第3卷第1期特大号。又见《胡适作品集》卷18，29页，台北，远流出版社，1986。

了所谓贫穷、疾病、愚昧、贪污、扰乱等，本质上其实都是制度的问题。郑放翁的《制度与民性》断言：制度“可以使人为恶，使人为善，可以亡强盛之国，可以兴弱国之民”。他指出：正是传统的人治制度，使一班外交家、狗官僚、鸟部长、猪代表，不受社会与法律之制裁而得以为恶，使一班百姓避危就安、避穷就得，漠心国事，而成为一盘散沙的弱国之民；正是传统的家庭制度，磨炼出了人们忍辱含垢的不抵抗精神，并使国民知有家而不知有国，变成一种扩大式的自私主义；正是传统的孔教统治，把中国人弄成正名而不务实，体式上务求名正言顺而实际上阳奉阴违，其长幼上下观念一方养成奴隶性，一方养成仗势凌人的普遍风俗；正是政治的专制制度，使中国人渐渐养成畏缩懦怯、遇事裹足不前的天性；正是经济的迫压，使人一面勤俭而安分守己，另一面又自私自利、鄙诈滑头，演成实利主义。最专门的研究如潘光旦的《优生的出路》也指出是千百年来饥馑荐臻使中国人形成“牛皮糖”性格，顺应力特别强，却缺乏火气、活力、冲锋陷阵和开拓发现的冒险进取精神，正是日以孜孜于开门七件事的生计逼迫、糟塌、埋没了科学头脑，正是中国家族制度的发达和乡村中无为而治的传统使社会组织及政治上分工合作平日都用不着，不但淘汰了领袖人才，并且选择了贪官污吏、土豪劣绅。最为尖锐的是罗隆基的《我们要甚么样的政治制度》，直截了当地宣称：“今日中国的政治，只有问制度不问人的一条路。制度上了轨道，谁来，我们都拥护。没有适合时代的制度，谁来，我们总是反对。”

他们在着重抨击国民党统治当局的同时，还一再表白他们并不赞成共产主义，尤其不赞成中国共产党领导下的武装斗争。罗隆基在《我们要甚么样的政治制度》中，抨击了国民党“党高于国”、“党权高于国权”的主张，根本否认“训政”的必要；尤其反对“训政”采取“党在国上”的独裁制度，却以批评共产派的国家观，批评关于国家是阶级统治的工具的学说启其端。不久，他又以《论共产主义》为题，专门批评唯物史观和辩证法、劳动价值和剩余价值学说，以及阶级斗争与暴力革命学说，但是，他所依据的主要还是费边社萧伯纳、麦克唐纳、拉斯基等人的有关论说。

综观这一阶段的文章，可以看出，平社中直接投入论战的队伍扩大了，人权问题从政治层面拓展到社会、经济、文化等各个层面，从对政策、言论方面的批判深化到对制度本身的批判。尽管其中一些文章特别声明了他们是反共产主义的，国民党当局却并未因此就对他们表示宽容。学理上的争衡对于国民党统治当局说来过于为难，于是，代之以更为粗暴的政治高压。1930 年 11 月 4 日，上海警备司令部根据国民党市党部及八区党部的控告，令公安局逮捕了罗隆基。胡适怒斥之为“国民党之自杀政策”、“绝荒谬的举动”①。经他请宋子文设法保释，又由蔡元培去找市长张群斡旋，罗隆基方被释放。但为时未久，1931 年 1 月 11 日，教育部又电令光华大学，称“罗隆基言论荒谬，这次公然诋毁本党，似未便任其继续任职，仰即撤职”。胡适托人向陈布雷说情，并表示愿意去南京当面洽谈，告诫他“政府自弃其诤友，自居于专制暴行，只可以逼人民出于匿名的、恶意的、阴谋的攻击而已”。② 陈布雷拒绝撤回命令，也不愿意同胡适面谈，告诉胡适，罗隆基言论已“大动党内公愤，甚至迁怒而及蔡先生”③。胡适本人这时还曾参与营救被捕的胡也频，未成功。④ 他在这前后一再遭到攻击，先是胡汉民在立法院纪念周讲演中，大骂胡适“甘心做帝国主义的走狗，以国家民族为牺牲”，“居心之险恶，行为之卑劣，真可以‘不与共中国’”。⑤ 其后，蒋介石又拒绝任命胡适为清华大学校长，说：“胡适系反党，不能派。”⑥ 这可视为国民党统治当局给论战的第二阶段所作的一个总答复。

三、中国式费边社的政治改革运动

胡适等人提出人权问题，并非书生一番空议论。从一开始，他们就设法使他们的主张进入实际的政治运作。除去公开的言论外，他们还进行了大量幕后活动，两者一张一翕，互相配合。这些幕后活动是这场论

---

① 《日记》第 10 册，“1930 年 11 月 4 日”。

② 同上书，“1931 年 1 月 16 日”。

③ 同上书，“1931 年 1 月 16 日”。

④ 同上书，“1931 年 1 月 20 日”。高平叔《蔡元培年谱》中华书局 1980 年版收录胡适 1931 年 2 月 25 日致蔡元培函，云：“胡也频事，承营救，他的朋友都很感谢。但他已枪毙了。”证明胡适还是托请了蔡元培设法营救。

⑤ 同上书，“1930 年 11 月 25 日”。

⑥ 同上书，“1931 年 3 月 18 日”。

战的一个重要构成部分，而且，比之公开的言论更清晰地显示了他们提出人权问题的真实意图和直接目标。

最值得注意的是胡适同财政部长宋子文的密切关系。宋子文是将蒋介石和南京国民政府同江浙银行家、企业家、商界人士联系起来的关键人物。他从后者那里取得金钱，支持了蒋介石独裁政权的建立，但对蒋介石连年内战而铢求无度又深为不安。1928 年 6 月，他邀请银行界、财界、实业界首要人物在沪举行全国经济会议，建议限制军事开支，采用预算制度，废除厘金，呼吁“负责任的在野人士、纳税人代表来批评我们、协助我们和指导我们”，强调这是“迈向中国民主制度的一步”，因为“除非人民参与政策的厘定，否则政府无法赢得人民的信心”①。他想通过和上海财阀的联盟制约蒋介石，及早结束内战，推进经济建设，结果却是内战不断，且一再扩大。1929 年 4 月 24 日，上海商会大楼遭到蒋介石唆使下的青帮流氓洗劫，商会被迫改组。财界的努力落了空，宋子文就求助于学界，找到胡适，要求他代他们“想想国家的重要问题”②。胡适提出人权问题，平社就国事进行研讨，与出身于哈佛大

① 史海肃：《宋家王朝》，379～380 页、382～383 页。全国经济会议情况，载《中央日报》，1928 年 6 月 28 日。继之召开的财政会议情况见《中央日报》，1928 年 7 月 1 日。胡适对两个会议都很重视，评为“此事有点开国气象”。《日记》第 7 册，“1928 年 7 月 1 日”。

② 《日记》第 8 册，“1929 年 7 月 2 日”。7 个方面的意见，日记中记述如下：（一）召集约法会议，制定约法。（二）约法修正之前，可修正国民政府组织法。原则：（1）以行政院为政府。（2）司法院独立，改为大理院。（3）立法院独立。（4）考试院独立。（5）监察院独立。（三）组织法修正后，即改组政府及四院。原则：（1）淘汰最不适宜的人选。（2）充分实行专家政治：交通、考试、卫生、农矿——均宜用专家。（3）充分容纳异己人才：如监察院宜用无党或“左派”人才。（4）实行文官保障。（四）党的问题，宜有冷静的考虑。原则：党部今日只能暂行“议会”的职权。在中央则为中央的一个议会，在地方则为地方议会。但须明定党部与行政机关的职权及相互关系。党部应该可以监督行政，可以对行政机关建议，但行政部可以有否裁权。否裁有不当时，应如何救济，也应有规定。……（五）裁兵问题，是专门问题，不是军人自身所能了，当延请国外专家与国内学者及商界代表共同研究一个方案。（六）提倡工商业最急之务：（1）改善劳工待遇，宜用“劳工立法”，不当鼓励罢工怠工。（2）劳资仲裁宜有公正之仲裁机关，不当令党部干预。（七）有人宜实行考试，但考试不可限于党员，也不可用党义为考试科目。日记中还有一份给 T. V. Soong 的英文备忘录，将以上各点译为英文交宋子文。

学的这位财政部长的策动显然并非无关。人权问题论战甫经发动，1929年7月2日，宋子文就在上海宅邸约了胡适长谈。据胡适在日记中记载，他对宋子文说了一些改革的意见，包括召集约法会议制定约法、修正国民政府组织法、改组政府及四院、党部暂行“议会”的职权、裁兵、提倡工商业、用人实行考试七个方面，并特别声明：“我们的态度是‘修正’的态度；我们不问谁在台上，只希望做点补偏救弊的工作。补得一分是一分，救得一弊是一利。”[①] 他的意见在不少方面和宋子文的主张吻合，他所持的态度则更符合宋子文的要求，宋子文也引他为知己。8月5日，宋子文因编遣实施会议结局是军费并未撙缩，预算照旧不能施行，财政困难依然无法应付，愤而辞职回到上海，辞呈即请胡适代他起草。[②] 因蒋介石亲自赶到上海挽留，宋子文这次辞职未果。宋、胡密切关系仍然继续保持，胡适对宋仍经常坦诚直言。1930年9月6日宋约胡吃饭谈话，是时蒋、冯、阎大战正在进行中，胡适要宋劝蒋讲和，蒋若不听，便辞职不干。宋答以时机未到，胡适便批评宋说：“我对你有点失望。你是筹款能手，却全不懂政治。你应该自己有点主张，为甚么只能跟着别人跑？你的地位可以领导，你却只能服从。”[③] 不多久，他又托人带一封信给宋子文，要求解放言论，取消报纸检查；监察审计机关皆容纳反对党；对东北、西北，统一应是协商的，而非征服的，应是侧重地方分治的，而非骤然中央集权的。[④] 这正是人权论战第二阶段形势日趋紧张之时。三个星期后，便发生了逮捕罗隆基一事，胡适紧急向宋子文求助，宋即派其次长张咏霓出具保函去保释。这些事实足证，宋子文确是人权问题论战中胡适与平社积极的一位幕后支持者，甚至可以说是他们所倚仗的一根主要支柱。

幕后活动的又一重要部分，是胡适同美英两国在华代表人物就中国政治问题所进行的多次讨论。

胡适等人就人权问题发难后，*North-China Daily Drive*、*China Daily News* 等在华英文报纸都作了报道，译载了胡适《人权与约法》

① 《日记》第8册，“1929年7月2日”。

② 同上书，“1929年8月6日”。

③ 《日记》第9册，“1930年9月6日”。

④ 《日记》第10册，“1930年10月12日”。

《我们甚么时候才有宪法》等文。当国民党当局下令警告胡适之时，《纽约时报》刊登了评论《使说真话的中国人沉默》，对胡适表示支持。[①]

为进一步推动人权运动，1929年12月17日胡适去拜访美国著名财政学家甘末尔（Edwin Walter Kemmerer）。甘末尔曾帮助菲律宾改行金本位制，解决了通货膨胀问题，先后担任墨西哥、危地马拉、哥伦比亚等国财政或经济顾问，1929年应南京国民政府之聘来华，任财政部设计委员会主席兼银行币制专门委员，和宋子文关系密切。这时，他所主持的财政设计的计划已完成，报告书有35册，约2000页。胡适这次拜访，主要就是“劝他们把报告书作一个提要，先后发表，使国人可以明白他们的主张，万一政局多变，不致埋没在公文堆里，将来的政府也可以施行”[②]。这是希望通过施行甘末尔所提出的计划，实际上也就是宋子文所要求施行的计划，结束内战，大幅度降低军费开支，转而进行经济建设。

1930年2月12日，南京国民政府政治顾问英国人怀德爵士特别约请胡适会谈。怀德（Sir Alexander Frederick Whyte）1920年至1926年曾任印度立法院长，1928年来华为蒋介石政治顾问。他曾将自己的一部著作《印度，一个联邦?》赠给胡适，胡适读后曾感慨万千，说印度毕竟已有了一个中央政府，尽管是外国人组成的，较之中国单有割据而没有合力造成一个稳固而有威信的中央，究竟是一大便宜。[③] 怀德这天和胡适谈了一个半小时，透露了蒋介石将在3月1日召开的国民党三中全会上提出的政治改革案，希望求得事先沟通。此案有两个要旨，一是政府内部组织的改革，二是要求政府和舆论接近。是时，胡适正在被围攻，对此回答说：“蒋介石一面要改革政治，一面又极力扩充他的军备，怕人不信他的诚心罢？况且今日的急务在于怎样使政府像个政府。”至于与舆论接近，实际情况却是到处都可压迫舆论，以此，他反诘怀德：“怎样才能免除这种无政府状态呢?”[④] 这场会谈未能弥合胡适同蒋

---

① 《日记》第8册，“1929年6月23日”；第9册，“1929年10月13日”、“1929年10月10日”等各日所附英文剪报。

② 《日记》第9册，“1929年12月17日”。

③ 《日记》第8册，“1928年9月3日”。

④ 《日记》第9册，“1930年2月12日”。

介石之间的分歧，国民党方面对胡适舆论上的围剿及政治上的攻击便继续下去。

1930年7月23日，美国驻华公使詹森（Nelson Trusler Johnson）约胡适谈话，讨论中国政治的出路。詹森说："书生文人很难合作，很难有真正领袖从文人里出来。……所望中国能有华盛顿、哈弥尔敦从军人里出来，为国家的领袖。"这是明显的暗示，胡适等书生文人中产生不了真正领袖，美国所支持的仍是蒋介石。胡适认为，中国30年中出来的军人虽有一些有领袖气象的人，但他们学识不够，"故眼光胸襟都不够，在治安的国家则可保全其成功，在乱世则终不免于失败"。所以，他并不同意詹森的意见。但他不难从詹森的谈话中看出，美国方面在中国各派政治势力中显然特别垂青于蒋介石，并将大力给予蒋介石以支持。因之，他说，詹森之言"不无可味"。[①] 美国方面的这一态度对胡适关于中国政治的设计，很快便显示出它的微妙影响：胡适把当年提出的"好政府主义"借用过来，宣布他现在的政治主张是愿在这一点上再让一步，"把'好'字去了，只要一个政府"。[②] 为了结束无政府的内战不断的混乱状态，他提出了实际上承认各既存军事力量的割据状况、在分治基础上建成一个联邦国家的主张，要求尽力造成一些整个国家的机关与制度，而用"充分培养文治势力"来制裁武力。[③]

除以上三方面外，胡适就人权运动的发展，还同国民党改组派及持国家主义的青年党首领李璜、陈启天、常乃德等进行了接触，讨论过多党政治、如何对待反对党以及如何建立新国秩序等问题。他们在反对蒋介石独裁统治上虽有共同之处，但基本的政治信念却大相径庭，所以，未能进一步沟通及联合行动。

多方面的幕后活动，表明胡适和平社成员发动人权运动是真正希望在政治上能够有所作为的。但事实也证明了，政治改革和社会改革都没有像他们所希望的那样发展，恰恰相反，他们倒在国民党内各不同派别的斗争中，在不少场合充当了其中一部分的同盟者的角色。对他们中不少人来说，这恐怕确是非始料所及吧！

---

① 《日记》第9册，"1930年7月23日"。

② 同上书，"1930年9月3日"。

③ 同上书，"1930年9月25日"。

四、人权运动黯然收场

频繁的幕后活动并未获得预期的结果，政治上的高压却有增无减，而平社内部，则人事有代谢。影响最大的是胡适离沪，举家北迁，出任北京大学文学院院长兼中国文学系系主任，不复能经常就近过问《新月》杂志编务。《新月》编辑部于是改组。1931 年 1 月 12 日《新月》董事集会，决定以罗隆基为编辑主任。从这时起，到 1932 年 1 月罗隆基离沪北上，就任天津《益世报》社论主撰，前后大约一年时间，是为人权问题论战的第三阶段。

这一阶段，罗隆基最重要的两篇论文是《对训政时期约法的批评》和《论中国的共产》。① 前文所针对的是 1931 年 5 月国民会议所通过的《中华民国训政时期约法》，后文所针对的是国民党当局对红军发动的大规模军事“围剿”。

1928 年 8 月，国民党二届五中全会宣言曾表示要制定训政约法。其后，国民党内部各派系之间战争不断，约法制定一事被束之高阁。1929 年 5 月胡适在《人权与约法》中呼吁“快快制定约法以确定法治基础！快快制定约法以保障人权！”为争取舆论支持，汪精卫在召开扩大会议和蒋介石对抗期间曾主持制定了《太原扩大会议约法草案》。1930 年 10 月，蒋、冯、阎中原大战结束后，蒋介石也接过制定约法的口号，要求立即召集国民会议，制定训政约法。1931 年 5 月，由吴稚晖、王宠惠等起草的《中华民国训政时期约法》在国民会议通过，共八章，89 条。罗隆基的《批评》揭露约法“只有‘主权在民’的虚文，没有人民行使主权的实质”；对人民的权利“左手与之，右手取之”，搞了一场幻术；关于政府组织及其职权，只能造成两个结果，成一个独夫专制的政府，或成一个多头专制的政府，绝对走不上民主政治的轨道。这篇文章从政治理论和政治道德方面所作的鞭辟入里的分析，充分证明了这个约法完全是骗人的东西。国民党当局自然恼羞成怒，北平市党部即令市政府派警察搜查了当地的新月书店，拘去店员二人，搜去刊登这

---

① 罗隆基：《对训政时期约法的批评》《论中国的共产》，载《新月》第 3 卷第 8 期、第 3 卷第 10 期。

篇文章的《新月》几百册。[①]

《论中国的共产》指出，国民党当局以50师大兵、50万人马、主席出征、总长亲临、猛将如云、谋臣如雨的态势“剿”共，纵有暂时的或局部的效力，终究会疲于奔命。因为国民党统治之下，经济上贫穷，民不聊生；政治上专制，民不安命，给共产党革命运动提供了种种便利，这种状况不改变，共产党在中国就有可能成功。但是，共产党本身人才的缺乏及中国在国际上复杂的地位，又可能使中国的共产主义不能完全成功。在此情况之下，内战不已，必定会导致经济上破产，政治上亡国。文章认为，要根本解决中国的共产问题，思想上，第一步，国民党要修正他的党义，第二步，承认思想的自由；政治上，第一步，要取消一党专政，以民治代替党治，以后，政治可以上轨道，经济可以谋发展。这两点做不到，则尽管军事上的“围剿”暂时胜利，共产党在中国将总是“野火烧不尽，春风吹又生”。这篇论文，无疑带有浓厚的献策成分，急于以党外热心反共者的身份自愿于当局的心情更多处跃于纸上，但是，对国民党政治、经济、思想、文化政策的抨击，对国民政府黑暗统治的揭露，却更为实际。本文和发表在《新月》次一期即第3卷第10期上的《甚么是法治》，都犯了国民党的忌讳，自然也不会比第8期上批评约法的文章落得更好的结果，杂志被没收，书店被查抄的威胁一直悬在他们头上。

这时，徐志摩、梁实秋、闻一多、余上沅等，很长一段时间，都没有继续给《新月》写稿。自胡适离沪北上后，平社活动实际停顿。1931年7月6日罗隆基致书胡适说，他拟与潘光旦、全曾嘏、沈有乾、邵洵美、王造时等恢复平社，[②] 结果这一计划还是没有实现。

胡适这一时期在《新月》上只陆续发表了他的《四十自述》各章，而未发表任何论政的文字。他所受到的压力是很大的，甚至来往信件都要受到警察局的检查。他希图将《新月》的重心移到北方来，在移到北方以前，让邵洵美、潘光旦等政治上比较温和的成员在《新月》发挥更大的作用。[③] 1931年7月23日，即罗隆基计划恢复平社活动后不多天，

---

① 《日记》第10册，“1931年7月30日”。

② 《胡适来往书信选》中册，75页，北京，中华书局，1979。

③ 《日记》第10册，“1931年2月24日”，“1931年3月14日”。

上海北站发生了枪击宋子文的事件，宋子文的秘书庾腴庐伤重身死。这给胡适强烈刺激。他评论陈果夫、吴稚晖等希望扶助蒋介石是“盲人骑瞎马，夜半临深池”，感叹如此做“他们自己灭顶丧身不足惜，国家可大受其害了”。他显然仍未消除对蒋介石政权的敌意和不信任，但是，已不像先前那样公开提出批评。他在私下谈到应该实行“无党政治”，并设想了一个实行的方案，要求考试制度、监察制度、司法制度都超越党派，立法院只容许委员依问题上主张不同而自由结合，不容许作永久性的政党结合，行政部首领人才也出于考试正选。① 这一主张，已沦为茶余饭后的清谈，其不着边际，已没有一点实际的政治意义。他的这一精神状态代表了原平社中很大部分成员共同的情绪。他提出这一主张不久，徐志摩、邵洵美就正式要求改组《新月》，“主张《新月》今后不谈政治”②。旋即爆发的“九一八”事变，使胡适更为消沉。甲午战争至今快 40 年了，中国依然事事落在人后。“几枝无用笔，半打有心人，毕竟天难补，滔滔四十春!”③ 这首题诗道出了他胸中的隐痛。9 月下旬，国民政府成立经济委员会，11 月中旬，成立财政委员会，胡适均被列名，宋子文等几次来电要他赴南京，胡适虽未去，态度较前已大为软化。④ 1932 年 1 月，他被邀出席国难会议，事先曾与丁江文等约请蒋廷黻、汤尔和、傅斯年等十余位被邀与会的成员交换意见，共同确定：“不应对国民党取敌对态度，当以非革命的方法求得政治的改善。”⑤ 这样，《新月》也就完全停止论政，一场来势汹汹、持续了将近三年的人权运动、人权问题论战，至此黯然收场。

五、抛却人权说王权

以胡适为首的平社所发动的人权论战、人权运动，揭露了国民党当局统治下人权被摧残、被剥夺的状况，说明了人权问题本质上是一个由

---

① 《日记》第 10 册，“1931 年 7 月 31 日”。

② 《罗隆基致胡适》，见《胡适来往书信选》中册，76 页。

③ 胡适：《题唐景松先生遗笔》，《日记》第 10 册，“1931 年 9 月 19 日”。

④ 《日记》第 10 册，“1931 年 9 月 26 日”，“1931 年 10 月 11 日”，“1931 年 11 月 12 日”。

⑤ 《日记》第 10 册，“1932 年 1 月 27 日”。

经济、政治、社会、文化等历史因素造成，因而其解决也必须依赖经济、政治、社会、文化诸方面传统与制度的改造的综合性问题，在近代中国历史上首次明确提出人权问题并深化了对这一问题的认识，这无疑是其积极的贡献。但是，就整体而言，这一运动应当承认是有花无果，发动者所期望达到的目标实际上完全落空。国民党当局摧残人权继续我行我素，胡适等人所曾期待的约法在国民党当局手中成了继续剥夺民众基本人权的依据，民治非但没有实现，专制反而愈演愈烈。共产党方面，也没有因为人权派反对政府和国民党而引他们为同调。1930 年 6 月，中共中央文委负责人朱镜我在《中国目前思想界底解剖》中，批评胡适等人“看不出帝国主义使中国沦于崩溃的事实，也看不出封建残余阻碍中国的自由发展之事实，而常识地罗列表面的现象”，“在作用上，却演着更深刻的反动的角色，因为他们结局是助长改良主义的要求”。[1] 同年 9 月，文委另一成员彭康在《新文化运动与人权运动》中肯定人权运动“使新文化运动充实了内容，而密切地与政治发生了联系”，同时指出，他们只是向统治阶级摇尾乞怜，因而不会发生效力，他们不顾广大工农群众的利益，就此而言，人权派“和他们所称为反动的现统治阶级是一伙的”。[2] 1931 年 11 月，原中共中央领导人瞿秋白发表了《中国人权派的真面目》抨击他们说[3]：

> 人权派的所谓人权，其最主要的用处是在消灭共产。……人权派和国民党的分别，绝不是根本的政治立场上的分别，而只是他们自己所说的策略上分别。……人权派的反对国民党是反对他除屠杀政策之外，不曾更精细的进行反革命的欺蒙人民的宣传政策。……所谓策略上的分别，只在于这一点。……这个“分别”，正是忠心耿耿的人权派，不辞劳怨，不避艰险的对于国民党的直谏，这正是人权派努力帮助国民党屠杀民众的地方！

---

① 朱镜我（署名“谷荫”）：《中国目前思想界底解剖》，载《世界文化》第 1 期，1930-09-10。

② 彭康：《新文化运动与人权运动》，载《新思潮》第 4 期，1931-02-02。

③ 瞿秋白：《中国人权派的真面目》，载《布尔塞维克》第 4 卷第 4 期，1931-11-10。

这样，人权派和人权运动在国共两大营垒前都讨了个大没趣，从热烈开场到形影相吊、无声无息，也就是势所必然了。

胡适等人提出人权问题，只是在一部分青年学生、中小知识分子中引起了不同程度的共鸣。他们所说的人权，特别是人身自由、思想自由、信仰自由、言论自由的权利和政治参与权利，是和社会文明走向现代化，特别是走向工业化、城市化、市场化、中产化、世俗化及世界化联系在一起的。可是，中国现代化水准过低，对于社会绝大多数人来说，首要的甚至可以说是致命的问题是吃饱肚子的问题，是有能够御寒的衣服可穿的问题，是生命不随便被蹂躏的问题，是有条件接受最起码的文化教育的问题，简言之，是生存权与劳动权的问题。在漫长的小生产、自给自足的经济结构和政治上、思想文化上专制主义统治支配下，社会最大多数成员，特别是广大农民，所关注的是如何取得和保有小得可怜的一块土地，生息于其上。人权运动撇开了这些问题，实际上就在他们同广大工农民众之间划了一道鸿沟。亿万民众仍旧生活在非工业化、非城市化、非市场化、非中产化、非世俗化和非世界化的社会环境中，人权对于他们说来，太宽泛而不着边际了，不少内容更显得太奢侈了，他们所迫切要求解决的是土地问题，租税负担问题，等等。人权运动显然和他们完全脱节，也就必然形成不了一支有影响的实际政治力量。《费正清对华回忆录》曾检讨移植美国现代化模式于中国是如何之不恰当，因为“中国农民是一个至少拥有八亿人口的群体，……这是一个大得举世无双的、大概无法同化的人类群体”，在中国农民的传统中，“似乎对合法的公民自由权关注甚少，却充斥了大量的江湖义气，秘密组织和毁灭性的盲信与狂热”。对他们的思想方式和社会行为方式不了解，当人民起来反抗之际，呼吁人权的自由派精英们很可能就会把自己“跟镇压群众的政权连结起来”。[①] 蒋廷黻 1935 年在英国所作的《中国目前的形势》演说，曾经坦率地承认：“我们的生活脱离人民是莫大的过失。……我们读外国的书，热衷于人民所不感兴趣的事。……我们无法使我们所讲的话为中国农村群众所理解，更不用说被拥戴为农民们的领袖。”[②] 这就注定

① 《费正清对华回忆录》，553 页，北京，知识出版社，1991。

② 《国际事务》(*International Affairs*)，1935-07-14。见《费正清对华回忆录》，102 页。

了他们关于人权的呼吁变成一批留学归来的博士们自得其乐的书斋清谈。

人权派呼吁实行民主政治、专家政治。胡适说过，民治制度有三大贡献：承认多数党当政，而不抹杀少数，少数党可以用正当方法变成多数党；能够渐次扩充民治的基础，推广民治的范围；能用公开的方式进行不同意见的讨论。林语堂说："不管民治制度有多少流弊，我们今日没有别的制度可以代替他。今日稍有教育的人，只能承受民治制度。"[①]他们的愿望无疑是好的，但是，他们完全无视曾经使孙中山那样的民主主义者都困扰不已的民众一片散沙问题。孙中山等许多先行者从民主主义转向权威主义、国家主义，就是希望找到一种可以解决问题的政治形式。胡适等人绕开了这一问题，完全没有做到在孙中山等人基础上前进一步，在权威主义还不能被完全取代的情况下找出推进民治制度的可操作方案。结果，他们只是形式上激进，实质上异常温和与保守，无法有所作为。

平社的基本政治态度是补台。可是，被补者始终不领他们的情，不买他们的账。冲突的发展逼得平社成员逐渐分道扬镳。1932 年 11 月 28 日胡适首次同蒋介石相见，以后几天又几次共进晚餐。隔阂仍未消除，但 12 月 5 日他在长沙作《中国政治的出路》已明确表示，要"努力造成一个重心"，说："国民党若能了解他的使命，努力做到这一点，我们就祝他成功。否则又得浪费一二十年重觅一个重心。"[②] 而罗隆基、王造时，则一个参与发起成立国社党，一个参与创立救国会，企图借助更有组织地在野政治力量去推进实现他们的主张。人权派一度很活跃，而终究没有能形成一支独立的政治力量，后来，中国的自由主义者又几度结集，但又都为时未久就各奔东西，其根本原因，正如这一次人权运动所昭示的，就是因为他们既没有直接领导或积极参与中国工业化、城市化、市场化、中产化运动，又没有同中国农村和广大城镇的农民运动自觉地结成联盟，更没有力量也没有办法去领导这一运动，以现代化引导农民，以农民支持现代化。这也许是人权论战、人权运动给历史留下的一份更为重要的遗产。

---

① 《日记》第 9 册，"1930 年 2 月 11 日"。

② 《日记》第 11 册，"1932 年 11 月 28 日"，"1932 年 11 月 29 日"，"1932 年 12 月 2 日"，"1932 年 12 月 5 日"。

人的尊严：启蒙运动的重新定位

一、启蒙如何走向反启蒙

拉梅特利（La Mettrie）1748年写了一本书，书名叫做《人是机器》。康德1784年所写的《答复这个问题："什么是启蒙运动?"》中就此针锋相对地指出："人并不仅仅是机器而已。"康德要求："按照人的尊严去看待人。"康德在解释什么是启蒙时指出，启蒙就是"要敢于认识"，人们应当有勇气运用自己的理智，而不是用别人的思想来代替自己的思想。为此，他说："必须永远有公开运用自己理性的自由，并且唯有它才能带来人类的启蒙。"① 可是，在20世纪中叶中国那个"史无前例"的"文化大革命"时代，最高的信条却是对最高指示"理解的要执行，不理解的也要执行"。

人们不能不注意到，19世纪末20世纪初，从康有为将"人有自主之权"及"天地生人，本

① ［德］康德：《历史理性批判文集》，24页，北京，商务印书馆，1990。

来平等”宣布为人类“公法”起，欧洲启蒙运动所提出的自由、平等、博爱、理性等核心观念，在戊戌维新运动、辛亥革命和五四新文化运动中，曾经成为时代的一面旗帜和许多人不畏牺牲为之奋斗的共同目标。看一看陈独秀 1915 年 9 月为《青年杂志》创刊所写的《敬告青年》第一节“自主的而非奴隶的”，便可感受到那时先进的中国人对欧洲启蒙运动的核心观念是多么热烈地自觉认同。

> 等一人也，各有自主之权，绝无奴隶他人之权利，亦绝无以奴自处之义务。奴隶云者，古之昏弱对于强暴之横夺，而失其自由权利者之称也。自人权平等之说兴，奴隶之名，非血气所忍受。世称近世欧洲历史为“解放历史”：破坏君权，求政治之解放也；否认教权，求宗教之解放也；均产说兴，求经济之解放也；女子参政运动，求女权之解放也。
>
> 解放云者，脱离夫奴隶之羁绊，以完其自主自由之人格之谓也。我有手足，自谋温饱；我有口舌，自陈好恶；我有心思，自崇所信；绝不认他人之越俎。亦不应主我而奴他人。盖自认为独立自主之人格以上，一切操行，一切权利，一切信任，唯有听命各自固有之智能，断无盲从隶属他人之理。①

这一段话，对康德所说的人的尊严、要敢于认识、敢于公开运用自己的理性作了非常准确的诠释；也正是这一段话，成了“五四”广大青年知识分子的共同信条。然而，中国为什么在短短几十年时间中，竟从这样激进的启蒙转变为和启蒙反其道而行之呢？

近代中国启蒙运动，是在西方政治、经济、军事和文化的全面冲击下开始的。但是，中国早期启蒙思想家在接受了从霍布斯、洛克、卢梭、孟德斯鸠、伏尔泰直到康德等人将一切诉诸理性的启蒙核心观念的同时，目睹资本主义在欧洲本土和广大殖民地、半殖民地残酷肆虐的无情现实，对欧洲出现的而且越来越强劲的各类社会主义思潮，以及猛烈

① 《陈独秀文章选编》，74 页，上海，上海三联书店，1984。

抨击资本主义制度的非理性主义、悲观主义思潮，也产生了强烈的共鸣。因此，在中国思想文化启蒙运动中，一部分人从一开始就将欧洲启蒙观念和批判资本主义的社会主义思潮结合在一起，另一部分人则从一开始就将启蒙观念和截然否定资本主义的非理性主义、悲观主义结合在一起。而世界格局的重大变化和国内社会大变动的新形势，又进一步强化了中国启蒙运动的这一特征。

2002 年 9 月，马丁·沃尔夫在英国《金融时报》上发表的《自由的世界》一文中提出："在十九世纪末二十世纪初，世界经济实现了高度一体化。然而，这种一体化进程在 1914 年和 1945 年之间发生了逆转。那次一体化进程的中断是观念、利益集团、经济动荡和灾难性的国际关系共同作用的结果。"在观念方面，最突出的倾向就是"反自由主义观念的崛起，人们满怀热情地接受了军国主义、帝国主义、民族主义、共产主义和法西斯主义"。[①] 1914 年爆发了第一次世界大战，列强分裂为两大集团，使高度一体化的世界经济陷于破裂。1917 年俄国十月革命成功，在资本主义世界体系之外建立了一种与之相对立的社会制度。在俄国革命带动下，许多受到列强奴役的国家民族解放运动勃兴，使一体化格局在更大范围内被破坏。启蒙所追求的理想被现实击得粉碎。利益集团之间的敌对关系，使得哈贝马斯所说的工具理性占据了支配地位，人的尊严、人的权利与人的价值常常被搁置一边，启蒙思想家所追求的境界常常被视为空谈甚至是骗局。第二次世界大战结束以后，两个阵营的对垒，"冷战"的持续紧张状态，使这一倾向愈演愈烈。这是启蒙走向反启蒙的外部环境。

就中国自身而言，启蒙运动，应当说，是伴随着中国现代化进程的开始而发端的。现代化进程，代表了中国历史新的发展方向，标志着中国文明进入了一个新的发展阶段。但是，与这一进程几乎同时的是，根源于中国传统小农社会周期性危机又一次爆发。农民运动与现代化运动，相连带地，与思想文化启蒙运动所追求的目标并不一致。农民们要求的是平分土地，保障传统的生产方式和生活方式不受干扰，不被破坏。它为和启蒙观念相对立的民粹主义及威权体制乘势急速膨胀提供了

① 《金融时报》，2002-09-04。

深厚土壤。启蒙的核心观念则因之常常被当作资产阶级、资本主义的意识形态，弃之如敝屣。“史无前例”的“文化大革命”时代，否定商品经济、否定价值规律、否定等价交换和按劳分配的民粹主义弥漫于整个社会，个人的威权登峰造极，启蒙很自然地走向了完完全全的反启蒙。

二、启蒙在“解放思想，实事求是”中复兴

1978年“实践是检验真理的唯一标准”的讨论，是现代中国文化变迁的一个重要转折点。它直接否定了“两个凡是”，也就是结束了领袖、伟人个人对于思想与真理的垄断，还所有人特别是凡夫俗子们以思想的权利；确认实践是检验真理的唯一标准，就是推动人们勇于运用自己的理智，对违背客观事实的谬误产生怀疑，进行批判，在实践中认识真理，掌握真理。启蒙的精神于是在“解放思想，实事求是”中得以复兴。复兴的启蒙，和20世纪初的启蒙相比，一个最显著的特征，就是它和中国的政治、经济、文化及社会改革紧密结合在一起，彼此积极互动。

在政治上，确认没有民主就没有社会主义。思想解放，给数以百万计、千万计长时间被划归“另类”的社会成员以基本的人身权利，承认他们享有不应被剥夺的政治权利，享有免于恐惧的自由。20世纪70年代末、80年代初，平反纠正了300多万名干部的冤假错案，改正错划的右派分子54万多人，摘掉了全国约2000多万人地主、富农、反革命分子、坏分子的帽子，为约40万国民党起义投诚人员落实了政策，在全国被划为资本家的86万原工商业者中，约70万人被确定本属劳动者，其他工商业者也被宣布已成为社会主义劳动者；数以千万计的知识分子不再被作为团结、教育、改造的对象，而被承认为工人阶级中从事脑力劳动的一部分；“天安门事件”等涉及众多群众的“文化大革命”中的重大案件，以及对待民族、宗教、侨胞、台胞与台属的不公正态度一一得到纠正。所有这些得到平反改正的人员，连同受到株连的他们的子女、家属，累计远远超过1亿人口，得以从沉重的政治重压下解脱出来，不再生活在战战兢兢之中，恢复了人所应有的尊严，成为支持启蒙复兴的一支宏大的生力军。

在经济上，确认贫穷不是社会主义。结束了以阶级斗争为纲，将举

国工作重点转移到发展生产、进行经济建设上来，使人们真正享有了免于匮乏的自由。先前民粹主义与威权体制，是依靠不断设置对立面、不断激化和扩大所谓阶级斗争而得以维持的。放弃阶级斗争为纲，就使民粹主义与威权体制无法继续保持下去。继而大力发展社会生产力，使几亿农民取得了生产与经营方面一定的独立性与自主权，除发展农业外，还可发展乡镇工业，又冲破了农村人口的身份限制，农民能够成千上万地离开农村，进入城市，转移到第二、第三产业。在城市，首先，使广大个体劳动者有了较大的发展空间；接着，多种形式的所有制和经营方式迅猛发展起来；最后，国营企业也从行政权力的附属物转变到拥有越来越大的自主权。经济体制的这些决定性的变革，使得几亿农民、工人和其他劳动者的独立性、自主权有了社会的、经济的基础与物质的保证，也使得一直生活在传统小农经济与小生产共同体经济中的几亿农民，对启蒙核心观念从往日的怀疑者、排斥者一变而为应和者、支持者。

在文化上，确认在一个文盲充斥的国家建成不了社会主义。人们要有勇气、有能力去认识、去思想，就要超越小生产的狭隘性和闭塞状态下不开化的利己性。要使人们真正享有免于愚昧、迷信与盲从的自由，需要教育普及，科学普及，需要文化走向大众，提供广阔的公共空间，使人们有各种机会去获得文化、享受文化，并参与创造文化。同时，还要容许文化多元化、多样化、多层面的发展，方才能够满足不同人们的不同需要。启蒙的精神就是不断地怀疑、批判、创新；而当人们都能不满足于现存状况而致力于改变现存状况时，启蒙便获得了最为广泛的社会认同。

人的社会本质，是由社会关系的总和构成的。启蒙的复兴，人的尊严，最终必然落实在人的权利与人的价值上。权利与价值，都是一种社会关系，人们正是在社会关系中方才能够真正确立自己的权利与价值。丧失了尊严的人，不了解自己权利与价值的人，只能是一群浑浑噩噩、愚昧无知的人，或者是一群庸庸碌碌、无所作为的人，或者是逆来顺受、苟且偷生的人，或者是花天酒地、醉生梦死的人，或者是横行霸道、肆无忌惮的人。启蒙的复兴，使人们重新发现了马克思主义中长期被忽略、被抹杀的人道主义，同时，也使人们关注社会主义现实社会中存在的难以避免的“异化”问题。这些问题的提出，足以显示在“解放思想，实事求是”中，启蒙的复兴已经达到什么广度、什么深度。

三、启蒙在新挑战中提升

启蒙的复兴，其国际背景是世界经济一体化进程重新高速启动，其国内背景则是现代化进程的全面展开。世界经济一体化进程重新高速启动，得力于科学技术的急速发展及在生产过程中被广泛使用，还得力于20世纪六七十年代以后，由各国社会党、社会民主党努力推行的民主社会主义在欧美及大洋洲等许多国家取得明显成效，缓解了这些国家内部及相互之间的矛盾冲突，使越来越多的民众享受到应有的权利，实现了他们的价值。亚洲众多新兴国家与地区的崛起及参与世界经济一体化，特别是中国实行改革开放，积极参与世界经济新秩序、政治新秩序的建设，加上苏联、东欧体制的瓦解，使重新高速启动的世界经济一体化进程，具有19世纪末、20世纪初世界一体化所没有的一系列新特点。这一环境无疑有利于启蒙在中国的复兴，有利于启蒙核心观念为人们所认同。

中国现代化进程的全面展开，是一个半世纪以来中国社会大变动的历史全新阶段。就广度而言，现代化不再局限于汪洋大海中的若干孤岛，而是在13亿人口中普遍展开；就深度而言，中国的现代化不仅要实现从农耕文明向工业文明的转变，而且在很大范围内开始从工业文明向以知识经济为代表的新的文明转变。现代化，使行政权力支配下的计划经济体制转变到市场经济体制，使几亿农民从传统农业转到现代农业、现代制造业与现代服务业，使数以亿计的农村人口进入城市，城市化程度迅速提高；现代化，扩大了人们的视野，让人们同世界发生了更为密切的直接联系；无论是就读、就业，还是衣、食、住、行，人们都有了更大的空间，更多的选择机会，更大的自由。所有这一切，无疑都非常有利于启蒙在中国的复兴，有利于启蒙核心观念得到人们的认同。

然而，世界化与现代化进程在解决着大量原有问题的同时，又引发了一系列新的问题，而世界化与现代化本身，又都包含着极为深刻的新的内在矛盾。所有这一切，又都对复兴了的启蒙，特别是启蒙的核心观念，提出了严峻的新挑战。

以世界化进程而论，发达国家凭借其经济，特别是资金、科学、技术、人才等多方面的优势，一直发挥着主导作用，广大发展中国家，常常处于被动或附属的地位，因此，全球化反而使全世界的人分化成对立的两极。由于各区域发展巨大的不平衡，上述矛盾便常常表现为世界化与区域化的对立；而当区域化和一定的文化、一定的文明相结合时，上述矛盾便为美国政治学家塞缪尔·亨廷顿概括成所谓“文明的冲突”。其实，从本质上讲，这是一场西方化与本土化的冲突。西方发达国家企图将它们的价值观念与制度构建普世化，强加于世界其他所有地区；而世界其他所有地区，则要求通过世界联系推动自己的文明向现代文明转变，而不是让自己的文明在世界化进程中边缘化或被消灭。与此相应，单边主义与世界多极化的冲突加剧，因为单边主义者固执地坚持全球化即西方化，而启蒙精神恰正支持世界每一地区都有权在世界化进程中充分维护自己的主体地位。这种种冲突，很自然地推动着人们去对启蒙重新加以审视。

以现代化而论，市场化、工业化、城市化、知识化、个人主体化等，常常是双刃剑。市场化，激活了经济，但也常常带来效率冲击公平，自由冲击平等，物质主义膨胀，乃至物欲横流；工业化，使生产力高度发展，经济持续增长；但是，它又带来了资源的过度利用，自然环境的严重破坏；城市化，人口、资金、信息、生产力高度集中，高度流动，但也因此破坏了人们传统的联系纽带，造成严重异化与认同危机，乃至反社会行为的增长；知识化，提高了人们的素养，但是，它又使人们常常为科学主义、技术主义所支配，而丧失人文精神、理想信念与价值追求，或在这些方面造成巨大的混乱；个人主体化，给个人提供了自主独立发展的充分自由，但是，它又常常会破坏保障他人享有同样权利与自由的秩序，损害集体利益与国家权威。凡此等等，同样推动着人们对启蒙重新进行反省。

在反省中，海内外都有一批学者对启蒙提出责难。他们认为，康德所说的“人是目的”① 乃是导致世界化、现代化诸多问题的罪魁祸首。

---

① ［德］康德：《实践理性批判》：“在目的国度中，人（连同每一种理性生命），就是目的本身。这就是说谁（甚至神）也不能把人仅仅用作手段，而不同时把他本身当做一个目的。因为蕴含于我们本身的人性对我们自己来说一定是神圣的，这么说的理由在于人是道德法则的主体。”参见郑保华主编：《康德文集》，284 页，北京，改革出版社，1997。

因为启蒙坚持“人是目的”，导致人欲横流，理性专擅，个人主义极度膨胀，由此造成了生态失衡、精神失衡、社会失衡。这些责难，所否定的其实不仅仅是近代以来的启蒙目标，可以说，它们连同整个人类文明都给否定了。

“人是目的”，这一命题是对人的尊严、人的价值、人的权利的集中概括。这一命题的确立，是为了培育和不断提升人性，使人性区别于动物性，高出动物性。如果人像其他动物一样是纯粹自然物，那么，由于自然物彼此互为条件，自然界没有最后的目的，人当然就不会成为目的。但是，人之所以成为人，是因为人能够制造生产工具，进行物质生产，同时能够运用理性进行反思、判断、创造，从事精神生产。人能够在物质生产与精神生产的过程中形成社会联系，通过社会联系与社会关系作用于自然界，从而成为能够进行物质自律、精神自律及社会自律的主体。人由此而超越单纯的自然的存在，超越作为动物所具的有限性，通过立德、立功或立言，走向不朽。如果不承认“人是目的”，那么，不仅世界化、现代化丧失存在的合理性，整个人类文明都将被视为违反了自然性，人只有退化到猿人时代或者类人猿时代去。从生态失衡到重建生态平衡，是一个动态的过程。正是世界化与现代化发展，使可持续发展有了可能。

人具有欲望，包括物欲、性欲、求知欲、占有欲、求胜欲等，这是人性的重要组成部分，人也因此而具有生命权、财产权、性生活权、受教育权、发展权、自由权等基本权利。能不能同意世界化、现代化使得人欲横流、道德沦丧这一观点呢？人性究竟是善还是恶，这是人类争论了几千年的一个古老的问题。这一观点，实际上是认定在前世界化、前现代化时代，人性为善，能道德自律。而走向世界化与现代化，则使人性中恶的一面膨胀起来，人们不再能道德自律。但是，历史实际并非如此。在生产很不发达、人们知识还很封闭的时代，只有很少一部分人享有或独占上述权利，绝大多数人的这些权利被剥夺，或者受到严重侵害，恶在相当大程度上成为当时历史前进的动力。启蒙确认每个人基于人性，都应拥有以上各项权利，尽管实践过程中还存在着大量损害这些权利的现象，但大多数人终于有了条件使自己的权利得到前所未有的保障。当然，人性中恶的一面以及非人的动物性仍然保留了不少，而进一步解决这些问题，不是靠放弃启蒙，而是应当在世界化、现代化进程中进一步深化和提升启蒙。

所谓理性专擅，实际上抹杀了哈贝马斯所说的“目的理性”，而将整个理性等同于工具理性，再将工具理性等同于科学主义，将科学等同于技术，反过来将唯技术主义的弊端统统归之于理性。反全球化人士常常将目前世界存在的大量问题归咎于理性的存在，其实，在许多发达国家中，也常常是工具理性压倒了目的理性，背离了理性的根本精神——人的自主、人的自立与人的自由，将理性变成了达到功利目标的工具。近代中国启蒙运动从一开始所面临的深重民族危机和社会危机，使之不能不急功近利，要求迅速见到成效，工具理性因之从一开始就取代目的理性而取得支配地位，人的自主、自立与自由在很长一段时间中必须服从于民族战争以及阶级战争的需要。即使转变到和平建设时期以后，由于经济建设与社会发展也从属于民族斗争和阶级斗争，目的理性也仍然处于附从地位。所以，真正的问题是理性缺位，而不是理性专擅。

将个人主义极度膨胀归罪于启蒙核心观念，同样是对启蒙的误解或曲解。启蒙运动确定“人是目的”，确认人的尊严、人的价值与人的权利，其基本立场就是承认每一个人都具有同等的尊严、价值与权利，将每一个成员的尊严、价值和权利视为同样神圣。在康德那里，权利就是以每个人自己的自由与别人的自由协调一致为条件而限制每个人的自由。马克思、恩格斯指出：“只有在集体中，个人才能获得全面发展其才能的手段”，也就是说，只有在集体中才可能有个人自由。① 因此，个人的自由与群体的自由以及人类整体的自由，在“人是目的”中是互相制约又互相统一的。当然，真正达到这一境界并不容易。因为人性有善的一面，所以，这个统一需要依靠道德自律；而人性又有恶的一面，所以，这个统一又需要借助于法治，借助于制度规范。而道德自律也好，法治以及制度规范建设也好，都是一个过程。它们本身各自又都是一项系统工程，人类也正是在这各个领域中，通过不断努力而不断提升自己，不断前进。由此可见，在新的挑战面前，人类不是应当放弃“人是目的”，而是应当始终不渝地坚持这一方向，明确自己的尊严、自己

---

① 《马克思恩格斯全集》第3卷，84页，北京，人民出版社，1960。

的价值、自己的权利。

四、人的尊严与当代价值体系重建

恩格斯在《社会主义从空想到科学的发展》中曾尖锐地指出："和启蒙学者的华美语言比起来，由'理性的胜利'建立起来的社会制度和政治制度竟是一幅令人极度失望的讽刺画。"这是因为富有与贫穷的对立更加尖锐化了，自由变成了小资产者和小农失去财产的自由，商业日益变成欺诈，贿赂代替了暴力压迫，金钱代替了刀剑，成为社会权力的第一杠杆。恩格斯这段论述为人们所熟知，马克思主义也因此被许多人认定为完全否定了启蒙运动，否定了启蒙核心观念。

然而，这一判断很不准确，因为马克思主义者并不否定"人是目的"，并不否定人的尊严、人的价值和人的权利，相反，提出了更具体的要求，更明确的目标，提倡每个人自由而全面的发展。《资本论》明确指出：未来社会应是"一个更高级的、以每个人的全面而自由的发展为基本原则的社会形式"[①]。早在《德意志意识形态》中，马克思、恩格斯就具体解释过这一目标："在共产主义社会中，即在个人的独创和自由的发展不再是一句空话的唯一的社会中，这种发展正是取决于个人间的联系，而这种个人间的联系则表现在下列三个方面，即经济前提，一切人的自由发展的必要的团结一致以及在现有生产力基础上每个人的共同生活方式。"[②]

值得注意的是江泽民在2001年7月1日纪念中国共产党成立80周年的讲话中突出地对马克思这一基本观点作了专门阐述。江泽民指出："共产主义社会，将是物质财富极大丰富，人民精神境界极大提高，每个人自由而全面发展的社会。""要努力促进人的全面发展。这是马克思主义关于建设社会主义新社会的本质要求。我们要在发展社会主义社会物质文明和精神文明的基础上，不断推进人的全面发展。"江泽民还强调这两者互为前提和基础："社会生产力和经济文化的发展水平是逐步提高、永无止境的历史过程，人的全面发展程度也是逐步提高、永无止

① 《马克思恩格斯全集》第23卷，649页，北京，人民出版社，1972。

② 《马克思恩格斯全集》第3卷，516页。

境的历史过程。这两个历史过程应相互结合、相互促进地向前发展。”①

每个人自由而全面发展，不仅是中国社会主义现代化建设的终极目标和现实的行动纲领，而且应当成为21世纪沟通世界各不同文明，使不同国家、不同民族、不同文明和睦共存、优势互补的共同价值基准和行动指南。因为它使“人是目的”在当代完全具体化了，使人的尊严、人的价值、人的权利明确了得以实现的具体途径。也就是说，它使启蒙核心观念在当代获得了新的生命力，升华到了一个新的境界。为此，每个人自由而全面发展，应成为新世纪全人类的共同宪章。从这个意义上说，启蒙并没有成为历史的陈迹，它仍在继续；它也必须继续，对中国、对整个世界都是如此。

坚持每个人自由而全面发展，将推动中国文化形成崭新的价值体系，形成新的巨大的文化空间，为文化转型与文化发展提供新的强大动力。中国文化在广泛吸收世界文化精华的基础上实现伟大复兴，是有希望的。而坚持每个人自由与全面发展，又必将推动世界各大文明在新时代实现伟大复兴。人是目的，人不能对自己丧失信心。

① 《人民日报》，2001-07-01。

“人的全面发展”与当代价值重构

马克思、恩格斯在《共产党宣言》中指出，取代资产阶级社会的，“将是这样一个联合体，在那里，每个人的自由发展是一切人的自由发展的条件”①。随后，在《资本论》第1卷中指出，社会生产力的发展，将为未来的社会奠定现实的基础，未来社会将是“一个更高级的、以每个人的全面而自由的发展为基本原则的社会形式”②。1877年，马克思在《给祖国纪事杂志编辑部的信》中，将这一社会概括为“在保证社会劳动生产力极高度发展的同时又保证人类最全面的发展的这样一种经济形态”③。马克思、恩格斯关于每个人自由而全面发展的这些论述，在他们逝世之后很少为人们所提及，尤其是在俄国十月革命之后，阶级斗争为纲、无产阶级专政的声音淹没了任何关于“自由”、“个人”的呼声。多年来，我国理论界对这一问题同样很少涉及。2001年，江

① 《马克思恩格斯选集》第1卷，294页。

② 《马克思恩格斯全集》第23卷，649页。

③ 《马克思恩格斯全集》第19卷，130页，北京，人民出版社，1963。

泽民在庆祝中国共产党成立80周年大会上的讲话中，突出地提出了“每个人自由而全面发展”这一问题，其最显著的创新之处正是在于将“人的全面发展”与“三个代表”真正统一为一个整体，构建了我国社会主义价值体系。中国共产党“十六大”报告《全面建设小康社会，开创中国特色社会主义事业新局面》，则为在现今历史阶段如何切实推进“人的全面发展”，构建了社会主义制度体系与行动纲领。

一、每个人自由而全面的发展是新时代中国的最高价值目标

近代以来，在西方坚船利炮的冲击下，中国开始了从农耕经济时代向工业经济时代的历史性转变。传统的价值系统已不能继续整合中国社会，中国出现了价值系统的分裂、断层乃至某种真空。代之而起的，在价值理性层面上，是对“大同世界”的执着追求；在工具理性层面上，则是挽救国家危亡，实现民族振兴。抗击一次次外来侵略者，通过暴力革命与国内战争推翻帝国主义、封建主义、官僚资本主义在中国的统治，成为压倒一切的直接需求。斗争、造反与革命，本来是实现国家独立、民族振兴与人民解放的手段。而在当时的中国，斗争特别激烈，造反特别广泛，革命特别艰难，经历了消灭私有制（包括资本家所有制和农民手工业者小生产私有制），消灭商品经济，以尽速建成“大同社会”。人为地设置对立面，斗争被绝对化、扩大化，加上价值目标的过于高远，这些都造成了社会实践中价值的混乱与迷失。

经由一个半世纪工业化、城市化进程的不断积累，经由从自然经济、半市场经济、计划经济再到市场经济的艰难摸索，经由从被迫、被动卷入世界市场发展到主动融入全球经济体系，经由从旧民主主义到新民主主义再到有中国特色社会主义的制度性构建，特别是在继续努力实现从农耕经济向工业经济转变的同时又在迎接知识经济的挑战，可以说，近代以来，中国从来没有像今天这样迫切需要确定自己的价值核心或终极奋斗目标，构建合乎时代要求和未来发展方向的新的价值系统，以作为中华民族的精神支柱和继续前进的伟大动力。正是针对这一时代需要，江泽民在庆祝中国共产党成立80周年大会上的讲话中深刻阐明，建立物质财富极大丰富、人民精神境界极大提高、每个人自由而全面发

展的共产主义社会是我们的最高纲领，而现阶段我们进行的一切工作，既要着眼于人民现实的物质文化生活需要，同时又要着眼于促进人民素质的提高，也就是要努力促进人的全面发展。要在发展社会主义物质文明和精神文明的基础上，不断推进人的全面发展，这是马克思主义关于建设社会主义新社会的本质要求。每个人自由而全面的发展作为党的最高纲领与现阶段奋斗目标的统一点，被明确地确定下来，这在中国共产党发展史上是第一次，也是十月革命以来国际共产主义运动史上的第一次。这里所解决的，正是社会主义的中国在现时代及未来的新价值系统的终极目标或价值核心究竟是什么这样一个重大的历史性问题。

马克思、恩格斯在《德意志意识形态》中曾经指出："在共产主义社会中，即在个人的独创的和自由的发展不再是一句空话的唯一的社会中，这种发展正是取决于个人间的联系，而这种个人间的联系则表现在下列三个方面，即经济前提，一切人的自由发展的必要的团结一致以及在现有生产力基础上的个人的共同活动方式。"① 在具体解释这"三个方面"时，马克思、恩格斯指出："要消灭关系对个人的独立化、个性对偶然性的屈从、个人的私人关系对共同的阶级关系的屈从等，归根到底都要取决于分工的消灭。"② 他们还指出："只有交往和生产力已经发展到这样普遍的程度，以致私有制和分工变成了它们的桎梏的时候，分工才会消灭。……私有制只有在个人得到全面发展的条件下才能消灭，因为现存的交往形式和生产力是全面的，所以只有全面发展的个人才可能占有它们，即才可能使它们变成自己的自由的生活活动。……现代的个人必须去消灭私有制，因为生产力和交往形式已经发展到这样的程度，以致它们在私有制的统治下竟成了破坏力量，同时还因为阶级对立达到了极点。……私有制和分工的消灭同时也就是个人在现代生产力和世界交往所建立的基础上的联合。"③ 在这里，马克思和恩格斯阐明了每个人自由而全面的发展取决于分工和私有制的消灭；而分工和私有制的消灭，又有待于人得到全面的发展。这一悖论如何解决？江泽民指出："推进人的全面发展，同推进经济、文化的发展和改善人民物质文

① 《马克思恩格斯全集》第3卷，516页。

② 同上书，516页。

③ 同上。

化生活，是互为前提和基础的。人越全面发展，社会的物质文化财富就会创造得越多，人民的生活就越能得到改善，而物质文化条件越充分，又越能推进人的全面发展。社会生产力和经济文化的发展水平是逐步提高、永无止境的历史过程，人的全面发展程度也是逐步提高、永无止境的历史过程。这两个历史过程应相互结合、相互促进地向前发展。"①中国目前的生产力远未发展到消灭分工和全部私有制的水准，社会分工和多种所有制并存的局面在相当长的历史时期内仍将继续存在。江泽民在讲话中还阐明了，只有将人的自由而全面发展确定为社会生产力和经济文化发展的中心目标，我们的社会生产力和经济文化发展才会有明确的方向和正确的发展战略；反过来说，只有坚持全面提高人的素质，促进人的自由而全面的发展，才能给社会生产力和经济文化持续、快速、健康的发展提供源源不断的动力和最可靠的保证。只有通过这两者的积极互动与自觉配合，才能最终达到消灭私有制与分工，使全部社会生产力和全部社会交往变成人们自己的自由的生活。这是对马克思、恩格斯学说的一个重大发展，是社会主义建设理论与实践的一个重大突破，为引导我国未来发展、凝聚中华民族精神，构建意志、思想的新的价值系统，奠定了坚实的理论基础。

二、每个人自由而全面的发展与制度构建

每个人自由而全面的发展，绝不意味着人们可以超越历史的和现实的条件，游离于社会及群体之外、随心所欲地行动。马克思、恩格斯在论述作为处在生产力和社会需要的一定发展阶段上的个人如何发展时强调提出："一个人的发展取决于和他直接或间接进行交往的其他一切人的发展；彼此发生关系的个人的世世代代是相互联系的，后代的肉体的存在是由他们的前代决定的，后代继承着前代积累起来的生产力和交往形式，这就决定了他们这一代的相互关系。总之，我们可以看到，发展不断地进行着，单个人的历史绝不能脱离他以前的或同时代的个人的历史，而是由这种历史决定的。"② 人只能在特定的历史与现实所形成的

① 江泽民：《在庆祝中国共产党成立八十周年大会上的讲话》，44页，北京，人民出版社，2001。

② 《马克思恩格斯全集》第3卷，515页。

制度范围内发展自己，依靠这一制度确保人们自由而全面地发展。历史发展是新陈代谢的不息过程，每个人的自由而全面发展也是一个由初级阶段向高级阶段不断前进的过程。

正因为每个人自由而全面的发展都要受到生产力水准与交往程度的限制，人们的发展就不可能是孤立的行为，它必须与社会和群体的发展紧紧结合在一起。先前，当生产力发展水平很低、人们的交往范围十分有限时，人们或隶属于氏族与部落，或隶属于家庭与家族，或隶属于等级与阶级，从而为某种异己力量所支配。今天，生产力和人们的交往关系已经为形成新的自由个人的联合体提供了可能，从前人们结成的氏族或部落、家庭和家族、等级和阶级，作为一种集体，对于被支配者来说常常是一种桎梏。在社会主义条件下，以发达的生产力和广泛的社会联系为基础而形成的新的联合，将把个人的自由发展和运动的条件置于自己的控制之下。正如马克思、恩格斯所说："没有集体，这是不可能实现的。只有在集体中，个人才能获得全面发展其才能的手段，也就是说，只有在集体中才可能有个人自由。"① 因此，以每个人自由而全面发展为核心构建起来的新的价值体系，很自然地便要求整个社会成为自由而全面发展的社会，要求社会为全体社会成员自由而全面的发展提供优越、适宜的环境和必要的制度性保证。

江泽民在党的"十六大"报告中，就本世纪头 20 年如何使经济更加发展、民主更加健全、科技更加进步、文化更加繁荣、社会更加和谐、人民生活更加殷实，作了切中肯綮的全面论述，从而为现阶段如何从制度上切实保证人的自由而全面的发展，积极推进经济建设、政治建设与文化建设，通过深入进行经济体制改革、政治体制改革与文化体制改革，高屋建瓴地勾画了宏伟蓝图。把握人的全面发展这个价值目标，可以更深刻地认识制度构建的意义，同时也可以使各方面的建设包括制度的构建，具有更为明确的方向和更加切实的路线。

一些论者常常把每个人自由而全面的发展解释为人的素质得到普遍提高，能力（包括潜能）得到充分发挥，物质生活和精神生活需要得到全面满足，甚至解释为同一个人能够根据自己的兴趣和爱好，自由地安

① 同上书，84 页。

排一切：早晨打猎，下午捕鱼，傍晚畜牧，饭后写批评文章；今天在这个部门工作，明天到另一个部门劳动，他们的个性、能力、性格、意志、气质都能得到自由施展的机会。应该说，这些解释所列举的各种情况都可能是每个人自由而全面发展的一些表现，但是恐怕还不足以说明每个人自由而全面发展的本质特征。马克思在《政治经济批判（1857—1858年草稿）》中论述人的发展时曾指出："全面发展的个人——他们的社会关系作为他们自己的共同的关系，也是服从于他们自己的共同的控制的——不是自然的产物，而是历史的产物。要使这种个性成为可能，能力的发展就要达到一定的程度和全面性，这正是以建立在交换价值基础上的生产为前提的，这种生产才在产生出个人同自己和同别人的普遍异化的同时，也产生出个人关系和个人能力的普遍性和全面性。"① 人的全面发展首先是"个人关系和个人能力的普遍性和全面性"。每个人自由而全面的发展，自然是超越或克服了"个人同自己和同别人的普遍异化"，而使得这种"个人关系和个人能力的普遍性和全面性"发展得更为充分。

每个人自由而全面的发展要求重构人们的人生价值取向。人们由于生产力和科学技术的革命性发展，越来越克服自身自然属性的局限，而依靠社会属性的不断扩展、不断提升，使其"个人关系和个人能力的普遍性和全面性"不断增强。每个个人的存在与世界历史直接相联系，他们终于能够摆脱各种不同的民族局限和地域局限，"而同整个世界的生产（也包括精神的生产）发生实际联系，并且可能有力量来利用全球的这种全面生产（人们所创造的一切）"。② 人不再是自然状态及半自然状态下以生存斗争或种的繁衍为其本质，以范围非常有限的家庭、等级、阶级利益为其本质，而能真正地以人与整个人类直接相联系的社会性为其本质，以人类社会与自然环境的和谐统一为其本质。

每个人自由而全面的发展，同时要求重构整个物质生产活动的价值取向。由于生产力的巨大增长和高度发展建立在科技进步与人的素质普遍提高的基础之上，由于物质生产资料的主体部分已经由联合起来的个人共同支配，物质生产活动将不再以攫取最大利润为终极目的，而不断

---

① 《马克思恩格斯全集》第46卷上，108～109页。

② 《马克思恩格斯全集》第3卷，42页。

满足人们日益增长的需要将越来越直接、越来越全面地支配着物质生产过程。在这一基础上，生产劳动对于劳动者来说，将不再是一种单纯的谋生手段或沉重负担，生产过程、生产成果对于他们来说，都将不再是一种异己力量。劳动将逐步成为人们生活的自觉需求，是人们发挥自己能力、潜能，实现自己的普遍性、全面性社会本质的必要行动。劳动将使人们得以实现自我价值，劳动过程和劳动成果都将成为人自我价值的体现。而随着劳动时间的缩短，人们将有越来越多的时间从事其他创造性活动，享受自己的和他人的劳动成果。人们的劳动将不受职业、地域或身份的局限，而有足够的选择空间。人们的衣、食、住、行以及其他各种享受，将越来越讲究品位、质量以及文化内涵。

每个人自由而全面的发展，也要求重构精神生产的价值取向。从事具有社会性的精神生产，是人类的基本特征之一。可是，在先前很长一段历史时期内，精神生产主要由一部分人专职进行。掌握了物质生产和精神生产工具的统治者，把他们的思想、意识、精神变成统治思想、统治意识、统治精神，人们的认知活动、抒情活动、审美活动都处于这种精神统治之下，以中国而论，差不多两千年来在认知上是独尊一家，膜拜经典；情感上是“去人欲而存天理”；审美处世上则非礼勿视，非礼勿听，非礼勿言。每个人自由而全面的发展，则要求确认人人都有权利进行精神生产，并努力使人人都有能力进行精神生产。这并不是要求每一个人都应当生产类似于文艺复兴时代意大利伟大画家拉斐尔那样的艺术作品，而只是要求“每一个有拉斐尔的才能的人都应当有不受阻碍地发展的可能”①，人们认知的才能、抒情的才能、审美的才能，应不再受到压抑或者只集中在极少数人身上，社会应当能够创造出空前繁荣的高水准的精神生产成果。

每个人自由而全面的发展，还要求重构政治价值取向。先前，政治参与为少数人所垄断，国家与法律成为维护阶级统治、施行阶级压迫的工具。每个人自由而全面的发展要求政治职能转向公共事务的管理和给全体社会成员提供高效的服务。它不再是少数人的专利，全体社会成员都有进行民主选举、民主决策、民主管理、民主监督的权利，公众参与

① 《马克思恩格斯全集》第3卷，458～459页。

政治的范围和力度都将逐步加大。它不再是阶级压迫的工具，而应当保护和采取有力的措施以使人民群众的积极性、主动性以及历史首创精神能够充分发挥。“十六大”报告指出：“发展社会主义民主政治最根本的是要把坚持党的领导、人民当家做主和依法治国有机统一起来。”① 共产党执政就是领导和支持人民当家做主，最广泛地动员和组织人民群众依法管理国家和社会事务，管理经济和文化事业，维护和实现人民群众的根本利益。这就为人民群众政治文明程度的不断提高提供了有力的保证。

以每个人自由而全面发展为核心而重构的价值系统是全方位的、完整的，然而这绝不仅限于思想家、理论家的理论构建以及宣传家们的宣传提倡，包括一部分实践家的身体力行、成为表率。这一重构要落实在制度建设上，落实在法律、法规、章程、公约的建设上，落实在人们自觉、自律及有效的公众自我约束、自我管理上。只有当新的价值系统转化为人们的普遍思维和日常行为方式，它才能真正获得人们的自觉认同，成为不是虚拟的而是真正的社会实践。因此，新的价值系统的构建、新的制度建设、新的行为方式和实践方式的建设应紧密结合在一起，互为条件，互相补充，互相促进。非如此，价值系统的重构便会流于清谈和空想。

三、每个人自由而全面的发展是现实的行动纲领

马克思、恩格斯指出：“共产主义是用实际手段来追求实际目的的最实际的运动”②，并对这一结论作出更为具体的解释：“共产主义对我们说来不是应当确立的状况，不是现实应当与之相适应的理想。我们所称为共产主义的是那种消灭现在状况的现实的运动。这个运动的条件是由现有的前提产生的。”③ 每个人自由而全面的发展也是如此。它不可能一蹴而就，更不会一觉醒来突然实现。它同样是通过用实际手段来解决实际问题、逐步向这个目标前进的最实际的运动。它绝不是不顾实际

---

① 《中国共产党第十六次全国代表大会文件汇编》，31页，北京，人民出版社，2002。

② 《马克思恩格斯全集》第3卷，236页。

③ 《马克思恩格斯全集》第3卷，40页。

条件，希求这一目标立刻实现，也不是将它的实现放到遥远的未来而无所作为，而是切实从现有前提出发，为一步步实现这个目标构筑坚实的基础。

逐步实现每个人自由而全面发展的首要前提，是实现生产力的巨大增长和高度发展，因为“如果没有这种发展，那就只会有贫穷的普遍化；而在极端贫困的情况下，就必须重新开始争取必需品的斗争，也就是说，全部陈腐的东西又要死灰复燃”①。只有生产力的巨大增长和高度发展，才能够使人们有条件接受较高水准的教育，使其能力和潜能得到有效的培育；只有生产力的巨大增长和高度发展，才能够使劳动时间大大缩短，使人们有条件参与各项社会活动，从而突破劳动及社会角色地位的单一化、固定化以及人自身发展的片面化；也只有凭借生产力的巨大增长和高度发展，才有可能逐步消除私人利益和公共利益之间的对立和分裂，有条件使人本身的活动对人说来不再成为异己的、对立的力量。

生产的巨大增长和高度发展，不仅为结束有产者统治无产者，从而使每个人能自由而全面发展提供了物质基础，而且为达到这一目标提供了内在动力。正因为如此，要切实推进每个人自由而全面的发展，就必须如十六大报告所提出的，敏锐地把握我国社会生产力的发展趋势和要求，坚持以经济建设为中心，通过制定和实施正确的路线、方针、政策，走出一条新型工业化的道路，大力实施科教兴国战略和可持续发展战略，全面繁荣农村经济，加快城镇化进程，积极推进西部大开发，促进区域经济协调发展，使国民经济持续、快速、健康发展；并提供广阔的空间，不断提高全体社会成员的思想道德素质、科学文化素质以及劳动技能和创造才能，充分发挥他们的积极主动性、创造性。

生产力的巨大增长和高度发展，必须伴以发达的市场经济，才能够使人与人之间形成全面的依赖关系。马克思指出：“人的依赖关系（起初完全是自然发生的），是最初的社会形态，在这种形态下，人的生产能力只是在狭窄的范围内和孤立的地点上发展着。以物的依赖性为基础的人的独立性，是第二大形态，在这种形态下，才形成普遍的社会物质

① 同上书，39页。

变换，全面的关系，多方面的需求以及全面的能力的体系。建立在个人全面发展和他们共同的社会生产能力成为他们的社会财富这一基础上的自由个性，是第三个阶段。第二个阶段为第三个阶段创造条件。”① 第一种形态下，人们处在家长制、奴隶制或封建领主制的统治之下，只在极小的范围内互相联系，为不开化的利己性所支配，不可能形成多方面的需求和全面的能力体系。第二种形态下，一切产品和活动都转化为交换价值，每个人的生产都依赖于其他一切人的生产，每个人的消费也要依赖于其他一切人的消费，活动和产品的交换成为每个人的生存条件。普遍的物质变换带来人与人全面的关系，人们突破了原先的地域、家庭或其他古代共同体的局限，形成多方面的需求以及全面的能力体系。没有第二种形态作基础，人的自由全面的发展就无从谈起。正是在这个意义上，第二形态为第三形态创造了必要的条件——当然，它与第三形态中各个个人通过共同占有和共同控制生产资料而联合起来、互相进行自由交换并不是一回事，但是要进步到第三形态，一切劳动产品、能力和活动的互相交换是不可避免的历史阶段，非此不足以打破先前或自然发生的、或政治性的统治和服从关系，不足以改变先前哪怕是共同体形式下的闭塞与狭隘的状态。正因为如此，在大力发展社会生产力时，必须通过活跃的商品交换、市场经济，包括世界市场上的全面联系，使人们从传统不开化的利己性控制下解放出来，让狭隘的地域性的个人为世界历史性的、真正普遍的个人所代替，再在这一基础上向第三形态前进。“十六大”报告要求在更大程度上发挥市场在资源配置中的基础性作用，开放竞争、有序的现代市场，在更大范围、更广领域和更高层次上参与国际经济技术的合作和竞争，坚持“引进来”和“走出去”相结合，全面提高对外开放水平，正是体现了这一历史发展的需要。今日中国改革开放的每一个重大的战略步骤，实际上都与每个人自由而全面发展的未来紧密联系着，而每个人自由而全面的发展，则又有力地推动着中国改革的进一步深化、开放的进一步扩大，并决定着改革与开放的正确方向。《德意志意识形态》谈到共产主义时说过：“建立共产主义实质上具有经济的性质，这就是为这种联合创造各种物质条件，把现存的条件变

① 《马克思恩格斯全集》第46卷上，104页。

成联合的条件。"① 从这个意义上也可以说，每个人自由全面的发展实质上具有经济的性质，没有在世界市场联系基础上形成的人的全面关系、多方面需求及全面能力的体系，或者是超越市场经济以及由此形成的渗透到一切方面的全面联系，人的自由而全面的发展只能是幻影和空想。

每个人自由而全面发展，还同所有制的变革紧密联系在一起。《资本论》在论述资本主义积累的历史趋势时，有一段人们所非常熟悉的名言：

> 劳动者对他的生产资料的私有权是小生产的基础，而小生产又是发展社会生产和劳动者本人自由个性的必要条件。……这种生产方式……只同生产和社会的狭隘的自然产生的界限相容。……从资本主义生产方式产生的资本主义占有方式，从而资本主义的私有制，是对个人的、以自己劳动为基础的私有制的第一个否定。但资本主义生产由于自然过程的必然性，造成了对自身的否定。这是否定的否定。这种否定不是重建私有制，而是在资本主义时代的成就的基础上，也就是说，在协作和对土地及靠劳动本身生产的生产资料的共同占有基础上，重新建立个人所有制。②

对于"共同占有"及"重新建立个人所有制"，理论家、政治家们有各种不同的解释。而《德意志意识形态》中的相关论述有助于对这一结论的理解：

> 个人必须占有现有的生产力总和，这不仅是为了达到自主活动，而且一般说来是为了保证自己的生存。……对生产工具的一定总和的占有，也就是个人本身才能的一定总和的发挥。……在过去的一切占有制下，许多个人屈从于某种唯一的

① 《马克思恩格斯全集》第3卷，79页，上海，中华书局，1936。

② 《马克思恩格斯全集》第23卷，832页。

> 生产工具；在无产阶级的占有制下，许多生产工具应当受每一个个人支配，而财产则受所有的个人支配。现代的普遍交往不可能通过任何其他的途径受每一个个人支配，只有通过受全部个人支配的途径。……①
>
> 联合起来的个人对全部生产力总和的占有，消灭着私有制。②

氏族与部落所有制、古代公社所有制和国家所有制、封建的或等级的所有制都以某种共同体为基础，在这些所有制关系之下，社会绝大部分成员都不可能自由而全面发展。即使是统治者也绝不可能全面发展，因为奴役他人的人自己不可能真正自由，更不可能克服自己的狭隘性与局限性。“在协作和对土地及靠劳动本身生产的生产资料的共同占有的基础上，重新建立个人所有制”③，是要使生产工具受每一个个人支配。财产受所有的个人支配，这显然同等级权力控制下的国家所有制及寺院经济、庄园经济式的共同体所有制不是一回事。许多生产工具应当受每一个个人支配，个人占有现有的生产力总和，指的是每一个个人都有同样的劳动权、自由选择职业权，不分地域、出身、性别，都有施展自己才能的同样的权利和机会，要逐步打破现有城市与乡村之间、地域之间、体力劳动与脑力劳动之间等等各种界限。而财产“受所有的个人支配”，实际上是指人们在消费方面都能够得到必需的供给；真正在共同占有生产资料基础上重新建立的个人所有制，最根本的内容是给每一个人都提供同样的“各尽所能”的基础和条件。当然，无论“各尽所能”也好，“按需分配”也好，都非一朝一夕之功所能奏效的，但是以每个人自由而全面发展为目标，就必须一步步加强实现“各尽所能”的现实基础，同时在经济发展的基础上通过社会保障体制的建立、完善和社会第二次分配，积累和扩大“按需分配”的比重。在现阶段，必须如“十六大”报告所要求的，巩固和发展公有制经济，鼓励、支持和引导非公有制经济的发展，使两者在市场竞争中发挥各自优势，相互促进，共同发展，

① 《马克思恩格斯全集》第3卷，76页。

② 同上书，77页。

③ 《马克思恩格斯全集》第23卷，832页。

同时深化分配制度改革，健全社会保障体制，立足于我国原有基础，踏踏实实朝着这一目标前进。

为使“各尽所能”逐步由理想变为现实，除了给每个人提供发挥其能力的外在条件外，还必须借助社会力量，大力增加教育与科学技术的投入，营造广阔的公共空间，积极发展文化事业和文化产业，发展现代先进文化，深化文化体制改革，以使人们的潜能得到充分的培育和开发。这就是要给每个人提供同样的接受教育的机会，接受科技、文化熏陶的机会，即全面提高自己道德、文化、能力素质的同样的机会。没有这一切，“各尽所能”就只能停留在口号上。同时，还要在生产力不断发展的基础上，大大缩短劳动时间，使每个人都有更多的时间去从事其他工作，发挥自己的潜能。与此同时，教育事业本身也应当改革，从单一的知识教育转变为全面素质教育以及能力的开发与培养。

四、每个人自由而全面的发展与当代中国社会群体

每个人自由而全面的发展，表现为千差万别的自由个性，然而这并不排斥以一定的指标体系来加以衡量和检测。这个指标体系包含以下几个方面。

第一，人们的认知、抒情、审美、创新能力的培育与开发体系。这方面包含学校教育规模、水准及人们受教育的程度，社会教育的渠道、水准及影响人们的程度，信息联系发展水准以及所传递信息的质与量，社会关系的时空范围及密切程度，等等。

第二，人们的智慧、知识、感情、意志、能力发挥与实践体系。这方面包含人们从事经济活动、政治活动、文化活动的自由空间或公共空间；择业自由、思想自由、学术自由、创作自由的开放的环境，各类人才脱颖而出的各种机会等。

第三，人们的物质生活与精神生活获得基本保证的制度体系。这方面包含政治、法律、道德建设，社会各类保障体制建设，社会安全和协调体制建设等。

第四，人们享受生活、发展自由个性、不断完善自身的自律体系。这方面包含人们自我管理、自我约束、自我完善的普遍性程度，生活品质，自尊、自爱、自重、自律以及彼此之间互敬、互助、和而不同、友

好相处的水准，等等。

上述这些指标大体都可量化。按照这一指标体系，可以较为具体、清晰地显示出我国当代各主要社会群体在走向每个人自由而平等发展方面究竟达到了哪一个层面，主要问题究竟在哪里，这样就可以更准确地确定努力方向与重点，抓住关键所在，实现突破性的发展。

占我国人口总数约65％的农民，是我国数量最为庞大的社会群体，人数约为8亿～9亿。现在我国农民有相当一部分（主要是沿海地区及内地大中城市周围的农民、离开乡土进城打工的农民）比起传统的农民有了很大变化，他们已经深深融入现代市场经济体系，同世界形成越来越广泛的直接联系，正在成长为现代农业经营者。但是，当今我国农民中尚有很大一部分还没有真正走出古代。他们仍然被束缚在一小块固定的土地上，孤立、闭塞、无法真正自主自立。如果说，前一类农民（包括一批现代农民企业家、农业经营者、现代农业工人）已有了走向个人自由而全面发展的一定的基础，那么，后面这一大类农民走向个人自由而全面发展则仍然非常困难，甚至可以说，还没有真正具备前提。要在中国最广大农村中推进每个人自由而全面的发展，一要允许农民自主地走向现代市场经济，要培育出发达的农村资本市场、技术市场、人才市场、信息市场、产品市场，从而形成完整的农村市场经济体系，使农民真正自主、自立、自由，通过市场而使自己具有现代的全面性；二要大力发展农村教育，将现代科学文化知识、现代经营管理、现代国内外信息交给农民，使他们不再处于无知、落后状态，将他们的能力，包括潜能开发出来，使他们也同样能够直接汲取世界范围内物质生产与精神生产的成果来充实自身，发展自身；三要缩小剪刀差，增加农民收入，同时通过村民自治，让农民进行自我管理，使农民从繁苛的税费中解脱出来，而这又是做到前两点的一个前提。农民在中国革命和建设中都是一支最为宏大的队伍，要做到每个人自由而全面发展，最为艰难的也正是这一社会群体。但是，一旦将这支数量最大的社会力量真正解放出来，使他们能自由而全面发展，就将使我国社会主义现代化建设获得一支强大的生力军。

为数约1.5亿的产业工人和约1.2亿由农村进城打工的民工，是我国第二大社会群体。他们中间很大一部分与市场经济及社会大生产联系比较密切，经由工业生产活动和商业、服务业活动，他们互相之间乃至与世界范围的生产、贸易形成了全面的依存关系。在每个人自由而全面发展方面，他们较之大部分农民前进了一大步。但是，随着科学技术突飞猛进的发展，随着经济结构急速调整和不断升级，出现了一大批下岗职工，而且这些人中大多年龄偏大、知识层次较低、再就业能力较弱，女性所占比率又特别大。至于大多数民工，常常干着最为艰苦的工作，却未能享受和城市工人同样的待遇，权益得不到保障。他们大多年轻力壮，但是文化基础较差，科学技术水准不高，在全面发展方面局限较大。除去这两部分人之外，还有一大批已经退休的工人以及一批仍在参加工作却有残疾或其他困难的工人，他们在发展方面所遇到的障碍可能更多；对于他们，应当由社会给予更多关爱与帮助。

作为工人阶级的一部分，还有以从事脑力劳动为主或者脑力劳动与体力劳动互相结合职业的日益壮大的社群，包含科学家、工程师、专业技术人员、工程技术人员、科学研究人员、卫生技术人员、中学以上教师、商业服务业中级以上从业人员。据国家统计局统计，其人数已在六千万以上。这一社群一般具有高中以上教育水准和专业技术培训资历，与市场经济联系紧密，了解国内外先进科学技术和其他各类信息，工作环境较好，对其工作对象拥有一定的调度权、支配权、控制权、发言权、监督权，工资薪金收入较高，熟悉市场经济秩序，具有较强的现代价值意识，能较自觉地按照现代文明规范行动，生活质量较高。在走向每个人自由而全面发展方面，他们有较好的基础和条件。在科学技术成为第一生产力的现代，在信息时代和知识经济时代，这一社群队伍将会进一步扩大，并将逐步成为劳动者的主体部分。根据每个人自由而全面发展的要求，需要鼓励他们发挥越来越大的作用，并进一步提高他们的整体水准。

我国私营企业主约四百万人，个体工商业者约三千多万户，他们自负盈亏，密切关注劳动、资本、技术、信息等各级市场状况，同样是中国特色社会主义事业的建设者，是我国推动生产力发展、吸纳劳动力及满足人民生活多方面需要的一支重要社会力量。许多私营企业主还积极走向海外，不仅与国内市场而且同国外市场结合在一起。他们中不少人有较高的收入，有较强的独立性。但是，他们中企业规模较小者，特别是广大个体工商业户受各种管辖与牵制过多，企业规模较大者也面临一些现行体制的约束和属下职工不断改善待遇的强烈要求，因此，对于他们来说，自由而全面发展的空间并不很大。他们特别需要从外部提供更为宽松、更为规范化的法治环境，并从内部加强企业及行业的活力以及自我约束、自我管理机制，协调好与国家、市场及企业内部职工的关系。这是使他们扩大自由而全面发展空间的基本前提。

为数500万以上的各级党和政府机关公务员以及为数约与此相当的乡村行政事务和公共事业管理者，是我国当今又一大社群。这一社会群体的主导部分有着世界眼光，有着广泛的、直接的国际联系，具有相当高的学历和工作历练，整体素质较高，在走向自由而全面发展方面有着明显的优势。对于他们说来，最重要的是真正全力以赴地促进社会生产力发展，推动先进文化的成长，维护全体人民的利益而又不被权力所腐蚀，在带动整个社会向每一个人自由而全面发展方面起到表率作用。

上述不同的社会群体及这些群体中不同成员的自由而全面发展的进程不可能完全一样。他们都必须从现有实际出发，解决妨碍他们朝这一方向前进的最迫切的问题。人们需要承认发展的不平衡性，即不同地区、不同社会群体乃至不同的个人，发展不可能同步。党的“十六大”确定我国现阶段的奋斗目标为全面建设惠及十几亿人口的更高水平的小康社会，也正是坚持从这一实际出发。从小康社会走向大同社会，路程更长，但是以每个人自由而全面发展为最高价值目标，无疑可以使我国所有的不同社会群体都各尽其能，各得其所，协调好彼此关系，在社会主义道路上共同扶携前进。

五、每个人自由而全面的发展是新世纪全人类的最高宪章

每个人自由而全面的发展是中国共产党人确定的长远奋斗目标，也是中国社会主义现代化建设的现实行动纲领，同时它应当成为而且也可以成为21世纪人类共同的价值基准和行动指南，因为人类非如此不足以回应新的科技革命和经济全球化的挑战，非如此不能使地球村各不同文明、不同国家、不同族群协调，和谐相处以保障经济、社会持续向前发展，非如此不能使人类普遍地、共同地将自身的文明素质提升到一个

新的历史水准。

据最新统计，世界上20%的人占有生产总值的86%，消耗近60%的能源，而20%最贫困的人只享用生产总值的1%。这一事实表明，异化至今仍多么严重而普遍地存在着。共产主义运动的崛起、社会民主主义运动的推进以及后现代主义思潮的勃兴，都是针对这种种异化，要求形成能够引导人们超越这些异化的新的价值体系。

“9·11”事件引发了全球范围的反恐怖主义斗争，这场斗争还在继续之中。由于产生恐怖主义的土壤依然存在，许多导致恐怖主义的因素仍在膨胀，恐怖主义很可能成为笼罩整个新世界的巨大阴影。这一事件以前所未有的尖锐性和震撼力表明，经济全球化并没有自然地带来全球的繁荣和富裕，以信息技术和生物技术为代表的科技革命并没有自然地带来人性的普遍提升和更多的安全。由于技术至上倾向长时间压抑了人文精神，科学技术的成就助长了自以为是的自我中心主义不断扩张，信息技术非但没有消除不同文明之间的隔阂与误解，反而在它们之间制造了更深的鸿沟。由于时代价值基准没有及时调整，资源和财富继续为一部分人所垄断，而且掠夺者与被掠夺者、富者与贫者、强者与弱者的反差愈来愈强烈，这种分野又常常和宗教、文化、种族等因素混杂交织在一起，不满、不平、不安的情绪便不可避免地到处弥漫。这一切，便给恐怖主义的滋生与活跃提供了丰沃的土壤和众多的机会。“9·11”事件促使人们反省。据德国《明镜》周刊2002年3月25日网络版报道，连美国金融大鳄乔治·绍罗什都强烈要求人们关注全球化带来的后果，主张穷国和富国之间建立新的平衡，因为存在极大差距的世界将是一个非常危险的世界。整个世界最有意义的反省就是全世界迫切需要高扬人文精神，迫切需要确立新世纪人类的共同宪章，这就是构建每个人自由而全面发展的新的价值体系和新的经济、政治、文化制度体系，以此来沟通不同的文明、不同的宗教、不同的种族，来协调与规范不同国家、不同民族、不同利益群体乃至不同个人的行为。

以每个人自由而全面发展作为新世纪全人类的最高宪章，就是承认不同国家、不同民族、不同利益群体中的每个人都有自由而全面发展的权利和实现的条件，都有不妨碍、不损害他人自由而全面发展的义务和职责。这就是确认世界的多元化、多极化发展，反对形形色色的单一主义和将自己的意志强加于他国的霸权主义。以每个人自由而全面发展作为最高宪章，就是承认家庭、农场、工厂、公司、社团、政党在人类社会运行与发展的总系统中都有其存在的依据与权利，同时也都有不妨碍、不损害其他正当组织存在的义务与职责。之所以要承认不同国家、不同民族，不同利益群体、不同组织多元化的发展，是因为人是社会的人，人离开了群体、离开了社会，就不能作为人而存在，社会群体的自由是每个人自由而全面发展的前提和必要保证。

个人也好，民族、国家也好，自由与自律总是相关联而存在的，它们是同一事物的两个方面。同样，发展与保守也相关联而存在，同样也是同一事物的两个方面。自由与自律相结合，发展与保守相统一，便是秩序与制度。除海耶克所说的存在于社会世界中的各种自生自发的秩序外，秩序还体现为各种不同层次的章程、公约、议定书与法律之中的秩序以及尽管仍处在变动之中却已相当稳定的制度化了的秩序。当然，在先前强权横行的时代，在单一文明统制、主宰世界的时代，在“冷战”统治全球的时代，当时所形成的种种秩序、法律和制度对于世界上大多数国家、民族、群体、组织和个人来说，是非常不公平的。每个人自由而全面的发展，需要秩序的重新构建。党的十六大主张，积极促进世界多极化，维护世界多样化，提倡国际关系民主化和发展模式多样化，要求推动多种力量和谐并存，建立公正、合理的国际政治、经济新秩序，倡导政治上相互尊重、共同协商，经济上相互促进、共同发展，文化上相互借鉴、共同繁荣，安全上相互信任、共同维护，正是适应了秩序、法律和制度重新构建这一历史需要。当然，世界范围内秩序、法律、制度的重新构建是一个更为漫长的过程，绝不会是按照一个理想的模式复制实现，而只能是一个充满矛盾、曲折、复杂的自然史过程。但是，在这个自然史过程中，国家、民族、群体、组织、个人又都不是消极无为的。各种自生自发的秩序，各种章程、公约制度化了的规则、程序、规范，都是各种实际存在着的社会力量互相汇合而成的合力的产物。因此，世界经济新秩序、世界政治新秩序乃至世界文化新秩序的建立，都需要致力于每个人自由而全面发展的人们的不懈追求与努力。

人文世纪：在世界五大新挑战面前

新世纪，人类正面临一系列前所未有的巨大挑战。这些挑战，给全球各大文明现代性的发展提出了空前繁重的任务，也提供了难得的机遇。人类能否乐观地走过新的世纪，在相当大程度上决定于人文能否成功地完成自己的世纪使命。新的世纪因之将有望成为“人文世纪”。

一、第一挑战：世界范围内的时代转换

由农耕经济时代转向工业经济时代，并开始向知识经济时代过渡的这一时代转换，20 世纪已在占世界人口四分之一以上的发达国家范围内实现，在世界其他近四分之三人口的范围内正在进行，而在 21 世纪，将在世界范围内大体完成。

时代的转换，是社会生产方式与生活方式的全面转换。在这一转换中，人文的使命是确立新的社会价值体系，以新的普遍价值为新的时代确定发展的方向与目标，提供强大的社会凝聚力、源源不断的社会发展动力及社会协调能力。

当农耕经济时代在古代中国延续了很长时

间，从春秋战国的“百家争鸣”到秦汉时代大一统体制的确立，中国古代人文为农耕经济时代提供了誉古贱今、尊祖敬老的认知价值取向，重农贱商、重俭贱奢、重守成贱创新的经济价值取向；皇权至上、君仁臣忠、官父民子的政治价值取向；亲亲、尊尊、长长、男女有别以及君义、臣行、父慈、子孝、兄爱、弟敬的人生价值取向。由所有这些价值取向构成的社会普遍价值总体系，以及以此为核心而形成的中国古代文化结构，包含内圣外王的理想体系，“极高明而道中庸”的实践体系，以礼为主干的教化体系，成了中国农耕社会最为强固的精神支柱，持续了两千多年中国农耕经济时代人们生活的共同准则。

当工业经济时代首先在西方开创时，西方近代人文，从文艺复兴运动酝酿算起，经过启蒙运动和后来的思想运动、文化运动，在四五百年间，为以工业化、市场化、城市化为突出标志的这个新的时代，提供了自由、平等、博爱、理性、科学、人权、民主等一整套全新观念构成的新的范式，以及由此而衍生出来的社会实践中功能主义、实用主义、物质主义、科学主义、法治主义等取向。随后，在世界其他地区，当它们沿着自己的道路从农耕经济时代转向工业经济时代时，一部分移植或沿用了西方人文所构成的上述社会普遍价值体系，另一部分则试图构建比较合乎本地区实际的新价值系统。

当知识经济已经初现端倪时，产生了对于工业经济时代普遍价值体系的解构与颠覆。后现代主义，在人文领域消解同一性，向主体性、整体性、稳定性、决定性开战，而趋向多元性、不确定性、间断性、不稳定性、散漫性、模糊性；它解构了现象与本质的区分、表层与深层的差异、真实性与非真实性的对立、异化与非异化的分歧、所指与能指的界限，而趋向于对精神、价值、真理、终极关怀、道德伦理、审美意识的全面怀疑与不断否定。他们不仅对功能主义、实用主义、物质主义、科学主义、法治主义统统排拒，而且对理性及启蒙所确立的全部观念，以及启蒙本身的合法性与权威性提出质疑。和知识经济时代相适应的社会普遍价值体系，尚在孕育之中，还远未建立起来。但是，后现代主义思潮的出现及其迅速传布已足以表明，在西方曾经具有无可置疑权威地位的工业经济时代的社会普遍价值体系，昔日辉煌已经不再，它们迟早将为新的社会普遍价值体系所取代。

世界范围内这种时代的转换所带来的挑战，呼唤适应新的时代构建新的社会普遍价值体系，以逐步取代原先的社会普遍价值体系。由于时代的转换将贯穿整个21世纪，在这新的一百年内绝大部分时间地球上仍将继续是三个经济时代并存，三种不同的社会普遍价值体系将在很长一段时间中互相渗透、互相抵牾、互相颉颃、互相冲突。因此，新世纪的人文发展，不仅仅要适应时代的转换，构建新的社会普遍价值体系，有序地替代旧的社会普遍价值体系，而且要正面对待三种不同社会普遍价值体系并存的现实，运用人文的力量，促进它们之间的沟通与相互理解，使它们相互之间多一些协调，多一些兼顾，以努力化解它们之间的对立与冲突。完成这一使命的难度，绝不下于构建新的社会普遍价值体系以取代旧的社会普遍价值体系。

二、第二挑战：全球化进程中国家、民族关系的新演变

经济全球化是20世纪经济发展的一大重要成果。信息、资本、技术、物资、人才迅速而广泛的全球交流与流动，跨国企业的迅猛发展，金融、贸易以及其他经济活动经营与管理的国际化，国际分工与协作范围的扩大与不断向纵深拓展，凡此种种，已经使每一国家、每一民族、每一地区的发展，都不能超越经济全球化这一现实而孤立存在。数以百计的国际性机构，数以千计的国际性协定，不仅规范着人们的经济活动，而且规范或影响着人们的社会、政治、文化生活。这一趋势在21世纪必然会进一步增强，全球化的影响将在更广的范围内和更深的层次上表现出来。

全球化顺应了世界经济高度成长与持续发展的需要，也顺应了人们成为具有直接世界联系的人，从而将自己创造的成果贡献于全世界，并享用全世界物质生产、精神生产、制度生产成果的需要。然而，同时，它也引发了一系列新的矛盾与冲突，从而形成对新世纪人文发展新的严峻挑战。

问题首先在于，全球化发端于西方对世界的扩张与征服，在现今全球人类共同体中西方中心主义仍占据着优势地位，美国和其他发达国家凭借它们的实力，在全球化中不仅获得了特殊利益，甚至常常能获得霸

权利益。美国哈佛大学肯尼迪学院院长 J. S. Nye 在《重新界定美国国家利益》中指出：

> 当今的实力分布就像一个三维棋局。顶端的军事层面是单极的，美国远远超过其他所有的国家。中间的经济层面是多极的，美国、欧洲和日本占据了世界总产值的 2/3。而在底层有一个较为分散的力量结构，代表着一些跨国关系和政府无法控制的力量。

发表于美国《外交》杂志 1999 年 7、8 月号的这篇论文还指出：

> 另外需要引起注意的是“硬权力”（一国的经济和军事实力）和“软权力”（文化和意识形态的吸引力）的区别。每年有五十万外国学生想到美国去留学，欧洲人和亚洲人喜欢看美国电影和电视，……在信息时代，软权力正变得比以往任何时候都有影响力。

这硬、软两种实力以及由此形成的两种权力在国家和地区间配置的极度不均衡状态，使全球化面临着深刻的危机，并不可避免地要引起弱势一方强烈的反弹。环绕“硬实力”或“硬权力”在新世纪将会继续产生激烈的称霸与反称霸、控制与反控制、干涉与反干涉的斗争。而环绕“软实力”或“软权力”，维护文化传统与摧毁文化传统的冲突，原教旨主义、意识形态性宗教、民族主义和西方中心主义的冲突，在新世纪可能会愈演愈烈。

在新世纪中，化解环绕“软实力”或“软权力”产生的冲突，自然是人文发展义不容辞的职责。就环绕“硬实力”或“硬权力”产生的冲突而言，依靠军事的与经济的实力竞争与消长，固然有可能造成一种均势，但这种均势肯定不可能稳定长久地保持，它们更可能会为新一轮愈加激烈的冲突所取代。因此，减弱或化解“硬实力”或“硬权力”引发的冲突，有赖于新世纪人文的发展，通过人文的发展在全球进程中用全球责任取代全球索取、全球控制、全球干涉，将全球化引导到全球依存、全球互补、全球共享。

全球化引发的另一大问题，是国家间边界的模糊与国家内认同度的降低。跨国公司的广泛渗透，在许多领域模糊了国家主权、领土与疆界传统的职能；国际机构与国际条约对于安全和利益所提供的保证，降低了国家维护正义、提供安全、保障利益的权威性。全球化时代，领土的大小在决定国家兴衰强弱中不再是十分重要的因素，利益的驱动常常会引诱富裕地区、占有特殊资源或其他优势的地区、具有特别战略价值的地区，利用种族的、民族的、宗教的各种口实，对原先国家存在的合理性提出异议，转而要求自治，甚至走向分裂而自立一国。斯德哥尔摩国际和平研究所 1999 年的年度报告指出，现在世界上发生的武装冲突，十分之九是由国内问题引起的。1988 年到 1998 年，大规模冲突 61 场，其中三场是国家间冲突，其余都是国内冲突。一旦当它们对原先国家存在的合理性都作出否定的回答时，世界在全球化的同时就有可能陷入较 20 世纪更大的混乱。

面对这一问题，要维护领土现状，强化国家的凝聚力和认同度，就必须依靠人文的发展，协调各国内部种族的、民族的、地域的、经济的、宗教的、语言的等各种实体的相互关系，增强国家维护正义、提供安全、保障利益的权威性。

三、第三挑战：可持续发展中自然资本与社会资本的两难困境

可持续发展战略已得到国际社会的广泛认同，这是 20 世纪的又一大成果。21 世纪，它理应进一步得到实施。但是，大量事实已经表明，它的前景并不那么乐观。根据世界银行与联合国关于发展的全新界定，发展系由货币资本（含物化了的资本）、人力（体力与智力）资本、自然资本、社会资本为基础而构成。可持续发展战略实施不易，主要就根源于构成发展基础的自然资本与社会资本在发展进程中处于一种难以自拔的两难境地。正是这种两难困境，向新世纪的人文发展提出了挑战。

自然资本，包含自然资源、生态系统和外界环境。可持续发展，要求认真保护和改善自然资源、生态系统和外界环境，凡是已经遭到破坏者应当努力加以修复。然而，现实状况却是自然资源、生态系统和外界

环境仍在不断恶化。首先，发达国家虽然已经非常关注本国资源的保护、生态与环境的改善，但是它们却将大量污染工业、严重破坏环境的垃圾转移到发展中国家去，并对许多发展中国家的资源进行破坏性开发。它们尤其不愿将自己对自然资本的过度消耗降低下来，占全球26%的发达国家人口消耗的资源和能源超过全球总消耗量的80%。美国人口占全球人口的6%，所消耗的矿产资源却占全球年产量的1/3。造成地球温室效应的二氧化碳排放量，发达国家的排放量占全球总排放量的75%以上，美国一国的排放量就占全球总排放量的23%。它们为维护自身的既得利益，成为全球自然资源、生态与环境不断恶化的主要责任者。其次，许多发展中国家为加速现代化进程仍重蹈发达国家的覆辙，不惜以牺牲自然资源、生态与环境为代价。由于发达国家占有并消耗了大量自然资源，发展中国家在利用自然资源、生态与环境时，基础与条件较之发达国家要更为困难，破坏性常常也更大；而发达国家将污染与破坏转嫁于发展中国家，使它们的自然资源、生态与环境雪上加霜，以致它们为发展不得不付出更大的自然资本。其三，现代工业经济，使人类与自然的关系由先前农耕经济时代的顺应自然一变而为征服自然、控制自然和驾驭自然。追求效率第一、充分信任市场、牟取短期最大利益，鼓励了人们最大限度地攫取自然资源，而不必为此承担相应的责任和修复、保护的义务。而知识经济的发展，并没有从根本上改变人对自然的疏离、异化及对立状态，甚至在不少方面更为严重。这就使得可持续发展所必需的自然资源、生态系统和外界环境的保护无法得到保证。

自然资本要越出这种两难困境，就不能不求助于新世纪的人文发展。首先，要依靠人文的发展确立人类对于自然资本共享的原则，将对自然资本的享用与责任对应起来，享用最多者应尽最多的责任，以恢复与保护自然资源、生态与环境，从而解决发达国家与发展中国家之间，兼及发达国家之间以及发展中国家之间自然资本的占有与利用极度不公的问题。其次，要依靠人文的发展，使人类认识到，要解决人类需要的无限性和自然资本有限性的冲突，除去进一步培育、扩大和开发自然资本外，更要提高人类自身的自觉程度，将自身的需要约束在自然资本可以承受的有限范围之内。由于所有国家都生活在同一地球之上，任何一个国家、地区生态与环境的破坏，都会影响到全球，对自然资本占有与利用数量最大、造成破坏也最大的发达国家更应当率先约束自己的需要，使之更有节制，更趋合理。

社会资本，指的是在共同信念下和共同参与中形成的人与人之间的合力，这是从一个群体、一个民族、一个国家直到整个人类稳定存在与持续发展的必备条件。可是，现实状况是社会资本同自然资本一样，危机四伏。危机首先在于贫富两极分化在全球经济发展进程中愈演愈烈。根据联合国开发计划署报告，占世界全部人口20%的最富裕者与占人口20%的最贫穷者，40年前收入之比为30∶1，十年前为60∶1，现今为74∶1。发达国家与发展中国家经济上的差距非但没有缩小，反而进一步加大；富者益富，贫者益贫，使全球弱势群体处境进一步恶化，这就必然会导致全球性经济灾难与激烈的社会冲突，甚至爆发大规模战争而使和平遭到破坏。危机更在于各种利益群体，特别是已经获取了巨大既得利益的社会群体，以自我为中心，为了维护和扩展自身的利益而不惜损害他人的利益，这就导致不同民族、不同国家、不同地域之间经常不断的冲突，直至诉诸武力，进行局部战争。危机还在于市场化和世界联系的发达，开启了人贪欲的大门，开启了人利己动机不断膨胀的大门，这又成为贫富两极化和各种社会群体之间利益冲突的一个重要基础。而所有这些冲突，势必要严重阻挠乃至破坏可持续发展。

社会资本要走出这一两难困境，较之自然资本当然更离不了新世纪人文的发展。21世纪要实现可持续发展，并成为人类历史的新纪元，人类就必须充分自觉地节制自己的贪欲，了解只有和其他人共同工作、共同生活、共同享用人类文明发展的成果，才能保障自己自由而全面的发展。而为了使各个国家、民族、利益群体都能以彼此合作约束彼此竞争，确保经济增长的利益为社会所共享，除去利用力量组合所形成的均势使他们互相钳制外，更要努力建立让所有人积极参与、共同决策的多元民主机制。人性的培育，人格的塑造，人的素质的提高，人的理智、情感、欲望的制衡，是一个包含经济发展、政治环境改善在内的系统工程，但是，人文自身的发展的主导作用，是其他因素所无法替代的。

四、第四挑战：科学技术急速发展可预见及未可预见的后果

20世纪最后二三十年，世界科学技术发展的速度已经惊人地加快。21世纪，世界科技的发展将更加迅猛，科技发明向产业转移的周期以及科技产品的市场生命周期将进一步缩短，科学技术对人类生活的影响越来越大，越来越直接，不仅广泛影响着人们的物质生活，影响着人们的精神生活，而且深刻影响着人与人之间的关系，影响着社会结构的变化。而科学技术新的进展，除去明显可见的后果外，还有大量潜在的、难以预见或根本无法预见的后果，而这些可见的以及未可预见的后果，都对新世纪人文的发展提出了严峻的挑战。

当前，由通信和计算机的发展引发的信息革命正在席卷全球。具有空前普遍性的电脑语言正在突破现有各种语言的界限，将各种不同语系、语族的文化更方便地联系起来，促进它们相互之间的沟通与理解。但是，计算机网络一旦使数据库、数字化成为人们的活动中心，成为人们一种新的生存方式，就有可能使人被淹没于信息的洪流中，削弱人们的思考能力，以致最终成为符号系统的俘虏，丧失自我的主体性而为信息数据所左右。每个人所接收到的信息量空前扩大、空前迅速，但是，结局却可能是人们缺乏足够的时间与精力去对这些信息加以鉴别、筛选和分析，以致为大量虚假的信息或信息垃圾所迷惑、所控制。而一些人则有可能利用信息遏制、信息封锁、信息威慑、信息垄断，把利益和权力更多地集中到自己的手中。信息革命直接的社会后果，是一大批从事劳动密集型产业的劳动者因跟不上现代先进技术而被淘汰，陷入“技术失业”；同时，也造成了掌握先进信息技术者急速成为世界富豪，几个人的财富就超过几十个贫穷国家的国民生产总值的总和。世界上前二百名富翁的资产总和占全世界个人收入总和的41%，其中许多人便是因掌握高科技产业而致富。社会生产、流通与消费关系也将因为因特网的普遍使用而发生极大变化，最明显的一点，将职工大批集中于生产地点与销售地点的做法已经落后，适应于机械化而组织起来的大型行业公会已经不适应企业、供应商、职工与顾客之间的新型关系，发明创造者、将发明创造迅速产业化的投资者、新成果新产品的接受者的密切结合，

将在社会运转中最富活力。社会结构也将因此而与现今迥然有别。

行将到来的科学技术新的革命浪潮，如生命科学、超级材料科学、新能源科学，将会进一步改变人类的生老病死与衣食住行。以生命科学而论，基因工程或遗传工程，有可能使人类的生殖活动与性生活、夫妇关系、家庭生活分离开来；精子库、试管婴儿、优生优育、克隆人，有可能完全改变现有的婚姻、亲子、家庭关系，并引发人类有史以来最激烈的伦理与道德的冲突。新药新医、基因治疗，将使人们更为健康，人的寿命大大延长，人类社会年龄结构将发生重大变化，很快进入老龄化社会，成年一代的精力与财力将从主要抚育子女转向主要赡养年老的父母、祖父母、曾祖父母。再如材料科学，特别是由体积只有分子大小的工具和机器构成的纳米技术，以及将要开发更微小材料的能够在原子及亚原子水平上对物质进行分解和重组的超级材料科学，将人类文明引向无穷小的领域，其结果，不仅会使许多传统的产业、传统的行业、传统的就业机会衰退，未来经济结构发生极大变化，而且会使人们的思维方式、行为方式与交往方式都发生极大变化。新能源科学的发展，同样如此。

科学技术的发展，就纯技术方面而言，其结果并不总如人们的期待。许多新技术常常从一开始就蕴含着许多不可预料的副作用，它们在给人们带来福利的同时，常常会带来难以预料的灾难。大量疾病过分依赖抗菌素治疗，致使病毒和细菌改变遗传结构，产生使抗菌素失效的抗药性，甚至出现一些新的细菌和病毒，一些使人类面临严重威胁的新的疾病。环境中仿激素化学药物增多，扰乱精子正常发育，使欧美地区男性的精子量急剧减少，导致大范围不育和出生率降低，已引起人们的广泛关注。至于科学技术的发展在人文方面的后果，则大多为科技发明者所较少考虑，这方面潜在的后果经常更难预料。而当人类仍继续存在着各种社会冲突时，科学技术的新成就更常常是一把双刃剑。核能的开发就同时使地球处于核武器爆炸的严重威胁之下。以有线与无线方式交换数据的电脑操作系统给人们带来了信息时代，同时也带来了信息战。“黑客”和“病毒”对整个信息系统爆炸性的袭击，目标不仅对着银行、商店、政府机密，而且对着雷达设施、武器发射系统及至核密码箱上的按钮。正因为如此，科学技术的急速发展，使社会对于人文健康发展的依赖程度不是降低了，而是更高了。否则，这柄双刃剑完全可能给人类造成毁灭性的后果。

五、第五挑战：教育与文化普遍的多样化的发展

新世纪到来时，教育必然会更为普及，人们的教育程度必然会进一步提高。由于知识更新加快，工作和社会需求不断变化，终身教育将成为普遍的诉求。由于劳动时间缩短，寿命延长，身体更为健康，人们的休闲时间将迅速增多，因而有了足够的时间与精力来最大限度地拓展自我价值，发展内在潜能，对于文化提出空前丰富的、高水准的要求。这对于新世纪人文的发展，是更为直接的挑战。

以教育发展而论，加强人文教育当然是教育发展应有之义。1998年10月联合国教科文组织在巴黎举行的世界高等教育大会便强调，大学必须“利用它们的学术地位和声望来保卫和传播人类普遍接受的价值观，诸如和平、公正、自由、平等和团结等”，在享有学术自由的同时，应当“对社会负起责任”。问题不仅如此。如何办教育，同样有一个是否真正合乎人文精神的问题。这次大会通过的《世界二十一世纪高等教育宣言》指出，能否进入大学应取决于本人的品德而不是优越的社会地位，妇女在接受高等教育方面应当与男子有同等权利，大学应向接受终身教育的社会成员开放。① 如此等等，都属于能否坚持人文精神的问题。

文化的多元化发展能否满足人们发展内在潜能、实现自己潜力的需要，在很大程度上决定于文化发展中人文占有多大比重，或者说，人文是否能够占据主导地位。文化中的霸权主义，市场化与世俗化过程中文化向金钱化、庸俗化、浅薄化的堕落，只会阻碍及至扼杀人的自我价值的拓展。只有依靠坚实的人文基础，文化的发展才能有效地避免文化霸权主义下的单一化、程式化、形式主义化，避免金钱化、庸俗化、浅薄化下纸醉金迷的纵欲主义及种种非理性主义的泛滥。

人类先前教育与文化的演进积聚了太多与人文相背的历史负荷，有待新世纪人文进一步发展加以解决。新世纪的人文要求以人为本，可是

① 《为二十一世纪的大学下定义》，载美国《国际先驱论坛报》，1998-10-12。

在传统的教育与文化中，以神为本、以权力为本、以极少数人为本的成分却过多。新世纪人文要求全面而自由的发展，可是，在传统的教育与文化中，人性的扭曲、人格的偏执、人权的等级化却到处弥漫，以宗法伦理为根本的泛道德主义、以专制主义统治为支柱的泛政治主义曾肆虐了相当漫长的岁月。新世纪人文要求人的创造力的解放，可是，在传统的教育与文化中，反对标新立异的墨守成规，扼杀创新的陈陈相因却根深蒂固。这一切，便使得新世纪教育与文化普遍的多样化的发展所加于人文发展的任务更为繁重。

六、人文世纪：新世纪的人文定位

世界范围的时代转换，经济全球化的推进，可持续发展中自然资本与社会资本的全面调整，科学技术的突飞猛进，以及教育与文化的深度变革，将汇合成新世纪空前雄浑的交响乐章。面对这一系列新的挑战，人类的人文追求、人文素养将实现一次历史性的飞跃，人文精神的功能将全面拓展，21 世纪完全可能以“人文世纪”之名而彪炳于史册。

人文世纪，意味着在新的世纪中，将要把对于现代人的关注，对于人的素质全面提高的关注置于非常突出的地位，把保障每个人自身存在、发展与解放，推动人的权利、人的价值的不断提升及有效实现，人的认知、情感、审美水准不断提高和知识、道德、美感全面的、自由的发展作为追求的最高目标并努力加以落实。

然而，人文世纪是否能够真正从希望变为实际，关键在于人类是否自觉地从不同方面一起向这一目标努力。

人文世纪能否成为实际，首先决定于人类是否足够重视人文建设、人文发展的意义，继承与发扬历史上时代转换时人文启蒙的传统，努力发展直接承担提高人类人文素质的哲学、宗教学、伦理学、历史学、语言学、文学、美学，全面推进人类认知方式的变革、人性的陶冶与人格的锻铸、美的开发、创作及批评的实践。长时间来，人们总将自己科学、技术科学的发展置于至高无上的地位，第二位的是功利性甚强的经济学、法学等社会科学，人文的研究经常被置于无足轻重的辅助地位。新世纪，面对新的挑战，人们必须充分意识到轻视或蔑视人文追求、人文素质提高的极大危险。缺少了人文追求和人文素养的不断提升，人类在物质生产巨大发展和物质生活急剧改善时任凭物欲横流，迷失自己的前进方向，从而走向自我堕落，并由此引爆各种动乱、争夺、屠杀、战争及生态破坏等各种灾难，使人类陷于人与自然的激烈冲突，国家与国家、民族与民族、阶级与阶级、自我与他人的激烈冲突，人自身灵魂与肉体、理智与物欲的激烈冲突而不能自拔。正是时代的需要，呼唤着人文科学辉煌发展的春天早日到来。

人文世纪能否成为实际，还决定于人类在自己的经济活动、政治活动中是否密切关注和努力提高其中"人文化"的成分。人从一诞生起，就已与自然疏离，而形成自我中心倾向。因此，人本主义，或人文化，早已萌芽。不过，在经济匮乏和政治权力为极少数人所专有的时代，人往往只是民族或家族宗法血缘网络中的一个中间环节，他们只是家庭人、村落人、政治人、单位人、集团人，基本上没有独立自主的个人的合法性基础。在经济上已经温饱、已臻富裕和政治上已有较多参与机会的时代，血缘中人已经变为自由离开血缘群落的个人，政治人已经变为经济人，单位人、集团人已成为具有实实在在主体性的人，但是他们往往又陷入新的异化状态。进入新世纪，人们要更为普遍地成为自主、自立、自由发展的人，克服先前或为政治人或为经济人的片面性，进入真正的以人为本的时代，就必须在从企业、社区直到国家、国际等各个层面，给予人文追求、人文素质培育提供新的制度性保证。人们要在经济活动中超越异化，在政治上充分参与，就必须对企业制度、政治制度作进一步深刻的变革。劳动者同时是企业真正的主人，社会成员对国家管理能真正参与，人文世纪方才可能成为现实。

人文世纪能否成为实际，又决定于人类能否将人文多元化、多样化的发展与它们之互相借鉴、互相理解、优势互补很好地结合起来。这是因为仅凭单一的人文资源，线形的、孤立的人文发展，绝对满足不了处于不同时代、不同地域、不同国家、不同民族的社会成员不同的人文需求。细分一下几百年来处于强势的西方人文，就不难发现，美利坚人文、英吉利人文、日耳曼人文、法兰西人文、意大利人文、俄罗斯人文等，其实都各有自己独特的贡献。具有悠久历史传统的非西方人文，包括中华人文、印度人文、伊斯兰人文、非洲本土人文、拉丁美洲本土人文等，更是各有其独特的历史贡献。新世纪要成为名副其实的人文世纪，当然不是靠抱残守缺、因循守旧，而主要是靠创新。然而，没有所有地区、所有国家、所有民族、所有社会成员的自律与能动性，不充分利用各种既有的人文资源，人文新的创造、新的发展将是无本之木、无源之水。21世纪作为“人文世纪”，应当成为并且能够成为各个国家、各个地域、各个民族的人文兼容并蓄、互相争妍、共同繁荣的世纪，多元化、多样化人文共生与共创、交融与互补的世纪。

人文世纪是历史的呼唤。人类为了自身的生存与发展，承担起创造人文世纪的历史使命，当义无反顾。

第五编

社会主义模式探究

社会主义学说中国初期传播

近代中国，风起云涌激荡于思想界的启蒙运动，以其锐利的锋芒，指向传统的知识体系、国家制度与社会经济秩序，为行将到来的革命，启发和武装了人们的头脑。

一般认为，中国启蒙思想家们所从事的，同西方先辈们一样，是一场体现着资本主义发生、发展要求的资产阶级运动。然而，19 世纪末叶和 20 世纪初的中国，既不同于 18 世纪的法国，也不同于 19 世纪前期的德国和 19 世纪中期的俄国。西方启蒙学者们所热烈向往和讴歌过的理性、博爱、自由、平等，在实际生活中究竟意味着什么，已经不是秘密。仍然与广大民众同命运的中国启蒙思想家们，不能不正视西方国家富有者与贫穷者对立日益尖锐化的严峻现实，也不能不关切地注意到国际工人运动的普遍高涨和社会主义思想的广泛传播。历史前提的巨大差别，决定了中国启蒙思想家们一边在为资本主义的发展开辟道路，一边又对资本主义采取了批判的态度。这样，近代中国启蒙运动便因之具有与西方启蒙运动非常不同的内容与形式。而其中最为显著的特点，便是这场运动，几乎从它一开始，便同社会主义在中国的介绍、传播联系在一起。

近代中国启蒙运动为社会主义在中国的传播提供了必要的思想基础。甚至可以说，社会主义在中国的初期介绍与传播，以及它在中国思想界所发生的深刻影响，已成了近代中国启蒙运动不可或缺的一个有机组成部分。这一运动的每一步重大发展，都同社会主义在中国影响的扩大息息相关。

一、社会主义运动的最初译介

1871年巴黎公社的伟大斗争，成为世界近代历史的转折点。自由资本主义开始向垄断资本主义转变，世界经济与政治的深刻变化，推动国际工人运动开始了以马克思主义普遍发展、社会主义政党大批建立为标志的成长和成熟的时期。根据目前所能查阅到的资料，可以看到，也正是从19世纪70年代开始，中国人开始对国际无产阶级的斗争和社会主义有了最初的、零星的了解。

中国最先报导巴黎公社斗争的，是香港的《华字日报》《中外新报》等报纸。《华字日报》创办于1864年，《中外新报》创办于1858年。普法战争爆发后，刚从欧洲游历归来的王韬与张芝轩、何十洲及陈霭廷等，“午夜一灯，迅笔瞑写”，译撰了大批报道，交《华字日报》等报发表。1871年，王韬将这些报道汇集起来，补充以其他资料，编成《普法战纪》14卷，刊刻发行，使读者面从香港、广州一隅扩大到了内地。今天，《华字日报》等搜寻不易，但我们从《普法战纪》这部著作中，可以考知当时人们是如何观察与理解巴黎无产阶级的壮烈斗争的。

什么是公社？王韬写道：“先是法京各乡间，欲行保甲，例各自不相辖，赋税则由自征；徭役则由自供，兵勇则由自出，上之人一概毋得钤制之。”这就是绝对的地方自治，公社有权确定和分配捐税，建立自己独立的政权机关和武装力量。

公社的主体是谁？王韬写道：“其所谓乱党者，即京师内外之护勇与居民也。而其始发难端者，则民也。”当梯也尔卖国投敌、与普鲁士签订和约之时，“勉拿他（今译梅诺蒂，即加里波第）振臂一呼，乱者四应，从之者十余万。各村乱民，无不斩木揭竿，蠢然竞起。弹指之间，其乱已成。”

巴黎公社是怎样建立的？3 月 18 日起义一成功，起义者便“传檄远近，示期于 3 月 22 日公举人员”。巴黎公社建立后，发布宣言：“兹已公立朝廷，名曰保民而卫国，凡属苍黎，时萦宵旰。此心所发，薄海咸知。”

反革命派是如何残暴地屠杀起义者的？“获即击杀，极形残酷。兵刃相接，杀人如麻。积骨成丘陵，流血成沟浍。”“擒得乱党，概治以军律，用枪击杀。每次以 50 人或 100 人为一队，火枪所拟，溃肠洞腹，碎首裂脑，诛戮亦惨矣。”

巴黎人民以怎样的英雄气概对待反革命的屠杀？他们殊死作战。尤其是巴黎的妇女们，无论在街垒里还是在刑场上，都视死如归。“其临阵从容，决机猛捷，皆刚健中含婀娜之气，非及笄之姝，即待字之女，力强而气锐，其鸣枪发炮，娴熟而敏速，虽久历疆场之士，无此精练。”

究竟怎样评价这场斗争？王韬写道：“推其致乱之由，则皆因自主二字害之也。法国廷臣之转为自主之国也，民间嚣然，皆以为自此可得自由，不复归统辖、受征徭、从役使，画疆自理，各无相制。爹亚（今译梯也尔）以为不可，于是衔之切齿，揭竿竞起。明知势不能敌，法京断不可守，但愿与城偕亡。”

尽管《普法战纪》的编撰者视巴黎无产者为乱民、乱党，赞成梯也尔镇压巴黎公社，然而，这些记述，终究将世界近代历史上具有划时代意义的伟大斗争的一些重要特征，以较为原始的形式及时地介绍到中国来了。

巴黎公社失败后，欧洲各国统治阶级都加紧了对无产阶级的进攻。然而，结局与他们的愿望相反，马克思主义传播的范围从欧洲、南北美洲的许多国家扩大到了澳大利亚、新西兰和亚洲国家；许多国家都奠定了建立独立的无产阶级政党的基础，第一个马克思主义的政党——德国社会民主工党则走在这些政党的最前列；俄国、西班牙和其他许多国家年轻的工人阶级开始走上了政治舞台。国际政治发展中的这些重要动向，在 19 世纪 70 年代到 90 年代的中国报刊书籍中，或多或少地得到了反映。

江南制造局编印的《西国近事汇编》，自 1873 年至 1882 年初，逐周汇述各国重要时事，不定期出版，是当时中国人借以了解世界形势的一个重要窗口。从中，人们可以看到1873年英国煤矿工人大罢工、谢菲尔德机械工人大罢工和1874年英国造船工人和煤铁矿工人大罢工的情况，可以看到英国议会由于工人组织的强烈要求而通过9小时工作制及限制童工、女工工作时间立法的情况。[①] 从中，人们还可接触到德国社会民主党活动的消息。1874年1月10日德国举行帝国议会改选，社会民主党人在8个选区中当选为议员，《汇编》立即作了报道，称他们为“主欧罗巴大同之议者”[②]。1878年，德国首相俾斯麦借德皇威廉一世遭刺事件，强行通过“镇压社会民主党企图危害治安的法令”，迫害社会民主党人。《汇编》对此也多次作了报道，叙述了议会多次辩论，致使俾斯麦“严治乱党章程”迟迟未获通过的情况，称德国社会民主党或为“康密尼人”，或为“乱党”，或为“民党”，还介绍“德人茂林（今译梅林）著一书，名《日耳曼民党通议》，其党目有150人。此外有数新报馆，亦其党羽。有成册者，名《新世界录》（今译《新世界》），购观者甚众，每售3万5千本”。[③] 后来，大批社会民主党人遭到放逐，《汇编》也作了报道：“德国民党为国家逐出柏林者155人，汉倍克（汉堡）者155人，拉拔雪茄（莱比锡）者70人，共420人，皆有家属妻子赖以养赡，自被逐后，分往英、美。”[④]《汇编》还以相当篇幅报道了西班牙、美国和俄国工人运动发展的情况。比如，1873年便连续报道了西班牙起义的状况，逐城报道了亚尔科等城市各工会要求“藉境内富室积产，按名公断，以赡贫困，其工值所得亦公断，以均有无”的消息；[⑤] 1875年报道了俄国政府惊呼必须防止“创为贫富均财之说”的消息；[⑥] 1878年报道了美国“康密尼党”“唆令做工之人与富贵人为难”，并“演练为兵”，图谋起义，“以偿其贫富适均之愿”的消息。[⑦] 康密尼

---

① 《西国近事汇编》，同治癸酉年卷一、卷二、卷三，同治甲戌年卷一。

② 同上书，同治甲戌年卷一。

③ 同上书，光绪戊寅年卷二。

④ 同上书，光绪辛巳年卷四。

⑤ 同上书，同治癸酉年卷一、卷二、卷三。

⑥ 同上书，光绪元年卷二。

⑦ 同上书，光绪三年卷二。

党，即共产主义党的音译，而“贫富适均”等，则正是这时对社会主义学说的原始译述。其时，中国驻德使臣李凤苞在他的《使德日记》中也曾用这些名词，介绍德国社会民主党及其他国家社会主义者的活动。比如，1878 年 12 月 5 日的日记就写道：“先是欧洲有‘莎舍尔德玛噶里会’，译言‘平会’，欲天下一切平等，无贵贱贫富之分。”1879 年 1 月 2 日的日记又写道：“德国……之‘平会’，西语‘莎舍尔德玛噶里’，各国皆有之。瑞士为民政国，故混迹尤多。在俄者曰‘尼赫力士’，在法者曰‘廓密尼士’。今各国禁逐。……又闻柏林有平会 5 万 8 千人，且有充议员者，德君不能禁也。”这里的“莎舍尔德玛噶里”，就是社会民主党的音译；尼赫力士，就是民意党的音译；而廓密尼士，则与康密尼同，都是共产主义的音译。应当说，正是这样一些报道与记述，打开了中国人的眼界，使人们对欧美各国工人运动和社会主义运动高涨的情况有了最初的了解。

继《西国近事汇编》之后，给人们提供了西方工人罢工和社会主义运动发展较多消息的是《万国公报》。从 20 世纪 90 年代开始，西方传教士们为向渴求变法的中国知识分子兜售西方的宗教救世说教，开始在这个刊物上有意识地译介一些当时流行于欧美的资产阶级、小资产阶级社会主义学说，并极力使之皈依于基督教救世教义。比如，1891 年 12 月至 1892 年 4 月的《万国公报》第 35 册至第 39 册，便连载了贝拉米著、析津译的《回头看纪略》(原名《回顾 2000—1887 年》)，描绘了公元 2000 年时一个空想的社会主义社会，国家占有一切生产机构与分配机构，在高效率的机器大生产基础上，实现政治的、经济的和社会的完全平等。从 1894 年 12 月《万国公报》第 71 册到 1899 年 5 月《万国公报》第 124 册，英国教士马林先后发表了《以地租征税论》《再论以地征租之利》《富民策》《各国富国策辨》《地工本之说》等文，系统介绍了亨利·乔治的土地国有论及单一税论。特别值得注意的是，1899 年 2 至 5 月，《万国公报》第 121 册至第 124 册连载的《大同学》，承认机器大工业的发展，并未带来普遍的幸福，“分利之人日益富，生利之人日益贫”，结果，工人们便“合众小工而成一大力，往往停工多日，挟制富室，富室竟一筹莫展”。此文在阐述这一趋势时，曾直接引证马克思的话，说：“其以百工领袖著名者，英人马克思也。马克思之言曰：‘纠股办事之人，其权笼罩五洲，突过于君相之范围一国。吾侪若不早为之所，任其蔓延日广，诚恐遍地球之财币，必将尽入其手。然万到此时势，当即系富家权尽之时。何也？穷黎既至其时，穷已计无复之，不得不出其自有之权，用以安民而救世。'"[①] 文章中还写道："今世之事，恐将有更甚于古者，此非凭空揣测之词也。试稽近世学派，有讲求安民新学之一家，如德国之马客偲（即马克思），主于资本者也；美国之爵而治（即亨利·乔治），主于救贫者也；美洲又有拍辣弥（即贝拉米），主于均富者也；英国之法便（即费边），尤以能文著。皆言：人隶律法之下，虽皆平等，人得操举官之权，亦皆平等，独至贫富之相去，竟若天渊。语语翔实，讲求政学家至今终无以难之。"[②]《大同学》系据英国企德（今译颉德）《社会进化》一书节译。《社会进化》一书出版于1894年，作者并不赞成马克思主义。这部著作的主要目标，就是要将生物进化学说与非理性主义的宗教结合起来，书中引述马克思的话及其他社会主义流派的言论，最后还是为了论证，要消除社会的分裂状态，必须求助于超理性的宗教力量。但是，尽管如此，《万国公报》上所刊登的这些文章，毕竟使它的读者对西方各派社会主义学说有了接触，并首次知道了马克思。

甲午战争后，维新变法运动日渐高涨，大批宣传变法的报刊问世。在这些出版物中，报道第二国际和各国社会党活动，介绍所谓"均富"、"无君"思想的文章，也日渐增多。[③] 还有一些著作，给中国介绍了圣西门、傅立叶和欧文的学说，专门评介废除私有财产的各种主张。[④]

19世纪70年代至90年代对于国际无产阶级斗争、社会主义和马克思主义的了解，尽管还是零星的、初步的，而且往往是扭曲了的，是与许多错误的东西混在一起的，但它还是在中国思想界产生了不可忽视

---

① 李提摩太节言、蔡尔康撰文：《大同学》，载《万国公报》第121卷。

② 《万国公报》第123卷。

③ 比如，《时务报》第6册便刊登了《社会党开万国大会》的消息，报导了1896年第二国际伦敦大会的情况。该报第47册《论英国机器制造各工匠停工事》，便专门评述了举世闻名的1897年伦敦机械工人大罢工事件。

④ 比如，傅兰雅口译、应祖锡笔述《佐治刍言》，法思德著、汪凤藻译《富国策》等，便都有专章讨论这些问题。

的影响。它使许多向往西方的思想家，对于资本主义的政治制度和经济制度开始持保留态度；它最为显著的结果，就是康有为大同思想的酝酿与初步形成。

康有为在回溯自己思想发展与转变的历程时说过，他就是在1879年得到《西国近事汇编》《环游地球新录》及其他几种西学书籍，并游览了香港后，“乃始知西人治国有法度，不得以古旧之夷狄视之”，由此而“渐收西学之书，为讲西学之基”。这里，他所列举的第一部著作，就是《西国近事汇编》。1884年，康有为“始演大同之义”；1885年，康有为“手定大同之制，名曰《人类公理》”；1886年，“又作《公理书》，依几何为之者”。[①] 今天，《人类公理》手稿已不复可见，《公理书》在20世纪90年代初的修订稿《实理公法全书》抄件仍存。这份手稿包括凡例、实字解、公字解、总论人类门、夫妇门、父母子女门、师弟门、君臣门、长幼门、朋友门、礼仪门、刑罚门、教事门、治事门、论人公法、整齐地球书籍目录公论16部分。康有为指出：“凡天下之大，不外义理、制度两端。义理者何？曰实理，曰公理，曰私理是也。制度者何？曰公法，曰比例之公法、私法是也。实理明则公法定，间有不能定者，则以有益于人道者为断。然二者均合众人之见定之。”据此，康有为宣布“天地生人，本来平等”等为“实理”，他所宣布的“公法”有“人有自主之权”、“以平等之意，用人立之法”、“圣不秉权，权归于众”等。中外各种现实的制度，都被他宣布为“不合几何公理”“与几何公理全背”。例如“人不尽有自主之权”、“君民共主”、“君主威权无限”、“圣权无限，凡奉此圣之教者，惟以此圣为主，不以理为衡”等，便都如此。[②] 康有为思想发展的这一过程，以及《实理公法全书》中的这些观点，显然不是凭空产生的。将他的思想演变与社会主义学说在中国传播的历程加以比较，不难看出这两者的内在联系。像康有为这类知识分子，这时并不真正了解什么是马克思主义，什么是社会主义，但是，这却并不阻止他们试图从与西方启蒙学者不同的角度去思考如何解决自己时代所提出的各种课题。中国启蒙运动在其初期阶段，便产生了《人类公理》《实理公法全书》这样一些闪着特异光彩的著作，其思想基

① 以上俱见《康南海自编年谱》。

② 康有为：《实理公法全书》，见《康有为全集》第1卷。

础当即在这里。

二、中国社会主义思潮的形成

中国人对社会主义和马克思主义获得较多的了解，早在20世纪最初那几年。一方面，戊戌变法、义和团运动迭遭失败，人们焦虑彷徨，如饥似渴地急于找到救国救民的新路；另一方面，随着留学运动急速展开，大批青年学子来到日本，与正在勃兴的日本社会主义运动有了直接接触，读到了前此在国内根本接触不到的一大批社会主义著作。正是在这两种因素的刺激下，1902年到1904年间，一度形成了将日本社会主义方面的著作译介到中国来的热潮。

这期间，也有一些人在欧美接触了社会主义思潮。比如孙中山，早在1897年在伦敦时，就可能“研究了马克思、乔治、穆勒、孟德斯鸠以及其他人”[①]。他曾自称此时“始知徒致国家富强，民权发达，如欧洲列强者，犹未能登斯民族极乐之乡也。是以欧洲之士，犹有社会革命之运动也”[②]。

根据目前所看到的材料，1902年到1904年至少出版了以下8种译自日文的评介社会主义的专著。

（1）《广长舌》。作者：幸德秋水。译者：中国国民丛书社。商务印书馆1902年12月出版。

这是一部宣传社会主义的通俗读物。商务印书馆此书的广告说：“欲知吾人今日世界之主眼，不可不读是书；欲探世界将来之影响，不可不读是书。”[③]

（2）《社会主义》。作者：村上知至。最初由支那翻译会社编辑发行的《翻译世界》译成中文，刊登于1902年12月至1903年1月出版的《翻译世界》第1至第3期。作者误为“村上知玄”。另有侯士绾译本，1903年6月由文明书局出版。同年广智书局还出版了罗大维的译本。

---

① ［美］史扶邻著：《孙中山与中国革命的起源》，119页，北京，中国社会科学出版社，1981。

② 《孙文学说》，见黄彦编《孙文选集》上册，88页，广州，广东人民出版社，2006。

③ 《外交报》壬寅第26号插页。

村上知至是日本社会主义研究会会长，这是他系统阐明自己社会主义观点的一部理论著作。作者是一个基督教徒，所以这部著作宣称："古代之基督教，代表近时之社会主义"，"近时之社会主义，阐发古代之基督教"。第十章《理想之社会》甚至论证"今则工业之时代将去，而道德之时代将来"。

(3)《近世社会主义》。作者：福井准造。译者：赵必振。广智书局1903年2月出版。

这部书分四编：第一编题为《第一期之社会主义——英法二国之社会主义》，依次介绍了巴贝夫、圣西门、傅立叶、欧文、卡贝、蒲鲁东、路易·勃朗的生平、著作和学说；第二编题为《第二期之社会主义——德意志之社会主义》，介绍了马克思的生平、学说，第一国际的历史、洛贝尔图斯与拉萨尔的生平和学说；第三编题为《近时之社会主义》，介绍了无政府主义、社会民主主义、国家社会主义、基督教社会主义等各流派的沿革及其观点；第四编题为《欧美诸国社会党之现状》，分别介绍了英国、法国、德国、中欧诸国、东欧诸国及美国社会党的活动。

卡尔·马克思，在书中译作"加陆·马陆科斯"；恩格斯，在书中译作"野契陆斯"。福井准造在介绍了圣西门、傅立叶、欧文和路易·勃朗、蒲鲁东等人的理论后，毫不含糊地指出，所有这些学说，都是"空想的学理"和"儿戏的企图"，"故全然失败"。马克思主义与他们不同，第一，它是"以深远之学理，精密而研究之，以讲究经济上之原则，而认信真理与正理，故于多数之劳民，容易实行其社会主义"；第二，它不是局限于一个地区或一个国家，"其性质实注重于世界，故可成广大之场所，而集多数之人"，将它付诸实施。

《近世社会主义》依次介绍了《哲学的贫困》(译作《自哲理上所见之贫困》)、《共产党宣言》(译作《共产主义宣言》)、《英国工人阶级状况》(译作《英国劳动社会之状态》)、《政治经济学批判》(译作《经济学之评论》)、《资本论》等马克思主义经典著作的写作过程与主要内容。福井准造指出："加陆·马陆科斯创设社会主义之实行，与国际的劳动者同盟（今译作国际工人协会，即第一国际），以期社会之雄飞，其学理皆具于其《资本论》。"他在书中力图说明马克思"剩余价值"学说的基本内容和马克思对资本主义制度内在矛盾所作的深刻分析，以证明

“从来之社会主义者，大都架空之妄说”，只在马克思之后，社会主义方才成为科学。所以，他热烈赞颂马克思“为社会主义定立确固不拔之学说，为一代之伟人”，“马陆科斯之《资本论》，为一代之大著述，为新社会主义者发明无二之真理，为应服膺之经典”。并说：“必以学理为社会主义之根据，以攻击现社会，以反对现制度，而创立新社会主义，以倡导于天下，舍加陆·马陆科斯其人者，其谁与归?”

总的说来，作者的观点并没有超出当时第二国际所持的立场，具有明显的议会主义倾向。广智书局在新书广告中说：“本书关系于中国前途者有二端：一为中国后日日进于文明，则工业发达不可限量，而劳动者之问题大难解释，此书言欧美各国劳动问题之解释最详，可为他日之鉴法；一为中国之组织党派者，当此幼稚时代，宗旨混淆，目的纷杂，每每误入于歧途，而社会党与无政府党尤在疑似之间，易淆耳目，如社会党，本世界所欢迎，而无政府党乃世界所嫌恶，混而一之，贻祸匪浅，是书晰之最详，俾言学派者知有所择。”① 广告的用意，正是欲突出第二国际各党派的议会主义倾向，借反对无政府党的名义，否定当时中国正在日益高涨的暴力革命倾向。此书译文也很草率，译名前后常不统一，许多语句扞格不通。然而，尽管如此，它毕竟相当系统地介绍了马克思主义与世界社会主义运动的概况。

(4)《社会党》。作者：西川光次郎。译者：周子高。广智书局1903年2月与《近世社会主义》一书同时出版。

这是一本简明扼要的小册子，分前后二编。前编，依次介绍了德国、比利时、荷兰、丹麦、波兰、俄国、奥地利等国社会党和工人运动的状况；后编专门介绍瑞士的各种社会保护和社会福利制度，将瑞士和新西兰说成“今日之世界上社会主义者之理想国”。广智书局为此书的出版也做了一则广告，说：“均产之说，出现于19世纪之欧洲，虽未易达其目的，而掷汗血而为最大多数谋最大幸福者已非尠浅。我国劳动者一蜷伏于资本家之肘腋，曾未一伸其气，亦可谓放弃自由权利之甚者也。此篇胪叙欧洲劳动社会之举动，其发因结果，盛水不漏，而译笔足以副之。留心经济问题者，不可不以为党筏也。”出版者所赞赏的，其

① 《新民丛报》第29号插页。

实也是这部书中的议会主义倾向。

（5）《近世社会主义评论》。作者：久松义典。译撰者：杜士珍。1903 年 2 至 4 月，连载于《新世界学报》癸卯第 2 至第 6 期。

全书 12 章，例言说："社会主义者，非诡激狂暴之空想也。世人不察，以社会党与无政府党相混淆，实则宗旨颇相异。本书辟前此之谬见，叙斯主义之起源及其变迁之大略，并有说明政治、经济上应用之大纲领。"但是，译者只翻译了评论马克思主义以前各派社会主义学说的部分，作者所希望说明的这些问题，很大一部分也就没有与中国广大读者见面。

杜士珍自称"译撰"，是因为他对原书是"润其辞，删其繁，先译述之，而断之以己见"，不仅对原文多所删节，而且在每一章都加了许多按语，说明译述者自己的观点。

（6）《社会主义神髓》。作者：幸德秋水。译者：中国达识译社。浙江潮编辑所 1903 年 9 月出版。后来，又有两种中译本，一为蜀魂遥译，中国留学生会馆社会主义研究社 1906 年出版；一为创生译，东京奎文馆书局 1907 年 3 月出版。

幸德秋水是日本近代一位著名的社会主义运动的先驱者，《社会主义神髓》是他宣传社会主义的一部最为重要的理论著作。该书日文原本出版于 1903 年 7 月，中文译本的出版与之相隔仅两个月。这部著作分为七章，简述贫困的原因、产业制度的变化、社会主义的主张与贡献、社会党的运动，基本上是依据《共产党宣言》和《社会主义从空想到科学的发展》二书，表述科学社会主义的主要观点。

（7）《社会主义概评》。作者：岛田三郎。1903 年底、1904 年初由作新社翻译出版。

作新社为此书也发了一则广告，称这部著作"详论德、美各国之社会党、俄罗斯之虚无党，加以评论而定其范围，俾世之社会主义者不致错杂纷淆，是国民进步之大佽助也。"①

（8）《新社会》。作者：矢野龙溪。《大陆报》在 1902 年 12 月出版的创刊号上译载了其中一部分，后未续登，由作新社于 1903 年单行出

① 《大陆报》第 2 年第 1 号插页。

版。这部著作用通俗的文艺形式，描绘了社会主义理想在日本如何得到实现，宣传了社会主义的一些主要观点。

除去译自日文的这八部专著外，这时出版的其他不少历史学、社会学、经济学、法学方面的译著，也曾涉及社会主义学说。报刊上除发表各国社会主义运动的有关消息外，还发表了一些由中国人自己执笔撰写的介绍或讨论社会主义的专门论文。

马克思的名字、马克思的生平与著作、马克思所献身的事业，这时对于中国读者来说，已不再是完全隔膜而陌生的了。综观这一时期的出版物，就介绍社会主义及马克思主义而言，无论是其广度，还是其深度，与前一时期相比，都已不可同日而语。

首先，一些出版物已经认识到马克思主义乃是一种崭新的世界观。马君武 1903 年 2 月发表的《社会主义与进化论比较》[①] 一文便指出："马克司者，以唯物论解历史学之人也。马氏尝谓：阶级竞争，为历史之钥。"达识译社翻译的《社会主义神髓》，对于这种崭新的世界观作了更具体的说明。书中写道：

> 社会主义之祖师凯洛·马尔克斯者，为吾人道破所以能组织人类社会之真相者，曰："有史以来，不问何处何时，一切社会之所以组织者，必以经济的生产及交换之方法为根底。即如其时代之政治及历史，要亦不能外此而得解释。"
>
> ……
>
> 故音盖尔（恩格斯）亦曰："一切社会变化，政治革命，其究竟之原因，勿谓出于人间之恶感情，勿谓出于一定不变之正义。最真理之判断，夫唯察生产交换方法之态度。毋求之于哲学，但见之各时代之经济而已。若夫现在社会组织一无定衡，昨日为是，今日非焉，去年为善，今年恶焉，亦其生产交换之方法默就迁移，适应于当初社会之组织不堪其用，可知也。"
>
> 然世界之历史者，产业方法之历史也；社会之进化与革命

① 《译书汇编》第 2 年第 11 期。

者，产业方法之变易也。[①]

根据这一崭新的世界观，幸德秋水概括地分析了人类社会从原始共产社会向奴隶制、封建制以及资本主义制社会发展的客观过程，显示了历史发展的内在规律性。幸德秋水还说明了资本主义社会如何由于这一生产方式的内在矛盾而必然要为社会主义社会所代替。《近世社会主义》等著作，也详略不同地分别介绍了五种社会形态更迭发展的学说。这样，他们就为人们较为真切地了解马克思主义的世界观，以及学会如何运用这种世界观来分析社会实际问题，作出了榜样。而这又使人们对马克思主义的认识，较之以前又前进了一大步。

这一时期的出版物，又一个重要特点，就是较多地注意到了介绍马克思的剩余价值学说及其政治经济学的要点。虽然这种介绍还很粗略，而且，连价值与价格的区别都未辨明，剩余价值被译成了“剩余价格”，但是，仍然不失其重要意义。它表明，社会主义不再是出于义愤，或基于对贫苦的民众的怜悯而设计出来的某种主观的救世方案，而是客观的经济生活和阶级构成运动变化的必然结果。

这个时期的出版物所介绍的社会主义学说，尽管依旧非常混杂，但是，其中很大一部分，都已经注意到了科学社会主义与空想社会主义、无政府主义的区别，而不再像往昔那样将它们统统混为一谈。在阐明科学社会主义诸原理时，尽管当时第二国际内部正日益滋长起来的形形色色的机会主义，常常被不加辨别地当做正确的东西给介绍进来，但是，对于中国来说，它毕竟使得人们开始了解到什么是阶级斗争，什么是社会革命，以及为什么说“革命者，进步之产婆也”[②]。

最后，还有一个非常重要的特点，这就是这个时期人们对马克思主义的三个来源，即德国古典哲学，英国古典经济学，以及法国空想社会主义，都有了一定的介绍。以哲学而言，《新民丛报》上发表了梁启超的《近世第一大哲康德之学说》，马君武的《唯心派巨子黑智儿（黑格

① ［日］幸德秋水：《社会主义神髓》，11～14页，《浙江潮》编辑部，1903-10。

② ［日］幸德秋水：《广长舌·革命问题》，上海，商务印书馆，1902。

尔）学说》，《大陆报》第1期上就刊登了康德、费希特、谢林和黑格尔的传略。以政治经济学而言，上海南洋公学出版了严复所翻译的亚当·斯密的《原富》，此前，这部著作在中国的译本不下五六种，但都只译过一些片段，这时方才有了完整的译本；梁启超在《新民丛报》上刊登了长篇论文《生计学学说沿革小史》，《政艺通报》还发表了严复撰写的《计学大家斯密·亚丹传》。以空想社会主义而言，马君武就先后在《译书汇编》《新民丛报》上发表过《社会主义之鼻祖德麻司·摩儿（托马斯·莫尔）之华严界观》《圣西门之生活及其学说》《佛礼儿（傅立叶）之学说》。这些介绍，为人们接触和了解马克思主义提供了方便。

1903年2月，《政艺通报》上发表了一篇题为《论社会主义》的文章，它劈头就写道：

> 于20世纪之天地，欧罗巴之中心，忽发露一光明奇伟之新主义焉，则社会主义是也。其主义于现今世界，方如春花之含苞，嫣然欲吐。其将为大地所欢迎，而千红万紫团簇全球乎，抑为其反对者之所摧折，而绿惨红愁飘零无迹乎，虽未可知，而要之其能腾一光焰，照耀众脑，万人一魂，万魂一心，以制成一社会党，其党人复占环球各党之最大多数焉，则其主义之价值可知也。[①]

这一段话，正形象地说明了20世纪初的中国，在国际社会主义运动的强烈刺激下，开始重视社会主义及马克思主义的价值。客观的事实也表明，正是在当时国际社会主义思潮的直接影响下，中国经由日本，开始和马克思主义有了接触，开始对马克思主义有了一些认识。

三、社会主义与中国民主主义革命

社会主义学说被介绍到中国来，尽管规模还相当有限，并夹杂有大量非科学的成分，还是在中国思想界引起了强烈的反响。

许多人似乎一下子就成了社会主义者。1903年8月出版的《江苏》

---

① 邓实：《论社会主义》，载《政艺通报》第2年癸卯第2号。

第 5 期发表的署名壮游的《国民新灵魂》便说：

> 我中国个人经济主义太发达，故不能具有政治思想；而下等社会之困难于经济，类皆受上、中二等社会之压制；故共产均贫富之说，乃个人所欢欣崇拜，香花祝而神明奉者也。……
>
> 社会党者，欧洲今日之神圣法团也，求平等博爱而未得，故以流血为之先。今其势力骎骎占优胜矣，吾欲以此铸我国民之魂。吾先献身破产，铲平阶级，以为国民倡。

同年 10 月与 11 月出版的《浙江潮》，连载了署名“大我”的《新社会之主义》一文，也对社会主义学说赞美不已，说：“医有卫生术、治疗术，将以保身体之康宁，而消弭其苦痛也。社会主义者，将以增人间之福祉，而消除其厄难也，普及之卫生术、治疗术也。”

伟大的革命先行者孙中山这时正旅居日本。1902 年他在与章太炎讨论如何改革中国的土地制度时，还曾批驳社会主义者的主张，说：“彼工商废居有巧拙，而欲均贫富者，此天下之大愚也。”① 其后，对社会主义学说了解渐多，并通过“与日本平民社领导人幸德秋水交往，就社会主义的实行问题交换意见”②。1903 年 9 月，孙中山离日赴檀香山；同年 12 月，他从那里致函国内，明确表示他对社会主义的态度，说：

> 所询社会主义，乃弟所极思不能须臾忘者……欧美之富者富可敌国，贫者贫无立锥，……夫欧美演此悬绝之惨境，他日必有大冲突，以图适剂于平。盖天下万事万物无不为平均而设，如教育，所以平均知识，宫室衣服，所以平均身体之热度，推之万事，莫不皆然。则欧美今日之不平均，他时必有大冲突，以趋剂于平均，可断言也。然则今日吾国言改革，何故不为贫富不均计，而留此一重罪业，以待他日更衍惨境乎？此

---

① 章太炎：《定版籍》，《訄书》修订本，见《章太炎全集》第 3 卷，274 页。

② 《孙中山年谱》(中华民国史资料丛稿)，59 页，北京，中华书局，1976。

固仁者所不忍出也。故弟欲于革命时一起做起。①

1905年初，孙中山由美抵欧在中国留学生中从事革命宣传组织活动。这年2月，他曾在布鲁塞尔专程到第二国际书记处访问第二国际主席王德威尔得和胡斯曼，要求加入第二国际。② 孙中山在谈话中曾反复表示，“中国社会主义者要采用欧洲的生产方式，使用机器，但要避免其种种弊端”。中国要吸收西方文明的精华，而绝不成为它的糟糕的牺牲品，这样，“中世纪的生产方式将直接过渡到社会主义的生产阶段，而工人不必经受被资本家剥削的痛苦”。孙中山说，他要与第二国际各社会党的原则“更趋一致，防止往往一个阶级剥削另一个阶级，如像所有欧洲国家都曾发生过的那样”。③

这一年8月，他在东京领导成立了中国同盟会。11月，在同盟会机关报《民报》创刊号的《发刊词》中，他将“社会主义”一词改译为“民生主义”④，说：

> 近时志士，舌敝唇枯，惟企强中国以比欧美。然而欧美强矣，其民实困，观大同盟罢工与无政府党、社会党之日炽，社会革命其将不远。吾国纵能比迹于欧美，犹不能免于第二次之革命，而况追逐于人已然之末轨者之终无成耶！夫欧美社会之祸，伏之数十年，及今而后发见之，又不能使之遽去。吾国治

---

① 《警钟日报》，1904-04-26。

② 日本《直言周刊》第2卷第27号（1905-08-06）以《社会主义在中国》为正题，以《孙逸仙访问万国社会党本部》为副题，也报道了这一消息。孙中山除去代表中国革命党人要求加入第二国际外，还要求派遣代表出席第二国际下一次代表大会。孙中山在介绍中国社会主义运动情况时曾说：“中国已有社会党的报刊54种，中国的社会主义运动已非处于幼稚阶段。”

③ 伯纳尔：《孙中山访问第二国际书记处》，载《近代史资料》，1979（3）。

④ 《民报》第4号冯自由《录中国日报民生主义与中国政治革命之前途》中曾写道：“民生主义（Sociqlism），日人译名社会主义。”《民报》第12号民意《告非难民生主义者》写道：“孙先生曰：民生主义一名词，当为Demosology，而不为Socialism，由理想而见诸实际之意也。”

民生主义者，发达最先，睹其祸害于未萌，诚可举政治革命、社会革命毕其功于一役。还视欧美，彼且瞠乎后也。

根据孙中山所确定的方针，《民报》第2号和第3号发表了蛰伸（朱执信）的《德意志社会革命家小传》，介绍了马克思的生平、《共产党宣言》的主要内容、剩余价值学说以及拉萨尔、倍倍尔的活动，"所期者数子之学说行略，溥遍于吾国人士脑中，则庶几于社会革命犹有所资也"。[①]《民报》第4号发表了《欧美社会革命运动之种类及评论》的译文，介绍了社会主义、无政府党、土地均有党三派的状况，并对它们作了分析比较。《民报》第5号又发表了勥斋（宋教仁）撰写的长文《万国社会党大会略史》，介绍了第二国际历次代表大会的情况，说明"现世界"已区别为"掠夺阶级与被掠夺阶级"，"一种独占生产之机关，一种以劳力而被其役使"，"阶级斗争之幕既开矣，旗鼓堂堂，为执戈立矛而进于两阵之间"，富绅者虽有政府、警察、军队、学人、僧侣等为之援助，平民则占多数，一旦集合起来，"是即至强优之势力，其结阵而进战也，可决其必得战利品耳"。其后，《民报》第7号又刊载了渊实（廖仲恺）所译的《社会主义史大纲》，梦蝶生（叶夏声）撰写的《无政府党与革命党之说明》。梦蝶生的文章介绍了《共产党宣言》的十大纲领，叙述了马克思主义与无政府主义斗争的过程，断言"社会主义较无政府主义其根据确实"。《民报》第3号号外《民报与新民丛报辩驳之纲领》曾明确宣布："《民报》鉴于世界前途，知社会问题必须解决，故提倡社会主义。"为此，孙中山和他的追随者朱执信、廖仲恺、胡汉民、汪精卫等在《民报》上还发表了一系列长篇论文，加以鼓吹。戴季陶回忆这时的情况说："当《民报》时代，朦朦胧胧的有两种思想径路。一种在思想上接近马克思之科学的社会主义，在实际政策上尤其接近德国社会民主党的主张。一种是接近奥伯来因一流的农业社会者的主张，并也采用亨利·乔治的土地政策论。这两种思想和主张，并不是很明了的分派。不过我们可以看出，这两种思想，一派特别注意工业问题，一派特别注意农业问题，而且都是很热心的民生主义提倡者。在实际的活动

① 《民报》第2号该文第4页。

上，也是直接遵从总理（孙中山）的主张来实行。民报社中的精卫、汉民、执信，都是明明白白为这一种思想宣传的健将，执信尤其是热心于工业革命问题。”① 就《民报》初期的倾向而言，戴季陶这一段话大体上还是符合事实的。

马克思主义是革命的无产阶级的思想体系，而在20世纪初叶的中国，一批激进的民主主义革命家，却成了它热心的介绍者。之所以产生这样一种特异的现象，首先当然是因为中国资本主义经济虽已有了一定的发展，但整个说来，却还相当可怜，近代企业寥寥可数，无产阶级的力量因之也就还非常弱小，他们还远没有形成一支独立的政治力量，更没有把他们的斗争同马克思主义直接联系起来，在正迅猛崛起的民主革命风暴中，他们还只是激进的民主主义革命家的追随者。同时，这种特异现象之所以产生，还因为现代社会主义，正如恩格斯所说，“就其理论形式来说，它起初表现为18世纪法国伟大启蒙学者所提出的各种原则的进一步的、似乎更彻底的发展”②。对于激进的中国民主主义革命家来说，他们一度重视和欢迎马克思主义，并不是因为他们打算率领无产阶级去进行推翻资本主义的斗争，而是因为他们觉得自己有能力预先进行一场“社会革命”，确保法国启蒙学者们一百多年前提出的各项原则得到完全、彻底的实现，那就可以避免一场未来的无产阶级领导的革命。

在西方，资产阶级启蒙运动所承担的历史使命，只是对封建主义的批判。批判资本主义，是从空想社会主义思潮出现时方才开始的。圣西门、傅立叶、欧文这三个伟大的空想社会主义者，雄辩地证明了按照18世纪启蒙学者的原则建立起来的资产阶级世界，“也是不合乎理性的和非正义的，所以也应该像封建制度和一切更早的社会制度一样被抛到垃圾堆里去”③。在中国，这两个不同的历史时代的思想运动与社会运动，却需要由刚刚兴起的启蒙运动同时一并承担起来。中国曾经试图模仿日本、普鲁士、俄国，走自上而下实行维新的道路，结果发现，此路

① 戴季陶：《国民革命与中国国民党》，见《戴季陶主义研究资料选编》，北京，中国人民大学出版社，1986。

② 恩格斯：《社会主义从空想到科学的发展》，见《马克思恩格斯选集》第3卷，355页。

③ 恩格斯：《社会主义从空想到科学的发展》，见《马克思恩格斯选集》第3卷，721～722页。

不通。人们又急切地希望走法国大革命的道路，自下而上地进行变革。这条道路是否走得通呢？西方的现实证明，即使这条路走通了，前面也并非“理性的王国”的真正实现。中国不能简单地照着西方启蒙学者所指引的那条路径去走，中国需要探索一条新的前进之路。这条新的前进之路，不仅要区别于中国传统的重建专制王朝，而且要区别于已经发展为帝国主义的西方资本主义。它也只有借助于对这两者的深入批判，才能较为有效地去探寻。这就是它打开了人们的眼界，使中国加深了对于世界环境和历史进程的了解，使人们懂得了，完全可以寻找一条新的前进之路，从 18 世纪法国启蒙学者所确定的各项原则那里继续前进，使之得到完全而彻底的实现。

正因为如此，在近代中国启蒙运动中，对于资本主义经济制度和政治制度种种弊病的揭露和批判，成为一个非常突出的方面。中国民主主义革命家们，提出了形形色色的取代资本主义制度或消除其弊病的救世方案。比如，孙中山便大声疾呼，要实行以土地国有和单一税制为主要内容的“平均地权”，要制定和实行教育、考试权亦自行独立的“五权宪法”；章太炎便要求借助于“限袭产之数”、“田不自耕殖者不得有”、“官设工场”等办法来“抑富强、振贫弱”，要求借助于总统民选、司法独立、立法与教育不受政府钳制、实现“直接民权”等办法来“抑官吏，伸齐民”。① 尽管中国民主主义代表人物对于资本主义的批判不能准确地抓住要害，然而，他们敢于正视资本主义文明丑恶的一面，不愿让中国重蹈西方前辈的覆辙，敢于寻找一条适合现代世界总形势而又切合中国国情的前进之路，这不能不说是对于中国历史发展的一大贡献。

现代社会主义对近代中国启蒙运动的又一重要影响，表现在它使中国革命家们较早地开始注意社会经济制度变革的决定性作用。

在西方，在法国启蒙思想家那里，“思维着的知性成了衡量一切的唯一尺度。那时，如黑格尔所说的，是世界用头立地的时代”②。人的头脑以及通过它的思维发现的原理，被视为一切人类活动和社会结合的基础，启蒙思想家的使命就是进行思维，发现永恒的理性、正义、真

① 章太炎：《代议然否论》，载《民报》第 24 号。

② 恩格斯：《社会主义从空想到科学的发展》，见《马克思恩格斯选集》第 3 卷，719 页。

理。在中国，在现代社会主义学说和现代社会主义运动的影响下，近代启蒙思想家比之西方的先辈，更多地关注社会经济制度的变革在社会发展中的作用。他们中间一些人已经有了初步的阶级划分与阶级斗争的观点，甚至已经自觉或不自觉地开始结合人们的社会经济地位的不同，来考察人们的道德、精神以及对于革命的态度上的差异。

现代社会主义对近代中国启蒙运动的又一个重要影响，表现于它在中国革命与国际工人运动、国际社会主义运动之间，建立了初步联系。孙中山要求加入第二国际，中国革命党人在东京与日本早期社会主义者幸德秋水、堺利彦、山川均等人的密切交往，都不是出于个人的一时冲动，它反映了中国革命家对国际社会主义运动的真挚同情和热切期待。它也表明，中国革命是多么强烈地要求从西方工人阶级与被压迫民众的斗争中找到借鉴。对于西方各国工人运动及这些国家被压迫民众斗争经验的密切关注和高度重视，在不知不觉中给中国革命注入了新的世界历史的时代精神。

近代中国启蒙运动带有很多弱点，并且，有一些还是致命的。但是，它也有不少光辉之处。在 19 世纪末、20 世纪初的世界与中国这样一个特定的环境中，启蒙运动要担负起与帝国主义、封建主义这两个不同历史时代的产物相颉颃的使命，不能没有新的思想武装。以上事实说明，这也正是现代社会主义学说在中国的初期传播所产生的主要实际作用之所在。

四、康、梁思考的双重性

由于现代社会主义学说，在近代中国启蒙运动中，主要是被作为 18 世纪法国伟大启蒙学者所提出的各项原则进一步的、似乎更为彻底的发展来对待，结果，在 20 世纪初的中国，对待现代社会主义以及马克思主义究竟采取什么态度，便反过来成了衡量人们是否真正愿意彻底实现 18 世纪法国启蒙学者所提出的诸项原则的尺度。

康有为、梁启超以及他们的追随者过去曾为中国近代启蒙运动的推进作出过不可磨灭的贡献，这时，他们也仍然在为通过启蒙而造就一代代“新民”而大声疾呼。然而，他们认为，要使中国资本主义急速发展，使中国臻于繁荣强盛，就必须考虑与照顾资产阶级的特殊利益。梁启超主张："当以奖励资本家为第一义，而以保护劳动者为第二义。"他并说："惟有奖励资本家，……虽作始数年间，稍牺牲他部分人之利益，然为国家计所不辞。"① 以此，他们对18世纪法国启蒙学者们所提出的原则常常持保留态度。18世纪末的法国大革命，虽然已经过去了一个世纪，一提起来，他们还感到战栗；面对着中国民主主义革命浪潮的高涨，他们更感到恐惧与不安。这种犹豫彷徨，进退失据的政治立场，决定了他们对待现代社会主义，同孙中山等人便很不一样。

康有为在1901年至1902年间，在印度将酝酿已久的《大同书》撰写成书。"大同吾有道，吾欲度生民。廿年抱宏愿，卅卷告成书。"② 康有为这里所说的"廿年"，系从1884年算起，至1902年，首尾正好20年。"卅卷"，当系早先分卷，后来合并为十部。康有为自称，他"起而上览古昔，下考当今，近观中国，远揽全地，尊极帝王，贱及隶庶，……全地之上，人人之中，物物之庶，无非忧患苦恼者矣"。③ 怎么办呢？他认为只有实行大同太平之道。他说："吾救苦之道，即在破除九界而已：第一曰去国界，合大地也；第二曰去级界，平人民族也；第三曰去种界，同人类也；第四曰去形界，保独立也；第五曰去家界，为天民也；第六曰去产界，公生业也；第七曰去乱界，治太平也；第八曰去类界，爱众生也；第九曰去苦界，至极乐也。"④

这部著作，很明显，保持了作者早先在《人类公理》《实理公法全书》等著作中表现出来的那种无情地批判旧世界一切迷信、偏私、特权和压迫的革命精神，而内容又远比过去那些著作丰富与充实。毫无疑问，如果不是广泛地注意从19世纪90年代以来各种社会主义著述中汲取养分，这部著作就不可能达到如此的广度与深度。

《大同书》以后又陆续有所增删，但其主要部分，当系这时写成。这部著作表明，康有为政治上虽然因为把自己的命运与光绪皇帝载湉紧紧联结在一起而变得日趋保守，思想上的火花却还没有熄灭。由于19

① 梁启超：《杂答某报》，载《新民丛报》第84～86号，1906年8—12月。

② 康有为：《大同书题辞》墨迹，见《大同书》扉页，北京，中华书局，1935。

③ 同上书，6页。

④ 同上书，79页。

世纪末、20世纪初社会主义思潮的刺激，他的“大同思想”较前确实跃进了一大步。然而，政治上的保守，终究还是锁住了他的脚步。他写了《大同书》，却不敢将它公之于世，“书成，既而思大同之治，恐非今日所能骤行，骤行之恐适以酿乱，故秘其稿不肯以示人”①。他意中，须“待之百年”② 以后方可实行。他论证了实行“太平大同”之道在于“破除九界”，当然非常激进，但是，一从空中落到实处，看一看“九界”究竟该怎样破除，就可明白这位康子圣人其实是多么懦弱和温和。“九界”是要破除的，但不是靠阶级斗争，更不是靠一个阶级推翻另一个阶级的大革命，康有为在《大同书》中发明了一个最廉价的方法，这就是：“但使大明天赋人权之义，男女皆平等独立，婚姻之事，不复名为夫妇，只许订岁月交好之和约而已。行之60年，则全世界之人类，皆无家矣，无有夫妇父子私矣。其有遗产，无人可传，其金银什器，皆所赠人，若其农田工厂商贾，皆归之公，即可至大同之世矣。全世界之人，既无家，则去国而至大同易易矣。于是时也，最难去种界之别，当小需岁月而已。”③ 进入天堂所需要的，原来只是一张如此廉价的门票！空怀着巨人的宏伟理想，却只愿迈出侏儒的步伐。这就是康有为悲剧之所在。《大同书》清楚地表明，生机蓬勃的社会主义思潮是如何在康有为的心田中播下了龙种，却很可惜只收获了跳蚤。

社会主义思潮在这位南海圣人的高足与得力助手梁启超身上也留下了深深的烙痕，而且这烙痕的色彩格外斑驳陆离。

梁启超身居日本横滨，正主编着影响很大的《新民丛报》，对于国内译介社会主义著作热潮的出现，比之他的远居印度大吉岭的老师要敏感得多。1902年至1903年间，他曾一度摇摆于革命与保皇之间。在对待18世纪法国启蒙学者的遗产上，一方面，他热烈地赞颂，专门写了《法理学大家孟德斯鸠之学说》《民约论巨子卢梭之学说》等文章加以讴歌与介绍；另一方面，他却又对专门反对卢梭学说的伯伦知理顶礼膜拜，专门写了《政治学大家伯伦知理之学说》，反过来论证“卢氏之说，

① 张伯桢：《康南海先生传》，北京，玻璃厂文楷斋，1932。

② 康有为：《大同书题辞》，见《大同书》卷首，上海，中华书局，1935。

③ 康有为：《大同书》，380页。

其有功于天下者固多，其误天下者抑亦不少”，说“卢氏之说，欲易专制的君主主权而代以专制的国民主权”，致使“大革命之祸”因之而起并因之而继续，现在必须改弦易辙，宗奉伯伦知理的国家有机体论，集权中央，扩张政府权力，断言“中国今日所最缺点而最急需者，在有机之统一与有力之秩序，而自由、平等直其次耳”。① 在对待法国启蒙学者伟大原则上表现出来的这种双重性格，决定了梁启超对待现代社会主义，也必定是双重性格的。

1902 年 10 月，梁启超在《新民丛报》第 17 号上发表了《干涉与放任》，即一面承认“社会主义其必将磅礴于 20 世纪也明矣”，一面又将社会主义曲解为伯伦知理所鼓吹的“干涉主义”，说什么“社会主义者，其外形若纯主放任，其内质则实主干涉者也，将合人群使如一机器然，有总机以纽结而旋掣之，而于不平等中求平等”。在《新民丛报》第 18 号上，他又发表了《进化论革命者颉德之学说》，一面称麦喀士（马克思）为“社会主义之泰斗”，承认“麦喀士谓今日社会之弊，在多数之弱者为少数之强者所压伏”为“持之有故，言之成理”，另一面，却又诬称麦喀士“虽能难人，而不能解难于人”，仿效李提摩太先前在《万国公报》上的做法，公然要用主张以宗教来补充进化论的颉德取代马克思。在紧接着发表的其他一些文章中，他还居心叵测地将现代社会主义与许行之说、王莽的“分田劫假”混为一谈，甚至将垄断资本托拉斯说成“合于麦喀士之学理，实为变私财以作公财之一阶梯”。②

1903 年夏秋间，梁启超出游新大陆，在伯伦知理、波伦学说的影响下，更远地离开了 18 世纪法国启蒙学者们所提出的诸原则。“吾自美国来而梦俄罗斯者也”，“吾之思想退步，不可思议”——政治一直倒退到提倡“开明专制论”。他且明白宣示：“不惮以今日之我与昔日之我挑战。”③ 他对现代社会主义，此时也就采取了完全敌视的态度，对孙中山和《民报》这一方面的宣传鼓吹，尤其深恶痛绝。

① 力人（梁启超）：《政治学大家伯伦知理之学说》，载《新民丛报》第 32 号。

② 参阅梁启超《论中国学术思想变迁之大势》《中国之社会主义》《二十世纪之巨灵托辣斯》等文。

③ 《癸卯新民丛报汇编》，138 页，横滨，新民丛报社，1905。

这一时期，梁启超反对现代社会主义，不外以下三个方面。其一，社会主义是基于经济问题与分配问题而发生，“我国今当产业萎靡时代，尚未有容此问题发生之余地”①。其二，“社会主义学说，其属于改良主义者，吾固绝对表同情；其关于革命主义者，则吾亦未始不赞美之，而谓其必不可行，即行亦在千数百年后”②。《新民丛报》第 89 号发表的仲遥《社会主义论》宣称，“有狭义的社会主义，有广义的社会主义”；马克思主义便属于“欲破坏现在之社会组织以谋再建设”的狭义的社会主义，“一名社会革命主义”；“广义的社会主义者，欲于现在之社会组织之下，谋有以矫正个人主义之流弊者也，一名社会改良主义”，包括国家社会主义、自助的社会主义、慈惠的社会主义。这是对梁启超理论的具体诠释。大同世界的实现被推到了“千数百年后”。其三，在中国提倡“社会革命”，只不过是“利用此以博一般下等社会之同情，冀赌徒、光棍、大盗、小偷、乞丐、流氓、狱囚之悉为我用，惧赤眉、黄巾之不滋蔓，而复从而煽之”，最后不是“出一伟大之专制君主”恢复秩序，就是使国家“永坠九渊”。③

在现代社会主义面前，梁启超如此战栗与恐惧，同他的老师康有为写成《大同书》而又秘而不宣一样，正是他们一直企图从法国启蒙学者所提出的诸原则那里倒退回去所带来的必然结果。

五、“先天不足，后天失调”的制约

20 世纪初社会主义、马克思主义在中国的初步传播，有力地推动了近代中国启蒙运动的发展。然而，中国激进的民主主义者，并没有真正了解并正确地掌握马克思主义，用以科学地解决中国革命的实际问题。这样，社会主义、马克思主义的传播在他们那里，一旦临界 18 世纪法国启蒙学者所提出的各项原则的充分化、彻底化这一界限，就必然要停顿下来；一旦超越了他们的这一界限，就不免要遭到夭折。也正因

① 饮冰（梁启超）：《社会主义论序》，载《新民丛报》第 89 号。

② 饮冰（梁启超）：《驳孙文演说中关于社会革命论者》，载《新民丛报》第 86 号。

③ 饮冰（梁启超）：《开明专制论》，载《新民丛报》第 77 号。

为如此，中国的民主革命家们，就不可能领导近代中国启蒙运动继续发展，完成它所应完成的伟大历史任务。到了1907年、1908年，前些年译介社会主义著述的热潮就已经冷却了下来。它非但没有能继续前进，反而一度为无政府主义思潮在中国的泛滥所压制，为各种社会改良主义思潮所冲击。

历史的进程出现这样的曲折，原因是多方面的。而其中并非无关紧要的，则正是社会主义、马克思主义在中国初期传播所具有的弱点。

社会主义、马克思主义在中国的初期传播，可以说是在"先天不足，后天失调"的情况下进行的。先天不足，指的是资本主义在中国很不发达，无产阶级力量非常弱小。不成熟的资本主义生产状况，不成熟的资本主义生产关系，不成熟的阶级状况，决定了社会主义、马克思主义理论传播还缺乏成熟的社会基础与必要的思想准备。

后天失调，首先指当时的中国并没有对社会主义、马克思主义进行过系统的、独立的、直接的研究，因而也就很难准确地了解社会主义、马克思主义的本来面貌。那时，人们对马克思主义的了解，除去孙中山等极少数人主要是从西文书籍中直接了解外，绝大多数人主要依赖译自日文的那些观点相当混杂的小册子，以及第二国际各党派，特别是德国社会民主党的实际活动。直到1908年春，无政府主义的刊物《天义报》发表了《共产党宣言》的第一章"资产者与无产者"，恩格斯1888年为该书英文版所写的序言，以及恩格斯《家庭、私有制及国家的起源》的一个片段，中国一般的读者方才首次读到马克思、恩格斯的原著。马恩著作的日译本，那时也非常稀少。日本一些图书馆虽然也收藏有德文版或英文版的马恩著作，但是中国留日学生们却根本没有那样的决心与毅力去问津。这样，各种小册子中形形色色的混乱观点，第二国际各党派实际活动的议会主义与社会改良主义倾向，常常便被不加区别地误会为马克思主义。朱执信在《德意志社会革命家小传》中，曾经好心地为各社会党的议会主义倾向作过一番解释，说："学说既衍而渐广，徒党亦日盛，则欲为不利焉者愈多，势不能不有所倚恃。30年来，社会革命家时有干谒卿相，与坚相接纳者，是非诚心与之，其策略有不得不然者。"然而，背弃暴力革命而迷恋于和平过渡，毕竟是当时第二国际各党派无可遮掩的事实。正因为如此，在那时不少人的眼中，现代社会主义变成了争取选举权和议员席位的斗争，暴力革命反倒与无政府主义紧紧联系在一起。《民报》第7期发表的梦蝶生《无政府党与革命党之说明》一文，在说明社会主义与无政府主义的区别时，便特别强调了“全灭脱无政府之习气，而趋于建设的、进化的、政治的之良风，此即社会主义之历史及其与无政府主义分离之特色也”。这当然是对马克思主义的极大歪曲。这样，中国的革命家们实际地去从事暴力斗争时，便反而要去宗奉无政府主义，用无政府主义取代社会主义。

后天失调，其次是指当时革命家们主观地设想“毕其功于一役”，不仅给梁启超等人钻了空子，即便在革命派内部，也遭到不少人的怀疑反对。邓实《论社会主义》一文断言：“社会主义者，又极不切于中国之主义也。”理由呢？该文认为，“凡人类进步之次第，由射猎而游牧，而耕稼，而工商。惟入工商之期，而后有社会主义”。可是，我国“犹在耕稼之时代”，所以，“吾国今日之所急者，亦惟国家主义而已；吾人所抱持而不失者，亦惟爱国心而已矣”。[①]《警钟日报》也持有相似意见。1904年11月6日，该报第255号“社说”，题目就是《论大同平等之说不适用于今日之中国》。后来，冯自由在《民生主义与中国政治革命之前途》一文中，曾专门批评了这篇文章，说过：“以维持公理如上海之《警钟日报》，犹不免有‘社会主义若行，可以立亡中国’之论，噫，是则大可怪也矣！”[②]《政艺通报》与《警钟日报》的这些撰稿人，应当说，都是一些真诚的革命者，他们固然过分强调了“排满”是当前急务，但是，他们认为中国不能在那时就马上实行社会主义，在当时有相当的代表性。他们都不了解，马克思主义学说作为一种崭新的世界观，对中国民主主义革命同样可以起指导作用。人们当时没有实际地将现代社会主义与中国革命结合起来，社会主义、马克思主义的初期传播也就无法深入下去和普及开来。

后天失调，还指中国热烈鼓吹“社会革命”的革命家们，借口中国劳资分化不严重，根本不想到下层民众中去做宣传组织工作，将社会主义学说同民众自身的斗争结合起来。他们总是幻想不经过无产阶级殊死的阶级斗争，而仅凭他们发明一套完善的社会制度，通过宣传，就能使

① 《政艺通报》癸卯年第2号。

② 《民报》第4号。

世界听从他们的安排。马克思主义使社会主义从空想发展为科学，而他们这样做，恰好是要使社会主义从科学重新变为空想。当时，热衷于提倡无政府主义的张继曾经批评他们说，欧洲革命党人的革命“以劳民为基础”，而中国革命党人则“恒运动中等社会”，以致一事无成。应该承认，这一批评确实击中了要害。

正由于存在着上述问题，作为对于机会主义惩罚的无政府主义趋势滋蔓开来，然而，历史进程的这一曲折只是暂时的。辛亥革命后不久，以孙中山为代表，开始了宣传在中国建立社会主义的一拨新浪潮。随后，中国共产党诞生，社会主义在中国的传播进入了一个全新阶段。

以社会主义理想建设中国的伟大先行者：跋孙中山1915年11月10日《致国际社会党执行局函》

一、一封应当重视的信

1967年巴黎出版的由若·奥普特、马·雷贝里乌主编的《第二国际与东方》一书所收录的马·拉什丽娜《第二国际和中国革命》一文，已提到孙中山写给社会党国际局呼吁他们支持“让中国成为世界上第一个社会主义国家”的信函，这封信函的写作时间给定为“1914年5月”。当时，中国正处于“文化大革命”中，谁也没有注意此事。1985年1月中共中央马克思恩格斯列宁斯大林著作编译局国际共运史研究室编辑出版的《国际共运史研究资料》第13辑，译载了马·拉什丽娜的这篇论文，但很长一段时间中，人们似乎并没有注意到孙中山的这一信函。1990年7月，上海人民出版社出版的陈旭麓、郝盛潮主编的《孙中山集外集》摘录了马·拉什丽娜文章中的一段引文，而冠以《致社会党国际局函》之题，并注明“此函未见全文，原件存社会党国际局的档案”，但也未引起研究孙中山思想者的注意。

一直未有机会去布鲁塞尔查阅第二国际原始档案，但1992年春在东京讲学期间，日本女子大学久保田文次教授持萱野长知数十年前的笔记本相示。萱野长知是孙中山中华革命党时期联系最为紧密的一位日本友人，保存有大量中华革命党相关文献，所著《中国革命秘笈》一书中，便影印了数百份中华革命党党员入党宣誓书。在由萱野长知后人所珍藏的笔记本中，录有《孙中山从丸善购入的书籍》清单等珍贵资料，更令人惊异的是，其中录有孙中山1915年致国际社会党执行局主席的信件全文，时间为“1915年11月10日”。当时，因久保田文次教授正准备就此函撰写论文，我仅匆匆一读，未予复印。

1993年春应台湾“中华文化复兴总会”之邀访问台湾，发现1989年台北出版的《国父全集》第4册收录了这一封信，第10册“英文著述”中并录入英文原函，系孙中山亲笔所书。原函共13页，原为萱野长知收藏，由其后人捐献给国民党党史会。《国父全集》即据此编入。

迄今为止，似乎人们对这一封信的内容及意义尚未给予足够的重视，未见多少专门研究。去年，正值这一封信撰写90周年，即很想就这一封信谈一点看法，但杂事缠身，拖延了下来。今年11月，是孙中山诞生140周年，值此之时，仔细解读一下这封信，以进一步了解孙中山的社会主义思想，应当是适宜的。

二、热忱宣传社会主义的记录

《致国际社会党执行局函》夺人眼球者，首先是以下四段话：

> 在第一次革命完成，我当选中华民国总统时，原计划以社会主义的理想来建设中国……经过二十年的艰辛，我已完成了把绝对的君主政体转变成共和国的任务，我迫不及待的想着手培育有思想而前进的人来为社会主义进行铺路的工作。
>
> 我让位给袁世凯以后，立即完全脱离政治，潜心研究逐步的社会主义理想来塑造政府的最佳途径。在彻底体认我这一生奋斗的唯一目标和愿望之后，我坚信，只有中国成为一个社会主义国家，我们的人民才能更幸福，他们的苦痛也才能减轻。社会主义将治愈中国的疾苦。

> 我希望使你们深切了解，中国是可以实现社会主义的国家，这个国度应该用来作为社会主义政府的典范。中国的资源丰富，数万万百姓都是热诚、勤劳的工人，生性恬淡，易于领导也易于满足。……中国的工业尚未发展，资本主义尚未抬头，一般大众服从而守法，因此这个国家可以轻易的塑造成任何形状。
>
> 诸君劳工和我共同奋斗……我吁请你们协助我把中国建成全世界第一个社会主义国家，把你们的注意力和力量放在中国，提供各行各业的人才协助我。我需要像贵局这样的机构，提供以人才，以便从事这项伟大的志业。

检视孙中山1912年的各种文献，可以断定，上述各点符合孙中山当时的思想实际和他的社会实践。

1912年3月31日，孙中山在正式解除中华民国临时大总统职务前一天出席南京同盟会会员饯别会时，发表了引起国际社会主义者广泛注意的那篇关于民生主义与社会革命的著名演说。① 在这篇演说中，孙中山明确表示在完成民族独立自主和建立共和制度之后，他将致力于民生主义、社会革命，通过实施平均地权和国家社会主义政策，这就是对于土地随工业化、城市化发展而获得的巨额利益通过照价增税的办法，使其利益为全体民众所共享；同时，将铁道、电气、水道等一切大实业收归国有，不使私人独享其利，这样可使社会免受经济阶级压迫之痛苦。他在这篇演说中还驳斥了人民程度不高，不能实行社会革命的意见，说明中国文明未进步，工商未发达，未形成强大的资本家阶级抗拒社会革

① 孙中山这一演说之前半部分，被译成法文后载于同年7月11日比利时工人党机关报——布鲁塞尔《人民报》及法文杂志《社会主义运动》第243期（1912年7—8月）、《国际社会主义评论》第13卷（1912年10月），又由法文译成俄文，载于俄国布尔什维克报纸《涅瓦明星报》第17期。列宁在该期刊物中发表了《中国的民主主义和民粹主义》，对孙中山这一演说词作出评论。这篇演说词之前半部分，又被译成英文，载于本年7月13日出版之美国纽约《独立杂志》。这篇演说词，在《孙中山全集》第2卷（中华书局1982年版）中将时间注为“1912年4月1日”（318页），译成法文、俄文及英文的部分，亦收入《孙中山全集》第2卷，见该书324～329页。

命，实行社会主义反而较之英美诸国为容易。

从 1912 年 3 月 31 日起，至 1912 年 12 月，孙中山在全国各地发表了数十次演讲，所到之处，一有机会，便反复宣传以上这些观点。

4 月 4 日，答《文汇报》记者问，宣布自己“固一热心之社会党人”，“政治之革命今已如愿而偿矣，后当竭力从事于社会之革命。社会革命比诸政治上革命愈属重大，且非兵力所能援助，必须以 30 年手段从事”。①

4 月 9 日至 12 日，访问武汉，至少四次演讲社会革命问题，强调“今吾国之革命乃为国利民福革命，拥护国利民福者，实社会主义。故欲巩固国利民福，不可不注重社会问题”②。

4 月 16 日，在上海同盟会机关演讲，说明“民生主义，则排斥少数资本家，使人民共享生产上之自由。故民生主义者，即国家社会主义也”③。次日，在上海中华实业联合会欢迎会上的演说中强调：“仆之宗旨在提倡实业，实行民生主义，而以社会主义为归宿，俾全国之人，无一贫者，同享安乐之幸福，则仆之素志也。”④

5 月 4 日在广州报界欢迎会上演讲，说：“若美利坚，若法兰西，为共和之先进国，在今日社会主义尚阻碍不行，何以故？则以两国之政治，操之大资本家之手。我国革命，为五千年未有之举，故所主张不必取法于各国，或且驾美、法而上之。”⑤ 5 至 6 月，孙中山在广州还多次说明平均地权、土地国有及实行民生主义之必要，推动广东实施地税换契。并表示随后将去“北方提倡民生主义”。⑥

8 月至 9 月，孙中山访问北京，又在多次演讲中强调实行“国家社会主义”，说明民生主义并非“劫富济贫”，⑦ “并非均贫富议，乃以国

---

① 《在上海答〈文汇报〉记者问》，见《孙中山全集》第 2 卷，332 页。“余固一热心之社会党人”，原作“余乃极端之社会党”，此乃引自《时报》，1912-04-05。

② 《民立报》，1912-04-16。

③ 《孙中山全集》第 2 卷，339 页。

④ 同上书，340 页。

⑤ 同上书，354 页。

⑥ 《申报》，1912-06-04。

⑦ 《孙中山全集》第 2 卷，408 页。

家之力，发达天然实利，防资本家之专制”①。

9月19日，在山西同盟会欢迎会上说明：“今日所急则在民生一层，从前不暇讲此，今则不可再缓。”②

10月10日为武昌起义周年纪念而为《大陆报》撰写的《中国之铁路计划与民生主义》中，说明民生主义并非将产业重新分配，而是“使劳工得其劳力所获之全部”，“将来中国之实业，建设于合作的基础之上。政治与实业皆民主化。每一阶级，皆依赖其他阶级，而共同生活于互爱的情形之下。……凡铁路、电车、电灯、瓦斯、自来水、运河、森林各业，均应收归国有。地产收入与矿产收入，为国家收入之渊源”。“在一个民族之中，须给人民全体以生活之机会，并予以完全之自由。此即余之希望”。③

10月14日至16日，连续三天在上海中国社会党本部系统演讲社会主义学说，阐明自己的社会主义主张。第一日听讲者1600余人，第二日增至2000余人，第三日更增至3000余人，会场几无隙可容。这是孙中山关于社会主义演讲时间最长、规模最大的一次。

12月9日，在杭州51团体欢迎会上，孙中山阐述了民生主义四大纲领：资本、土地、实业与铁路、教育。

12月27日，在松江演说平均地权。

在这期间，孙中山还去过山西、山东、安徽、江西、福建等省，每到一处，也要发表一次至多次演讲。具体内容因报刊未予报道，无法详知，但如果涉及社会主义问题，当不会令人感到意外。

这些事实足以清楚说明，在中华民国建立和完成南北统一之后，孙中山确实以极大的热忱宣传社会主义，努力争取以社会主义的理想建设中国。他真诚地相信，社会主义将治愈中国的疾苦，中国也完全有条件实现社会主义，成为全世界第一个社会主义国家。

三、对社会主义学说了解的深度

多年来，学术界对孙中山这段时间的社会主义思想多依据列宁《中

① 《孙中山全集》第2卷，442页。

② 同上书，472页。参见476页。

③ 同上书，492～493页。

国的民主主义和民粹主义》进行评价。毛泽东说过："中国人找到马克思主义，是经过俄国人介绍的。在十月革命以前，中国人不但不知道列宁、斯大林，也不知道马克思、恩格斯。十月革命一声炮响，给我们送来了马克思列宁主义。"[①] 既然中国人找到马克思主义，是经过俄国人介绍的，是十月革命一声炮响送来的，那么，在这之前关于中国社会主义的探索，自然不可能获得比"社会主义空想"、"民粹主义"更高的评价。

然而，进一步研究一下这一时期孙中山对于社会主义的理解以及他的关于中国如何实现社会主义的主张，便可发现，这样的评价多属从既有结论出发，而不是真正从孙中山社会主义思想的实际出发。

最能全面反映孙中山社会主义思想实际的现存文献，应是孙中山1912年10月14日至16日连续三天在上海中国社会党本部所作的系统演说。[②] 在这一长篇演说中，孙中山至少就以下六个问题作了相当明晰的论述。

其一，社会主义学说演进及其成为科学的历史过程。

孙中山指出：

> 社会主义之名词，发于十九世纪之初，其概说既广，其定义自难。……尝考欧西最初社会主义之学说，即为"均产派"，主张合贫富各有之资产而均分之。贫富激战之风潮既烈，政府取缔之手续亦严；政府取缔之手续既严，党人反抗之主张益厉。无政府主义之学说，得以发达于当时，而真正纯粹之社会主义，遂湮没于云雾之中，缥缈而不可以迹。厥后有德国麦克司者出，苦心孤诣，研究资本问题，垂三十年之久，著为《资本论》一书，发阐真理，不遗余力，而无条理之学说，遂成为

① 毛泽东：《论人民民主专政》，《毛泽东选集》第4卷，1470～1471页。

② 见《孙中山全集》第2卷，506～624页。该文系据吴拯寰编：《中山全书》，上海，三民图书公司，1925。《中山全书》所录，乃自由党机关报《天铎报》所载演说记录。第一、第二日演讲另有力子记录，较简要，载于《民立报》，1912年10月15、16、18、19、21、23日，题为《孙先生之社会主义讲演录》，见郝盛潮主编《孙中山集外集补编》，103～113页，上海，上海人民出版社，1994。

> 有统系之学理。研究社会主义者，咸知所本，不复专迎各一般粗浅激烈之言论矣。唯现社会主义，尚未若数理、天文等学成为完全科学，故现在进行，尚无一定标准，将来苟能成为科学一种，则研究措施更易著手。①

我们已非常习惯地认定马克思主义的诞生，使社会主义从空想发展为科学。孙中山在这里虽承认马克思主义使社会主义成为“有统系之学说”，但又说社会主义还没有“成为完全科学”，论者便据此认定“孙中山在这个时期对于科学社会主义的认识是很幼稚的，实际上不是社会主义未‘成为完全科学’，而是他对于马克思及其科学社会主义和《资本论》的认识上还远远没有达到科学水平”。②

这一批评意见其实难以成立。恩格斯在《社会主义从空想到科学的发展》中批评各派空想的社会主义时，曾强调指出：“为了使社会主义变为科学，就必须首先把它置于现实的基础之上。”马克思发现唯物主义历史观和通过剩余价值揭破资本主义生产的秘密，“由于这些发现，社会主义变成了科学，现在首先要做的是对这门科学的一切细节和联系作进一步的探讨”。③ 孙中山的论述，其实只不过是用他的语言，表述了同样的观点。孙中山所说：“惟现社会主义，尚未若数理、天文等学成为完全科学，故现在进行，尚无一定标准”，只不过指出了一个客观的事实，即社会主义在各国如何具体实现，还没有一个固定的模式，还有待各国社会主义者在实践过程中继续不断探索，从各国实际出发，寻找到最适合各国不同情况的途径方式。

其二，社会主义各派别之比较。

---

① 《孙中山全集》第2卷，506页。《民立报》这一段论述记录为：“世人论社会主义者，多目为贫人要求富人均产的主义，……不知此非社会主义之精髓也。……其后德国社会学者马克斯以三十年之心力，成一社会学名著，曰《资本论》者，于资本之来历、性质、流弊、结果，均详述无遗，于是社会主义别开生面，二三十年来学者渐多，发明日众。社会学家重视《资本论》一书，仿佛基督教徒之重视《圣经》。”见《孙中山集外集补编》，103～104页。

② 宋士堂：《孙中山宋庆龄社会主义思想论》，37～38页，北京，红旗出版社，1994。

③ 《马克思恩格斯选集》第3卷，732、366页。

孙中山说：

> 尝考社会主义之派别为：一、共产社会主义，二、集产社会主义，三、国家社会主义，四、无政府社会主义。在英、德，又有所谓宗教社会主义、世界社会主义。……自予观之，则所谓社会主义者仅可区为二派：一即集产社会主义，一即共产社会主义。……夫所谓集产云者，凡生利各事业，若土地、铁路、邮政、电气、矿产、森林皆为国有。共产云者，凡人在社会之中，各尽所能，各取所需。……两者比较，共产主义本为社会主义之上乘。然近日一般国民道德之程度未能达于极端，尽其所能以求所需者尚居少数，任取所需而未尝稍尽其能者，随在皆是。……则主张集产社会主义，实为今日唯一之要图。凡属生利之土地、铁路收归国有，不为一、二资本家所垄断渔利，而失业小民，务使各得其所，自食其力，既可补天演之缺陷，又深合于公理之平允。①

孙中山对于社会主义派别的划分，常被论者指斥为混乱而不准确，集产社会主义这一概念更被论者指斥为对马克思科学社会主义的错误概括。其实，孙中山这里共产社会主义和集产社会主义两派的划分，正相当于马克思主义者通常关于共产主义包含高级与初级两个不同阶段的划分。他认为，历史发展的现阶段，人与人之间“尽所能者，其所尽未必充分之能，而取所需者，其所取恐又为过量之需矣。狡猾诚实之不同，其勤惰苦乐亦因之不同”②，还不具备实施“各尽所能，各取所需”的条件，而只能通过国家掌握主要生产资料，来保证民众“各得其所，自食其力”。能够依靠自己的劳动，获得自己劳动的成果，这也就是通常所说的“按劳取酬”：“其分配人工酬报之多寡，应视其劳心劳力之多寡；其劳动大，则酬报多；其劳动小，则酬报亦小。余利公之于社会，以兴办社会各种之事业。凡为社会之分子，莫不享其余利一分子之利

① 《孙中山全集》第2卷，508～509页。

② 同上书，509页。

益。”[①] 这并非是对马克思主义的曲解，更非对抗共产社会主义，视“集产社会主义”为“今日唯一之要图”，正是坚持了从现有社会基础出发。

其三，关于社会主义的“人道主义”本质。

孙中山说：

> 社会主义者，人道主义也。人道主义，主张博爱、平等、自由，社会主义之真髓，亦不外此三者，……社会主义为人类谋幸福，普遍普及，地尽五洲，时历百世，蒸蒸芸芸，莫不被其泽惠。[②]
>
> 社会主义之主张，实欲使世界同立于平等之地位，富则同富，乐则同乐，不宜于贫富苦乐之不同，而陷社会于竞争悲苦之境。[③]
>
> 社会主义之国家，一真自由、平等、博爱之境域也。[④]

孙中山这一见解屡遭抨击，理由是他以资产阶级人道主义抹杀阶级斗争、阶级冲突，似乎讲社会主义就不该讲人的尊严、人的价值、人的主体地位。其实，这一批评是出于对社会主义、对马克思主义的曲解。

恩格斯在《社会主义从空想到科学的发展》中一开始便指出：“现代社会主义，就其内容来说，首先是对现代社会中普遍存在的有财产者和无财产者之间、资本家和雇佣工人之间的阶级对立以及生产中普遍存在的无政府状态这两个方面进行考察的结果。但是，就其理论形式来说，它起初表现为18世纪法国伟大的启蒙学者们所提出的各种原则的进一步的、似乎更彻底的发展。”[⑤] 资产阶级并没有实现当初他们所鼓吹过的自由、平等、博爱，社会主义的诞生，正是要改变这一状况，使自由、平等、博爱变成普遍的真正的实际。尊重人的存在、人的尊严、人的价值，追求和维护每个人自由而全面的发展，是马克思主义的本质

---

① 《孙中山全集》第2卷，517页。

② 同上书，510页。

③ 同上书，517页。

④ 同上书，523页。

⑤ 《马克思恩格斯选集》第3卷，719页。

属性。孙中山正是从这点出发，视博爱、平等、自由为社会主义之真髓。孙中山在这篇演讲中还特别指出：

> 循进化之理，由天演而至人为，社会主义实为之关键。动物之强弱，植物之荣衰，皆归之于物竞天择、优胜劣败。进化学者遂举此例，以例人类、国家，凡国家强弱之战争，人民贫富之悬殊，皆视为天演淘汰之公例。故达尔文之主张，谓世界仅有强权而无公理，后起学者随声附和，绝对以强权为世界唯一之真理。我人诉诸良知，自觉未敢赞同，诚以强权虽合于天演之进化，而公理实难泯于天赋之良知。故天演淘汰为野蛮物质之进化，公理良知实道德文明之进化也。社会组织之不善，虽限于天演，而改良社会之组织，或者人为之力尚可及乎？社会主义所以尽人所能，以挽救天演界之缺陷也。其所主张，原欲推翻弱肉强食、优胜劣败之学说，而以和平慈善、消灭贫富之阶级于无形。①

在此之前，1912 年 5 月 17 日，孙中山在广州岭南学堂的演说中已指出："物竞争存之义，已成旧说；今则人类进化，非相匡相助，无以自存。"② 1912 年 8 月 30 日，孙中山在北京湖广会馆学界欢迎会上的演说更详细地阐述了这一见解：

> 二十世纪以来，欧洲诸国，发明一种生存竞争之新学说，一时影响所及，各国都以优胜劣败，弱肉强食为立国之主脑，

---

① 《孙中山全集》第 2 卷，507～508 页。《民立报》记录稿这一段为："社会主义亦为进化学者之转键，进化学者重天演，社会主义重人为也。…… 进化学者之主张，为优胜劣败、为强权、为竞争。……不知社会系人为的，非天然的，天然的进化，多属物质一方面。而人类固有之良知，在文明国民亦较易发现。……以人为的文明进化，易天然的野蛮进化，故又为进化学者之转键也。社会主义言辅佐，不言竞争；以物质言之，竞争本不可少，然要以道德消弭之，不用剧烈竞争的方法，而用和平辅佐的方法，此其最要者也。"见《孙中山集外集补编》，105 页。

② 《孙中山全集》第 2 卷，423 页。

至谓有强权无公理。此种学说，在欧洲文明进化之初，固适于用，由今观之，殆是一种野蛮之学问。今欧、美之文明程度愈高，现从物理上发明一种世界和平学问，讲公理不讲强横，尚道德，不尚野蛮。从前生存竞争之学说，在今日学问过渡时代已不能适用，将次打消。①

这并不是孙中山的发明。热心宣传达尔文主义的赫胥黎，在19世纪末就一再指出，生存斗争学说适用于生物界，而不适用于人类社会。1893年，他在一次著名讲演中便阐明了这一观点，说明物种进化的特点是紧张而不停的生存斗争，而人类进化则要求用“自我约束”代替无情的“自行其是”，每个人不仅要尊重而且要帮助他人，这种“互助”伦理是人类社会所独有的，和生存斗争正相对立。② 孙中山早已注意到赫胥黎这一观点，1908年他在《平实尚不肯认错》中，便指出人们对赫胥黎进化学说诠释多误，不了解“天然进化”与“人事进化”既有相因的一面，又有相反的一面。

以和生存斗争论相对立的人类互助伦理为社会主义的哲学基础，使孙中山社会主义思想长时间为人所诟病。然而，这也并不是孙中山别出心裁。恩格斯在《反杜林论》第三编《社会主义》及其后的《社会主义从空想到科学的发展》中都曾专门论及人类通过社会主义结束生存斗争、最终脱离动物界一事。他指出，当生产高度发展、生产资料为社会所共同占有时，“个人生存斗争停止了。于是，人在一定意义上才最终地脱离了动物界，从动物的生存条件进入真正人的生存条件”③。恩格斯认为，生存斗争只是在植物和低等动物的一定发展阶段上发生的，而把动物社会的生活规律直接搬到人类社会中来是不行的，把历史发展的错综性和全部多种多样的内容都总括在贫乏而片面的“生存斗争”公式中，是十足的童稚之见。④ 他还指出，即在自然界中，物体的相互作用

① 《孙中山全集》第2卷，360页。

② 《孙中山全集》第1卷，384～385页。

③ 《马克思恩格斯选集》第3卷，633页，北京，人民出版社，1972。

④ 恩格斯：《自然辩证法》，见《马克思恩格斯选集》第4卷，371～372页。

也既包含和谐，也包含冲突；既包含斗争，也包含合作。①

批评将生存斗争学说套用于人类社会和人类发展，要求最终结束动物状态而建立真正的人的社会，这就为争取人人具有自由、平等的权利，为广大被压迫、被剥削、被侵略、被统治者实际地改变自己的地位，亦即为社会主义价值目标提供了合法性的哲理基础。对广大工人、农民和其他处于困厄之中的平民大众真切的同情而立志改变他们的状况，正是孙中山倾心社会主义的思想基础。

其四，关于社会主义的经济性质。

孙中山在演说中指出：

> 人类之在社会，有疾苦幸福之不同，生计实为其主动力。盖人类之生活，亦莫不为生计所限制，是故生计完备，将可以存，生计断绝，终归于淘汰。社会主义既欲谋人类之幸福，当先谋人类生存；既欲谋人类之生存，当研究社会之经济。故社会主义者，一人类经济主义也。经济学者专从经济一方面着想，其学说已成为完全之科学，社会主义系从社会经济方面着想，欲从经济学上根本解决，以补救社会上之疾苦耳。②

孙中山这里所说的"生计"，就是人们通常所说的物质生活与物质生产。他承认，人类社会、人类生活，都以物质生产为主动力，都决定于物质生产方式、物质生产水准。社会主义谋求人类生存、人类幸福，自然必须研究社会经济。解决生计问题，一是发展实业，二是改变现行经济制度。这是孙中山宣传实行社会主义时所最为关注的两个方面。为发展实业，他大力鼓吹兴办铁路，引进外资，推动各项生产事业，实现实业革命；为改变现行社会经济制度，他站在马克思主义"新经济学

---

① 恩格斯：《致彼·拉·拉甫罗夫（1875年11月12—17日）》，见《马克思恩格斯选集》第4卷，621页。

② 《孙中山全集》第2卷，510页。此段话《民立报》记录稿为："人必生计完备而后能生存于世界之上，……故社会主义乃专从人民生计上着想，欲为社会全体增幸福，先为社会全体谋衣食。谋衣食之事，即经济学，故谓研究社会主义，先当研究经济学也。"见《孙中山集外集补编》，107页。

家”立场上对亚当·斯密论证资本主义与地主剥削合理的旧经济学理论进行了批判。孙中山指出：

> 按斯密亚丹经济学生产之分配，地主占一部分，资本家占一部分，工人占一部分，遂谓其深合于经济学之原理。殊不知此全额之生产，皆为人工血汗所成，地主与资本家坐享其全额三分之二之利，而工人所享三分之一利，又折与多数之工人，则每一工人所得，较资本家所得者，其相去不亦远乎？宜乎富者愈富，贫者愈贫，阶级愈趋愈远，平民生计遂尽为资本家所夺矣。①

坚持“此全额之生产，皆为人工血汗所成”，地主与资本家当然便完全没有理由坐享其利。孙中山还进一步分析了土地、资本与人工这三种生产原素的性质，以批驳亚当·斯密。他援引亨利·乔治的理论指出：“土地本为天造，并非人工所造，故其分配不应如斯密亚丹之说。故土地之一部分，据社会主义之经济原理，不应为个人所有，当为公有，盖无疑矣。”② 他又援引马克思的理论指出：“凡物产或金钱以之生产者，可皆谓之资本。盖资本既所以生产，而人工者又所以生资本也。”③“当知世界一切之产物，莫不为人血汗所构成，故工人者，不特为发达资本之功臣，亦即人类世界之功臣也。”④ “麦氏之说则专论资本，谓资本亦谓人造，亦应属于公有。”⑤ 他以为：“亨氏与麦氏二家之说，表面上似稍有不同之点，实则互相发明，当并存者也。”⑥ 根本解决社会不平当改变现行经济制度，“有是亨氏之土地公有，麦氏之资本公有，其学说得社会主义之真髓”⑦。

孙中山之所以将亨利·乔治的土地国有主张与马克思建立在剩余价

① 《孙中山全集》第2卷，512页。
② 同上书，514页。
③ 同上书，511页。
④ 同上书，519页。
⑤ 同上书，514页。
⑥ 同上书，514页。
⑦ 同上书，518页。

值理论基础上的资本公有主张相提并论，是因为他敏锐地预见到随着50个上海一样的大都市在中国崛起，土地急遽增值而带来的巨大利益完全有可能被少数人所攫取，从而造成社会贫富急速两极化。当时全中国恐怕没有一个人像孙中山那样预见到这一危险的现实性，以后很长一段时间，也没有多少人像孙中山那样意识到这一问题的迫切性而及早防患于未然。因此，对于孙中山这一认识，一直是批评多于肯定，而且在批评时，多重复列宁的结论："中国的民主主义者真挚地同情欧洲的社会主义，把它改造成为反动的理论，并根据这种'防止'资本主义的反动理论制定纯粹资本主义的、十足资本主义的土地纲领！"按照亨利·乔治的主张，通过单一税实行土地国有，是"最纯粹、最彻底、最完善的资本主义"。[①] 然而，随后中国土地制度变革的实践，恰恰证明了无论在农村，还是在城市，土地国有在中国都没有导致"最纯粹、最彻底、最完善的资本主义"，相反，倒是在土地国有遭到破坏而为等级权力所支配之后，出现了孙中山当年所最担心的私人占有资本主义式的暴利！

在经济学上，孙中山站在马克思经济学一边的立场是十分鲜明的。《民立报》发表的记录稿中有如下一段对此说得很清楚："今日经济学家恒分二派：一旧经济学派，如亚丹斯密等是；一新经济学派，如马克思等是。欧美各国学校，多讲旧经济学，深信亚丹斯密三原素分配之法，反对社会主义。即我国留学生其所学亦多属旧派，对于新经济学，颇少研究，实则新经济学乃主张分配之真理，必此理日明，而社会主义乃有实行之理。"[②] 同一演讲中，孙中山还说："社会主义家日众，真理日明，而知亚丹斯密、马尔达（马尔萨斯）、达尔文及功利派之种种学说，皆为似是而非之说，而社会主义遂日受欢迎矣。"[③] 经济学上这样的抉择，表明孙中山的社会主义主张并非出于情感主义，而确实具有马克思主义经济学这一理论基础。

---

① 《中国民主主义和民粹主义》，见《列宁选集》第2卷，294页，北京人民出版社，1995。

② 《民立报》，1912-10-23；又见《孙中山集外集补编》，113页。参见《孙中山集》第2卷，515～516页。

③ 《孙中山集外集补编》，110页，参见《孙中山全集》第2卷，513页。

其五，中国实现社会主义的可能及其途径。

孙中山说：

> 我国提倡社会主义，人皆斥为无病之呻吟，此未知社会主义之作用也。处今日中国而言社会主义，即预防大资本家之发生可矣。此非无病之呻吟，正未病之防卫也。不必全法欧美之激烈对待，而根本学理和平防止可矣。①

这里最值得注意的正是“不必全法欧美之激烈对待”，即中国不必像欧美那样先任资本主义自由发展，待到无产阶级和资产阶级尖锐对立形成，资产阶级掌握经济、政治、意识形态全部统治权力后，再去倡导社会主义。孙中山坚持中国是完全有条件选择社会主义道路而不选择欧美式的资本主义道路走向现代文明的。

孙中山认为，社会主义在中国的实现，首先要确保铁路、矿业、森林、航路及其他大公司、大资本“尽为公有之社会事业”，避免为“少数资本家所垄断专制”；同时要实行“土地公有”，因“社会之进化，土地再经过二三十年后，其值可增至万倍”，要及早“规定地价及征收地价税”，使现今地价出之于平，并使“此后地价之增加，咸为公家所有，私人不能享有其利”。②

先前人们对孙中山这两大主张的批评，一是既然新建立的国家是资产阶级国家，那么“国有”或“公有”便只能是资产阶级共同所有；二是土地公有无视如何保障广大农民“耕者有其田”这一当时最为急迫的土地问题。孙中山在辛亥革命时期诠释“平均地权”时，确实很少提及“耕者有其田”，而更多关心在工业化、城市化进程中土地飞速增值后利益如何为平民共享的问题，这使他的纲领无法在广大无地、少地的农民那里获得应和，这无疑是他所规划的走向社会主义之路中的一大缺陷。而断言孙中山关于铁路、大公司、大资本国有化的主张实际上是要使之归资产阶级国家所独占，则显然有违孙中山之初衷，也不符合中国随后发展的实际。孙中山在强调发展国有经济时，在国家的性质问题上并没

---

① 《孙中山全集》第2卷，520页。

② 同上书，522页。

有丝毫含糊：

准国家社会主义，公有即为国有，国为民国，国有何异于民有！国家以所生之利，举便民之事，我民即共享其利。①

其六，关于社会主义社会教育、养老、医疗等公共事业的发展。孙中山在演讲中指出：

鄙人对于社会主义，实欢迎其利国福民之神圣，本社会之真理，集种种生产之物产，归为公有，而收其利。实行社会主义之日，即我民幼有所教，老有所养，分业操作，各得其所。我中华民国之国家，一变而为社会主义之国家矣。②

社会主义的出发点就是维护广大被压迫、被剥削的平民的根本利益，实现人的普遍解放和全面而自由的发展。社会主义的终极目标，就是人的解放与发展，特别是广大平民的解放与发展。社会主义在实现资本、土地公有之后，如何才能够确实保障人的这种解放与发展？孙中山认为，社会主义的人道主义、经济主义，要落实到全体社会成员，就要抓住教育、养老、医疗及其他公共事业等环节。在教育方面，孙中山强调："教育平等，凡为社会之人，无论贫贱，皆可入公共学校，不特不取学膳等费，即衣履书籍，公家任其费用。尽其聪明才力，各分专科，即资质不能受高等教育者，亦按其性之所近，授以农、工、商技艺，使有独立谋生之材。卒业以后，分送各处服务，以尽所能。"③ 在养老方面，孙中山主张社会对老人尽供养之责："设公共养老院，收养老人，供给丰美，俾之愉快，而终天年，则可补贫穷者家庭之缺憾。"④ 在医疗保健方面，孙中山主张对于患病者应"设公共病院以医治之，不收医

① 《孙中山全集》第2卷，521页。
② 同上书，523页。
③ 同上。
④ 同上。

治之费，而待遇与富人纳资者等”[①]；在其他公益方面，他主张设聋哑残疾院，以善待残疾人；设公共花园，以供人们休闲娱乐，等等。在发展教育、养老、医疗等所有这些问题上，孙中山都特别强调了“人民平等”，强调了人们“虽有劳心劳力之不同，然其为劳动则同也。官吏与工人，不过以分业之关系，各执一业，并无尊卑贵贱之差也”。他认为，社会主义国家消除了尊卑贵贱之阶级，便能做到使广大人民“农以生之，工以成之，商以通之，士以治之，各尽其事，各执其业，幸福不平而自平，权利不等而自等，自此演进，不难致大同之世”。[②]

从孙中山在中国社会党总部所作的这一演讲可以看出，孙中山对社会主义学说的了解是相当系统、相当深入的。《民立报》所载演讲记录，孙中山开宗明义就说：“鄙人久为怀抱社会主义之一人。”他直率批评中国社会党党纲“似乎于社会主义精髓，有所未尽”，并指出：“社会主义精奥复杂，非但我国人未窥底蕴，而欧美人亦多不了了”。[③] 而他所展示的社会主义观，则清楚表明，他对社会主义学说进行了非常认真的研究，并热切地认同马克思主义唯物史观和经济学说。对于中国为什么必须选择社会主义和如何走向社会主义所进行的思考，是非常严肃的，他要将中国建成世界上第一个社会主义国家，也是十分真诚的。不久，中国政局的重大变动，即袁世凯指使暗杀宋教仁，图谋摧毁共和制度，颠覆新生的中华民国，使孙中山不得不将主要注意力和工作重心转向重新组织武装斗争、政治斗争。而 1915 年 11 月 10 日致第二国际的信则表明，即使在这样的形势下，他也没有放弃在中国实现社会主义的理想，并力图将争取建立世界上第一个社会主义国家的斗争同反对袁世凯、保卫新生共和国的斗争结合起来一并进行。孙中山无愧为俄国十月革命前努力以社会主义理想建设中国的伟大先行者，他不仅是最积极的倡导者、鼓吹者、宣传者，而且是最真诚的实践者、身体力行者。

四、学理渊源

孙中山 1903 年 12 月在檀香山致函国内，便明确表示：

---

① 《孙中山全集》第 2 卷，524 页。

② 同上书。

③ 《孙中山集外集补编》，103 页。

所询社会主义，乃弟所极思不能须臾忘者。①

1905年5月，他在布鲁塞尔会见社会党国际执行局主席王德威尔德和书记胡斯曼时，更清楚地表示：

中国社会主义者要采用欧洲的生产方式，使用机器，但要避免其种种弊端。他们……中世纪生产方式将直接过渡到社会主义的生产阶段……②

尽管孙中山要求第二国际接纳中国革命党为其成员的要求未得到满足，他与各国社会主义的交往却始终未中断。法国一位研究者指出，孙中山"利用周游世界的机会，实地考察西方各国的政府形式，并广泛地介绍中国问题以及他所领导的运动。欧洲的社会党人正是通过他了解中国和中国的社会主义运动。他们也向他通报了由各式人物和派别领导的斗争情况"。"孙中山及其合作者在国外或通过去中国的外国人，同比利时、法国、英国和美国等国的社会主义报刊记者保持接触。欧洲左翼报刊经常刊登同情中国的文章。1911年清王朝被推翻后，这种联系得到了进一步发展。孙中山及其同伴与布鲁塞尔和巴黎的关系更为密切。"③如此频繁的交往，当然会使孙中山对当时欧美各国社会主义运动的了解，超过同时代其他几乎所有中国人。

孙中山还非常注意通过各种专门讨论社会主义的著作较为系统而深入地了解欧美各国社会主义运动的状况及各派的理论主张。上海孙中山故居现存西文藏书中1915年以前出版的这类专著就有：

1. C. H. Vail：《科学社会主义原论》(*Principles of Scientific So-*

① 《警钟日报》，1904年4月26日；《孙中山全集》第1卷，228页；《中国的社会主义》，布鲁塞尔法文版《人民报》，1905-05-20。

② 《近代史资料》，1979(2)。

③ [法]马·拉什丽娜：《第二国际和中国革命》，译自若·奥普特等主编：《第二国际和东方》，1967年巴黎法文版，见中共中央马恩列斯著作编译局国际共运史研究会编《国际共运史研究资料》第13辑，284页，北京，人民出版社，1985。

cialism），芝加哥，1899。

2. J. B. Peixotto：《法国革命与现代法国社会主义》（*The French Revolution and Modern French Socialism*），纽约，1901。

3. M. Hirsch：《民主主义与社会主义》（*Democracy Versus Socialism*），伦敦，1901。

4. W. H. Mallock：《对社会主义批判的检验》（*A Critical Examination of Socialism*），伦敦，1908。

5. J. T. Stoddard：《新社会主义》（*The New Socialism：An Impartial Inquiry*），伦敦，1909。

6. R. W. Kauffman：《什么是社会主义》（*What Is Socialism*），纽约，1910。

7. R. H. Macdonald：《社会主义运动》（*The Socialist Movement*），伦敦，1911。

8. S. Nearing：《社会调节》（*Social Adjustment*），纽约，1912。

9. W. E. Walling：《社会主义大局》（*The Larger Aspects of Socialism*），纽约，1913。

10. B. Adams：《社会革命之理论》（*The Theory of Social Revolutions*），纽约，1913。

11. F. J. Melvin：《作为社会学理想的社会主义》（*Socialism as the Sociological Ideal：A Broader Basis for Socialism*），纽约，1915。

12. A. W. Humphrey：《国际社会主义与战争》（*International Socialism and the War*），伦敦，1915。

专门研究欧美各国阶级冲突与工人运动的著作，1915 年前出版的有：

1. T. G. Spyers：《劳工问题》（*The Labour Question：An Epitome of the Evidence and the Report of the Royal Commission on Labour*），伦敦，1894。

2. B. Kidd：《社会进化》（*Social Evolution*），纽约，1895。

3. C. B. Spahr：《美国财富分配现状》（*An Essay On the Present Distribution of Wealth in the United States*），纽约，1896。

4. H. George：《社会问题》（*Social Problems*），伦敦，1898。

5. G. Tarde：《社会规律》(*Social Laws*)，纽约，1899。

6. G. F. Lydston：《社会的弊端》(*The Diseases of Society*)，伦敦，1904。

7. J. R. Day：《对繁荣的入侵》(*The Raid on Prosperity*)，纽约，1908。

8. L. Austin：《美国无产者的兴起》(*The Rise of the American Proletarian*)，芝加哥，1910。

9. E. J. Urwick：《社会进步的哲学》(*A Philosophy of Social Progress*)，伦敦，1912。

10. S. J. Webb 等：《防止贫困》(*The Prevention of Destitution*)，伦敦、纽约，1912。

11. R. W. Babson：《工人阶级的未来》(*The Future of the Working Classes*)，伦敦，1913。

12. H. Münsterberg：《今日之社会研究》(*Social Studies of Today*)，伦敦，1913。

13. C. A. Ellwood：《社会问题》(*The Social Problem：A Constructive Anralysis*)，纽约，1915。

14. J. A. D. Gobineau：《人类的不平等》(*The Inequality of Human Races*)，伦敦，1915。

关于了解各国乡村与城市土地问题，故居中现存 1915 年前西文著作至少有以下一些：

1. F. Seebohn：《英国村社》(*The English Village Community Examined in Its Relations to the Manorial and Trial Systems*)，伦敦，1884。

2. W. Epps：《大洋洲的土地制度》(*Land Systems of Australasia*)，伦敦，1902。

3. W. A. Somers：《为征税对不动产进行估价》(*The Valuation of Real Estate for the Purpose of Taxation*)，明尼苏达，1901。

4. F. Verinder：《土地、工业和税制》(*Land，Industry and Taxation*)，伦敦，1902。

5. J. Hyder：《土地国有化实例》(*The Case for Land Nationalisati-*

on)，伦敦，1907。

6. H. J. S. Maine：《东方与西方的村庄》(*Village-Communities in the East and West*)，伦敦，1907。

7. R. M. Hurd：《城市土地价值原则》(*Principles of City Land Values*)，纽约，1911。

8. D. T. Morgan《土地信贷：为美国农民请愿》(*Land Credits：A Plea for the American Framer*)，纽约，1915。

孙中山故居现存马克思著作有两个英文版的《政治经济学批判》(芝加哥，1904 年、1911 年)。《资本论》英文版未见收藏，但孙中山多次介绍这部著作及其中许多重要观点，应当读过这部名著。①

故居中现存上述西文著作和论述欧美各国经济、政治、社会现状与历史的大量其他著作表明，孙中山的社会主义思想有着深厚的学理基础，他对于欧美历史与现状有着广泛的、直接的了解。正是依靠孙中山的不断努力，他从社会党国际局和许多国家社会党、社会民主党那里获得了同情和支持。社会党国际局书记胡斯曼于 1913 年 9 月发出通知，要求所属各社会党、社会民主党发起一场运动，支持中国进步势力。不久，又写信给孙中山，保证“将来欧洲尽一切可能支持中国的事业”②。孙中山 1915 年 11 月 10 日致第二国际的覆信，当是对胡斯曼上述立场的积极回应。可惜的是，当时第一次世界大战已经爆发，当孙中山的信函到达第二国际时，第二国际实际上已停止活动，双方的联系与合作就此中断。但孙中山以社会主义理想建设中国的努力并未就此放弃。1917 年 2 月开始，他着手撰写《国际共同发展中国实业计划》(*The International Development of China*)，该年 6 月 19 日在上海用英文发表了其中的第一计划。该计划拟定中国经济发展的大方针、大政策，主旨就是广泛引进欧美发达国家的资金、技术、人才，发展中国实业，“欲使外

① 莱恩·夏曼：《孙逸仙生平及其思想》(斯坦福大学，1934 年)考订，孙中山 1897 年在伦敦大英博物馆阅读期间，已从书籍中接触到马克思。《资本论》英文本 1887 年出版。E. A. 安纵林所作的《资本论》介绍《学生们的马克思》出版于 1892 年。见陈锡祺主编《孙中山年谱长编》上卷，137 页，北京，中华书局，1991。

② 《孙中山全集》第 6 卷，398 页。

国之资本主义以造成中国之社会主义”①。这一计划绘就了中国建设社会主义更为具体的蓝图。

应当说，正因为有了上述思想基础，俄国十月革命以后，孙中山方才会那么迅速旗帜鲜明地对列宁领导的俄国社会主义革命表示真切同情和热烈支持，并期待中俄两国革命党团结共同斗争。十月革命一声炮响，给中国送来的是布尔什维主义，是俄国革命模式，随后又给中国送来第三国际。因为有了俄国第一个社会主义国家建立的成功实践，孙中山方才转而“以俄为师”，倡导学习俄国社会民主工党（布尔什维克）的组织，宣传及建立工农革命武装的成功经验，最后，接受苏俄与共产国际的帮助，和新生的中国共产党合作，改组国民党。

于此可见，俄国十月革命以前孙中山在中国倡导建立社会主义，努力号召以社会主义理想建设中国，尽管有许多不成熟的地方，但无论如何，不能否定他对于社会主义学说，特别是对马克思主义及各国社会主义运动相当程度的了解，尤其不能否定他的许多具有创造性的思考，诸如关于中国不应重复欧美先发展资本主义然后再实现社会主义以走向现代文明的现代化道路的思路；关于中国应通过建立民主国家，发展国营经济和土地公有以建立社会主义经济基础的构想；关于中国应有效防止资本家与大地主攫取巨额财富，而切实做到人们通过劳动，按劳取酬的设计；关于中国资产阶级力量很弱，中国有可能用和平方式解决无产阶级与资产阶级矛盾的考虑；关于国家利用所掌握的土地、大资本、大企业所获得的财富，发展教育、养老、医疗等公共事业，以使人们得以各尽其能、各得其所的制度安排；关于和各国社会主义运动互相支援，以及实行对外开放，利用资本主义国家资本、技术、人才以成就中国社会主义事业的战略，等等。检视随后中国共产党人形成的中国新民主主义及中国特色社会主义理论与实践，不难发现，它们与孙中山先前思考相通相应的某种内在脉络。

① 《孙中山全集》第6卷，398页。

新民主主义为过渡时期理论所取代历史背景的一项考索

新中国成立以后不久，以毛泽东为首的一批中国共产党人，骤然放弃了先前有效地实践了的新民主主义，转而全盘接受了苏联过渡时期理论。这一转变，成为近些年来国内外史家关注的一个热点。杨奎松《毛泽东为什么放弃新民主主义——关于俄国模式的影响问题》、胡绳《毛泽东的新民主主义论再评论》、逄先知等《毛泽东与过渡时期总路线》、于光远《“新民主主义社会论”的历史命运》等文，从不同角度推进了这一问题的研究。①

不少论者仍坚持过渡时期理论是新民主主义的应有之义与必然发展，是毛泽东针对建国后出现的新形势、新问题，对中国社会主义革命道路作出的独特的、极具创造性的贡献，尽管其实施过程有过快过急的缺陷，仍应充分给予肯定。

---

① 上述诸文分别刊于《近代史研究》，1997（4）；《中共党史研究》，1999（3）；《党的文献》，2001（4）；《二十一世纪》，2003年8月号。其他相关成果可参阅肖冬：《关于毛泽东从新民主主义到社会主义转变理论及过渡时期总路线研究综述》，载《中共党史研究》，2003（4）。

然而审视一下毛泽东过渡时期理论的核心观念便不难发现，它们与新民主主义的核心观念常常截然对立，与后来无产阶级专政下的继续革命理论的核心观念倒惊人的一致。为了更为深刻地认识过渡时期理论的实质，有必要对毛泽东过渡时期理论核心观念形成的历程及其同新民主主义、无产阶级专政下继续革命理论的关系，作非常认真的全面梳理。本文试图通过对毛泽东过渡时期理论几个核心观念形成过程中若干关键性事件的辨析，对此提出一些浅见。

一、过渡时期理论核心观点的形成及列宁晚年的反思

十月革命后，列宁和俄共（布）打算“直接用无产阶级国家的法令，在一个小农国家里按共产主义原则来调整国家的生产和产品分配”①。1921 年 10 月 29 日，列宁在莫斯科省第七次党代表会议上就此反省时说：“你们回想一下我们党从 1917 年底到 1918 年初所作的各种正式的和非正式的声明，可以看出我们那时就认为革命的发展、斗争的发展，可能是通过比较短的道路，也可能是通过漫长的而艰苦的道路。但是，在估计可能的发展时，我们多半（甚至我不记得有何例外）都是从直接过渡到社会主义建设这种推断出发的，可能这种推断并不总是公开表达的，但始终是默然意会的。”②

过渡时期理论正是在这一背景下，适应这一需要而创立的。

集中阐述过渡时期理论的，是列宁 1919 年 10 月 30 日所撰写的《无产阶级专政时代的经济和政治》以及在此前后所撰写的一批文章。

文章首先指出：“在资本主义和共产主义中间隔着一个过渡时期，这在理论上是毫无疑义的。这个过渡时期不能不兼有这两种社会经济结构的特点或特征。这个过渡时期不能不是衰亡着的资本主义与生长着的共产主义彼此斗争的时期，换句话说，就是已被打败但还未被消灭的资本主义和已经诞生但还非常脆弱的共产主义彼此斗争的时期。”③ 此前，

① 列宁：《十月革命四周年》，见《列宁全集》第 33 卷，39 页，北京，人民出版社，1985。列宁在这篇文章中坦率地承认：“现实生活说明我们犯了错误。”

② 同上书，64～65 页。

③ 《列宁全集》第 4 卷，84 页，北京，人民出版社，1985。

在《无产阶级革命和叛徒考茨基》中，列宁已说过："从资本主义过渡到共产主义是一整个历史时代。只要这个时代没有结束，剥削者就必然存在着复辟希望，并把这种希望变为复辟尝试。……他们在遭到第一次严重失败以后，就以十倍的努力、疯狂的热情、百倍的仇恨投入战斗，为恢复他们被夺去的'天堂'、为他们的家庭而斗争……"[①] 正是基于这一估计，过渡时期的本质，就被确定为无情镇压资产阶级的反抗，彻底消灭资本主义与资产阶级。

《无产阶级专政时代的经济和政治》还指出，过渡时期还有另一项根本性任务，这就是同农民小商品生产进行不调和的斗争。这是因为"农民经济仍然是小商品生产，这是一个非常广阔和极其深厚的资本主义基础。在这个基础上，资本主义得以保留和复活起来，而且同共产主义进行极其残酷的斗争"[②]。稍后，在《共产主义运动中的"左派"幼稚病》中，这段论述被概括为一段更为有名的结论："小生产是经常地、每日每时地、自发地和大批地产生着资本主义的和资产阶级的。"[③]

为了完成过渡时期的历史任务，必须坚定不移地实行无产阶级专政。《无产阶级专政时代的经济和政治》指出："在无产阶级专政时代，阶级始终是存在的。阶级一消失，专政也就不需要了。没有无产阶级专政，阶级是不会消失的。"[④] 在《共产主义运动中的"左派"幼稚病》中，列宁更指出："无产阶级专政是新阶级对更强大的敌人，对资产阶级进行的最奋勇和最无情的战争……无产阶级专政是必要的，不进行长期的、拼命的、殊死的战争，不进行需要坚持不懈、纪律严明、坚韧不拔和意志统一的战争，便不能战胜资产阶级。"[⑤] 而之所以称作专政，列宁解释说："专政就是铁的政权，是有革命勇气的和果敢的政权，是无论对剥削者或流氓都实行无情镇压的政权。"[⑥] "人类只有经过无产阶级专政，才能达到社会主义。专政，这是一个残酷的、严峻的、血腥

---

① 《列宁选集》第3卷，612页，北京，人民出版社，1995。

② 《列宁全集》第4卷，86页。

③ 同上书，181页。

④ 同上书，91页。

⑤ 同上书，181页。

⑥ 列宁：《苏维埃政权的当前任务》，见《列宁选集》第3卷，497页。

的、痛苦的字眼，这样的字眼是不能随便乱讲的。社会主义者提出了这样的口号，是因为他们知道，除非进行殊死的无情的斗争，剥削阶级是不会投降的，它将用各种好听的字眼来掩盖自己的统治。”① 而这一专政，需要“使千百人的意志服从于一个人的意志”，因为“个人独裁成为革命阶级独裁的表现者、体现者和贯彻者”。②

现代“小资产阶级民主派”不了解也不承认过渡时期的上述特点。《无产阶级专政时代的经济和政治》指出：“小资产阶级民主派根本就厌恶阶级斗争，幻想逃避这种斗争，力图缓和、调和和钝化这种斗争。所以这类民主派根本不承认从资本主义过渡到共产主义的整个历史阶段，或者认为自己的任务是设法把相互斗争的两种力量调和起来，而不是领导其中一种力量进行斗争。”③

以上这些论点，是正在实行中的军事共产主义的理论概括，也是全力推行军事共产主义的理论基础。然而，实践很快证明，这一理论以及与此相应的各项政策，使新生的苏俄迅速为极其严重的经济、社会和政治危机所笼罩。农业生产力遭到严重的破坏，工业生产大幅度下降，如列宁 1921 年 10 月所说：“由于我们企图过渡到共产主义，到 1921 年春天我们就在经济战线上遭受了严重的失败，这次失败比高尔察克、邓尼金或皮尔苏茨基使我们遭受的任何失败都要严重得多、危险得多。”④ 几百万人在饥荒中死亡，死亡人口最多的地区，就是各项军事共产主义政策贯彻得最彻底的地区。农民暴动在俄国各地成了“普遍现象”。列宁痛心地说：“到了 1921 年，当我们度过了而且是胜利地度过了国内战争最重要的阶段以后，我们就遭到了苏维埃俄国内部巨大的，我认为是最大的政治危机，这个危机不仅引起相当大的一部分农民的不满，而且引起工人的不满。当时广大的农民群众在情绪上不是自觉地，而是本能地反对我们的，这在苏俄的历史上是第一次，我希望也是最后一次。”⑤

① 列宁：《关于用自由平等口号欺骗人民》，见《列宁选集》第 3 卷，813 页。

② 列宁：《苏维埃政权的当前任务》，见《列宁选集》第 3 卷，500、499 页。

③ 《列宁全集》第 4 卷，85 页。

④ 《列宁全集》第 33 卷，44 页。

⑤ 同上书，380 页。

四年的实践已充分证明，由以上核心观念构成的过渡时期理论与军事共产主义实践，并非颠扑不破的客观真理。试图在小生产广泛存在的基础上，依靠国家政治权力的强制作用和无情的斗争，直接进入共产主义的生产和分配，违背马克思主义的基本原理，在社会变革实践中必然造成巨大的破坏性的后果。列宁和俄共（布）不得不开始退却。但是，面对随后的实践，列宁终于开始对军事共产主义进而对整个过渡时期理论进行全面的深刻的反思。在一个小农占优势的落后国家，究竟应当如何走向社会主义？列宁说："我们不得不承认我们对社会主义的整个看法根本改变了。"① 这里所强调的是"整个看法"和"根本改变"，集中表现在以下几方面。

其一，先前强调整个过渡时期是生长着的共产主义和衰亡着的资本主义进行你死我活不可调和斗争的时期，这个时期阶级斗争必然空前尖锐化。这时，列宁的见解改变了。他指出："不进行争取国家政权的阶级斗争，社会主义就不能实现。但是……国家政权既已掌握在工人阶级手里，剥削者的政权既已推翻，全部生产资料（除工人国家暂时有条件地自愿租给剥削者的一部分生产资料外）既已掌握在工人阶级手里，情况就大不一样了。……这种根本的改变表现在：从前我们是把重心放在而且也应该放在政治斗争、夺取政权等等方面，而现在重心改变了，转到和平的组织'文化'工作上去了。"这个文化工作，包括两个方面：一是纯粹文化方面，因为俄国文盲很多；二是物质方面，因为要成为文明国家就必须有相当发达的物质生产资料的生产，必须有相当的物质基础，"只要实现了这个文化革命，我们的国家就能成为完全的社会主义国家了"②。

其二，先前一再强调农民小资产阶级"自发势力是我国社会主义的主要敌人"③，"小私有者和极端利己主义的自发势力是无产阶级的死敌"④，这时，列宁转而要求俄国农民"应该牢牢记住"要具有"做商

① 列宁：《论合作社》，见《列宁选集》第4卷，773页，北京，人民出版社，1995。

② 同上书，772～774页。

③ 列宁：《论"左派"幼稚病和小资产阶级性》，见《列宁全集》第3卷，540页。

④ 《列宁全集》第27卷，260页，北京，人民出版社，1990。

人的本领”，要了解“他现在是按亚洲方式做买卖，但是为了善于做商人，就得按欧洲方式做买卖”。他还写道：“现在全部问题在于，要善于把我们已经充分表现出来而且取得完全成功的革命气势、革命热情同（这里我几乎要说）做一个有见识的和能写会算的商人的本领（有了这种本领就足以成为一个优秀的合作社工作者）结合起来。”① 在经过彻底摧毁中世纪制度和大地主的土地所有制，并在这个基础上培植出广大的小农和最小农的情况下，保持住工人政权在小农和最小农中间的威信和对他们的领导主要不是依靠在农村中持续不断地开展阶级斗争，而是“发展我们的大机器工业，发展电器化”，使俄国“从农民的、庄稼汉的穷苦的马上”跨到“大机器工业、电气化、沃尔霍夫水电站工程等等的马上”，使社会主义“将能够不是在小农国家的水平上，不是在这种普遍的局限性的水平上坚持下去，而是在不断地前进、向着大机器工业前进的水平上坚持下去”②。

其三，先前一再强调“专政是直接凭借暴力而不受任何法律约束的政权”，“无产阶级的革命专政是由无产阶级对资产阶级采用暴力手段来获得和维持的政权，是不受任何法律约束的政权”③，是对资产阶级及其他社会主义敌人最无情最奋勇的殊死斗争。这时，列宁思考得最多的却是如何“改造我们原封不动地从旧时代接收过来的简直毫无用处的国家机关”④。他发现：“我们的国家机关，除了外交人民委员部，在很大程度上是旧事物的残余，极少有重大的改变。这些机关仅仅在表面上稍微粉饰了一下，而从其他方面来看，仍然是一些最典型的旧式国家机关。”⑤ 而如何改造？列宁最关注的，就是如何使这些国家机关通过俄国工农中的优秀分子而同真正的广大群众联系起来，以及使国家机关的组织和工作有计划、有目的、有系统。

其四，先前痛斥“小资产阶级民主派”设法把相互斗争的两种力量

---

① 《论合作社》，见《列宁选集》第4卷，770页。

② 《宁肯少些，但要好些》，见《列宁选集》第4卷，797页。

③ 《无产阶级革命和叛徒考茨基》，见《列宁选集》第3卷，594页。

④ 《论合作社》，见《列宁选集》第4卷，773页。

⑤ 《我们怎样改组工农检查院》，见《列宁选集》第4卷，779页。

“调和起来”，这时，正是列宁本人，一再强调必须“在城市工人与农村雇工之间建立交往，在他们之间建立一种他们之间可以很容易建立起来的友好互助形式”，力主“应当从建立城乡的交往开始，决不给自己提出向农村推进共产主义这种事先定下的目标”，指明“这个目标现在是达不到的。这种目标是不合时宜的。提出这种目标不但无益，反而有害”[①]。

这些事实表明，军事共产主义实践中形成的“过渡时期理论”，这时确实“整个看法”发生了“根本改变”。先前反复强调的各种核心观念，这时如果不说已基本上被否定，那至少也应被认为大大冲淡。“过渡时期理论”与列宁晚年的思考，实际上代表了走向社会主义两条不同道路的探索。列宁去世后，斯大林主导的苏联社会主义实践，重新突出了“过渡时期理论”，列宁最后的探索被许多人所忽视和遗忘了。

然而，尽管斯大林在苏联实行工业化和农业集体化、镇压社会上和党内对此持异议者的过程中，反复重申并具体实践了列宁原先的过渡时期理论，这一理论对于正在领导民族民主革命的中国共产党，特别是毛泽东本人，都未产生很大影响。毛泽东本人所着力构建的新民主主义，不能说和上述列宁—斯大林过渡时期理论无关，但是，在一系列重大问题上，两者主张常常是完全不同。

首次提出“新民主主义革命”这一概念的《中国革命和中国共产党》(1939 年 12 月 15 日发表）便提出：

> ……中国现时的革命阶段，是为了终结殖民地、半殖民地、半封建社会和建立社会主义社会之间的一个过渡阶段，是一个新民主主义的革命过程。……
>
> ……
>
> ……中国革命的终极的前途，不是资本主义的，而是社会主义……
>
> ……在革命胜利之后，因为肃清了资本主义发展道路上的障碍物，资本主义经济在中国社会中会有一个程度的发展，是可以想象得到的，也是不足为怪的。资本主义会有一个相当程

① 《日记摘抄》，见《列宁选集》第 4 卷，765 页。

> 度的发展，这是经济落后的中国在民主革命胜利之后不可避免的结果。但这只是中国革命的一方面结果，不是它的全部结果。中国革命的全部结果是：一方面有资本主义因素的发展，又一方面有社会主义因素的发展。这种社会主义因素是什么呢？就是无产阶级和共产党在全国政治势力中的比重的增长，就是农民、知识分子和城市小资产阶级或者已经或可能承认无产阶级和共产党的领导权。所有这一切，都是社会主义的因素。加以国际环境的有利，便使中国资产阶级民主革命的最后结果，避免资本主义前途，实现社会主义前途，不能不具有极大的可能了。①

1940年1月19日完成的《新民主主义论》，首次提出“新民主主义社会”与“新民主主义国家”等概念，阐明新民主主义革命的胜利，“绝不是也不能建立中国资产阶级专政的资本主义的社会，而是要建立中国各个革命阶级联合专政的新民主主义社会”，新民主主义共和国既不同于资本主义的共和国，也不同于社会主义的共和国，“这是一定历史时期的形式，因而是过渡的形式，但是不可移易的必要的形式”。②

新民主主义在这里被定位为一个过渡阶段，是从半殖民地半封建社会转向社会主义社会的一个过渡阶段。这一阶段，当然也进行着激烈的阶级斗争，包括反对帝国主义、封建主义以及投靠帝国主义和封建主义沆瀣一气的大资产阶级，但是，在新民主主义社会或新民主主义国家中，实行的却是“各革命阶级联合专政”，“几个反对帝国主义的阶级联合起来共同专政”，“一切反帝反封建的人们联合专政”。③“革命阶级”在《新民主主义论》中主要指“中国无产阶级、农民、知识分子和其他小资产阶级”，他们被定位为“决定国家命运的基本势力”，④而在《论联合政府》中，除去以上阶级外，又明确加进了“自由资产阶级、开明士绅及其他爱国分子”。⑤“自由资产阶级”在《毛泽东选集》中改为

---

① 《中国革命和中国共产党》，见《毛泽东选集》第2卷，647～650页。

② 《新民主主义论》，见《毛泽东选集》第2卷，675页。

③ 见《毛泽东选集》第2卷，677、676、675页。

④ 同上书，674页。

⑤ 《论联合政府》，见《毛泽东选集》第3卷，1056页，北京，人民出版社，1991。“自由资产阶级”在收入《选集》时改作“民族资产阶级”。

"民族资产阶级"，强调这些阶级之间也有其不同的要求，它们之间仍然存在着矛盾，例如劳资之间的矛盾，但是，这种不同要求，这种矛盾，"在整个新民主主义制度的阶段上，不会也不应该使之发展到超过共同要求之上。这种矛盾和这种不同的要求，可以获得调节。在这种调节下，这些阶级可以共同完成新民主主义国家的政治、经济与文化的各项建设"。[①] 不是无产阶级一个阶级专政，而是无产阶级和农民阶级、小资产阶级、民族资产阶级的联合执政，这与列宁—斯大林在过渡时期政府中所力主的无产阶级不受任何约束直接凭借暴力的专政自然非常不同。

新民主主义与列宁—斯大林过渡时期理论另一重大区别，是在对于资本主义地位和作用的估计上。1944 年 3 月，毛泽东在中共中央宣传委员会召开的宣传工作会议上指出："现在中国还不是资本主义国家，资本主义不占优势，所以中国的文化也是很弱的。现在我们建立新民主主义社会性质是资本主义的，但又是人民大众的，不是社会主义，也不是老资本主义，而是新资本主义，或者说是新民主主义。"[②] 1945 年 3 月，在中共六届七中全会上，他就政治报告《论联合政府》指出："……只有经过民主主义，才能到达社会主义，这是马克思主义的天经地义。这就将我们同民粹主义区别开来，民粹主义在中国与我们党内的影响是很大的。这个报告与《新民主主义论》不同的是确定了需要资本主义的广大发展，又以反专制主义为第一。……资本主义的广大发展在新民主主义政权下是无害有益的……"[③] 1945 年 4 月在中共七大上所作的口头政治报告中，毛泽东再次强调："我们这样肯定要广泛地发展资本主义，是只有好处，没有坏处的。对于这个问题，在我们党内有些人相当长的时间里搞不清楚，存在一种民粹派的思想，这种思想在农民出身的党员占多数的党内是会长期存在的。所谓民粹主义，就是要直接由封建经济发展到社会主义经济，中间不经过发展资本主义阶段。"[④]

---

① 《论联合政府》，见《毛泽东选集》第 3 卷，1056 页。

② 《关于陕甘宁边区的文化教育问题》，见《毛泽东文集》第 3 卷，110 页。

③ 《对〈论联合政府〉的说明》，见《毛泽东文集》第 3 卷，275 页。

④ 《在中国共产党第七次全国代表大会上的口头政治报告》，见《毛泽东文集》第 3 卷，322～333 页。

5月，在中共七大上所作的结论中，毛泽东重申："我们提倡的是新民主主义的资本主义，这种资本主义有它们的生命力，还有革命性。……新民主主义的资本主义将来还有用，在中国及欧洲、南美的一些农业国家中还有用，它的性质是帮助社会主义的，它是革命的有用的，有利于社会主义的发展的。"[①] 也正是基于这一判断，毛泽东和中共中央确定"解放区劳资关系必须取合作方针，以达发展生产繁荣经济之目的"。[②]新民主主义国民经济的指导方针是："必须紧紧地追随着发展生产、繁荣经济、公私兼顾、劳资两利这个总目标。一切离开这个总目标的方针、政策、办法都是错误的。"[③]

新民主主义与列宁—斯大林过渡时期理论的第三大区别，是新民主主义坚持在实现了工业化的基础上而绝不能在落后的小生产基础上建设社会主义。1944年7月毛泽东在接见英国记者斯坦因时就说过，在封建土地所有制下的分散的个体小农经济下，农民被土地束缚着，没有自由，彼此很少往来，过着愚昧落后的生活，"这种经济是中国古代封建主义和独裁专制的基础"，"未来的新民主主义社会不可能建立在这样的基础上，中国社会的进步将主要依靠工业的发展"。据此他断言："我们不是空想家，我们不能离开当前的实际条件。中国到达社会主义和共产主义阶段，比起你们经济高度发达的西方国家，很可能要晚相当长的时间。"[④] 1944年8月31日，他在给秦邦宪的信中，在论述了农民进军队、进工厂、进学校、移民、外出做革命工作、找其他职业，从而使原有家庭破坏的必然性与必要性后，着重指出："新民主主义社会的基础是工厂（社会生产、公营和私营的）与合作社（变工队在内），不是分散的个体经济。分散的个体经济——家庭农业与家庭手工业是封建社会的基础，不是民主社会（旧民主、新民主、社会主义一概在内）的基

① 《在中国共产党第七次全国代表大会上的结论》，见《毛泽东文集》第3卷，384～385页。

② 《关于工业与工运问题的方针》，见《毛泽东文集》第4卷，101～102页。

③ 《目前形势和我们的任务》，见《毛泽东选集》第4卷，1256页。

④ 《同英国记者斯坦因的谈话》，见《毛泽东文集》第3卷，207页。

础，这是马克思主义区别于民粹主义的地方。简而言之，新民主主义社会的基础是机器，不是手工。”① 特别值得注意的是毛泽东这一时期所坚持的一个基本观点，就是分散的个体小农经济是封建独裁专制的基础，也就是说，小农经济所自发产生的并不是资本主义，而恰恰是封建专制主义。解放战争时期，随着土地改革运动在各解放区全面展开，在“平分土地”过程中，出现了要求平分社会上一切人的土地财产、平分工商业的呼声，并把这种一切平分称为“共产”，或称为“社会主义”的倾向。对此，毛泽东 1948 年 4 月在晋绥干部会议上讲话时，又专门就农业社会主义进行了正面批判：“现在农村中的一种破坏工商业，在分配土地问题上主张绝对平均主义的思想是一种农业社会主义的思想。这种思想的性质是反动的、落后的、倒退的，我们必须批判这种思想。”② 7 月，以“新华社信箱”的名义，发表了《关于农业社会主义的问答》，就这一段论述作了专门解释。问答指出：

> 以小农经济为基础的平均主义的反动方面、错误方面，就是它在主观上梦想超越这个反封建主义的界限……不独是要破坏封建的土地财产关系，而且要破坏非封建的即自由资本主义的财产关系，就是要平均主义地破坏工商业及一部分中农和新式富农的土地和财产，因而也要打击广大工业和农业生产者的向上积极性，这样，就不独不能提高社会生产力，而且必然要使社会生产力大大降低和后退。因为这种绝对平均主义主观地希望把那在工业上和农业上已发展了的和正在发展（这种发展在目前阶段是资本主义性质的）的社会经济，还原为封建时代那种孤立的小农式的社会经济，把那已发展了的和正在发展的工业，以及建立在工业与农业的发展基础上的商业，还原为自给自足的自然经济。这是违反社会历史的发展，违反社会生产

---

① 《给秦邦宪的信》，见《毛泽东文集》第 3 卷，207 页。

② 《在晋绥干部会议上的讲话》，见解放社编《目前形势和我们的任务》(标准本)，88～89 页，上海，解放社，1949。这一段论述，后来在该文收入《毛泽东选集》第 4 卷时被删去，反映毛泽东本人当时正热衷于实现农业社会主义。

力的发展，而使之后退的。所以这种想法和这种做法，乃是反动的、落后的、倒退的。①

关于土地改革以后农村可能出现新的分化问题，问答明确指出，土地改革后农民一定强度的阶级分化仍然是不可避免的，但不是没有限制的，而要真正解决这一问题，只有依靠社会化工业生产的发展。问答强调说：

社会主义不是依靠小生产可以建设起来的，而是必须依靠社会化的大生产，首先是工业的大生产来从事建设。只有社会主义才可能消灭一切贫困，才可能最后来解放农民，才可能使阶级逐步归于消灭。……没有工业的大量发展，没有大量的成千成万的农业机械供给农民使用，并使农民有可能团结于集体农场之中，而要实行社会主义的农业，那只能是反动的幻想。带有农业社会主义思想的人们，想在孤立的单个小生产经济的基础上采取绝对平均主义的办法，来企图实现社会主义，就正是这样一种反动的幻想。其结果绝不是什么社会主义的农业，而将是社会生产力的破坏与倒退。②

以上这些事实表明，毛泽东和中共中央所主张的新民主主义，更接近列宁在实行新经济政策时期对于落后国家如何走向社会主义的思考。尽管当时中国共产党领导人并没有读到列宁晚年思考的相关文献，但是，由于有列宁的《两个策略》作为思考的基本理论依据，更重要的是，经过许多曲折和挫折，这时坚持从中国实际出发，因而，思考与列宁晚年构想特别接近，而且比之列宁当时的思考更为丰满，更为成熟，更富操作性。

二、过渡时期话语霸权的确立及其对中共决策的影响

1948 年 6 月下旬，苏、保、罗、匈、捷、意等八国共产党工人党

① 《关于农业社会主义的问答》，见《目前形势和我们的任务》（标准本），139～140 页。

② 《关于农业社会主义的问答》，见《目前形势和我们的任务》（标准本），143～144 页。

代表在罗马尼亚首都布加勒斯特召开会议。苏联方面，由日丹诺夫、马林科夫、苏斯洛夫带来了由斯大林亲自审定的《关于南斯拉夫共产党状况的决议》草案，6 月 21 日日丹诺夫代表联共（布）中央代表就此作了专门报告，与会各党代表随即纷纷表明态度，决议于 23 日通过，6 月 29 日正式公布，宣布将南斯拉夫共产党开除出共产党情报局。决议指责南斯拉夫共产党中央，首先是它的领导人铁托、卡德尔、德热提斯、兰科维奇“脱离了南共国际主义的传统，走向了民族主义的道路”，特别值得注意的是决议对于南斯拉夫共产党所奉行的人民民主主义的以下几项尖锐指责。

其一，指责南共不承认在向社会主义的过渡阶段阶级斗争不断尖锐化。决议第三条说：

> 在对内政策上，南共领导者离开了工人阶级的立场，脱离了马克思主义关于阶级和阶级斗争的理论。他们否认国内资本主义成分的增长，和由此而产生的阶级斗争在南斯拉夫农村中的加剧。这种否认是从机会主义观点出发，似乎从资本主义到社会主义的过渡阶段，不是阶级斗争的尖锐化，如像马列主义所教导我们的那样，而是阶级斗争的逐渐削弱，如像布哈林式的机会主义者所鼓吹的资本主义和平成长为社会主义的“理论”一样。①

其二，指责南共不承认小生产每日、每时自发产生资本主义与资产阶级。决议同一条说：

> 南斯拉夫领导者……忽视农村的阶级分化，把个体经济看成是一个整体。违背马克思、列宁关于阶级和阶级斗争的学说。违反列宁的著名论证。列宁说：“小的个体经济每日、每时，不断地、自发地、大量地生产资本主义和资产阶级。”……当在南斯拉夫个体农民经济占着优势，土地未实行国有化，存在着土地私有及土地买卖制，全国大部分土地还集

① 解放社编：《国际主义与民族主义》，61 页，上海，解放社，1949。

中在富农手中及采取雇佣劳动等等的条件下，不能以模糊阶级斗争和调和阶级矛盾的精神教育党……南共领导者……认为“农民是南斯拉夫国家的最坚固的基础”……是破坏了马克思主义——列宁主义的原则的。①

其三，指责南共“降低共产党的作用，实际上是使党溶化在非党的人民阵线中”。决议第四条说：

这个非党人民阵线包括着在阶级关系上非常复杂的各种分子（工人、从事个体经济的劳动农民、富农、商人、小企业主、资产阶级知识分子等），而且同样还包括形形色色的政治派别，也包括着资产阶级的政党。……这一切证明着在南斯拉夫的共产党内存在着取消派的倾向。②

情报局机关刊物1948年7月15日发表的《南共领导脱离了马列主义关于阶级和阶级斗争的理论》一文，针对农民在南斯拉夫国民中占大多数这一特点，引用列宁在共产国际第三次代表大会上所作的俄国共产党策略的报告中关于农民是“最后的一个资本主义阶级”的论断，强调“农民是特殊的阶级，这个阶级的经济发展无论就生产工具或就生产手段来说都是建筑在私有财产的基础之上的。因此和工人阶级根本不同，工人阶级的经济无论就生产工具或生产手段来说，都是建筑在公有的社会主义财产的基础之上的。同时列宁认为‘小的个体经济每日、每时、不断地、自发地、大量地产生着资本主义和资产阶级’”。专论指责南共“把全体农民作为农村的主要支柱，并忘记了向富农阶级进行斗争”，“忽视了阶级斗争和给农村资本主义成分以限制的问题”，“没有动员南斯拉夫党去克服那些因农村资本主义生长所产生的困难和障碍”，没有承认“在农村里，斗争将不可避免的更形剧烈”，这就使南斯拉夫共产党实际上蜕变成了“农民党”、“富农党”③。

① 解放社编：《国际主义与民族主义》，62～63页。

② 同上书，63～64页。

③ 同上书，104页、106～107页、99、96页。

1948年10月27日，新华社电发的《持久和平与人民民主》杂志又一篇专论《南斯拉夫共产党的集团修改了马列主义关于党的学说》一文，这篇专论集中批判南斯拉夫共产党过于重视人民阵线，认为“实际上人民阵线正在逐渐地代替着南斯拉夫共产党，更确切地说是在篡夺南斯拉夫共产党。其本质是使南斯拉夫共产党溶化在人民阵线里”。这“就是直接脱离了马克思主义阶级斗争的理论和马列主义论党的学说”，因为“人民阵线所包括的不仅是共产党，还有资产阶级和小资产阶级政党；不仅是劳动者，还有富农，商人和小工厂主”。其根源就是因为南斯拉夫领导者认为不进行阶级斗争可以和平地、一帆风顺地、妥妥稳稳地过渡到社会主义，从机会主义观点出发，“否认本国资本主义的成长，和由此产生的南斯拉夫农村中阶级斗争日趋尖锐化”。①

南斯拉夫共产党另一大重罪，是脱离国际主义而奉行民族主义，其表现则是没有完全听命于联共（布）和斯大林。1948年9月8日，联共（布）机关报《真理报》在其专论《南斯拉夫铁托集团的民族主义往何处去》中，便直截了当地将一切不听从来自苏联方面指令的言行都斥作对联共（布）采取“非友好的政策”，脱离国际主义的“民族主义”，说南共这样做便使自己“处于自己兄弟党的大家庭之外，处于统一的共产主义阵营之外，因此处于情报局队伍之外”，这样就走上了“叛变劳动者底国际团结事业及转向民族立场的道路”。② 南斯拉夫共产党正是给加上这些罪名而被开除出共产党情报局的。

在联共（布）主导下，假手欧洲共产党工人党情报局对南斯拉夫共产党发动的这场突然袭击，在世界各国共产党中引起了极大的震动。尤其因为在此之前，苏联一直把南斯拉夫视为最亲密的盟国、东欧各人民民主国家的榜样，在所谓“共产主义阵营”中地位仅次于苏联。在策划成立欧洲共产党工人党情报局过程中，南共曾是联共（布）最为得力的助手，情报局成立后驻地就设在南斯拉夫首都贝尔格莱德。这样一个党，一旦在某些事项上有悖于莫斯科，便遭到这样的命运，这使所有共产党及他们的领导人不能不深自警悚，重新审查他们以往的全部言论与行动。继南斯拉夫之后，在波兰，在保加利亚，在捷克，在东欧其他国

① 《国际主义与民族主义》，82～84页、92页。

② 同上书，120、60、70页。

家，都纷纷发动了对那些试图在联共（布）面前保持某种独立性的领导人的批判。在波兰，主要针对哥穆尔卡；在保加利亚，主要针对季米特洛夫。因为他们都曾倡导要走适应本国国情的实现社会主义的道路，主张人民民主制度。这时他们都被指责为低估阶级斗争尖锐化，忽视人民民主制度具有无产阶级专政职能，犯了右倾机会主义与民族主义的错误。哥穆尔卡还被撤销了总书记职务，最后被取消党员资格。东欧其他一些国家，不少高级领导人也遭遇到同样的命运。这一切，对于中国共产党及其领导人究竟产生了什么样的深刻影响，多年来，史家似乎一直未认真加以探究。

中国共产党不是欧洲共产党情报局成员，也未参加情报局的筹备，但从一开始就对此十分关注。苏联全力推动建立新的共产党国际组织，实际上就是试图重演共产国际对于各国党的事务的权威性指令关系。1919 年正式成立的共产国际是 1943 年 6 月正式宣告解散的，毛泽东在中共中央书记处于当年 5 月 26 日召开的延安干部大会上就这个问题所作的报告中指出，这是“一件划时代的大事”，中国共产党完全赞成它的解散，因为“共产国际这个革命组织形式已经不适合斗争的需要了，如果还继续保存这个组织形式，便反而会妨碍各国革命斗争的发展”，这是因为各国内部及各国之间的情况都比过去更为复杂，其变化也更为迅速，正确的领导需要从仔细研究本国情况出发，这就更加要由各国共产党来做，远离各国实际斗争的共产国际无法适应这种变化，继续充当领导中心已不适宜；同时，各国共产党的领导干部已经成长，他们在政治上已经成熟，已足以领导本国革命运动的发展。① 而马林科夫在 1947 年 9 月下旬在欧洲九国共产党工人党会议开幕式上代表联共（布）中央所作的工作报告却说，“1943 年共产国际解散以后，各兄弟共产党之间的联系就受到阻碍”，据此，他要求建立新的国际组织，“恢复兄弟共产党之间联系”，“在互相同意基础上各兄弟共产党配合行动”。② 情报局正是根据斯大林和联共（布）这一意图而建立的。南斯拉夫共产党被批

① 毛泽东：《关于共产国际解散问题的报告》，见《毛泽东文集》第 3 卷，19～21 页。

② 马林科夫：《苏联共产党（布）中央委员会工作报告》，见青山等译《欧洲九国共产党报告》，31 页，大连，光华书店，1948。

判及被开除出情报局，以及情报局其他各国共产党在此前后所发生的一系列相关事件，都清楚表明，所谓“恢复兄弟共产党之间联系”，所谓“配合行动”，实际上，就是恢复联共（布）及斯大林本人对各国共产党的领导权，要求各国共产党无条件地配合苏联行动，而不应有任何独立性。这一切，使中国共产党及其领导人对于情报局的地位和真实作用，迅速有了准确的了解。

情报局成立于9月下旬，到10月5日方在与会各国共产党机关报上发表会议公报及会议就日丹诺夫在会上所作的国际形势报告所通过的《关于国际形势的宣言》。这时，毛泽东、周恩来、任弼时正率部转战陕北，极为忙碌地部署指挥着全国各大战区的军事行动，同时密切关注着土地改革运动的开展，亲自修改《中国土地法大纲》和《中共中央关于发布中国土地法大纲的决议》。以刘少奇为书记的中央工作委员会则率领中央大部机关在河北平山西柏坡主持中央日常工作，主要精力则正忙于全国土地工作会议。尽管如此，中国共产党对情报局的成立还是在党的机关报上迅速作了报道。10月11日，在晋察冀出版的《人民日报》以第一版头条用半版篇幅报道了“欧洲九国共产党成立联络局”的消息，标题中即提示“宣言揭露美国毒辣的侵略计划及英法社会党右翼叛卖行为”，“人民力量强大，侵略者必失败”。10月14日译载了苏联《真理报》的评论。日丹诺夫在会上所作的关于国际形势的报告10月22日在苏联等国报刊上发表，11月2日《人民日报》即在一版与三版译载了该报告的详细摘要。《欧洲九国共产党报告》一书，全文翻译了苏联、南斯拉夫、波兰、罗马尼亚、捷克、保加利亚、匈牙利、法国、意大利九国共产党代表在会上所作的报告，以及日丹诺夫关于国际形势的报告，1948年5月在大连出版，编者序中说：

> 欧洲九国共产党情报局的成立，是一件有历史意义的大事，民主阵营有了这一面鲜明的旗帜，因之方向更为明确，力量格外团结；对全世界的人民大众，更是给了无限的鼓励，百倍增加了他们战斗的勇气。

编者序特别指出：

> 战时欧洲新民主主义国家的报告，除了能使我们了解他们的情况而外，其斗争经验与发展过程，很多能启发我们认识中国目前的革命实践问题，作为我们研究的借镜。①

更值得注意的是，毛泽东1947年12月25日在中共中央会议上所作的《目前形势和我们的任务》报告中，对于情报局的成立给予充分肯定，说：

> 欧洲九个国家的共产党，业已组成了情报局，发表了号召全世界人民起来反对帝国主义奴役计划的檄文。这篇檄文，振奋了全世界人民的精神，指示了他们的斗争方向，巩固了他们的胜利信心。全世界反动派，在这篇檄文面前惊慌失措。②

这里所说的"檄文"，指的是九国共产党代表会议通过的《关于国际形势的宣言》。毛泽东在《目前形势和我们的任务》第八部分对于国际形势的分析，所依据的便是日丹诺夫在这次会议上所作的关于国际形势的报告中提出的世界已分为帝国主义反民主阵营和反帝国主义民主阵营"两个阵营"理论。莫洛托夫在莫斯科十月革命30周年纪念大会上所作的报告进一步阐述了这一理论，莫洛托夫演说全文，《人民日报》1947年11月11日至15日连续五天在第一版译载。

日丹诺夫报告中对于南斯拉夫、保加利亚、波兰、捷克斯洛伐克、匈牙利、阿尔巴尼亚各国的"新民主主义政权"，尤其是对于这些国家的民主改革，作了充分肯定的评价，指出：

> 土地改革将土地转交予农民之手，因而消灭了地主阶级。大工业、大银行之国有化、没收那些依附德寇的卖国贼的财产，就根本摧毁了这些国际垄断资本的阵地，把群众从帝国主义的奴役下拯救出来。这样一来也就奠定了全民公有的国家财产底基础，创立了新式国家——人民共和国，其政权属于人民，

---

① 《欧洲九国共产党报告》序，1页。

② 《目前形势和我们的任务》，33页。

大工业，交通运输，银行属于国家，领导力量是以工人阶级为首的居民中劳动者各阶级联盟。结果，这些国家底人民不仅摆脱了帝国主义压榨，而且奠定了过渡到社会主义发展大道的基石。①

显然，正因为日丹诺夫亦即斯大林、联共（布）党中央这时对东欧各国新民主主义实践持如此肯定的态度，毛泽东在《目前形势和我们的任务》中信心十足地在第六部分阐述我党新民主主义革命的“三大经济纲领”：“没收土地归农民所有，没收蒋介石、宋子文、孔祥熙、陈立夫为首的垄断资本归新民主主义国家所有，保护民族工商业”；第七部分阐述了我党联合工农兵学商各被压迫阶级、人民团体、民主党派、少数民族，以及各地华侨及其他爱国分子成立民主联合政府的主张。②

对于新民主主义的重新思考、重新界定，是在联共（布）发动对南斯拉夫的批判以后。因为对南斯拉夫的批判，除去闹某些“独立性”的“民族主义”之外，关于消灭资产阶级与资本主义问题，关于改造农民小生产者个体经济问题，关于包含各政治派别也包含有资产阶级政党的人民阵线作用问题，“农民党”与“富民党的问题”所涉及的都是新民

① 《九国共产党代表情报会议上日丹诺夫关于国际形势的报告》，见《欧洲九国共产党报告》，243～244页。

② 《目前形势和我们的任务》，26～27页。值得注意的是在此前不久，即1947年11月30日毛泽东致电斯大林，提出“在中国革命取得彻底胜利的时期，要像苏联和南斯拉夫那样，所有政党，除中共之外，都应离开政治舞台，这样做会大大巩固中国革命”。1948年3月15日毛泽东再次致电斯大林，则表示成立中国中央政府时指定吸收自由资产阶级的代表参加政府。1948年4月20日斯大林致电毛泽东，表示不同意11月30日电文中的主张，而肯定3月15日电文中的主张“是完全正确的”。电文说：“我们认为，中国各在野政党代表着中国居民中的中间阶层，并且它们反对国民党集团，它们还将长期存在，中共将不得不同它们合作，反对中国的反动派和帝国主义列强，同时要保留自己的领导权，也就是自己的领导地位。可能还需要让这些政党的一些代表参加中国人民民主政府，而政府本身要宣布为联合政府，从而扩大它在居民中的基础和孤立帝国主义者及其国民党代理人。”俄罗斯联邦总统档案馆，全宗39，目录1，卷宗31，28～29页。引自列多夫斯基编，马贵凡译：《毛泽东同斯大林往来书信中的两份电报》，载《中共党史研究》，2001（2）。毛泽东1947年11月30日电报中关于效法苏联与南斯拉夫建立一党政府的意见，很可能是施放的一个试探气球，也是对成立情报局向苏联及其第一号盟国南斯拉夫表明自己态度。

主主义本身的问题。1948 年 8 月 31 日至 9 月 3 日波兰工人党中央委员会召开全会，集中批判总书记哥穆尔卡的“右倾”和“民族主主义偏向”并撤销其总书记职务，这位一年前在华沙召开的导致情报局成立的各国共产党代表会议名义上的倡议人，这时的主要的罪名被确定为：“哥穆尔卡以为人民民主主义是自然而然发展的，不需要经过特别是在农村中的尖锐化的阶级斗争，这种错误加强了资本主义因素的力量”，“想要‘稳定’人民民主主义中资本主义因素的倾向，堕入了反动派的圈套中……这种倾向帮助了资本主义因素的成长”[①]。

这一切，自然不能不迫使中国共产党领导人重新审视自己的新民主主义理论，使之与情报局所抨击的“民族主义”及“右倾”划清界限。

新华社根据莫斯科俄语广播《真理报》1948 年 6 月 29 日所公布的《欧洲共产党情报局关于南斯拉夫共产党状况的决议》录音，立即翻译和用中文播发这一决议。中共中央旋即于 7 月 10 日作出《关于南斯拉夫共产党问题的决议》，表明“完全同意”情报局上述决议，谴责以铁托、卡德尔、德热拉斯、兰科维奇为代表的南斯拉夫共产党的领导集团“对内对外的背叛性的和错误的行动”，并表明“中国共产党中央委员会决定：全党干部都应当认真研究共产党情报局会议关于南斯拉夫共产党问题的决议，藉以加强党内关于阶级的、党的、国际主义的、自我批评精神和纪律性的教育”[②]。解放社将情报局和中共中央批判南斯拉夫共产党的决定、情报局机关刊物和《真理报》上的批判文章，加上毛泽东为《持久和平与人民民主》杂志撰写的《全世界革命力量团结起来反对帝国主义的侵略》、刘少奇的《论国际主义与民族主义》，汇编成册，予以出版。

中国共产党中央领导人对于新民主主义的首次大幅度修正，是在 1948 年 9 月 8 日至 13 日于西柏坡召开的中共中央政治局会议上。毛泽东在 9 月 8 日会议开始的报告中，除在国际形势方面明确表示同意莫洛托夫、日丹诺夫及九国情报局会议的估计外，在国内问题上，首次转而批评“新资本主义”，说：

---

① 《波兰工人党中央委员会关于右倾和民族主义偏向的决定》，见解放社编《为无产阶级政党的革命战线而斗争》，126～127 页。

② 《国际主义与民族主义》，73～75 页。

我们政权的性质……是无产阶级领导的、以工农联盟为基础的人民民主专政。我们的社会经济呢？有人说是“新资本主义”。我看这个名词是不妥当的，因为它没有说明在我们社会经济中起决定作用的东西是国营经济、公营经济，这个国家是无产阶级领导的，所以这些经济都是社会主义性质。农村个体经济加上城市私人经济在数量上是大的，但是不起决定作用。

对于批判农业社会主义，毛泽东的态度也有了值得注意的转变。他在报告中说：

我们反对农业社会主义，所指的是脱离工业、只要农业来搞什么社会主义，这是破坏生产、阻碍生产发展的，是反动的。但不能由此生产误解。将来在社会主义体系中农业还要社会化。

9月13日，刘少奇在会上着重阐述了新民主主义经济建设问题，提出：整个国民经济，包含着自然经济、小生产经济、资本主义经济、半社会主义经济、国家资本主义经济以及国营的社会主义经济，并以国营经济为其领导成分。在新民主主义经济中，基本矛盾就是资本主义（资本家和富农）与社会主义的矛盾。在反帝反封建的革命胜利以后，这就是新社会的主要矛盾。这里就有个“谁战胜谁”的问题。无产阶级与资产阶级的这种斗争，是社会主义与资本主义的两条道路的斗争。在这个斗争中，决定的东西是小生产者的向背，所以对小生产者必须采取谨慎的政策。合作社是改造小生产者最有力的工具。①

更值得注意的是，毛泽东在为会议所作的结论中强调：

新民主主义和社会主义问题，少奇同志的提法分析具体，很好，两个阶段的过渡也讲得很好……现在点明一句话，资产阶级民主革命完成之后，中国内部的主要矛盾就是无产阶级和资产阶级之间的矛盾，外部就是同帝国主义的矛盾。……要巩

① 中共中央文献研究室编：《刘少奇年谱（1898—1969）》下卷，161～162页，北京，中央文献出版社，1996。

> 固无产阶级对农民的领导权，分给农民土地只是建立了领导权，单有这一条还不够。所谓领导权，就是要使被领导者相信，将来在经济建设方面，还要给他机器，组织合作社，使农民富裕起来，集合起来。他们信服了，领导权就巩固了，否则会失去领导权的。①

当米高扬受斯大林指派来西柏坡听取中共领导人意见时，中共领导人围绕着消灭资产阶级与资本主义、改造农民个体经济等问题，就新民主主义与社会主义的关系明白向联共（布）说明了自己的立场，毫不含糊地表明了将很快以苏俄当年的过渡理论取代新民主主义。

根据米高扬当时从西柏坡发回的莫斯科的电文，可知刘少奇 1949 年 2 月 3 日在同米高扬的会谈中，对这一问题作了相当系统的阐述。据米高扬记述，两人着重讨论了对于民族资产阶级的态度问题："刘少奇声称，他们将以没收官僚资本为借口去没收买办资产阶级的企业，至于民族资产阶级的私营企业问题，则等到一二年后，他们制定国有化计划时再解决。"米高扬称："对民族资产阶级持谨慎政策是正确的。目前还谈不上对民族资产阶级的企业实行国有化，最多是彻底了解他，等政权巩固下来再提这个问题。"对此刘少奇表示完全同意。刘少奇接着说："中国向何处去——这是我们政策的基本问题。对中国来说，最复杂的课题是小商品生产者的问题——他们要走合作化道路，即走社会主义道路，还是走资本主义道路。我们牢记列宁的教导，即小资产阶级经济是产生资本主义的源泉……我们的目标是：通过加强计划经济的原则，逐步过渡到社会主义。向社会主义过渡将具有时间的长期性和斗争的艰巨性这两个特点。我们目前也面临着列宁提出的'谁战胜谁'的问题，我们预计，全面向资本主义成分发起进攻，要等上 10 至 15 年的时间，然后我们再着手将工商企业收归国有，以此加速中国向社会主义发展的进程。只有在工业为农业奠定了基础的条件下，我们才能考虑农业向社会主义轨道转变。"刘少奇还向米高扬直截了当地表明，党内有一些人认为，应当尽力发展并依靠资本主义，还有一些急于建设社会主义，"我

① 《刘少奇年谱（1898—1969）》下卷，145～146 页。

们应该坚决地同这些倾向作斗争，同时请苏联在这方面给我们出些主意”。谁战胜谁的问题，民族资产阶级私营企业国有化问题，小生产者经济是产生资本主义源泉的问题，全面向资本主义成分发起进攻问题，涉及了过渡时期理论的所有重大问题。时间估计是10年至15年。

2月7日，在毛泽东与米高扬的最后会谈中，毛泽东说：“中国有9千万农户，3.6亿农民……我们把土地给了农民，但是没有给他们商品，这是他们需要的而我们还没有的。如果我们不发展工业，那么我们就不能保障农民所需商品，我们就将失去对他们的领导。……在革命前俄罗斯较高水平的工业和经济发展的基础上，苏联用12年的时间进行农业的社会主义改造，在中国这样落后的经济条件下，过渡时期也会很长。……为缩短过渡时期，我们需要经济援助。我们认为，只能从苏联和其他新民主主义国家获取这些援助。”① 毛泽东这里也表明，中国实行向社会主义过渡，将大体依照当年苏联实行过渡的时间表，得到苏联和其他新民主主义国家的援助，将可缩短这一时间表。毛泽东这里的看法还表明，对于农业实行集体化应以实行工业化为其前提，他大体上仍持苏联和我党原先的观点。尤其值得注意的是，毛泽东在2月1日至2月3日同米高扬的正式会谈中，对于行将建立的新政权，已明确表示“这个新政权的性质简括地讲，就是在工农联盟基础上的人民民主专政”②。这显然已与情报局的话语完全统一起来。

米高扬离开西柏坡回国不久，3月5日至13日，中国共产党举行了七届二中全会，全会着重讨论了全国胜利情况下党的工作，而使中国由农业国转变为工业国，由新民主主义社会转变到社会主义的总任务及主要途径，则已成为这次会议讨论的重点之一。毛泽东在报告中重申了前一年9月政治局会议上所阐述的观点：“中国革命在全国胜利，并且解决了土地问题以后，中国还存在两种基本的矛盾。第一种是国内的，即工

---

① 见俄联邦总统档案，全宗39，目录1，案卷39，引自［俄］列多夫斯基《米高扬与毛泽东的秘密谈判（1949.1.30—2.8）》，载《党的文献》，1996（3）。

② 金冲及主编：《毛泽东传（1893—1949）》，910页，北京，中央文献出版社，1996。该书引文依据师哲：《在历史巨人身边》，375～384页，北京，中央文献出版社，1991。但师哲以为2月7日米高扬已乘机回国，与俄联邦总统档案2月7日毛泽东与米高扬仍作最后会谈记录不合，当以此档案为准。

人阶级和资产阶级的矛盾。第二种是国外的，即中国和帝国主义国家的矛盾”。[①] 6月，刘少奇为准备访问苏联而撰写的报告提纲中，更着重指出：

> 在推翻帝国主义及国民党统治以后，新中国的国民经济主要由以下五种经济成分所构成：（一）国营经济；（二）合作社经济；（三）国家资本主义经济；（四）私人资本主义经济；（五）小商品经济和半自然经济。……五种经济成分构成的新民主主义的经济的内部，是存在着矛盾和斗争的，这就是社会主义的因素和趋势，与资本主义的因素和趋势之间的斗争，就是无产阶级和资产阶级的斗争。这就是在消灭封建势力以后，新中国内部的基本矛盾。这种矛盾和斗争，将要决定中国将来的发展前途到底是过渡到社会主义社会，抑或过渡到资本主义社会。我们认为新民主主义经济是一种过渡性质的经济。这种过渡所需要的时间，将比东欧、中欧各人民民主国家长得多。……这种过渡是要经过长期的激烈的艰苦的斗争过程的，这就是列宁在苏联新经济政策时期所说的“谁战胜谁”的问题。

提纲还着重阐述了国家的经济建设必须反对资本主义倾向和冒险主义倾向这两种错误倾向，反对将一切希望寄托于私人资本主义经济的发展，向资本家作无原则的让步，对小资产阶级的弱点表示迁就，自觉不自觉地要把中国建设成为资本主义共和国。[②]

当刘少奇率领中共中央代表团赴莫斯科并于6月28日与斯大林、莫洛托夫、马林科夫、米高扬等会见时，毛泽东又撰写了著名的《论人民民主专政》，于6月30日发表，旗帜鲜明地宣布了中国革命胜利后所实行的是“工人阶级（经过共产党）领导的以工农联盟为基础的人民民主专政”，“人民手里有强大的国家机器，不怕民族资产阶级造反”，外交上就是“一边倒”，“倒向社会主义一边”[③]。

---

① 《在中国共产党第七届中央委员会第二次全体会议上的报告》，见《毛泽东选集》第4卷，1433页。

② 《刘少奇年谱（1898—1969）》下卷，215～216页。

③ 《论人民民主专政》，见《毛泽东选集》第4卷，1472～1473、1477、1480页。

陪同刘少奇赴苏访问的斯大林私人特使科瓦廖夫说："当时中国人担心他们会被怀疑是'铁托道路'，声明中国共产党将跟着苏联共产党的决定走。"而这个怀疑又不是中国共产党人的过敏，科瓦廖夫自述，1948 年 12 月他从中国返回莫斯科汇报情况时，就"发现斯大林非常关切，在当时尖锐的南斯拉夫问题上中国站在哪一边"。[①] 毛泽东、刘少奇当时所做的这一切，都是为了向斯大林表明，中国共产党完全接受和支持情报局，更确切地说是联共（布）批判南斯拉夫时所确定的话语霸权，在无产阶级与资产阶级的阶级斗争、改造农民小生产、实行社会主义专政以及外交上与苏联完全保持一致，在所有基本点上，已对自己原先的新民主主义作了大幅度的改变。它也预示着，正式公开放弃新民主主义而代之以过渡时期的理论与实践，其实已只是时间问题了。这一切，也向斯大林与联共（布）中央清楚表明，中国共产党不是南斯拉夫共产党，不是斯大林曾对美国人说过的那种"农民党"、"富民党"，毛泽东不是铁托，对中共，对毛泽东，他们应当放心，应当给予高度信任与充分支持。当然，中苏双方领导人都仍然在互相试探着，希望透过信誓旦旦的语言了解对方的真实意图。这里特别值得注意的是，1949 年 7 月 27 日在苏共中央政治局会议上，刘少奇提出中国共产党参加欧洲共产党和工人党情报局的请求，为斯大林所拒绝，斯大林建议以后可在东亚建立一个亚洲情报局。在就刘少奇的书面报告发表讲话时，斯大林强调中国与东欧新民主主义国家情况有很大不同，因此，"中国政府没有理由反对民族资产阶级和接管他们的企业"，也因此，"现在在中国建立无产阶级专政的革命政权为时尚过早。现在的中国革命政权实际上是工农民主专政，民族统一战线，政治协商会议是它的形式"。[②] 这使中国共产党在建国时举行的政治协商会议及会议通过的具有国家临时宪法功能的《共同纲领》，在斯大林及联共（布）中央那里都获得了正式承认与合法地位。但正如科瓦廖夫所说："毛经常就一些关键问题试探苏联领导的意见"[③]，为免遭南斯拉夫及铁托的命运，中国共产党领导人仍

① 塞格·冈察洛夫：《斯大林私人特使科瓦廖夫口述实录——斯大林和毛泽东之间的对话》，原载于《远东问题》（英文版），1992 年第 1、2 期，中文版，载《文汇读书周报》，2003 年 6 月 20 日及 6 月 27 日。此段引文引自 6 月 27 日。

② 同上。

③ 同上。

在小心翼翼地试图掌握斯大林与联共（布）领导人的真实意图。

三、落实斯大林防备“亲美派”的警告与过渡理论的逐步推进

1949年12月初，科瓦廖夫作为苏联驻华经济总顾问陪同毛泽东赴莫斯科访问，他在火车上最后写完给斯大林的一份报告①，“把毛泽东和他的同事在国内外一些重要政策问题上的实际做法与斯大林对这些问题给予他的建议和意见加以比较，对中国领导人提出了一些尖锐的批

① 科瓦廖夫1949年12月24日给斯大林的报告，见俄罗斯联邦总统档案馆全宗，目录65，卷宗548，123～144页。[俄] A. M. 列多夫斯基编《斯大林给中共领导提出的十二点建议》，公布了上述秘密报告，并为该报告的发表写了前言。马贵凡译为中文，载《中共党史研究》2004年第6期。报告中写道：“在党的队伍中，包括在中央委员中，有一些人亲美反苏，中央领导现在支持他们。例如，彭真，中共中央委员，北京市委书记，政府政法委员会副主任；林枫，中共中央委员，满洲政府副主席，中央人民政府委员；李富春，满洲政府副主席；李立三，劳动部长，中央人民政府委员；薄一波，财政部长，中共中央委员，政府委员会副主席等。然而，高岗却受到了没有根据的批判（在他的领导下，满洲在经济和文化方面取得了非常明显的成绩），在他的周围造成了不健康的气氛。这次批判是由中央书记刘少奇领导和组织的。”报告还批评刘少奇、李立三对美国和英国抱有幻想，批评周恩来不愿拒绝南斯拉夫向中国提出的建立外交关系和互换大使的建议，说：“很能说明问题的是，在毛泽东在场的一次交谈中，周恩来说，‘……如果我们驳斥南斯拉夫的建议，公开谴责它的政策，那么有人要问，如果南斯拉夫的主人美国找到我们，我们该怎么办?’由于有这种心态，周恩来对向上海和天津派苏联专家组也持消极态度，因为在这些地点集中了美英的很大经济利益。这种心态是国内资产阶级分子和其他政治人士向中央施加压力的结果，他们无论过去还是现在都希望美英尽快承认新中国。”这就是关于中共党内存在以刘少奇、周恩来为首的亲美派的指责。值得注意的是，报告中批评中共“党的组成人员80%是农民。……在华北，只有4.15%的党员是工人，而85%是农民”，“党的组织在很大程度上充斥着地富和资产阶级分子，而且在一些地区不加区分地吸收党员”。批评中国中央政府37个部中，“其中22个机关由共产党领导，而15个机关由其他党的代表和无党派资产阶级民主人士领导，其中包括像原国民党的将军傅作义和程潜这样的反动的分子”。批评中共党内流传一种观点，认为“阶级斗争将会停止，因为新的政府要吸引包括民族资产阶级在内的国内所有居民阶层参加经济合作。这种观点，刘少奇也赞同”。仔细研究这一报告，对于1950年以后中共党内针对刘少奇、周恩来、李立三、薄一波等人展开的一系列批判渊源，可以有一种新的理解。

评”。出乎他的意料，1950年2月，就在毛泽东即将离开莫斯科回国之前，斯大林将科瓦廖夫的这份报告，以及科瓦廖夫此前给斯大林的关于中共中央的一些秘密电报，以及“高岗个人给他的全部情报案卷给了毛泽东”。由于科瓦廖夫的密电与报告所依据的材料，很大一部分也来自高岗，所以，当斯大林将这些案卷交给毛泽东时，科瓦廖夫说他立即就感觉到，“高岗这下子彻底完蛋了”。①

赫鲁晓夫对于这件事也有一段回忆。他已记不起科瓦廖夫的名字，但知道“斯大林把他视为亲信”，他也深知斯大林本人对毛泽东一直猜疑心很重，并不信任。关于科瓦廖夫给斯大林的报告一事，赫鲁晓夫写道：

> 我们的这位代表开始向我们报告，说中国领导班子中有许多对苏联和我们党不满。据他说，口头上积极反对我们的有刘少奇、周恩来等人。提到的人里面没有毛，但毛对在中国领导班子中散布反苏情绪的那些同事也未采取任何措施。……关于中国党内这种情绪的报告，有许多显然是高岗捅给我们的。他是中国政治局在满洲的首脑，跟我自己在那里的代表关系很密切。……斯大林决心赢得毛的信任与友谊，所以他把我们那位代表报回来的与高岗谈话的记录拿给毛看，对毛说：“看看吧，你可能会对这些东西感兴趣的。”只有上帝才知道斯大林这样做是出于何种考虑。……毛先是在领导班子中把高岗孤立起来……后来，我们得知毛把他软禁起来了……由于斯大林出卖了高岗，我们失去了一位对我们真正友好并能就中国领导班子内对苏联的真实态度提供宝贵情报的人。②

① 潘琪译：《斯大林私人特使科瓦廖夫口述实录——斯大林和毛泽东之间的对话（之二）》，载《文汇读书周报》，2003-06-20。

② 上海国际问题研究所、上海市政协编译组译：《最后的遗言——赫鲁晓夫回忆录续集》，378～380页，北京，东方出版社，1988。赫鲁晓夫在其回忆录中曾指出：“斯大林对毛泽东始终是很不满意的。……斯大林常称毛泽东是‘麦淇淋式的马克思主义者’。”（张岱年等译：《赫鲁晓夫回忆录》，659～660页，北京，东方出版社，1988）这也正是毛泽东意图要用各种表示以取得斯大林对他的认可的原因之所在。

斯大林将科瓦廖夫的报告、密电及高岗情报案卷拿给毛泽东看一事，当确凿无疑。至于说高岗此后就被孤立起来，则显然是想当然。

薄一波回忆高饶问题时曾说到，高岗在科瓦廖夫面前“造谣中伤说，中国党内有一个以刘少奇为代表的‘亲美派’”①。在中共领导人中，这是首次正式证实高岗有关党领导核心内存在“亲美派”的指责。

值得研究的是斯大林让毛泽东看这些案卷的意图究竟是什么。毛泽东又是如何理解斯大林的意图的。

一直在毛泽东身边工作的、当时担任中共中央办公厅主任的杨尚昆回忆这段历史时，提到科瓦廖夫报告斯大林“说中共的中央委员中以刘少奇为代表的有些人过去是亲美的，中国党中央领导人现在还支持他们，中国中央人民政府组成中，民主人士的比例很大，实际上成了各党派的联合会，等等”。这些情报是高岗提供给他的。值得注意的是，杨尚昆指出，当斯大林将科瓦廖夫那份报告交给毛泽东时，说：“毛泽东同志，你的一些同志对我们在东北的合作非常高兴。”并指名赞扬高岗：“我们现在有了一个真正的国际主义者。”② 斯大林对高岗明确的肯定与支持，不是出卖高岗，而是提醒毛泽东应当支持高岗，重用高岗，重视并解决科瓦廖夫与高岗所报告的问题。而由科瓦廖夫报告的内容，显然已触及情报局批判南斯拉夫共产党的核心内容。

对高岗的态度，已经成了斯大林用以考验毛泽东和中国共产党是否真正忠于“国际主义”而不走向民族主义，真正忠于苏联的发展模式而不是另搞自己的新民主主义的试金石。

在支持情报局话语霸权及批判南斯拉夫共产党方面，高岗也许是在中共党内旗帜最鲜明、态度最坚定的一位领导人。1948 年 7 月 10 日中共中央作出关于南斯拉夫共产党问题的决议，7 月 14 日，中共中央东北局就作出了一个《关于学习中央〈关于南斯拉夫共产党问题的决议〉

① 薄一波：《若干重大决策与事件的回顾》上卷，311 页，北京，中共中央党校出版社，1991。

② 杨尚昆：《回忆高饶事件》，载《党的文献》2001（1）。金冲及主编的《刘少奇传》卷下 731 页谈到高岗关于中国党内有一个“亲美派”的说法时写道：“斯大林没有相信高岗的话，并把科瓦廖夫的信交给了后来访苏的毛泽东。”对照杨尚昆的回忆，没有材料证明斯大林不相信高岗的话。

的指示》，篇幅为中央文件的两倍以上，劈头第一条就说：

反对资产阶级的民族主义，坚持无产阶级的国际主义。认清苏联是世界反帝的和平民主阵线的主力军与领导者，东北的解放，苏联红军的功劳最大，中国人民必须与苏联结成巩固的兄弟联盟，中国革命才能彻底胜利。任何盲目的反苏思想与情感的残余，必须加以肃清与防止，对中苏友谊的一切挑拨者必须提高警惕。……如果将民族运动堕落到资产阶级的反革命的民族主义，不去反对帝国主义的侵略，反而与无产阶级的国际主义相对立，或者以民族保守和排外的思想，去拒绝无产阶级的国际团结，去反对社会主义的苏联，那就成为反动的民族运动。

这是对苏联指责南斯拉夫为“民族主义”的最积极的响应，而且要中国共产党最实际地予以贯彻。《指示》的第二条则强调：

在我们的一切工作中，必须以马列主义关于阶级与阶级斗争的理论为指导去分析问题、了解问题与处理问题。必须反对党内各色各样的、在某些部门当中所存在的非无产阶级的（即地主阶级的、资产阶级的、小资产阶级的）立场与观点。

这一指示经中央修改，“转发各地，作为学习的参考”①。而在解放社所编的《国际主义与民族主义》一书中，这一指示更紧接于中共中央决议之后。解放社所编的这部文献汇编中，还有一篇附录，为高岗1948年8月3日在内蒙干部会议上的讲话，这篇讲话一开始又是特别强调内蒙人民的解放，“这主要是由于苏联、外蒙与中国人民解放军的积极帮助”，“外蒙经济上比内蒙还落后，然而他们已解放了二十五年之久，这就是由于有强大的苏联的援助，对于这个外在援助的重大因素，大家应有清楚的认识”。②

1949年7月，高岗随刘少奇访问莫斯科。在7月27日苏共中央政治局扩大会议上，高岗要求发言，说他还想发表些个人的建议。据科瓦

① 《国际主义与民族主义》，76～78页。中共中央1948年8月4日转发该指示，见该书76页“中共中央注”。

② 同上书，133页。

廖夫记述：

> 高建议把东北宣布为苏联的第十七加盟共和国。高岗认为，这样做可以避免东北遭到美国侵袭，并且可以成为南进击败蒋介石斗争中的最可靠的基地。

高岗发言结束后，与会者报以掌声。当着刘少奇等中共其他领导人的面，斯大林这时站了起来，称坐在第一排的高岗为"张作霖同志!"张作霖曾在日本支持下成为东北的独裁者。事后斯大林解释说：他对高的批评是过于严重了，但他必须这样做，"否则中国领导可能会误解"。他还派人去高岗处专门听取高岗关于某些中国人对待中苏关系虚伪和反苏行为的秘密报告。当高岗先行回国后，斯大林又专门对刘少奇说："我那天对高的批评太重了，你也是，我们都没有什么根据，请把我的意见转告毛同志。"① 1949年9月30日，中国人民政治协商会议第一届全体会议选举产生中央人民政府副主席，他们是朱德、刘少奇、宋庆龄、李济深、张澜、高岗。中共方面，高岗成为仅次于朱德、刘少奇的副主席，斯大林的表态对中共高层人事这一布局的影响，是显而易见的。

毛泽东访苏回国后，由于斯大林当面向毛高度评价了高岗并清楚暗示应当警惕中共党内的"亲美派"，在高岗随后同刘少奇、周恩来发生的一次次冲突中，正如毛泽东在同科瓦廖夫多次谈话中一再表示的，他"一直支持高岗"②。这些冲突，实际上都环绕着继续奉行新民主主义还是尽快以苏式过渡时期理论与实践取而代之展开。毛泽东本人在这一过程中，以过渡时期理论代替新民主主义的立场也越来越明确。

第一场冲突，围绕着东北富农党员问题而展开。高岗认为，土地改革以后农村已出现两极分化现象，一部分人包括党员在内，已买进土地，并开始雇长工。要使绝大多数农民上升为丰衣足食的农民，必须"由个体逐步地向集体方面发展"，"组织起来发展生产，仍是我们农业生产领导的基本方向"。为此，他认为，不应允许党员雇工，必要时可采用组织手段。对此，刘少奇持不同意见，他说不能把新民主主义阶段

---

① 潘琪译：《斯大林私人特使科瓦廖夫口述实录——斯大林和毛泽东之间的对话（之一）》，载《文汇读书周报》，2003-06-20。

② 同上。

同社会主义阶段混为一谈。由个体生产到集体农庄，这是生产方式上的革命。没有机器工具的集体农庄是巩固不了的。党员成为富农，党籍问题不忙处理，“认为党员便不能有剥削，是一种教条主义”。高岗将刘少奇谈话记录面交毛泽东，毛泽东批给陈伯达看，“对少奇同志谈话的不满，形于颜色”。① 毛泽东在这一问题上支持高岗，而不满于刘少奇，成为以后高岗批判刘少奇右倾的一发重磅炮弹。

第二场冲突，围绕着农业生产合作社问题而展开。1951 年 4 月 17 日，山西省委向中央、华北局呈送了一份《把老区互助组织提高一步》的报告，认为对于私有基础，不应该巩固，而应当逐步动摇它、削弱它，直至否定它，为此，应使老区互助组织大大前进一步。刘少奇认为，现在采取动摇私有制的步骤，条件不成熟。没有拖拉机，没有化肥，不要急于搞农业生产合作社。7 月 3 日，他就山西省委报告写了一个批语，批评把农业生产互助组织提高到农业生产合作社，“这是一种错误的、危险的、空想的农业社会主义思想”。毛泽东对此明确提出异议。他找了刘少奇和华北局负责人刘澜涛、薄一波，表明支持山西省委的意见，而不支持他们。这时他已改变了先前要在工业化基础上实现农业现代化的主张，而说：“既然西方资本主义在其发展过程中有一个工场手工业阶段，即尚未采用蒸汽动力机械，而依靠工场分工以形成新生产力的阶段，则中国的合作社，依靠统一经营形成新生产力，去动摇私有基础，也是可行的。”② 高岗则于 1951 年 10 月 14 日给毛泽东送来《关于东北农村的生产合作互助运动的报告》，毛泽东 10 月 17 日即以中共中央名义将这份报告转发各中央局及省、市、区党委及各地委，认为“高岗同志在这个报告中所提出的方针是正确的。一切已经完成了土地改革任务的地区的党委都应研究这个问题，领导农民群众逐步地组成和发展各种以私有财产为基础的农业生产互助合作组织，同时不要轻视和排斥不愿参加这个运动的个体农民”③。

第三场冲突，围绕着工会工作方针而展开。关于公营企业中工会与

① 《若干重大决策与事件的回顾》上卷，195～198 页。

② 同上书，187、189、191 页。

③ 毛泽东：《关于转发东北农村生产互助合作运动报告的批语》，见《建国以来毛泽东文稿》第 2 册，476～477 页，北京，中央文献出版社，1988。

企业管理人员立场是否应当完全一致，刘少奇、邓子恢、李立三等人与高岗看法相左。高岗坚持在公营企业中行政的利益与工人群众的利益完全一致，刘少奇等人则认为在国营企业中公私利益是基本一致的，但在有关工人生产和劳动条件等问题上是有矛盾的，这是工人阶级内部的矛盾。毛泽东尖锐地批评了李立三和他领导的全国总工会党组，解除了李立三全国总工会主席和党组书记的职务，在这场冲突中又一次支持了高岗。

对于高岗在城市工作中向资产阶级发动的进攻，毛泽东也很器重，给予支持与推广。1951 年 11 月 1 日，高岗作了一个关于开展增产节约运动，进一步深入反贪污、反浪费、反官僚主义斗争的报告，提出反贪污蜕化斗争是一个复杂尖锐的斗争，必须开展群众性的民主运动，才能收到最大的效果。11 月 20 日，毛泽东即以中央名义，将这份报告批发全国，要求全国各级领导干部“重视这个报告中所述的各项经验，在此次全国规模的增产节约运动中进行坚决的反贪污、反浪费、反官僚主义的斗争”①，全国性“三反”、“五反”运动由此发动。1952 年 2 月 6 日，高岗将东北“打虎”计划给毛泽东和中央写了一个报告，2 月 9 日毛泽东即批转全国，说：“东北计划打大虎四千只，中小虎二万五千只，为全国六大区第一位。各大区虽然不能都向东北看齐，但要根据自己预算，批判干部中的右倾思想。”② 1952 年 6 月 6 日，毛泽东在修改中共中央统战部《关于民主党派工作的决定（草稿）》时，将其中“中间阶级”等提法全部删去，强调“在反革命地主阶级和官僚资产阶级以后，中国内部主要矛盾即是工人阶级与民族资产阶级的矛盾，故不应再将民族资产阶级称为中间阶级”。③ 7 月 4 日，高岗即以中共中央东北局名义就当前国内国外的矛盾和农村中的主要矛盾问题作出阐释，说明在工人阶级与资产阶级这个基本矛盾中，工人阶级是矛盾的主要方面；当前农村主要矛盾则是“农民小生产者经济自发发展着的资本主义与党所领导的合作化道路的矛盾”，“而党所领导的合作互助运动，是矛盾的主要方

① 《中央转发高岗关于三反斗争报告的批语》，见《建国以来毛泽东文稿》第 2 册，513 页。

② 《对高岗关于东北打虎计划报告的复电》，见《建国以来毛泽东文稿》第 3 册，177 页，北京，中央文献出版社，1989。

③ 《对〈关于民主党派工作的决定（草稿）〉的批语》，见《建国以来毛泽东文稿》第 3 册，458 页。

面”；“在农村工作中，应当特别强调克服农村党员干部资本主义的剥削行为与资本主义思想。因为这些人是农村中的当权者，如果不解决他们的问题，则可能使农村中的党蜕化为富农党，农村政权蜕化为富农政权”。中共中央7月9日即复电东北局，同意这些观点。[①] 同年9月2日，中共中央又转发了东北局《关于县区村整党与对党员雇工放债等问题的指示（草案）》，肯定“这个指示草案的原则是正确的”[②]。也就在这之后不几天，毛泽东9月23日亲自发电，请高岗早日到北京就任同政务院平行的中央人民政府国家计划委员会主席。

毛泽东访苏期间，斯大林建议毛泽东将其著作编成文集出版，以帮助人们了解中国革命经验。1950年春，中共中央政治局讨论了斯大林的建议，5月成立了中共中央毛泽东著作出版委员会，在毛泽东直接主持下编著《毛泽东选集》。毛泽东亲自确定选稿、篇目，对大部分文章精心作了修改，为一部分文章撰写了题解甚至注释。毛还向斯大林提出请求，要求他派遣一位马列主义理论家来中国协助做好这项工作。“斯大林对此感到很高兴，他把毛的请求看作是毛无意在中国社会主义建设的理论与实践方面标新立异的一种迹象。斯大林以为毛这样做是表示他愿意用斯大林自己的观点来观察世界。”[③] 斯大林将尤金派到了北京，毛泽东经常到尤金那里同他一起谈到深夜一两点钟。1951年12月，《毛泽东选集》第1卷出版；1952年4月，第2卷出版；1953年4月，第3卷出版。极为引人注目的，是毛泽东在编入选集的各篇文稿中，删去了大量可能被怀疑具有“亲美派”倾向的词句和论述，改动了原先关于应当发展资本主义的不少论述，增添了向苏联学习的内容。即以收入第3卷的《论联合政府》一文统计，在《国际形势与国内形势》一书中，删去了“英美苏三大民主国一直是团结的……赞成英美苏团结的反法西斯势力占了上风……世界的新面目已经出现了”大段论述，删去了“英国在东方的作战，特别是美国在太平洋上的胜利”等肯定美英在对

---

① 《中共中央东北局就当前国内国外的矛盾和农村中的主要矛盾问题给松江省委的复电》，见中共中央文献室编《建国以来重要文献选编》第3册，272～273页、274页，北京，中央文献出版社，1992。

② 同上书，323页。

③ 《最后的遗言——赫鲁晓夫回忆录续集》，378页。

日战争贡献的所有文字，在《外交》一节中，删去了“中国共产党尤其对于克里米亚会议的决定表示热烈的赞同”，“我们认为克里米亚的路线，和中国共产党关于解决东方问题与中国问题的基本方针，是一致的”，以及“我们认为英美两大国，特别是美国，在反对日本侵略者的共同事业上所作的伟大努力，以及两国政府与两国人民对于中国的同情与援助，是值得感谢的”，“对于中国人民曾经感觉是住在十分遥远地方的美国人民，现在感觉成了近邻了”等整节整节的论述。[①] 而在《文化、教育、知识分子》一节中，则特别增加了“苏联所创造的新文化，应当成为我们建设人民文化的范例”一段文字。[②] 涉及中国资本主义发展的论述，在《我们的一般纲领》中，原文说到“一定要让私人资本主义经济获得广大发展的便利，才能有益于国家与人民，有益于社会的向前发展”，《毛泽东选集》中删去“广大发展”中“广大”二字，又删去“有益于国家与人民”，在获得发展前又加上限制词，这段话改成“一定要让私人资本主义经济在不能操纵国民生计的范围内获得发展的便利，才能有益于社会的向前发展”。[③] 在《工业》一节中，则删去了“为着发展工业，需要大批资本。……外国投资是我们所欢迎的。……外国投资的容纳量将是非常广大的”整整一节论述。[④] 尤其值得注意的是有关新民主主义政治许多论述的修改。在《我们的一般纲领》中，删去了中国共产党“不但代表无产阶级，而且按其纲领和实际斗争，同时也代表了最广大的农民阶级、小资产阶级、知识阶级及其他民主分子”及共产党加入政府问题的大段论述，删去了“在彻底消灭日本侵略者以后，可以建立一个具有这种性质（指新式资产阶级民主主义）的独立、自由、民主、统一与富强的国家”，以及评述实行这个纲领，还没有把中国推进到社会主义以下“这不是一个由于什么人在主观上想做或不想做这种推进的问题，而是一个由于在客观上中国的政治条件与社会条件不许可

① ［日］竹内实监修：《毛泽东集》第9卷，185～187、189、257～258、259、260页。该书将《论联合政府》原来版本与收入《毛泽东选集》第3卷的修改本逐字逐句作了对照，将二者差异一一注明，对了解二者异同极有帮助。

② 同上书，255页。

③ 同上。

④ 同上书，252～253页。

人们这样做的问题”等论述。[①] 这些删改与增补，无疑彻底去除了所有“亲美”的痕迹。而毛泽东力排众议，在政治局多数人不赞成出兵或对出兵存有种种疑虑的情况下，坚持发动抗美援朝，并得到高岗、彭德怀的全力支持，更清楚地显示了毛泽东决非“亲美派”或“亲美派”的支持者。正如毛泽东 1958 年 7 月 22 日同曾协助编辑《毛泽东选集》的尤金谈话时所说：“你回去以后，说了我们的好话。你对斯大林的第一句话就是：‘中国人是真正的马克思主义者。’但是斯大林还是怀疑。只是朝鲜战争才改变了他的看法，也改变了东欧兄弟共和国和其他各国党对我们的观点。”[②]

由于有了以上基础，1952 年 9 月 24 日（即毛泽东发电请高岗速来京赴国家计委主席任的次日）在“五年计划的方针任务”的会议上，毛泽东首次正式提出了向社会主义过渡的问题：“我们现在就要开始用 10 年到 15 年的时间基本完成到社会主义的过渡，而不是 10 年或者以后才开始过渡。”[③] 刘少奇在 10 月 20 日给斯大林的信，阐述了毛泽东关于中国过渡到社会主义的大体设想。10 月 24 日，斯大林和马林科夫、布尔加宁、贝利亚一道接见了刘少奇一行，对这一设想加以肯定，说：“我觉得你们的想法是对的。”接着，斯大林还谈了对中国土地国有化、对待富农的政策以及开始全国人民代表大会，制定宪法等问题的意见。10 月 26 日，刘少奇致电毛泽东和中共中央，详细报告了这次会见的情况。11 月 3 日，毛泽东在书记处会议上提出：“要消灭资产阶级，消灭资本主义工商业，但要分步骤，一是要消灭，一是还要扶持一下。”[④] 苏联过渡时期理论与实践最终取代新民主主义，被提上了日程。

四、过渡时期总路线的确定和新民主主义的中辍

1952 年 12 月 26 日，周恩来主持召开的政务院第 164 次会议批准通过了财政部提出的修正税制具体方案。12 月 31 日《人民日报》公布了

---

① 《毛泽东集》第 9 卷，228～229 页、222 页。

② 逄先知、金冲及主编：《毛泽东传（1949—1976）》上卷，142 页，北京，中央文献出版社，2003。这段话清楚表明毛泽东如何特别在意斯大林对他本人的看法。

③ 《若干重大决策与事件的回顾》上卷，213 页。

④ 同上书，214 页。

《关于税制若干修正及实行日期的通告》，同时发表了题为《努力推选修正了的税则》的社论。如周恩来在政务会议上讨论通过这一税制时所说："这次税制基本没有变，总的来说还是税制的修正。修正后的税制取消了对合作社的优待，这是考虑到合作社的发展，不能单靠优待，主要应靠改善经营。"[①]《人民日报》社论原稿曾强调"国营企业和私营企业都要按照修改的税则纳税"，时任中央财经委员会副主任兼财政部长的薄一波将这句话改成"公私一律平等纳税"。[②] 这一事件，成了毛泽东重用高岗，对周恩来、刘少奇进行批判，进而使过渡时期总路线最终确定和新民主主义夭折的导火线。

1953 年 1 月 15 日，毛泽东就此事致函周恩来、邓小平、薄一波，词锋甚严地写道："新税制事，中央既未讨论，对各中央局、分局、省市委亦未下达通知，匆卒发表，毫无准备。……此事我看报始知，我看了亦不大懂……究竟新税制与旧税制比较，利害各如何？何以因税制而引起物价如此波动，请令主管机关条举告我。"[③] 税制本身如何评定是一问题，毛泽东信中所说"中央既未讨论"，"此事我看报始知"，其实更为根本。毛泽东此前两天即 1 月 13 日给刘少奇、周恩来、朱德、陈云、高岗等信中已断言："领导责任和领导方法问题——领导的集中或分散的问题"在中央也有；[④] 2 月 13 日，毛泽东再次致信刘、周、朱、高等人，说："政府大多数部门的主要缺点是缺乏思想和政治领导，有些部门达到了惊人的程度。这种情况必须改变。中央将在今年对各部逐一加以检讨。"[⑤] 2 月 28 日，他更严厉地批评说："中央认为在很多部门极端缺乏思想领导和政治领导的状况是完全不能容忍的，这是官僚主义存在和发展的主要原因，因此必须在反对官僚主义的斗争中研究加强思

① 中共中央文献研究室编：《周恩来年谱（1949—1976）》上卷，275 页，北京，中央文献研究室，1997。

② 《关于新税制问题给周恩来的信》，见《建国以来毛泽东文稿》第 4 册，29 页，北京，中央文献出版社，1990。

③ 同上。

④ 《关于领导责任和领导方法问题的批语》，见《建国以来毛泽东文稿》第 4 册，17 页。

⑤ 《关于检查改进政府部门工作问题的批语》，见《建国以来毛泽东文稿》第 4 册，58 页。

想领导和政治领导的办法。”①

面对毛泽东关于新税制有利于资本主义、政务院组织上犯了分散主义错误的严厉指责，周恩来一面立即召集有关部门负责人，研究改行新税制后的市场物价等问题，并向毛泽东作汇报，一面赶紧召开会议，研究如何克服分散主义、加强政府各部门向党中央请示报告的问题。根据毛泽东建议，由周恩来本人主持起草《关于加强中央人民政府系统各部门向中央请示报告制度及加强中央对于政府工作领导的决定（草案）》，于3月10日发出，《决定（草案）》指出：

> 为了使政府工作避免脱离领导的危险，今后政府工作中一切主要的和重要的方针、政策、计划和重大事项，必须经过党中央的讨论和决定或批准。

《决定（草案）》规定：“政府各部门对于中央的决议和指示的执行情况及工作中的重大问题均须定期地和及时地向中央报告或请示，以便能取得中央经常的、直接的领导。”

《决定（草案）》主要针对周恩来所负责的政务院工作，规定“今后政务院各委和不属于各委的其他政府部门一切主要组织的重要的工作均应分别向中央直接请示报告”，政务院所能批示或批准的事项只能“限于中央已经讨论和决定了的问题，或是中央已经批准的计划或批准的原则范围之内的问题”。决定还规定：“如应向中央请示报告的事项而竟未向中央提出，则最后经手的政府负责同志应负主要的责任。”在“为了更好地做到现在政府工作中的各领导同志直接向中央负责并加重其责任”的名义下，《决定》对政府领导人重新作了明确分工：“国家计委工作，由高岗负责；政法工作（包括公安、检察和法院工作），由董必武、彭真、罗瑞卿负责；财经工作，由陈云、薄一波、邓子恢、李富春、曾山、贾拓夫、叶季壮负责；文教工作，由习仲勋负责；外交工作（包括

---

① 《在反官僚主义斗争中研究加强思想领导和政治领导》，见《建国以来毛泽东文稿》第4册，69页。

对外贸易、对外经济、文化联络和侨务工作)，由周恩来负责。”① 4月28日，中共中央《关于加强对中央人民政府财政经济部门工作领导的决定》进一步确定：“中央人民政府所属的重工业部、第一机械工业部、第二机械工业部、燃料工业部、建筑工程部、地质部、轻工业部和纺织工业部划归国家计划委员会主席高岗同志领导”，承担第一个五年计划所确定的优先发展重工业任务的各部都归高岗直接领导，铁路、交通、邮电，则划归副总理邓小平领导，农业部、林业部、水利部和合作总社划归国家计委副主席邓子恢领导，劳动部划归计委委员饶漱石领导。②

政务院党组干事会成立于1950年1月19日，周恩来为书记，董必武、陈云为副书记，任务是：“（一）把党中央的路线、方针和政策贯彻下去，不仅使每个党员干部都了解，还应对党外人士进行说服和教育，遇事与人商量，团结别人共同做事。在重大原则问题上，党组的意见必须一致。（二）党组作为领导机构，要善于反映、分析群众意见，辨别是非，发扬好的，批评错的，做好工作。”③ 1950年3月16日，周恩来主持政务院党组干事会会议，又议定党组会议不要代替行政会议，“要使党外负责人加强责任感，在其职权范围内敢于做主”④。1952年8月13日，毛泽东批准政务院党组干事会改名为中央人民政府党组干事会，周恩来为书记，陈云、邓小平分任第一、第二副书记。撤销党组干事会，政务院部委都改为直接向中央各部委请示和报告，使政务院、中央人民政府不再具有相对独立性，而完全成为党中央及相关部委决策的执行机构。而领导成员的新分工，则使高岗及其所负责的国家计委直接管辖了政务院中工业、农业、林业、水利、劳动等十多个部，掌握政务院最大的权力。高岗在从地方调往中央的各大区领导人中地位如此突出，以至于“五马进京，一马当先”成为当时政坛流传的一句名言。周恩来名义上仍在政务院负总责，但实际上只主要分管他兼任外交部长的外交一块，已被架空。毛泽东对高岗的倚重，已非秘密。

---

① 中共中央文献研究室编：《建国以来重要文献选编》第4册，67～70页，北京，中央文献出版社，1963。

② 《建国以来重要文献选编》第4册，180～182页。

③ 《周恩来年谱（1949—1976)》上卷，21页。

④ 同上书，28页。

组织机构上作了如此重大调整的同时，毛泽东又着手从政治上解决问题。当财政部向毛泽东、政治局汇报税制修正情况时，毛泽东已将问题定性为“右倾机会主义”，说：“公私一律平等纳税的口号违背了七届二中全会的决议；修正税制事先没有报告中央，可是找资本家了，把资本家看得比党中央还重；这个新税制得到资本家叫好，是右倾机会主义的错误。”① 6月15日，毛泽东主持召开中央政治局会议，讨论利用、限制、改造资本主义工商业问题。他在会上将批判进一步升级并且矛头直指周恩来本人，实际上将曾认为“我国的新民主主义社会秩序已经确立”的周恩来作为党内右倾机会主义的代表，严厉加以批判。他说：“有人在民主革命成功后，仍然停留在原来的地方。他们没有懂得革命性质的转变，还在继续搞他们的‘新民主主义’，不去搞社会主义改造。这就要犯右倾的错误。”他认定：“过渡时期充满着矛盾和斗争，是变动很激烈的很深刻的时期。我们现在的革命斗争，甚至比过去的武装斗争还要深刻，要在十年到十五年使资本主义绝种。‘确立新民主主义社会秩序’的想法，是不符合实际斗争情况的，是妨碍社会主义事业的发展的。”② 先前，毛泽东多次支持高岗批评刘少奇，这次是亲自以过渡时期理论来批判在思想上和行动中都未截然否定新民主主义的周恩来。这样，在政府这一头，便先从组织上，再从政治上，为过渡时期理论与实践完全取代新民主主义扫清了可能的障碍。

在解决了政务院“分散主义”和“右倾机会主义”问题之后，毛泽东即着手解决党中央机关那一头的“分散主义”与“右倾机会主义”问题。1953年5月19日，他一天两次致信刘少奇，要求检查1952年8月1日以来用中央或军委名义发出的电报和文件，有多少未经他本人看过，强调指出：“过去数次中央会议决议不经我看，擅自发出，是错误的，是破坏纪律的。”为此，他特别申明：“嗣后，凡用中央名义发出的文件、电报，均须经我看过方能发出，否则无效。”在“否则无效”四

① 《若干重大决策与事件的回顾》上卷，235页。

② 《毛泽东在中共中央政治局会议上的讲话》，载《党的文献》，2003（4）。1953年2月4日周恩来在全国政协一届四次会议上的政治报告稿中曾有“我国新民主主义社会秩序已经确立”的词句，毛泽东审阅时已经删去。《毛泽东传（1949—1976）》上册，254～255页。

个字下面，他还专门加了着重号。[①] 这显然是批评刘少奇主持党中央日常工作，也犯有“分散主义”的错误。

刘少奇 1951 年 3 月 28 日在中国共产党第一次组织工作会议上所作的报告中，曾说过：中国共产党“它现在为巩固新民主主义制度而斗争，在将来要为转变到社会主义制度而斗争”[②]，“巩固新民主主义制度”这一提法和周恩来所说的“新民主主义社会秩序已经确立”具有同样的性质。刘少奇在东北富农党员问题、山西农业互助合作运动及工会工作上的一系列讲话、批语，与过渡时期理论和实践自然不相合拍。高岗在 8 月 7 日全国财经会议上批判薄一波时，引用了刘少奇的上述言论，从而开始了对刘少奇政治上的批判；1949 年 6 月，高岗奉命赴苏之前在天津阐述党对民族资产阶级政策时的一系列讲话，作为资产阶级思想对党的侵蚀，党内右倾思想的表现，不指名地加以批判；[③] 接着，8 月 12 日，毛泽东在全国财经会议发表的讲话中，不仅批评了薄一波新税制违背了国营经济是领导成分的路线，有利于资本主义，不利于社会主义，而且连带批评了薄一波在 1951 年指责农业互助合作问题上的观点违反党的决议，公然违背七届二中全会的原则，指出要在党内开展对资产阶级思想的斗争，说“三反”、“五反”运动之后，对党内的资本主义倾向，对在路线问题上反映出来的资产阶级思想并没有解决。这种资产阶级思想，不仅财经工作中有，而且政治、文教和其他工作中也有，中央同志和地方同志都有。为此，他要求“必须在全党，首先在中央、大区和省市这三级党政军民领导机关中反对资产阶级思想在党内的反映”[④]。在 1953 年 9 月 16 日至 10 月 27 日召开的中共中央第二次全国组织工作会议的最后一天，刘少奇在闭幕会上对自己在农业生产互助合

---

① 《关于用中央名义发文件、电报问题的信和批语》，见《建国以来毛泽东文稿》第 4 册，229～230 页。

② 刘少奇：《共产党标准的八项任务》，见《刘少奇选集》下卷，62 页，北京，人民出版社，1985。

③ 《若干重大决策与事件的回顾》上卷，242 页。

④ 《毛泽东传（1949—1976）》上册，260 页。

作、党员发展成为富农如何处理等问题上的错误公开向大会作了自我检讨。① 这样，在党中央这一头，政治上的过渡时期理论与实践完全取代新民主主义的障碍也算被扫清了。

其实，周恩来也好，刘少奇也好，在从新民主主义走向社会主义这一问题上与毛泽东并无原则分歧。但是，毛泽东对于“由新民主主义走向社会主义”这一提法已经非常不满，他说：“这种提法不明确。走向而已，年年走向，一直到十五年还叫走向？走向就是没有达到。”他主张：“从中华人民共和国成立，到社会主义改造基本完成，这是一个过渡时期。党在过渡时期的总路线和总任务，是要在十年到十五年或者更多一些时间内，基本上完成国家工业化和对农业、手工业、资本主义工商业的社会主义改造。”为此，他认为在中华人民共和国成立后，还要继续搞新民主主义，不去搞社会主义改造，这就要犯右倾的错误。② 对刘少奇、周恩来的批评，对高岗的重用与支持，正是基于这一立场。

根据毛泽东的要求，中共中央宣传部编写了一份《为动员一切力量把我国建设成为一个伟大的社会主义国家而斗争——关于党在过渡时期总路线的学习和宣传提纲》，经中共中央批准后公布，毛泽东亲自对这个宣传提纲作了修改和审定。毛泽东亲自确定的过渡时期总路线和总任务的最后标准语言是：

> 从中华人民共和国成立，到社会主义改造基本完成，这是一个过渡时期。党在这个过渡时期的总路线和总任务，是要在一个相当长的时期内，逐步实现国家的社会主义工业化，并逐步实现国家对农业、对手工业和对资本主义工商业的社会主义

① 《刘少奇传》下卷，748～749页。值得注意的是，1958年9月8日周恩来在政协常委会上作了《过渡时期的总路线》的报告，梁漱溟在讨论该报告时，提出希望政府不要忽视了农民。在随即召开的中央人民政府委员会会议上，毛泽东针锋相对地当面斥责了梁漱溟，焦点就在于如何对待农民，说要求照顾农民是“施小仁政而不施大仁政”，发展重工业、打美帝是大仁政。因此这一主张“完全是彻底的反动思想，这是反动派的建议”。毛泽东对梁漱溟发如此之大的火，当不止是对梁个人，其实也是警告和斥责了党内持不同意见者。

② 《毛泽东在中共中央政治局会议上的讲话》（1953年6月15日），载《党的文献》，2003（4）。

改造。这条总路线是照耀我们各项工作的灯塔，各项工作离开它，就要犯右倾或“左”倾的错误。

毛泽东特别指明：“标志着新民主主义革命阶段的基本结束和社会主义革命阶段的开始的东西是政权的转变，是国民党反革命政权的灭亡和中华人民共和国的成立。”①

《宣传提纲》清楚表明，过渡时期理论已经以中国共产党和毛泽东本人的语言作了清楚、完整的表述，但是，本质上，几乎完全沿袭了苏联及情报局所坚持的过渡时期理论。宣传提纲第一部分便引用了列宁《无产阶级专政时代的经济和政治》及其他相关论述，强调了过渡时期是灭亡着的资本主义与生长着的共产主义彼此斗争的时期。② 毛泽东在提纲中增写了一大段，强调指出：“党在过渡时期总路线的实质，就是使生产资料的社会主义所有制成为我国国家和社会的唯一的经济基础。”③ 这完全推翻了几年前对中国社会经济发展状况的分析及多种所有制发展必要性的论述。宣传提纲第二部分《为国家社会主义工业化而斗争》，坚持了斯大林“中心必须是发展重工业”，“首先发展国营工业”，“保证工业中的公营部分战胜私人民营部分即战胜小商品经济部分和资本主义部分”的工业化道路。④ 宣传提纲第三部分《逐步实现国家对农业和手工业的社会主义改造》，则完全基于列宁小农经济是分散的和落后的、不稳固的、时刻向两极分化的观点以及斯大林关于农业集体化的大量论述，特别是农民趋向于资产阶级，农民经济有非常广阔而且根深蒂固的资本主义基础，在这个基础上资本主义得以保留和复活起来，同共产主义进行极残酷的斗争的论述。⑤ 宣传提纲第四部分《逐步实现国家对资本主义工商业的社会主义改造》则大量引述了列宁关于国

---

① 《对过渡时期总路线宣传提纲的批语和修改》，见《建国以来毛泽东文稿》第 4 册，405、404 页。

② 《为动员一切力量把我国建设成为一个伟大的社会主义国家而斗争》，见《建国以来重要文献选编》第 4 册，697 页。

③ 同上书，702 页。

④ 同上书，705～707 页。

⑤ 同上书，713～714 页、719～720 页。

家资本主义的论述。[①]

斯大林虽然已经去世了，但是，他所创建的苏联模式还是取代了具有中国特色的新民主主义。1953年2月7日，毛泽东在政协一届四次会议上提出："要学习苏联"，"无论共产党内、共产党外、老干部、新干部、技术人员、知识分子以及工人群众和农民群众，都必须诚心诚意地向苏联学习"[②]。在如何建设社会主义问题上，毛泽东起初尚缺乏自信，尤其在斯大林面前，在斯大林对他的根深蒂固的怀疑面前，他有过相当深切的危机感。但是，在情报局强大的话语霸权面前，在斯大林将科瓦廖夫密报等向他"交底"以后，他迅速无条件地接受了过渡时期理论并大力支持高岗使之成为中国共产党的建设国家的实践，终于一天天获得自信，并由此而彻底摆脱了南斯拉夫共产党与铁托的阴影，在新的形势下确立了党内无可动摇的权威地位。

新民主主义，是毛泽东和中国共产党在经历了一系列严重挫折后，立足于中国国情，参照列宁的《两个策略》而创立的中国革命理论。第二次世界大战结束之时，东欧各国在斯大林和联共（布）指导下建国也大体采用这一模式。这使毛泽东和中国共产党人对在中国实施新民主主义更充满了信心。情报局的建立，特别是南斯拉夫共产党和铁托等领袖人物所遭到的无情批判，使毛泽东和中国共产党人不能不立即向苏式立即消灭资本主义、资产阶级和农民小生产的过渡时期理论表示完全认同。毛泽东面对斯大林对他本人马克思主义品格根深蒂固的怀疑和不信任，面对他和中共是东方铁托及东方南斯拉夫共产党的严重猜忌，一直怀有深深的危机感。当米高扬来到西柏坡时，毛泽东面对这位斯大林的特使，再三表白：他"作为党的领袖，对于马克思列宁主义没有任何创新"，"列宁斯大林的学说是现在中国革命胜利的基础。斯大林不仅是苏联各族人民的导师，而且也是中国人民和世界各国人民的导师"。而他自己，"是斯大林的学生……不过是把马列主义学说在中国加以实践而已"，他本人"没有做出什么贡献"。他多次强调：他是"斯大林同志的

① 《为动员一切力量把我国建设成为一个伟大的社会主义国家而斗争》，见《建国以来重要文献选编》第4册，725～727页。

② 《在政协一届四次会议上的讲话》，见《建国以来毛泽东文稿》第4册，45页。

学生，并且奉行亲苏方针”。[1] 对于首次见到的一位联共（布）领导核心成员，毛泽东之所以如此谦卑地一再表白他是如何忠诚于斯大林，正表明他是如何急于取得斯大林对他的信任。当斯大林1950年2月将科瓦廖夫密报和高岗报告向他“交底”以后，毛泽东全力支持和重用高岗，一而再，再而三地贬抑刘少奇、周恩来，努力将过渡时期理论付诸实践，恐怕不仅仅是以行动要做给斯大林看，而且表明，他确实已转向完全信奉这一过渡时期理论，并在努力将它变成自己的话语。1953年3月9日他在为悼念斯大林逝世而撰写的《最伟大的友谊》中，写道，“斯大林同志全面地划时代地发展了马克思列宁主义，把马克思主义的发展推进到新的阶段”，称中国共产党不断地向斯大林请教，不断地从斯大林的著作中吸取思想的力量，“是从斯大林同志的伟大的著作中去找寻自己胜利的途径”，斯大林去世后，“中国共产党人和中国人民将更加紧学习斯大林的学说”。[2]

1966年7月8日，毛泽东在家乡湖南韶山的滴水洞住了十几天后，来到白云黄鹤的地方即武汉市，给江青写了一封长信，其中说道：

> 我是自信而又有些不自信。我少年时曾经说过：自信人生二百年，会当水击三千里。可见神气十足了。但又不很自信，总觉得山中无老虎，猴子称大王，我就变成这样的大王了。[3]

新民主主义迅速为苏式过渡时期理论所取代，正是毛泽东“又不很自信”这一心态在历史关键时刻的重要表现，也是中国共产党在坚持新民主主义上缺乏自信，在斯大林、联共（布）及情报局由过渡时期理论到反民族主义国际主义的话语霸权面前又“不很自信”的必然结果。至于党内是否真正存在一个以刘少奇、周恩来为代表的“亲美派”，以及所谓“亲美派”含义究竟是什么，这原属本质问题，可是，由于这是斯

---

① ［俄］列多夫斯基：《米高扬与毛泽东秘密谈判》，载《党的文献》，1996（1）。

② 《建国以来毛泽东文稿》第4册，102～106页。

③ 《给江青的信》，见《建国以来毛泽东文稿》第12册，72页，北京，中央文献出版社，1998。

大林所认可或裁定的，似乎已没有什么可以核查或讨论的余地。他们自然就被定位为党内右倾机会主义或资产阶级在党内的代表。这一定位每到党内政策转换的重要关头，就被重新突现出来。一直得到重用的高岗，是在他本人得意忘形、利令智昏、四处活动，图谋造成取刘少奇、周恩来而代之必然之势，并经陈云、邓小平将其不正常行为分别亲自反映给毛泽东本人之后，方才引起毛泽东的警觉。稍后，毛泽东建议起草的一份《关于增强党的团结的决议》在中共七届四中全会上通过，并建议通过此一决议时，除刘少奇本人作一自我批评外，“应尽可能做到只作正面说明，不对任何同志展开批评”①。高岗后来自杀，在1955年3月中共全国代表会议上被开除出党。那已是斯大林去世两年之后，而且是在一直得到斯大林信任的苏联部长会议第一副主席兼内务部长贝利亚被处决之后。

高岗去世，过渡时期理论在对个体农业、手工业及资本主义工商业改造中得到全面贯彻。而为坚持这一理论与实践，愈来愈依靠发动“阶级斗争”和党内斗争。为在中国根绝资本主义，终于一步步走到“文化大革命”那样的“全国全面阶级斗争”和包括思想文化领域在内的“全面专政”。在研究20世纪50年代以来中国历史发展的曲折历程时，在追溯“反右斗争”、反对“党内右倾机会主义”斗争、“四清运动”及“文化大革命”的渊源时，过渡时期的理论与实践的深远影响，不容忽视。

---

① 《关于建议召开七届四中全会问题给刘少奇等的信》，见《建国以来毛泽东文稿》第4册，433页。

社会主义与市场经济

19世纪晚期，中国迈出了从传统小农文明走向现代文明的第一步。但是，在现代化取向形成的同时，中国又产生了影响广泛的反现代化取向和后现代化取向。一百多年来中国社会变迁的实际表明，这三种取向的运动，同中国走向现代化时选择的市场化与非市场化道路直接相关。从这里也可以了解当代中国现代化目标模式择定的奥秘。

一、现代化进程中的三种取向及其合流

在中国，现代化这一概念出现于20世纪20年代末30年代初，[①] 而流行起来则在80年代后。但是，作为一种社会发展的趋向，它所表现的，却是近代以来世界范围内逐步形成、扩展并趋向成熟的一种社会运动。

① 罗荣渠主编的《从“西化”到现代化》（北京大学出版社，1990年版）指出，胡适1929年《文化的冲突》首次提出“一心一意的现代化”，《申报月刊》1933年7月刊物“中国现代化问题号”特辑大概是这个新概念被推广运用的正式开端。

从世界各发达国家和发展中国家的现代化过程可以看出，举凡市场化、工业化、城市化、世俗化、中产化、理性化、法制化、民主化、世界化，都是现代化取向的有机构成部分。现代化过程，说到底，就是将人类社会的发展转移到确保社会生产力高度发展的社会大生产基础之上，并努力使社会发展的成果为全体社会成员所共享。这是包含着生产方式、生活方式、思维方式、行为方式在内的全方位的社会大变革。

一百多年来，中国社会自身的现代化取向，以及表现于人们观念的现代化思潮，尽管大部分时间中很不成熟，且颇多曲折，就其总的趋向而言，和这一全方位的社会大变革的目标大体上是一致的，这就是逐步以市场经济取代自然经济，以工业大生产取代农业小生产，以城市化取代乡村化，以世俗化取代圣化、贵族化，以社会中产化取代普遍贫穷化，以理性与科学取代蒙昧与迷信，以法制与民主取代传统的德治、礼治及专制，以广泛的、直接的世界性联系取代地域性自我封闭。从洋务运动、戊戌维新、清末新政、辛亥革命、新文化运动，到结束北洋军阀统治的国民革命、20 世纪 30 年代经济建设、新民主主义革命与新民主主义建设，再到超英赶美的“大跃进”，最后是 1978 年以来的改革开放，上述各种趋向或先或后地形成，并在多次反复、回流中逐渐由单薄、片面而转为充实、丰满与全面。

在现代化取向渐次形成之时，反现代化思潮即几乎与之同步而起，并同现代化取向形成颉颃之势。

当洋务运动开始制械、造舰、练兵、设厂时，朝野都发出了一片反对之声。他们或直斥坚船利炮不可恃，或强调使用机器会使贫富分化愈益加剧，或指责机器会使人们不再终岁勤劳，生活安逸，习为骄惰，或攻讦重机器之学及其人才，会导致弃礼义廉耻为无用，人心因之而解体。①

戊戌维新时期，随着现代化运动在较多方面展开，反现代化思潮也

① 诸多言论，不一一摘引。可参阅吕实强《儒家传统与维新》中“儒家传统对维新阻碍的分析”一节。见周阳山等编《近代中国思想人物论·晚清思想》，37～55 页，台北，时报文化出版事业公司，1980。

愈益强劲。它突出地表现为：坚持重农，坚持重本抑末，反对重商，反对以工立国；坚持传统的乡村化、闭塞化，以为这使人们淳厚朴实、终岁勤劳，而城市化与世界化则会使人心日伪，机巧日生；坚持传统的纲常名教，以为这是国之大本，而倡导民权、变法则是率天下而乱。

辛亥革命准备时期，现代化取向为越来越多的志士仁人所择定。在革命队伍之中，一些人战栗于按照资本主义与殖民主义方式建设现代化文明所引起的新的社会矛盾以及所造成的新的社会灾难，对于现代化取向本身也产生了深深的疑虑。最典型的代表人物便是章太炎。他所写的《四惑论》，以公理、进化、唯物、自然为眩惑失情。正因为无法解开这些矛盾，他又写了《五无论》，以无政府、无聚落、无人类、无众生、无世界为终极理想。这里所表现的正是对现代化的深度怀疑。

五四运动前后，因现代化程度较中国为高的欧美爆发了第一次世界大战，先前曾热烈讴歌过科学万能，讴歌物质文明的梁启超，这时一变而惊呼科学破产、物质文明破产。与此相呼应，梁漱溟的《东西文化及其哲学》明确宣布，人类的生活有三种取向：征服自然而造出灿烂的物质文明及科学化、民主化，是西方文化的取向；物质生活简单朴素、安分知足，社会生活情感化、伦理化，精神生活一般人都糊涂浅拙，这是中国文化的取向，其特征不是向前面要求，而是调和、持中；还有第三种取向，即印度文化的取向，其特征是转身向后去要求。梁漱溟认为，这三种取向是由古希腊人、古中国人、古印度人分别形成的，它们无所谓好坏，都对人类具有很伟大的贡献。但第一种取向发展到现今，已病痛百出，令世人都想抛弃它，第二种取向则适逢其会，所以最近未来文化之兴将是中国文化取向的复兴。将来也会形成印度文化取向复兴之势，但那为时尚远。

梁启超、梁漱溟主要是从文化发展方面否定了现代化取向为中国所急需和必然，径直提倡以农立国的章士钊，则从反工业化、反市场化、反城市化等更为直接的角度，否定了现代化取向。他断言，西方各工业国正航于断港绝潢而不得出，中国欲扬帆以穷追之，毋乃不智之甚！鸟瞰天下，内观国情，当断然以农村立国之论易天下。[①] 这是保持传统农

① 行严：《业治与农》，载《新闻报》，1923-08-12。见罗荣渠主编：《从“西化”到现代化》，683页。

业小生产的生产方式与生活方式最直言不讳的要求。

在这之后，反现代化取向通常与后现代化思潮结合在一起而出现。

所谓后现代化取向，或后工业时代取向，主要是针对西方沿资本主义道路走向现代化而出现的诸多矛盾，力图在新的基础上加以解决。康有为撰写《大同书》，详密编绘了大同理想国的蓝图；孙中山在《民报发刊词》中说："近时志士舌敝唇枯，惟企强中国以比欧美。然而欧美强矣，其民困，观大同盟罢工与无政府党、社论党之日炽，社会革命其将不远。吾国纵能媲迹于欧美，犹不能免于第二次之革命，而况追逐于人已然之末轨者之终无成耶！"基于此，他倡导实行民生主义，"举政治革命、社会革命毕其功于一役"，期望"还规欧美，彼且瞠乎后也"①。社会主义思潮、无政府主义思潮在中国形成很早，而且一直保持强劲之势，原因也可从这里寻找到。

1917 年十月革命后，俄国道路在中国产生了异乎寻常的影响，前后持续了数十年。俄国式的建党、建军、建政和发展经济的理论与实践，不仅在中国共产党内影响极大，即在中国国民党内，也影响至深。俄国模式，实际上是涵盖现代化、反现代化与后现代化三种取向于一体，企图在一个生产力相对落后的半亚细亚国家，通过暴力和政治权力的作用，立即过渡到按照共产主义的原则进行生产与分配。它也肯定了国家工业化与农业社会化，但是，它更多地肯定了和反对资本主义及立刻消灭资本主义要求联系在一起的反现代化与后现代化取向。在理论与实践的构成中，俄国或苏联模式实际上是由民粹主义、沙俄国家资本主义及新型社会主义三种成分共同构成的。在中国，苏联模式之所以逐渐取其他各种模式而代之，正是因为它融三种取向于一体，它所由以构成的三种成分在中国有着广泛的社会基础。20 世纪 20 年代以后，中国自身的反现代化与后现代化取向逐渐合流，而很少再各自单独出现，主要就是因为苏联模式不仅在一定程度上表现了现代化的需要，而且在深层次上适应了反现代化及后现代化的需求。

20 世纪 50 年代起，苏联模式在中国取得了支配地位。随之而来的，就是这种模式内部所包含着的三种不同取向、三个不同构成部分所

---

① 《孙中山选集》，76 页。

固有的矛盾与冲突，不可遏制地逐渐激化起来，并逐渐趋于表面化。随着大工业的发展，生产社会化变得越来越强烈，这就使现代化取向包括市场化、城市化、中产化、世界化及理性化、法制化、民主化日趋活跃。与此同时，将传统的农业小生产、自然经济、消减社会分工、平均主义及反商品经济的反现代化取向理想化，并将这些取向与后现代化取向在消灭资本主义，建成社会主义、共产主义的共同旗号下混合起来，从两个不同的角度限制、打击甚至否定了上述现代化取向。大规模经济建设的开始，对农业、手工业和私营工商业的改造，“大跃进”和人民公社化运动，城乡社会主义教育运动，“文化大革命”，以及十多年来的改革开放，包括最近确定的建立社会主义市场经济体制，40多年来所有重大的社会运动与党内冲突，透过表层，都可看到上述总的背景。这一总的背景，在未来相当一段时间内，仍然会是了解中国社会矛盾与思想动向的一把钥匙。

二、三种取向合流的重要基础：非市场化

一百多年来，现代化、反现代化、后现代化三种取向渐趋合流，导致中国选择苏联模式，有着深刻的经济上的基础，其中最为重要的，可能是非市场化倾向的发展。

欧洲近代生产方式的建立，可以说，是发端于市场化的普遍发展。最初是商人资本出现。它的出现，推动了国内市场的初步形成，工场手工业的出现，以及向外进行扩张。殖民地的开拓，使市场急遽扩大，商业、航海业空前高涨，工场手工业已不能满足需要，于是，蒸汽和机器引发了工业生产的革命，欧洲开始实现了工业化，工业化又使先前已经可能建立的世界市场变成了现实。大工业与世界市场的建立，终于为现代化其他诸目标依次推出，提供了坚实的前提与强大的内在动力。

由此可见，对欧洲现代化历程作结构上的分析，结论是先市场化，后工业化；国内市场的形成与国外市场的拓展紧密联系，国外市场特别是世界市场的形成，大大缓解了这些国家资本的原始积累及工业化、城市化在国内所遇到的阻力。现代化的其他构成部分，如理性化、法制化、民主化、中产化等，是在这一基础上渐次实现的。

中国则不然，中国并未从市场繁荣与工场手工业普遍发达中培育出

产业革命。中国近代产业，主要是为了强化对内统治及抗拒外来压迫这一军事政治目标，径直在小农经济的基础上，依靠国家政权的力量，以军事工业为其主导产业而兴办起来的。这些企业的首要任务却是从财力与物力上给上述军事工业以支持。

中国近代产业产生的这一特殊过程，使中国现代化进程刚一开始，便出现了浓重的非市场化倾向。由于这些产业的创立和发展，主要不是为了满足市场的需要，它们的活动就必然游离于市场经济规范之外。它们的生存与扩展，在很大程度上依靠现有国家政权的支持，依靠国家财政拨款不断给它们输血、输液。这些财政拨款来源于农村和城市中的其他税收。实际上，它们的生存与扩展，主要不是依靠市场，而是依靠对广大农民和其他社会成员的政治与军事的特权。产业与政治、军事权力相结合，成为一种权力经济，一种新的等级资本。它所独具的军事性、政治性、垄断性，与市场化正相对立。每一等级资本的拥有者，努力追求的目标，首先是政治军事特权的扩大，以及他们所实际控制的地域范围的拓展。保持和加强他们所控制地域的相对独立状态和成果割据状态，最符合他们的现实利益，因此，他们绝对无意去促成统一的国内市场的形成，更不会积极地去开拓世界市场，乐于以中国在世界市场中的依附与屈辱地位为代价，换取列强对他们权力的承认与支持。

面对这一非市场化倾向，学者喊出了“习兵战不如习商战”的口号①。19世纪末20世纪初，面向市场的民营产业已经产生。这种具有明显市场化倾向的产业，依循着另一条路线而创立。它们是由一批大权在握的洋务派官僚、拥有大量资金的买办和旧式上层商人、少数侨商，为了市场的需要而投资新式产业，也有一些小手工业主向机器生产过渡。辛亥革命推翻清朝统治后，商办企业蓬勃发展，其势头一直持续到20年代。中国民营资本中最有影响的各大资本集团，如以荣宗敬、荣德生为主的申新、茂新、福新集团，以郭乐、郭泉为主的永安集团，刘鸿生集团，孙家的通、孚、阜集团，周学熙的启新洋灰和华新棉纺集团，张謇的大生集团，徐荣庭、苏汰余的武汉裕大华集团，等等，几乎

① 郑观应：《盛世危言·商战》。参阅王尔敏：《商战观念与重商思想》，载《中国近代思想史论》，233～379页，台北，华世出版社，1977。该文对清末重商主义思潮作了相当详细的介绍。

都是在这期间形成壮大的。这些产业基本上是非军事性、非政治性、非垄断性的，它们需要市场，并努力扩大市场，市场化对它们来说是性命攸关的。正是这样一支实际力量的存在，使中国现代化进程中市场化取向一直和非市场化取向相峙而存在。

但是，民营产业如此规模的发展，还是没有能够使市场化取向压倒非市场化取向。这首先当然是因为民营产业毕竟实力有限，其势力基本上未能越出区域经济的活动范围，没有足够的力量推动全国统一市场的形成。另一个原因，则是以军事重工业为主干的原洋务派企业为北洋集团所继承和扩展，而随着中央军政权力的削弱，各派军阀集团无不拥兵自重，原国有产业分解成为这些军阀集团的金库、军火库，权力经济、等级资本变成各自独立、互相封锁的诸侯经济。

1927 年南京国民政府建立和 1928 年东北易帜之后，全国形式上重新统一。但是，这一政权是在连年激烈战争中建立起来的，建立伊始，又为权力与利益的再分割，将全国推入了大规模的新军阀混战及长期内战。军事性成了这一政权的生命线。正因为如此，南京国民政府建立了以军事重工业为主干的更为庞大的国有产业，并在金融、交通等更多领域确立了垄断地位。九一八事变、华北事变和后来的八年抗战，对外战争及战时经济体制的强化，使得具有严重非市场化倾向的国家垄断资本以远非清王朝和北洋军阀时期所能比拟的规模与速度发展起来。曾一度对实现国家统一、建立统一的国内市场抱有很大期望的民营资本，很快就陷入了困顿之中。抗战胜利后不久，全国性内战以空前规模进行，这时，尽管舆论界反对官僚资本的声浪日高，国有产业对民营产业却更进一步取得了压倒性的优势地位。国家垄断资本控制了全国工矿产品中石油、钨、锡、锑中的 100%，电力的 90%，钢的 80%，水泥的 40%，煤炭的 30%；全国轻纺工业中棉布的 73%，棉纱的 39%，毛织品的 50%，食糖的 65%，纸张的 30%；国家还控制了全国主要工农业产品的运销。通过金融的垄断、财政的垄断控制整个经济命脉；民营资本已完全无力同它抗争。

这样一种格局抗争，这样一种发展趋势，使苏联模式的经济结构于 20 世纪 50 年代移植于中国，成了顺理成章的事。按照苏联生长的共产主义与衰亡着的资本主义进行着你死我活斗争的过渡时期理论，原先的国家垄断资本转化为新的国营经济，而原先的民营资本则作为资本主义在对它们的改造中迅速被消灭，广泛存在的个体农业与手工业，作为产生资本主义的温床，也被纳入了权力经济的总体系。非市场化倾向由此而登峰造极。于是，50 年代后期，便公开要求取消商品经济，取消货币，否定价值规律、社会分工。在现实严酷的惩罚面前，这股思潮虽然暂时不得不有所收敛，但到十年“文化大革命”时期，又一次泛滥起来。从形式上看，50 年代到 70 年代中期，中国在苏联模式方面多有改变，但就非市场化倾向而言，中国总的趋势是愈演愈烈。

事实表明，具有严重非市场化倾向的国有产业结构，既充分利用国家的军事政治强力，集中财力、物力，在不太长的时间中建立起近代产业，又以新的共同体形式实际上保持了旧式的农村与手工业经济，防止了旧式经济体制的根本破坏以及来自下层的对现代化的积极参与，还经由国家这一形式将权力掌握者的特殊利益宣布为社会普遍利益、根本利益，使现代化、反现代化及后现代化三种取向在这里都做到了各得其所。苏联模式一度在中国气焰极盛的原因当即在此。

三、非市场化的社会效应与三种取向的分流

洋务运动以来的非市场化倾向，特别是苏联模式的非市场化倾向，在产生其正面效应的同时，也产生了强烈的负面社会效应。

凭借着国家权力而建立起来的带有明显军事性、政治性与垄断性的产业，其命运经常为国家权力本身的消长所主宰，它因权力强化的需要而创立，而发展，又因权力自身的萎缩和分解而衰微和分裂。它的存亡兴衰，都服从权力掌握者的利益和这一权力的强度。它缺乏来自产业自身的强大的动力机制和自我约束机制，即便已经形成，在军事政治权力的支配和干预下，也无法正常地发挥其积极作用。行政权力、官僚机构对于产业的直接管理，更使非经济力量的干扰和控制，渗透到经济活动的每一重要环节。一旦形成新的等级资本与权力经济，它又必然反转来激化争夺权力的斗争，因为权力直接和利益连接在一起。而作为等级资本和权力经济的拥有者，每一个成员所关注的中心目标，不是对产业自身的不断发展，而是他们在权力等级结构中的地位；他们不是对产业负责，而是对他们上一层等级权力掌握者负责；形式上是国有资产，实际

上是主体模糊的等级资产。国家垄断资本的这一内在缺陷，更使得它自身的发展难以逾越无人对产权真心负责所造成的界限。这是非市场化给国有产业本身带来的负面效应。

具有严重非市场化倾向的国有产业的发展，阻止了广大农民小生产者经由市场的发展而走向城市、走向工厂、走向现代农业。国内统一市场迟迟不能形成，区域性统一市场的发育也困难重重，保护了农村中的自然经济结构和集市式的初级市场。为发展国有产业，而将沉重的财政负担转嫁到广大农民身上，使广大农民连简单再生产都难以维持，更无法扩大再生产和投身于市场。这一非市场化的发展之路，还严重阻遏了广大小手工业者包括大量手工工场向近代产业转化，因为保存这种旧有的分散落后的生产方式，正有利于权力掌握者利用其政治特权和经济优势，对他们进行超经济的盘剥。工业化、城市化、世界化极有限度的发展，因此与广大农民及手工业者处于一种尖锐对立的地位，它们没有给广大农民及城乡手工业者带来实际利益和新的希望，反而使旧有经济结构在其原来的轨道上更加沉沦。这就在广大农民与手工业者中燃起了旺盛的反现代化之火。

非市场化倾向的发展，不仅拒广大农民和手工业者于现代化之外，而且将新兴的民营资本推向自己的对立面。权力经济和等级资本的拥有者，不断运用其政治特权，限制与摧残民营资本；市场本身的非统一化、非公正化、非规范化，使民营资本根本无法站在同等地位上同国有产业相竞争。这样，资产者又被摒斥于现代化进程之外，反现代化、后现代化都在反资产阶级中现其声威。

非市场化倾向，还导致非理性化的膨胀。近代型知识分子和现代科学技术、现代社会化大生产、现代社会管理有着更为密切的联系，甚至可以说，就是它们的载体。这些知识分子，负担着使社会趋于理性化的使命。可是，等级资本和权力经济的存在，恰好以社会的非理性化为其必要条件。为此，等级资本与权力经济的拥有者，便一面有限度地利用知识分子的科学知识与生产、管理技能，一面千方百计地防范这些知识分子，视理性化为最严重的威胁。这样，知识分子中的主要部分也被排斥于现代化进程之外，反现代化和后现代化的幻想益发无所忌惮。

随着现代化程度的提高，现代化与非市场化的冲突日益尖锐，上述这些方面的社会负面效应越来越突出。其结果，就是现代化与反现代化及后现代化三种取向重新分流。

重新分流，主要是打破反现代化与后现代化结合而造成的诸多曲解了现实过程的幻想，使现代化取向恢复其应有之义。

分流集中在五个方面。

其一，打破对农民和手工业小生产、对自然经济、对小生产者共同体理想主义的虚构，通过市场，引导农民与手工业者走向现代化，使他们在现代化过程中得到实际利益，使现代化在农村和城乡手工业发展中获得广泛的基础，不再游离于中国农村及城乡手工业发展之外。

其二，打破对资本主义及资产者无端的恐惧，把资产阶级的特殊利益同市场化、工业化、城市化、世界化的一般要求区别开来，承认民营资本在推动市场化、工业化、城市化、世界化以及世俗化、理性化、法制化、民主化方面的积极作用，利用民营资本推进市场统一化、公开化、规范化，推动国有产业的改造，从权力经济、等级资本的统治中分离出来。

其三，打破对知识分子的偏见与歧视，不再把知识分子视作异己的力量，不再使知识分子在推进现代化进程中处于孤军奋战状态，以知识分子为一支中坚力量，将现代化建立在整个社会理性化、法制化、民主化基础之上。

其四，打破对国有产业盲目的崇信。国有不等于真正的社会化，等级资本与权力经济和社会化更有着本质的差异，只有改变了国有产业的非市场化倾向，才能使国有产业不再变为等级资本与权力经济，在现代化进程中形成强大的内在动力机制和自我约束机制，将其社会负面效应降低到最小。

其五，打破对世界性联系的畏惧，从对外交往长时期屈辱与仇视的情绪中解脱出来，以中华民族为主体，积极吸收和利用世界文明的一切物质生产和精神生产的优秀成果，特别是世界范围内现代化发展的成果，来充实与发展自己。

现代化取向与各种反现代化、后现代化取向的分流，早已在酝酿，在萌动，在经历了从"大跃进"、人民公社化到"文化大革命"的实践，更加充分地领略了原有体制的负面社会效应之后，这一分流的运动终于不可遏止地发展起来，十多年来中国思想界思想解放的主潮流，其实就是这三种取向的分流，以使现代化取向日渐取得真正的支配地位。

经历了一百多年曲折的历程，应当说，中国已经找到适合于自己实际条件的现代化目标模式。所谓具有中国特色的社会主义，说到底，就是经由市场化之路，建立与广大农民小生产的联盟，以及与国内、国际资产阶级的特殊同盟，实现中国的工业化、城市化、世俗化、中产化、理性化、法制化、民主化、世界化诸目标，使现代化成为中国的现实，并使这一成果为全体社会成员所共享。这一目标模式还远没有充实与成熟，但是，经过一个多世纪正反面经验的反复比较，人们已经越来越从蒙昧走向自觉。可以预期，在现代化进程中，中国正在变得聪明起来，而且会变得更加聪明。

社会主义与所有制变革

一、一个半世纪方向频频往复的变革

鸦片战争前，在清王朝统治下，除了人们所熟知的地主土地所有制和农民个体所有制外，还有国家所有制、手工工场及商业高利贷私人所有制等。鸦片战争后，一百五十多年来，所有制关系的变革几乎一直未中断过，但其变革的路向却忽而国有，忽而民有，忽而公有，忽而私有，一往一复，彷徨莫定，使致力于现代化的一代中国人为之困扰不已。

第一次变革。近代中国新的所有制关系由来到中国的西方殖民者建立，从19世纪40年代开始，列强在中国陆续投资于航运业、金融业、加工业和房地产业，到甲午战争前，资本已达2亿至3亿美元。[①] 这些企业虽具有近代资本主义私人所有制性

① 吴承明：《帝国主义在旧中国的投资》，35页，北京，人民出版社，1958。该书第45页列表说明，1902年（20世纪初期）投资额15.093亿美元，1936年（抗日战争前）为42.854亿美元，1941年（太平洋战争前）为91.618亿美元，1948年（新中国成立以前）为30.989亿美元（另有“美援”47.092亿美元）。

质，但从一开始就同殖民主义强权紧密结合在一起，并得到清王朝政治权力的保护，具有很强的政治性、垄断性，进行着大量超经济掠夺。

第二次变革，当数太平天国1853年颁布的《天朝田亩制度》。这是一个以公有制取代私有制的方案。田地按照肥瘠程度、产量高低分成九等，根据每一家人口多寡搭配分配，生产品除留下一家生活所需者外，全部缴回国库，由国库统一掌握使用，以期做到有田同耕、有饭同吃、有衣同穿、有钱同使，天下人都不受私物，由上帝支配，处处平均，人人饱暖。在占领南京后，太平天国的首领们便努力将这一纲领付诸实施，企图在这里创立起“小天堂”。虽然为时不久，太平天国便首先在天京以外地区退回到承认原有土地关系，准许照旧输租纳粮，但通过土地平均分配和生产品缴回国库的办法消灭私有制度，确是一次重大的变革。

第三次变革，是清政府举办的洋务企业。从1861年创办安庆军械所开始，清政府陆续举办了一批近代军用工业，随后又举办了一批民用工业。一部分由中枢拨款建立，一部分由各省督都自筹经费设立，[①] 企业人员安排、产品的生产与调拨和企业的管理，都听命于朝廷与封疆大吏。所谓官办，实际上是国家所有制。它的出现，既是对太平天国所进行的变革全盘的否定，也具有同外国资本相颉颃的某些成分。

第四次变革，从19世纪70年代开始，出现了民营的近代中国资本主义企业。甲午战争前，这种性质的矿企业只有一百多个。甲午战争后，有了较大的发展。特别是在辛亥革命后，清王朝国家资本很快转入北洋军阀手中，在军阀割据局面下，国有资本的压力也一度减轻，中国民营资本利用这一机会，进入了自己发展史上的“黄金时代”。[②]

第五次变革，国民党蒋介石集团打击了其他各种军事政治力量。地位逐渐稳固后，利用自己掌握的权力，全面扩张其国有经济，压迫和排

---

① 据张国辉《洋务运动与中国近代企业》（中国社会科学出版社，1979年版）67～68页统计，江南制造总局、福州船政局、天津机器局、汉阳枪炮局在近30年经营中，消耗国库资金总计四千一百万两白银以上，18个省营单位所耗费的资金不低于一千万两。而当时部库无充余之资，地方亦俱凋敝。

② 据全慰天《中国民族资本主义的发展》（河南人民出版社，1982年版）统计，1872—1894年商办的近代工矿业约150家，资本少，规模小；1895—1913年资本1万元以上使用动力的工矿463家，资本总额9181.2万元；1914—1921年进一步发展，1920年工矿增至1759家，资本总额50062万元。

挤民营资本。在抗日战争和随后的国内战争期间，更急剧加速了这一进程。他们所建立的是和军事独裁的国家政权紧密结合在一起的国家资本主义，具有垄断性、浓厚的封建性等许多特点。到1949年，这一国家资本已占全国工业资本的三分之二，占全国工、矿，交通运输等行业固定资本的80%，控制了全国金融机构和十几个垄断性贸易公司。①

第六次变革。从20世纪20年代至50年代初，起先在中国共产党领导开辟的红色根据地内，后来扩大到全国，进行了一场以平分土地给农民为中心的土地革命。约三亿多无地少地的农民分得了七亿数千万亩土地和其他大量动产与不动产。中国共产党在革命根据地内作为执政党提出的新民主主义经济纲领，规定了新民主主义经济体系包含国有经济、私人经济和合作经济三大部分，然而，所有制变革的主体部分是在广大农村中实行"耕者有其田"。直到40年代末50年代初，通过没收国民党政权所控制的国家资本，方才建立起自己强大的国有经济。即使如此，到1952年底，在国民收入中，国有经济仅占19.1%，合作社经济仅占1.5%，公私合营经济仅占0.7%，农民和手工业者个体经济占到71.8%，其余6.9%为私人资本主义经济。②

第七次变革。从1952年底开始到1956年底，农业和手工业劳动者个体所有制急速被土地和其他生产资料集体所有的合作社所有制所取代，工商业中资本主义私人所有制改变为公私合营，除付给资本家定息外，实际上等同于国营企业。③ 1958年夏季，全国农村又普遍建成基本

① 见中共中央文献研究室：《〈关于建国以来党的若干历史问题的决议〉注释本》，201页，北京，人民出版社，1983。

② 同上书，195页。

③ 1952年全国农业生产合作社仅有3600个，1953年底至1954年初，猛增到近十万个，1954年10月增加几近23万个，1955年突破60万个，1955年7月毛泽东批评农业合作化运动"右倾保守"。1955年6月，全国参加农业生产合作社的农户只占总农户的14.2%，1956年1月增至80.3%，1956年底达到96.3%。全国总农户中87.8%的农户成为所谓"高级社"社员，他们把在土地改革中所获得的土地和自己原先的土地及其他生产资料交给集体，不再像"初级社"时凭借生产资料的所有权可以领取部分劳动成果。手工业者也被动员组成手工业生产合作社，1956年底全国手工业者中91.7%参加了合作社；与此同时，85.1%的小商小贩被组织进合作商店或公私合营商店。同时，全国范围还实现了私营工商业全行业公私合营。以此，1956年国民收入中，国营经济比重增至32.2%，合作社经济比重增至53.4%，公私合营经济比重增至7.3%，劳动者个体经济比重降至7.1%，资本主义私营工商业降到0.1%以下。以上参见李占才主编：《中国新民主主义经济史》，398～401、404、407、416页，合肥，安徽教育出版社，1990。

上一乡一社的人民公社，实行政社合一，由公社具有政权职能的管理机构统一管理生产、管理生活，在公社内贫富拉平，实行平均主义的供给制。① 商业、手工业方面的集体所有制改为全民所有制即国有制，国营企业内则走向否定经济核算、等价交换、按劳分配。

第八次变革。全面公社化带来的严重的经济危机、社会危机和政治危机，迫使农村所有制关系从公社所有制退到公社、生产大队、生产队三级所有，再退到以生产队为基本核算单位，恢复自留地，允许农民私人做饭和喂养家禽家畜，承认屋前屋后零星树木为农民私有。手工业、商业相应作了调整，国营企业恢复了经济核算，等价交换、按劳分配。

第九次变革。所有制形式和此前变化不大，但实际的所有制关系又走向否定前者，这就是在狠抓阶级斗争、开展社会主义教育运动和“文化大革命”的名义下，视农民小生产者经常地，每日每时自发和大批地产生着资本主义和资产阶级，认为商品生产、货币交换、物质刺激、按劳分配会使工人阶级的一部分、共产党员的一部分变成资产阶级，断言所有制问题没有解决，如果不是全部，至少也是大部分没有解决，为此，要求尽早割掉自留地、家庭副业、集市贸易等“资本主义尾巴”，取消城市个体商业和服务业，强化城乡中原先就已很突出的分配中的平均主义。

第十次变革。“文化大革命”结束后，从 20 世纪 70 年代末开始，首先在农村通过实行家庭联产承包责任制，使农民对土地、生产活动及产品有了较大的支配权，其发展导致人民公社解散，继之在城市通过发展个体经济、民营经济、外资经济、中外合资经济，于原来的国有经济外建立了一个有别于计划经济体制的市场经济体制，而国有经济本身则通过实行资产经营责任制、承包经营责任制、租赁制、股份制、公司制等开始结构性改变，现在正按照建立市场经济体制的要求探索进一步改

① 1958 年夏，全国 74 万多个农业生产合作社改组为 2.6 万个“公社”，参加农户 1.2 亿户，占总农户 99%以上。人民公社号称“农林牧副渔全面发展，工农商学互相结合”，实行政社合一。起初权力集中在县、社两级，在全公社范围内实行贫富拉平，平均分配，将生产以及社员的许多财产无偿地收为公社所有。经济核算制度完全被弃。参见《〈关于建国以来党的若干问题的决议〉注释本》，313～314 页。

革的路径。

以上一百五十多年来所有制关系变革的历史过程表明，创造新的生产力、新的生产方式需要创建新的所有制关系。但是，中国现代化所需要的所有制关系究竟是什么，人们似乎一直在民营与国有、私有与公有二元模式之间进行着一种两难的选择。一次又一次往复的历程表明，人们在推进现代化时，总倾向于依靠国家政权的力量，发展国有经济和不同层次的公有经济，而实践中所遇到的问题，又总迫使他们不得不退却，承认民营经济、个体经济的某种合法性，给后者一定空间，但新出现的矛盾又总要诱使他们再一次强化国营和公营经济。人们陷入了循环往复的困境而难以自拔。

二、所有制变革中的稳定、公平、效率三函数

在持续已一百五十多年的所有制关系变革中，人们为什么总是那么顽强地倾向于国有和其他形式的公有，而又为什么总得一次又一次重新给予民营、私营以或大或小的生存空间？从近代思想家、改革家关于所有制变革的思考中，可以察知支配着所有制变革路向选择的一些基本价值取向。

在鸦片战争爆发前，早在1820年前后就已在思考所有制变革问题的龚自珍，在《平均篇》中显现了所有制变革的一个基本出发点。文章指出："有天下者，莫高于平均之尚也。"不均，便会引起人心的不平，贫相轧，富相耀，贫者日愈倾，富者日愈壅，羡慕与愤怨，骄汰与啬吝互相撞击，浇漓诡异之俗百出不可止，终致"至极不祥之气，郁于天地之间，郁之久，乃必发，为兵燹，为疫疠，生民焦类，靡有孑遗，人畜悲痛，鬼神思变置"。这样便会由"贫富不相齐"而至于"丧天下"。为此，他主张，必须"操其本原，与随其时而剂调之"，使天下趋于均平。他信心十足地说，一旦"议之以至难之法，齐之以至信之形，统之以至澹之心"，"有天下者，不十年几于平矣"。[1] 这篇文章所依循的是孔子"不患寡而患不均，不患贫而患不安"的宗旨，但作了较为具体的发挥。它表明，所有制变革的基本出发点，一是均，二是安，均又是为了安。

---

① 《龚自珍全集》，77～80页，上海，上海人民出版社，1975。

安全、稳定成了根本价值取向。两千多年来中国作为一个大一统国家，安全、稳定一直是治国的最高原则，这也成了近代以来所有制变革获得合法性的首要前提。问题之一，是怎样才能真正做到均平。问题之二，如果均平只是普遍的贫穷，那么，国家、社会是否能够真正平安而稳定。

对于第一个问题，龚自珍在《农宗篇》中设计了一个方案，这就是利用古代宗法制度，大宗长子世袭百亩之地，可雇佃工五人；次子向国家请田二十五亩为小宗，可雇佃工一人；三子、四子向国家另请田各二十五亩为群宗，亦可各雇佃工一人；其余各子为闲民，在本宗内为佃工。小宗长子世袭二十五亩地，次子向国家另请田二十五亩为群宗；群宗长子可世袭二十五亩地，其他各子皆为闲民，做佃工。五品以上官员给予禄田，按品级高低可世袭四世、三世、二世、一世不等，世袭结束后，归田于天子，各恢复原来的宗法地位，即原来为大宗者复为大宗，原来为闲民者复为闲民。龚自珍称，这样实行了，便可"正天下之大分，分定而心安"①。然而，这一方案充其量只能留在纸面上，它根本无法付诸实践。

至于第二个问题，事实很快就作了回答。鸦片战争的失败，太平天国的狂飙，以及第二次鸦片战争的震撼，表明国家如果没有足够强盛的经济与军事实力，平安与稳定就无从谈起。李鸿章已经指出："中国积弱，由于患贫。西洋方千里，数百里之国，岁入财赋动以数万万计，无非取资于煤矿、五金之矿、铁路、电报、信局、丁口等税。酌度时势，若不早图变计，择其至要者逐渐仿行，以贫交富，以弱敌强，未有不终受其敝者。"② 普遍的贫穷，将使国势危弱，而无以自强。为此，他便将使国家尽快富强放到其他各价值取向之上，成为第一目标，并强调："古今国势，必先富而后能强，尤必富在民生，而国本乃可益固。"③ 效率这时成了新的所有制关系建立的强大动力。洋务运动中官办、官督商办、官商合办、商办等新的所有制出现，都是在这一价值标准下取得合法性的。

在新的基础上提出公平与社会普遍福利问题，并将它列为所有制变

① 《龚自珍全集》，49～52页。

② 李鸿章：《复丁稚璜宫保》，见《李文忠公全集》，《朋僚函稿》卷十六。

③ 李鸿章：《试办组布局折》，见《李文忠公全集》，《朋僚函稿》卷四十三。

革最高原则使之凌驾于稳定、效率之上的，是康有为的《大同书》。康有为面对中国西方资本主义社会冲突的现实，和西方种种空想社会主义和中国古代大同学说发生强烈共鸣，制定了“去产界公生业”的方案。他断言，农不行大同则不能均产而有饥民，工不行大同则工党业主争将别成国乱，商不行大同则人种生诈性而多余货以殄物。“以今治法，虽使机器日出精奇，人民更加才智，政更有精密，而不行大同之法，终无致生民之食安稳，农人之得均养也”[①]。为此，他要求去除人们的私有财产，“凡农工商之业，必举之于公”[②]，由政府设立农部、工部、商部，各地方政府设立农曹、工曹、商曹，基层设农局、工厂、商局，根据需要和历年生产情况，确定所应生产和销售的品种、数量，逐级下达给下属机构。农夫、渔牧、矿工，“各视其材之高下，阅历之浅深，以为工价之厚薄，略分十级”，最低者，“其俸令足为其衣食之资”，[③] 工厂、商店也与此相类。他以为，这样一来，便可做到“地无遗利，农无误作，物无腐败，品无重复余赢”，“工人之作器，适与生人之用器相等，……聪勤者，易其时日以好学深思，愚下者，易其时日以体肤健身”，商人也和工人相同。[④]

然而，这一方案毕竟只在理想中方能存在。康有为以为，只有通过国家全面控制方能做到资源最优配置，避免各种浪费。其实，这只是他一厢情愿。《大同书》中针对“农工商皆为之官，得无有通同作弊，侵吞盗窃，为害更甚”的担忧，苍白无力地辩解说：“此其所虑，为乱世为言也，太平世，人无私家，无私室，无私产，无私店，无家而禄厚，性美而教深，必无侵盗之心，自无侵盗之事。”[⑤] 他不了解，国家政府行为的不完备性造成的损害，远过于市场发展不完备带来的损害。只有竞争性的产业才能使产品的价格逶近于边际成本，减少因执政者的主观意志造成的巨大的经济浪费和无价值的消耗。至于有司作弊，侵吞盗窃，在完全消灭家庭及私有财产之前，也只有在由竞争而形成的制约与制衡

---

① 康有为：《大同书》，354 页，北京，中华书局，1935。

② 同上书，362 页。

③ 同上书，368 页。

④ 同上书，370、375、378 页。

⑤ 同上书，379 页。

中，才能较为有效地得到纠正与防止。《大同书》对独农、独工、独商的批判及对公农、公工、公商的颂扬，就经济学本身而言，多是想当然。

辛亥革命准备时期，环绕着土地和大资本是否应国有问题，《民报》与《新民丛报》进行过激烈的论战。康有为最重要的助手梁启超在反驳《民报》的土地国有主张时，实际上也批驳了康有为《大同书》所持的观点。梁启超在《再驳某报之土地国有论》中指出："就历史上观察人类之普通性质，以研究现今经济社会进化之动机，则私有制度（即以法律承认私人所有权之制度）虽谓为现社会一切文明之源泉可也，盖经济之最大动机，实起于人类之利己心。……今日一切经济行为，殆无不以所有权为基础，而活动于其上。人人以欲获得所有权或扩张所有权故，循经济法则以行（以比较的最小之劳费，得比较的最大之利益此经济法则也），而不识不知之间，国民全体之富，固已增值。此利己心之作用，而私人经济所以息息影响于国民经济也。"① 梁启超这里所说的，主要是社会用以推动经济向前发展的利益动机与机制，如何保障人们有持久的积极性使经济活动低耗高效。和梁启超立场相左的刘师培当时写过《论中国古代财政国有之弊》一文，分述历代土地国有之弊，茶酒专卖、盐铁国有之弊，均输平准之弊，直率地指出，所谓"一切利源操于国家，以均配于民间，可以泯兼并之风，收抑商之效"，"按之实际，则均不然。凡古代所行国有制，均君主利有此策，假限制富民之名，垄断天下之利源，以便其责制，兼为黩武穷兵之用，实则商民未必抑，而贫民亦未必富也"。"国有之策，名为抑富商而利贫民，实则富商无所损而贫民转失其利耳"。② 如果说梁启超是以效率原则否定了康有为《大同书》

① 原见《新民丛报》第90期。全文见该刊90～92期。该文还相当详细地介绍了美国芝加哥大学与马耶教授论公营企业之得失的著作，以及巴突博士《论英国公企业》的论文，证明公共团体代替私人企业，利不胜其弊，说："此无他，经济动机实以营利之念为之原。私人之企业家，为此营利之一念所驱，故能累发明以发明，重改良以改良，冒险前进，有加无已。若夫公共团体之企业，则公吏之执行业务者，虽缘该事业发达之故而获大利，其到不归为于己，反之，若缘冒险失败，则受行政上之责任，而己立地位特危。故为公吏者，常衡一不求有功但求无过之心，其精神恒倾于保守而乏进取。……公企业之所以常劣于私企业者，其实大之原因，盖在于是。"

② 《国粹学报》第55期，1909-06。

中的公平与福利原则，刘师培则是从公平与福利原则本身否定了康有为公农、公工、公商的主张。他们从不同的角度为辛亥革命前后民营经济的发展提供了合法性根据。

从那时以来，所有制关系的历次变革，以及环绕着这些变革而展开的种种理论争辩，几乎毫无例外地，都是从他们的先辈早已一再强调过的安全与稳定原则，效率原则公平与福利原则寻求自身合法性的根据，只是不同时期不同的阶级和集团所强调的重点有所不同，对三个原则内涵的解释也有所不同而已。

纵观一个半世纪以来所有制关系频频往复的变革情况，可以发现，在深层次上经常起着决定性作用的确实是三个函数，即安全与稳定函数，效率与效益函数，公平与福利函数。国有还是民有，公有还是私有，所有制关系变革的路向朝着哪一边转折，就决定于这三个函数相互之间结构的变化，以及对每一个函数内长时段或短时段效应的不同需要，不同追求。

就安全与稳定函数而言，在短时段内，国有制度于强化行政权力的层层控制，其效应自然会远远高于处于激烈竞争中的私有制。然而，在长时段内，国有制面临着两大难题：一是如何有效地防止它自身演变为等级权力所掌控的经济，防止它的腐败而使国有资产流入权力所有者及其关系者之手；二是如何克服国有经济只对行政领导者负责的某种无主体状态，使它自身形成具有强大持续性的自我动力机制和自我约束机制。私有制有着诸多弊病，但在这两个方面，其效应至少不低于国有制。在安全与稳定方面，它在短时段内无法同国有制的作用相比，在长时段内，它却常常能够使社会更富有抗震的弹性。但是，中国历史上早已形成而近代以来又不断强化了的对私有制的本能排斥及抗拒，又使得它在长时段内可以发挥的这种作用难以得到很好的利用。

就效率与效益函数而言，短时段内，国有制能利用国家权力集中必要的人力、财力、物力，兴办一批大型的企业、工程，其效应也远远高于弱小而分散并不断内耗的私有经济。长时段内，国有经济因自我动力和自我约束机制不健全，价格经常背离边际成本，效率与效益往往会反转来低于私有经济。但是，近代以来中国社会一直处在剧烈的变动之中，政治上的变动尤为频繁，每一个执掌了国家权力的集团都要显示出高效率和高效益，短时段效应的这种前仆后继的不绝追求，使得私有经济根本不可能得到必不可少的时间与空间，去展示它潜在的长时段效率与效益。

就公平与福利函数而言，短时段内，国有制能利用统一掌握国家资源、生产过程和各类产品，在全社会统一进行调度和分配，其效应自然高过于私有制下，尤其是带有浓厚原始积累性质的私有制下所产生的种种不公平。然而，长时段内，由于国有制自身动力机制及自我约束机制不足，严重限制其效率与效益，福利水准的提高便会艰难，而权力经济的腐蚀，则会使社会贫富之间的不平迅速滋生，这样，公平与福利的实现程度就不一定能超过私有制较为成熟即民营经济逐步演进为股份公司这类具有相当广泛社会性的社会所有制的阶段。但后者毕竟是虚拟中的，而前者在短时段内的效应却是现实的，因而也是更有力的。

从这三种函数及其变化，可以大致了解近代以来各不同集团，无论是从安全与稳定，还是从效率与效益，或是从公平与福利来看，都自然地倾向于国有制的秘密。它们又究竟在什么时候方才会转向支持民营、私有，特别是劳动者个体所有，也不难从这三种函数及其变化中找到原因。

三、第三种路向的探求与实践

在中国现代化进程中，安全与稳定、效率与效益、公平与福利这三种函数长时间地持续起着作用，是历史地形成的，它积淀着中国古代经济、政治、社会、文化发展在不同民族、不同地域、不同职业、不同阶层之间构建起来的全部历史联系，也凝聚着近代中国曲折多艰的历史命运。正因为如此，一百五十多年来，人们在思考中国所有制关系变革时，无一不得不面对这三种函数。

但是，当人们面对三个函数实际推动的所有制关系变革时，由于既得利益所囿，或由于认识上的偏颇，常常陷入三个误区：其一，执著于非国有即民有、非私有即公有这一非此即彼的两元模式，很少考虑所有制的变革是否存在着第三种路向，以及第三种路向究竟是什么；其二，将国有制、集体所有制完全等同于公有制、社会所有制，误以为公有范围越大，个人所有权否定得越彻底，公有化的发展水准就愈高，无视不少国有制、集体所有制其实只是等级权力所有制，徒有公有之名，而并无公有之实；其三，将所有制关系完全等同于生产资料所有制形式，将人们在生产和交换过程中的相互关系及产品分配关系置于所有制关系之外，结果，一味追求生产资料所有制形式的改变，而不顾生产、交换、分配过程中的实际关系所达到的真正水准。

马克思在 1881 年 3 月给维·伊·查苏利奇的信中谈到资本主义生产的起源时说过："资本主义制度的基础是生产者同生产资料的彻底分离，……这整个发展的基础就是对农民的剥夺"，以剥削他人的劳动，以雇佣劳动为基础的资本主义私有制取代原先以个人的劳动为基础的私有制。他强调指出，"这一运动的'历史必然性'，明确地限于西欧各国"。[①]《资本论》中所作的分析，并不适用于俄国农村公社。在这封信的第三个草稿中，马克思专门分析了俄国农村公社制度所固有的"二重性"，这就是它"以土地公社所有制以及由此而产生的各种社会关系为自己的坚实基础，同时，各个家庭单独占有房屋和园地、小土地经济和私人占有产品，促进了个人的发展"。马克思以为，这种二重性正是俄国农村公社"巨大生命力的源泉"。正是这一特点，使它可能成为俄国社会新生的支点，即避免广大农民被无情剥夺而建立起资本主义私有制。"土地公有制赋予它以集体占有的自然基础，而它的历史环境（资本主义生产和它同时存在）又给予它以实现大规模组织起来的合作劳动的现成物质条件。因此，它可以不通过资本主义制度的卡夫丁峡谷，而吸取资本主义制度所取得的一切肯定成果。"[②]

马克思在他生命的最后十年，以极大的关注研究了东方社会发展史，发现了既具有公有性质又促进了个人的发展的东方公社双重所有制，并由此推断，在这样的国度里走向现代化将不是通过剥夺农民而建立资本主义私有制，而是通过和农民结成联盟，越过资本主义制度的"卡夫丁峡谷"。马克思的这一分析，对于了解中国社会历史的特点以及如何走出一百五十多年来所有制改革频频往复的格局，可以提供一种思路。

重新回顾中国古代社会发展的历史可以发现，中国过去也存在着和俄国农村公社相类似的具有双重性的所有制。瞿秋白 1927 年 2 月在《中

---

① 《马克思恩格斯全集》第 19 卷，268 页。

② 同上书，449～451 页。

国革命中之争论问题》中曾比较过俄国村社制度与中国宗法社会制度：

> 中国的宗法社会制度在农村经济中的表现，就是宗族共产制度。（俄国的农村自然经济表现于所谓“密尔”或“沃勃史赤纳”之村落共产制度，而中国的却表现于“宗族的共产制度”）“五代同堂”、“誓不分家”的“美德”，是中国旧礼教中的金科玉律。因此，官绅的财产田地往往表现于宗族共产的假面具之下。

瞿秋白还列举了宗祠的公产须培植同族的子弟读书（有义塾制度，有以祠产供给贫寒子弟留学外省外国的制度）等，说明“所谓同姓共产，在一百年前，亦许真有这么一回事”，感叹近百年来情形却大变。[①]

反观中国古代土地制度从周代的井田制，到王莽的王田制，魏、晋、北朝、隋、唐的均田制，实际上都是马克思所说的具有双重性的所有制。[②] 它们与家族宗法制度结合在一起，和地主土地所有制交相为用，成为中国古代社会巨大的稳定因素和力量源泉。即使是地主土地所

---

① 《瞿秋白文集》，政治理论编，第4卷，448页，北京，人民出版社，1993。

② 关于中国古代土地所有制性质，史学界争论不休。侯外庐一直坚持中国古代社会土地国有说，并说，土地为国家所有乃是皇族垄断，北魏至隋唐的“均反观中国古代土地制度，从周代井田制，到王莽的王田”，“正是亚洲式责制政府把农民束缚于十分地的，免除农村人流亡的、土地皇族领有而给使用权于农民的封建所有制形式”。（参见侯外庐：《中国封建社会史论》，7、10、14～15页，北京，人民出版社，1979）反对者坚持战国、秦、汉以来，中国一直是以地主土地所有制占支配地位。近些年来，也有对这两种观点都提出异议者。如杨国桢《试论中国封建土地所有权和两重制经济结构的特质》便以为，“中国封建社会私人土地上的共同体所有权是两重的（国家的，乡族的），它们和私人所有权相结合，便构成中国式的封建土地所有权”。在均田制下的北方地区，国家所有权表现得十分强烈，在南北朝（特别是南朝）的大地方中，乡族所有权十分明显；而在明清江南地区，表现最为突出则是私人所有权。……由于中国封建土地所有权的内部构造不是不变的、僵死的，而是具体的，因而也是弹性的，这就导致中国封建社会土地所有权转移的频繁。其结论“国家所有、乡族所有和私人所有的结合，是中国封建土地所有权的基本特征”。中国史研究编辑部编：《中国封建社会经济结构研究》，131～132页，北京，中国社会科学出版社，1985。

有制本身，也不得不和村社及家族共有制经常结合在一起，这正是孔子所说的“不患寡而患不均，不患贫而患不安”价值取向具有强大生命力并一直延伸到近代以来的物质基础，也是近代以来农村中具有双重性的所有制一再重版的直接的历史渊源。

近代中国所有制关系历次变革的种种迁际，所有制关系变革中三个函数的不同效能，都同中国广大农村、广大农民的存在息息相关，也同对根深蒂固的这种具双重性的所有制持何种态度直接相关。在所有制关系变革中，国有经济的每一次大的发展，如洋务企业的创办，北洋军阀企业膨胀，国民党政府的国家垄断资本主义统治地位的确立，从对农业、手工业的改造到人民公社化，再到所谓对资本主义的“全面专政”，实际上，都是运用国家权力，对农民进行某种形式、某种程度的剥夺。而通常又正是这种剥夺所激起的强烈对抗，以及这种对抗所造成的社会危机，迫使国有化不得不收缩与退却。在所有制关系变革中，也有西欧式资本主义私有制的出现，它也是对农民的一种剥夺，但它的力量还不敌国有经济的力量，因而它很少成为中国农村所面对的矛盾的主要方面。而且，它在自身发展中，还经常借取了家族宗法及村社共产的某些外形。至于《天朝田亩制度》、土地革命中分田分地及近来的家庭联产承包责任制，其中则可以明显地看到传统的具有双重性所有制的某些踪影。以三个函数而论，安全与稳定函数，首先是占人口80%以上的农民是否稳定；效率与效益函数，首先是广大农民是否具有走向现代化的积极性；公平与福利函数，首先是广大农民能否从现代化发展中不断得益。事实充分证明，无视所有制关系中传统的两重性，而试图采用西欧式剥夺农民的方法来推进现代化，只会将现代化引向同亿万农民尖锐对立，太平天国、义和团和20世纪20年代至40年代的农民战争，便是对这种做法的惩罚。

要使兼具公有与私人占有两重性质的传统所有制关系成为中国社会新生的支点，还有一个使它吸收世界范围内资本主义一切肯定成果的问题。如果缺少了这一点，像太平天国、义和团，只能流为农民起义，而不能为现代化提供新型所有制关系。缺少了这一点，三个函数也就失去了现代内容，只能成为停留在普遍贫困基础上的所谓公平与安定。

检视一百五十多年来所有制关系变革实践，凡是较为成功的，无一不是在所有制关系上较好地兼顾了公与私两个方面，从而既和农民结成了同盟，而又吸取了资本主义的肯定成果。第一个成功者是孙中山，经过四十年革命实践，在无数挫折与失败之后，他先在《实业计划》中提出了各种实业“凡夫事物之可以委诸个人，或其较国家经营的适宜者，应任个人为之”，凡不能委诸个人以及具有垄断性者由国家经营之的构想，① 故改组国民党后，更强调国民党要以农民为该党革命的基础，为此，要求农民结成团体，实现耕者有其田，办法一是对地主所有的土地照地价抽重税，二是直接没收地主的田地分配给耕种者。② 孙中山虽然在 1925 年就去世了，但中国南方农民运动的蓬勃发展、江浙资产阶级转向支持革命及北伐战争节节胜利，足以显示孙中山所确定的行动纲领的强大生命力。可惜的是，它不久便为蒋介石集团所扼杀了。第二个成功者是 20 世纪 40 年代的毛泽东，他所主张的新民主主义，是孙中山晚年新三民主义的继承和发展。他坦率地承认：“新三民主义，真三民主义，实质上就是农民革命主义。”③ 他指出，不能用降低人们生活水准的办法筹措资金去实现工业化，必须解决农民问题，以提高农民的生活水准，创造一个各阶层相互团结的基础，并借助建立必要的自由资本主义企业，为工业化奠定坚实的基础。他批评国民党不愿解决农民的土地问题，转而采取硬性规定的、国家支配和控制工业发展的方针，结果，只能使经济军事化，并使政治沦为权力政治。④ 新民主主义革命的辉煌胜利，显示了所有制关系兼顾公私各个方面的威力。第三个成功者自然是 20 世纪最后 20 年中的邓小平。变革仍在继续，但打破所有制关系上一元化的僵硬模式，变对农民有形无形地进行剥夺为不断给农民以较大的自主性和实际利益，容许城乡多种所有制积极发展，不断调整和协调公有与私有、国营与民营的关系，如此等等，对中国社会主义现代化事

---

① 《孙中山选集》，217 页：“中国实业之开发应分两路进行，（一）个人企业，（二）国家经营是也。”国家经营之事业，“以其财产属之国有，而为全国人民利益计以经理之”。

② 参见孙中山：《在农民运动讲习所第一届毕业典礼的演说》，见《孙中山选集》，35、938～939 页。

③ 《新民主主义论》，见《毛泽东选集》第 2 卷，692 页。

④ 埃谢里克编，罗清等译：《在中国失掉的机会》，326～329 页，北京，国际文化出版公司，1948。

业所起的巨大推动作用，已为举世所公认。

所有这一切理论上的探索和实践中的尝试，都足以表明，中国有必要也有可能走出非公有即私有的二元化所有制变革怪圈，使所有制关系的变革选择第三种路向，这就是将国营与民营、公有与私有结合起来的新的路向。

四、构建多种多样公私结合的新模式

中国的改革正在深化，正在深入到长期发育成长在单一计划经济体制之中的国营大中型企业。为了迎接开放浪潮和市场经济体制的猛烈冲击，国有经济自身正在进行着脱胎换骨的改造。由于数十年国有制等同于社会主义的观念已经根深蒂固，由于体制的转换涉及利益重新分配并因此而不可避免地引起利益冲突，由于稳定、效率、公平三个函数在这一过程中正进行着复杂的重新组合，国有经济的改革仍然步履维艰。

1992 年，国有制和集体所有制在中国诸多所有制关系中仍占据着绝对优势的地位，在全社会固定资产存量中，国有经济比重为 78.5%，集体经济比重为 15.7%，两者合计为 94.2%，其他经济成分仅占 5.8%。同年全社会固定资产增量即固定资产投资总额中，国有经济占 67.3%，集体经济占 16.3%，公有经济成分共占 83.6%，其他经济成分只占 16.4%。① 这一事实表明，1953 年以来追求公有制极高比重并力求尽早全盘实现国有化的倾向，并没有从理论上和实践中得到认真的检讨与清理。而 1980 年至 1992 年经济效益的情况，即利税总额国有企业每年递增不到 1%，集体企业每年递增 10%。

所有制关系改革进一步深化，需要切实改变国有化程度越高社会主义越巩固的思维定理，从稳定、效率、公平三个函数最优组合上，寻求公私互相兼顾的新模式。中国如此之大，各区域、各产业情况又千差万别，新模式必然多种多样。企图用一种模式解决公私之间的所有问题，实际上重复了计划经济单一化的思维模式。

一百六七十年前，龚自珍写过一篇题为《论私》的文章，对公私关系提出了“先私而后公”、“先公而后私”、“公私并举”、“公私互举”四

① 《中国统计年鉴》，22 页，1993。

种组合方式。[1] 从国内外各方面的实践可以看出，这四种组合方式都可以保障公有制的主体地位，而又较好地兼顾私人的权益。这当然不是龚自珍原先的设计。

所谓先私而后公，指的是不能听任私有制无节制地自由膨胀，国家借助强制性的税收制度，对不同收入的雇主、雇员按不同税率征税，其中相当大一部分用于全体社会成员的福利和社会保障，如养老保险、医疗保险、事故保险、失业救济、义务教育，儿童和妇女及老人福利等。西方不少发达国家在这方面已经建立了较为成熟的制度。这有经济发展本身对社会稳定的需求，更是一个多世纪以来这些国家无产阶级和人民大众长期不懈斗争的结果，这些斗争的成果已用法律与制度肯定下来。国家在必要时，还可用强制的或赎买的办法将铁路、邮电、港口、航运、能源、水源、原始森林等收归国有。像 20 世纪 50 年代初，利用国家权力，中国很快就将占国民收入 6.9%的资本主义经济变成了公私合营经济，将占国民收入 71.8%的劳动者个体经济变成了集体经济。今天中国私营经济有了相当的发展，也有一个利用有效的税收制度和其他制度对他们进行调节的问题。

所谓先公而后私，指的是针对国有制主体不明确、内在动力机制与约束机制不健全的弱点，将国有资产存量分散化，用股份（合作）化、出售、租赁等办法促进产权的流动和重组，用“国有民营”、“公有私营”等办法促进经营管理主体实在化、流动化。

所谓公私并举，指在继续保障公有制的主导作用的同时，给私营经济的发展以较大的空间。有一个并未经过论证的成见，即公有制必须占 80%或 90%以上，私营企业无论如何不能超过 10%，不如此便不能掌握国家经济命脉。然而事实是，20 世纪 50 年代初，国营经济与合作经济、公私合营经济合计只占 21.3%，却已牢牢掌握了国家经济命脉。目前我国私营企业所占比例还很小，重要的是善于管理，完全不必惊慌失措。

所谓公私互举，指国营企业中引入非国营企业的资金，同时，又通过参股、收购、兼并等各种形式参与非国有企业，使国有资产由实物形

① 《龚自珍全集》，92～93 页。

态转化为货币形态，再通过独立经营搞活资产存量，使货币形态重新转化为实物形态，实现滚动与裂变，从而使国有资产在市场经济体制中成为最有战斗力的“集团军”。

按照麦克尔·珀特（M. Porter）《各国的竞争优势》一文的概括，经济发展通常分为要素驱动、投资驱动、高新技术驱动、财富驱动四个阶段。中国目前正处于经济高速增长期，效率与效益当然是第一位的，每个企业、成员的积极性、主动性则是提供这种高效率与高效益的基本前提。但是，中国经济的发展现在仍然主要依靠要素驱动及投资驱动，主要依靠廉价劳动力、廉价资源的开发和大量资金的注入，在这一时期，利益重构变数最大，不公平与不稳定性最强，因之，必须将效率函数同公平函数、稳定函数三者紧密结合起来统一考虑，每一个方面都有必要为另两个方面作出必要的收缩和牺牲。正是这一现实的基础，决定了所有制关系必须有很大的弹性，公有制应当采用多种灵活的形式，与民营、私有形成多层次、多渠道的结合，以确保效率、公平、稳定三大变数的协调。这样做，所有制关系将不再单一化，不再像人们所早已熟悉了的国有制、集体所有制、个体所有制那么界线明晰，但这绝非走私有化之路，恰好相反，这是给公有制以更大的活力和更为广阔的活动天地，也只有真正同个人所有制有机结合起来，公有制在中国大地上才能深深扎下根。从一百五十多年来中国所有制关系变革的全部曲折中，难道不能对此有所领悟吗？

第六编

现代性：反思与重撰

英雄乐章：现代性三重奏

一、现代文明造就现代性

中国正在经历着一场历史性的巨变，这就是占世界人口 1/5 有着 13 亿人口的中国，正在从传统的农耕文明、游牧文明和山林文明向现代文明转变。

现代文明，同工业化、市场化、城市化、世界化相联系，是一种包含教育普及化、社会中产化、政治民主化、国家法治化在内的全方位变革了的社会文明，现代文明造就了现代性，或者更应当说，现代性造就着现代文明。

现代性，首先意味着物质与技术层面现代同过去的某种断裂，现代对过去一种全面性的超越。现代工业取代了传统的手工业，现代农业取代了传统农业，现代服务业取代了传统商业，现代教育、现代科学技术取代了传统教育、传统技术，所有这一切，将人类文明置于一个全新的物质与技术基础之上。

现代性，同时意味着精神与文化层面现代同过去的某种断裂，现代对过去一种全面性的超越。民族认同，国家意识，人的尊严，社会公平与正义，理性、进步与创新的追求，全新的时空观念和对未来的期待，超越了传统的地域性、血缘性以及权势性认同，超越了以往的价值追求与思维方式，为现代文明的构建塑造着具有现代素质的现代人。

现代性，更意味着制度与生活层面现代同过去的某种断裂，现代对过去一种全面性的超越。以产权明晰为根基保障社会化大生产不断发展的经济制度，以公共权力边界明晰为目标保障公众有效参与和有效监督的政治制度，以自由与公共责任关系明晰为核心保障社会协调有序而又充满活力的社会制度，以及足以保障每个社会成员都有机会共享的教育与文化制度，便代表了一种新型的社会结构、社会关系和社会运行之道。

二、中国特色社会主义是一场现代性三重奏

经由一个多世纪的反复探索和实践，我们终于寻找到了走向现代文明、培育中华民族现代性的道路，这就是中国特色社会主义道路。经由这条道路，我们已取得了举世为之瞩目的伟大成就。同时，我们还应注意，在建设有中国特色社会主义过程中，挑战着中国，推动着中国发展的，实际上有三种现代性：一是以资本为核心的现代性，二是以劳动为核心的现代性，三是以每个人自由而全面发展为核心的现代性。三者互相制约而又积极互动。中国的社会主义现代化，中国的全面小康社会建设，可以说，便是由这三者构成的一场现代性三重奏。

观察中国问题之所以不易，解决中国难题之所以不易，就是因为全面把握并协调好这三种现代性，使之成为和谐的乐章，实在非常不易。可以毫不夸张地说，中国志士仁人，是经历了艰难的探索，付出了高昂的代价以后，方才逐步对此有所认识，并使自己的认识逐步从感性上升到理性，从局部上升到全面的。

三、资本的“原罪”及伟大文明作用

首先是以资本为核心的现代性。

一说到资本，人们很自然就会想到马克思《资本论》第1卷第24章“所谓原始积累”第6节“工业资本家的产生”结尾那一段话：

资本来到世间，从头到脚，每个毛孔都滴着血和肮脏的东西。①

还有就这一结论所作的第250个注。这个注引用托·约·登宁1860年《工联和罢工》的一段论述：

一旦有适当的利润，资本就胆大起来。如果有百分之十的利润，它就保证到处被使用；有百分之二十的利润，它就活跃起来；有百分之五十的利润，它就铤而走险；为了百分之一百的利润，它就敢践踏一切人间法律；有百分之三百的利润，它就敢犯任何罪行，甚至冒绞首的危险。如果动乱和纷争能带来利润，它就会鼓励动乱和纷争。

欧洲工业资本家产生的历史过程，也确实证明了这一结论。如《资本论》这一节所述，从美洲金银的发现，土著居民的被剿灭、被奴役和被埋葬于矿井，对东印度开始进行的征服和掠夺，非洲变成商业性地猎获黑人的场所，殖民制度，在欧洲以外直接靠掠夺、奴役和杀人越货而夺得的财宝，源源流入宗主国，在这里转化为资本，加上国债和财政制度对群众的剥夺，商业战争等，国家权力本身，作为集中的、有组织的社会暴力，成为帮助资本得以顺利从母体诞生的助产婆。资本的这一原始积累，同神学中"原罪"一样，成为资本来到人间的"原罪"。

由于资本的诞生与欧洲资本主义、欧洲工业资本家、欧洲资产阶级国家的诞生，是如此紧密地结合在一起，人们在反对资本主义、资产阶级国家时，很自然地便连带要反对具有"原罪"特质的资本本身。

然而，正是马克思本人，极其深刻地揭示了"资本的伟大的文明作用"②。在《（1857—1858）经济学手稿》第3章第2篇"资本的流通过程"中，马克思全面分析了资本的文明作用的伟大之所在。

首先，资本创造了世界市场："以资本为基础的生产，其条件是创

① 《马克思恩格斯选集》第2卷，266页，北京，人民出版社，1995。

② 《马克思恩格斯全集》第46卷上册，394页。

造一个不断扩大的流通范围，不管是直接扩大这个范围，还是在这个范围内把更多的地点创造为生产地点。……从本质上来说，就是推广以资本为基础的生产或与资本相适应的生产方式。创造世界市场的趋势已经直接包含在资本的概念之中。……因此，资本的趋势是（1）不断扩大流通范围，（2）在一切地点把生产变成由资本进行的生产。”[①] 资本以市场挑战过去地域性联系、行政等级权力支配下的联系，第一次把人类连成一个具有世界性的整体，使人类活动范围大大扩展。

其次，资本力图无限制地发展社会生产力：“劳动生产力的发展——首先是剩余劳动的创造——是资本的价值增加或资本的价值增殖的必要条件。因此，资本作为无限制地追求发财致富的欲望，力图无限制地提高劳动生产力并且使之成为现实。”[②] 资本一方面克服着民族界限、民族偏见，超越先前地方性的发展，另一方面克服把自然神化与对自然的崇拜，而使自然界服从于人的需要，“资本破坏这一切并使之不断革命化，摧毁一切阻碍发展生产力、扩大需要、使生产多样化、利用和交换自然力量和精神力量的限制”[③]。正是资本和生产力的大发展，开始了全局性的城市化进程。现代城市的特点就是资本的集中、人口的集中、财富的集中、信息的集中、生产与消费的集中，而决定性的因素首先是资本的集中。

再次，资本创造出具有现代文明素质的人本身。资本存在的前提，是承认财产的个人所有权。传统等级权力对个人、对个人财产有至高无上的支配权。生产者、支配者都缺乏个人自主的人身权利。正是资本，使人首次具有了建立在对物的依赖性基础上的个人的独立性、自主性。所以马克思说：“培养社会的人的一切属性，并且把他作为具有尽可能丰富的属性和联系的人，因而具有尽可能广泛需要的人生产出来——把他作为尽可能完整的和全面的社会产品生产出来（因为要多方面享受，他就必须有享受的能力，因此他必须是具有高度文明的人），——这同样是以资本为基础的生产的一个条件。”[④]

① 《马克思恩格斯全集》第46卷上册，391页。

② 同上书，306页。

③ 同上书，393页。

④ 《马克思恩格斯全集》第46卷上册，392页。

资本的发展，造就了统一的国内市场和世界市场，引发了工业革命和科学技术的革命，实现了工业化、城市化，培育了具有全新文明素质的人，终于使作为人格化资本的资产阶级“在它的不到一百年的阶级统治中所创造的生产力，比过去一切世代创造的全部生产力还要多，还要大”①。并使一种新的社会制度和政治制度取代了先前的社会制度和政治制度。

四、中国共产党对资本的“肯定—否定—否定之否定”

由于以资本为核心的现代性，长时间和西方资本主义紧紧结合在一起，资本人格化为西方各国资产阶级，人们在反对西方资本主义、资产阶级时，常常连带忽略乃至否定了以资本为核心的现代性“伟大的文明作用”。

中国共产党在新民主主义理论逐渐成熟时，对于以资本为核心的现代性，包含中国的资本主义与资产阶级，都曾采取了相当积极的肯定态度。

1944 年 3 月，毛泽东在中共中央宣传委员会召开的宣传工作会议上指出：中国资本主义不占优势，“现在我们建立新民主主义社会，性质是资本主义的，但又是人民大众的，不是社会主义，也不是老资本主义，而是新资本主义，或者说是新民主主义”②。同年 7 月 14 日，毛泽东在同英国记者斯坦因的谈话中指出：需要“使具有某种进步性的资本主义能在中国得到发展”，“我们坚信，不管是中国的还是外国的私人资本，在战后的中国都应给予充分发展的机会，因为中国需要发展工业”。“工业必须是新民主主义社会的主要经济基础。只有工业社会才能是充分民主的社会。”③

在 1945 年 4 月 2 日提交给中国共产党第七次全国代表大会上的政治报告《论联合政府》中，毛泽东提出，现在的中国，“不是多了一个本国的资本主义，相反地，我们的资本主义是太少了”。他批评有些人“甚至一口否认中国应该让资本主义有一个广大的发展”，而强调“一定

---

① 《马克思恩格斯选集》第 1 卷，277 页。

② 《毛泽东文集》第 3 卷，110 页。

③ 同上书，183、186、184 页。

要让私人资本主义经济获得广大发展的便利，才能有益于国家与人民，有益于社会的向前发展”。① 1945 年 3 月 31 日，毛泽东在中共六届七中全会上对《论联合政府》报告作说明时，特别强调：“这个报告与《新民主主义论》不同的，是确定了需要资本主义的广大发展，……资本主义的广大发展在新民主主义政权下是无害有益的。”② 1945 年 4 月 24 日他在中共七大所作的口头政治报告中又说：“我们这样肯定要广泛地发展资本主义，是只有好处，没有坏处的。对于这个问题，在我们党内有些人相当长的时间里搞不清楚，存在一种民粹派的思想。所谓民粹主义，就是要直接由封建经济发展到社会主义经济，中间不经过发展资本主义的阶段。”③ 同年 5 月 31 日在中共七大所作的结论中，毛泽东再次指出：“中国也要发展资本主义。……我们提倡的是新民主主义的资本主义，这种资本主义有它的生命力，还有革命性。……它的性质是帮助社会主义的，它是革命的、有用的，有利于社会主义的发展的。”④

直到 1948 年 4 月，毛泽东在晋绥干部会议上的讲话，还尖锐地批判了想平分工商业的民粹主义“是一种农业社会主义思想。这种思想的性质是反动的，落后的，倒退的，我们必须批判这种思想”⑤。同年 7 月，“新华社信箱”对这一段论述作了专门阐述，指出：“要破坏非封建的即自由资本主义的财产关系”不独不能提高社会生产力，而且必然要使社会生产力大大降低和后退，将资本主义性质的社会经济“还原为封建时代那种孤立的小农式的社会经济”，将工商业经济还原为自给自足的自然经济，“这是违反社会历史的发展，违反社会生产力的发展，而使之后退的。所以这种想法和这种做法，乃是反动的、落后的、倒退的。”⑥ 这一问答表明，尽管解放战争和土地改革运动都已取得决定性

---

① ［日］竹内实：《毛泽东集》第 10 卷，224～225 页，“广大的发展”在《毛泽东选集》中改为“必要的发展”。

② 《毛泽东文集》第 3 卷，275 页。

③ 同上书，322～323 页。

④ 同上书，384～385 页。

⑤ 《在晋绥干部会议上的讲话》，见解放社编《目前形势和我们的任务》，88～89 页。该文收入《毛泽东选集》时，将这一段话删去。

⑥ 《关于农业社会主义的问答》，见解放社编《目前形势和我们的任务》，139～140 页。

的胜利，毛泽东和中共中央仍坚持原先使资本主义有个广大发展的立场，而严厉批驳与此相反的论调和做法。

然而，就在这时，在国际共产主义运动中发生了一件影响极为深远的事件，这就是由苏联共产党掌控的欧洲共产党工人党情报局宣布开除南斯拉夫共产党，并对南共领导人和南共中央发动了一场极为猛烈的批判。由斯大林亲自审定后于该年 6 月 29 日情报局正式通过的《关于南斯拉夫共产党状况的决议》，一是指责南共没有完全听命于苏共指挥棒，是脱离了国际主义的传统，走向了民族主义的道路；二是指责南共在对内政策上背离了阶级和阶级斗争学说，竟不承认从资本主义到社会主义的过渡阶段阶级斗争不断尖锐化，而相信阶级斗争逐渐削弱，忽视农村小的个体经济每日每时、不断地、自发地、大量地产生着资本主义和资产阶级，甚至还和资产阶级的政党结成人民阵线。决议通过后，苏联和东欧各国发表了一大批长篇论文，围绕这几点对南共大加挞伐。

这一事件对中国共产党人震动极大。1948 年 7 月 10 日，中共中央即作出决议，谴责南共领导集团“对内对外的背叛性的和错误的行动”。9 月，在中共中央政治局会议上，毛泽东首次明确提出：“资产阶级民主革命完成之后，中国内部的主要矛盾就是无产阶级和资产阶级之间的矛盾”，并转而批判“新资本主义”一词“不妥当”。[①] 1949 年 6 月，刘少奇受毛泽东指派率中共中央代表团赴莫斯科与斯大林会见时，在其报告提纲中更明确地表示，社会主义与资本主义的斗争将决定中国将来发展的前途，这就是列宁在新经济政策时期所说的“谁战胜谁”的问题。[②]

1953 年，毛泽东提出了过渡时期总路线，一改几年前要容许资本主义在中国有个广大发展的决定，而主张尽快使资本主义在中国绝种。

经历了近四分之一世纪的实践，并付出了高昂代价以后，人们反思全盘否定以资本为核心的现代性的得失，重温马克思的资本理论，回顾毛泽东等人关于要使中国资本主义有个广大发展构想及其夭折的教训，

① 《毛泽东年谱（1893—1976）》下册，343～344 页，北京，中央文献出版社，2005。

② 《刘少奇年谱（1898—1969）》下册，215～216 页，北京，中央文献出版社，1996。

开始了改革开放。近三十年中国市场化、工业化、城市化、世界化的行程，已经清楚地显示了以资本为核心的现代性如何给中国发展注入了强大活力。

五、劳动与中国奇迹的创造

在现代中国，与以资本为核心的现代性同时鸣奏的，还有以劳动为核心的现代性。

资本的存在是以它对劳动的支配为其根本特征的。马克思《1844年经济学哲学手稿》即《巴黎手稿》已清楚指出："资本就是积累的劳动。""资本是对劳动及其产品的支配权。""资本，即对他人劳动产品的私有权"。① 在资本的统治之下，劳动成为"异化的、外在化的劳动"，劳动产品、劳动活动本身都成为与劳动者的劳动相对立的外在的东西，并由此导致"人的类本质"变成人的异己的本质，"异化劳动使人自己的身体，以及在他之外的自然界，他的精神本质，他的人的本质同人相异化"，将人的"自我活动、自由活动贬低为手段，也就把人的类生活变成维持人的肉体生存的手段"，而"人同自己的劳动产品、自己的生命活动、自己的类本质相异化这一事实所造成的直接结果就是人同人相异化"。② 以劳动为核心的现代性，从本质上说，就是对以资本为核心的现代性的反抗和制衡。

以劳动为核心的现代性，主要表现就是克服劳动的异化，超越劳动的异化。用马克思本人的话来概括，即"劳动转化为自主活动，同过去的被迫交往转化为所有个人作为真正个人参加的交往"，从根本上说，即由"联合起来的个人对全部生产力总和的占有，消灭着私有制"。③

以劳动为核心的现代性，高于以资本为核心的现代性，但又源于以资本为核心的现代性。没有以资本为核心的现代性的充分发展，以劳动为核心的现代性就无从建立。

---

① 《1844年经济学哲学手稿》，见《马克思恩格斯全集》第42卷上册，62页，北京，人民出版社，1979。

② 同上书，97～98页。

③ 马克思、恩格斯：《德意志意识形态》，67页，北京，人民出版社，1961。

传统小生产、自然经济下的劳动，基本上只关注其使用价值，主要是为了满足自己和家庭的消费的需要，保证自己能够传宗接代。由于当时生产工具简陋，生产力低下，人们所进行的是自给自足的生产。扩大再生产只在极有限的条件下方才能进行。这样的劳动，不具备现代性。马克思《资本论》第 1 卷论资本原始积累时指出："这种生产方式是以土地及其他生产资料的分散为前提的。它既排斥生产资料的积累，也排斥协作，排斥同一生产过程内部的分工，排斥社会对自然的统治和社会调节，排斥社会生产力的自由发展。它只同生产和社会的狭隘的自然产生的界限相容。"①

以劳动为核心的现代性之所以必然源于以资本为核心的现代性，首先源于资本对于剩余价值的无止境的追逐所创造的巨大生产力。马克思对此曾有非常明确的论述：

> 资本的伟大的历史方面就是创造这种剩余劳动，……由于资本的无止境的致富欲望及其唯一能实现这种欲望的条件不断地驱使劳动生产力向前发展，而达到这样的程度，以致一方面整个社会只需用较少的劳动时间就能占有并保持着普遍财富；另一方面劳动的社会将科学地对待自己的不断发展的再生产过程，对待自己的越来越丰富的再生产过程，从而，人不再从事那种可以让物来替人从事的劳动，——一旦到了那样的时候，资本的历史使命就完成了。②

以劳动为核心的现代性之所以必然源于以资本为核心的现代性，因为资本创造了大工业，创造了机器体系和广泛地将先进科学技术应用于生产。在《德意志意识形态》中，马克思已反复说明，大工业利用自然力来为工业服务，采用机器生产以及实行最广泛的分工，大工业使竞争普遍化，大工业通过普遍的竞争迫使所有人的全部精力极度紧张起来，使自然科学从属于资本，建立了现代化大工业城市，"大工业不仅使工

① 《马克思恩格斯选集》第 2 卷，267 页。

② 《马克思恩格斯全集》第 46 卷上册，287 页；《马克思恩格斯全集》第 30 卷，286 页，北京，人民出版社，1995。

人与资本家的关系，而且使劳动本身都成为工人所不堪忍受的东西。”① 在《1844 年经济学哲学手稿》中，他又指出：“自然科学却通过工业日益在实践上进入人的生活，改造人的生活，并为人的解放作准备，尽管它不得不直接地完成非人化。”② 在《政治经济学批判（1857—1858 年手稿）》后半部分中他又写道：

> 自然界没有造出任何机器，没有造出机车、铁路、电报、自动走锭精纺机等等。它们是人的产业劳动的产物，……它们是人的手创造出来的人脑的器官；是对象化的知识力量。固定资本的发展表明，一般社会知识，已经在多么大的强度上变成了直接的生产力，从而社会生活过程的条件本身在多么大的程度上受到一般智力的控制并按照这种智力得到改造。③

正是大工业的发展，机器的运用，科学技术的利用，使劳动具有现代性有可能成为现实。我们曾经一度企图避开以资本为核心的现代性，在小生产还广泛存在、大工业还很薄弱的条件下，一步到位直接构建以劳动为核心的现代性。然而，事实已充分证明，这只能是一种破坏性极大的乌托邦。马克思在《德意志意识形态》中早已指出：“在过去任何时代，消灭单个经济（这是与消灭私有制分不开的）是不可能的，因为根本还没有具备这样做的物质条件。组织共同家庭经济的前提是发展机器，利用自然力和许多其他的生产力，例如自来水、煤气照明、暖气装置等，以及消灭城乡之间的［对立］。没有这些条件，共同经济本身是不会成为新生产力的，它将没有任何物质基础，它将建立在纯粹的理论上面，就是说，将纯粹是一种怪想，只能导致寺院经济。”④ 毛泽东在 1944 年 8 月 31 日给秦邦宪的信中也曾强调，要由农业基础转到工业基础，因为“新民主主义社会的基础是工厂（社会生产，公营的与私营

---

① 《德意志意识形态》，57～58 页。

② 《马克思恩格斯全集》第 46 卷上册，128 页。

③ 《马克思恩格斯全集》第 31 卷，102 页，北京，人民出版社，1995。

④ 《德意志意识形态》，23 页，注①。

的）与合作社（变工队在内），不是分散的个体经济。分散的个体经济——家庭农业与家庭手工业是封建社会的基础，不是民主社会（旧民主、新民主、社会主义，一概在内）的基础，这是马克思主义区别于民粹主义的地方。简单言之，新民主主义社会的基础是机器，不是手工。”① 在同英国记者斯坦因的谈话中，更强调：分散的个体小农经济“是中国古代封建主义和独裁专制的基础。”“未来的新民主主义社会不可能建立在这样的基础上，中国社会的进步将主要依靠工业的发展。”② 但是，在接受了苏共过渡时期理论之后，忙不迭地依照苏联模式，试图在小生产基础上直接过渡到以劳动为核心的现代性，结果，占人口80％的农民被固着在土地上，对于劳动产品、劳动过程都丧失了自主权利，乃至生老病死、衣食住行都丧失了自己的自主性，实际上倒退到了寺院经济、庄园经济，成为毛泽东曾经预言过的“封建主义和独裁专制的基础”。事实又一次充分证实了马克思当年的警告是多么正确！马克思的警告是：劳动“异化”的消灭，“是以生产力的巨大增长和高度发展为前提的”，“生产力的这种发展之所以是绝对必需的实际前提，还因为如果没有这种发展，那就只会有贫穷的普遍化；而在极端贫困的情况下，就必须重新开始争取必需品的斗争，也就是说，全部陈腐的东西又要死灰复燃。”③

中华人民共和国成立时通过的《中国人民政治协商会议共同纲领》，确定要“公私兼顾，劳资两利，城乡合作，内外交流”，从中国实际出发，正确处理了以资本为核心的现代性与以劳动为核心的现代性相互制约、相互促进的关系。可惜后来没有能坚持下去。改革开放以来，以资本为核心的现代性有了很大发展，这也为以劳动为核心的现代性的生长提供了现实的基础；而以劳动为核心的现代性的成长，又反过来制衡着以资本为核心的现代性，主要是制衡着资本运行的规律，这个规律就是创造剩余价值，尽可能多地占有他人的劳动，从而再生产出资本与劳动的对立，乃至资本所有者与劳动所有者的对立。无论资本所有者是私人，还是国家，只有使这两种现代性形成积极互动，方才能使二者相得

① 《毛泽东文集》第3卷，207页。
② 同上书，183页。
③ 《德意志意识形态》，29页。

益彰。就世界范围来看，欧洲工人阶级和欧美民主社会主义运动，在这方面进行了长达百余年的斗争，取得了显著的成效，创造了许多成功的经验；苏联模式社会主义，一方面是资本国家化，另一方面是劳动者陷入国家面前的劳动异化，劳动对于他们来说仍是一种异己的、强制性的生命活动，一种单向度的付出、奉献、牺牲。这一种社会主义模式能在一段时间内集中全国力量，提高效率，但因缺乏相应的制衡，难以持续、持久。改革开放以来，我们接续了以《共同纲领》为代表的历史传统，总结和吸取了国际社会主义运动各方面的成功经验，有效地将以资本为核心的现代性与以劳动为核心的现代性结合起来，创造了中国经济和社会发展的世界奇迹。当然，这两者仍然存在着许多矛盾与冲突，这种结合也还有许多地方不那么成功，还需要我们继续在这方面作更多的努力。这恐怕是中国特色社会主义最主要的特色之所在。

六、人的自由全面发展统率三重现代性

同时挑战现代中国的，还有第三种现代性，这就是以每个人自由而全面发展为终极目标的现代性。

以资本为核心的现代性，为人的自由全面发展创造了必要的前提，但是，资本与劳动的对立，使它并不能导致人的全面发展，不仅劳动者不可能，资本的所有者在这种对立中也不可能。以劳动为核心的现代性，为人的自由全面发展提供了现实的基础，特别是机器大工业的发展和现代科学技术在生产过程中的广泛运用，使人们减轻了劳动强度，缩短了劳动时间，增加了受教育的必要和机会，给人的自由全面发展提供了广大的空间。但是，简单劳动与复杂劳动所创造的价值高下悬殊，管理者与劳动者之间的距离，包括劳动者本身肉体的、精神的、资质的差异，都会使人的自由全面发展难以普遍化。中国特色社会主义在自己发展过程中，将每个人自由而全面发展确定为最高价值目标，就是要自觉地以这第三重现代性来更好地统率或统一前两种现代性，使社会达到一种新的和谐境界。

马克思清楚地指出：

> 全面发展的个人——他们的社会关系作为他们自己的共同

的关系，也是服从于他们自己的共同的控制的——不是自然的产物，而是历史的产物。要使这种个性成为可能，能力的发展就要达到一定的程度和全面性，这正是以建立在交换价值基础上的生产为前提的，这种生产才在产生出个人同自己和别人的普遍异化的同时，也产生出个人关系和个人能力的普遍性和全面性。①

马克思将人的发展概括为三种形态，在第一种形态下，“人的生产能力只是在狭窄的范围内和孤立的地点上发展着”；在第二种形态下，即在交换价值成为生产基础的条件下，“才形成普遍的物质交换，全面的关系，多方面的需求以及全面的能力体系”；第三种形态，则是以“建立在个人全面发展和他们共同的社会生产能力成为他们的社会财富”为其根本特征，也只有在这基础上方才能形成真正的“自由个性”。②

人要成为自由而全面发展的人，就必须使“狭隘地域性的个人为世界历史性的、真正普遍的个人所代替”。③ 马克思认为：“每一个单独的个人的解放的程度是与历史完全转变为世界历史的程度一致的”，这就是各个单独的个人摆脱各种不同的民族局限和地域局限，“而同整个世界的生产（也包括精神的生产）发生实际联系，并且可能有力量来利用全球的这种全面生产（人们所创造的一切）”。④

如果不具备这一客观条件，那么，每个人自由而全面的发展，便只能是一个遥远的目标，而难以成为生活的普遍现实。也正如马克思所说：“这不决定于意识，而决定于存在；不决定于思维，而决定于生活；这决定于个人生活经验发展和表现，而这两者又决定于社会关系。如果这个人的生活条件使他只能牺牲其他一切特性而单方面地发展某一种特性，如果生活条件只提供给他发展这一特性的材料和时间，那么这个人就不能超越单方面的、畸形的发展。任何道德说教在这里都不能有所帮助。并且这个受到特别培植的特性发展的方式如何，又是一方面决定于

① 《马克思恩格斯全集》第46卷上册，108～109页。
② 同上书，104页。
③ 《德意志意识形态》，29页。
④ 同上书，32页。

为他的发展所提供的材料，另一方面决定于其他特性被压抑的程度和性质。”①

在我们这样一个有着13亿人口56个民族的东方大国，各地区、各民族、各行业发展如此不平衡，自然条件、社会条件差异如此之大，人们所获得的外在条件和内在条件是如此不同，要真正使每个人获得自由而全面的发展，自然困难很多。中国实际存在着的资本的活跃，劳动的差异，尤其是传统等级权力的强度运作，又在不断制造出众多新的不平衡、新的不平等、新的不公平，更会严重妨碍着每个人自由而全面的发展。

然而，每个人自由而全面的发展又并非可望而不可即。什么是自由的发展？用马克思的话说，就是“一切自发性的消除”。什么是全面的发展？用马克思的话说，是“个人向完整的个人的发展”。② 个人的自由发展，就是能在时代与环境的制约中自行作出选择；个人的全面发展，就是人的感性、知性、理性，人的知识、感情、意志，人的创造能力，都能得到恰当的展示与发挥。这既是一个长远的目标，又是非常现实的步骤。当社会经济持续、高速、健康地向前发展，人们不再为贫困和求生所困扰，而一步步走向中产化时，当人们在接受教育、选择职业、支配休闲时间中越来越公平、越来越有自主权时，当人们在社会整体发展中获得越来越强的主体性、独立性时，当社会保障体制逐步完善时，人们就在一步步向每个人自由而全面发展扎扎实实地前进。当然，这还仅仅是起步。

回顾改革开放以来中国特色社会主义的发展和中国历史深层次的巨大变化，可以清楚地看到，这确实是几千年来未曾有过的变革。而造就这个历史巨变的，正是以资本为核心的现代性、以劳动为核心的现代性、以每个人自由而全面发展为核心的现代性在当代中国共同演奏的一场交响乐。近几年来人们所热烈议论的科学发展观，和谐社会建设，可以说，就是要为这一“交响乐”的演奏选出一个最好的指挥。没有这样一个好的指挥，三重现代性在演奏中便会发生混乱，甚至很大的混乱。这场现代性的三重奏，应当就是中国特色社会主义区别于甚至是高于苏

① 《德意志意识形态》，285～286页。

② 同上书，67页。

联模式社会主义及西欧民主社会主义之所在。马克思指出："共产主义是用实际手段来追求实际目的的最实际的运动。"[①] 正是现代性的这场三重奏，人们所向往的共产主义运动成为现今中国最实际的运动。中华民族曾经创造过历史的辉煌。当中华民族经过百年探索，终于找到适合自己国情与世界情势的发展路径，演奏起这样一场巨大的由三重现代性构成的交响乐时，中国将向世界显示，这样一个东方大国将完全有信心、有能力应对三重现代性的挑战，从传统的古代文明走向现代文明，使中华文明再次走向世界前列。

① 《德意志意识形态》，226页。

现代性追求：当代中国思想主轴

从“文化大革命”结束到现在，中国思想经历了一次全方位的重构。如果说，前四分之一世纪中国思想构建的主轴是“以阶级斗争为纲”，那么，当代中国思想构建的主轴，则应归之于现代性的全面追求。

现代性追求，并非始于当代。陈独秀1915年创办《青年杂志》，发动新文化运动时，在《敬告青年》一文中号召人们应当自觉而成为具有现代素质的人，这种人是“自主的而非奴隶的”、“进步的而非保守的”、“进取的而非退隐的”、“世界的而非锁国的”、“实利的而非虚文的”、“科学的而非想象的”。稍后，他又进一步提出，人们应当从以安息为本位进到以竞争为本位，以家族为本位进到以个人为本位，以感情为本位进到以法治为本位，等等，实际上就是现代性问题。但是，在随后一段漫长岁月中，它被搁置一旁，被遗忘了，甚至被认为回避了政治斗争而遭到批判。

现代性问题重新提出，和现代化建设被确定为奋斗目标紧密相连。现代化建设，最初注意的是工业、农业、科技、国防等物质层面，后来扩展到经济的、政治的、社会的、文化的制度层面，再后注意到人自身具有现代素质。这样，对现代性的把握逐步丰富与全面起来。正是对现代性的追求，推动了当代中国思想的重构。

一、现代性追求与社会主义模式的新构建

社会主义是中国的世纪之梦。20 世纪之初，康有为就写了《大同书》，将社会主义视为理想世界。孙中山将他的民生主义等同于社会主义。1949 年以后，毛泽东更全力以赴将社会主义从理想变成现实。

中国先前所师法的是斯大林社会主义模式。只要看一看 1953 年至 1955 年全党干部多么认真地逐章逐节学习《联共（布）简明历史教程》，1958 年多么仔细地研读苏联《政治经济学教科书（社会主义部分）》第三版，便不难认清中国社会主义的直接渊源。比之斯大林，我国那时的社会主义模式具有更加浓厚的民粹主义色彩，因为更急于在农民小生产的生产方式还没有改变的时候，利用国家权力，通过将农民组织成小生产共同体的办法，一下子飞跃到社会主义。而商品市场经济，等价交换原则，工农、城乡、体力劳动、脑力劳动之间的分工，都被视为产生资本主义的温床。而任何试图改变这一模式的尝试，都被视为资本主义复辟行为。为了维护这种社会主义，最终发生了“文化大革命”。

当代中国思想的重构，便是从社会主义模式的新构建开始的。

最初是“实践是检验真理唯一标准”的讨论，明确了只能以社会实践为衡定一切是非的标准。随即展开的一系列讨论，如区别毛泽东思想与毛泽东本人思想的讨论，生产力问题的讨论，农村改革问题的讨论，引进外资、设立经济特区的讨论，股份制问题的讨论，发展多种所有制的讨论，市场经济与计划经济的讨论，民粹主义与农业社会主义问题的讨论，社会主义本质与基本特征问题的讨论，一步一步将现代性注入社会主义。

当社会主义和现代性相结合时，在以下一些根本问题上和先前社会主义模式明显区别开来。

第一，社会主义只能以社会化大生产为基础，绝不能以自给自足的农民小生产或小生产共同体为基础。民粹主义、农业社会主义总将落后

的农民小生产理想化，不承认资本主义是比农民小生产的自然经济远为进步的生产方式，反而依靠农民小生产去消灭资本主义大生产，依靠自然经济去限制商品市场经济。以为只要将农民和手工业者分散的个体经济——家庭农业与家庭手工业组织进生产合作社和“一大二公”的人民公社，就为社会主义奠定了基础，正是民粹主义、农业社会主义倾向的极度膨胀。这种社会主义，只能是《共产党宣言》中所批判的封建的社会主义或小资产阶级的社会主义。

第二，社会主义，从根本上说，是为了解放社会生产力，以保障人自由而全面地发展。从这个意义上说，社会主义的建立具有经济性质，主要是依靠生产力的巨大发展和劳动生产率的不断提高，依靠人自身积极性的发挥，而不是凭借不受限制的权力，持续不断地发动所谓阶级斗争与路线斗争，强加于人民，压制人们自由而全面的发展。

第三，在中国，由于农民占人口绝大多数，旧式生产方式仍占极大比重，现代市场经济很不发达，广大农民基本上没有走出传统的集市、庙会买卖圈，由“亚洲式的买卖”转变为学会按欧洲方式做买卖。在这一情况下，实行单一的国营经济与小生产共同体式的集体所有制，将计划经济绝对化，由国家和政社合一的人民公社掌握全部资源、资本、人才、劳动力，掌握生产、流通、分配全过程，最终必然导致资源、资本、知识、技术、劳动力依照权力层级结构，在利用时高度等级化，区域与部门之间割裂化，严重妨碍劳动者自主性和积极性的发挥，造成效率低下和资源、资本、知识、技术、劳力的浪费。为防止国营经济和政社合一的人民公社经济通过高度集中的计划经济体制，蜕变为权力经济，必须容许多种所有制经济共同发展，特别是多种形式的股份制经济、民营经济、农民和手工业者个体经济、外资或中外合资经济的发展，必须将国家宏观调控与市场经济有机结合起来，充分发挥市场这只看不见的手在社会经济发展中的积极作用。多种所有制的共同发展和市场经济的繁荣，有利于发挥原先基础非常不同的全体社会成员的物质生产与精神生产的自主性、积极性，有利于将社会主义的发展奠定在真正的生产社会化基础上，而不是权力垄断基础上。

第四，社会主义的建立，一方面，同国内的市场化、工业化、城市化进程联系在一起；另一方面，又同世界化进程联系在一起。只有采取改革和开放的政策，积极吸取资本主义国家的资金、技术、人才、管理经验及其他资源，才能真正做到利用世界物质生产与精神生产的成果来推进我国的社会主义建设。对外开放与国内市场化、工业化、城市化进程，完全可以形成优势互补。自我孤立、自我封闭的政策，无助于人们建立马克思所要求的“直接的世界联系”，自然也无助于社会主义基础的真正建立。

第五，社会主义初级阶段在中国将持续几代、十几代甚至几十代时间。不能期望社会主义一蹴而就。在这个过程中，社会主义将不断有个从空想向科学飞跃的问题。必须承认，社会主义学说还远未成熟，它必须在实践过程中，继续不断总结，不断提高，不断深化，不断在理论上升华。它必须始终不断地从中国实际和世界实际出发，将科学社会主义同形形色色的封建社会主义、小资产阶级社会主义、资产阶级社会主义区别开来。这就是说，社会主义的构建还没有完成，探索与创造仍在继续。许多旧的问题还没有完全解决，新的问题又层出不穷，社会主义的生命力，将在解决这些问题的过程中，不断得到考验与锻炼。

二、现代性追求与民主的新觉悟

民主，是中国的又一个世纪之梦。然而，一个世纪下来，究竟什么是民主，主权在民究竟如何落实，一直莫衷一是。践踏宪法、蔑视法治、蹂躏人权、摧残民主的事件，层出不穷。“文化大革命”期间，实行了所谓“大民主”，大鸣、大放、大字报、大辩论，实际上是一切以个人意志和所谓“无产阶级司令部”的态度为转移，顺之者昌，逆之者亡，无数人应有的权利被无情剥夺。“文化大革命”结束后，民主便立刻再次成为人们的又一项强烈诉求。

先前，社会主义总是和专政联系在一起。“文化大革命”中制定的1975年宪法，规定了“无产阶级必须在上层建筑其中包括各个文化领域对资产阶级实行全面专政”，取消了“公民在法律上一律平等”的条文，而资产阶级的界定又有着极大的随意性，而这一切，正是无数冤假错案产生的主要思想根源。20世纪70年代末80年代初，对成千累万冤假错案进行平反，对99%以上“资产阶级右派分子”作了改正，对地主、富农分子和他们的子女摘去已套在他们头上数十年而将他们划入另类的阶级成分帽子。这些重大举措受到人们的广泛欢迎，也使人们反省，如果不具备现代性，封建专制主义的遗毒便不可能根除，社会主义便会与政治民主化无缘；而没有民主，也就不可能有真正的社会主义，不可能有人的自由而全面的发展。

当代中国，围绕着民主问题，爆发了一系列激烈的论战。与 1979 年北京西单“民主墙”针锋相对，邓小平提出了著名的“坚持中国共产党的领导，坚持社会主义，坚持人民民主专政，坚持马列主义毛泽东思想”四项基本原则。1983 年纪念马克思逝世一百周年时，“必须坚持人道主义，防止社会主义条件下人的异化”的主张，引发了一场反对“精神污染”的思想批判运动。1986 年被界定为“资产阶级自由化”倾向的思潮，引发了一场反“自由化”斗争。1987 年重新提出政治体制改革，但 1988 年就出现了新权威主义的鼓吹，1989 年春夏之间酿成了一场政治风波。20 世纪 90 年代以来，一方面是社会主义法治国家目标的确定和体制内政治改革的推进，另一方面是政治保守主义与自由主义两大思潮的对垒。经由这些论战，民主与现代性追求逐步结合，终于形成了一系列非常重要的新觉悟。

第一，民主的根本意义就是坚持主权在民。这里的民，不是抽象的民，而是实实在在的一个又一个活生生的具体的个人。不仅仅是民的总体，连同所有民的个体，都被确认为权利的主体。宪法所规定的人的所有自由和各项基本权利，是保障人的自立自决，从而使主权在民实体化的基础。人们有着民族、地域、语言、信仰、习俗、财产状况、受教育程度等种种差别，在为公共利益而依靠多数形成代表民的总体的决定时，绝不能因此而危及包括少数人在内的所有人的各项自由与基本权利。只有从法律上、制度上给这些自由与权利提供确实的保证，民主方才有真正实现的可能。人对于自由和权利的自觉，人的主体性的真正确立，是推进政治民主化的首要工作。

第二，掌握权力而不受制约与监督，将难以避免权力的滥用与腐败。因此，民主化体现在政治结构上，必定是权力的结构性互相制约、互相制衡，以及对于权力的有效检查与监督。权力必须依法取得，依法行使，凡有违法行为，都能迅速被发现，并迅速被纠正。而要做到这一切，就必须保障全体公民的政治参与权，并不断扩大他们的这些权利，包括他们的选举权与被选举权，担任国家公职的权利，批评乃至控告国家机关及国家工作人员的权利，等等。

第三，民主的推进，除去在人民和国家这两个层面进行努力之外，还必须在他们两者之间形成雄厚的中介力量及有效的中介组织。这种有组织的中介力量，有利于优化实现公民自由与权利的外在环境，锻炼和提高公民自治及政治参与的能力，也有利于国家机关和国家公职人员行使权力时效能的提高。

第四，在中国现有条件下，政治民主化必须有序地加以推进。不能指望民主制度朝夕之间就能健全地建立起来，但也不能借口人民缺乏民主与法治的素质而将政治民主化推到遥远的未来。激进主义希望推倒现行体制，另起炉灶，结局将会使社会再次动乱，无政府状态重演；保守主义希望进一步加强中央集权和政府权威，潜伏着从新权威主义滑向专制主义的危险；两者势不两立，其实，都不一定真正有利于政治民主化的推进。中国现行的政治制度，内部改革的天地还相当宽广，超越各执一端的政治理想主义与政治经验主义，便可利用这一空间推进民主的真正实现。

三、现代性追求与科学的新定位

科学，在五四新文化运动中是与民主并列的两面大旗之一。可是，后来人们的注意力集中到民族战争与国内政治斗争上，“科学救国”被视作非常不合时宜。中华人民共和国成立以来，对于技术科学一直相当重视，而自然科学中的基础科学，则因与生产实际距离较远而遭冷遇；社会科学、人文科学，则一直是防范多于支持。漠视社会科学、人文科学和自然科学中的基础科学，导致唯意志论泛滥，主观随意性一度左右了中国经济、政治和社会的发展，造成了严重的损害。

邓小平提出科学技术是生产力而且是第一生产力，开始了科学新定位。思想界从反科学和伪科学盛行的惨痛教训中，觉悟到我们这个民族，不仅要重视技术科学、自然科学，而且要非常重视社会科学、人文科学与管理科学，因为这些方面的失误，给国家和社会造成的灾难性后果，许多时候远远大于技术科学、自然科学失误所造成的后果。

20 世纪 80 年代科学领域的一个显著特点，可称作“西风劲吹”。

不仅技术科学、自然科学广泛吸取西方各国成果，社会科学、人文科学、管理科学也积极借鉴西方。

社会科学中最为活跃的是经济学。西方宏观经济学、中观经济学、微观经济学和各种部门经济学研究成果成批地被介绍进来，并被立即应用来分析中国经济问题，给决策者提供政策咨询。文理相结合的经济管理，更加全面地师法西方各国成功经验。社会学得到复兴。人口问题、妇女问题、青少年犯罪问题、老龄化问题等，社会大变革中无数新的问题，推动了社会学的发展，也推动了西方社会学研究方法在中国的运用。政治学和法学，由于无数法律需要制定，由于时时要同国际金融商贸法律打交道，较之先前，也有了很大发展。它们一一成了中国的显学。

人文科学中，哲学首先活跃。分析哲学、现象学、解释学、结构主义哲学，弗洛伊德精神分析哲学，以及各种流派的西方马克思主义哲学，一一被介绍到中国。萨特、海德格尔、哈贝马斯、哈耶克，一个又一个，成为哲学界热点人物。人的“主体性”的阐释，实践唯物主义哲学的提出，尽管哲学界意见不一，但打破了先前哲学僵硬的架构。文学、史学、新闻学，也沿着相似的路线，突破了原先凝固化了的体系与结构。

20 世纪 80 年代人文科学方面最引人注目的，是“文化热”的勃兴。以 1982 年 11 月在上海复旦大学召开的首次中国文化学者研讨会发端，短短几年，出版了一大批名目各异的中国文化丛书，各种相关的刊物、讲座、研讨会、培训班蜂拥登场，许多省市政府部门在这股热潮的推动下，开展了文化发展战略的调查研究，制定了文化发展规划。“文化热”的勃兴，从根本上说，是因为人们注意到现代性的塑造、培育，除去物质层面的各种科学、制度层面的各种科学极为必要外，精神层面的各种科学也不可或缺。文化研究，除精英文化外，还更注重大众文化、观念文化，以及物化和制度化了的文化。它表明，对于科学，人们已经有了较为全面的了解。

一批自然科学研究者转而研究社会科学、人文科学，是人们已觉悟到单纯注重自然科学、技术科学将造成社会重大偏向的又一表征。他们来到社会科学与人文科学领域，带来了对于原来研究者说来完全陌生的系统论、控制论、信息论，他们将自然科学的新方法用于分析社会问题和人的精神问题，形成一阵“方法论”热，给许多学科带来很大冲击。虽然这股浪潮并未持续很久，便渐渐趋于冷落，但一大批交叉学科、边缘学科却由此而产生与兴盛，各学科研究方法普遍有了突破。

20世纪90年代以来，以“科教兴国”为总背景，科学在现代化发展中的地位进一步提高。“造原子弹的”比不上“卖茶叶蛋的”状况有所改变，科学家特别是自然科学家和工程科学家重新受到了人们的敬重。科学知识借助现代传媒系统开始普及。

西方影响在各个科学领域仍然到处可见。但是，有了中国自身发展的多年实践经验积累，有了对中国国情较为深入的了解，同时，也有了对西方相关学说产生背景较为具体的认识，人们对西方各种学说有了条件作多方面的比较和慎重的选择。源于西方的“后殖民主义”思潮，从边缘文化立场批判西方中心主义，立即在中国获得应和者，用来纠正20世纪80年代“西风劲吹”的偏向。

一部分当政者因要立竿见影创造“政绩”，企业家关心创造更加辉煌的业绩，因而都更关心科学成果的实用价值。20世纪90年代后期，科学技术突飞猛进令人目不暇接的成就，造成了似乎人类许多难题靠它们便可迎刃而解的神话。一方面是科学实利化，另一方面是科学万能化，这两种倾向在中国思想界引起两种反弹，一是呼吁警惕人文精神失落，二是呼吁防止科学主义主宰人们的思想。但是，人文精神失落问题，实际上在于社会正在转型，人们的包括目的理性和工具理性在内的整个价值系统正在重建，目前正处于新与旧共存、青黄不接的时期。而科学主义，或科学霸权主义，在中国并不是现实的危险，因为科学思维并不占支配地位，在人们的日常思维中，非理性主义、神秘主义、随波逐流主义仍然非常普遍。一些邪教、巫术，吸引了那么多追随者，不就是明证吗？

四、现代性追求与历史传统的新审视

现代与历史如何衔接，现代性与历史性如何统一，这个问题长时间以来一直困扰着中国思想界。原因在于中国从古代走向现代，与其说是历史的自然发展，毋宁说是先前历史自然发展的中断。就中国而言，现代性先是表现为师法西方，后是表现为师法苏联，直到当代，方才成为中国历史自身自然发展的内在要求。但是，虽然现代性已成为当代中国的内在要求，与先前全部历史的联系问题并未完全解决。同时，现代性同西方化、全球化有着密切的关系，现代性与历史性的统一，便不能不常常与西方化同中国化的统一、全球化同本土化的统一这样一些问题紧紧纠缠在一起。

当代中国立足于现代性对历史传统的新审视，大要说来，20 世纪 80 年代是批判多于肯定，因为当时急于走出传统；90 年代是肯定多于批判，因为这时要让现代性在中国历史传统中扎根，从历史传统中广泛吸取资源。

20 世纪 80 年代对历史传统批判多于肯定，是因为当时人们对“文化大革命”及先前一次次伤害了许多人的政治运动记忆犹新，结合历史传统，急于弄明白：中国封建专制主义为什么那么强固？农民小生产者的平均主义理想国为什么那样深远？中国现代化进程为什么要经历那么多艰难曲折？中国有过辉煌的古代，为什么没有自主地发展到现代？人们努力从传统经济的、政治的、社会的、文化的结构、制度和观念，寻找历史根源。

当时，也有对历史传统持肯定态度者。最突出的是新儒家。他们以亚洲“四小龙”经济腾飞为根据，论证中国传统文化与现代性并不冲突，相反，从传统儒家可以生出儒家资本主义，推动现代化成功，甚至可以解决西方现代化高度发展中出现的新问题。但是，他们所做的，实际上只是用西方曾经流行或现正流行的理论，对儒学作出新的诠释而已，真正的原创性并不多。

20 世纪 90 年代对历史传统肯定多于批判，是因为改革的深入、开放的扩大、现代化建设的进展，要求现代性必须扎根于中国历史的土壤，从中国既有条件中寻得支持。而全球化的急速发展，又激起了民族主义与本土化的反弹。肯定多于批判，集中表现于以下三个方面。

第一，民族主义倾向。一反先前对传统文化严厉批判的做法，形成了所谓“国学热”，刊物的名称《原道》《原学》《中国文化》《国外汉学》等，回归传统的气息极为浓烈。一些著名的“文化遗民”和他们所代表的文化保守主义，受到高度评价和过分赞扬，继承五四传统为继承晚清民国治学传统所取代。与此同时，一些文化糟粕，也在弘扬传统文化的名义下沉渣泛起。

第二，本土研究的深化。表现为历史文献空前规模的整理与出版。许多专门性的高水准的研究著作问世，内容涉及方方面面，包括那些从前人们几乎完全没有注意的方面；传统的研究方法、最新的研究方法和大量实地调查互相结合；评价趋于客观，尽可能展现历史原貌，给人们提供真实的而不是虚构的或歪曲了的历史资源。

第三，从人类历史的长时段和世界范围更为深入地思考现代性与历史性的关系。现代性和历史传统不仅具有历时性，而且具有共时性，这不仅仅因为在一个较大的范围内，现代性与历史传统事实上仍然共生共存，而且因为历史传统总有形无形地渗透于现代性之中，无论现代性对此自觉还是不自觉。中国现代性尽管不是先前历史自主的自然演变，它的每一部分同样深深保留着历史传统的影响，这是一个不争的事实。立足于此，人们已经开始同时从历时性与共时性两个方面，来对现代性与历史传统的关系作更为开放的全面考察。而且，其范围不仅仅限于中国本身，人们的视野已经扩展到世界各大文明历史发展的进程，全球范围内现代性与历史传统的关系。

五、对现代性追求与当代中国思想重构的反省

现代性追求，为当代中国思想重构提供了一个具有高度凝聚力的价值目标，一个全部思想据以运转的主轴。但是，现代性本身却并非确定无疑，恰恰相反，它具有太多的不确定性。

现代性，与市场化、工业化、城市化、世界化相联系，兼有社会中产化、世俗化、多元化、政治参与扩大化、政治运作法治化等多方面的内容。可是，所有这些子项目，每一国家、每一地域、每一不同文明背景，都不可避免地要形成自己独具的特点，不存在超越一切个性而普遍适用于一切国家、一切地域、一切文明背景的固定模式。中国在追求现代性时，便要结合所有这些子项目，仔细辨析，哪些部分只具有个别性，哪些东西真正具有普世性，而这些普世性的东西，又如何与中国的独特性有机地结合在一起。这当然就使现代性具有相当大的不确定性。

现代性在世界许多地方已经是无可置疑的实际，它给人们带来了一

种与先前游牧文明、农耕文明迥然不同的新的文明。但是，这种新的文明并不仅具正面效应，负面效应与正面效应是同一事物的两面，它与正面效应同时存在。市场化、工业化、城市化、世界化、中产化、世俗化等，给人们的自由发展提供了巨大的空间和强大的动力，但是，也让人们面临前所未有的生存风险，例如生态灾难、金融风险、能源风险、人的主体性丧失风险等。在现代化进程中，从现代性最先得益者，在现代性增强过程中丧失先前既得利益者，不同社会群体对于现代性正负面效应的感受常常截然不同。就中国整体而言，仍处在追求现代性的过程之中，但是，除了继续承受现代性的不足之苦外，已开始尝到现代性所带来的新的冲击、新的痛苦。这一切，便使得现代性的不确定性更为强烈。

信息时代对于现代性的挑战，是造成现代性不确定的又一原因。信息高速公路、因特网，不仅改变了传媒，而且改变了人们的生产方式、工作方式、生活方式、思维方式。数据库、数字化借助网络正在成为人们活动的中心，或人们生存的一项新的基本条件。信息爆炸导致知识与社会走向高度不确定性、断裂性、模糊性，从而根本否定现代性所要求的知识和社会的完整性、系统性、稳定性。后现代主义解构权力，颠覆一切中心，扬弃人自身，反抗各种系统话语，和现代性尖锐对立。中国在追求现代性时，也不能不同时面对后现代的无情挑战。

现代性本身的不确定性，现代、前现代、后现代同时并存，这就使当代中国思想重构经常呈现出严重的无序状态。但是，只要把握了这个总的背景，于无序中仍可发现有序。

当代中国思想重构，不仅涉及社会精英层，而且涉及全体社会成员，这是整个中华民族思想的重构。尽管传统思想根深蒂固，其影响仍所在皆是，但是，不可否认的是，思想的重构已经推进到改变全体社会成员的日常思维，推进到他们衣食住行、生老病死、喜怒哀乐等实际生活的几乎所有方面。尽管在不同的社会群体那里，改变的力度、幅度很不相同。这应当是中国几千年来从未经历过的一个全方位的思想大变动。尤其是年轻人，在这场思想重构中，常常走在最前列。“代沟”是客观存在的。所有不同的社会群体、利益群体之间，都存在着类似的沟渠。他们彼此之间思想取向经常发生严重的歧异，甚至由此而引发激烈的社会冲突与政治冲突。思想重构的进程，不能不因此而受到难以避免的制约。人们在进行思想重构时，正越来越自觉地注意直面和有效解决这些问题。

当代中国思想重构，应当说，速度相当快，力度相当大。但是，由此就常常不免形成太多的浮躁、浮夸、浮泛，而沉着、沉潜、沉稳相对不足。不少人匆匆忙忙从国外移植来现成的思想，稍加改头换面，当成自己的发明大加张扬，真正独立自主的原创性研究成果还相当贫乏。一些学者勇于面对现实生活中的问题，但常常不能免于趋时、趋权、趋势；又有一些学者倡导回到书斋去专心治学，但又常常不免脱离现实变革的实践和活泼的时代精神。一个民族要成为有思想深度的民族，必须树立严谨正派的学风；而这种学风的形成，知识精英负有不可推卸的首要责任。他们能不能率先成熟，直接关系着他们能不能在现代性确立的进程中成为民族精神的脊梁。

现代性的文明史定位：评《建设一个协力尽责的世界的纲领》

即将到来的2000年，标志着20世纪的结束，21世纪的来临，还标志着公元第二个一千年的结束，第三个一千年的开始。2000，这一整数，以其形式美和完形结构，撞击着许多人的心弦。当前，人类历史的发展，特别是现代世界的发展正处在一个至关重要的转折点上，于是，回眸行将结束的旧世纪，规制新世纪发展方略，便成了思想界的一个热点。由世界一批知名学者共同拟就的《建设一个协力尽责的世界的纲领》①（以下简称《纲领》）便是中外众多同类成品中的一个。

《纲领》劈头就说：

> 假如我们的世界继续以其现有的方式存在和发展，人类将自我毁灭。我们拒绝这一前景。
>
> 为了避免其发生，我们必须深刻地转变我们的思维和生存方式。

---

① 见《中国社会科学季刊》（香港），1997年秋季号（总第20号），182～188页。

《纲领》倡导建设“协力尽责世界”。这个世界依据维护原则、人道原则、责任原则、节制原则、谨慎原则、多元原则、公民原则构成。《纲领》接着提出了一整套行动策略，包含整体策略、重点项目、促进因素、动员性计划等诸多方面。按照这一纲领行事，预计人类到2080年至2100年，即有希望达到人与地球之间新的平衡。

这一纲领在同类成果中有一定的代表性。人们在回顾20世纪、展望21世纪时，有各种不同的视角，结论自然也会千差万别。《纲领》说：“为了达到同心协力，我们必须在一些根本点上取得一致：问题判断、行动价值与准则、重点项目以及策略。”要做到这一点谈何容易。许多具体的论点值得讨论，但要真正有效地推进人们在回顾与展望上的对话，恐怕首先得从方法论上深入展开一番讨论。《纲领》所凭借的立论方式，就从方法论上提出了不少值得深入思考的问题。

一、如何估定现代性的历史地位

《纲领》据以立论的基点，是对现代性所作的否定性的评判。和国外流行的后现代思潮相呼应，《纲领》宣称：

> 我们痛苦地面对着三个主要的不平衡：地球南北之间、社会内部贫富之间以及人与大自然之间的不平衡。这三个不平衡反映了社会与社会、人与人、人与其生存空间之间的三重危机。……在三个危机的中心，无法不看到科技发展的现状、劳动分工的突出、市场的膨胀及不断增加的商品与金钱流通等，简言之，“西方现代性”的构成因素引起的后果……

《纲领》更为率直地认定，正是“西方世界发明的‘现代性’在全世界范围内获得传播”，“带来了苦难、战争、不安全、匮乏、压迫，最终引起了上述的三重危机”。

这里所说的“现代性”，实际上就是指现代化所造就的新文明。在现代化开始以前，人类并非不存在苦难、战争等。远的不说，就在西方世界开始现代化进程之前不久，成吉思汗及其继承者在13世纪的亚欧大陆的攻略，仅中国一地，就有大约3500万人惨遭屠戮。[①] 欧洲1347年至1353年淋巴腺鼠疫的流行，一下子就使其人口减少了四分之一至三分之一，从1300年的8000万人减少到1353年的约5000万人，到1400年方恢复至6000万人。[②] 这些历史事实应记忆犹新。可能以为现代化进程开始后，人类所遭受的苦难、战争等，其烈度远胜于昔，但是，世界人口增长的情况恰又证明，从公元前1000年左右开始使用铁器生产工具以来，人口增长率尽管有了很大提高，公元前500年已达1亿人口，公元6世纪已达2亿，16世纪已达5亿，但死亡率仍然极高，人的平均寿命和生活质量都不高，从1亿人口增至5亿，花了2100年。而17世纪以来，即所谓“现代性”萌发以来，短短三百多年，世界人口即从5亿增加到58亿，而且人的平均寿命和生活质量都有了空前的进步。[③] 这一事实表明，尽管现代化进程开始以来，苦难、战争仍然不断，但现代化的发展给人类的发展提供了前此无可比拟的空间，当是无可辩驳的事实。

原始社会生产力发展的平均速度是每万年增长1％～2％。农业、手工业社会生产力发展的平均速度是每百年增长4％。工业革命以来，生产力发展的平均速度是每年增长2％～4％。这是世界人口摆脱苦难、不安全、匮乏而迅速增长的物质基础。联合国1997年《人文发展报告》指出，过去20年的经济增长提高了15亿人的生活水平，但是，发展中国家仍有近三分之一的人口，即13亿人口继续生活在贫困线以下。其中南亚有5.1亿人，非洲有2.2亿人，拉丁美洲有1.1亿人，东欧与前苏联地区有1.2亿人，而所有这些地区，正是现代化发展最为不足的地方。[④]

现代性不是西方的专利。市场化、工业化、城市化、公众参与、世界化等所构成的现代化进程，使文明具有现代性。现代性的真正内涵是人自身的解放，是人的健康自由的发展。它包含着在生产不断发展的基础上从普遍的贫困和愚昧中获得解放，在确保独立与平等地位的基础上

---

① ［英］科林·麦克伊韦迪、理查德·琼斯：《世界人口历史图集》，416页，北京，东方出版社，1992。

② 同上书，15页。

③ 同上书，412、413、419页。

④ ［法］伊夫琳·利奥波德：《联合国报告说，消除极端贫困是一个可实现的目标》，载《参考消息》，1997-06-22。

从各种经济的、政治的、精神的奴役中获得解放，在以世界性联系取代狭隘的血缘联系与地域联系的基础上，得以用人类物质生产和精神生产的各种优秀成果来发展自己。人为了使自己成为具有这种现代性的人，不同民族、不同国家、不同社会集团根据自己的特殊利益和特殊条件，进行了各种不同的特殊努力，这就是人们所熟知的各种不同的现代化道路。西方有过盎格鲁-撒克逊型的资本主义道路，有过莱茵—日本型的资本主义道路，又有过和社会民主主义交织在一起的资本主义道路；东方有过苏联式的社会主义道路，现在又有具有中国特色的社会主义道路；所有这些不同的道路，在推动人类获得现代性方面都起了作用。盎格鲁-撒克逊型和莱茵—日本型的道路，曾伴以大规模的征服、血腥的殖民掠夺、对本国劳动者的残酷压榨，一部分人的解放是以大部分人的贫困、受奴役为代价；社会主义，特别是中国现今所选择的社会主义现代化道路，摒弃这类征服、殖民、压榨，反对强制大批民众为现代化作出牺牲，而即使如此，在现代化进程中，也不免要出现许多苦难、冲突、失调，乃至产生若干动乱。历史事实表明，现代化进程中，苦难、战争、不安全、匮乏、压迫，在大多数场合虽然难以完全避免，但确实不能断定它们即为现代性所固有，它们的产生，与其说是现代性带来的，毋宁说是西方现代化的独特道路带来的；此外，还因为现代性发展不够，现代性还不足以制衡非现代性而使这些苦难、冲突不致产生。

如何给现代性在人类文明史上定位，所涉及的是人类发展方向问题。如果苦难、战争等及所谓“三重危机”都是现代性带来的，那么，人类就要根本改变自己的发展方向。《纲领》在评定现代性的历史作用时，似乎离开了时间与空间这两个坐标。就拿社会与社会、人与人、人与其生存空间之间的危机来说，在现代性于世界范围内获得传播之前，地球南北各方是普遍的贫困与落后，社会内部贫富之间、贵贱之间是广泛的壁垒森严，人们的生产、生活更多的是屈从于大自然，往往一场巨大的自然灾害，一场流行病，就可以使世界人口锐减或长期徘徊而无法增长。人类是在现代性产生以后方才有了改变这种状况的可能。而要根本消除这些危机，只有依靠现代性的进一步增强。1992 年里约热内卢联合国环境与发展首脑会议通过的《二十一世纪议程》，分析了世界当前及今后相当一段时间要面对的问题，强调经济必须与环境协调发展。

为此，确定了可持续发展战略，内容涉及总体战略，社会可持续发展战略、经济可持续发展战略、资源与环境的保护与合理利用等。这是有别于传统发展观的一种新发展观。过去的支配思想是征服自然，新发展观不是向过去倒退，而是要求更加健康全面地向前发展。1997 年专门审议环境与发展问题的联合国第十九次特别大会所通过的《进一步落实二十一世纪议程的方案》，坚持了这一新的发展观与可持续发展战略。1997 年 6 月 20 日，第五十一届联合国全体会议通过的《发展纲领》指出，经济发展、社会发展和环境保护是相互依存的，在可持续发展中互为补充。持续的经济增长对所有国家，特别是发展中国家的经济和社会发展至关重要。只有实现可持续发展，各国才能提高人民生活水平，消灭贫穷、饥饿、疾病和文盲，确保人人就业及保护环境。[①] 这个结论是正确的。这些文件由联合国大会和各国首脑共同制定，表明新的发展观、新的发展战略已逐渐成为世界各国的共识，对各国行动正在日渐发挥其约束力。这种新的发展观、发展战略，体现了一种更为成熟的现代性，一种更为健全的现代化进程。我们不能因为西方模式的弊端而否定现代性本身，更不能因为现代化先前还不健全，还不成熟，就否定现代化。坚定不移地推进现代化，发展文明的现代性，应当是我们在 21 世纪毫不动摇的总方向。

二、人文发展怎样对待科技发展

18 世纪以蒸汽机和纺织机的发明与应用为代表的第一次科技革命，导致了第一次产业革命；19 世纪后半期以电、电动机、内燃机的发明与应用为代表的第二次科技革命，导致了第二次产业革命；二次世界大战后至 20 世纪 70 年代中期以核技术、航天技术为代表的第三次科技革命，导致了第三次产业革命；今天，以电子信息技术、生物技术为代表的第四次科技革命正在兴起，第四次产业革命也相应地正在勃兴。对于这几次科技革命究竟应当如何评价，直接关系到应当如何对待目前正在日新月异地向前发展的新科技革命，关系到 21 世纪人文发展与科技发展是应当互相对峙、互相排斥，还是应当互相扶持、相得益彰。

---

① ［美］斯塔夫里阿诺斯：《全球通史——1500 年以后的世界》，245 页，上海，上海社会科学院出版社，1992。

对于科技革命，《纲领》采取了异常严苛的批评态度。《纲领》说："毫无疑问，科学是理解、活动能力、巨大创造力的源泉之一；但它既可以功能杰出，也可能助纣为虐。"这里虽然两面都说到了，但重点却在"助纣为虐"上。所以，《纲领》抨击说："着眼于掌握和控制人与外界事物的科学和技术，鼓励了弱肉强食的态度，将大自然、生物界和其他人类降低为工具，……对权力的狂热，战胜了对智慧的求索，……是服务于不平等的、贪婪而短见的社会的极为有效的手段。"

《纲领》对科技革命所作的这些判词是否成立？是否公允？

近代科技革命与产业革命是从英国开始的。这一革命使英国在经济、军事、技术，特别是综合国力上建立对世界的霸权成为可能，19世纪因而被称作"英国世纪"。20世纪被称作"美国世纪"，可以说，就根源于美国在新的科技革命及产业革命中后来居上，跃居领先地位。美国所遇到的来自欧洲、日本、苏联的挑战，在很大程度上就是科技革命与产业革命新进展的挑战。但是，将西方实行殖民主义扩张和对世界实行霸权主义的统治，归罪于科技革命和产业革命本身，则未免偏颇。广大地位低下、蒙受耻辱而长时间贫困落后的国家和地区，恰恰因为错过了进行同样一场革命的机会，方才惨遭掠夺、奴役、蹂躏。当他们觉醒过来，迎头赶上，甚至在若干方面走到世界前列时，他们就能挣脱殖民主义的枷锁，从不发达迅速转变为发达，在霸权主义威胁面前真正有效地维护国家主权、政治独立和民族复兴。

科技革命与产业革命绝非游离于人文发展之外。它全面地改造着人类的生产方式与生活方式，也全面影响着人类的智力发展和思维方式。如果没有科技革命和产业革命，今天人类的生活方式将会同18世纪以前一样，和古代埃及人、美索不达米亚人的生活方式没有什么实质性差别。在那漫长的数十个世纪中，人类用同样的材料建筑房屋，用同样的牲畜与车辆驮运自己和生产物，用同样的纺织品制作衣服，用同样的蜡烛和火炬照明。人类的智力长时期保持在狭窄的范围内，人类的思维长时期沉湎于劳动者实用技术同思想家系统思维的尖锐对立和完全脱离中。科技革命与产业革命，使人类的衣、食、住、行发生了翻天覆地的变化，使劳动者技术上的实际知识同思想家的系统思维有机地结合起来，使不同行业、不同门类的知识、技术有机地融会在一起，人类由此方才迅速脱离了先前不开化与半开化的愚昧落后状态，在最终超越生物性的动物、半动物状态方面迈出了又一决定性步伐，它足以与数千年前农业发明与农业革命，使人类从野蛮步入文明的那一决定性步伐相媲美。当代一位美国历史学家在比较农业革命与近代以来科技革命时甚至说过："农业革命使文明成为可能，但是，一旦前进了这一步，农业就没有再作出进一步的贡献。科学则相反，恰好借助于它的研究法而不断地稳步发展。科学本身包含了无限进步的可能性。"从农业产生后长期停滞不前和科学发展日新月异的差别中，可以看到，这一论断是有道理的。

科技革命与产业革命不仅创造了新的生产力，而且创造了新生产力的载体，使社会结构发生了极为深刻的变化。可以说第一次科技革命和产业革命，产生了工业资产阶级与工业无产阶级；第二次科技革命和产业革命，产生了垄断资产阶级和白领劳动者；第三次科技革命和产业革命，使白领劳动者在人数上逐渐接近乃至超过蓝领劳动者，经理阶层逐渐成为经济活动的实际指挥者，社会趋于中产化；正在进行的第四次科技革命和产业革命，所导致的变化将会多大，现在还不能作最后的结论。因为现今这场革命创造的是所谓智能生产力，科学作为一项决定性要素直接投入生产过程，使制造技术普遍趋于自动化、智能化，使企业活动高度信息化，这就创造了一种全新的载体。就生产资本而言，它从多国化走向跨国化，再走向全球化，资本所有者和资本经营者进一步分离，经由股份制等多种形式，资本自身的社会化程度迅速提高；就生产劳动而言，由于信息技术的广泛运用，不仅体力劳动得到了进一步解放，脑力劳动也获得了解放，劳动者除去智慧、技能外、感情、直觉、想象都参与了工作。股份持有者、经营者、劳动者的整体素质，较之先前各个时代都有了全面、显著的提高。劳动环境和劳动安全的全面改善，劳动时间的进一步减少，使得人的全面自由发展首次有了普遍实现的可能与必要。对于这一切，为什么一定要怀着伤感的情绪而不给予积极评价呢？

科技革命和产业革命在人类文明史上的最大贡献，在于它改变了人们的思维方式和行为方式，使人类在自然界面前脱离了蒙昧混沌的自在状态，而逐步处于较为主动自觉的自为状况。当科技革命和产业革命的成果为一部分人所把持时，它确实曾为那些弱肉强食者所利用，为他们建立霸权提供了经济的和军事的基础。但是，科学技术自身的不断前进性，以及全球经济与环境一体化的现实发展，都要求打破而且也已经实际地打破了弱肉强食者对它的把持和垄断，建立起既不是自然宰制人，也不是人征服自然，而是人与自然良性互动的新的和谐关系。

人与人的关系，人自身的价值追求及价值实现，集中表现为人文的发展。农业文明产生后，形成了像中国儒家所倡导的修身、齐家、治国、平天下那样的理想人文境界，像西方基督教所倡导的皈依宗教神学爱人、安贫、自谦教义的境界。近代科技革命和产业革命开始后，形成了像欧洲启蒙思想家所倡导的自由、平等、博爱和社会主义者所倡导的各尽所能、按劳分配或各尽所能、按需分配那样的理想人文境界。但是，理想终究只是人们追求的目标，而不等于现实。人文发展的现实，在近代历史开始以前是普遍的贫穷、等级特权、人的半兽化，近代历史开始以来，则是人与人、国与国之间普遍的不自由、不平等、不博爱，它们实际上更胜于自由、平等与博爱；社会主义在相当一段时间中虽然以各种不同的形式渗入了生活的各个方面，但距离真正的各尽所能与真正的按劳分配、按需分配都还非常遥远。事实说明，人文发展要达到理想的目标，需要一个漫长的曲折历程；解决人文方面的问题，固然有待于人文自身的努力，但科技革命和产业革命，对人文发展来说，确实是一支伟大的推进力量。为了理想的人文发展目标的实现，我们不应当鄙视科技革命和产业革命，而应当积极投身于这一革命，引它为自己的同道。

三、市场经济和来自道德普遍主义的诘难

《纲领》非议现代化的另一个理论支柱，是对贸易自由化和市场经济从道德上给予否定评价。《纲领》说：

> 市场一方，正在将生命与事物的价值减兑为它的货币价值，它鼓吹致富是人与社会成功与否的最终标准，它将精神置于物质的支配之下，为了保持其运转，它不断地制造新的购买需要，不惜因此而转移用于基本需求的精力和智慧，直到以短浅之利而毁长远之计。结果是：许多社会道德崩溃、腐败普遍化、借吸毒逃避社会、对他人和环境麻木不仁、青年人彷徨失望。

《纲领》正像借口反对科学主义而拒绝科技革命与产业革命一样，基于这类道德的诉求，力主破除关于贸易自由化、市场经济的“时髦的经济神话”，明确要求拒绝“重归市场”。

《纲领》这里所列举的道德崩溃、腐败普遍化、借吸毒逃避社会等现象，确实可以从一些已经建立了市场经济的国家和地区看到；在一些由传统的自然经济正向市场经济转变的国家和地区，这类现象更形突出。但是，人们不禁要问，这类现象难道是为市场经济所独有的吗？究竟应当如何全面地评价市场经济在道德上的影响，能不能仅仅凭借这些道德上的诘难，就将市场经济所带来的经济的、政治的、社会的巨大变化，都归结为“时髦的经济神话”？凡此种种，都同样涉及方法论问题。

就道德本身而言，为市场经济所替代的自然经济时代，是不是道德就真正那么美好、那么温馨、那么理想呢？《史记·货殖列传》：“天下熙熙，皆为利来；天下攘攘，皆为利往。”对利益或财富的追求，在古代又何尝例外？《论语》记孔子说：“君子喻于义，小人喻于利。”《孟子·梁惠王》记孟子倡导“君臣、父子、兄弟去利，怀仁义以相接”，因为他所面对的正是“上下交征利”的现实，亦即《孟子·告子》中所说的“为人臣者怀利以事其君，为人子者怀利以事其父，为人弟者怀利以事其兄”的现实。人类进入文明时代以来，一而再、再而三地伏尸百万、流血千里地争战，不都根植于对利的维护或追逐吗？《纲领》斥责市场经济在将生命与事物的价值减兑为它的货币价值，不知是否注意到，在前此时代，整个人身都可以同土地、牲畜一道出售或赠予。

在道德论上，《纲领》实际上所持的是一种抽象化乃至空洞化了的道德普遍主义。这种道德普遍主义不承认市场经济时代与自然经济时代道德的异质性，不愿意客观地权衡一下在人类历史上，特别是人自身的人格、人性、人权发展中，这两个不同时代的道德，各有什么意义。

市场经济，或贸易自由化，最基本的原则，就是亚当·斯密在《国民财富的性质和原因的研究》中所说的：“每一个人，在他不违反正义的法律时，都应听其完全自由，让他采用自己的方法，追求自己的利益，以其劳动及资本和任何其他人或其他阶级相竞争。”[1] 这就是坦诚

① ［英］亚当·斯密：《国民财富的性质和原因的研究》下册，252页，北京，商务印书馆，1981。

承认人们追求自身利益的合理性，更坦诚承认每个人在这一点上都有相同的权利，这样，人与人之间自然就不应形成等级道德。而在自然经济条件下则不是这样。比如，在中国古代，道德的根本要求，是《管子·五辅》中所说的："上下有义，贵贱有分，长幼有等，贫富有度"，即坚持上与下、贵与贱、长与幼、贫与富都不应平等。儒家倡导的三纲，君为臣纲，使臣成为君的附属品；父为子纲，使子成为父的附属品；夫为妻纲，使妻成为夫的附属品。《左传》昭公七年将人分成十等：王、公、大夫、士、皂、舆、隶、僚、仆、台，上一级对下一级逐级驾驭着。最低的等级是台，即他们也还有妻与子供其驱使。这种等级道德就是传统道德的一个基本特征。市场经济确实破坏了这样一种将人等级化并固定化的道德，在等级道德观看来，这是道德崩溃；在平等道德观看来，这是人类道德的一大进步。在以一家一户为单位的自给自足的小农经济基础上，人们除去血缘关系外，主要依靠层级分明的行政权力的全面支配，方能结成一个有秩序的社会整体。传统的等级道德于是应运而生，以强化和稳定这种等级支配秩序为其神圣职责。当传统自然经济结构为市场经济所取代时，自然经济以及高踞其上的层级行政权力逐步瓦解，这种传统道德必然要跟着逐渐丧失其约束力，人们完全不必为此而悲伤。

市场经济下承认人追求自身利益的合理性，完全不是否定社会整体利益和人与人的共同利益。关于市场经济下个人的现代性与自然经济下个人的传统性，台湾学者杨国枢等人曾经作过一次相当有意义的问卷调查。他们从婚姻与夫妇关系、教养与亲子关系、家庭与家庭生活、社交与人际关系、性与两性关系、教育与学习、职业与工作、经济与消费、政治与法律、宗教与信仰这十个方面，比较了个人的传统性与现代性，"发现前者的主要成分有五，即遵从权威、孝亲敬祖、安分守成、宿命自保及男性优越；后者的主要成分亦有五，即平权开放、独立自顾、乐观进取、尊重情感及两性平等"①。这个调查是在 20 世纪 80 年代后期进行的，但相当准确地反映了自然经济与市场经济不同环境中人们精神面貌、心理素质的差距。用传统性来观察现代性，自然是礼崩乐坏、道

① 杨国枢、余安邦、叶明华：《中国人的个人传统性与现代性：概念与测量》，见杨国枢、黄光国主编《中国人的心理与行为(1989)》，300 页，台北，桂冠图书公司，1991。

德沦丧，但是，若承认道德的发展具有时代性特征，那么，就不难看出，现代性的形成，正是新道德成立的过程，是人的人格、人性、人权逐步挣脱等级道德桎梏与扭曲的过程。

在自然经济占支配地位的时代，和行政权力对社会的全面支配相适应，意识形态上形成了一元化绝对支配的局面。在道德领域，从中国的“罢黜百家，独尊儒术”，到西方惩治“异端”的宗教裁判所，确立了代表统治阶级统治意志的道德规范、道德体系定于一尊的局面。“德治”在理想上，至少在名义上成为统治者的最高诉求。经过一代代精心加工充实，道德体系精密、完备、辉煌，抽象化到了似乎置诸万世而皆灵、放诸四海而皆准的程度。人们自接受启蒙教育开始，就时时处处受到弥漫于社会生活各方面的这类道德理念的灌输与熏陶。但也正因为如此，这些道德说教与人们现实道德行为就日渐脱节，进而日渐背离。口头上仁义礼智信，行为上男盗女娼；三年清知府，十万雪花银；道德成为猎取更高权位的敲门砖，假道学盛行。结果，道德说教越来越走向形式主义，它的整合力便只能停留于现实社会的浮表层面。当今许多对传统社会道德唱颂赞歌者，往往忽视了那个时代道德发展的这一重要特征，而满足于道德形式主义虚幻的光影，完全不愿正视那个时代人吃人的实际。在市场经济占支配地位的时代，道德规范与道德实践相背离的现象虽然也到处可见，但是，社会与文化的发展基本特征是多元一体。多元，指无法重建某一种思想观念长久的、绝对的、全面的统治地位；一体，指社会最高的诉求从“德治”转向“法治”，在法治所允许的范围内，各种道德信念与道德实践都具有存在的合法性。因之，人们就难以用某一种特定的道德规范要求所有的人，也不需要人们虚应故事地以道德形式主义粉饰自己的实践。这种道德形式主义的削弱，无论如何并不等于社会道德的崩溃。

《纲领》中所列举的腐败普遍化等问题，自从人类进入文明社会以来，就一直顽强地不断出现。自然经济时代，人们曾用了许多方法打击它们，但收效并不显著。世界历史表明，恰正是在市场经济逐渐成熟的基础上，随着法制日益健全，公众参与队伍日益扩大，参与水准日益提高，参与制度日益严密，方能使腐败等问题得到有效的遏制。今天，广大发展中国家的道德状况，其实并不是主要基于市场经济发展带来了大量新问题，而是主要苦于市场经济发展不足，没有实际的社会力量，也难以通过有效的制度，去根除历史上遗留下来的这些痼疾。不能指望诉诸于道德普遍主义就能解决这些问题。社会自身的发展，社会结构的变化，终究不是由道德理念决定的。以道德普遍主义来抨击市场经济，就道德自身的发展而言，也未免是南辕而北辙。

四、新时代的主题词是原则、传统、激情，还是高效、谐调、全面发展

人们在不断地创造历史，但这绝不是随心所欲的行为。无论是作为创造者主体的人本身，还是进行创造时所凭借的全部客观条件、现成材料，都是历史地形成的。只有正确地了解现存状况以及形成这种现存状况的先前全部历史，才能正确地估量未来发展的方向以及这种发展的限度，正确地把握未来发展的特殊性质。《纲领》对待开辟人类文明史上一个全新时代的现代化，对待科技与产业革命、市场经济，其了解和评价既然都表现了明显的片面性，在规划未来时，自然也就难于找到准确方向，切中问题的肯綮。

《纲领》将“可以作为当今时代的基本依据”的原则概括为维护、人道、责任、节制、谨慎、多元、公民七项。仔细分析一下就可发现，这七项原则并不是同一层面的问题，彼此之间又太多相互交叉，相互重叠。维护原则，主要是人与环境的关系；节制原则、谨慎原则、多元原则其实都是保护地球资源向不同角度的延伸；人道原则中所强调的“人对大自然和生物予以尊敬”，实际上也重复了上述维护原则。人道原则与公民原则区分为二，责任原则又单独列出，其实，这三者本属一体。《纲领》所开列的这些原则，其实并没有超出里约热内卢首脑会议所制定的《二十一世纪议程》所涉及的范围；而七项原则平面罗列，则反映了前进方向并不明晰，重点究竟何在并不清楚。

这里，同样有个方法论的问题。《纲领》将世界范围的现代化运动，将科技与产业革命和市场经济，都看作造成人类所面临的严重威胁及复杂挑战的根源，自然就无法找到足以消除这种威胁及进行应战的现实力量，但又不能无所作为，于是便将改变世界现存状况的希望寄托于“人类和他们的社会拥有着能够指导其选择和决定的丰富的原则”，最后指

望由《纲领》所概括的七大原则来决定人类未来的命运。这样，也就不难明白，《纲领》为什么号召“在未来的几年里，人类应当展开一场精神的、道德的、知性的和制度上的广泛革命”，并认定“这一革命所需的行动指南，将只能在那些最好的传统和文明中，在最充沛的激情中寻找”。既然将科技与产业革命、市场经济，乃至整个现代化运动，都看成了应当遏制、应当否定的对象，在现实世界中又找不到足可与之抗衡的力量，顺理成章地当然只有求助于所谓“最好的传统和文明”，求助于所谓“激情”，求助于所谓“精神的、道德的、知性的和制度上的广泛革命”了。似乎只要在精神上、道德上、知性上和制度上广泛认同了维护、人道、责任、节制、谨慎、多元、公民七大原则，各种实际问题就可迎刃而解。

然而，人类的历史早已证明，如果没有历史形成的生产力、资金、技术和其他各种物质的、文化的、制度的资源，没有实际推动历史变革并能确保其成功的现实的社会群体，那么，无论宣布了多少项原则，煽起了多么昂扬的激情，观念、思想、道德、精神如何“革命”，现实世界也不会因之而发生根本性的改变。

《纲领》从总题目，到七大原则，到行动策略，都将“协力”放在中心的地位。协调、合作，确实是新世纪的一大主题词，但是，存在着巨大差距和严重隔阂的东西南北各方，以什么为动力方能使差距被消除，隔阂被打破，而在全球范围内以伙伴关系通力进行合作呢？各国、各地区发展阶段不一，既得利益不一，以什么为支点，方才能使它们在经济发展、社会进步、环境保护中不过分计较各自获益的多少，而名副其实地协调行动呢？仅仅依靠外部危机的压力，不可能形成长久而可靠的“协力”关系；必须依靠经济和社会的不断发展，使“协力”成为经济和社会不断发展的内在机制和外部体制，“协力”方才具有稳固的基础。

如果要以最为简练的词语概括 21 世纪，那么，它首先应当是一个高效的世纪。所谓高效，一是指高效率，二是指高效益。进行科技革命和产业革命，是为了高效；发展市场经济，也是为了高效。没有高效，提高不了人们的生活水平，消灭不了贫穷、饥饿、疾病和文盲，保证不了人们的就业和环境、资源、能源的合理使用。当然，要防止以短期效率和短期效益妨碍与破坏长期效率和长期效益，防止以局部效率和局部效益妨碍与破坏整体效率和整体效益。

高效，不仅仅是资金与技术问题，也不仅仅是资源能源、生态环境问题，它更是由教育、伦理、信息等决定的人的素质问题，是产业结构和社会结构问题，是企业管理与社会管理、国家管理问题，是体制与制度问题。发展中国家也好，发达国家也好，都需要从自己所能争取到的各种实际条件出发，努力使所有这些因素形成最佳组合，创造出最高效率和最大效益，这就是高效。高效实际上就是每一国家、每一地区、每一文明通过自我改造、自我更新、自我升华实现现代化、获得现代性的过程。

21 世纪，又应当是一个谐调或协力的世纪。

现代科技革命、产业革命、市场经济，造就了空前广泛而密切的世界联系。人们从来没有像现今这样同世界范围的物质生产和精神生产成就休戚相关。发展中国家现代化的迅猛发展，新兴工业国家力量的急速扩大，结束了先前西方殖民主义主宰世界的局面，东西方之间、南北之间进行平等的交往与互利的合作，终于有了比先前远为广大的现实基础。贸易的国际化、投资的国际化、生产的国际化、信息的国际化，推动了管理的国际化。各种国际协议，各种地区性或全球性的国际机构，在发挥越来越大的作用。尽管还有着许许多多障碍，但协调在不断进行，合作在不断扩大，这一趋势已毫无疑问。

《纲领》以建设一个协力尽责的世界为其目标，在如何发展国际合作方面有许多精辟的论述。《纲领》指出，人们面对着一系列世界性的共同重点行动项目，这些项目“主要不是依据某些世界统一尺度来确定，而是要更多地在各种动意的协调下得以确定，以使其能够适应千变万化的多样性”，要求既注重世界的共同性，又充分重视世界的多样性，指明二者只能通过谐调的方式达到统一，便极有见地。《纲领》还具体设想了如何在不同层面上全方位地发展这种谐调与合作的关系，首先是在个人、公民和消费者层面上，其次是在企业、市政和国家层面上，再次是在八到十个大区层面上，最后是在世界层面上。《纲领》要求“从个人到全球，人类社区通过契约建立相互联系，以平衡各自相对于受管理者、相对于地球和后代的权利和义务”。这个设想显然带有很大的空想性质，因为契约的缔结及其成效，最终取决于缔约的各方实际力量是否相当。但如果转而以实际力量为坚实的基础，那么，就可以承认，《纲领》所提出的建议，具有一定的可行性，人类应当从这些方面进行努力。

21 世纪，还应当是全面发展的世纪。

谐调，从根本上说，就是将相关各方的同一性放在第一位，将种种差异、矛盾、斗争、冲突限制在各方可以承受的可控范围内。协调，协力，有助于建立起和平的世界秩序。但是，高效也好，协调也好，本身都不是终极的目标。它们最后都是为了人的全面发展。21 世纪，由于高效、协调，人类终将可以向全面发展这一目标迈出决定性步伐。

全面发展，首先意味着在 21 世纪内，发展中国家与发达国家的差距将缩小，继东亚、南亚、南美许多国家和地区相继崛起以后，最为贫困的非洲和其他落后地区也终将崛起。劳动密集型产业，其后是资本技术密集型产业，将按梯次转移的方式逐步转向这些地区，使这些地区像东亚新兴工业国家一样，而且可能用比东亚新兴工业国家更短的周期，经由劳动密集型产业、资本技术密集型产业向现代智能型产业发展。

全面发展，更意味着人与自然已完全有可能建立起一种新的谐调关系，从此既不再是自然主宰人，也不再是由人破坏自然。全面发展意味着人的劳动本身逐步从艰苦的负担变成创造性活动，意味着人们可以有更多的闲暇时间去从事绘画、音乐、体育、旅游及其他各种使人的潜在能力得到更为全面而自由发挥的活动。人的素质可望得到普遍提高，人的经济、政治、社会权利可望得到更为可靠的保障，人和人的关系将进一步摆脱生存斗争、弱肉强食的动物关系，而建立在互相独立、互相平等、互相关心、互相扶持的现代伦理关系基础上。社会主义将能通过充分吸取和利用资本主义所创造的一切优秀成果而使自己更富有生命力，资本主义也将通过进一步革新和改造，扩大它的社会化程度，这两种不同的社会制度在 21 世纪将能够也必须建立起更富建设性的和平共处关系，以让人们更自由地进行实验和选择。

21 世纪作为全面发展的世纪，还意味着人类迄今存在的各种文明，在几千年进步中积聚起来的能量，都将迸发出巨大的创造力，焕发新的生机，通过不同文明的互动互补，使每一文明的优秀成果都成为人类的共同财富，在世界更加丰富多彩的多样发展中，孕育出新的文明。一方面是各种传统文明的复兴和现代化，另一方面是以信息高速公路、智能化住宅、居家接受教育、远程医疗和居家进行工作为显著标志的新型文明的出现，二者互相结合，必可使人类文明史在21世纪写出超过以往全部文明史成就的新篇章。

世界总是在矛盾与冲突中前进的。21世纪不可能没有矛盾与冲突。全人类都要善于把握住机会，尽可能减少各种矛盾与冲突所造成的损害，将化解矛盾、消除冲突变成革新与前进的动力。21世纪议程，是一个极其重要也是极其复杂的科学课题。世界各国都在制定自己的21世纪议程。许多地区、许多城市也在研究自己的可持续发展战略。从方法论上深入进行讨论，可以使这类课题设计得更加合理，课题研究组织得更加有序，研究结论更加准确。人类成长到今天，应当对自己更具信心。21世纪议程的研究者对人类尤应当充满信心。人类只要能深切地了解到自己的条件、活动的特殊性质和可能限度，自觉地进行努力，完全可以使未来一百年、未来一千年的文明史比起先前一百年、先前一千年的文明史更加绚丽辉煌。

人的解放与异化：现代化理论的总体反思（博士课程讨论纪要）

一、引言

姜义华教授：这堂课是本学期最后一次讨论课，在这学期所有的讨论中，无论是经济、政治、社会结构方面的讨论，还是观念、信息化方面的讨论，我们最突出关注的问题始终是“在现代化进程中人的解放与人的异化”。在经济方面，我们在讨论工业化时，中心问题是劳动的解放与异化；在讨论市场化时，中心问题是物流、人流、知识流的解放与异化；在讨论城市化时，中心问题是在资金与人高度集聚下的人的解放与人的异化。在政治方面，我们讨论民主化时，中心问题是政治公共事务的解放与异化；在讨论法治化时，中心问题是德治、礼治、法治递进下社会运作的解放与异化；在讨论科层化时，中心问题是官僚制度与国家管理专业化下管理的解放与异化。在社会结构方面，我们在讨论市民化时，中心问题是公众社会的解放与异化；在讨论中产化时，中心问题是物质与精神生活及生活方式的解放与异化；在讨论个人化时，中心问题是人的知、情、意的解放与异化。在观念方面，我们在讨论理性化时，中心问题是思维方式与行为方式的解放与异化；在讨论俗世化时，中心问题是教育、信仰的解放与异化。在信息化方面，我们在讨论全球化时，中心问题是民族国家的解放与异化；在讨论知识化时，中心问题是科学权威下人的解放与异化。

具体点说，市场化、工业化、城市化、知识化、个人主体化等，常常是一柄柄双刃剑。市场化激活了经济，但也常常带来效率冲击公平、自由冲击平等，物质主义膨胀，乃至物欲横流；工业化使生产力高度发展，经济持续增长，但是，它又带来了资源的过度利用，自然环境的严重破坏；城市化使人口、资金、信息、生产力高度集中、高度流动，但也因此破坏了人们传统的联系纽带，造成严重异化与认同危机，导致反社会行为的增长；知识化提高了人们的素养，但是，它又使人们常常为科学主义、技术主义所支配，而丧失人文精神、理想信念与价值追求，或在这些方面造成巨大的混乱；个人主体化给个人提供了自主独立发展的充分自由，但是，它又常常会破坏保障他人享有同样权利与自由的秩序，损害集体利益与国家权威。

在这一系列的讨论中，我们所贯穿的中心看法是：现代化进程本身不是完美的，始终伴随着人的解放与异化；即使现代化实现了，它也不会是完美的，也仍然包含着人的解放与异化。所以，我们这学期的讨论，在努力打破旧的理性权威的同时，并不想构建起以现代性为名的一种新的理性权威。近代以来，我们曾经构建了太多的理性权威，结果，都被历史的发展无情地颠覆了。受汤因比对文明研究的启发，我们对整个人类各种文明发展进程进行了认真的比较研究，在此基础上，我们方能在一个足够宏大的时空范围内思考中国现代化进程中各种具体的问题和矛盾。正因为我们这学期能够在许多具体问题上展开比较细致的研讨，所以，我们的讨论在很大程度上将能避免以往学界在论述中国现代化进程时过多堆砌新名词、而缺乏新内容的弊病。

这次课既然是本学期最后一次讨论课，便多少要带有一点总结的意味，不过我首先想请大家各自选取一个本学期你最感兴趣的话题，谈谈你现在对它的认识和看法。

二、市场化利弊得失

张一平：姜老师，我想谈一下市场化的问题。中国由计划经济向市场经济的转变，主要采取了渐进式的改革方式。体制变革中的市场化发展，不仅要放开行政性管制，而且要同时构建其物质基础。这种物质基础的构建，就是要形成大量的可用于市场交易的“非公共”财物。在体制转换的背景下，这些财物的原始积累，存在着两种可能途径：一是存量转化途径，即把传统体制下积累下来的“公共”财物转变为“非公共”财物；二是增量发展途径，即新增财富向私人倾斜。苏联及东欧国家倾向于直接把“公共”财物转变为私人财物，而我国市场化发展的原始积累走的是以发展新增私人财物为主的混合型道路。从 20 世纪 80 年代产品市场化到 90 年代要素市场化，中国的资源配置和竞争机制发生了深刻的变化，商品、劳动力、资本、知识技术等进入了自由的流动，同时也带来了人自身的解放与异化。

第一，人接触面空前扩大，人在产品世界下的解放。

在长期的计划体制下，我们重生产积累，轻市场消费，扭曲了人对物质的基本需求，直到市场经济条件下这种情况才有明显改善，人与自然的关系获得了新的发展。首先是人们在成本收益分析的基础上追求效用最大化，进一步加强了开发自然资源的能力，人在自然面前不再孤立，而是通过资源的流动提高了利用效率。而在高度发达的商品社会里，人们必然要从禁欲主义的约束下解放出来，转向强调生活的享受。改革开放特别是 20 世纪 90 年代以来，人们被压抑的生活欲求得到了很大的释放，从衣食住行到婚姻爱情，从物质享受到精神娱乐，人们真正变成了有血有肉的活生生的个人。

第二，市场经济下人与人关系的解放。

在市场经济中，人与人之间以货币关系代替了自然关系，从而把对人身的依附变为对物的依赖。作为一种交换关系，各个人都是商品或货币的所有者，都是各自独立的活动主体，社会关系由人与人的从属关系转化为物与物平等交换的关系，这是人与人关系的新解放。

第三，人自身的解放。

中国市场化的本质内容之一就是使人以独立的方式依赖于物，并积极自觉地通过物来表现和实现自己。这一本质使市场化对人的发展产生的首要和最大的积极影响，就是逐步冲破旧体制下的人格依附关系，从经济关系来促进个人的形成，真正确立个人的主体地位。所有这一切必将使个人发展的方式得到新的解放。

同时市场经济的内在功利性又不可避免地带来了人自身的异化。

首先，人在物质面前更为自由，同时更加受制于物质。市场经济驱动了人对利益的追求，造成人对物质的过分崇拜，利己主义、拜金主义盛行，一味追求物质财富的占有，必然会把人当成获取经济利益的工具，忽视物质利益以外的东西和人自身的全面发展，特别是追逐利润带来的环境污染，收入分化形成的分配不公，严重破坏了人与自然、人与人之间的生态与伦理平衡。

其次，传统的人际关系发生异变，使群体越来越外在于人自身，成了不能直接去改变的异己力量。在市场经济中，人和人主要表现为一种契约关系，人的成长、学习、工作、生活越来越受制于外在的力量，不得不去适应整个社会的快节奏，造成了人与人之间感情的冷漠。

最后，还造成了人自身价值与行为的迷失。市场经济追求效益和效率，带有很强的功利主义，无形中鼓励着工具理性至上，人在生存的压力下却没有生命的动力，不知道自己活着是为了什么，欲望膨胀却精神空虚。

何爱国：张一平把经济市场化的利弊都说到了，我谈点我对市场化在经济现代化中的地位的认识。我觉得，经济现代化的核心是市场化（也就是市场的可持续扩充及其相关支持系统的出现）而不是工业化。工业化只是市场化的结果与表现，市场化却是工业化的动力与航导。正如姜老师在《理性缺位的启蒙》一书里所谈到的，在西方，没有市场化就没有工业革命的突破和接踵而来的一连串科学技术革命，就没有现代经济的持续增长和生产力的巨大飞跃。同样，在中国，没有市场化就没有工业化的实现和现代化的成功。在全球，没有市场化，就没有真正的世界性联系，也就没有真正的世界史。工业化表明了市场的可持续扩展不可避免。因为工业化要求社会分工和社会系统复杂化、高级化，只有市场化（在全社会和全世界范围内配置资源）能够满足这种社会分工和社会系统复杂化、高级化的要求。工业化如果不是由市场化内在地引发或内在地推动、引导，则其因缺乏持续的创新动力而难以为继。因此，现代化社会的经济中轴是市场化，而不是工业化。中国社会主义现代化也不能超越市场化而能够完成工业化。新世纪兴起的新工业化思潮之中的各派无不承认以市场化为其内在动力，说明我们已经自觉地意识到工业化的根本成功与可持续发展应该是市场驱动而非政府推动。然而，在20世纪里，“以农立国”还是以“以工立国”，争议了半个世纪，工业化终于得到政府和学界的广泛认同。但市场化则遭到几乎一致的排斥。实际上，从“以农立国”与“以工立国”两条发展道路产生冲突以来，政府统制与市场调节之争（谁作为经济资源配置的基本方式）就相随而生，没有停止过。反市场化的理由是市场经济妨碍社会公平，会导致两极分化与生产的无政府状态，甚至会毒化社会空气，使“人欲”膨胀，最终引发“社会革命”。没有把市场与人的解放（中产化、独立、自由个性、公民权利、世界市场上的全面联系）、人的现代化（公民化、市民化、俗世化、科学化、理性化、世界历史性的、真正普遍的个人）、政治现代化（民主化、科层化、法治化）和伦理现代化（交往理性、非血缘中心主义、普遍主义伦理、互相全面依赖的关系伦理）联系到一起。只是到了20世纪90年代以后市场化才逐步占据政府与学界的主流认知。不过，在21世纪初由于社会分化加剧，社会公平网建设不足，市场化又成替罪羊，受到新一轮的质疑。市场化有弊，但不能把因权力不规范、制度不到位、法律不健全和缺乏社会安全网而扭曲的伪市场化（实际上是反市场化）当作经济现代化之中的市场化而痛加责难。真正的市场经济必须建立在完备的法律、法规、规范的公共伦理和成套的公平制度之上。因此，真正的市场经济并不妨害社会公平，而是为社会公平创造更多的物质福利和权利保障。然而自中国现代化启动以来，市场化一直没有得到有效的制度支持和规范的伦理营养而正常发育、成长。在权力本位和道德本位的土壤里，得到极大发展，甚至恶性膨胀的是官僚资本和权贵经济，19世纪60年代至90年代的“洋务运动”、而后的各色“新政”、20世纪30年代国民党的“国民经济建设运动”以及抗战以来的“以工建国”运动无不如此。制度缺失和伦理偏见的交互作用，导致市场化厄运连连。新中国成立以来到20世纪80年代，基于混合着前现代、现代和后现代三种成分的苏联式社会主义现代化模式的发展平台，商品、市场、资本、货币、雇佣等与市场化相关的制度与符号，一律受到猛烈的抨击。极端者，如所谓“割资本主义尾巴”，“破资产阶级法权”，更是把与市场关系稍有沾边的生产关系和分配关系连根拔除，却没有想到由此导致的不过是权力滥用和经济倒退。我认为，现代化过程中的市场演进就是从传统的小市场、计划经济体制下的非市场、转型过程中的伪市场通向规范有序、公平有度、合理有节的现代创新型竞争市场。诚如姜老师所言，超越市场经济以及由此形成的渗透到一切方面的全面联系，那只能够将人们引导到传统的等级权力与服从那种片面与畸形的人的组合。

姜义华教授：马克思曾把人类社会的发展过程划分为三种形态：“人的依赖关系（起初完全是自然发生的），是最初的社会形态，在这种社会形态下，人的生产能力只是在狭窄的范围内和孤立的地点上发生着。以物的依赖性为基础的人的独立性，是第二大形态，在这种形态下，才形成普遍的物质交换，全面的关系，多方面的需求以及全面的能力体系。建立在个人全面发展和他们共同的社会生产能力成为他们的社会财富这一基础上的自由个性，是第三阶段。第二阶段为第三个阶段创造条件。”这里所讲的三个“形态”，实际上就是人与人建立社会联系的三种形式。其中“物的依赖关系”是通过市场建立和发展的。商品经济的基本趋势是不断地增加经济部门和扩大经济活动的空间，突破地区的、民族的、国家的限制，建立起世界经济体系。与此相适应，以“物的依赖关系”为基础的人的独立性也由一个地区范畴经民族（国家）范畴而发展成为一个世界性的范畴。

中国市场经济的确立，一方面是把企业推向市场，使其成为经济运营的主体；另一方面则是把从事经济活动的人推向市场，使其成为经济和社会运行的主体。企业是市场经济最重要的主体，但从根本上说人才是经济活动的主角，人的需要的满足是市场经济机制的原动力，而人也在市场化之下获得了前所未有的解放。有关市场化之下人的解放的种种表现，刚才张一平、何爱国讲得很好，不过在市场化条件下，还应当更具体地关注商品、劳动力、资本、知识技术等市场的发展日趋完善，使物流、资金流、人流、知识流得到极大的解放。另外，市场化最核心的问题还是一个所有权的问题，只有关注到所有权的问题，才能更好地理解和把握市场经济的内在功利性所不可避免地带来的人自身的异化问题。

中国确定建立社会主义市场经济体制，是社会主义发展史上一项伟大创举。列宁晚年重新思考在一个农民占人口多数的东方大国如何建设社会主义时，曾经极富前瞻性地提出，必须教会俄国农民学会做生意，而且是从原先亚洲式的做生意转变为按照欧洲的方式做生意，以此奠定社会主义的基础。可是，在列宁去世后不久，他的这一构想就被抛弃了，没有真正成为现实。社会主义市场经济体制的建立，极大地丰富了列宁当年的构想，实践已经清楚证明，它对于物质生产力和精神生产力的解放，对于每个人自由而全面发展提供机会与可能，具有不可替代的作用。当然，这一体制还远未成熟。它的创建，不过才十多年，幼稚、粗糙、疏漏乃至偏差之处必然很多很多。从初创到成熟，需要一个历史过程。发现其中不足，帮助这一新制度逐步走向成熟与完善，是马克思主义者义不容辞的职责。尽管一些人以反对马克思主义经济学边缘化、反对用西方经济学指导中国社会主义建设实践为名，行否定社会主义市场经济之实，这类争论仍然具有重要意义。因为它迫使人们更认真地思考产生前述一系列问题的根本原因究竟何在，如何才能真正有效地保障社会主义市场经济这一新的体制更加健康地向前发展，使马克思主义发展史上这一伟大创举不致被扼杀。

三、民主化与科层化再认识

李朝军：姜老师，我想谈一下我现在对民主化的一点看法。尽管民主的价值观以及民主制度成为现代化国家所共同选择的普遍形式，但是民主制度的一项重要原则，即遵从多数人的意志却一直阻碍着民主价值观的发挥。古希腊的哲学家们曾经把民主视为“暴民统治”，即多数人的暴政，而在当代的民主制度和民主理论中，虽然在提倡以多数人同意为前提，加上尊重少数人的权利，保障了民主制度下公民平等享有权利的价值内涵，但却仍然不能从根本上防止“多数人意志”本身所固有的缺陷，使得现实民主制度经常处于一种困境之中。有学者曾指出：由于民主制度的本质在于多数人对于政府的绝对统治，这一本质决定了其固有的缺陷：(1) 轻视个人权利，容易造成“温和专政”；(2) 趋附时尚，可能降低政策水平；（3）争执不已，可能造成效率损耗；（4）为大多数人的盲目性和狂热性的发作留下了空间。这些民主固有的缺陷恐怕就是导致民主化进程中政治公共事务异化的原因。

姜义华教授：李朝军讲的这些其实是属于民主制本身的问题，而我们要谈的民主化实际上是指现代化过程中的民主进程。可以说，在现代化政治过程中，民主化是社会政治层面中最重要的一方面，也是社会转型中最重要的一环。所以，我们讲的民主化所导致的问题，主要是针对近代国家与社会的非同步发展而言。特别是近代中国，在从农耕文明向现代文明转变，世界性联系代替地域性联系、自然经济向市场经济转变的过程中，以农民为主体的历次政治运动对均贫富的追求，使得中国社会经济的转型非常复杂，表现在政治公共事务方面就呈现出"宪政虚文化"、"议会边缘化"、"国家全能化"等几个特点。目前，中国民主化的进一步发展，还要处理好党和国家的关系。要在加强执政能力建设的同时，在现有的权力配置下，一步步有效地使党的权力变成有限的权力。现在的中国，前现代、现代、后现代的人并存，发展不平衡，协调各种利益比较困难。近几年，中国民主化的一个重要进展就是农村基层选举，但是农村的宗法伦理的力量还很大，在农村基层选举中，有些地方，往往是口袋大的（会赚钱的能人，比如包工头）、关系大的、宗族势力大的、拳头大的等几种人容易被选上。

所以，如何规避民主化过程中出现的这些问题，恐怕还要靠同属政治层面的法治化发展。法治化的要害是不相信人能有效地、负责任地、谨慎地使用权力，认为人是有可能在掌握权力后变坏的，所以它主要针对的不是老百姓，而是掌权者，所以，要使权力变成有限权力，还得靠法治。

闻丽：姜老师，我想补充谈一下政治层面中的另一个重要问题——科层化的问题。作为现代社会中的科层制是建立在马克斯·韦伯的组织社会学的基础上的，是其在《经济与社会》一书中构建的一种理想的管理体制。一方面，它是专门用来实现某种既定目标的手段，亦即这种组织好像是一架精心设计的机器，意在执行某些功能，而机器上的每个零件都可以为机器的运转发挥最大的功效而起到自己应有的作用；另一方面，这种组织形式是被法律化了的，因为在这种组织中，存在着一系列的运作规则和程序，组织成员必须依法行事。

韦伯的“理性官僚制”概念虽然是科层制研究中的经典概念，但它仍然遭到了后继学者的不断批评和修正。这些批评和修正主要针对的都是科层制的负面现象。概括起来，三要体现在低效率与功能的失调、科层制对民主化的威胁、科层制对人的个性的压抑等方面。而您却在前面的课上提出科层化可以带来官僚制度与国家管理专业化下管理的解放与异化。我想问的是，这里的管理到底该如何理解？

姜义华教授：闻丽提的这个问题，我想简单的回答是这样的：把整个国家的行政管理当作一个独立的系统，不代表哪一个特殊的统治阶级，是一个中性的系统，这大概才是科层制的核心。现代的科层管理有别于传统的国家管理。比较复杂的问题还是中国问题本身。近代中国实际上环绕着怎样建立现代国家的行政管理体制一直在争论、探索。这里因为时间的关系我不能展开阐释了。

中国社会主义市场经济，从本质上说，是一种政府主导型市场经济。政府主导，使这一新的体制与原先实行计划经济的全能主义威权体制能够自然衔接，两者不会因互相断裂而对峙对抗；政府主导，吸取了20世纪30年代以来各发达国家为克服自由市场经济危机而加强政府干预力度的成功经验，参考了欧洲社会民主主义通过强化政府职能弥补市场不足和保障社会公平、奠定欧洲福利国家基础的丰富经验，合乎世界经济成长的总趋势；政府主导，还适应了20世纪七八十年代以来经济全球化潮流日渐强劲的形势，利于克服自由市场经济的无政府状态，而增强整个国家的国际竞争力。这应当是中国从原先计划经济体制转向市场经济体制如此顺利，社会主义市场经济体制虽建立不久，却取得如此可观成就的一个根本原因。转型如此顺畅，成就如此显著，当然也离不开具体操作步骤的出色设计。中国从计划与市场相结合、计划经济为主市场经济为辅，到有计划的商品经济，再到社会主义市场经济，是一个渐进的、从个别地区走向全国、从局部领域走向全局的和平变迁过程。在这一转变过程中，体制方面尽管发生过双轨制一类的矛盾，却没有形成其他国家转型中出现过的经济休克状态。人们的观念和行为方式变化因此也不过于突然，而比较容易适应，并在这一过程中增强和发挥自己的主体性。这一切虽然是在操作层面上，却同样极富创意，有力地保证了体制转型的成功及新体制优势的发挥。

我国计划经济时代的全能主义威权体制，是依靠革命、革命后继续不断的阶级斗争以及范围不断扩大的专政而建立和巩固起来的。当计划经济转向市场经济时，如何既充分发挥政府的主导作用，又防止政府继续像先前那样无所不包、无所不管？中国社会主义市场经济的原创者，是中国改革开放的总设计师邓小平，他在酝酿发展市场经济的同时，一直在思考如何推进中国政治的民主化。现在所知，1979 年 11 月 26 日，他在会见美国不列颠百科全书出版公司编委会副主席吉布尼等人时就已经考虑实行市场经济，当时他就说："说市场经济只存在于资本主义，只有资本主义的市场经济，这肯定是不正确的。社会主义为什么不可以搞市场经济呢？这个不能说是资本主义。"值得注意的是，在这之前，他已明确指出："当前这个时期，特别需要强调民主。因为在过去相当长的一个时期内，民主制度没有真正实行，离开民主讲集中，民主太少。"为改变过去这种状况，他倡导要实行民主选举、民主监督、权力下放。其后，他更多次强调："政治体制改革同经济体制改革应该相互依赖，相互配合。只搞经济体制改革，不搞政治体制改革，经济体制改革也搞不通，因为首先遇到人的障碍。事情要人来做，你提倡放权，他那里收权，你有什么办法？从这个角度来讲，我们所有的改革最终能不能成功，还是决定于政治体制的改革。"（《邓小平选集》第三卷，163～164 页）

"我们提出改革时，就包括政治改革。现在经济体制改革每前进一步，都深深感到政治体制改革的必要性。不改革政治体制，就不能保障经济体制改革的成果，不能使经济体制改革继续前进，就会阻碍四个现代化的实现。"（《邓小平选集》第三卷，176 页）而经济体制改革的核心，就是他一再说明的，要"从制度上保证党和国家政治生活的民主化、经济管理的民主化、整个社会生活的民主化"，要"充分发挥人民民主，保证全体人民真正享有通过各种有效的形式管理国家，特别是管理基层地方政权和各项企业事业的权力"。（《邓小平选集》第二卷，335、336 页）

返观我国社会主义市场经济发展的进程，可以清楚看出，很大一部分问题正出在威权体制民主化改革的滞后。在政府主导型市场经济中，若政府本身没有政治民主化的足够有力的保证，全能主义威权体制就难以避免产生严重的权力寻租、权力越位、权力缺位及权力机构日益膨胀等弊端。

由于中国各级政府一直牢牢掌控着土地、资源、劳动力、资本等主要经济资源配置的主导权，政府所管辖的国家银行、国有企业及国有控股企业至今仍在全国固定资产总投资、全国银行信贷资金中占据大半份额，政府还通过存贷款利率、汇率、股市的市盈率等价格管理干预资金配置，并间接影响其他生产要素的配置，政府本身实际上成了“经济人”，在市场运作中，政府权力便必然成为企业追逐的对象，同时也成为权力掌握者用于寻租的有力工具。一方面是政府官吏利用手中所掌握的公共权力，以低廉的价格将土地、贷款、国有资产、重大工程以及其他生产要素的开发利用承包给利益相关者，造成国有资产及国家利益的巨大损失，为他们个人攫取了巨额财富；另一方面，则是那些利益相关者，利用廉价得到的土地、信贷、国有资产及其他资源，一夜暴富。权力与资本互相交易，极大地危害了权力的公正性和机会的平等性。我国目前收入差距扩大，贫富悬殊及腐败蔓延，很大一部分都是由此而造成。广大民众所最不满意最不能容忍的，也主要是这种权力寻租行为及其恶果。

权力越位，指的是由于权力对生产要素、经济资源配置受不到有效的监督与制约，权位的升迁又常常直接与所谓政绩挂钩，结局，便是权力的滥用，通过对市场规则的直接干预与操纵，破坏财产权利和公平竞争，不顾人力、物力的可能和实际需要，兴办大量政绩工程、形象工程、献礼工程、装点门面，迎合长上、急功近利、粉饰太平，亦因此，无法合理配置资源，造成过度投资，人力、物力、财力的超支、预支、透支，资金、资源、能源的巨大浪费，产业结构恶化，以及生态环境的严重破坏。

权力缺位，指的是政府主导型市场经济，政府的职能应当主要转移到公共服务上，名副其实地转变为服务政府、责任政府、法制政府。可是，由于全能主义威权体制运行的惯性，一方面不断越位，另一方面则是不断削减本应由公共权力负担的公共服务、公共安全、社会保障物投入，用以保证政绩工程、形象工程以及献礼工程，甚至用于满足权力寻租的需要．这样，便造成普遍的教育、医疗及其他各种社会保障的缺位，公共服务、公共安全与社会保障成本大幅度下移，转加于民众，教育高收费、医疗高收费、其他公共服务事业的高收费，都由此而俱来。

权力机构膨胀，指的是全能主义威权体制不能有效地转变为真正地建立在政治民主化基础之上的服务政府、责任政府和法治政府，还造成越来越多的人要挤进权力系统，官僚队伍因此不断膨胀，层级越来越多，越来越复杂，权力成本因此越来越高，行政事业经费在财政开支中占很大比重，维持权力系统运作的投入不断增加，百姓的负担不断加重。

以上事实充分证明，在建立和发展政府转型的社会主义市场经济时，若不同时有效地进行以政治民主化为目标的有效的政治体制改革，贫富差距扩大问题，经济结构与经济增长方式改变问题，公共服务缺位问题，以及腐败问题等，更难以有效地防止和纠正。这些事实进一步印证了总设计师邓小平当年的忧虑不是空穴来风，而确实是察于青苹之末。

要使我们的权力从全能主义的威权体制转变为政治民主化基础上的有限权力，首先要使政府直接管理土地、企业、资产及其他生产要素，真正转变为政企分开、政事分开，限制各级政府配置资源和直接参与企业及个人经济活动的权力，强化政府的公共服务职能，将政府工作重心真正转移到维护市场公平竞争与效率、有效进行经济调节即在二次社会分配中发挥主导作用上来。而要做到这一点，一是需要改善党对国家政权的领导方式，从革命党专政方式转变为执政党经由国家最高权力机构人民代表大会依法领导国家的方式；二是要切实保障各级人民代表大会为各级最高权力机关的职能，人大代表要与选民建立经常性联系，他们的工作要经常化，规范化，制度化，要代表选民的利益，接受选民的监督；同时，使人民政协真正发挥各界人士参政议政、实施民主监督的功能；以防止将有限权力无限扩大；三是保障人民依法参与国家治理的空间与途径，让群众除依靠中国共产党各级党委之外，还能通过其他多种有组织的群众团体的力量维护自己的权利，制约和监督政府权力的行使；四是使新闻媒介成为联系群众、贴近民生、反映民意、推动广大群众监督政府和维护自身权利的有效渠道，真正成为人民的喉舌，将成为党的喉舌，与以人民为本，以人民为主体，相信人民，充分发挥人民的首创精神统一起来，使新闻媒介成为政治民主化的重要一环。

四、实现中产化的意义与路径

杨禾丰：姜老师，我想来谈一点目前我对于中产化的认识。从社会分层角度探讨中产阶级的一个核心问题就是如何为中产阶级在社会结构中定位，即中产阶级处在什么样的地位上，以及与其他阶级的关系如何。在这个问题上，有两派对立的观点。一派认为，中产阶级与资产阶级的地位更为相近，他们是资产阶级或统治阶级的延伸。另一派主张中产阶级是雇佣劳动者，从受雇的地位上看，他们与工人阶级的地位更为相近。对于中产阶级地位的不同看法，很大程度上是因为中产阶级内部具有很大差异性，所以，人们需要探讨的是，究竟中产阶级是一个统一的阶级，还是有多个中产阶级。目前，理论界越来越多的人倾向于后一种看法。另外，“二战”之后，特别是20世纪六七十年代以来，西方传统发达国家逐渐形成了许多新的中产阶级群体，而与此同时，越来越多的新兴国家也逐渐形成了自己的中产阶级。中产阶级的大量产生所带来的社会结构的中产化，对于社会具有深远的影响，它成为当代西方国家维护社会稳定的中坚力量。而中国改革开放二十多年来，中产阶层的成长一直存在很多问题，使得中国的中产阶层在整个社会构成中长期处于比较缺失的状态，中产阶层的绝对人数虽然已经非常庞大，但在社会结构中所占比重却很小，整个社会离中产化似乎还很遥远。在此情形下，我们应怎样理解中产化所带来的物质与精神生活及生活方式的解放与异化呢？

姜义华教授：中产化是社会变化中比较深层次的问题，触及了很多结构性的问题，包含政治、经济、职业、社会生活方式的整个的结构性变化。我们现在仍不大敢提中产化，提得比较多的是提高中等收入者的比重。中产化不仅是收入高低的问题。在我们长期的语境中，它一直都是一个敏感问题，这也需要一个话语突破。中产化的困难是我们长期把中产阶级等同于资产阶级，毛泽东把阶级分为三等或五等：大地主大资产阶级、中小地主中等资产阶级、小资产阶级、半无产阶级、无产阶级，阶级分野中突出的资产多少、富裕程度。而马克思所说的阶级是要与相应的生产方式联系在一起的，如工人阶级是与大工业生产方式联系在一起的，和传统小生产联系在一起的贫苦平民则不属于现代无产阶级。另外，过去我们一直强调压低生活水平、消费水平，以提高公共积累用于发展重工业，而没有考虑通过提高生活水平、消费水平来提高生产积极性。

究竟怎样才叫中产化？不是生活丰裕就是中产化，利用特权或非常手段成为暴发户能否称为中产化？暴发户的心态、嘴脸是令人厌恶的，尽管有一些也会慢慢发生转变，但他们不是我们要讲的中产化。中产化还是指在整个生产的发展，整个社会结构的构成中间，利用知识、技术、脑力劳动的人地位越来越重要，收入也会相应提高，在社会中比重越来越大，可以制约上层暴富者，也可以有效地防止下层权益受到大的损失，使社会处于相对稳定的状态。中产化的标准不是看你的收入有多少，而是看你是在凭什么去劳动，看整个社会的生产方式的变化，就是我们经常所说的将经济发展转移到科学技术高度发展和劳动者素质有很大提高上。中产化标志着整个社会生产力的极大提高，社会生产方式全局性根本性提高，经济结构、社会结构发生很大转变。

目前在中国实现中产化，关键还是国家的决策，而西方中产化的实现主要是由社会自身的矛盾冲突造成的。中国中产化的实现在国家决策上，主要是看能否把科学技术广泛运用于生产上，把提高劳动者素质摆到中心位置。中产化要使每个人都享有足够的权利、足够的社会地位，要有自觉的意识，使国家的决策不至于在一层层的政府下传中过滤掉，使社会保持对国家、政府的必要压力，成为制约权力的一种力量。

至于中产化所带来的物质与精神生活及生活方式的解放与异化问题，它主要是针对西方已经中产化了的国家而言的，在目前中国，它表现得都还不太突出，在上海，其典型的表现大概便是衡山路上的白领文化了。

五、每个人自由而全面发展的可能与限度

郑峰：姜老师，我想来谈一下现代化过程中理性化的问题。众所周知，“理性化”（或者说是合理性化、合理化）这个概念是韦伯首先提出的，它被用来规定资本主义经济活动、资本主义司法关系和官僚统治的

形式。韦伯认为，西方社会的现代化可以理解为一个全面趋向理性化的进程，现代化和理性化可以看作是同一历史过程。“现代化”的基本精神就是“理性化”。他的这些观点后来都被经典现代化理论继承下来。现代化说到底依赖于人类借助理性来实现的对自然界和人类社会生活本身的控制能力的增长。然而，由于在现代化进程中，人类所借助的理性主要是工具理性，对工具理性的过分追逐，在使人获得极大解放的同时，最终也会使人自身发生异化。人的解放与异化包括很多方面，与理性化关系最直接的，就是人的思维方式和行为方式的解放与异化，因为人们的理性只能表现在他们的实际活动和思考之中。作为一种意向性活动，理性只有在实际的思维和行为之中才能体现出来。然而在工具理性的支配下，人们的思维方式和行为方式越是发展，它所受到的理性化的限制和束缚就越大，最终变得机械、僵化、保守。

在现代化进程中，人的思维方式与行为方式异化，说到底是由崇尚工具理性的理性化造成的。在对理性化的研究中，韦伯的贡献在于，他第一次向人们系统地解释了这一症状，但他没有开出药方。而早期法兰克福学派则是重在批判，在他们看来，理性化已经成为一个在现代资本主义社会里无法解决的悖论。哈贝马斯作为法兰克福学派第二代的杰出代表，他诊断现代性的门径同样是理性，他同样也看到了工具理性的肆虐给现代化带来的消极影响。但是哈贝马斯仍然坚信理性作为社会规范力量的积极意义，坚信现代性的问题最终可以在理性的范围内得到有效解决。在他看来，韦伯和早期法兰克福学派之所以面对资本主义危机束手无策，以致悲观失望，原因就在于，在他们的视野里，理性只有工具理性和价值理性两种，而这两种理性的关系又是紧张对立、不可调和的。当工具理性主宰现代社会后，工具理性便等同于理性一般，从而将理性与压抑相等同，将合理化看成是物化的根源。哈贝马斯以一个理性主义维护者和现代性病理学家的身份出现在西方现代思想的舞台上，在对自韦伯以来主要的社会理论的理论历史进行全面清理的同时，他用交往理性对现代化进程中的理性化过程进行了理论重构，并且认为人类社会走出理性化困境的出路在于重建交往理性。对此，不知道姜老师您是怎么看的?

姜义华教授：我也认为交往理性是建立现代理性的可操作的东西，

它能够使价值理性真正落实下去。此外还应注意的是，在未来现代化中，人的思维方式、行为方式的变化，对于理性化本身所带来的异化，我们应当怎样分析？后现代所面对的最大的问题是过度理性化后，自身的活力，自身进一步发展的动力问题。黑格尔最早谈恶在世界的作用，当恶性循环不存在时，世界也就停滞了；理性化虽然不可能消除所有的恶，但当理性化带来了空前繁荣后，社会本身会老化，失去进一步发展的动力，后现代主义的问题是价值迷失的问题。

在研究我们的现代化时要特别注意不能将理性演化为理性主义。实际上，理性化一直与非理性主义同在，要给非理性主义一个存在的空间，不能用强制的手段将这些东西取消掉，更不能形成理性强权主义。我们强调理性化，不代表非理性就没有一个积极的作用。理性与非理性一直在相互作用，问题是理性的东西占了支配地位，理性包含非理性的因素或非理性包含理性的因素。我们要看到理性变成理性主义所带来的问题。实际上，理性化也是一个历史过程，中国的发展差异很大，理性和非理性，现代和后现代所提出的挑战在中国可以同时存在，但基本前提是要使人成为具有理性的现代人。

关于理性化的问题，我不再多说了，下面还有一点时间，我想最后谈一下每个人自由而全面发展的可能与限度问题，算作是对本学期讨论课的一点总结。

马克思、恩格斯在《共产党宣言》中指出，取代资产阶级社会的，“将是这样一个联合体，在那里，每个人的自由发展是一切人的自由发展的条件”。随后，在《资本论》第1卷中指出，社会生产力的发展，将为未来的社会奠定现实的基础，未来社会将是“一个更高级的、以每个人的全面而自由的发展为基本原则的社会形式”。

每个人的自由而全面发展，绝不意味着人们可以超越历史的和现实的条件，游离于社会及群体之外、随心所欲地行动。马克思、恩格斯在论述作为处在生产力和社会需要的一定发展阶段上的个人如何发展时强调提出，人只能在特定的历史与现实所形成的制度范围内发展自己，依靠这一制度确保人们自由而全面地发展。

正因为每个人自由而全面的发展都要受到生产力水准与交往程度的限制，人们的发展就不可能是孤立的行为，它必须与社会和群体的发展紧紧结合在一起。因此，以每个人自由而全面发展为核心构建起来的新的价值体系，很自然地便要求整个社会成为自由而全面发展的社会，要求社会为全体社会成员的自由而全面的发展提供优越、适宜的环境和必要的制度性保证。

一些论者常常把每个人自由而全面的发展解释为人的素质得到普遍提高，能力（包括潜能）得到充分发挥，物质生活和精神生活需要得到全面满足，甚至解释为同一个人能够根据自己的兴趣和爱好，自由地安排一切：早晨打猎，下午捕鱼，傍晚畜牧，饭后写批评文章；今天在这个部门工作，明天到另一个部门劳动，他们的个性、能力、性格、意志、气质都能得到自由施展的机会。应该说，这些解释所列举的各种情况都可能是每个人自由而全面发展的一些表现，但是恐怕还不足以说明每个人自由而全面发展的本质特征。马克思在《政治经济批判（1857—1858年草稿）》中论述人的发展时曾指出：人的全面发展首先是“个人关系和个人能力的普遍性和全面性”。每个人的自由而全面发展，自然是超越或克服了“个人同自己和同别人的普遍异化”，而使得这种“个人关系和个人能力的普遍性和全面性”发展得更为充分。

每个人自由而全面发展，同所有制的变革紧密联系在一起。《资本论》在论述资本主义积累的历史趋势时，有一段人们非常熟悉的名言：“从资本主义生产方式产生的资本主义占有方式，从而资本主义的私有制，是对个人的、以自己劳动为基础的私有制的第一个否定。但资本主义生产由于自然过程的必然性，造成了对自身的否定。这是否定的否定。这种否定不是重建私有制，而是在资本主义时代成就的基础上，也就是说，在协作和对土地及靠劳动本身生产的生产资料的共同占有基础上，重新建立个人所有制。”对于“共同占有”及“重新建立个人所有制”，人们有各种不同解释。论者常常将国家所有制或小生产者共同体经济视为消灭了私有制，重建了马克思所说的个人所有制。这其实是很大的误解。真正的在共同占有生产资料基础上重新建立的个人所有制，最根本的内容是给每一个人都提供同样的“各尽所能”的基础和条件。当然，无论“各尽所能”也好，“按需分配”也好，都非一朝一夕之功所能奏效。但是，以每个人自由而全面发展为目标，就必须一步步增加实现“各尽所能”的现实基础，同时，在经济发展基础上通过社会保障体制的建立、完善和社会第二次分配，积累和扩大“按需分配”的比重。

每个人自由而全面的发展不可能一蹴而就，更不会一觉醒来突然实现。它同样是通过用实际手段来解决实际问题、逐步向这个目标前进的最实际的运动。它决不是不顾实际条件，希求这一目标立刻实现，也不是将它的实现放到遥远的未来而无所作为，而是切实从现有前提出发，为一步步实现这个目标构筑坚实的基础。逐步实现每个人自由而全面发展的首要前提，是实现生产力的巨大增长和高度发展。只有生产力的巨大增长和高度发展，才能够使人们有条件接受较高水准的教育，使其能力和潜能得到有效的培育；只有生产力的巨大增长和高度发展，才能够使劳动时间大大缩短，使人们有条件参与各项社会活动，从而突破劳动及社会角色地位的单一化、固定化以及人自身发展的片面化；也只有凭借生产力的巨大增长和高度发展，才有可能逐步消除私人利益和公共利益之间的对立和分裂，有条件使人本身的活动对人来说不再成为异己的、对立的力量。

每个人自由而全面的发展要求重构人们的人生价值取向、重构整个物质生产活动的价值取向、重构精神生产的价值取向、重构政治价值取向，以每个人自由而全面发展为核心而重构的价值系统是全方位的、完整的，然而这决不仅限于思想家、理论家的理论构建以及宣传家们的宣传提倡，包括一部分实践家的身体力行，成为表率。这一重构要落实在制度建设上，落实在法律、法规、章程、公约的建设上，落实在人们自觉的自律及有效的公众自我约束、自我管理上。只有当新的价值系统转化为人们的普遍思维和日常行为方式，它才能真正获得人们的自觉认同，成为不是虚拟的而是真正的社会实践。

每个人自由而全面的发展，不仅是中国社会主义现代化建设的终极目标和现实的行动纲领，而且应当成为21世纪沟通世界各不同文明，使不同国家、不同民族、不同文明和睦共存、优势互补的共同价值基准和行动指南。因为它使“人是目的”在当代完全具体化了，使人的尊严、人的价值、人的权利明确了得以实现的具体途径，也就是说，它使启蒙核心观念在当代获得了新的生命力，升华到了一个新的境界。为此，每个人自由而全面的发展，应成为新世纪全人类的共同宪章。

我们这一个学期的讨论历经了一个又一个的解放与异化的矛盾，它不断强化了我们现代化理论的批判性特色，而我们所有的批判，最后都可以落实到我们现代化实践所要追求的一个伟大理想——每个人自由而全面的发展。

后　记

读毕校样，有几句话，觉得非说不可。

首先要热切感谢杨耕教授。是他亲自来复旦，在吴晓明、俞吾金两位教授陪同下，盛情邀约。不是他的催生，这部书稿肯定不会这么快就问世。

还要感谢各位编辑，为了使本书得以顺利出版，他们精心编校，付出了辛勤劳动。

这部著作是我所承担的教育部委托重大项目《中国现代化：理论与实践》的一项重要成果，也是三十年来和改革开放历程共同走过的一份记录。谨以此书敬献于为中国社会主义现代化事业而奋斗的各位先贤先进。

姜义华

2008 年 5 月 6 日